LE COMBAT DE DEUX EMPIRES

DU MÊME AUTEUR

L'Armée de Napoléon, préface de Jean Tulard, Éditions Commios Marcel Tache, Saint-Germain-en-Laye, 2003.

Austerlitz. Napoléon, l'Europe et la Russie, préface du général Robert Bresse, Éditions Commios Marcel Tache, Saint-Germain-en-Laye, 2006.

Oleg Sokolov

LE COMBAT
DE DEUX EMPIRES

LA RUSSIE D'ALEXANDRE Ier CONTRE LA FRANCE DE NAPOLÉON

1805-1812

traduit du russe
par Michèle Kahn

Fayard

Couverture : un chat au plafond ; *Napoléon visitant le champ de bataille d'Eylau, le 9 février 1807* (détail), Antoine Jean Gros, 1808, musée du Louvre ©Luisa Ricciarini/Leemage.

Titre original
Битва двух империй, Bitva dvukh imperij
Éditions Astrel, Saint-Pétersbourg, 2012.

ISBN : 978-2-213-67076-8

INTRODUCTION

Quand je parle de Napoléon et de son époque, on m'écoute en général avec attention et mes interlocuteurs ou mon auditoire manifestent même le plus vif intérêt, mais, tôt ou tard, j'ai droit à la question suivante : « Mais, dites-nous, pourquoi a-t-il attaqué la Russie ? » Comme j'ai dû y répondre des centaines de fois, j'ai décidé d'y consacrer un livre. Il est en effet très important de connaître l'origine de ce conflit d'envergure entre la Russie et la France pour comprendre l'histoire russe et aussi européenne, et il n'est pas du tout évident de faire la lumière sur cette dernière. J'ai déjà abordé ce sujet dans mon ouvrage *Austerlitz. Napoléon, la Russie et l'Europe, 1797-1805*, mais celui-ci avait sa propre spécificité et évoquait avant tout les causes et le déroulement de la guerre de 1805. Cette guerre occupe bien sûr une très grande place dans la problématique envisagée ici, mais elle est loin de l'épuiser. Pour répondre de façon complète à une question qui semble banale, il convenait d'y consacrer tout un livre, celui que vous tenez en main, cher lecteur. Les thèmes abordés dans *Austerlitz* sont brièvement exposés dans ses deux premiers chapitres.

Pourquoi éclairer ce sujet de façon aussi détaillée ? C'est très simple : il est carrément impossible, sans cela, de comprendre la guerre de 1812. Le grand théoricien allemand Clausewitz ne disait-il pas que « l'intention politique est la fin et la guerre est le moyen, et jamais le moyen ne peut être pensé sans la fin » ? En d'autres termes, on ne peut étudier sérieusement le déroulement proprement dit d'une guerre sans avoir élucidé ses causes et déterminé avec exactitude ses buts politiques.

Il est vrai que la guerre de 1812 est un de ces conflits acharnés dans lesquels la furie guerrière s'est à tel point déchaînée que les questions politiques ont été temporairement reléguées au second plan, laissant la place à l'ardeur des combats. Il peut par conséquent sembler que les origines du conflit ne soient pas tellement importantes, en l'occurrence, du moins pour l'étude des opérations militaires, surtout si l'on dresse un parallèle avec des guerres comme la campagne de 1805 où l'intensité de la lutte était moins forte et où la politique faisait sans cesse irruption au cœur même des combats.

Effectivement, si l'on considère les détails d'un épisode guerrier donné, on peut se passer de la politique. En revanche, il est absolument impossible de comprendre le déroulement de la campagne dans son ensemble, le déploiement stratégique des forces, les buts que se fixaient les stratèges, sans avoir une vision claire et exacte de la situation politique, et, par conséquent, même un épisode à part, coupé de son contexte, sera représenté, en l'absence de celle-ci, sous un faux jour.

Comme l'a montré l'analyse de documents dont un certain nombre n'avaient jamais été examinés, c'est justement cette « intention politique » – les mobiles des politiques et les plans des deux parties – qui a été le plus mal étudiée, et parfois tout simplement déformée de façon grossière. En conséquence, cet ouvrage sur la guerre de 1812 est totalement consacré aux événements politiques et militaires qui ont conduit la France et la Russie à une confrontation acharnée. Peut-être certaines conclusions découlant des recherches effectuées seront-elles inattendues, mais, à n'en pas douter, elles retiendront l'intérêt.

Si l'on parle de déformations, il est impossible de ne pas souligner les facteurs objectifs qui les ont engendrées. Le premier est que, pendant une longue période, les historiens, qu'ils soient russes ou français, n'ont accordé que peu d'importance à l'étude de la partie adverse, ce qui a conféré à leurs travaux un aspect unilatéral.

Pendant les quelques décennies qui ont suivi immédiatement la guerre de 1812, les souvenirs du conflit ont été fortement politisés. Les historiens russes étaient bridés par la censure et par l'état d'esprit de l'opinion. Pour les Français, l'histoire de l'État napoléonien était également colorée par la politique. Dans la période qui suivit immédiatement la chute du Premier Empire, il fallait dénigrer le plus possible celui-ci pour s'attirer la bienveillance du pouvoir ; plus tard, l'épopée napoléonienne ne revint pas seulement à la mode, elle constitua le socle de l'idéologie du nouvel Empire, et Napoléon fut donc l'objet de louanges démesurées ; enfin, après le renversement du Second Empire, l'usage se rétablit de porter un jugement négatif tant sur Napoléon que sur ses campagnes. Il va de soi que, dans ce cadre, personne ne s'intéressait vraiment à la vérité historique sur la guerre de 1812, et à plus forte raison à l'étude des sources contenues dans les archives russes ! Par conséquent, les classiques de l'histoire militaire, russes et français, en dépit de leurs nombreux mérites, ne peuvent plus être considérés désormais comme reflétant pleinement et de façon exacte les événements liés à ce grandiose conflit.

Mais la période qui s'étend de la fin du XIXᵉ au début du XXᵉ siècle a véritablement constitué un âge d'or pour les relations entre la France et la Russie, de même que pour l'histoire militaire. L'alliance franco-russe fut conclue à une époque (1891-1893) coïncidant presque avec le centenaire de la guerre de 1812. Cet événement fut célébré par les anciens adversaires dans une atmosphère de respect mutuel, une grande attention étant portée au développement de la recherche historique. La censure tatillonne disparut en Russie, en France la forte politisation de l'histoire des guerres napoléoniennes fut reléguée au second plan, les archives des deux pays s'ouvrirent et, lors du centenaire de la guerre de 1812, d'énormes recueils de documents furent publiés en russe et en français. Ainsi parurent en Russie les vingt-deux volumes de *La Guerre patriotique de 1812. Documents des archives militaires et scientifiques de l'état-major*, et en France le capitaine Fabry publia une édition en plusieurs volumes des documents de la Grande Armée de juin à août 1812, le commandant Margueron quatre volumes sur la préparation de la France à la guerre, etc.

Cependant, toutes ces publications, aussi bien russes que françaises, ne furent pas menées à leur terme et l'âge d'or de l'histoire militaire fut interrompu par la Première Guerre mondiale et la révolution russe. Il n'est nul besoin de dire que la majorité des historiens n'eurent pas le temps d'utiliser les remarquables publications du début du siècle. Une véritable époque noire commença en Russie pour l'étude de l'histoire militaire – et pas seulement militaire, d'ailleurs. Le thème de la guerre de 1812 fut relégué, dans la Russie soviétique des années 1920, non pas au deuxième, mais plutôt au cent deuxième plan...

Il fit cependant bientôt son retour... mais d'une façon bien particulière ! La censure tsariste, comparée à ce qui se mit en place dans l'État stalinien, apparaît comme bien insignifiante et policée ! Des militants ignares avaient en effet remplacé les officiers instruits du début du siècle. Lorsqu'un historien de la guerre de 1812 célèbre à l'époque soviétique, le colonel Jiline, soutint sa thèse sur ce thème, il répondit fièrement à une question naïve concernant les sources étrangères qu'il avait utilisées : « Je n'utilise pas les sources ennemies ! » Si bizarre que cela paraisse, Jiline fut récompensé par les applaudissements de l'auditoire et, bien entendu, par l'approbation des autorités, sur l'injonction desquelles ses travaux furent publiés à d'énormes tirages.

De l'autre côté, on n'utilisait pas beaucoup non plus les « sources ennemies ». Pour les historiens occidentaux, la Russie était de plus en plus associée à la Russie soviétique, c'est-à-dire *a priori* à un ennemi. Ainsi, sous la plume d'un célèbre spécialiste de Napoléon, Édouard Driault, la guerre contre la Russie devint pratiquement l'affaire centrale de la vie de Napoléon, désireux de sauver la civilisation européenne du bolchevisme... pardon, du tsarisme ! Inutile de dire que les historiens occidentaux ne pouvaient, et ne souhaitaient pas particulièrement, travailler dans les archives soviétiques ; quant aux historiens soviétiques, ils ne pouvaient pas, à coup sûr, recourir aux archives françaises, l'eussent-ils souhaité.

La terrible épreuve qu'affronta le peuple soviétique pendant la Seconde Guerre mondiale ne pouvait qu'avoir des répercussions sur toute la recherche historique soviétique, en particulier sur l'étude d'épisodes au cours desquels la Russie faisait face à un puissant ennemi extérieur. Cette guerre atroce, où une haine violente et implacable opposait les ennemis, où le droit d'exister de peuples entiers était en jeu, a exercé une énorme influence sur le pays qui a connu une telle tragédie. Il ne s'agissait plus seulement là de la censure des autorités ; le peuple russe voyait dorénavant Hitler à travers chaque ennemi. Tout ouvrage historique donnant une autre représentation de l'adversaire aurait été voué aux gémonies. De quelle science impartiale pouvait-il être dès lors question ? La Russie avait toujours raison, tout le monde voulait l'attaquer et avait soif de réduire le peuple russe en esclavage.

De l'autre côté du rideau de fer, on regardait l'histoire russe à travers le prisme de la lutte contre le péril communiste qui, bien entendu, émanait toujours de la Russie – à cette différence près que, lorsqu'il s'agissait de la période d'avant la révolution, on remplaçait le mot « communisme » ou « totalitarisme » par le mot « tsarisme ». Et, aux yeux des Européens, le peuple russe apparaissait comme une masse de moujiks grisâtres, vêtus de vestes ouatinées, ne pensant qu'à anéantir le monde occidental...

Était-ce seulement là l'opinion de gens ordinaires bornés, sans signification aucune pour les auteurs de travaux scientifiques ? Pas tout à fait. Je n'oublierai jamais l'épisode suivant : lorsque, pour la première fois, les frontières de l'URSS se sont plus ou moins ouvertes, en 1988, j'ai effectué un long voyage en France et me suis retrouvé par le hasard des choses dans une petite ville d'Alsace lors de l'inauguration d'un monument au général napoléonien Bourcier. Pendant la cérémonie, un historien militaire, un colonel en retraite, une sorte de Jiline français, prit la parole. Le vieil officier, dans son discours en l'honneur de Bourcier, n'oublia pas de mentionner que le général dont on immortalisait la mémoire avait héroïquement défendu... le « monde libre » ! Voilà véritablement un lapsus freudien !

Mais revenons à l'influence de la politique sur l'histoire de l'époque napoléonienne, et avant tout de la guerre de 1812. Soulignons une fois encore que toutes les modifications de la conjoncture politique ont influé non seulement sur les « masses », mais aussi sur ceux qui écrivaient pour elles. Avant que ne disparaisse le rideau de fer, personne, ni en URSS ni en Europe, n'avait étudié sérieusement les « sources ennemies », avec toutes les conséquences qui découlaient d'une telle approche. En outre, les historiens militaires n'avaient bientôt plus jugé nécessaire de connaître les langues de la partie adverse. Jiline ne lisait pas le français, le colonel français ignorait le russe. Qu'est-ce que ces gens, qui excluaient totalement de leur recherche les opinions, les mentalités, les détails des opérations militaires de l'une des parties au conflit, pouvaient écrire de valable ? Rien, bien sûr ! C'est comme si, dans un procès civil, le juge avait décidé depuis le début d'entendre seulement une des parties et ne comprenait même pas le discours de l'autre !

Mais, au début des années 1990, le rideau de fer s'est écroulé. Si, pour la majorité des gens, cet événement n'a pas marqué le début d'une ère de félicité et de prospérité, pour les historiens russes il a signifié qu'ils pouvaient à nouveau travailler librement, et pour les historiens occidentaux qu'ils avaient la possibilité de venir sans crainte en Russie et de s'y plonger dans les archives.

Pourtant, rares sont les Européens, en particulier les Français, qui profitèrent de cette possibilité. Parmi les ouvrages contemporains sérieux d'auteurs français consacrés au conflit russo-français, on ne peut signaler que le livre de Marie-Pierre Rey, *Alexandre Ier*, mais, en dépit de toutes ses qualités, c'est là un travail sur la vie et l'activité de l'un des principaux héros de la guerre de 1812, non sur la guerre elle-même, ses causes et sa préparation[*]. Les nombreuses autres publications populaires ne furent que la répétition de ce qui avait déjà été dit à maintes reprises, et leurs auteurs n'ont même pas utilisé les sources russes publiées, pour ne pas parler des archives.

Si les historiens français n'ont rien publié d'important ces dernières années sur la guerre de 1812, les Russes ont pour leur part écrit toute une série d'ouvrages de valeur. Il s'agit des remarquables travaux de A. Vassiliev, A. Popov, Y. Zemtsov, L. Ivtchenko, S. Chvédov, V. Bezotosny, mentionnés à plusieurs reprises dans le présent ouvrage. Beaucoup d'entre eux reposent sur un large éventail de sources ; c'est le cas par exemple du travail véritablement titanesque de S. Chvédov consacré aux effectifs et aux pertes de l'armée russe, qui utilise un nombre colossal de documents d'archives.

Cela signifie-t-il qu'il n'y a plus rien à dire ? En aucun cas ! La majorité de ces recherches honnêtes sont tout de même consacrées à

---

[*] Marie-Pierre Rey a publié le 26 janvier 2012 aux éditions Flammarion un ouvrage intitulé *Une nouvelle histoire de la campagne de Russie*, dont l'auteur ne pouvait avoir connaissance lorsqu'il a rédigé cette introduction. (*N.d.T.*)

des sujets isolés. Quant à moi, j'ai souhaité donner une vision synthétique de la lutte de Napoléon et d'Alexandre, ne pas parler que des épisodes guerriers, mais dresser un vaste tableau de la politique européenne.

Celui qui veut écrire de façon objective sur la guerre de 1812 et ses origines politiques se heurte immanquablement à un obstacle qui explique pourquoi il n'existe pas beaucoup d'études de qualité sur un sujet qui semblerait pourtant rebattu. Il s'agit de ce que l'on pourrait appeler « l'effet écran de la période ultérieure ». En effet, quel que soit l'événement historique que nous décrivons, nous avons devant les yeux le miroir déformant des mémoires tardives, des raisonnements préconçus, des clichés et des recherches ultérieures qui altèrent la vision du passé. En ce qui concerne 1812, la situation est tout à fait particulière. Les événements dramatiques de cette guerre ont connu un développement tout à fait différent de ce à quoi se préparaient les contemporains, et le bilan de la campagne a constitué une surprise totale pour tout le monde. À peine les acteurs de ces événements grandioses se furent-ils un peu remis de leur stupeur qu'ils se mirent à écrire, adaptant les sentiments et l'état d'esprit qui étaient les leurs à la veille de la campagne au dénouement de celle-ci. Et encore, s'il ne s'agissait que d'émotions ! On pourrait croire, à les entendre, que dans l'armée russe pratiquement tous les lieutenants s'efforçaient d'attirer l'ennemi dans les profondeurs du pays, et que dans l'armée française tout le monde passait son temps à supplier l'empereur de ne pas commettre cette terrible erreur qu'était, de l'avis général, la guerre contre la Russie ! Et il en allait de même de tous les autres événements, grands et petits, de l'histoire politique et militaire. Dorénavant, tout était vu à travers le prisme de l'irruption en Russie de la Grande Armée et de sa catastrophe finale. C'est pourquoi, dans les mémoires (russes et français) sur la guerre de 1812, tout n'est pas seulement déformé, mais parfois littéralement mis sens dessus dessous.

Cependant, si nous voulons comprendre les véritables motifs des actions des hommes politiques, les plans des militaires, l'état d'esprit de la société en Russie et en France, nous ne devons pas considérer les événements d'une époque donnée dans le miroir déformant des mémoires et œuvres plus tardives, mais nous tourner avant tout vers les documents de l'époque. C'est pourquoi, par exemple, lorsqu'il s'agit des relations franco-russes en 1809, il ne faut pas se fonder sur les textes rédigés par un contemporain quarante ans plus tard, mais sur les lettres, instructions, rapports, journaux et publications datant de l'année concernée. Ce n'est qu'ainsi que l'on peut se faire une idée du véritable esprit du temps et, en fin de compte, bien comprendre les événements.

Cela signifie-t-il qu'il faille complètement dédaigner les mémoires ? Bien sûr que non ! Ils fournissent en effet les couleurs et l'arôme de l'époque... Il importe seulement de se persuader qu'il s'agit bien de la bonne époque. Autrement dit, on ne peut faire appel aux mémoires que lorsqu'ils trouvent leur confirmation dans les documents de la période étudiée et, même s'ils ont été utilisés à maintes reprises lors de la rédaction de cet ouvrage, on y a toujours donné la préférence aux documents. Il en est résulté de nombreuses conclusions intéressantes auxquelles on ne serait jamais parvenu autrement.

Pour parler des clichés que l'on trouve principalement dans les ouvrages russes, il est impossible de ne pas mentionner ne serait-ce qu'une fois la Seconde Guerre mondiale. Comme il a déjà été signalé, elle a exercé une telle influence sur la perception par le peuple russe de toute grande guerre qu'elle constitue pour les historiens et publicistes russes un autre miroir déformant où tous les événements de l'époque napoléonienne apparaissent de façon absolument altérée. Cela, il faut le dire une fois pour toutes afin de ne plus avoir à revenir sur cette question.

Les raisons du conflit entre les empires français et russe, le régime de ces pays, leur politique étrangère, leur idéologie, les buts qu'ils poursuivaient, les méthodes utilisées dans les opérations militaires, se distinguaient à tel point de ce qu'ils étaient en URSS et dans l'Allemagne nazie que toute comparaison, tout parallèle entre la guerre de 1812 et la guerre de 1941-1945 sont absolument irrecevables. De tels parallèles ne peuvent rien donner et ne font que tout embrouiller dans la tête des gens en substituant une époque à une autre tout à fait différente. En effet, les souvenirs de l'époque napoléonienne se perdent dans le passé, alors que ceux de la Seconde Guerre mondiale sont vivants parmi nos contemporains, comme sont vivants les vétérans, ceux qui étaient enfants pendant ce terrible conflit, ceux qui ont grandi juste après la guerre, tandis que toute l'Europe en subissait encore douloureusement les conséquences. C'est pourquoi il suffit à un historien d'effectuer un parallèle entre les deux guerres pour qu'immédiatement, dans la tête du lecteur, un flot d'associations avec un passé récent efface les faibles échos des événements du début du XIXᵉ siècle. C'est comme si l'on essayait d'entendre les sons lointains d'un clavecin à travers le fracas d'un concert de rock. Il faut étudier longuement les sources premières, il faut beaucoup de tact et une approche délicate pour comprendre les gens d'une époque qui ne nous est plus si proche, et tout cela vole en éclats sitôt qu'on effectue une comparaison inutile, sans intérêt, parfois tout simplement sacrilège, entre des époques incomparables. C'est pourquoi l'on n'a jamais recours, dans cet ouvrage, à cette sorte de parallèles.

Autre circonstance importante : il existait un autre acteur du conflit que la Russie et la France, à savoir la Pologne, ou plus exactement la partie de celle-ci rétablie par Napoléon sous le nom de duché de Varsovie. Ce petit État n'était pas seulement un territoire qui fournissait des soldats à la Grande Armée, mais aussi un pays qui, par son aspiration à restaurer la Rzeczpospolita* autrefois puissante, exerça une influence notable, pour ne pas dire décisive, sur les relations russo-françaises dans la période 1807-1812. Il n'est pas étonnant, par conséquent, que lors de la rédaction de cet ouvrage on ait accordé une attention particulière à la question polonaise, et que les documents polonais aient été utilisés parallèlement aux documents russes et français.

Mais il faut souligner une fois encore qu'il serait tout simplement impensable d'entreprendre un récit sérieux sur cette guerre sans expliquer pourquoi elle a commencé. Et ce livre doit pour la première fois fournir une réponse exhaustive à la question de savoir « pourquoi *il* a attaqué la Russie » !

Encore une chose pour finir. Lorsqu'un historien a quelque chose à apporter au lecteur, il peut le faire dans une langue accessible, d'une façon claire et séduisante. Si un ouvrage historique est rédigé dans un style alambiqué, cela signifie que l'auteur n'a tout bonnement rien à dire : si l'on ôte de son œuvre l'enveloppe pseudo-scientifique, on ne trouvera sous celle-ci que du vide. C'est pourquoi je me suis efforcé d'écrire simplement et, dans la mesure du possible, de façon attrayante. J'espère que le lecteur appréciera.

OLEG SOKOLOV,
15 août 2011

---

* Nom de l'État polono-lituanien (*N.d.T.*).

CHAPITRE PREMIER

Début et fin
de l'alliance russo-française

Si l'on s'imagine un instant faire une chose impossible : se transporter dans les années 1780 et déclarer à un Pétersbourgeois ou à un Parisien instruit que, moins d'un quart de siècle plus tard, la Russie et la France s'affronteraient dans un conflit militaire acharné, que les troupes françaises entreraient dans Moscou et les troupes russes à Paris, il est certain que le Russe et le Français nous regarderaient comme des fous.

En effet, il était impossible d'imaginer une telle guerre. Les 1 500 kilomètres qui séparaient la France d'alors des frontières de l'Empire russe semblaient, à l'aune de la vitesse de l'époque, une barrière infranchissable pour d'importantes masses de troupes, et il n'existait pas entre ces pays la moindre apparence de controverses sérieuses pouvant mettre celles-ci en mouvement. Enfin, même si la France et la Russie s'étaient mis en tête, sans rime ni raison, de se combattre, elles n'auraient pas réussi à le faire. En effet, quelle que soit la façon de tracer la ligne, pour aller de l'un de ces pays à l'autre, il aurait fallu franchir des dizaines de frontières (!) d'États indépendants. Et, par conséquent, il aurait fallu les contraindre eux aussi à se battre !

En un mot, une guerre russo-française aurait été par définition du délire pour un homme du XVIIIe siècle, et ce, d'autant plus que les rapports entre les deux grandes puissances qu'étaient alors la France et la Russie n'étaient pas seulement bons. On s'acheminait alors visiblement vers une alliance…

Lorsqu'on parle de grandes puissances, il n'y a là ni lapsus ni exagération. L'importance relative des pays dans le monde et sur le continent européen à la charnière du XVIIIe et du XIXe siècle n'avait rien de commun avec le rapport de forces dans le monde contemporain : on avait affaire à d'autres États, d'autres armées, une autre morale, d'autres vitesses… La France était le pays le plus peuplé de l'Europe du XVIIIe siècle. D'ailleurs la Russie, qui avait connu une vive croissance démographique, l'avait rattrapée en 1782 pour le nombre d'habitants. À cette époque, la France en comptait 27 millions, et la Russie 28 millions. Les effectifs des armées de terre de la France (en temps de guerre) atteignaient 400 000 hommes, et ceux de l'armée russe, à la fin du règne de Catherine II, exactement autant, 400 000 (il s'agit là également des effectifs en temps de guerre, étant donné que la Russie guerroyait en permanence à cette époque).

Aucun État d'Europe ne pouvait se mesurer par la force à ces géants, tant par la population que par les effectifs de leurs armées. Seule la Grande-Bretagne, en dépit de sa faiblesse démographique (10 millions d'habitants seulement), jouait également un rôle de premier plan en politique grâce à son développement économique et à la puissance de sa marine de guerre et de sa flotte marchande.

La puissance qui, par sa force et son importance dans la politique mondiale, se plaçait immédiatement derrière les trois États cités était la monarchie des Habsbourg qui régnait sur les territoires de l'Autriche, de la Hongrie, de la Bohême, de la Moravie, du Tyrol... Ses terres étaient peuplées d'environ 24 millions d'habitants et son armée pouvait aligner en temps de guerre jusqu'à 300 000 soldats. La Prusse, avec ses 10 millions d'habitants, était respectée, sans doute en souvenir de la gloire de Frédéric II, mais elle ne pouvait jouer de rôle important ni agir de façon autonome. Les 14 autres millions d'Allemands vivaient sur le territoire de plus de trois cents États en perpétuel conflit. Les 18 millions d'Italiens peuplaient également une terre divisée par de nombreuses frontières.

Ainsi, on peut à bon droit qualifier la France et la Russie de super-puissances de l'époque, et l'avenir de l'Europe dépendait de leur politique.

Les relations entre ces deux pays s'étaient nouées de façon plutôt complexe à l'époque de Pierre le Grand, où la Russie fit une entrée fracassante dans l'arène internationale. En effet, pour de nombreuses générations d'hommes d'État français, le pivot de la politique extérieure du pays était la lutte contre le danger incarné par les Habsbourg. Ceux-ci, qui régnaient sur l'Autriche et l'Espagne, tenaient en quelque sorte la France en tenailles. Mais, à la fin du XVIIᵉ siècle, l'Espagne s'affaiblit et, au début du XVIIIᵉ, c'était un petit-fils de Louis XIV qui en occupait le trône, de sorte que la menace venue du sud contre la France avait disparu. En revanche, celle provenant de l'Autriche (plus exactement du « Saint Empire romain germanique ») persistait.

Pour la contrer, les politiques français créèrent un système appelé « barrière de l'Est », une alliance avec trois pays qui étaient d'une façon ou d'une autre en conflit avec l'empire des Habsbourg. C'étaient, au nord-est de l'Autriche, la Suède, à l'est, la Rzeczpospolita et, au sud-est, la Turquie.

L'empire de Pierre le Grand, né dans le grondement des canons, dans le claquement des voiles des vaisseaux de ligne gonflées par le vent, se trouva par définition en conflit avec toutes les puissances de la « barrière de l'Est », et c'est pour cette raison que les relations entre la France et la Russie demeurèrent longtemps fraîches, pour user d'un euphémisme.

L'Europe en 1789

Cependant, à partir du milieu du XVIIIe siècle, la situation commença à changer, ce qui s'explique avant tout par le fait que la menace représentée par les Habsbourg, qui préoccupait tellement les hommes politiques français, s'éloignait peu à peu. D'autre part, la Suède, naguère fidèle alliée du royaume de France, s'abandonna de plus en plus à l'influence de l'Angleterre. La Pologne devenait définitivement un État de second plan. Enfin, l'Empire ottoman s'enfonça dans une crise interne ; pour la première fois, certains le qualifièrent d'« homme malade » qui allait mourir tôt ou tard, et dont il fallait songer à se partager l'héritage.

À côté des changements politiques avaient également lieu à cette époque en France des mutations dans le domaine de l'opinion. On sait que toute l'Europe vivait alors sous une forte influence culturelle de la France. L'impératrice Catherine II elle-même lisait, écrivait et, pourrait-on dire, pensait en français. Elle entretenait une correspondance active avec les hommes des Lumières : Diderot, Voltaire et Grimm. L'impératrice de Russie fut une des premières à comprendre le rôle grandissant de l'opinion publique ; elle distinguait les « faiseurs d'opinion » français et les utilisait habilement à son profit. Par d'habiles flatteries et de généreux cadeaux, elle faisait de ceux qui vouaient leur propre gouvernement aux gémonies des zélateurs des mérites réels ou supposés de l'Empire russe et, bien entendu, de sa souveraine.

Dès la guerre russo-turque de 1768-1774, Voltaire se plaça totalement aux côtés de la Russie, considérant ce conflit comme une lutte contre de dangereux barbares : « Madame, Votre Majesté Impériale me rend la vie en tuant les Turcs [*sic* !]. La lettre dont elle m'honore, du 22 septembre, me fait sauter de mon lit en criant : Allah ! Catharina !... Je suis réellement, Madame, au comble de la joie ; je suis enchanté, je vous en remercie[1]. »

Sur les pas de Voltaire et à la suite du changement de la conjoncture politique générale, on assiste à une modification de l'attitude des Français envers la Russie : « L'opinion publique française, d'abord hostile à ce pays, lui devient subitement favorable. Tout ce qui est russe jouit d'une naïve popularité. Le théâtre s'empare de sujets empruntés à l'histoire russe : les *Scythes* de Voltaire, le *Pierre le Grand* de Dorat, le *Menzikof* de La Harpe... Un peu partout à Paris poussent des "hôtels de Russie" et des "cafés du Nord". Une marchande ouvre ses portes sous l'enseigne : "Au Russe galant"[2]. »

Le rapprochement mutuel s'est particulièrement fait sentir lors de la guerre d'indépendance des colonies américaines, au cours de laquelle les Français sont entrés en conflit ouvert avec l'Angleterre. Désormais, les liens anciens de la cour de Versailles avec la Sublime Porte passent visiblement au second plan, voire au troisième. La guerre maritime devient à présent à l'ordre du jour. C'était en vain que les Anglais s'efforçaient de faire basculer l'impératrice de Russie de leur côté. Non seulement elle n'accepta pas leur proposition, mais, indignée de leur arrogance dans une affaire d'arraisonnement de navires battant pavillon russe sous prétexte de la guerre, elle signa le 9 juillet 1780 avec le Danemark un traité de neutralité armée. Plus tard s'y joignirent la Suède, la Hollande, l'Autriche, la Prusse, le Portugal et le royaume de Naples. C'était un grand coup porté à la tentative de la flotte britannique de régner sans contrôle sur les mers.

À la fin des années 1780, la diplomatie française se fixa pour tâche de se rapprocher encore davantage de la Russie et de conclure une alliance avec elle. Le ministre des Affaires étrangères, le comte de Montmorin-

Saint-Hérem, écrivait dans un mémoire adressé au roi au tout début de 1789 : « La Suède ne mérite plus notre confiance ; d'ailleurs, elle ne saurait être que d'une utilité très secondaire sur le continent. La Prusse s'est amalgamée avec l'Angleterre et est devenue notre ennemie. L'Empire n'est qu'un composé de pièces sans rapports ; d'ailleurs, ses principaux membres sont liés avec la Prusse. Il ne reste donc que l'empire de Russie, et c'est son alliance que nous avons recherchée[3]. » Après quelques hésitations, des instructions furent envoyées à l'ambassadeur de France en Russie, le comte de Ségur, en vue de la conclusion d'une alliance défensive et offensive franco-russe...

Cependant, quelques mois plus tard seulement, tous les calculs des politiques et des diplomates d'Europe furent anéantis par des événements grandioses qui devaient changer le cours de l'histoire mondiale : la Révolution éclatait en France.

Il faut dire qu'au début ni les acteurs de la Révolution ni les monarques d'Europe n'avaient l'intention de faire la guerre, mais, très vite, la puissante vague de propagande qui s'étendit en Europe à la suite de la Révolution française fit naître l'inquiétude dans toutes les cours. Les émigrés qui avaient fui la France brandissaient l'épouvantail de scènes sanglantes et appelaient à l'aide les souverains européens. Mais les menaces adressées par l'empereur romain germanique et le roi de Prusse aux chefs de la Révolution, au lieu de semer la peur, engendrèrent une réaction passionnelle.

Le 20 avril 1792, dans une capitale française débordant de passion révolutionnaire, l'Assemblée constituante se réunit afin de discuter de la possibilité de faire la guerre aux ennemis qui rassemblaient leurs forces aux frontières. Les députés arrivèrent en proie à l'ivresse que leur avait communiquée la foule en délire. Même le représentant de l'aile modérée de l'Assemblée, Pastoret, s'exclama : « La liberté va triompher ou le despotisme va nous détruire. Jamais le peuple français ne fut appelé à de plus hautes destinées. [...] La victoire sera fidèle à la liberté ! »

En ce qui concerne les jacobins, leur représentant, Bazire, tonna : « Le peuple veut la guerre ! Hâtez-vous de céder à sa juste, à sa généreuse impatience. Vous allez décréter peut-être la liberté du monde entier ! »

En conséquence, dans un même élan, les députés votèrent la déclaration de guerre au « roi de Hongrie et de Bohême », comme on appelait dans ce document l'empereur d'Allemagne Léopold II[*].

C'est ainsi que commença une guerre qui se poursuivit pendant pratiquement un quart de siècle. Personne alors ne s'attendait à ce

---

[*] Ne souhaitant pas déclarer la guerre à tout l'Empire germanique, mais seulement à l'Autriche, les députés choisirent la partie du titre de Léopold qui ne touchait pas les autres terres allemandes. Cette précaution se révéla d'ailleurs vaine, puisque les autres États allemands entrèrent alors également en guerre contre la France.

qu'elle soit à ce point sérieuse. Les Autrichiens et les Prussiens comptaient effectuer une promenade militaire jusqu'à Paris, et les acteurs
de la Révolution étaient persuadés que les soldats ennemis se rangeraient immédiatement et avec enthousiasme aux côtés du peuple
insurgé. Mais les choses ne se passèrent pas ainsi, et ce fut le déclenchement d'une guerre acharnée. Il n'est pas difficile de deviner la
réaction de la noblesse, adepte du servage, et de la souveraine autocrate de Russie à la nouvelle des événements révolutionnaires survenus en France. Catherine enterra aussitôt tous les projets d'alliance
russo-française. Ce qui se passait à Paris n'était à ses yeux qu'« une
horreur scandaleuse », et elle se prononça sans ambages sur les
acteurs de la Révolution : « Toute cette racaille ne vaut pas mieux que
le marquis Pougatchev[*]. »

La nouvelle du procès du roi et de son exécution, le 21 janvier
1793, provoqua une explosion de colère chez l'impératrice : « Il faut
exterminer tous les Français jusqu'à ce que le nom même de ce
peuple disparaisse ! »

Cependant, malgré ces malédictions et des milliers d'autres à
l'adresse de la Révolution, Catherine demeurait une politique à
l'esprit clair. Après s'être indignée des événements qui se déroulaient en France et avoir déclaré que 20 000 cosaques suffiraient à
prendre Paris, l'impératrice ne se hâta pas de réaliser ce projet. Tout
d'abord, elle comprenait que les choses n'étaient pas si simples et
qu'il n'était pas si facile d'arrêter la tempête révolutionnaire. Et puis
il y avait en Russie même beaucoup d'autres affaires « domestiques »
autrement plus importantes pour elle. Jusqu'en 1791 s'était poursuivie la guerre russo-turque dans laquelle, d'ailleurs, la Grande-
Bretagne, une des principales puissances de la coalition antifrançaise,
soutenait énergiquement la Porte et menaçait même la Russie de lui
faire la guerre si celle-ci ne signait pas un traité avec l'Empire ottoman.
D'autre part, la Russie s'occupait de façon assidue des partages de la
Pologne, ce dont on parlera plus loin en détail.

Toutefois, lorsque au printemps 1796 l'empereur romain germanique pria la souveraine de Russie de lui apporter quelque aide dans
la lutte contre les Français, Catherine exprima son accord de principe. Elle liait cependant sa participation à la guerre à toute une
série de conditions, insistant particulièrement sur l'adoption immédiate d'une déclaration politique commune exigeant que les alliés
proclament officiellement comme but de guerre le rétablissement de
la monarchie en France (et non des conquêtes territoriales pour certains pays membres de la coalition). Elle considérait également
comme une condition impérative le retour de la Prusse sous les dra-

---

[*] Emelian Pougatchev, chef d'une insurrection paysanne durement réprimée par
le pouvoir russe. (*N.d.T.*)

peaux de la coalition (les Prussiens avaient signé la paix avec la France en 1795) et le paiement par les Anglais de subsides destinés à l'armée. Mais les Prussiens ne souhaitaient pas combattre, les Anglais n'étaient pas pressés de donner de l'argent, et surtout la guerre, au début idéologique, s'était transformée pour l'Autriche et l'Angleterre en conflit pour l'extension de leurs sphères d'influence en Europe. Ces puissances souhaitaient au fond, bien évidemment, la restauration de la monarchie en France, mais, désormais, elles ne voulaient pas se lier les mains par des engagements qui pouvaient, en cas de traité de paix, les empêcher de négocier des annexions et des avantages commerciaux qu'Anglais et Autrichiens appréciaient bien davantage que des vœux pieux concernant la restauration des trônes et des autels.

En conséquence, les pourparlers n'aboutirent pas, les guinées d'or demeurèrent dans les sacs des banquiers anglais, et les régiments russes chez eux.

Il est d'ailleurs tout à fait évident que Catherine ne brûlait pas d'envie de combattre la France révolutionnaire. Du moins excluait-elle la possibilité de se jeter tête baissée dans une lutte qui ne correspondait pas aux intérêts de la Russie. Davantage encore, elle prédisait de façon prophétique que les Français restaureraient bientôt eux-mêmes la monarchie et l'ordre, quoique sous une autre forme. En 1794, l'impératrice écrivit : « Si la France en finit avec ses malheurs, elle sera plus forte que jamais, elle sera docile et douce comme un agneau ; mais, pour cela, il faut un homme d'une trempe exceptionnelle, habile, brave, en avance sur ses contemporains et peut-être même sur son siècle. Est-il déjà né, ou pas encore ? Viendra-t-il ? Tout dépend de cela. S'il se trouve un tel homme, sa marche en avant arrêtera la chute, celle-ci cessera là où il mettra le pied, que ce soit en France ou ailleurs[4]. »

Lorsque Catherine II traçait ces lignes dans sa lettre, l'homme dont elle parlait était déjà général de brigade et, le jour de la mort de l'impératrice, il entra dans la légende et s'engagea dans la voie que lui avait prédite la souveraine russe.

Le 17 novembre 1796, sur le champ de bataille d'Arcole, en Italie du Nord, l'armée de Bonaparte écrasa définitivement les troupes autrichiennes du général Alvinzi, et Bonaparte lui-même, la veille, au cours du combat, accomplit son fameux exploit en se jetant avec un drapeau déployé sous un ouragan de mitraille, entraînant ses soldats dans le fol assaut du pont d'Arcole. Si, quelques mois plus tôt, après le début victorieux de son illustre campagne d'Italie, Bonaparte était devenu un général célèbre, après la bataille d'Arcole il était entré dans la légende. Dorénavant, il était devenu pour ses soldats un demi-dieu qu'ils étaient prêts à suivre jusqu'au bout du monde, et, pour la France, il incarnait l'espoir.

« Oh ! comme il avance, ce jeune Bonaparte ! C'est un héros, un preux de légende, un magicien ! » écrivit à son sujet, presque au moment même où il combattait devant Arcole, un autre grand capitaine, Alexandre Souvorov. « Il défait la nature et les hommes ; il a traversé les Alpes comme si elles n'existaient pas ; il a mis dans sa poche leurs cimes menaçantes et il a dissimulé ses troupes dans la manche droite de son uniforme. L'ennemi sembla n'avoir remarqué ses troupes que lorsqu'il les a lancées, comme Jupiter son éclair, semant partout la terreur et frappant les foules égarées des Autrichiens et des Piémontais. Oh ! comme il avance ! Il vient seulement de débuter dans la carrière de chef de guerre et il a dénoué le nœud gordien de la tactique. Sans se préoccuper du nombre, il attaque partout l'ennemi et le bat section par section. Il sait ce que représente la force irrésistible de la pression, et tout est là. Ses adversaires vont s'entêter dans leur tactique molle, soumise aux plumes des stratèges de cabinet, mais lui, il a son conseil de guerre dans la tête. Dans l'action, il est libre comme l'air qu'il respire. Il conduit ses régiments, se bat et remporte la victoire à sa guise[5] ! »

La prophétie de Catherine la Grande s'était réalisée. Cet « homme d'une trempe exceptionnelle, brave, en avance sur son siècle », était arrivé.

L'ère napoléonienne commençait en Europe, et en Russie celle de Paul.

Le destin allait charger l'empereur Paul Ier de faire prendre plusieurs virages abrupts à la politique extérieure de la Russie, avant tout à l'égard de la France, celle d'abord du Directoire, puis du Consulat de Napoléon Bonaparte. C'est pourquoi il convient de dire quelques mots de cet homme.

À peine l'impératrice avait-elle rendu le dernier soupir que son successeur démontra de façon appuyée à tous qu'une autre époque avait commencé. Le célèbre poète Derjavine[*] décrira ainsi plus tard les débuts de l'ère de Paul Ier : « Tout prit d'emblée un autre aspect, on entendit des bruits de sangles, de bottes fortes, de sabres, et, comme lors de la prise d'une ville, des militaires firent partout irruption dans les appartements à grand fracas. »

Cela peut très bien se comprendre car, pendant de longues années, le grand-duc Paul, déjà largement adulte, avait en fait été écarté du pouvoir et même de la participation à la gestion de l'État par son impériale mère. Jusqu'à l'âge de quarante-deux ans, Paul avait dû subir sa tutelle permanente, craignant non seulement pour sa position, mais même pour sa vie, en butte aux humiliations incessantes des favoris de l'impératrice. Une telle situation ne pouvait

---

* Gavril Derjavine (1743-1816), le plus grand poète russe du XVIIIe siècle. Il a célébré dans des odes pindariques les hauts faits du règne de Catherine. (*N.d.T.*)

qu'avoir des répercussions sur le caractère du tsar et le pousser à changer au plus vite tout ce qui restait de Catherine.

Cependant, aucun historien sérieux, aujourd'hui, ne décrirait l'empereur Paul Ier comme un insensé dont la seule distraction était de faire manœuvrer les soldats, contraignant tous les hommes à porter perruque, et de détruire l'héritage du règne précédent. La monographie de Natan Eidelman, *Aux confins de deux siècles*, a porté pour la première fois, s'appuyant sur un grand nombre de documents, un coup fatal au mythe de la folie de Paul. D'autres historiens ont pris sa suite. Il ne fait plus à présent aucun doute que cette « folie » n'est rien d'autre qu'une légende créée par ceux qui ont tué l'empereur pour justifier leur crime abject. Légende dont se sont emparés avec plaisir les historiens libéraux, et plus encore la propagande soviétique qui s'efforçait de présenter sous le jour le plus négatif l'autocratie russe.

On peut dire aujourd'hui avec assurance que l'empereur, qui a connu une fin tragique, même s'il était impulsif et coléreux, était doué de nombreuses qualités. Il était extrêmement instruit, parlait à la perfection plusieurs langues étrangères, mais, avant tout, il se distinguait par de grandes qualités morales : l'honnêteté, la franchise, l'aspiration à gouverner en ne se fondant pas sur les seuls préceptes de Machiavel concernant l'édification de l'État, mais également sur des valeurs de justice et de noblesse d'âme. Même en politique extérieure, il s'efforçait d'agir « franchement, ouvertement, au mépris des artifices diplomatiques habituels » : « La droiture, le désintéressement et la force peuvent parler à haute voix et sans détour[6] » – c'est ainsi que s'exprime l'empereur lui-même dans des instructions données à l'un de ses ambassadeurs.

En outre, le règne précédent, en dépit d'une brillante vitrine, avait un envers peu présentable, bien connu du nouvel empereur. L'aspect le plus sombre, le plus préjudiciable de la Russie de cette époque était le système du servage, qui non seulement privait des millions de paysans de liberté, comme cela avait jadis été le cas dans les pays d'Europe occidentale, mais les réduisait en esclavage ou les ravalait même au rang de bêtes de somme. Il était difficile de modifier cet aspect de la réalité russe dans le cadre du système en vigueur. Paul ne put que promulguer un *oukaz* en date du 16 février 1797 interdisant la vente aux enchères des serfs domestiques et des paysans sans terre, abolir l'interdiction de déposer plainte contre les propriétaires fonciers, annuler par un *oukaz* du 18 décembre 1797 toutes les dettes des paysans et des petits bourgeois, enfin édicter la célèbre loi sur la corvée de trois jours (le 5 avril 1797) limitant le travail des paysans au profit de leur maître à trois jours par semaine.

Les décisions de Paul Ier concernant la remise en ordre de l'appareil d'État, de l'armée et de la flotte ont eu toutefois beaucoup plus d'importance. L'impératrice Catherine s'était déchargée dans sa vieillesse de toute l'« intendance » sur l'élite dirigeante, et de monstrueuses malversations s'étaient ensuivies dans toutes les institutions de l'État.

« [...] Lorsqu'elle eut atteint l'âge de soixante ans, raconte dans ses souvenirs le comte Langeron, un émigré français au service de la Russie[*], et qu'on vit qu'à l'affaiblissement de sa santé se joignait celui de son espoir, l'ennui du travail, la satiété des jouissances, et, peut-être plus que tard, le remords du passé et la terreur de l'avenir, lorsqu'on vit que non seulement il était facile de lui dérober la connaissance de tout ce qu'on se permettait de plus coupable, mais encore qu'elle n'avait plus la force ni la volonté de réprimer les horribles injustices qui pouvaient encore parvenir à sa connaissance, on ne connut plus aucun frein, on ne redouta plus aucun danger, et l'intérieur de la Russie offrit le spectacle triste et affligeant des spoliations les plus choquantes, des vols les plus manifestes, des déprédations les plus criantes et d'une scandaleuse cascade d'abus de pouvoir, d'oppressions de tyrannie qui descendait du ministre du Gouvernement général jusqu'au dernier des employés. Le Sénat, les tribunaux plus que jamais dévoués à la faveur ou à la richesse, n'offraient plus qu'une balance vénale où l'or ou les titres fixaient le poids des jugements. La cruauté des maîtres ne connut plus de bornes ni de punitions ; on percevait sur le peuple le double des impôts ordonnés, et les percepteurs partageaient ; toute plainte, toute réclamation était étouffée ou punie cruellement[7]. »

Le vol avait pris de telles proportions, dans l'armée, que « de nombreuses recrues mouraient de faim avant d'arriver sur le lieu de leur service, ou bien se retrouvaient à travailler dans la propriété de leur chef ». Langeron assure que, sur 100 000 recrues, seules 50 000 atteignaient le lieu de leur affectation : les autres soit mouraient, soit « étaient interceptées » en route !

L'empereur prit sur lui, tâche gigantesque, de tenter d'éliminer les malversations et la corruption qui connaissaient une ampleur monstrueuse, de contraindre les fonctionnaires à travailler honnêtement et les officiers à servir. Parallèlement à l'instauration d'une

---

[*] Louis Alexandre Langeron (en Russie Alexandre Fédorovitch) est né en 1763 à Paris et mort en 1831 à Saint-Pétersbourg. Lieutenant-colonel de l'armée royale française il émigra à la suite de la Révolution et entra au service de la Russie. Depuis l'attaque d'Izmaïl, où il se distingua par sa bravoure, jusqu'à la guerre russo-turque de 1827-1828, Langeron prit part dans les rangs de l'armée russe à presque toutes les guerres que mena la Russie à cette époque. Il fut élevé en 1811 au grade de général d'infanterie. Il a laissé d'intéressants souvenirs qui n'ont été que partiellement publiés.

stricte discipline dans l'armée, Paul Ier améliora la situation matérielle des troupes, prit toutes les mesures nécessaires pour éliminer
l'arbitraire des commandants d'unités, donna des instructions précises pour le recrutement, les nominations, les mutations, les promo-
tions, les mises à la retraite, etc., mais surtout, comme le notent de
nombreux contemporains, il mit fin à l'« âge d'or des pillards ».

Dans le même temps, le nouvel empereur fit prendre un tournant décisif à la politique étrangère de la Russie. C'est ainsi qu'il
annonça publiquement son refus de participer à la guerre de la
coalition contre la France. Le chancelier Osterman a exposé les
motifs de cette décision dans une lettre aux gouvernements des
pays européens : « La Russie, en guerre permanente depuis 1756,
est pour cette raison la seule puissance au monde à s'être trouvée
pendant quarante ans dans la situation malheureuse d'épuiser sa
population. Le cœur bienveillant de l'empereur Paul ne pouvait
refuser à ses fidèles sujets [...] un peu de repos après des tourments si prolongés[8]. »

La levée à venir fut annulée sur ordre de l'empereur, il fut enjoint
à l'escadre qui se trouvait en mer du Nord de réintégrer sa base, les
troupes qui combattaient dans le Caucase contre la Perse furent également renvoyées dans leurs pénates, enfin tous les préparatifs de
campagne contre la France furent abandonnés.

La guerre terrestre cessa d'ailleurs bientôt elle aussi en Europe.
Les brillantes victoires de Bonaparte en Italie contraignirent l'empereur romain germanique à engager des pourparlers de paix, et en
octobre 1797 fut signé le célèbre traité de Campoformio qui marqua la
fin de la première coalition antifrançaise. En dehors de l'Angleterre
qui poursuivit la guerre sur mer, toutes les puissances européennes
conclurent la paix avec la France.

À ce moment-là, beaucoup de changements avaient eu lieu en
France. À la place des jacobins, ces romantiques sanglants qui
avaient dirigé la Terreur, avait accédé au pouvoir un gouvernement
représentant les intérêts de la bourgeoisie spéculative, le tristement
célèbre Directoire. Les victoires de Bonaparte en Italie lui tour-
nèrent la tête et bientôt, sur ordre du Directoire, les troupes françaises entrèrent en Suisse, puis en Italie du Sud. Enfin Bonaparte lui-
même, à la tête d'une armée de 35 000 hommes, fut envoyé à la
conquête de l'Égypte.

En route vers la terre des pharaons, l'armada française atteignit le
9 juin 1798 l'île de Malte. Bonaparte exigea la capitulation des chevaliers de Malte, à qui appartenait l'île. Les dirigeants de cet ordre
ancien rendirent la ville et la citadelle sans opposer la moindre résistance. Laissant là une petite garnison, Bonaparte, avec son armée et
sa flotte, poursuivit sa route vers l'Égypte.

Pour le jeune général, la prise de Malte n'était qu'un épisode. Mais, pour Paul Ier, cet événement fut un signal important qui déboucha sur un tournant abrupt de la politique russe.

Il va de soi que ce tournant à cent quatre-vingts degrés de la politique russe était étayé par plus de motifs qu'il n'était nécessaire : le développement rapide de l'influence française en Allemagne et en Italie, la perspective de voir les Français faire leur apparition dans les Balkans, les craintes et les pressions de la diplomatie anglaise et celles des émigrés français qui attisaient les humeurs antirépublicaines à la cour de Russie, etc., mais on ne saurait surestimer l'importance de l'épisode de Malte dans cette affaire. C'est en effet la prise de l'île qui conforta définitivement Paul dans sa décision d'entrer en guerre contre la République. Il est d'ailleurs intéressant de noter que l'empereur était moins inquiet de la conquête par les Français d'une place stratégique en Méditerranée que de l'anéantissement d'un vénérable ordre de chevalerie.

L'empereur de Russie s'engagea en fait dans une croisade contre la République. Il regardait comme sa mission l'instauration en Europe d'un ordre juste tel qu'il le concevait : la restauration de la monarchie en France, le rétablissement de tous les régimes politiques et de tous les États présents avant le début de la guerre contre la France républicaine. Les démarches énergiques de l'empereur de Russie conduisirent à la formation de la deuxième coalition anti-française. Elle comprenait cette fois, outre la Russie et l'Angleterre, l'Autriche, la Turquie et le royaume de Naples.

En l'occurrence, le rapport de forces sur le terrain n'était pas, de toute évidence, en faveur des Français. L'enthousiasme révolutionnaire s'était éteint en France. Bonaparte l'avait bien noté, souvenons-nous de sa phrase : « La guerre, qui a été nationale et populaire [...], semble aujourd'hui étrangère au peuple et n'est devenue qu'une guerre de gouvernement. » Mais le gouvernement de la France, le Directoire, était corrompu jusqu'à la moelle ; il ne pouvait donner l'exemple du sacrifice, mais seulement de la concussion et des machinations douteuses. L'économie du pays, le ravitaillement de l'armée, tout cela était plongé dans le désordre le plus total. Le chaos régnait à l'intérieur du pays, les brigands faisaient la loi sur les routes. Un tel gouvernement « pouvait tyranniser, mais ne pouvait pas gouverner ». Il n'est pas difficile de deviner que l'armée, dans ces conditions, ne pouvait être ni nombreuse, ni bien équipée. La désertion gangrenait ses rangs.

En conséquence, les coalisés commencèrent à talonner les Français sur tous les fronts. Mais c'est en Italie du Nord que les troupes russes commandées par Souvorov remportèrent les plus grands succès. Elles défirent les républicains en avril 1799 dans une série de combats sur la rivière Adda, en juillet sur la rivière Trebbia, puis, le

15 août, Souvorov écrasa le célèbre général Joubert lors de la bataille de Novi. En un bref laps de temps, toute l'Italie se retrouva aux mains des forces de la coalition. Pour l'empereur Paul Ier et le chef militaire qui exécutait fidèlement sa volonté, il n'y avait aucun doute : la guerre était menée au nom de la restauration « des trônes et des autels », c'est-à-dire qu'il fallait réinstaller les anciennes autorités, et avant tout le roi Charles-Emmanuel, chassé du Piémont par les républicains.

Cependant, au grand étonnement de l'empereur de Russie, les Autrichiens ne se hâtaient absolument pas de remplir cette tâche et s'occupaient principalement de récolter des contributions en leur faveur. « Que le roi oublie complètement le Piémont ! » proclama après le départ des troupes russes d'Italie du Nord le chef d'état-major de l'armée autrichienne, le général Zach, « ce pays a été conquis par les Autrichiens et, par conséquent, le commandant en chef autrichien a seul le droit de prendre des décisions au Piémont, de la même façon qu'il les prendrait s'il était entré avec son armée en Provence ou dans une autre région de France[9]... »

Plus le temps passait, moins on comprenait pourquoi les Russes devaient combattre sur des terres lointaines – ce qui, on l'a vu, n'avait de sens pour Paul et pour la Russie que s'il s'agissait d'une guerre idéologique menée au nom des principes conservateurs et dont le but principal n'était pas la conquête de nouveaux territoires, mais la restauration de l'ordre ancien. Et l'empereur russe n'avait pas, à plus forte raison, l'intention de gaspiller des sommes énormes et la vie de ses sujets pour conquérir des terres au profit de puissances étrangères.

Les relations entre Russes et Autrichiens devinrent si tendues que le commandement autrichien insista pour que les troupes russes quittent l'Italie pour la Suisse et fusionnent avec un autre corps d'armée russe commandé par le général Rimski-Korsakov. Mais les Autrichiens laissèrent ce général en tête-à-tête avec des Français supérieurs en nombre avant que Souvorov ait pu lui venir en aide, en conséquence de quoi le célèbre général Masséna écrasa Rimski-Korsakov devant Zurich, et Souvorov dut franchir, au prix de combats acharnés, des cols inaccessibles. Le débarquement des coalisés en Hollande s'acheva également par un échec. Acculées à la mer, les troupes anglo-russes furent contraintes de signer une convention aux termes de laquelle elles devaient quitter le territoire de la République batave. Il est intéressant de noter que, si les troupes anglaises rentrèrent dans leur pays, on ne laissa pas les soldats russes débarquer en Angleterre. La flotte anglaise les conduisit dans les îles de Jersey et Guernesey, où ils furent abandonnés à leur sort en plein hiver, pratiquement sans ravitaillement, sans vêtements et sans chaussures.

Les relations entre alliés n'étaient pas non plus excellentes sur les mers. Les amiraux Ouchakov et Nelson n'étaient visiblement pas faits pour être amis. La morgue et la présomption de l'amiral anglais se heurtèrent à une vive riposte d'Ouchakov. Nelson déclara dans une lettre qu'« Ouchakov avait une attitude si hautaine que c'en était insupportable » et que « sous les dehors policés de l'amiral russe se dissimule un ours ». Nelson était très inquiet de l'affirmation de la présence russe en Méditerranée et repoussait tant qu'il pouvait les projets d'actions communes contre la garnison française de Malte. Il avait besoin de cette île comme base pour la flotte anglaise et n'avait pas du tout l'intention, après la capitulation des Français, de rendre l'île à de quelconques chevaliers.

Tout cela ne pouvait que mettre hors de lui Paul Ier, et ce n'était pas le caractère prétendument déséquilibré de l'empereur de Russie qui était ici en cause. Le sens de la guerre était totalement détourné. Les soldats et les marins russes ne sacrifiaient pas leur vie pour restaurer la justice et la monarchie, mais servaient d'outils à la politique de conquête de la cour de Vienne et à la cupidité des marchands anglais.

Le 22 octobre (11 octobre ancien style), le tsar envoya une lettre très dure et dépourvue d'ambiguïté à l'empereur romain germanique, François : « Voyant [...] que mes troupes sont jetées en pâture à l'ennemi par l'allié sur lequel je comptais plus que sur tous les autres, voyant que sa politique est totalement opposée à mes vues, et que le salut de l'Europe est sacrifié à l'aspiration d'étendre votre monarchie, [...] avec toute la franchise que j'ai employée à me hâter à vous venir en aide et à coopérer aux succès de vos armées, *je déclare à présent que je cesse désormais de me préoccuper de vos intérêts* pour me consacrer à mes intérêts propres et à ceux des autres alliés. *Je cesse d'agir conjointement avec Votre Majesté Impériale*[10]. » La lettre du monarque russe fut remise en mains propres à l'empereur François par le nouvel ambassadeur russe à Vienne, le comte Kolytchev, lors d'une audience spéciale, le 5 novembre 1799, et fit l'effet d'une bombe.

Les longues colonnes de troupes russes, traversant la Bavière, la Bohême et la Moravie, s'en retournèrent vers l'est. La croisade était terminée, l'heure avait sonné pour la Russie d'en revenir au monde des réalités géopolitiques.

En ces journées où la politique russe effectuait un tournant brutal se déroulaient, bien loin de Saint-Pétersbourg, à l'autre bout de l'Europe, des événements destinés à changer tout autant le sort du monde. Informé de la crise profonde qui s'était emparée de son pays, des échecs militaires répétés, du danger que courait la France d'être envahie, Bonaparte prit une résolution hardie. Dans la nuit du

22 au 23 août 1799, il s'embarqua avec un petit détachement de soldats et quelques officiers fidèles, et quitta l'Égypte.

Les deux frégates qui transportaient la petite troupe accomplirent une traversée véritablement prodigieuse, se faufilant par miracle entre les escadres ennemies. Le 9 octobre, Bonaparte posait le pied sur le sol français et, le 16, il était déjà à Paris. Même si, à ce moment-là, la situation sur les fronts s'était sensiblement améliorée, et si la menace directe avait disparu au moins provisoirement, le régime corrompu du Directoire avait définitivement fait faillite. Le peuple était las de l'anarchie et de l'instabilité, du règne des spéculateurs et des escrocs, de l'omniprésence du banditisme et de la corruption. C'est pourquoi le jeune capitaine fut accueilli comme un sauveur. « Général, allez battre les ennemis », s'exclama l'un des orateurs venus saluer Bonaparte lors de sa traversée de la Provence, « et nous vous ferons roi ! »

Lyon était tout illuminé en l'honneur de l'arrivée du jeune héros, les gens chantaient et dansaient dans les rues aux cris de : « Vive Bonaparte, sauveur de la patrie ! »

La nouvelle du débarquement de Bonaparte sur les côtes françaises parvint à Paris le 13 octobre et fut annoncée le lendemain au Corps législatif. Au lieu de condamner le général qui avait de son propre chef abandonné son armée, les députés bondirent de leurs sièges et, des larmes d'admiration et d'enthousiasme aux yeux, entonnèrent la *Marseillaise*. Au bout de quelques instants, toute la ville connaissait la nouvelle. Le général Thiébault raconte dans ses mémoires que, ce jour-là, il se trouvait pour affaires au Palais-Royal : « J'y étais à peine entré par la grande cour quand, à l'autre extrémité du jardin, je vis un groupe se former et se grossir, puis des hommes et des femmes courant à toutes jambes. [...] Sans doute on échangeait l'annonce d'une grande nouvelle, insurrection, victoire ou défaite ; [...] un homme, sans cesser de courir, me cria d'une voix tout essoufflée cette phrase : "Le général Bonaparte vient de débarquer à Fréjus." Alors, à mon tour, je subis l'effet du vertige commun. [...] Cette nouvelle [...] se propageait avec la rapidité fluide de l'électricité. Chaque coin de rue offrait une nouvelle représentation de la scène du Palais-Royal ; de plus, les musiques des régiments de la garnison parcouraient déjà Paris en signe d'allégresse publique, entraînant à leur suite des flots de peuple et des soldats. La nuit venue, des illuminations furent improvisées dans tous les quartiers, et ce retour aussi désiré qu'inattendu fut annoncé aux cris de : Vive la République !, de : Vive Bonaparte !, dans tous les théâtres[11]. »

Bref, le général n'eut pas besoin de se poser trop de questions ; s'il avait nourri quelques doutes au moment de son départ d'Égypte, il n'en restait désormais plus trace : il voyait que le pouvoir lui tombait de lui-même entre les mains.

C'est justement pour cela que le coup d'État du 18-19 brumaire an VIII (9-10 novembre 1799) s'est déroulé, dans l'ensemble, si facilement et sans effusion de sang. Bonaparte fut proclamé Premier Consul de la République française et placé, de fait, à la tête du pouvoir exécutif, les deux autres consuls, Cambacérès et Lebrun, hommes politiques en vue, n'étant que des figurants destinés à créer une apparence de direction collégiale.

« Messieurs, vous avez un maître ! » aurait déclaré le célèbre homme politique Sieyès, un des acteurs des événements des 18 et 19 brumaire, à l'issue de sa rencontre avec Bonaparte, le matin qui suivit le coup d'État. Même si cette phrase est apocryphe, elle reflète exactement ce qui s'est passé à ce moment-là. Effectivement, peu de temps après, le pays se trouvera tout simplement métamorphosé. En quelques mois à peine, le jeune Consul aura nettoyé les routes de France des bandits, chassé escrocs et spéculateurs, assuré un fonctionnement normal de l'appareil administratif. Surtout, il aura rendu au peuple la confiance dans le pouvoir. Les gens recommenceront à payer leurs impôts, et tous les rouages de l'appareil d'État se remettront en marche. L'économie répondra immédiatement par un bond en avant au retour de la confiance, de la lisibilité de la politique, de l'ordre et de l'espoir dans les lendemains. Désormais, libérés des entraves féodales, la production et le commerce commenceront à se développer avec une rapidité qui étonnera jusqu'aux plus optimistes. Conséquence : des impôts nouveaux versés régulièrement viendront remplir les caisses de l'État. Bonaparte mettra en place un système monétaire fiable et créera une banque d'État. Il rendra au pays la liberté de conscience, fondera un enseignement supérieur et secondaire moderne, unifiera les poids et mesures, protégera les sciences, les arts et, de façon générale, tous ceux qui travailleront pour le bien de l'État et de la société.

Un membre éminent du Conseil d'État, Louis Roederer, écrira alors après une rencontre avec Bonaparte : « [Il est un] trait du caractère du Premier Consul, celui qui concourt avec tous les autres, c'est qu'il est incorruptible ; je dirai mieux peut-être : inaccessible à la corruption... Comment essayer la corruption sur l'homme dont le physique est le plus subordonné au moral, et dont le moral est le plus subordonné à l'intérêt public ? Comment détourner du bien l'homme de qui l'on n'approche, près de qui l'on ne peut demeurer que pour lui parler du bien public ? Comment distraire par des plaisirs frivoles celui dont le plaisir est l'attention aux choses utiles ? Comment séduire, entraîner dans le vice, dans l'oubli du devoir, l'homme qui ne se laisse approcher que séduit par le savoir, la probité, le dévouement ?... Un sot, un fripon ne mettront jamais leur ambition à s'approcher de Bonaparte : ils n'auraient rien à gagner.

[…] L'homme qui a sur la conscience une mauvaise action, même une mauvaise pensée, le fuit[12]. »

Bien entendu, Roederer, sous l'impression de sa rencontre avec son héros, idéalise la personne de Bonaparte, mais ces phrases n'en reflètent pas moins fidèlement l'état d'esprit qui régnait dans les premières années du Consulat. Enfin, après les coups d'État, les tumultes, l'instabilité et l'anarchie, s'affirmait dans le pays un pouvoir sûr, prévisible et honnête ; un pouvoir qui répondait aux espoirs d'une écrasante majorité de Français.

Bonaparte devint le premier personnage de l'État en France pratiquement le jour même où la Russie quittait la coalition*, et l'annonce du coup d'État en France parvint à Saint-Pétersbourg en même temps que les dernières nouvelles d'une guerre encore inachevée.

Parallèlement, les nouvelles de France éveillaient chez Paul Ier un intérêt de plus en plus grand, qui prit bientôt la forme d'un véritable enthousiasme pour les transformations réalisées par Bonaparte. En avril 1800, le comte Vorontsov, ambassadeur de Russie, fut rappelé de Londres. Sémion Romanovitch Vorontsov était plus qu'un diplomate. Représentant d'un clan influent, il avait été nommé à ce poste en 1784 et s'était si bien « intégré », en l'espace de seize ans, à son pays d'accueil qu'il était devenu plus anglais que russe. Comme l'écrivit le comte Czartoryski, lui-même anglophile, « il s'était véritablement enraciné en Angleterre et la portait aux nues d'une façon que ne pourrait se permettre le plus ardent des "tories". […] Ce sentiment vif l'empêcha de considérer avec impartialité la marche des événements et de saisir, en différentes occasions, les véritables intérêts […] de la Russie[13] ».

Le rappel de Vorontsov** fut un signe politique important, d'autant plus que l'ambassadeur de Russie à Vienne fut l'objet d'une mesure similaire et que l'on ne nomma même pas de chargé d'affaires à sa place.

La politique de participation à la coalition laissait définitivement la place à de nouvelles orientations, encore assez floues.

Alors que la Russie se cherchait une nouvelle ligne en politique extérieure, en France le Premier Consul ne devait pas seulement

---

* Le 16 octobre, Bonaparte revint à Paris et commença à préparer le coup d'État ; le 22 octobre, Paul envoya à l'empereur romain germanique la missive où il lui annonçait la cessation de leurs opérations communes contre la France ; le 10 novembre eut lieu le coup d'État ; le 20 novembre, Paul confirma une fois encore sa décision de quitter la coalition dans une lettre à Souvorov.

** En dépit de son limogeage officiel, Vorontsov, arguant de sa mauvaise santé, demeura en Angleterre.

résoudre sans tarder de graves problèmes intérieurs, ce à quoi il réussissait brillamment, mais aussi apporter une solution à des problèmes extérieurs dont le principal était la guerre contre la coalition. En effet, bien que la Russie eût quitté *de facto* les rangs de l'alliance antifrançaise, l'Angleterre et l'Autriche ne déposaient pas les armes. La guerre continuait sur terre et sur mer, l'Italie était perdue, les troupes françaises étaient chassées des îles Ioniennes, bloquées en Égypte, assiégées à Malte, et les frontières de la République, en dépit des victoires en Hollande et en Suisse, demeuraient menacées. La France était lasse de la guerre permanente ; dans son écrasante majorité, non seulement elle souhaitait que cessent l'anarchie et le chaos, mais elle rêvait aussi de paix. Cette paix, la plus grande partie de la population européenne – Anglais, Allemands, Italiens, Hollandais – y aspirait également…

Bonaparte ressentait bien ce désir irrépressible et décida de faire un geste en négligeant tous les usages diplomatiques. Le 26 décembre 1799, à peine arrivé au pouvoir, il s'adressa directement au roi d'Angleterre : « La guerre qui depuis huit ans ravage les quatre parties du monde doit-elle être éternelle ? N'est-il donc pas un moyen de s'entendre ? Comment les deux nations les plus éclairées de l'Europe, puissantes et fortes plus que ne l'exigent leur sûreté et leur indépendance, peuvent-elles sacrifier, à des idées de vaine grandeur, le bien du commerce, la prospérité intérieure, le bonheur des familles ? Comment ne sentent-elles pas que la paix est le premier des besoins, comme la première des gloires[14] ? » Bonaparte envoya aussi à l'empereur romain germanique une lettre qui se terminait par les mots suivants : « Étranger à tout sentiment de vaine gloire, le premier de mes vœux est d'arrêter l'effusion de sang qui va couler[15]. »

La réponse à ces missives fut une lettre méprisante du ministre anglais des Affaires étrangères, lord Grenville, et une concentration de troupes autrichiennes en Italie. La guerre était, hélas ! inévitable. Mais, comptant sur la faiblesse de la France, les alliés oubliaient qu'elle avait désormais à sa tête un homme plein d'énergie et de bravoure autour duquel s'était ralliée toute la nation. Un homme, enfin, dont le métier, la chose qu'il connaissait mieux que toute autre, était la guerre.

Pendant que les généraux autrichiens élaboraient des plans et regroupaient leurs troupes, Bonaparte franchit les Alpes avec l'armée dite de réserve et attaqua l'ennemi sur ses arrières. Le 14 juin 1800, il écrasa les troupes autrichiennes à Marengo, et le lendemain le commandant en chef autrichien signa un armistice aux termes duquel les Autrichiens s'engageaient à se retirer sans combattre de la plus grande partie de l'Italie du Nord. À peine commencée, la guerre était déjà finie.

Les contemporains étaient stupéfaits des incroyables succès du jeune héros. Un théoricien militaire allemand de l'époque, von

Bülow, écrivit que ces événements représentaient « une suite de prodiges qui offre dans son ensemble le résultat de causes inconnues, j'oserai même dire surnaturelles ».

À la cour de l'empereur Paul, la nouvelle de la victoire de Bonaparte provoqua une réaction qu'on aurait difficilement pu imaginer six mois auparavant : « La nouvelle de la victoire de Marengo a fait une sensation étonnante à Pétersbourg. Paul Ier ne se possédait pas de joie, il ne cessait de dire : "Vous voyez comme l'on étrille les Autrichiens en Italie depuis que les Russes n'y sont plus !" Bonaparte est maintenant son héros et, comme bien vous pensez, celui de toute la cour – quel changement[16] ! »

Un tel état d'esprit ouvrait la route à un rapprochement de la Russie et de la France. Par ailleurs, Marengo, qui avait encore renforcé le pouvoir du Premier Consul, lui permit d'agir plus hardiment vis-à-vis de la Russie. Bonaparte décida qu'il pouvait faire le premier pas en direction d'un adversaire récent de la France.

Le 18 juillet 1800, le ministre français des Affaires étrangères, Talleyrand, envoya sur ordre du Premier Consul au vice-chancelier de l'empire de Russie, le comte Nikita Pétrovitch Panine, une lettre au contenu suivant :

« Monsieur le Comte,

« Le Premier Consul de la République française n'a rien ignoré de toutes les circonstances de la campagne qui a précédé son retour en Europe. Il sait que c'est au concours des troupes russes que les Anglais et les Autrichiens ont dû tous leurs succès, et comme il honore le courage, comme il n'a rien de plus à cœur que de témoigner son estime à de braves troupes, il avait été empressé de faire proposer aux commissaires chargés par l'Angleterre et l'Autriche de l'échange des prisonniers que les Russes qui se trouvent en France fussent compris dans cet échange…

« Cependant, cette proposition, quoique si naturelle et réitérée plusieurs fois, est demeurée sans effet. Les Anglais eux-mêmes, qui ne peuvent se dissimuler que c'est aux Russes qu'ils doivent et leurs premiers succès en Batavie, et les fruits qu'ils en ont exclusivement recueillis, et la sécurité de leur retraite (car, sans les Russes, pas un Anglais n'aurait pu se rembarquer), les Anglais, dis-je, quoiqu'ils aient en ce moment chez eux vingt mille prisonniers français, ne se sont pas montrés disposés à opérer l'échange des Russes.

« Frappé de cette injustice et ne voulant pas laisser dans une plus longue détention de si braves troupes que de perfides alliés abandonnent après les avoir compromises, le Premier Consul a ordonné que tous les Russes qui se trouvent prisonniers en France, au nombre d'environ six mille, retourneraient en Russie sans échange et avec tous les honneurs de la guerre. À cet effet, ils seront habillés à neuf, réarmés, et leurs drapeaux leur seront restitués[17]. »

Cette lettre fut suivie d'une autre, également signée de Talleyrand, soulignant la résolution des Français de défendre l'île de Malte contre les Anglais désireux de se l'approprier. Enfin, Bonaparte envoya en cadeau à l'empereur Paul Ier une épée offerte par le pape Léon X à l'un des maîtres de l'ordre de Malte.

Ce geste chevaleresque et chacune des lignes de la lettre du Premier Consul étaient « finement calculés », note avec justesse le grand historien soviétique Albert Manfred, tout comme « le fait de mentionner sans insister que Bonaparte n'avait pas participé à la dernière guerre, et la flèche décochée comme incidemment en direction de l'Angleterre et de l'Autriche, et l'hommage rendu aux vaillantes troupes russes[18] ». Enfin, le destinataire lui-même était habilement choisi : on savait bien que Panine était un ardent anglophile, et partisan de la coalition. Il va de soi que, en dépit d'un destinataire formel, les lettres se retrouvèrent finalement sur le bureau de l'empereur. Connaissant le caractère de Paul Ier, on n'a aucune peine à deviner l'effet que produisirent sur lui ces paroles et ces actes hardis, simples et nobles.

La réaction de Paul fut véritablement enthousiaste. On dit que l'empereur de Russie avait placé dans son cabinet un buste du Premier Consul, et une note envoyée au ministère français des Affaires étrangères précise : « Un peintre russe ayant fait un tableau qui représente le général Bonaparte au moment où il se précipite sur le pont de Lodi pour emporter à la tête de ses grenadiers les batteries qui en défendaient le passage*, l'impératrice le lui acheta 600 roubles. L'Angleterre a fait offrir des sommes immenses pour engager notre cour à rester dans la coalition. Mais malheur à celui qui oserait appuyer ces offres[19]... »

Il va de soi que la réaction enthousiaste de Paul aurait été inconcevable s'il ne s'était agi que de gestes calculés de la part de Bonaparte. Si le résultat fut aussi remarquable, c'est parce que ces manifestations d'attention rencontraient l'assurance que les intérêts de la France et de la Russie étaient proches. L'échec de la « croisade » avait contraint l'empereur de Russie à revoir l'axe de sa politique étrangère et à passer des considérations idéologiques au terrain, plus ferme, de la géopolitique. D'autre part, la nécessité d'arrêter à tout prix la guerre révolutionnaire commandait avec insistance aux milieux dirigeants de France de trouver un allié. C'était seulement avec l'aide d'un partenaire sûr que l'on pouvait réconcilier une fois pour toutes la France nouvelle avec l'Europe.

Aussi bien Bonaparte que Paul reçurent au début de 1800 de leurs plus proches collaborateurs des réflexions claires à ce sujet. Même le ministre des Affaires étrangères Talleyrand, qui voyait en perspective

---

* Comme on le sait, si Bonaparte se lança à l'assaut du pont d'Arcole, à Lodi il ne fit que donner l'ordre de l'attaque que conduisit Berthier. Le peintre – ou l'auteur de la note – s'est trompé.

pour la France la possibilité et la nécessité d'un rapprochement avec l'Autriche, écrivit dans sa célèbre brochure *L'État de la France à la fin de l'an VIII** : « La France est peut-être le seul État qui n'ait aucune raison de craindre la Russie, aucun intérêt à désirer sa décadence, aucun motif de mettre obstacle aux progrès de sa prospérité. Il est vrai qu'elle voudrait que la Russie mît des bornes au développement exagéré de son influence et ne répétât plus l'expérience qu'elle a faite de son intervention active dans une guerre qui, sous aucun point de vue, ne pouvait l'intéresser ; mais ce vœu même est tout à fait dans les véritables intérêts de la force et de la prospérité de l'empire de Russie. [...] Le moyen de changer et améliorer cette nature des rapports entre la France et la Russie, de faire disparaître jusqu'aux motifs, jusqu'aux occasions de mésintelligence, est extrêmement simple, et la France n'y mettra certainement ni susceptibilité, ni exigence : tout ce qu'elle désire est dans les intérêts de la Russie autant que dans les siens. [...] Alors l'Empire russe aura un grand et beau système d'alliance [...], il ne verra pas la France avec les yeux d'inimitié [...], il maintiendra l'équilibre du nord pendant que la France garantira celui du midi, et leur accord assurera celui de l'univers entier[20]. » Talleyrand conclut de cette argumentation que les priorités de la politique étrangère française devaient être les suivantes : « Guerre à outrance et blocus de la Grande-Bretagne tant que cette dernière imposera sa seule loi sur la mer. Guerre pour la paix et l'alliance avec l'Autriche. Traité avec la Russie, promue au rang d'alliée naturelle et privilégiée[21]. »

D'autre part, le président du collège des Affaires étrangères de Russie, le comte Rostoptchine, remit une note semblable (quelques mois seulement après que Talleyrand eut rédigé la sienne) à l'empereur Paul. Celle-ci fut étudiée avec attention par l'empereur et confirmée par lui le 2 (14) octobre 1800. Rostoptchine considérait avant tout que Bonaparte souhaitait la paix avec la Russie et les autres puissances continentales pour la simple raison qu'il était contraint de faire la guerre à l'Angleterre. « Le dirigeant de cette puissance [la France] est trop orgueilleux, heureux dans ses entreprises et illimité dans sa gloire, pour ne pas souhaiter la paix. Par elle, il se confortera dans sa direction, il acquerra la reconnaissance du peuple français harassé et de toute l'Europe, et utilisera la tranquillité intérieure pour ses préparatifs militaires contre l'Angleterre qui, par sa convoitise, son entêtement et sa richesse, était, est et sera non pas une concurrente, mais une puissance scélérate pour la France[22]. »

---

* La fin de l'an VIII correspond au début de 1800. La brochure a été rédigée par Talleyrand, mais revisée par Hauterive.

« C'est ainsi qu'elle [l'Angleterre] a […] armé, avec en alternance des menaces, de la ruse et de l'argent, toutes les puissances contre la France [Note de l'empereur Paul : "Et nous autres pécheurs !"], et les a poussées sur le théâtre de la guerre uniquement pour atteindre ses propres buts[23]… »

Rostoptchine concluait à la nécessité d'un rapprochement avec la France et d'une coopération étroite avec elle dans l'arène internationale.

L'empereur Paul Ier donna son aval aux conclusions de son ministre et écrivit : « Ayant pris connaissance de votre plan, je souhaite que vous procédiez à son exécution. Dieu fasse qu'il en soit ainsi[24]. »

Le premier pas concret dans la voie de ce rapprochement fut l'envoi à Paris d'un plénipotentiaire dont le but formel était la discussion des questions liées au retour des prisonniers de guerre russes au pays. En réalité, l'envoyé du tsar, le général Sprengporten, devait préparer le terrain à un rapprochement politique de la Russie et de la France.

Le Premier Consul, apprenant la mission du général Sprengporten en France, donna l'ordre de l'accueillir partout avec un maximum de respect. Dans la première grande ville de la République française que traversa le général russe, une réception solennelle l'attendait. Cette ville n'était autre que Bruxelles (il ne faut pas oublier que les Pays-Bas autrichiens étaient tombés aux mains des Français au cours des guerres révolutionnaires). Sprengporten fut accueilli par la garnison sous les armes, en grande tenue, les canons tonnèrent en son honneur et le général de division Clark, flanqué de son aide de camp, arriva au galop de Paris pour manifester l'hommage du Premier Consul à l'envoyé russe. Sprengporten fut tout simplement stupéfait de ces honneurs inattendus, quasi royaux.

Dans son rapport à l'empereur, le général écrivit avec enthousiasme : « Depuis Bruxelles, nous ne payons rien ; on ne me laisse pas payer la moindre obole, pas plus qu'à mon escorte. […] Ici, partout où nous arrivons, on nous accueille même avec des applaudissements. […] L'état d'esprit et l'instant sont des plus favorables, les prétentions des plus modérées, et la cause est digne de vous et de vos nobles sentiments[25]. »

L'envoyé du tsar arriva dans la capitale française le 20 décembre 1800 et fut immédiatement reçu par le ministre des Affaires étrangères, puis, le jour même, par Bonaparte en personne. En fait, le but officiel de la visite, la remise des prisonniers russes, était, pourrait-on dire, oubliée. Et ce, non pas parce que des difficultés étaient apparues, mais, bien au contraire, parce que le gouvernement français était tellement bien disposé à ce sujet qu'il avait pensé lui-même à tout et était prêt à tout pour satisfaire les Russes. La Bibliothèque nationale de Russie à Saint-Pétersbourg possède, dans son département des manuscrits, des documents consacrés à la partie officielle de la mission de Sprengporten. C'est là un exemple rare d'entente entre deux parties contractantes où l'une (la française) assume toutes les obligations, et l'autre ne fait que les accepter avec magnanimité[26].

Pendant son entretien avec l'envoyé russe, Bonaparte s'exclama : « Votre monarque et moi, nous sommes appelés à changer la face du monde ! »

Au lendemain de sa rencontre avec Sprengporten, Bonaparte adressa à Paul une lettre enthousiaste :

« Paris, le 30 frimaire an IX (9 [21] décembre 1800)

« J'ai vu hier avec grand plaisir M. le général Sprengporten. Je l'ai chargé de faire connaître à Votre Majesté que, par des considérations politiques comme par des considérations d'estime pour Elle, je désire voir promptement et irrévocablement réunies les deux plus puissantes nations du monde.

« J'ai tenté en vain depuis douze mois de donner le repos et la tranquillité à l'Europe : je n'ai pas pu y réussir, et l'on se bat encore sans raison et, à ce qu'il paraît, à la seule instigation de la politique anglaise.

« Vingt-quatre heures après que Votre Majesté aura chargé quelqu'un qui ait toute Sa confiance et qui soit dépositaire de Ses désirs, de Ses spéciaux et pleins pouvoirs, le continent et les mers seront tranquilles. Car, lorsque l'Angleterre, l'empereur d'Allemagne et toutes les autres puissances seront convaincues que les volontés comme les bras de nos grandes nations tendent à un même but, les armes leur échapperont des mains et la génération actuelle bénira Votre Majesté Impériale de l'avoir arrachée aux horreurs de la guerre et aux déchirements des factions.

« Cette conduite forte, franche et loyale pourra déplaire à quelques cabinets, mais elle réunira les suffrages de tous les peuples et ceux de la postérité.

« Je prie Votre Majesté Impériale de croire aux sentiments de considération toute particulière que j'ai pour Elle, et dont les sentiments exprimés dans cette lettre sont la plus grande preuve que je puisse Lui donner.

Bonaparte[27]. »

Cette missive n'était pas encore parvenue à Saint-Pétersbourg que Paul Ier, comme s'il pressentait à des milliers de kilomètres de distance l'état d'esprit de Bonaparte, sans attendre de nouvelles de Paris, écrivit une lettre qui frappe par sa clarté, sa noblesse et ses idées en avance sur l'époque. Cette missive est si intéressante que l'on ne peut que la citer intégralement :

« Saint-Pétersbourg, le 18 (30) décembre 1800

« Monsieur le Premier Consul,

« Il est du devoir de ceux à qui Dieu a remis le pouvoir de gouverner les peuples de penser et s'occuper de leur bien-être. Je Vous propose à cette fin de convenir entre Nous des moyens d'en finir avec les maux qui désolent depuis onze ans l'Europe entière. Je ne parle ni ne veux discuter ni des droits de l'homme, ni des principes des différents gouvernements que chaque pays a adoptés. Cherchons à rendre le repos et le calme au monde, dont il a tant besoin et qui semble être si conforme aux lois immuables de l'Éternel. Me voici prêt à Vous écouter et M'entretenir avec Vous. Et Je crois être d'autant plus fondé en droit de Vous proposer de le faire que J'étais loin de la lutte à laquelle, si même J'y ai participé, ce n'a été que comme auxiliaire fidèle de ceux qui ne l'ont pas été vis-à-vis de Moi. Vous connaissez déjà et saurez encore ce que Je propose, ce que Je désire, mais ce n'est pas tout : Je Vous invite à rétablir avec Moi la paix générale qui, si Nous le voulons, difficilement pourrait Nous être ravie. C'est Vous en dire assez pour Vous faire apprécier ma façon de penser et mes sentiments. Que Dieu Vous ait en Sa sainte et digne garde !

Paul[28]. »

Il est intéressant de noter que Bonaparte, sans avoir reçu non plus la réponse de Paul, déclara fermement, lors de la séance du Conseil d'État du 2 janvier 1801 : « La France ne peut avoir que la Russie comme alliée. » On a l'impression que les deux parties ont été prises d'une sorte d'excitation joyeuse, comme si elles attendaient cet événement depuis longtemps et qu'il était enfin advenu. Deux grands peuples, malgré la différence de régime et d'idéologie de leurs pays, se tendaient la main pour instaurer dans le monde la stabilité et la tranquillité. À partir de ce moment et pendant dix ans, la conception centrale de la politique extérieure du Premier Consul, et par la suite de l'empereur, reposera sur le désir de créer une alliance franco-russe, et il tendra vers ce but indépendamment de tous les obstacles.

À ce moment où les relations entre la France et la Russie étaient passées comme par un coup de baguette magique de l'hostilité à l'amitié la plus étroite, Paul reçut un coup venant de l'Angleterre, une véritable gifle. En septembre 1800, après une résistance prolongée et acharnée, la garnison française de Malte avait capitulé. Comme on pouvait déjà le deviner d'après les événements antérieurs, les Anglais oublièrent les principes de légitimité, de défense des droits et libertés de l'homme dont ils se préoccupaient tant lorsque ceux-ci pouvaient servir de prétexte à une guerre profitable aux banquiers de la City. Le drapeau britannique fut hissé sur l'île, et Malte allait devenir pour deux siècles une des principales bases de la flotte anglaise en Méditerranée. C'était là un point final à la croisade entamée naguère par Paul. Rappelons que des milliers de soldats russes avaient péri afin de restaurer la justice et, avant tout, de défendre les principes de la chevalerie et de l'honneur dont le tsar voyait l'incarnation dans l'ordre de Malte. Ceux-ci étaient à présent grossièrement foulés aux pieds.

L'épisode de Malte et les actes de piraterie de la flotte anglaise firent naître une communauté d'intérêts des pays nordiques en faveur de la liberté du commerce. Paul initia une alliance des États du bassin de la Baltique, dont le but était de ressusciter la neutralité armée de 1780. La Russie et la Suède signèrent un traité dans ce sens à Saint-Pétersbourg le 16 décembre 1800. Le Danemark et la Prusse s'y joignirent bientôt. Cette alliance reçut par la suite le nom de Ligue des pays du Nord (ou Deuxième Ligue des États neutres). On trouvait au centre du traité la libre circulation des bateaux neutres sur toutes les mers, la protection des cargaisons civiles (toutes les provisions maritimes étant considérées comme telles) acheminées sous un pavillon neutre contre l'arraisonnement, et la reconnaissance de l'état de blocus limitée au cas où un port serait véritablement environné par des navires de guerre. Enfin, selon le principal article de la déclaration de neutralité armée, les navires de commerce des pays neutres naviguant en convoi avec des navires de guerre ne devraient en aucun cas être soumis à une inspection de la part de navires de guerre de puissances belligérantes.

Parallèlement, à la fin de novembre 1800, les Autrichiens rompirent la trêve sur le Rhin conclue l'été précédent en Italie, et passèrent de nouveau à l'attaque. Cette fois, ils durent faire face à une puissante riposte de l'armée du Rhin. Le 3 décembre 1800, les troupes placées sous le commandement de Moreau les écrasèrent à la bataille de Hohenlinden.

Au moment où le frère du Premier Consul, Joseph Bonaparte, et le comte Kobenzel, plénipotentiaire autrichien, discutaient avec acharnement à Lunéville des conditions du traité de paix, la lettre écrite par Paul le 18 (30) décembre 1800 (voir plus haut) parvenait à Paris. Napoléon, enthousiasmé, écrivit à son frère : « Hier est arrivé de Russie un courrier qui a fait la route en quinze jours ; il m'a apporté une lettre extrêmement amicale de la main propre de l'empereur [Paul] [...]. La Russie est dans des dispositions très hostiles contre l'Angleterre. Il vous est facile de sentir l'intérêt à ne rien brusquer, car la paix avec l'empereur [romain germanique] n'est rien, en comparaison d'une alliance qui maîtrisera l'Angleterre et nous conservera l'Égypte[29]. »

Joseph n'eut pas même l'occasion de se hâter. Les Autrichiens savaient déjà qu'une véritable amitié s'était nouée entre le Premier Consul et le tsar. Kobenzel écrivit à ce moment-là à son gouvernement : « Ce rapprochement avec les cours du Nord, en particulier avec la Russie, est devenu leur cheval de bataille ; ils le mettent en avant à chaque pas[30]. » À présent, les plénipotentiaires autrichiens

comprenaient qu'ils n'avaient aucune raison de faire traîner les pourparlers. Le 12 février 1801, les canons tonnaient à Paris, annonçant la
signature de la paix entre la France et la monarchie autrichienne*. Ce
jour-là, les Parisiens célébraient le carnaval. La nouvelle de la signature de la paix provoqua une explosion de joie dans la foule en fête.

Un témoin de ces événements nota : « Alors le délire populaire se
transporta tout à coup […] dans le jardin des Tuileries et, aux cris
frénétiques de "Vive le Premier Consul !", la foule dansa sous les
fenêtres[31]. » Les festivités se poursuivirent pendant un mois entier :
feux d'artifice et réjouissances populaires, cérémonies officielles et
réceptions se succédaient. « Quelle magnifique paix ! Quel commencement de siècle ! Et quelle sagesse en même temps dans l'usage
modéré de la puissance et de la force ! » écrivit le *Journal des débats*,
reflétant l'opinion des Français sur les événements.

Le chef du gouvernement français n'avait sans doute jamais
connu une telle euphorie, et son peuple la partageait. Il semblait
que tous les rêves les plus fous se fussent réalisés depuis qu'il était
au pouvoir, un an et deux mois seulement ! Le calme et l'ordre
régnaient dans le pays, la guerre continentale était gagnée et, sur
les mers, les marins français, hollandais, espagnols, russes, suédois,
danois et allemands préparaient leurs navires à une bataille décisive contre les Anglais.

Enfin, en mars 1801, l'ambassadeur russe arriva en France avec
une suite nombreuse. Cet ambassadeur était le comte Stepan
Alexéïévitch Kolytchev, un grand seigneur de cinquante-quatre ans,
fort connu à la cour de Catherine et de Paul. Il est difficile de se
représenter les préparatifs qui furent faits pour l'accueil de cet
hôte de marque. Le Premier Consul bombarda littéralement de
lettres les préfets des départements que devait traverser l'ambassadeur de Russie. Le chef d'état-major de la Garde consulaire, le général
Caffarelli, un des plus proches collaborateurs de Bonaparte, se
rendit à la frontière pour organiser les cérémonies.

Pendant que l'ambassadeur s'approchait sans hâte de la capitale
française, le Premier Consul et l'empereur de Russie préparaient un
projet des plus grandioses : une campagne en Inde ! Un plan
concret de campagne naquit, apparemment dans les premiers mois
de 1801. Il était prévu d'envoyer dans cette expédition lointaine une
armée de 70 000 hommes, dont la moitié fournie par la Russie et
l'autre par la France. Les troupes françaises placées sous le commandement d'un chef d'armée remarquable, le général Masséna,
devaient descendre le Danube sur des transports de troupe, traverser
ensuite la mer Noire et, en passant par Taganrog et Tsaritsyne,

* Le traité de paix de Lunéville fut signé le 9 février 1801.

atteindre pour commencer Astrakhan, cependant qu'une avant-garde pousserait jusqu'à Astrabad (aujourd'hui Gorgan), dans le nord de l'Iran, où les Russes pourraient attendre l'arrivée de leurs alliés.

De même que la campagne d'Égypte de Bonaparte, l'expédition en Inde ne devait pas être seulement militaire, mais également scientifique. Le plan prévoyait ce qui suit : « Une société choisie de savants et de toutes sortes d'artistes doit prendre part à cette glorieuse expédition. Le gouvernement leur remettra les plans et les cartes existants sur les pays que doit traverser l'armée alliée, ainsi que les notes et œuvres les plus respectées consacrées à la description de ces lieux[32]. » Tout comme en Égypte, l'armée devait être accompagnée d'un « détachement d'aérostiers » à qui était confiée la fabrication de ballons visant à impressionner les peuples « incultes ». Enfin, il était même prévu d'envoyer avec les troupes des « maîtres artificiers » et d'organiser à Astrabad de brillantes fêtes et parades « pour donner aux habitants de ces contrées l'impression la plus haute de la Russie et de la France ».

En qualité d'avant-garde de cette expédition, Paul décida d'expédier en Inde les cosaques du Don. Le 12 (24) janvier 1801, il envoya à l'ataman de l'armée du Don, Orlov Ier, un rescrit ordonnant de réunir immédiatement ses régiments et de les diriger vers Orenbourg, puis, de là, directement vers l'Inde « pour frapper l'ennemi en plein cœur[33] ». Orlov rassembla 22 500 cosaques avec 12 canons et 12 « licornes[*] », et les fit partir le 27 février (11 mars) pour Orenbourg.

Conformément aux calculs de Bonaparte, les troupes russes et françaises devaient mettre deux mois pour se rendre d'Astrakhan aux rives de l'Indus. Tout en ayant conscience des difficultés de la campagne, on concluait néanmoins : « Les armées russe et française ont soif de gloire ; elles sont braves, endurantes, d'un courage inlassable, et la circonspection et l'endurance des chefs vaincront tous les obstacles, quels qu'ils soient[34]. »

Ainsi, dans les premiers mois de 1801, s'est formée *de facto* la première alliance russo-française de l'Histoire. Elle n'était encore entérinée par aucun document officiel, mais il ne fait aucun doute qu'il existait de part et d'autre une ferme volonté de rapprochement.

Tout en concevant clairement que les avantages de l'alliance russo-française étaient, pour la Russie, contrebalancés par de sérieux inconvénients, force est de reconnaître que la guerre contre la France aurait été pour elle encore plus absurde et inutile.

---

* Obusiers russes d'un modèle particulier avec de longs tubes. Au XVIIIe siècle, les licornes étaient décorées de figures de l'animal mythique. (*N.d.T.*)

Le mérite de Paul a été, une fois comprise l'erreur qu'avait consti-tuée la « croisade », de trouver la force de la reconnaître et de tendre la main à un pays au régime fondamentalement différent de celui de l'Empire russe. Conservateur-né, ardent partisan de la monarchie absolue, Paul n'en avait pas moins pris une orientation à laquelle n'aurait sans doute pas pu penser Catherine, et que ne pourra prendre Alexandre.

Hélas ! cette alliance ne devait pas survivre à l'épreuve du temps. À la fin de 1800, un groupe de représentants de la grande noblesse russe fomenta un complot contre l'empereur. L'inspirateur en était un homme d'État connu, le comte Piotr Alexéïévitch Pahlen, général et gouverneur de Saint-Pétersbourg, et il avait pour adjoint direct le comte Nikita Pétrovitch Panine, vice-président du collège des Affaires étrangères (dans le langage moderne, vice-ministre des Affaires étrangères). Platon Zoubov, le dernier favori de Catherine II, et son frère Nicolas y participaient activement. Les origines de ce complot sont claires : la politique de l'empereur irritait sérieusement la grande noblesse. La remise en ordre dans l'État et la stricte disci-pline dans l'armée ne plaisaient pas à tout le monde. Enfin, la perte de confiance dans l'avenir, qui s'étendait à l'ensemble de l'aristocratie, joua également un rôle important. En effet, tout en soulignant la générosité et l'honnêteté de Paul, ses excellentes intentions, on ne peut nier qu'il était extrêmement difficile de travailler avec un tel « chef ». Certes, Paul n'était pas fou, mais sa nervosité, son caractère colérique, ses décisions à l'emporte-pièce perturbaient gravement la noblesse. À la fin de 1800, par ses actions inconsidérées, il avait éloigné de lui ceux-là mêmes qui auraient pu être ses partisans. Des hommes dévoués et compétents se retrouvaient en disgrâce, souvent pour des brouilles.

Le colonel des gardes à cheval Sabloukov, auteur de mémoires sur l'époque de Paul Ier remarquables par leur précision et leur honnê-teté, définissait ainsi l'empereur : « C'était un homme tout à fait bienveillant, plein de grandeur d'âme, prêt à pardonner les offenses, à se repentir de ses erreurs. Il estimait grandement la vérité, haïssait le mensonge et la tromperie, se préoccupait de justice et poursuivait sans pitié toutes malversations, en particulier la concussion et la cor-ruption. » Mais le mémorialiste ajoutait aussitôt que toutes ces grandes qualités étaient annulées par « son emportement, sa nervo-sité extrême, son exigence absurde et impérieuse d'être obéi sans objection[35] ». L'instabilité de la situation des serviteurs de l'État est parfaitement résumée par ces quelques lignes de Sabloukov : « Nous avions pris l'habitude, lorsque nous étions de garde, de cacher dans notre sein quelques centaines de roubles-assignats pour ne pas être démunis en cas de déportation subite[36]. » On ne pouvait que s'attendre, dans de telles conditions, à voir se manifester tôt ou tard quelque chose de plus fort qu'un simple mécontentement.

Cependant, le mécontentement de la noblesse en serait peut-être demeuré au stade de vains bavardages, n'eût été l'aide de « personnes bien intentionnées ». Pour que ce mécontentement se transforme en quelque chose de palpable, il fallait qu'il y ait une force organisatrice et des moyens matériels. Cette force, ce fut l'ambassadeur d'Angleterre, Whitworth, qui l'incarna. Les historiens ont évoqué depuis longtemps l'implication du diplomate dans la conjuration. C'est ainsi que l'éminent historien Kazimierz Waliszewski* considérait que l'Angleterre avait vraisemblablement financé les conspirateurs[37].

Ce sont toutefois les chercheurs contemporains qui ont donné une réponse définitive à cette question. Il y a très peu de temps, l'historienne britannique Elizabeth Sparrow a publié un important ouvrage intitulé *Secret Service : British Agents in France, 1792-1815*, fondé sur une grande quantité de documents d'archives inconnus jusque-là, et qui ne laissera planer aucun doute sur la participation des services secrets anglais à l'organisation du complot contre Paul I[er][38].

Les agents et l'argent anglais aidèrent bel et bien la conspiration à se fortifier.

De sombres pressentiments tourmentaient Paul. Sabloukov raconte que, quelques jours avant la concrétisation du complot, lors d'une promenade à cheval, Paul arrêta soudain sa monture et, se retournant vers l'Oberstallmeister** Moukhanov, lui dit d'une voix troublée : « J'ai eu l'impression d'étouffer, de manquer d'air. Je sentais que je me mourais... Est-ce qu'ils veulent m'étrangler[39] ? » Sans doute une vague rumeur de complot était-elle parvenue jusqu'à Paul, mais il n'était au courant d'aucun détail. L'empereur se retrouvait véritablement isolé. Et bien que, dans les premiers jours de mars 1801, des bruits de complot se soient répandus dans Pétersbourg, Paul demeurait dans l'ignorance. Le comte de Sanglen rapporte que le soir du 11 (23) mars, alors qu'il empruntait la perspective Nevski, le cocher s'était tourné vers lui et lui avait demandé :

« Est-il vrai, monsieur, que l'empereur va mourir cette nuit ?

– Tu es fou ! s'exclama Sanglen.

– Pardon, monsieur, on ne parle que de ça à la Bourse : c'est la fin[40]. »

---

* Kazimierz Waliszewski (1849-1935), historien polonais, auteur de nombreux ouvrages sur les empereurs de Russie, dont certains ont été publiés en français. (*N.d.T.*)

** Grand écuyer. (*N.d.T.*)

Le cocher se révéla, hélas, mieux informé que l'empereur qui, en dépit de l'atmosphère bizarre qui régnait dans sa résidence du château Michel au soir du 11 (23) mars, ne prit aucune mesure pour se protéger.

Aux environs de minuit, deux groupes de conjurés, l'un conduit par le comte Pahlen, l'autre par le général Bennigsen, entrèrent dans le château. La garde était assurée par le 3e bataillon du régiment Sémionovski, dont une grande partie des officiers étaient du complot. En outre, le grade élevé de Pahlen et ses hautes fonctions permirent aux comploteurs de pénétrer sans obstacle dans le palais. Pendant que celui-ci et les officiers qui l'accompagnaient distrayaient l'attention du gros de la garde, le groupe « d'assaut » mené par Bennigsen (de dix à douze hommes), ayant sabré le valet de chambre Argamakov, fit irruption dans la chambre de l'empereur.

Ce qui se passa ensuite est décrit par de nombreuses sources et étudié dans des centaines d'études sur l'époque de Paul Ier, mais il n'est sans doute pas possible de fournir tous les détails. Les témoignages des protagonistes sont contradictoires. En outre, chacun relate les faits de façon à se donner le beau rôle – ce qui signifie, en fonction de la conjoncture, se représenter soit comme un acteur, soit comme un témoin passif de l'événement. De plus, presque tous les « héros » du coup d'État étaient ivres, et il est peu probable qu'ils aient pu, même au bout de quelques minutes, expliquer de manière intelligible ce qui s'était réellement passé.

Quoi qu'il en soit, on tenta apparemment de faire signer à Paul un acte d'abdication, ce à quoi, bien sûr, il se refusa catégoriquement. Alors, après une « discussion animée », Nicolas Zoubov frappa Paul à la tempe avec un objet contondant (les témoignages divergent à ce sujet : certains parlent d'une tabatière en or massif, d'autres d'un objet en marbre, d'autres encore d'un pistolet). L'empereur tomba, perdant son sang ; alors les conjurés le plaquèrent au sol et l'étranglèrent, semble-t-il, avec l'écharpe de l'officier de la garde, Skariatine. À partir de ce moment-là, rendus comme fous par la vue du sang, les comploteurs, ivres, se jetèrent sur le corps sans vie de l'empereur pour lui faire subir des outrages…

« Le cri : "Paul n'existe plus !", écrit dans ses mémoires le comte Czartoryski, est entendu par tous les conjurés retardataires, et les enivre d'une joie qui les prive de tout sentiment de décence et de dignité. Ils se répandent en tumulte dans les corridors et les salles du château, se racontent leurs prétendues prouesses ; beaucoup d'entre eux trouvent moyen de compléter l'ivresse commencée au souper en pénétrant dans les caves de la cour et en buvant à la mort de celui qui n'existait plus[41]. »

Au matin du 12 (24) mars, Pétersbourg était en liesse. Les rues s'emplirent de chenapans vêtus de tous les atours à la mode nouvelle interdits par les règlements de Paul, « les chapeaux ronds et les bottes à revers », et un officier de hussards éméché caracolait sur le trottoir en criant : « Maintenant, tout est permis ! » En ce qui concerne la masse des soldats, elle accueillit la nouvelle de la mort de l'empereur dans un silence morose. « Les sévérités, les fureurs insensées de l'empereur Paul tombaient ordinairement sur les fonctionnaires, sur les généraux et les officiers supérieurs. Plus on était haut en rang, et plus on y était exposé ; ce n'était que rarement que sa bizarre sévérité atteignait les soldats. Bien plus, ils recevaient continuellement, pour une parade ou un exercice, des distributions de pain, de viande, d'eau-de-vie et de roubles. [...] Cela amusait et plaisait aux soldats de voir que leur empereur, leur grand appréciateur, faisait pleuvoir les punitions et les sévérités sur l'officier[42]. »

Le régiment de la Garde à cheval, rassemblé tôt le matin sur la place d'armes, refusa de prêter serment à Alexandre sans avoir confirmation de la mort de Paul. Il fallut amener un groupe de soldats au palais, et le cornette Filantiev déclara à Bennigsen, qui y faisait la loi, qu'il fallait montrer le défunt aux soldats. « Mais c'est impossible ! Il est défiguré, brisé, on est en train de le maquiller pour lui donner un aspect décent », répondit le général en français. Mais, comme le cornette insistait, Bennigsen dit avec irritation : « Qu'ils aillent au diable ! S'ils lui sont si attachés, qu'ils le regardent ! » Lorsque les soldats rejoignirent leur régiment, le colonel demanda au cavalier du flanc droit Grigori Ivanov :

« Eh bien, mon garçon, tu as vu Sa Majesté ? Elle est bien morte ?

– Affirmatif, Votre Excellence, elle est *solidement morte* !

– À présent, tu vas prêter serment à Alexandre ?

– Affirmatif... mais il ne sera pas meilleur que le défunt... Enfin, tout ça, c'est du pareil au même ! Un clou chasse l'autre[43]... »

Ainsi s'acheva ce règne contradictoire et, en même temps, étonnant. Mais ce qui nous intéresse avant tout, ce ne sont pas les détails du complot, mais ses conséquences politiques. Pour les comprendre, il faut en particulier se représenter clairement le rôle que joua le fils de Paul, le grand-duc Alexandre, dans les événements tragiques de la nuit du 11 au 12 mars 1801.

Il existe une version selon laquelle Alexandre avait eu vent du complot, mais ne pouvait croire que les organisateurs oseraient accomplir un tel forfait. Il se serait imaginé naïvement que son papa signerait tranquillement l'acte d'abdication et continuerait à vivre paisiblement dans son palais pendant que lui, Alexandre, nommé régent, dirigerait l'État afin de sauver la Russie du despotisme de l'insensé.

Cependant, si Alexandre avait exprimé fermement et clairement sa pensée et avait expliqué aux comploteurs qu'en cas de mort de son père il leur demanderait des comptes, est-ce que quelqu'un aurait osé porter la main sur l'empereur ? Il ne fait aucun doute que, dans une telle situation, Alexandre non seulement pouvait, mais devait traduire les conjurés devant un tribunal et châtier les assassins. Or rien de semblable ne s'est produit. Celui qui a le mieux traduit l'attitude d'Alexandre vis-à-vis du complot, sous une forme certes détournée mais néanmoins tout à fait claire, est son principal acteur, Pahlen ; lorsque, apprenant ce qui s'était passé, Alexandre s'était mis à pleurer ou avait feint d'être secoué par les sanglots, Pahlen avait interrompu ses épanchements en lui disant d'un ton sévère : « C'est assez faire l'enfant ! Allez régner ! » Il y a tout un spectacle dans cette dure réponse de Pahlen et dans les sanglots d'Alexandre. En versant des larmes, Alexandre signifiait publiquement qu'il avait été totalement à l'écart du forfait et que les scélérats, en particulier le comte Pahlen qui se tenait devant lui, étaient coupables de tout. La réponse abrupte du gouverneur général de Saint-Pétersbourg s'adressait moins à Alexandre qu'aux autres témoins de cette scène, et visait à suggérer au nouvel empereur qu'il n'était pas si innocent qu'il voulait le montrer en pleurant.

Il faut dire que Pahlen ne cachait pas particulièrement ses intentions. Aux conjurés qui lui demandaient ce qu'il fallait faire de l'empereur, il avait déclaré sans ambiguïté : « Je vous rappelle, messieurs, que l'on ne fait pas d'omelette sans casser des œufs. » Il est impensable qu'un homme aussi au fait des intrigues et du combat politique qu'Alexandre ait pu naïvement s'imaginer que son père, cet homme dur et emporté, signerait un papier tendu par des officiers ivres qui avaient fait irruption dans sa chambre. Et encore moins se représenter comment et dans quel but son père pourrait être écarté de la vie politique. Le décembriste Nikita Mouraviev[*], qui n'avait aucune raison de flatter l'un ou l'autre tsar, a écrit sèchement à ce sujet : « En 1801, le *complot dirigé par Alexandre* prive Paul du trône et de la vie, sans bénéfice pour la Russie[44]. »

Ainsi, il y a toutes les raisons de dire explicitement, moyennant quelques réserves, que l'empereur Alexandre Ier est monté sur le trône à la suite d'un assassinat perpétré de façon tout à fait consciente contre son père. La participation à ce crime affreux ne sera pas seulement une cruelle malédiction qui pèsera sur la vie personnelle du tsar : elle influera sur les événements politiques et, avant tout, sur ses relations avec le Premier Consul, puis empereur des Français.

La nouvelle du décès de Paul Ier parvint à Paris le 12 avril 1801. L'ambassadeur de Prusse écrivit ce jour-là : « La nouvelle de la mort

---

[*] L'insurrection des décembristes aura lieu le 14 (26) décembre 1825. Il s'agira d'un complot fomenté par de jeunes et brillants officiers influencés par les idées des Lumières. La répression du tsar Nicolas Ier sera féroce. (*N.d.T.*)

de l'empereur Paul Ier a été un véritable coup de tonnerre pour Bonaparte. En la recevant du sieur Talleyrand, il a jeté un cri de désespoir et s'est tout de suite livré à l'idée que cette mort n'était pas naturelle, et que le coup était parti de l'Angleterre[45]. » Le Premier Consul, qui avait été peu de temps auparavant victime d'une tentative d'attentat fomentée par des royalistes financés par les services spéciaux anglais (le 3 nivôse an IX, 24 décembre 1800), déclara également avec amertume : « Ils m'ont raté le 3 nivôse, mais ils m'ont eu à Saint-Pétersbourg. »

Les Anglais avaient porté un autre coup en Europe. Une impressionnante escadre anglaise, formée de 18 vaisseaux de ligne et de 35 frégates, bricks et corvettes, sous le commandement de l'amiral sir Hyde-Parker, faisait route vers la Baltique. Son avant-garde était placée sous le commandement de l'amiral Nelson. Elle se proposait d'écraser la flotte danoise et de bombarder Copenhague afin que le Danemark quitte la Ligue des pays du Nord. Puis l'escadre devait anéantir la flotte russe basée à Revel (Tallinn), avant que la fonte des glaces lui permette d'effectuer sa jonction avec l'escadre principale basée à Cronstadt. Il était prévu, ensuite, d'en faire autant avec la flotte suédoise.

En dépit des instructions, Nelson s'efforça d'attaquer les Russes en premier : « Je considère la Ligue du Nord comme un arbre dont Paul constitue le tronc, déclarait Nelson, et les Suédois et les Danois les branches. Si je parviens à atteindre le tronc et à l'abattre, les branches tomberont d'elles-mêmes ; mais je peux abîmer les branches et ne pas être cependant en état d'abattre l'arbre, et alors mes forces [...] seront déjà amoindries au moment où il faudra les tendre le plus. [...] Avoir la possibilité d'écraser la flotte russe, voilà mon but. »

Son supérieur, Hyde-Parker, prit toutefois la décision d'exécuter strictement les ordres. Le 2 avril 1801, la flotte britannique attaqua les navires danois en rade de Copenhague, les bombarda et les envoya par le fond, puis ouvrit un feu nourri sur la ville. Des centaines de maisons furent détruites dans la capitale et plusieurs personnes périrent. Les Danois furent contraints d'entamer des pourparlers, de remettre leurs arsenaux maritimes à la flotte britannique et de quitter la Ligue des pays du Nord. Nelson était pressé de poursuivre sa route et de concrétiser son idée principale : incendier la flotte russe. « Mon but le plus cher, dit-il, était d'atteindre Revel avant que la fonte des glaces ne libère Cronstadt, pour avoir le temps d'[y] anéantir douze vaisseaux de ligne[46]. »

Mais Nelson n'eut nul besoin d'anéantir les vaisseaux de ligne de Revel. La Ligue des pays du Nord cessa d'exister avec la mort de l'empereur. « Paul Ier est mort dans la nuit du 23 au 24 mars, écrivit en avril le journal officiel français Le Moniteur. L'escadre anglaise a passé le Sund le 30. L'histoire nous apprendra les rapports qui peuvent exister entre ces deux événements[47]. »

L'histoire peut à présent répondre avec assurance à cette question : le rapport entre ces deux événements était le plus direct. Si, à Copenhague, un coup avait été porté aux « branches » de la Ligue du Nord, à Pétersbourg le « tronc » lui-même avait été coupé. Bien entendu, répétons-le encore, il serait ridicule d'imputer les événements de Pétersbourg à la seule activité des services secrets anglais, mais on ne peut que noter que les comploteurs agissaient en accord et avec le soutien de ceux pour lesquels le rapprochement de la Russie avec la France restait comme une arête en travers de la gorge. Dans la nuit du 11 au 12 (23-24) mars 1801, ce n'est pas seulement l'empereur Paul Ier qui a été tué, mais aussi l'alliance russo-française.

CHAPITRE II

« À Austerlitz, il s'est enfui*... »

Le jeune tsar de vingt-quatre ans, arrivé au pouvoir à la suite d'un coup d'État sanglant, était tout à l'opposé de son père : autant Paul Ier était laid, autant le nouvel empereur, de l'avis général, était très bel homme ; Paul avait une démarche maladroite, un peu ridicule, les mouvements de son fils étaient gracieux et raffinés ; Paul manquait de retenue, invectivait les gens sous le moindre prétexte, et même sans prétexte, Alexandre parlait aimablement et souriait à tout le monde.

Mais les différences ne s'arrêtaient pas là. Paul était un homme direct, honnête et généreux. Il disait ce qu'il pensait, et pensait ce qu'il disait. Alexandre Ier disait une chose, en pensait une autre et en faisait une troisième. Tous ceux qui l'ont approché s'accordent à relever la duplicité, la dissimulation, la fausseté et l'hypocrisie de cet homme. La raison d'un tel caractère réside peut-être dans le fait que, depuis son enfance, le futur tsar avait dû louvoyer, biaiser, « survivre » dans une atmosphère difficile. À la cour de sa grand-mère Catherine, on détestait son père, et Alexandre devait approuver et sourire. À la petite cour de Gatchina**, on critiquait tout de ce que faisait Catherine, et là aussi Alexandre était contraint d'approuver.

Le baron M. Korf écrivait à ce sujet : « Alors qu'à Tsarskoié Sélo et à Pétersbourg il portait l'habit brodé, les bas de soie et les souliers à rubans, tout en étant témoin du ton trivial des conversations de Catherine et de Zoubov assis à côté d'elle en robe de chambre, à Gatchina et à Pavlovsk il revêtait l'uniforme, les bottes fortes, les gants à crispin, et se familiarisait avec le maniement des armes [...] ; le jeune garçon apprit de bonne heure à se montrer avec le même naturel et la même habileté sous les deux masques[1]. » Il rencontra

---

* Extrait d'une épigramme de Pouchkine sur Alexandre Ier, qui valut l'exil à son auteur. (*N.d.T.*)

** Lieu de résidence de Paul du vivant de Catherine. (*N.d.T.*)

très tôt le mensonge, la tromperie et l'envers peu ragoûtant de la vie politique.

À son arrivée au pouvoir, le jeune tsar n'avait ni convictions cohérentes, ni programme politique clair. Il faut également noter qu'Alexandre détestait le travail suivi et assidu. De toute sa vie, il ne lut pas un seul ouvrage sérieux jusqu'au bout. En revanche, il avait une expérience des intrigues étonnante pour son âge. Personne ne l'a mieux défini que l'ambassadeur de Suède à Paris, Lagerbjölk : « En politique, Alexandre est fin comme la pointe d'une épingle, aiguisé comme un rasoir, et faux comme l'écume de mer[2]. »

Le premier souhait du jeune tsar fut, comme c'est souvent le cas lors de l'accession au trône d'un nouveau monarque, de changer d'un coup tout le pays. Il fut aidé en cela par ceux que l'on appelait ses « jeunes amis ». À peine arrivé au pouvoir, il réunit autour de lui ses favoris. C'étaient Paul Stroganov, Victor Kotchoubeï, Nicolas Novosiltsev et Adam Czartoryski. Tous étaient, en dépit de leur jeune âge, les aînés d'Alexandre[*]. Ils se distinguaient tous par des convictions libérales superficielles, étaient tous entichés de la Constitution anglaise, n'avaient aucune expérience politique et connaissaient la Russie surtout par les livres. Paul Stroganov, par exemple, avait passé sa jeunesse en France, et son précepteur, Romme, était un véritable jacobin. Avec tout cela, « il y avait en lui un singulier mélange de l'encyclopédiste et du vieux boyard russe. Il avait l'esprit et le propos français, les mœurs et les habitudes russes, une grande fortune et beaucoup de dettes, une vaste maison d'un ameublement élégant, une belle galerie de tableaux dont il avait fait lui-même le catalogue raisonné, un nombre infini de domestiques, esclaves fort bien traités par leur maître[3] ».

Les amis d'Alexandre se regroupèrent autour de lui dans un « Comité officieux » qu'ils surnommèrent eux-mêmes en plaisantant « Comité de salut public ». Cependant, en dépit d'un nom si « effrayant » et du fait que l'aristocratie de cour l'ait qualifié de « bande de jacobins », son activité s'est bornée à des conversations bien intentionnées sur le destin de la Russie et l'avenir du monde.

Plus ces amis discutaient de la situation intérieure du pays, plus il apparaissait que la source principale de son retard était le servage, et qu'il était impossible de procéder à de sérieux changements sans aborder ce sujet délicat. Il était évident que toucher au servage signifiait engager un combat à mort contre toute la noblesse russe,

[*] En 1801, Stroganov avait 29 ans, Kotchoubeï, 33, Novosiltsev, 40, Czartoryski, 31.

qui vivait de l'exploitation du travail des serfs, et quitter la sphère des rêves pour celle d'une lutte acharnée. Et le jeune tsar avait déjà compris, par l'exemple de son père, ce que voulait dire provoquer le mécontentement de l'aristocratie. En conséquence, bien que les premières années du règne d'Alexandre Ier aient été marquées par toute une série de réformes, celles-ci ne consisteront pas à réaménager l'édifice de l'empire, mais seulement à ravaler sa façade.

En 1802, les collèges, institués au temps de Pierre le Grand, furent remplacés par des ministères, institutions qui se maintiendront jusqu'à la chute de l'Empire russe. De nouvelles universités furent créées, et en 1803 fut promulgué un statut assurant l'éligibilité à la tête des établissements et leur garantissant une notable autonomie. Enfin, en 1803 fut édicté le fameux *oukaz* « À propos des libres laboureurs », par lequel les propriétaires terriens étaient autorisés à émanciper les paysans moyennant rachat des terres par ceux-ci. Les propriétaires ne se hâtèrent d'ailleurs pas de le mettre en application. Durant le quart de siècle du règne d'Alexandre, 47 000 « âmes » de sexe masculin seulement (sur 15 millions !) obtiendront leur liberté.

Le grand historien russe Vassili Klioutchevski[*] a défini de façon fort juste ces actes du tsar comme de la « concupiscence constitutionnelle » rappelant « les vieux seigneurs qui jouaient à l'amour libre avec leurs jeunes serves ». Mais ces réformes, en dépit de leur modestie, inquiétèrent l'aristocratie attachée au servage. En 1803, le tsar rappela d'exil le tristement célèbre général Araktchéev[**], et le Comité officieux cessa peu à peu de se réunir.

Alexandre put en revanche mettre en pratique ses plans en matière de politique étrangère sans risquer de provoquer l'indignation de l'aristocratie. Dès 1801, un grand nombre de réunions du Comité officieux furent consacrées à ce domaine qui remplacera de plus en plus les problèmes intérieurs dans l'esprit du tsar.

Il est intéressant de noter que la politique extérieure de la Russie connut un virage à cent quatre-vingts degrés dès les premières heures du règne du nouvel empereur. Le général Lieven, chef du collège de la Guerre, se souvient que le tsar le fit venir au matin du 12 (24) mars et, le prenant par le cou, s'exclama, en larmes : « Mon père ! Mon pauvre père ! », et ensuite, changeant brusquement de ton, demanda : « Où sont les cosaques ? » Lieven comprit tout de suite et ordonna immédiatement le retour de l'armée cosaque partie sur la route des Indes…

---

[*] Vassili Klioutchevski (1841-1911). Son *Cours d'histoire russe*, fondé sur l'enseignement qu'il dispensait à l'université de Moscou, est un véritable monument. (*N.d.T.*)

[**] Il sera par la suite ministre de la Guerre et deviendra célèbre par sa cruauté envers soldats et paysans. (*N.d.T.*)

Il est difficile de dire si cet épisode s'est déroulé ainsi, mais ce qui est sûr, c'est que l'ordre de retour des unités cosaques du général Orlov Ier est daté du 12 (24) mars 1801. Il va de soi que la campagne des Indes n'était pas de première nécessité pour la Russie, et il était sans doute logique de l'annuler. Ce qui étonne, en revanche, c'est que le jeune tsar, qui, selon les mémoires de nombreux contemporains, manifestait un grand bouleversement, était plongé dans la souffrance et sanglotait, se soit néanmoins souvenu sur-le-champ de problèmes géostratégiques...

Plus encore, le lendemain 13 (25) mars, le comte Pahlen écrivit à Sémion Vorontsov, à Londres : « Monsieur le Comte ! Le décès de S. M. l'empereur Paul Ier, qu'une attaque d'apoplexie a subitement enlevé dans la nuit du 11 au 12, a placé sur le trône l'espoir et l'amour de la nation, l'auguste Alexandre. C'est sur son ordre que j'ai l'honneur d'informer V. Exc. que le cabinet de Pétersbourg, désormais revenu à ses principes qui surent jadis lui gagner la confiance générale de l'Europe, est prêt à se rapprocher de celui de St. James[*] pour établir entre la Russie et la Grande-Bretagne l'harmonie et la bonne intelligence qui ont toujours caractérisé les relations de ces deux empires. S. M. I. a daigné confier l'agréable et importante commission de ce rapprochement salutaire à V. Exc.[4]. »

La lettre à Vorontsov, de même que l'ordre donné aux cosaques, étonne moins par son contenu que par sa date. On a déjà noté au chapitre précédent que, pour la Russie, les avantages et les inconvénients de la guerre contre l'Angleterre étaient sujets à caution. Cependant, un rapprochement précipité, sans réflexion, avec Londres ne répondait pas non plus aux intérêts nationaux ni, à plus forte raison, à la dignité de l'Empire russe. Mais, lorsqu'il s'agit d'un revirement politique immédiat, le jour même du meurtre ou le lendemain de celui-ci, on ne peut dire qu'une chose : celui qui paie les violons mène le bal !

Bonaparte, même s'il se trouvait à des milliers de kilomètres de la Russie, comprit tout de suite le fond de l'affaire. Comme on l'a déjà noté, il avait été littéralement anéanti par la nouvelle de la mort de Paul et, au lendemain de cette nouvelle, il prit une décision éloquente. Le 13 avril 1801, sur décret du Premier Consul, le Piémont devenait une région militaire de la République. Ce n'était pas encore une annexion *de jure*, mais un rattachement de fait à la France. Certes, les troupes françaises avaient occupé le Piémont après avoir écrasé l'armée de Melas à Marengo, la population de cette province ne souhaitait pas le retour de la domination autrichienne et, en

---

[*] C'est-à-dire du gouvernement anglais.

outre, en dépit de tous les principes de légitimité, les Autrichiens avaient empêché le roi de revenir dans son pays, mais Bonaparte avait laissé le statut du Piémont en suspens en raison des exigences sans ambiguïté de Paul. Au nom de l'alliance avec celui-ci, au nom de la guerre commune contre les Anglais, le Premier Consul était prêt à réexaminer la question d'un retour possible du roi de Sardaigne dans sa capitale. Bonaparte avait compris d'emblée que l'assassinat de Paul n'avait pu avoir lieu sans les bons conseils de Londres. Par conséquent, on pouvait dire adieu à l'alliance et agir comme l'exigeaient les intérêts de l'État, sans davantage prendre en compte l'avis de la Russie.

Cependant, malgré le changement de la politique russe à l'égard de la France, les pourparlers de paix amorcés sous le règne de Paul se poursuivirent. Malheureusement, l'ambassadeur russe Stepan Andréïévitch Kolytchev n'était pas fait pour favoriser le rapprochement des deux pays. Il était, en effet, foncièrement hostile à la France nouvelle. Dans sa première lettre à son supérieur direct, Rostoptchine, il écrivit : « Je vous supplie en grâce, Monsieur le Comte, de me tirer d'ici le plutôt possible ; je vois tout en noir et j'en suis malade ; d'ailleurs, en vérité, je sens que ma mission est au-dessus de mes forces et je doute de mon succès. [...] Je ne m'accoutumerai jamais aux gens qui gouvernent ici ; je ne me fierai jamais à ces derniers[5]. »

Et, effectivement, les pourparlers avec lui étaient si pénibles que Bonaparte finit par exploser : « Vous verrez qu'il est difficile d'être aussi impertinent et bête que M. de Kolitscheff[6] », écrivit-il à son ministre le 2 juin 1801.

Il faut dire qu'Alexandre comprit rapidement lui-même à quel point Kolytchev ne convenait pas au poste qu'il occupait. Au début de juillet 1801, le tsar envoya à Paris en qualité d'ambassadeur plénipotentiaire le comte Arkadi Ivanovitch Morkov[*]. Pratiquement contemporain de Kolytchev[**], c'était lui aussi un haut fonctionnaire plein de morgue et de suffisance. Mais le plus étonnant est que, en raison de son passé, on ne pouvait en aucun cas supposer qu'il pût être l'instrument du rétablissement de la confiance entre la France et la Russie. En effet, c'était, du temps de Catherine, un ardent partisan de la participation de la Russie à la coalition. Enfin, pour employer une litote, il ne jouissait pas d'un physique agréable : « Son visage ravagé par la petite vérole exprimait constamment l'ironie et le dédain ; ses yeux ronds et sa bouche, dont les coins étaient abaissés, tenaient du tigre[7] », se souvient Czartoryski, et l'ambassa-

---

[*] Dans les textes d'époque, son nom est diversement orthographié.
[**] Kolytchev était né en 1746, Morkov en 1747.

deur de Hollande, Hohendorp, écrit : « Je n'ai rencontré de ma vie homme plus laid. »

Mais le plus important, ce n'était pas tant le caractère et le physique de l'ambassadeur de Russie que les instructions qu'il reçut du jeune tsar. Celles-ci frappent par leur longueur, comparable à celle d'un chapitre de cet ouvrage, et sont rédigées dans un style volontairement embrouillé et vague.

Ce n'est qu'en lisant très attentivement ce document que l'on peut trouver, derrière l'abracadabra des phrases diplomatiques convenues et dépourvues de sens, quelques mots qui lèvent le voile sur les véritables intentions du tsar.

Dans ces instructions, les vocables « harmonie » et « entente » sont répétés une bonne centaine de fois, et l'on y retrouve particulièrement souvent le mot « modération ». Il y est dit qu'il faut établir une paix durable en Europe, instaurer de bonnes relations avec la France. Mais soudain, au sein d'un texte mesuré, qui coule de source, apparaissent des phrases n'ayant que peu de rapport avec le contenu superficiel : « Toute infraction aux engagements contractés avec l'empire que la Providence m'a confié mettra un terme au système de modération que je me suis tracé[8]. » Ces propos semblent tout à fait logiques. Il va de soi que les traités entre pays ne peuvent pas être impunément violés. Cependant, ces propos-là se rapportent uniquement à la France, et c'est à elle que s'adresse la menace. Alexandre écrit : « Si le Premier Consul de la République française continue à faire dépendre le maintien et l'affermissement de son pouvoir de la discorde et de troubles qui agitent l'Europe, [...] s'il se laisse entraîner par le torrent de la révolution, s'il se confie à la seule fortune, la guerre pourra se prolonger. [...] Dans cet ordre de choses, mes soins pour le rétablissement de la tranquillité générale ne pouvant être que faiblement secondés, le négociateur chargé de mes intérêts en France devra se borner à observer la marche du gouvernement et à amuser le tapis *jusqu'à ce que des circonstances plus propices permettent l'usage de moyens plus efficaces*[9]. »

Des instructions du même genre furent envoyées pratiquement en même temps à l'ambassadeur de Russie à Berlin, Krüdener. On y trouve absolument les mêmes tournures que dans celles destinées à Morkov. On peut y lire par exemple les formules suivantes : « les circonstances plus propices permettant l'usage des moyens plus efficaces », « le génie malfaisant de la révolution », etc. Mentionnant la situation en Égypte, Alexandre qualifie la présence des Français dans ce pays de « joug de l'ennemi ». Soulignons : non pas « conquête française », non pas « arbitraire républicain » ou autres expressions du même genre, mais précisément « joug de l'*ennemi* ».

Enfin, parlant des actions possibles du gouvernement républicain, le tsar déclare fermement : « Ce serait me contraindre à recourir à d'autres mesures pour mettre un frein à une ambition incompatible avec le repos de l'Europe[10]. » Comme on sait, dans les relations entre États, en dehors de pourparlers il n'existe qu'une sorte d'« autres mesures » : le fer et le feu.

Il faut noter que les instructions rédigées pour les ambassadeurs sont l'œuvre personnelle d'Alexandre. Tout trahit sa plume : le style, les sentiments – plus exactement un seul sentiment : l'hostilité envers la France de Napoléon. D'où vient cette haine étrange et incompréhensible ? Elle ne pouvait en tout cas résulter ni des inté-rêts vitaux de la Russie, ni d'agissements hostiles de la République française. À cette époque, rien ne laissait présager de projets de Bonaparte à l'encontre de la Russie. Les instructions données aux ambassadeurs français, les recommandations fournies à diverses per-sonnalités officielles répètent partout à l'unisson une seule et même chose : la Russie est une alliée potentielle, il faut se lier d'amitié avec elle. « Rien ne troublera désormais les relations de deux grands peuples qui, avec tant de raisons de s'aimer, n'en ont aucune de se craindre[11] », déclara Bonaparte en présentant le 22 novembre 1801 son rapport annuel, « Exposé de la situation de la République », aux institutions législatives.

Nous avons entre les mains tous ces documents qui étaient autre-fois absolument secrets, et l'on ne peut rien y trouver qui révèle des projets perfides pouvant causer du tort à l'Empire russe.

Ainsi, les considérations géopolitiques ou des questions d'honneur et de prestige de l'État ne pouvaient en aucune façon dicter à Alexandre une telle hostilité envers Bonaparte et son pays. D'autre part, les institutions républicaines qui subsistaient encore en France ne pouvaient pas non plus, en principe, provoquer l'irritation du tsar, puisque celui-ci affichait en permanence ses vues libérales. « Alexandre [...] ne ressemblait en rien à un combattant luttant contre la contagion révolutionnaire, note à juste titre un éminent historien russe, N. Oulianov*. Dès avant son accession au trône, il stu-péfiait les étrangers par ses discours indignés contre le "despotisme", et son enthousiasme pour les idées de liberté, de légalité et de jus-tice. On sait évidemment quel prix il faut attacher à son libéralisme, et on ne saurait rien objecter aux historiens qui le qualifiaient de masque, mais un tel masque convient pour tout ce qu'on veut, sauf pour la lutte contre la révolution. Il est beaucoup plus juste de dire qu'il n'avait ni principes ni convictions[12]. » De sorte que l'expression, « génie malfaisant de la révolution », contenue dans les instructions

---

* Nicolas Oulianov (1904-1985), historien russe, auteur de nombreux ouvrages sur le XVIIIe siècle. Après avoir connu les camps staliniens et nazis, il émigra au Canada, puis aux États-Unis. Il a enseigné de nombreuses années à Yale. (*N.d.T.*)

à l'ambassadeur, n'est pas très convaincante, et l'on sent qu'elle ne vise pas les idées révolutionnaires.

Il est intéressant de noter qu'Alexandre n'était pas non plus anglophile. Les actes du comte Sémion Vorontsov, par exemple, sont clairs, logiques, et se fondent sur un principe simple : tout ce qui est bon pour l'Angleterre doit l'être pour les autres. Bien qu'entouré de nombreux anglophiles, le tsar n'a jamais manifesté personnellement d'enthousiasme particulier à l'égard de la brumeuse Albion. Mais, chose étrange, il se conduira sur la scène internationale comme si son principal rêve était de servir les intérêts de Londres.

Le 5 (17) juillet 1801 est conclue entre la Russie et l'Angleterre une convention rétablissant les relations de paix et les traités antérieurs. Sans doute en vue de maintenir l'« harmonie », la Russie y capitule totalement devant toutes les exigences anglaises.

Ce traité est accueilli avec enthousiasme en Angleterre, mais dans l'incompréhension en Russie. « En toute hâte, bien ou mal, on a mis en place un accord dans lequel on sentait la précipitation et le désir de *s'entendre à tout prix*[13] », écrit Czartoryski au sujet de cette convention. Le diplomate russe Paul Divov s'exprime encore plus durement : « Chacune de ses déclarations a plongé à jamais dans le néant toutes les œuvres immortelles de Catherine II[14]. » Un tel accord signifiait véritablement une politique de « doubles standards » : ce que l'on ne pouvait aucunement pardonner à la France était aisément pardonné aux Anglais et aux Autrichiens.

Pourquoi donc Alexandre a-t-il fait prendre un tournant si brutal à la politique étrangère russe ? Sans être anglophile, il était prêt à exécuter les ordres de Londres ; sans être un conservateur patenté, à combattre les principes libéraux. Comprenant que la France non seulement ne menaçait pas la Russie, mais recherchait l'alliance avec elle, il agissait comme si l'on était à la veille d'une guerre inéluctable contre les Français. La seule explication d'une telle conduite ne peut être qu'une inimitié personnelle envers Napoléon Bonaparte.

Bien entendu, les rapports de Kolytchev, puis de Morkov, n'étaient pas sans avoir laissé des traces. On y trouvait tout ce qu'il fallait pour représenter le dirigeant de la France et son pays sous les couleurs les plus menaçantes. Mais d'autres événements, n'ayant pas de rapport aussi direct avec les problèmes politiques, ont joué un rôle non moins important, et peut-être même plus important, dans la genèse de l'attitude du jeune tsar envers Bonaparte.

Le prince Czartoryski raconte dans ses mémoires l'épisode suivant. Dans les premiers mois du règne d'Alexandre, la margrave de Bade, mère de l'impératrice Élisabeth (pour faire simple, la belle-mère du tsar), était venue à Saint-Pétersbourg pour voir sa fille. Elle avait décidé de donner à son jeune gendre des leçons de gouvernement d'après de grands exemples. Et comme principal exemple, si étrange que cela paraisse, elle avait choisi le Premier Consul de la République française. Elle avait noté en particulier que le cérémonial au palais du tsar n'était pas assez strict, et que la cour manquait de lustre et de grandeur. « Elle faisait un parallèle entre lui [Alexandre] et le Premier Consul qui, au contraire, connaissait mieux les hommes et ce qu'il faut pour s'en faire respecter, obéir et admirer, s'entourait d'éclat et ne négligeait rien de ce qui pouvait augmenter le prestige sans lequel une autorité suprême ne peut se soutenir. La margrave aurait voulu réveiller l'ambition de son gendre et le faire profiter des leçons que donnait alors au monde un aussi puissant génie ; elle aurait voulu, sans les brouiller, qu'Alexandre devînt dès lors l'émule de Napoléon, et que les actes de son gouvernement, comme ceux du Premier Consul, fussent des preuves continuelles de grandeur, de force, de volonté et de décision. Les Russes, disait-elle, en avaient besoin tout autant que les Français[15]. »

Peut-être sont-ce justement ces discours maladroits qui ont fait naître dans le cœur d'Alexandre une ardente jalousie à l'égard de Bonaparte. On peut aussi bien penser que cet épisode, pris isolément, n'a pas eu d'influence particulière sur l'attitude du jeune tsar envers le Premier Consul, mais ce qui est absolument certain, c'est qu'à cette époque, dans la société pétersbourgeoise, il n'était question que de Bonaparte. D'aucuns le traînaient dans la boue, d'autres parlaient de lui sur un ton neutre, mais beaucoup avec enthousiasme. Voici, par exemple, ce que l'on pouvait lire dans l'*Histoire du Premier Consul Bonaparte depuis sa naissance jusqu'à la signature de la paix de Lunéville*, parue à l'époque à Saint-Pétersbourg :

« Ce génie actif ne brille pas seulement de toute sa splendeur au milieu des troupes, mais en temps de paix naissent aussi en lui de nouvelles forces, et il entreprend et met en action les grands desseins qui doivent rendre heureux les peuples, empêcher tous les malheurs civils qui les mènent au désespoir [...].

« Nous le voyons dans l'intimité de son cœur méditer à ces grandes et importantes entreprises qui doivent libérer un peuple du joug d'un autre, et rétablir l'équilibre des pouvoirs sans lequel la société n'est rien d'autre que parole vide [...].

« Il unit à une bravoure ardente et inébranlable un sang-froid tranquille ; à de grands dons naturels et à un esprit vaste, cette ruse inventive qu'utilisa souvent Hannibal contre les Romains ; à une sage lenteur dans la réflexion, toute la rapidité d'exécution ; à la fougue des jeunes années, l'expérience et la maturité de la vieillesse ; il réunit aux connaissances du guerrier les connaissances d'un fin politique, et la vertu guidée par la sagesse ; aux sentiments d'un cœur humain et à la retenue, l'amour de la gloire et la bravoure du vainqueur. Une éducation soignée, une connaissance profonde de la science de l'ingénieur, le vaste théâtre que lui a fourni l'Italie pour ses exploits militaires, tout a favorisé le développement des dons exceptionnels de cet homme digne d'étonnement, et la démonstration que la France possède elle aussi son Washington[16]. »

Sans doute de tels propos n'ont-ils pas inquiété le mélancolique empereur romain germanique François II, ni le roi de Prusse Guillaume III, homme borné, totalement sous la coupe de son épouse, mais, de toute évidence, ils ont véritablement mis en rage le tsar, qui était orgueilleux, envieux et rancunier. Dès les premiers mois de son règne, dans ses discours, ses écrits et ses actes, transparaît une irritation qui se transformera plus tard en hostilité pour devenir finalement une haine inextinguible envers cet homme trop populaire et trop célèbre.

On peut s'étonner que, dans cette situation, le traité de paix avec la France ait tout de même été signé en dépit des instructions rigides d'Alexandre et du nez énorme de Morkov ! En fait, à la même époque avaient débuté des pourparlers entre Anglais et Français. Ce n'étaient pas seulement les Français qui étaient las de la guerre, mais aussi le peuple anglais. Le pays était au bord de la faillite, la dette de l'État s'élevait à la somme colossale de 12 milliards de livres sterling, les prix des articles de première nécessité s'étaient envolés, des émeutes de la faim éclataient çà et là. Les milieux dirigeants anglais devaient à tout prix, sinon conclure une véritable paix, du moins avoir la possibilité de souffler un peu pour reprendre la lutte avec de nouvelles forces. Il va de soi que l'ambassadeur de Russie ne connaissait pas les plans stratégiques à long terme du gouvernement de Londres, et celui-ci, malgré son hostilité envers Bonaparte et son pays, se montra plus souple que Kolytchev. Le traité de paix entre la Russie et la France fut conclu le 26 septembre (8 octobre) 1801 à Paris. Aux termes de celui-ci et de la convention secrète signée deux jours après, la Russie reconnaissait les acquisitions territoriales de la France, et la partie française donnait son accord de principe pour verser au roi de Sardaigne une compensation en échange de ses possessions du Piémont. Les deux pays s'entendirent pour agir de concert en ce qui concerne les compensations territoriales à accorder aux princes allemands ayant perdu leurs terres sur la rive gauche du Rhin.

En dépit du fait que les Anglais menaient de leur côté des pourparlers de paix avec la France, Alexandre se hâta de se justifier devant ses collaborateurs anglophiles et leurs protecteurs d'outre-mer. Dans une lettre à Sémion Vorontsov datée du 7 (19) novembre 1801, le tsar écrit : « Je laisse à votre jugement le soin de communiquer ou non au ministère anglais les actes ci-joints qui ont été conclus à Paris, soit en entier, soit en partie [il s'agit des articles de la convention secrète !], en leur faisant voir par là ma franchise et en prenant d'eux l'assurance que les conditions secrètes ne seront pas dévoilées. Je crois nécessaire à cette occasion de vous communiquer, pour votre information, que je ne compte absolument pas entrer avec le gouvernement français dans aucun projet ultérieur quelconque, et que l'expression *un concert ultérieur*, employée par Talleyrand dans ses conférences avec le comte Morcoff, peut tout au plus se rapporter, si l'affaire en vient là, à une concertation sur les mesures relatives aux affaires de l'Allemagne [il s'agit des compensations destinées aux princes allemands][17]. »

Comme le montrent cette lettre et les instructions données aux ambassadeurs, Alexandre s'était fixé des priorités dès le début de son règne. Celles-ci n'étaient en aucun cas celles de la majorité de l'élite russe.

On pouvait trouver parmi les hommes d'État de l'Empire russe le plus large spectre d'opinions au sujet de la politique extérieure. Un certain nombre d'hommes politiques influents considéraient que la Russie devait observer la politique dite des « mains libres ». Le membre du Comité officieux Victor Kotchoubeï était partisan de la neutralité. Il estimait que la Russie n'avait besoin d'aucune puissance européenne. Si elle adoptait une attitude indépendante, ces puissances solliciteraient elles-mêmes ses faveurs. Elle pourrait ainsi s'abstenir de participer à des aventures militaires inutiles. « La Russie, disait-il, est suffisamment grande et puissante par son étendue, sa population et sa position ; elle n'a rien à craindre d'aucun côté, pourvu qu'elle laisse les autres en repos ; elle s'est trop mêlée à tout propos des affaires qui ne la regardaient pas directement. Rien ne pouvait se passer en Europe qu'elle ne prétendît y prendre part ; elle a fait des guerres inutiles et coûteuses. [...] Que faisaient aux nombreux habitants de la Russie les affaires de l'Europe et les guerres qui s'ensuivaient ? Ils n'en retiraient aucun profit ; ils périssaient dans les guerres ; ils donnaient avec désespoir plus de recrues et plus d'impôts[18]. » « La paix et l'amélioration de notre État, voilà les paroles qu'il faut inscrire en lettres d'or sur les portes des cabinets de nos hommes d'État[19]. »

Un autre groupe influent de politiciens russes poussait à l'alliance anglaise. Celui-ci ne comprenait pas seulement les Vorontsov, mais aussi Panine, Stroganov et Czartoryski. Ils répétaient que c'était la seule voie possible pour la Russie, et accablaient l'empereur de rapports et de notes en ce sens. Ces gens poussssaient l'anglophilie jusqu'à affirmer que le peuple russe, par nature, n'était pas apte à la navigation : « Nous n'aurons jamais de marine marchande. [...] D'ailleurs, l'ignorance de nos matelots et capitaines marchands est telle que peu de gens veulent les affréter, et que l'assurance sur nos bâtiments est à cause de cela infiniment plus forte que sur les vaisseaux des autres nations[20]. » Quant au comte Panine, il écrivait : « La lutte que la Grande-Bretagne soutient presque seule aujourd'hui contre la France a pour objet de mettre des bornes à une puissance alarmante pour la sûreté de l'Europe. Son intérêt [de la Grande-Bretagne] ne peut donc être contraire à celui de notre cour[21]. »

Il existait enfin un autre groupe d'hommes d'État russes qui considéraient comme avantageux pour la Russie le rapprochement et l'alliance avec la France. En faisaient partie A. Kourakine, F. Rostoptchine, N. et S. Roumiantsev.

On peut dire en gros qu'Alexandre disposait de la pleine liberté dans le choix de ses priorités en politique étrangère, mais que ce choix était depuis le début orienté vers la confrontation avec la France. En 1802, on était cependant encore très loin d'un affrontement direct. À cette époque, des pourparlers de paix s'étaient engagés depuis longtemps entre l'Angleterre et la France, et, le 27 mars 1802, le représentant de l'Angleterre, lord Cornwallis, et Joseph Bonaparte signèrent un traité de paix. Des représentants de l'Espagne et de la Hollande s'y joignirent. La paix d'Amiens s'étendait également à la Turquie, qui s'y associa par un acte spécial le 13 mai 1802.

Selon ce traité de paix, l'Angleterre s'engageait à rendre à la France et à ses alliées, l'Espagne et la Hollande, toutes les colonies qui leur avaient été enlevées, à l'exclusion de Trinidad et de Ceylan. L'évacuation de l'Égypte par les Français était confirmée sur le plan juridique ; par ailleurs, les Anglais s'engageaient également à quitter ce pays. Enfin, l'Angleterre promettait d'évacuer ses troupes de l'île de Malte et de la restituer aux chevaliers. Le traité ne mentionnait absolument pas les modifications territoriales qui avaient eu lieu au cours de cette période en Europe continentale (acquisitions de la France sur la rive gauche du Rhin et en Italie, création de la République italienne). Il restait des points extérieurs à l'accord que chacun pourrait à l'avenir interpréter à sa façon. Mais nul n'y pensait alors.

« Ce fut dans ce moment solennel que les plénipotentiaires [des pays engagés dans les pourparlers], après avoir signé le traité, s'embrassèrent et se donnèrent les signes les plus touchants de la satisfaction la mieux sentie. La plupart des spectateurs étaient émus jusqu'aux larmes ; ils étaient trop heureux pour que leur joie pût éclater d'une manière bruyante[22] », rapporta le *Journal de Paris*. Jamais encore probablement la République n'avait connu de semblables effusions de joie. « Nous croyons cette fois la police, écrit Louis Madelin, quand elle signale les "transports d'allégresse" qui, dès le 5 germinal (26 mars), se manifestaient "dans les places, les carrefours, les spectacles", et particulièrement, ajoutait-elle, "dans les faubourgs ouvriers"[23]. »

La conclusion de la paix suscita également la joie chez les Anglais. Ils avaient déjà accueilli la signature des clauses préliminaires par des manifestations d'enthousiasme, et la venue à Londres de l'envoyé du Premier Consul se transforma en marche triomphale. Les habitants de la capitale britannique dételèrent les chevaux du carrosse du général Lauriston et le traînèrent jusqu'à Whitehall aux cris de « Vive Bonaparte ! » lancés avec allégresse par la foule. Le soir, toute la ville s'illumina de façon spontanée. Le monogramme traditionnel GR (*Georgius Rex*), tracé par de petites lumières, était entrelacé ce soir-là avec un autre, inhabituel chez les Anglais, RF (République française). Les hommes se lassent de tout, y compris de la haine. Il semblait que, lors de ces journées, les Anglais se soient mis à aimer le peuple contre lequel ils se battaient depuis des siècles. Tout le monde attendait de la paix l'épanouissement et le bien-être. On pouvait trouver dans les journaux anglais les articles les plus favorables envers la France et le Premier Consul, et l'on s'arrachait chez les petits marchands de joyeux chromos représentant un gros bonhomme ouvrant tout grands les bras pour accueillir ceux qu'il attendait depuis si longtemps, avec en guise de légende : « John Bull accueillant avec joie la réapparition de ses vieux amis : Beurre frais, Pain blanc, Bière forte et Rhum de la Jamaïque ! »

Talleyrand écrit avec fierté dans ses mémoires : « On peut dire sans la moindre exagération que, à l'époque de la paix d'Amiens, la France jouissait au-dehors d'une puissance, d'une gloire, d'une influence telles que l'esprit le plus ambitieux ne pouvait rien désirer au-delà pour sa patrie... En moins de deux ans et demi [...], la France avait passé de l'avilissement où le Directoire l'avait plongée au premier rang de l'Europe[24]. »

En effet, 1802 a véritablement été l'année des grandes réalisations du Premier Consul. Le 18 avril, jour de Pâques, sous les voûtes de Notre-Dame fut solennellement proclamé le Concordat : un accord avec le pape qui restaurait en France la religion catholique tout en reconnaissant la liberté de conscience à tous les citoyens de la République. Le 26 avril fut annoncée l'amnistie pour tous les émigrés dont le nom n'était pas entaché de crimes contre la patrie, et 150 000 personnes qui avaient été contraintes de quitter leur pays pendant la Révolution purent rentrer chez elles. Seul un millier d'émigrés, ceux qui commandaient les armées contre-révolutionnaires et ceux qui avaient conservé leurs postes à la cour des princes fugitifs, étaient exclus de l'amnistie.

L'un des émigrés rentrés au pays et qui s'étaient mis au service de Napoléon écrivit : « J'ai traversé soixante départements et me suis fixé pour but de vérifier très strictement toutes les informations, tout ce à quoi je n'avais pas cru si longtemps. J'ai reçu mon information des préfets, des autorités locales, j'ai utilisé toutes les contre-vérifications possibles et n'ai retiré qu'une chose de mes recherches : que jamais dans toute l'histoire la France n'a été si florissante, mieux gouvernée et plus heureuse[25]. »

En 1801-1803 a été réalisée une réforme administrative fondamentale qui a mis en place un appareil d'État moderne. À la même époque a été instauré un système judiciaire efficace. La fameuse loi du 11 floréal an X (1er mai 1802) institua un système d'enseignement supérieur et secondaire qui garde encore sa signification de nos jours.

Jamais encore la France n'avait connu un développement économique aussi vigoureux qu'à cette époque. Toutes les sources notent que c'est en 1802 qu'a débuté l'essor de l'industrie qui se poursuivra pendant l'Empire. Si, à la veille de l'arrivée au pouvoir de Bonaparte, le PNB de la France n'atteignait plus que 40 % de son montant de 1789, au début de l'Empire il dépassera celui-ci de près de 50 %. Des chantiers de très grande ampleur virent le jour aussi bien dans la France même que dans les territoires nouvellement annexés. On construisit des routes, des canaux, des ports. Cette année-là commença le percement d'une route à travers le col du Simplon, dans les Alpes ; une autre fut ouverte entre Mayence et Strasbourg ; d'autres encore allaient réunir Nice et Gênes, Bordeaux et Bayonne, etc. Paris se développait de façon particulièrement intense. Le Premier Consul déclara qu'il voulait faire de la capitale « la plus belle ville qui ait jamais existé ». Le 26 mai 1802, un rapport de police signala : « Les travaux du bâtiment prennent chaque jour une telle activité que l'on a de la peine à trouver des ouvriers[26]. » Et la *Gazette de France* écrivit : « À en juger par la multitude d'activités des travaux publics et particuliers entrepris dans la capitale, on imaginerait qu'il s'agit de la fondation d'une ville[27]. »

Il n'est pas étonnant que les réalisations de Bonaparte aient fait naître en France non seulement l'enthousiasme, mais un sentiment d'exaltation. Le pays qui sortait des tumultes de la Révolution semblait déployer ses ailes, il était plein d'énergie et de foi dans l'avenir. Le duc de Broglie nota avec justesse dans ses mémoires : « Ces quatre années sont, avec les dix années du règne de Henri IV, la meilleure, la plus noble partie de l'histoire de France[28]. »

Dans une telle situation, l'autorité de Bonaparte était évidemment devenue si grande que, en dépit des institutions républicaines, il s'était pratiquement retrouvé avec les pleins pouvoirs. La question de sa nomination comme Consul à vie fut posée par plébiscite. Les résultats : 3 568 885 « pour » et 8 374 « contre », furent entérinés par un décret du 14 thermidor an X (2 août 1802). Et deux jours plus tard, le 4 août, un sénatus-consulte organique promulguait une nouvelle Constitution, entrée dans l'histoire sous le nom de Constitution de l'an X. Elle instaurait de fait un pouvoir proche, dans son essence, de la monarchie. Bonaparte n'était désormais plus seulement Consul à vie, mais avait en outre le droit de présenter son successeur au Sénat.

En ce qui concerne la Russie, Bonaparte s'efforçait de montrer par tous les moyens son attention envers le pays et son jeune tsar. À l'automne 1801, le Premier Consul avait envoyé à Pétersbourg un nouveau chargé d'affaires temporaire qui demeura en Russie jusqu'en août 1802. Il s'agissait d'un officier jeune et brillant, Armand de Caulaincourt.

Les instructions données à l'ambassadeur contrastent du tout au tout avec celles fournies par le tsar à Morkov. Elles sont très brèves et se résument pratiquement à une phrase : « Vous aurez soin de lui exprimer [à Alexandre], au nom du Premier Consul, la ferme disposition où est le gouvernement français de cultiver avec le plus grand soin la bonne harmonie et les rapports d'amitié qui viennent d'être heureusement rétablis entre les deux États[29]. »

Alors que Caulaincourt usait de toutes ses forces pour améliorer les relations entre la Russie et la France, Morkov fit tout pour que l'attitude négative du tsar envers Bonaparte se transforme en véritable haine. Il est absolument incompréhensible qu'un ambassadeur arrivant dans un pays où se produisaient tant de changements positifs n'ait rien vu ni entendu d'autre que des récriminations de vieilles femmes rentrées d'émigration. Dans ses rapports, tout est peint en noir : « Cette position [de Bonaparte] n'est pas tenable ; aussi son pouvoir est-il moins assuré après deux ans d'usurpation qu'il ne l'était au premier jour. [...] La Révolution pèse donc tout entière sur lui, et sa position devient chaque jour plus pénible... »

En fin de compte, Morkov alla jusqu'à payer des plumitifs pour rédiger des pamphlets contre Bonaparte et son gouvernement. Lorsque la police arrêta l'un de ces auteurs, le Premier Consul se plaignit par l'intermédiaire de son ambassadeur.

Comme toujours, la réponse d'Alexandre se situait à divers niveaux : il disait une chose, en écrivait une autre, en pensait une troisième et en faisait une quatrième. Lors d'une conversation avec Caulaincourt, le tsar s'était exclamé : « J'ai ouï dire que certaine personne a fait des sottises ; parbleu, si j'en avais la certitude, j'en ferais une justice exemplaire ; je ne souffrirai pas que l'on fasse une infamie en mon nom[30]. » Cette phrase était destinée à un noble et honnête officier, sans aucun doute pour lui montrer combien Alexandre était aussi direct et franc que lui. En ce qui concerne le chef du gouvernement, la réponse à lui adressée par le tsar était quelque peu différente. Il prit la défense de son ambassadeur : « Je suis peu porté à donner la moindre attention à ce que peuvent débiter des folliculaires qui n'ont aucune attache de leur gouvernement, aussi ne me suis-je nullement arrêté aux imputations qui ont été faites au comte de Morcoff. Ce ministre connaît trop mes intentions de cultiver et de cimenter la meilleure harmonie avec la France pour avoir jamais pu encourager aucune démarche contraire à ses vues et aux intérêts de son gouvernement[31]. » Enfin, à usage interne, pourrait-on dire, Alexandre reprocha seulement sous une forme très mesurée à son ambassadeur ses relations avec un pamphlétaire. En revanche, quelques jours plus tôt, il lui avait exprimé sa totale confiance et son soutien : « Vos rapports justifient entièrement le crédit que je fais à votre activité et à votre art dans la conduite des affaires. Approuvant toutes vos actions [!], je considérerai comme nécessaire d'entrer ici dans quelques explications pour votre gouverne dans l'avenir[32]. » Le tsar ne cessa pas non plus, par la suite, de faire confiance à Morkov.

Au début de 1803, les relations entre l'Angleterre et la France commencèrent à se détériorer, et il ne s'agissait pas là d'actions de tels ou tels hommes politiques en particulier. Le développement rapide de l'industrie française, le refus de Bonaparte d'ouvrir le marché français aux produits anglais, enfin l'expansion coloniale française et le renforcement considérable de la France sur le continent, tout cela ne pouvait que préoccuper la bourgeoisie anglaise. Pendant plus d'un siècle, l'Angleterre avait été pratiquement la seule grande puissance capitaliste du monde, et les négociants et industriels anglais s'étaient habitués à ne pas avoir de concurrents dangereux. Partout, les marchandises anglaises, peu onéreuses et de bonne qualité, laminaient sans peine la concurrence, représentée par les manufactures archaïques des monarchies féodales. C'était notamment le cas de la Russie, réduite au rôle de fournisseur de matières premières pour l'industrie anglaise. Et voilà qu'était apparu en Europe un grand État où la transformation globale de la société avait fait naître une puissante économie de marché.

Il est convenu de dire que le gouvernement anglais était très fortement préoccupé par les événements qui se déroulaient dans le nord de l'Italie et par la médiation de Bonaparte dans les affaires suisses*. C'est exact, mais pas entièrement. En réalité, la principale cause de l'irritation des milieux dirigeants anglais était la crainte de perdre un *leadership* économique sans partage, en somme de laisser échapper

---

* À partir des terres perdues par l'Autriche dans le nord de l'Italie avait été formée la République cisalpine. En janvier 1802, celle-ci fut rebaptisée République italienne, et elle élut pour président Napoléon Bonaparte. En septembre 1802, le Piémont fut définitivement annexé à la France. Enfin, en janvier 1803, entre la République française et la Confédération helvétique fut signé l'Acte de médiation. La Suisse conservait son indépendance vis-à-vis de la France, mais sa Constitution était en fait l'œuvre de Bonaparte. En outre, la Suisse s'était engagée à fournir un contingent militaire auxiliaire à l'armée française.

des profits. La France, émergeant de la fournaise révolutionnaire, était à présent florissante et riche, et cela faisait bien plus peur aux banquiers anglais que les canons de Napoléon. La paix leur semblait plus dangereuse que la guerre. Quant aux larmes de crocodile versées sur l'indépendance de la Suisse ou de l'Italie, elles évoquent irrésistiblement les déclarations démagogiques sur la défense de la démocratie émanant de nos jours d'un État bien connu... La paix conduira l'Angleterre à la ruine totale, proclamaient les partisans de Pitt et de Canning.

Le Premier ministre Addington, souhaitant faire un geste en direction des tories intransigeants et souligner que, en dépit de la conclusion du traité de paix, il était vigilant à l'égard de la France, nomma en effet en qualité d'ambassadeur à Paris lord Whitworth, personnalité qui ne nous est pas inconnue. Ce choix stupéfia Bonaparte : le nouvel ambassadeur était en effet impliqué dans le meurtre de Paul Ier ! Whitworth était connu en Angleterre comme un adversaire acharné de la paix d'Amiens, et son aversion pour la France relevait, selon l'expression des contemporains, de la pathologie.

Dans le même temps, une virulente campagne antifrançaise était lancée dans la presse. Ainsi, le *Morning Post* du 1er février 1803 décrivait les événements qui s'étaient déroulés en France comme « une usurpation violente du pouvoir et de la propriété, au détriment des grands et des riches, par des hommes de sac et de corde », et le Premier Consul lui-même comme un « être inclassable, mi-Africain, mi-Européen, mulâtre méditerranéen [!][33] ».

La presse d'émigration était particulièrement déchaînée. Un certain Pelletier publia à Londres un journal dans lequel il couvrait Bonaparte de toutes les insultes imaginables : «...misérable lieutenant de Barras, époux avili de sa concubine, mitrailleur de Toulon, massacreur d'Alexandrie, boucher du Caire, aventurier, charlatan, chef de brigands, usurpateur, assassin, tyran... », et le rédacteur appelait même, dans un de ses numéros, à l'élimination physique du chef du gouvernement français.

C'est dans cette atmosphère chauffée à blanc que s'attisa la querelle autour de Malte, qui joua un si grand rôle dans la politique européenne. En dépit des conditions de la paix d'Amiens, les Anglais n'étaient pas pressés d'évacuer l'île.

Il suffit d'avoir vu une seule fois cette île pour comprendre pourquoi les hommes politiques britanniques s'accrochaient ainsi à ce lambeau de terre. Tout d'abord, Malte se trouve au centre même de la Méditerranée et, ne serait-ce que par sa position géographique, elle constitue l'endroit idéal pour établir une base navale susceptible de contrôler tout le bassin méditerranéen. Ensuite, pendant les longues années de l'administration des chevaliers de Malte avaient été construites sur l'île des fortifications monumentales dont beaucoup subsistent encore aujourd'hui. L'ordre, très riche, s'était permis de creuser dans les rochers de gigantesques abris et d'installer dans des casemates des batteries qui rendaient la forteresse quasi imprenable, à condition évidemment d'y entretenir une garnison suffisante.

Mais Malte possède une autre spécificité. Au cœur de l'île, on trouve de vastes baies protégées de toutes les tempêtes, et d'une profondeur telle que les énormes vaisseaux de ligne du début du XIXe siècle (d'un tirant d'eau de 7 mètres et plus) pouvaient aborder directement à quai (!) dans la capitale de l'île, La Valette. Il est impossible d'imaginer meilleure base navale et il n'y a rien d'étonnant à ce que les amiraux britanniques n'aient absolument pas eu envie d'en partir.

Au début de 1803, les Français avaient rempli toutes les obligations du traité d'Amiens. Les Anglais, eux, éludaient la question de l'évacuation de Malte. C'est à cette époque que le ministre russe des Affaires étrangères envoya une lettre à son frère, l'ambassadeur à Londres. Ce dernier reçut également un rescrit d'Alexandre Ier. Ces deux documents soulignaient le soutien de la Russie au gouvernement anglais. Notons que Sémion Vorontsov avait encore mis l'accent, dans ses entretiens avec le ministre anglais des Affaires étrangères, Hawkesbury, sur la bienveillance de la Russie envers toutes les actions entreprises par l'Angleterre. La grande spécialiste de l'histoire des relations russo-anglaises de cette époque, A. Stanislavskaïa, a écrit à juste titre, après avoir analysé une grande quantité de documents : « Une fois de plus, Sémion Vorontsov a joué un rôle très ambigu en persuadant si ardemment le gouvernement anglais de ne pas rendre Malte que même son frère, le chancelier Alexandre Vorontsov, pétri d'anglophilie, en est demeuré mécontent[34]. »

En conséquence, lors des pourparlers sur la question maltaise, les Anglais adoptèrent une position très dure et s'engagèrent en fait dans la voie de la provocation. L'ambassadeur britannique se mit à agir conformément au principe décrit par Nelson : « La façon dont on tisonne n'a aucune importance, mais si Bonaparte dit qu'il faut le faire d'une certaine façon, nous devons immédiatement exiger qu'on le fasse de façon diamétralement opposée. »

Lors de sa rencontre avec l'ambassadeur anglais, le 13 mars 1803, Bonaparte s'exclama : « Ainsi, vous êtes déterminés à faire la guerre ?! » Puis il dit à haute voix, en s'adressant à tout le monde : « Les Anglais veulent la guerre, mais s'ils sont les premiers à tirer l'épée, je serai le dernier à la remettre. Ils ne respectent pas les traités ; il faut désormais les couvrir de crêpes noirs. »

Puis Bonaparte reprit la conversation avec Whitworth et, contenant sa colère, prononça quelques paroles courtoises. Il demanda à l'ambassadeur où était sa femme. Whitworth répondit qu'elle était demeurée chez elle avec un enfant malade. Alors le Premier Consul remarqua : « Vous avez connu ici une assez mauvaise saison. Je voudrais que vous en voyiez aussi une bonne... »

Un moment plus tard, il revint sur le sujet principal et s'écria avec exaltation : « Vous pouvez peut-être tuer la France, mais jamais l'intimider. [...] Il faut respecter les traités. Malheur à ceux qui ne respectent pas les traités ; ils seront responsables à toute l'Europe ! »

Enfin, Bonaparte quitta la salle à pas rapides en criant presque : « Malte ou la guerre[35] ! »

En avril 1803, Whitworth présenta sous forme d'ultimatum les dernières propositions du gouvernement de Londres :

> 1. L'Angleterre gardera Malte pendant dix ans, puis l'île sera remise non pas à l'Ordre, mais à ses habitants.
> 2. Le royaume de Naples cédera l'île de Lampedusa* à l'Angleterre.
> 3. Les troupes françaises évacuent la Hollande.
> 4. L'Angleterre reconnaît l'annexion du Piémont par la France.
> 5. L'Angleterre n'exigera pas le départ des troupes françaises de Suisse.

Ces conditions étaient en principe acceptables pour Bonaparte, mais elles étaient exposées de façon à les rendre irrecevables. La réponse devait être donnée dans les sept jours, et le gouvernement anglais n'admettait aucune contre-proposition. Le Premier Consul était prêt à donner son accord, mais, pour sauver la face, il proposa que les Anglais demeurent sur l'île non pas dix, mais trois ou quatre ans.

Au soir du 12 mai 1803, l'ambassadeur d'Angleterre, Whitworth, quitta Paris. Quatre jours plus tard, le 16 mai, la Grande-Bretagne déclara officiellement la guerre à la France. Et encore deux jours après, le 18, l'amiral Nelson hissa son pavillon sur le navire amiral *Victory*. Le même jour, les frégates anglaises attaquèrent non loin du cap d'Ouessant des bateaux de commerce français. C'étaient là les premiers coups de canon d'une guerre qui devait durer douze ans.

Les milieux dirigeants anglais entrèrent en guerre avec enthousiasme. À la séance de la Chambre des lords du 23 mai 1803, on ne pouvait entendre que des cris belliqueux : « Il faut châtier la France ! » s'exclama lord Clarens ; lord Spencer déclara : « La guerre est indispensable ! » ; et lord Grenville, dans le même registre, clama : « La guerre est une nécessité ! »

Une analyse impartiale de la situation pouvait facilement montrer ce qu'il y avait à attendre d'une telle guerre. Les Anglais ne disposant pas de forces terrestres, il était clair qu'ils feraient tout leur pos-

---

* Petite île de la Méditerranée située non loin de Malte et qui appartenait au royaume de Naples.

sible pour lancer contre la France les principales puissances continentales. D'autre part, il était évident que, n'ayant pas la possibilité de livrer un combat égal contre son adversaire sur mer, les Français s'efforceraient d'élargir leur sphère d'influence, de se doter de nouvelles bases maritimes et de nouveaux marins. Ainsi, la guerre anglo-française menaçait de dégénérer en conflit impliquant tout le continent.

En soutenant les ambitions du gouvernement anglais, Alexandre Ier et Sémion Vorontsov avaient libéré le djinn de la bouteille. Il était à présent difficile d'enrayer l'escalade.

Il est intéressant de voir comment l'ambassadeur de Bavière, Olri, jugeait à ce moment-là le rôle du gouvernement russe. Voici ce qu'il écrivit dans une lettre du 19 avril (1er mai) 1803 : « "Elle seule [la Russie] aurait pu, par une intervention ferme et énergique, écarter la menace et modifier la situation afin de préserver la quiétude sociale[36]... »

Les Anglais déclenchèrent les opérations militaires en attaquant des navires de commerce français qui, interceptés, poursuivaient leur route. À la suite de ces actes de piraterie, la marine de guerre britannique s'empara de 1 200 navires de commerce français et hollandais, et confisqua des marchandises pour la valeur énorme de 200 millions de francs.

En guise de riposte, Bonaparte décréta le 22 mai la confiscation des bateaux anglais dans tous les ports, interdit d'acheter et de vendre des marchandises anglaises, et ordonna d'arrêter tous les Anglais présents sur le territoire des républiques française et italienne. Le général Mortier, à la tête d'un corps d'armée de 13 000 hommes, reçut l'ordre d'occuper Hanovre, possession héréditaire des rois d'Angleterre, dans le nord de l'Allemagne.

Au bout de quelques jours, l'armée de Hanovre capitula et ses soldats et officiers furent renvoyés dans leurs foyers. Parallèlement, le corps placé sous le commandement de Gouvion Saint-Cyr fit son entrée sur le territoire du royaume de Naples et, en juillet, occupa les ports du sud de la péninsule italienne*. Bien que les premiers coups de canon aient déjà retenti et que l'on se soit partout préparé aux affrontements décisifs, il restait encore une chance de sauver la paix. En juin 1803, Bonaparte adressa une proposition audacieuse à l'empereur de Russie, demandant qu'Alexandre arbitre la querelle franco-anglaise. Le Premier Consul déclara qu'il faisait confiance à l'objectivité du tsar et souhaitait que son arbitrage soit « le plus illimité possible ». Ainsi, il

---

* Selon les termes du traité de paix signé en 1801 avec le royaume de Naples, les Français se voyaient attribuer deux ports au sud de la péninsule italienne, Brindisi et Otrante. En signant le traité d'Amiens, Bonaparte s'était engagé à retirer ses troupes du sud de l'Italie, ce qui fut fait.

ne s'agissait pas de mener des pourparlers, mais de faire jouer à Alexandre le rôle de tierce partie afin qu'il décide lui-même des droits des uns et des autres. L'Angleterre et la France n'auraient plus qu'à accepter la sentence, ou à la refuser et à continuer la guerre.

Mais l'Angleterre rejeta catégoriquement cette possibilité. Il est intéressant de noter que Sémion Vorontsov avait à ce point fait corps avec les milieux dirigeants anglais qu'il motiva lui-même le refus des Anglais au nom de leur ministre des Affaires étrangères. L'ambassadeur russe indiqua que celui-ci (Hawkesbury) « n'a le talent ni de la précision, ni de la clarté, [et] il est encore plus obscur quand il écrit [!] ». C'est pourquoi, afin d'être mieux compris, il écrivit lui-même : « […] ce n'est ni Malte, ni tel autre élément séparé qui pourrait procurer ce repos nécessaire à toutes les nations de l'Europe […] [vu] les insultes et les outrages que Bonaparte ne cesse de prodiguer au roi et à la nation britanniques. » Autrement dit, le but de la guerre n'était pas de préserver une base maritime britannique, mais d'anéantir la France de Bonaparte. Et, pour le salut de l'Europe, considérait Vorontsov, il n'y avait rien de mieux que les canons des navires britanniques : « Le bien-être de l'Italie méridionale, de la Méditerranée et du Levant exige impérieusement la présence d'une escadre anglaise dans cette mer[37]. »

Le refus opposé par les Anglais à l'arbitrage russe fut une surprise pour Pétersbourg. Sans se troubler, cependant, le tsar proposa en lieu et place une médiation dans les pourparlers entre Paris et Londres. En outre, avant d'entamer ceux-ci, les Français devaient évacuer leurs troupes de Hanovre et d'Italie du Sud.

Cette fois, Bonaparte sortit de ses gonds. « L'arbitrage pouvait conduire à la paix, écrivit-il à son ministre des Affaires étrangères, puisqu'on s'en rapportait à un homme juste à la décision duquel il n'y avait pas de déshonneur à déférer. Une négociation dans les circonstances actuelles ne conduit à rien[38]. »

Parallèlement, l'activité de Morkov avait irrémédiablement mis le Premier Consul hors de lui :

« Tant que l'état de paix a duré, on a supporté à Paris M. de Morkof, quoiqu'il fût tout anglais, parce que cela était sans danger ; mais, à présent que la guerre existe et qu'on ne peut pas en prévoir le terme, la présence d'un homme si malintentionné pour la France a plus que des désagréments pour le Premier Consul[39] », écrivit Talleyrand dans une dépêche à l'ambassadeur de France à Pétersbourg, en exposant les motifs pour lesquels Bonaparte demandait le rappel du comte Morkov.

Si, dans sa réponse officielle, Alexandre, malgré un ton sarcastique, modéra ses expressions, en revanche, s'adressant à Morkov, le tsar ne voyait pas la nécessité de contenir ses humeurs. Alexandre Vorontsov écrivit sur sa demande : « J'ai déjà eu l'honneur d'instruire Votre Excellence que le Premier Consul avait écrit à Sa Majesté Impériale une lettre dans laquelle il se porte à lui demander votre rappel, et que M. de Talleyrand l'avait accompagnée d'une dépêche sur le même sujet. [...] Le contenu de cette dernière pièce était digne de son auteur et formait un assemblage de mensonges ridicules et atroces. [...] Je vous ai fait part, Monsieur le Comte, combien Sa Majesté Impériale avait été choquée de ces imputations et combien elle est convaincue de leur fausseté. »

De son côté, dans une lettre confidentielle, Vorontsov soutenait lui aussi totalement Morkov : « La conduite qu'on a tenue en France vis-à-vis de vous ne saurait nous étonner, attendu qu'on doit s'attendre, de la part du Premier Consul, à toute espèce de violences et d'effronteries. Toute sa conduite est semblable à celle d'un grenadier qui aurait fait fortune, plutôt qu'à l'attitude du chef d'une grande nation[40]. »

Ces dithyrambes absurdes à l'égard d'un ambassadeur incompétent, et ce flot d'humiliations à l'adresse d'un chef d'État qui faisait tout pour le rapprochement de la Russie et de la France, dévoilent mieux que tout l'état d'esprit d'Alexandre. En rappelant Morkov, il lui fit parvenir en récompense l'étoile de diamants de l'ordre de Saint-André, la distinction suprême de l'Empire russe.

Il est intéressant de noter que Morkov ne fut pas remplacé au poste d'ambassadeur. Seul un chargé d'affaires temporaire, Piotr Yakovlevitch Oubril, demeura à Paris. Ce n'était pas un geste anodin. Derrière cet acte se dissimulaient de très importantes démarches politiques entreprises par Alexandre Ier au cours de l'été et de l'automne 1803.

C'est en effet à dater de ce moment qu'Alexandre s'emploie énergiquement à former une coalition antifrançaise. Il inonde littéralement le roi de Prusse et l'empereur romain germanique de lettres dans lesquelles il leur propose d'entrer dans une alliance active et offensive contre la France, et de déclencher immédiatement la guerre.

Ayant reçu une réponse dilatoire, Alexandre envoya le 24 septembre (5 octobre) 1803 au roi de Prusse une lettre cette fois lourde de menaces : « Ce n'est plus à moi de conseiller V. M. C'est à elle de se décider sur le parti qu'elle voudra prendre. Je ne lui cacherai pas, cependant, que, d'un côté, je vois l'honneur, la gloire et l'intérêt véritable de votre couronne ; de l'autre [...], je vois la ruine totale et inévitable de la vôtre [...] ; avec un homme sans équité et sans délicatesse, on ne gagne rien en cédant, et il est beaucoup d'occasions dans la vie privée et publique où la tranquillité ne peut être conquise qu'à la pointe de l'épée[41]. »

Au même moment, le 6 (18) octobre 1803, sur ordre de l'empereur, le chancelier et ministre des Affaires étrangères, Alexandre

Vorontsov, adressa un courrier extrêmement secret au chargé d'affaires à Vienne, Ivan Anstett. Après une longue introduction de plusieurs pages, obscure comme toujours, il entrait dans le vif du sujet : « S. M. I., après s'être efforcée d'aviser au plus pressé en tâchant de sauver le nord de l'Allemagne des maux qui l'affligent, désire maintenant s'ouvrir sur ces objets avec une entière confiance vis-à-vis de l'empereur d'Allemagne. [...] Vous êtes chargé, Monsieur, d'entrer en discussion avec le ministère autrichien sur l'état présent des affaires en Europe. Nous désirons beaucoup de savoir s'il partage nos inquiétudes et quels seraient les moyens qu'il croirait les plus sûrs tant pour arrêter le torrent de la puissance française, près de déborder, que pour assurer le bien général et la tranquillité de l'Europe à l'avenir[42]... » Les Autrichiens répondirent eux aussi, cependant, de façon dilatoire.

L'absence de résultats de ce premier sondage sur les intentions autrichiennes ne découragea absolument pas Alexandre et son chancelier. Le 20 décembre 1803 (1er janvier 1804), Alexandre Vorontsov rédige une communication des plus détaillées à l'attention de l'ambassadeur du Saint Empire romain germanique à Saint-Pétersbourg, le comte Stadion. Le vieux chancelier y peint une fois encore avec un grand luxe de détails le tableau de l'épouvantable menace qui plane sur l'Europe et dont les stupides Autrichiens n'arrivent pas à prendre conscience. Sans s'inquiéter de la contradiction de ses dires avec ceux de sa dépêche précédente, il ne décrit plus l'horreur représentée par l'agression des Français contre les îles Britanniques, mais le cauchemar qui suivra l'inévitable échec d'un débarquement : « Il n'est pas douteux que l'opinion publique en France, que Bonaparte avait réussi jusqu'à présent à se rendre assez généralement favorable, va déchanter de beaucoup à son égard. La descente en Angleterre sur laquelle il s'est trop avancé pour ne pas la tenter, et dont il voit à présent les trop grandes difficultés, ne lui promet aucune chance probable pour sortir avec succès de la crise où il se trouve. Par quoi Bonaparte pourra-t-il remonter l'esprit public d'une nation souffrante et trompée ? Comment occupera-t-il l'inquiétude d'une armée bouillante et de généraux avides et mécontents ? Il résulte de tout ce qui vient d'être dit que le Premier Consul ne peut rester longtemps dans sa position présente, et qu'il faut l'un des deux : ou qu'il fasse bientôt la paix, ou qu'il marche en avant dans ses projets d'invasion. La première résolution serait sans doute le plus à désirer ; mais que d'invasion pour qu'elle puisse avoir lieu ! La paix ne sera aujourd'hui acceptée par les Anglais qu'à des conditions fâcheuses pour la France ; cette puissance ne peut plus aspirer au *statu quo ante bellum* ; et Bonaparte, en faisant la paix, s'expose à perdre sa gloire, à détruire le charme dont sa fortune l'avait entouré jusqu'à présent, et à préparer sa chute par la perte de sa considération à l'intérieur.

Son caractère et sa position doivent donc faire présumer qu'il préférera courir les plus grands hasards pour retarder une catastrophe
qu'il croit peut-être rendre plus prochaine s'il commence une fois à
céder[43]. »

On voit dans ce passage non seulement une totale absence
d'objectivité, mais également les conséquences des brillants rapports
d'Arkadi Ivanovitch Morkov, surtout quand l'auteur parle d'« une
nation souffrante et trompée », de « l'inquiétude d'une armée
bouillante et de généraux avides et mécontents. » Il est intéressant
de constater que le chancelier et bien entendu l'empereur, en
s'adressant aux Autrichiens, font preuve du pragmatisme dont était
dépourvu le naïf Paul Ier. Sachant qu'à Vienne on n'était pas indifférent aux beautés de l'Italie, le tsar et le chancelier, sans se soucier de
contredire les bonnes intentions affichées par la future coalition,
signalent comme par inadvertance que la Russie fait preuve de compréhension envers les intérêts de la cour autrichienne : « Il serait
tout naturel que la maison d'Autriche, étant alors forcée à des
dépenses considérables, désire aussi, de son côté, tirer quelque avantage des circonstances et qu'elle cherche à s'assurer pour l'avenir
une meilleure frontière en Italie [!][44]. »

Les lettres adressées par Alexandre et Vorontsov aux dirigeants de
la Prusse et de l'Empire germanique montrent à l'évidence que ce
qui préoccupait le tsar de Russie, ce n'était pas la sécurité du pays ; il
ne s'agit pas d'une alliance défensive suscitée par des actions dangereuses de la part de Bonaparte, mais d'une alliance offensive dont le
but est d'attaquer la France et d'anéantir le régime instauré dans ce
pays à la suite de la Révolution.

Lorsqu'ils décrivent l'évolution de l'attitude d'Alexandre envers
Bonaparte, les historiens évoquent fréquemment l'épisode de l'arrestation du duc d'Enghien (voir ci-après), qui eut lieu en avril 1804.
Cet événement aurait provoqué un tournant dans la politique du
tsar. En réalité, les lettres de 1803 ne laissent déjà pas le moindre
doute sur les intentions d'Alexandre.

Cela est totalement confirmé par un document figurant dans les
Archives historiques d'État de Russie. Il s'agit d'un journal extrêmement détaillé que l'attaché militaire autrichien, le colonel
Stuterheim, tint de janvier 1804 à avril 1805. À la différence de beaucoup de mémoires marqués par la sénilité, où l'auteur confond
souvent une guerre avec l'autre et où des déclarations faites en 1812
sont présentées comme datant de 1805, nous avons ici affaire à un
véritable compte rendu sténographique des entretiens que Stuterheim
eut avec les plus hautes personnalités de l'Empire et, avant tout, avec
Alexandre lui-même. À en juger par le caractère même du journal,
toutes les notes ont été prises le soir même des entretiens, et toutes
les expressions sont transcrites quasi mot pour mot. L'étude de ce

document confirme absolument qu'Alexandre avait d'ores et déjà décidé de faire la guerre à la France. Toutes les conversations du colonel avec le tsar, de janvier à mars 1804, peuvent se résumer comme suit : quand l'Autriche donnera-t-elle enfin une réponse positive aux propositions instantes du tsar concernant une alliance militaire ?

Stuterheim s'est ainsi entretenu avec Alexandre lors d'un bal chez l'impératrice, le 16 février. « Oui, je sens qu'il n'y a rien qui élève l'âme comme la guerre », déclara soudain le tsar. Puis, sans faire de pause, il se mit à répéter littéralement la même chose : « Ce serait un espoir chimérique de penser échapper au sort commun si l'on n'arrête pas les vues ambitieuses de Bonaparte, et il faut être dans une aveugle apathie comme la Prusse pour oser le croire[45]. »

Le tsar et le colonel autrichien se retrouvèrent à la parade du 26 février : « Pour perfectionner mon armée, dit l'empereur, il lui faut la guerre, et je souhaite pour son instruction que ce soit en étant alliée avec la vôtre[46]. » Le 12 mars, Stuterheim écrivit : « Déjà, depuis une huitaine de jours, l'empereur me témoignait, aux parades, combien il désirait savoir notre décision. Aujourd'hui, au grand bal masqué de la cour, il me parut un peu fâché... Il me dit avec un air plus sérieux que de coutume : "On perd un temps précieux, chez vous[47]." »

En fait, le journal de Stuterheim ne fait que dire et redire l'exigence permanente d'Alexandre d'obtenir une réponse positive et d'entamer la guerre contre la France.

Ainsi, non seulement Alexandre pensait depuis la fin de 1803 à organiser une coalition contre la France et effectuait des démarches concrètes en ce sens, mais il était déjà, à cette époque, littéralement obsédé par l'idée de déclencher la guerre contre Napoléon. Il l'imposait à tout le monde : au roi de Prusse, à l'empereur romain germanique. Il l'exigeait en dépit du fait que les Anglais ne priaient pas spécialement les Russes de se précipiter pour défendre Londres. Il la désirait à tout prix, sans se demander si elle répondait ou non aux intérêts de la Russie, si la majorité des élites russes la souhaitaient ou non. Il ne prenait plus guère conseil qu'auprès de quelques anglophiles, eux-mêmes pénétrés de cette idée fixe, principalement le chancelier Alexandre Vorontsov. Du reste, précisément parce que la guerre ne répondait ni au désir de la majorité des élites russes, ni aux intérêts nationaux du pays, Bonaparte ne pouvait absolument pas supposer qu'elle se préparait. Et, plus encore, ses représentants diplomatiques en Russie insisteront presque jusqu'au moment de la rupture sur les intentions pacifiques d'Alexandre.

La Russie était effectivement le cadet des soucis de la France à cette époque. La guerre contre l'Angleterre devenait de plus en plus sérieuse, et elle apportait tous les jours de nouvelles surprises. Au début de 1804 fut découverte une organisation royaliste clandestine financée par l'Angleterre. L'objectif des conjurés, dirigés par le célèbre chouan Cadoudal, était d'assassiner le Premier Consul. Lorsque Cadoudal et ses complices furent arrêtés, on apprit qu'aussitôt après l'élimination du chef de l'État un « prince français » devait arriver à Paris, mais qu'« il ne s'y trouvait pas encore ». Qui était-il ? Aucun des conjurés ne le savait ou ne voulait le dire.

Les soupçons se portèrent sur le duc d'Enghien*. C'était le plus jeune des hauts personnages du mouvement royaliste, mais l'un des plus populaires. Lors des combats contre l'armée républicaine, il s'était distingué comme un chef de guerre de talent et un soldat courageux. Au cours des événements décrits ici, le duc d'Enghien résidait à Ettenheim, sur les terres du grand-duché de Bade, à 4 kilomètres seulement de la frontière française.

À l'aube du 15 mars, un détachement constitué de gendarmes à cheval et de dragons pénétra sur le territoire du grand-duché de Bade et encercla le domicile du duc. Ses domestiques armés étaient prêts à l'action, mais, en soldat expérimenté, il comprit que le combat serait vain et se rendit sans opposer de résistance. Aux environs de 5 heures du soir, le 20 mars, il fut conduit au château de Vincennes, et à 9 heures du soir fut réuni un tribunal militaire présidé par le général Hulin… Ce tribunal, composé d'officiers vétérans de l'armée républicaine, accusa le duc de participation au complot et le condamna à mort à l'unanimité.

Plus tard, quand les Bourbons revinrent en France, tout le monde nia avoir prit part à cet événement, et Talleyrand, avec le cynisme qui lui était propre, aurait déclaré sentencieusement : « C'est pire qu'un crime, c'est une faute**. »

En réalité, personne ne pensait cela. Les Anglais et les royalistes avaient inondé Paris de tueurs à gages. Une véritable chasse était engagée contre le Premier Consul. Il fallait riposter de telle façon que plus personne ne soit tenté de sortir les poignards. L'un des plus célèbres historiens de cette période, Frédéric Masson, écrivit à ce sujet : « Ici, il a dû frapper fort pour que, à Londres et à Édimbourg, on apprît que ce n'était pas un jeu ; il a dû frapper haut pour que Monsieur, comte d'Artois, voyant couler du sang royal, commençât à réfléchir ; il a dû frapper vite, car, pour cet otage de maison souveraine, les souverains d'Europe n'eussent pas manqué d'intervenir[48]. »

---

* Louis Antoine Henri, duc d'Enghien (1772-1804), fils de Louis Henri Joseph, duc de Bourbon, petit-fils du prince Louis Joseph de Bourbon-Condé (1736-1818), était un des plus proches parents du roi Louis XVI. Le prince de Condé commandait le corps d'armée de l'émigration. Selon la vieille tradition monarchique, jusqu'à la mort de l'aîné de cette maison, ses cadets portaient le titre de duc d'Enghien.

** Cette phrase est également attribuée à Fouché et à Boulay de la Meurthe. (*N.d.T.*)

La France accueillit la nouvelle en silence. Si des voix s'élevèrent, ce ne fut que pour soutenir la décision du Premier Consul. Un député du Corps législatif, un certain Curé, s'exclama avec transport : « Il agit comme la Convention ! »

Bonaparte lui-même, comme s'il avait entendu cette voix, expliqua à son entourage les motifs de l'exécution, le 21 mars, avec des phrases qui semblaient empruntées aux orateurs révolutionnaires : « Ces gens-là voulaient mettre le désordre dans la France et tuer la Révolution en ma personne, j'ai dû la défendre et la venger. [...] Je suis l'homme de l'État, je suis la Révolution française ! »

C'est cela que la France voulait entendre de la bouche du Premier Consul. On disait depuis longtemps déjà que le bien-être du pays ne pouvait pas reposer sur un seul homme. Se pouvait-il que, si Bonaparte était tué par un autre groupe plus chanceux de conjurés, tout l'édifice construit pendant les années du Consulat s'effondre ? Beaucoup voyaient une solution dans l'instauration d'un pouvoir héréditaire sur le modèle de la monarchie. Mais le pays ne désirait pas revenir en arrière. La France voulait être sûre que, si elle confiait la couronne au Premier Consul, tout ce qui avait été accompli par la Révolution française demeurerait acquis : l'égalité des citoyens, l'abolition des privilèges féodaux, la liberté de conscience, le caractère intangible de la cession des terres des émigrés à de nouveaux propriétaires, et surtout, pour les anciens paysans dépendants, la liberté de production et de commerce. Le Premier Consul avait montré, par l'exécution du duc d'Enghien, qu'il n'y avait rien de commun entre lui et les Bourbons. Il ne pouvait pas y avoir de retour en arrière. Bonaparte était dorénavant un « régicide », comme les conventionnels qui avaient condamné Louis XVI à mort.

Par un sénatus-consulte du 18 mai 1804, le Premier Consul Napoléon Bonaparte fut proclamé empereur des Français sous le nom de Napoléon Ier. Une nouvelle époque commençait, non seulement dans la politique intérieure de la France, mais aussi dans l'histoire de ses relations avec le reste de l'Europe.

La salve tirée par le peloton d'exécution dans les fossés du château de Vincennes se répercuta de manière retentissante dans les cours européennes. Le prince Czartoryski[*], en ouvrant la séance du Conseil d'État réuni au palais d'Hiver à Saint-Pétersbourg à 7 heures du soir, le 5 (17) avril 1804, déclara : « S. M. I., indignée d'une infraction aussi criante à tout ce que l'équité et le droit des nations peuvent prescrire de plus obligatoire, répugne à conserver plus longtemps des rapports avec un gouvernement qui ne connaît ni frein, ni devoir d'aucun

---

* Prince Adam Czartoryski (1770-1861), membre du Comité officieux ; de 1802 à 1806, ministre adjoint des Affaires étrangères ; de janvier 1804 à juin 1806, Alexandre Vorontsov s'étant retiré pour raisons de santé, il prend de fait la tête du ministère.

genre, et qui, entaché d'un assassinat atroce, ne peut plus être regardé que comme un repaire de brigands. »

Ces paroles furent lues par le jeune prince, mais, en réalité, elles émanaient de l'empereur Alexandre en personne. La question de la rupture immédiate des relations diplomatiques et de la guerre avec la France fut ensuite soumise à l'examen du Conseil. Si la majorité des membres se prononça pour la rupture, ce fut, comme le reconnaît Czartoryski lui-même, par crainte de déplaire au tsar. Il y eut cependant des voix courageuses et, parmi celles-ci, la plus résolue fut celle du comte Nicolas Roumiantsev[*]. Il déclara en effet qu'il ne comprenait absolument pas pourquoi la Russie devrait se lancer dans une guerre meurtrière à cause de la mort d'un prince étranger, que « l'intérêt seul de l'État devait décider S. M., et que toute raison qui ne provenait que du sentiment n'était pas d'un genre à être admise dans les motifs de ses résolutions [...] ; l'événement tragique qui venait d'arriver ne touchant pas directement la Russie, la dignité de l'Empire n'y était pas compromise[49] ».

Les paroles de Roumiantsev calmèrent quelque peu l'ardeur d'Alexandre. Il fut décidé d'envoyer une protestation au gouvernement français en se limitant à des formulations fermes, mais diplomatiques, et en excluant du texte la phrase insensée sur le « repaire de brigands ». Parallèlement, un deuil fut décrété à la cour.

Bien entendu, Alexandre se souciait du duc d'Enghien comme d'une guigne, mais son exécution lui fournissait le prétexte qu'il attendait depuis longtemps. En exploitant au maximum cet événement, on pouvait changer l'état d'esprit des hautes sphères de la société russe qui, on l'a déjà mentionné à plusieurs reprises, n'étaient pas très chaudes pour faire la guerre à la France. En effet, l'impératrice mère, les émigrés et les anglophiles de tout poil ne cessaient de répéter sur tous les tons le nom du duc d'Enghien. L'ambassadeur de France[**], encore à Pétersbourg, était traité comme un pestiféré.

Mais les propos tenus à la cour étaient une affaire secondaire. L'exécution du duc d'Enghien fournissait à Alexandre une occasion inattendue de se présenter devant toute l'Europe en héraut du droit, de prendre la tête d'une nouvelle croisade contre le régime révolutionnaire « impie ». Il envoya aux quatre coins d'Europe des appels à

---

[*] Comte Nicolas Roumiantsev : 1801, conseiller d'État ; de 1802 à 1804, ministre du Commerce ; septembre 1807, directeur au ministère des Affaires étrangères ; février 1808, ministre des Affaires étrangères ; 1809, chancelier d'État ; de 1810 à 1814, président du Conseil d'État.

[**] L'ambassadeur de France en Russie était à cette époque Gabriel-Marie-Joseph d'Hédouville. Il occupa ce poste de 1802 à1804, en remplacement de l'envoyé provisoire Armand de Caulaincourt.

s'unir d'urgence pour combattre Napoléon, et à créer une alliance militaire contre la France. De telles propositions furent adressées à Vienne, à Berlin, à Naples, à Copenhague, à Stockholm et même à Constantinople.

Alexandre Ier envoya également une note de protestation à la Diète de l'Empire germanique, à Ratisbonne. Lorsqu'il fut donné lecture de ce document devant la Diète, l'électeur de Bade proposa de ne pas perdre de temps avec des questions annexes, et d'aborder l'examen des affaires courantes. Ce qui fut fait...

On n'a aucun mal à imaginer que le tsar fut blessé de cette noire ingratitude de la part des Allemands, mais l'opinion de ces princes ne jouait pas un rôle politique déterminant. La position de l'Autriche était autrement importante.

La lettre tant attendue, signée de la main de l'empereur romain germanique François II en personne, arriva à Pétersbourg le 22 avril (4 mai) 1804, au moment même où la haute société n'avait sur les lèvres que l'affaire du duc d'Enghien. Dans sa longue missive, François II semblait au premier abord exprimer un accord total avec Alexandre. Il affirmait qu'il partageait les vues du tsar sur les questions de politique européenne, qu'il était prêt à fournir une armée de 200 000 hommes pour lutter contre les Français, et promettait même aimablement, en cas de succès, de ne pas s'emparer d'un trop grand nombre de terres en Italie. Cependant, il y avait dans sa lettre un petit « mais » qui rayait d'un trait de plume toutes les idées d'Alexandre. En fait, l'empereur romain germanique était d'accord pour une alliance *défensive* !

Les Autrichiens ne voyaient pour le moment ni danger réel ni nécessité de se battre contre Napoléon. Ils étaient évidemment très contents de pouvoir compter sur le soutien de la Russie en cas de menace de la part de la France, mais dans ce cas seulement, et ils ne ressentaient pas un désir ardent de se lancer dans la bagarre. Le pays était sorti exsangue des guerres antérieures et le déficit de l'État avait atteint le montant énorme de 27 millions de florins. Le plus grand homme d'État et chef militaire de cette époque, l'archiduc Charles, frère cadet de l'empereur, disait que son pays avait un siècle de retard sur le reste de l'Europe, que l'inertie du pouvoir était « stupéfiante », et la désorganisation de l'administration « totale ». « La situation financière de l'Autriche est effrayante, écrivait l'archiduc. La guerre conduirait à une banqueroute immédiate[50]. »

Le roi de Prusse n'était pas non plus très chaud pour entrer en guerre contre la France, et sa réponse à la proposition d'Alexandre fut également dilatoire. À Madrid, on regardait carrément d'un autre côté : le favori de la reine, don Godoy, qui dirigeait en pratique les affaires du royaume, répondit à la nouvelle de la mort du duc d'Enghien par une phrase ironique : « Lorsqu'on a du mauvais sang, il faut s'en défaire. »

Mais c'est de Paris que parvint la réponse la plus dure, les mots les plus terribles pour Alexandre. La note présentée le 12 mai par le chargé d'affaires Pierre Oubril avait fait sortir Bonaparte de ses gonds. Il écrivit à son ministre des Affaires étrangères : « Répétez-lui bien que je ne veux pas la guerre, mais que je ne la crains avec personne et que, si mon avènement à l'empire doit être aussi illustré que le berceau de la République, ce ne sera qu'à la nouvelle confusion des ennemis de la France[51]. » À la demande du Premier Consul, Talleyrand écrivit au gouvernement russe : « La plainte que la Russie élève aujourd'hui conduit à demander si, lorsque l'Angleterre médita l'assassinat de Paul Ier, on eût eu connaissance que les auteurs du complot se trouvaient à une lieue des frontières, on n'eût pas été empressé de les faire saisir[52] ? »

C'était là une véritable gifle pour le tsar. Bien que sous une forme allusive, on faisait comprendre à Alexandre qu'il était assez étrange, pour un homme impliqué dans le meurtre de son père, de se présenter en champion de la morale européenne. « Cette offense mortelle se grava dans le cœur d'Alexandre et fit naître en lui une haine inextinguible envers Napoléon, qui guidera par la suite tous ses desseins et tous ses actes, écrit Gretsch[*] dans ses mémoires. Contraint de signer la paix avec lui à Tilsit, Alexandre immola sur l'autel de son devoir envers la Russie le sentiment qui le rongeait, mais il n'y renonça pas une seule minute et, le moment venu, il se vengea de l'audacieux en causant sa perte. D'une façon générale, Alexandre était rancunier et ne pardonnait jamais les offenses, au fond de son cœur, même s'il dissimulait et étouffait en lui ce sentiment par prudence et raison politique[53]. »

À compter de ce moment, le but d'Alexandre Ier, le mobile de tous ses actes sera le renversement de Napoléon. Toutes ses entreprises seront subordonnées à cette haine personnelle et menées au nom de celle-ci, faisant fi de tous les intérêts géopolitiques, de la tiédeur des monarques européens et de leur refus de contracter une alliance. En dépit de la politique arrogante de l'Angleterre, peu soucieuse des intérêts russes, il poussera obstinément toute l'Europe à se coaliser contre son ennemi, littéralement à coups de pied aux fesses ! Le talentueux historien russe émigré Boris Mouravieff écrit : « Évidemment, le moins intéressé dans ces démarches était le peuple russe, pour lequel le duc d'Enghien fusillé dans les fossés de Vincennes ne présentait pas plus d'intérêt qu'un mandarin empalé sur ordre de Bogdo-Khan[54]. »

---

* Nicolas Gretsch (1787-1867), journaliste, linguiste et pédagogue russe d'origine allemande. (*N.d.T.*)

Les historiens soviétiques ont longtemps fui comme la peste l'analyse des véritables raisons de la formation de la troisième coalition ; ils comprenaient en effet que, si l'on commençait à étudier les documents, la théorie de la guerre préventive engagée pour défendre les intérêts de la Russie s'écroulerait comme un château de cartes. Ces intérêts, ni le tsar ni ses collaborateurs n'y pensaient le moins du monde. On peut dire que, au mieux, ils se préoccupaient des profits de la partie de la classe dominante russe qui vendait le blé cultivé sur ses terres à l'Angleterre. Tout cela ne justifie bien entendu en rien la politique expansionniste de Napoléon, devenue encore plus visible après la proclamation de l'Empire en France. Cependant, pour atteindre les régions où la Russie avait des intérêts, il aurait été d'abord contraint d'écraser l'Autriche. Or, la monarchie des Habsbourg n'ayant aucunement l'intention d'attaquer seule la France, Napoléon n'avait aucune raison de lui faire la guerre. S'il s'en était pris soudain à elle, la Russie aurait eu une excellente occasion de faire une démonstration de force. Dans une telle situation, l'Autriche se serait retrouvée aux côtés des Russes et se serait battue non pas à contrecœur, parce qu'on l'entraînait dans une coalition à son corps défendant, mais avec toute son énergie. Il ne fait aucun doute que les Prussiens non plus n'auraient pu rester à l'écart dans une pareille circonstance. Alors, effectivement, la guerre aurait été non seulement motivée, mais indispensable. Tous les simples soldats autrichiens, prussiens et russes l'auraient compris. Un tel conflit aurait en effet revêtu un caractère juste... Mais Napoléon n'avait pas l'intention d'attaquer l'Autriche, tout au moins dans un avenir prévisible.

Parce qu'il était un homme d'État soucieux des intérêts de son pays, l'empereur français ne pouvait absolument pas comprendre la politique d'Alexandre. Ne voyant aucun profit que la Russie puisse tirer de la guerre à venir, il lui semblait que le tsar était mal entouré et que ses ministres étaient corrompus par l'or anglais. Beaucoup de ses collaborateurs partageaient cette idée.

En septembre 1804, Alexandre Ier envoya en mission à Londres Nicolas Novosiltsev, un de ses « jeunes amis[*] ». Cette mission consistait à mener des pourparlers en vue de conclure une alliance militaire entre la Russie et l'Angleterre.

Les instructions qui lui furent remises le 11 (23) septembre 1804 frappent par leur longueur : environ 30 000 signes, autrement dit une quinzaine de pages de cet ouvrage ! On est également étonné, à leur lecture, du flou des formulations et de la volonté tenace qu'elles montrent de ne pas appeler les choses par leur nom ! Ce volumineux pensum est tout entier pénétré d'une seule idée : la haine de la

---

[*] Une jeunesse toute relative, car il avait quarante-trois ans en 1804.

France de Napoléon, dissimulée sous des phrases hypocrites. Bien que ce document ait déjà été analysé à maintes reprises par les historiens, il mérite qu'on s'y arrête, étant donné qu'il fait apparaître tous les principes de la politique d'Alexandre Ier et de son adjoint Czartoryski, de la plume duquel relève d'ailleurs la majeure partie des instructions.

Le document débute par un long préambule qui reprend sur tous les tons et pour la énième fois les habituelles déplorations sur les souffrances de l'Europe et de la France, et qui tire une première conclusion : « Avant que de penser à libérer la France, l'on pourra d'abord délivrer de son joug les pays qu'elle opprime. » Ensuite, cela va de soi, le tsar se propose d'entreprendre la « libération » des Français eux-mêmes : « On lui déclarera [à la nation française] que ce n'est pas à elle que l'on en veut, mais uniquement à son gouvernement, aussi tyrannique pour la France que pour le reste de l'Europe ; que d'abord on n'avait eu en vue que de délivrer de son joug les pays qu'il opprimait, que maintenant, en s'adressant au peuple français, [...] on engage tous les partis [...] à se fier aux intentions des puissances coalisées qui ne désirent rien d'autre que d'affranchir la France du despotisme sous lequel elle gémit. »

Pour mieux expliquer aux interlocuteurs de Novosiltsev ce qui fait « gémir » la France, l'empire napoléonien est décrit sous le jour le plus monstrueux : « Un gouvernement scandaleux qui, pour ses fins, se sert alternativement du despotisme et de l'anarchie. » En ce qui concerne le futur régime du pays vaincu, Alexandre déclare sur un ton sentencieux : « L'ordre social intérieur sera fondé sur une liberté sage. » C'étaient évidemment le propriétaire de millions de serfs russes et les banquiers anglais qui en connaissaient le mieux la recette ! « La Russie et l'Angleterre répandraient de plus en plus cet esprit de sagesse et de justice », écrit avec assurance Alexandre. Cet esprit était d'ailleurs compris de façon assez originale : « Il est évident aussi que l'existence de trop petits États ne serait pas en accord avec le but qu'on propose, puisque, n'ayant aucune force, [...] ils ne sont [...] d'aucune utilité au bien général. »

Après des réflexions détaillées sur la sagesse et la justice, le tsar de Russie passe à des questions plus terre à terre et plus accessibles aux ministres anglais. Selon lui, « il faut que les deux puissances protectrices conservent un certain degré de prépondérance dans les affaires de l'Europe, car elles sont les seules qui, par leur position, sont invariablement intéressées à ce que l'ordre et la justice y règnent ». Il est curieux de remarquer que, s'il « s'inquiète » du sort de la Turquie et agite sans cesse devant le sultan les visées expansionnistes du gouvernement français, Alexandre note en passant : « Les deux puissances s'accorderont entre elles sur la manière dont il sera à propos de régler le sort de ses différentes parties[55]. » On voit très clairement ce que le tsar entendait par là d'après la lettre de Czartoryski à Vorontsov datée du 18 (30) août 1804 : « La volonté qu'auront les puissances du continent de s'opposer aux empiétements de Bonaparte pourrait peut-être rendre indispensable l'occupation de quelques parties de l'Empire ottoman par les deux cour[56] » (!).

Même si l'on connaît bien l'hypocrisie d'Alexandre, ses instructions à l'envoyé ne peuvent cependant qu'étonner. Préparant une agression et une alliance offensive, il déclare sans cesse qu'il désire la paix. Alors qu'il ne se décide pas à lever le petit doigt pour cicatriser quelque peu les plaies béantes causées par le servage en Russie, il veut faire le bonheur des 30 millions de Français en leur apportant, à la pointe des baïonnettes, un régime qu'ils ont renversé et contre la restauration duquel ils se sont battus avec acharnement depuis dix ans déjà. S'indignant des annexions arbitraires de Bonaparte, il souhaite lui-même redessiner la carte de l'Europe en effaçant de la face du monde de petits États qui « ne sont d'aucune utilité au bien général ». Avançant comme motif de guerre la menace française contre l'Empire ottoman, il projette sans remords l'annexion de toutes les possessions européennes de celui-ci. Enfin, Alexandre conclut son fantasme politique par l'idée utopique de l'instauration de la paix et de l'harmonie universelles en Europe.

Les politiciens anglais, pragmatiques, balayèrent d'un revers de main les chimères d'Alexandre. Ils ne retirèrent de toutes ces réflexions bien-pensantes qu'un seul fait clair et net : la Russie souhaitait la guerre contre Napoléon. Et cela les arrangeait au mieux. Tout le reste, William Pitt, redevenu Premier ministre en mai 1804, le passa par pertes et profits. Ce n'était pas un utopiste, il était peu préoccupé par la doctrine du bonheur universel et la nécessité de « répandre cet esprit de sagesse et de justice » ; en revanche, il percevait nettement les intérêts de la classe dirigeante de son pays. Comme il était brillant psychologue, son flair lui avait fait sentir que le tsar de Russie ne recherchait pas seulement une alliance mutuellement avantageuse, mais brûlait, pour des raisons qui lui échappaient, de faire la guerre à Napoléon. Et c'est pourquoi le Premier ministre anglais fit preuve vis-à-vis de Novosiltsev d'une fermeté que l'on aurait pu décrire, en d'autres circonstances, comme de l'arrogance à la limite de la sottise.

Au lieu d'accueillir à bras ouverts et avec gratitude l'alliance russe, il dicta littéralement à la Russie les conditions du traité. Pitt rejeta avec hauteur toutes les tentatives de la partie russe d'aborder la question du statut de Malte. L'île méditerranéenne était dorénavant une base navale britannique, point final. Le Premier ministre anglais résolut avec la même assurance, et sans y mettre le moindre sentiment, le problème de la convention maritime : l'Angleterre agirait sur les mers conformément à ses intérêts. Il y avait dans le projet russe beaucoup de belles phrases sur la liberté de l'Italie. Pitt les raya d'un trait de plume. Il considérait également qu'il fallait éloigner la France des terres du nord de l'Italie et renforcer le Piémont, mais il ne pouvait être question d'une quelconque liberté pour le peuple italien. Soucieux de fortifier l'Autriche, les Anglais exigèrent qu'elle récupère à l'avenir la quasi-totalité de la Lombardie. Enfin, il était difficile d'abuser le Premier ministre anglais avec des formules nébuleuses sur « l'indispensable occupation de quelques parties de l'Empire ottoman ». Il voyait clairement, derrière tout ce galimatias, le désir de la Russie de prendre pied au Proche-Orient, ce que les Anglais craignaient encore plus que la domination de la France dans cette région. « Aider un pays, c'est le meilleur moyen pour s'en emparer », remarquera Pitt avec une ironie mordante. Ainsi, ayant rejeté toutes les propositions russes, le gouvernement de Londres se moquait bien du tsar de Russie et de toutes ses vaticinations, qu'elles soient sincères ou feintes.

Boris Mouravieff, déjà mentionné, note avec justesse : « De peur de manquer son coup, Alexandre abandonna aux Anglais le Cap et, ce qui est encore plus frappant, l'île de Malte. À ce moment, il aurait pu exiger, en contrepartie des sacrifices auxquels il conduisait son pays, au moins la remise immédiate de Malte à l'Ordre sous la suzeraineté et le protectorat de la Russie. Rien de semblable. Partie donnante, il agissait comme un quémandeur[57]. » Même un des partisans les plus acharnés de l'alliance avec l'Angleterre, Czartoryski, ébahi des prétentions impudentes des ministres anglais, en vint à écrire que l'Angleterre « veut orienter le continent dans ses propres buts et ne se soucier ni de la position générale des choses, ni de l'opinion des autres puissances[58] ». Mais rien ne pouvait contrer l'aspiration véritablement forcenée à faire la guerre à la France que manifestait Alexandre, imperméable à tout argument raisonnable. Il encaissa donc en silence toutes les exigences humiliantes formulées par William Pitt et allant à l'encontre des intérêts de la Russie.

Le résultat de la mission de Novosiltsev et des pourparlers qui s'ensuivirent fut la signature, le 30 mars (11 avril) 1805, à Pétersbourg, du traité d'alliance anglo-russe. Il prévoyait la création d'une « alliance commune » contre la France. La Russie s'engageait à aligner 115 000 soldats pour mener des opérations contre Napoléon. Il est intéressant de noter que, avant même d'avoir reçu l'accord des Autrichiens, on avait prévu que ceux-ci fourniraient 250 000 hommes. On peut dire que c'était la Russie qui assumait toutes les obligations, tant sur le plan militaire que sur celui des conséquences de la guerre. Les Anglais, eux, s'engageaient seulement à y prendre part avec leurs forces navales et terrestres, ainsi qu'à verser des subsides aux membres de la coalition. Mais, en fait, la flotte britannique faisait déjà la guerre sur les mers sans aucun traité, et les Anglais n'alignaient pratiquement pas de forces terrestres ; quant aux subsides à la Russie, ils ne furent pas versés en totalité ou bien avec retard.

Ainsi naquit la troisième coalition, même si l'Autriche n'acceptait pas d'agir conjointement avec les Russes et les Anglais.

À ce moment-là, Napoléon préparait activement un débarquement en Angleterre. Il avait rassemblé sur les côtes de la Manche plus de 150 000 soldats qui s'apprêtaient à franchir le détroit et à porter un coup décisif à l'ennemi. Pendant qu'à Boulogne, où se trouvait le principal camp des troupes françaises, on mettait au point les navires devant effectuer le débarquement, pendant que les escadres de vaisseaux de ligne et de frégates se regroupaient pour attaquer la flotte anglaise dans le détroit et ouvrir la voie à l'armée d'invasion, Napoléon entreprit un voyage en Italie. C'était à Milan, capitale du royaume, que devait se dérouler le couronnement solennel de Napoléon en tant que roi d'Italie[*].

Le 26 mai eut donc lieu dans la cathédrale de Milan le couronnement qui, s'il n'éclipsa pas la cérémonie de Notre-Dame, l'égala cependant par la splendeur. Pour le rituel religieux, on fit venir de l'église San Giovanni de Monza, sous bonne escorte, une relique sacrée, la couronne des rois de Lombardie. Posant sur sa tête l'antique couronne de fer, Napoléon prononça bien haut en italien – et l'écho de ses paroles retentit sous les voûtes de la cathédrale – la phrase sacramentelle des premiers rois d'Italie : « Dieu me la donne, gare à qui la touche ! »

Le carillon du couronnement de Milan résonna comme un signal d'alarme dans l'Europe monarchique. La proclamation de Napoléon comme roi d'Italie et surtout l'annexion de Gênes et de Lucques inquiétèrent sérieusement les hommes politiques autrichiens, sensibles à tout ce qui touchait aux affaires italiennes.

Or le destin voulut que la nouvelle du rattachement de Gênes à l'empire de France arrive à Vienne au moment où la pression du tsar était particulièrement forte. Ayant signé un accord avec l'Angleterre, il ne pouvait plus reculer et exigeait de la façon la plus catégorique de l'empereur d'Autriche qu'il s'engage dans la coalition : « Voudra-t-elle [l'Autriche] attendre paisiblement sans préparatifs, sans mesures de précaution, que Bonaparte vienne lui dicter des lois au cœur de la monarchie, et la crainte que cet ambitieux lui inspire et qu'il ne lui fait que trop apercevoir sera-t-elle plus forte que la sécurité qu'offre ma coopération ? écrivait Alexandre, sans dissimuler son humeur, à l'ambassadeur de Russie dans la capitale autrichienne. [Annoncez à la cour de Vienne que] ce n'est plus 115 000 hommes de mes troupes que je ferai agir, mais 180 000. »

---

[*] En mars 1805, la République italienne était devenue royaume d'Italie.

Les Autrichiens acceptèrent enfin d'entrer en guerre contre Napoléon, et le 16 juin 1805 fut adopté à Vienne un plan d'actions communes dans la campagne à venir. Le traité d'alliance fut définitivement paraphé le 28 juillet (9 août) par l'ambassadeur d'Autriche à Saint-Pétersbourg, le comte Stadion. Auparavant, le 14 janvier 1805, fut signé le traité russo-suédois d'alliance militaire, et le 10 septembre 1805 un traité entre la Russie et le royaume des Deux-Siciles (Naples). Enfin, le 3 octobre 1805 fut conclu un traité d'alliance anglo-suédois. Si celui-ci fut signé plus tard que tous les autres, c'est que les Suédois exigeaient des subsides dépassant de beaucoup ceux qu'avaient coutume de verser les Anglais, et un compromis ne fut trouvé qu'après de longs marchandages. La troisième coalition contre la France était née.

Dans la société russe, les opinions sur l'affrontement à venir divergeaient. Alexandre était soutenu par les anglophiles et une fraction des milieux gouvernementaux. Les responsables de la diplomatie russe à l'étranger – S. Vorontsov à Londres, A. Razoumovski à Vienne, D. Tatichtchev à Naples, A. Italinski à Constantinople – adoptaient une position belliciste. Cependant, même dans la haute société, il y avait des adversaires acharnés de l'entrée en guerre de la Russie. Ainsi du ministre du Commerce, le comte N. Roumiantsev ; du ministre de l'Instruction, le comte P. Zavadovski ; du ministre de la Justice, le prince P. Lopoukhine ; du ministre des Finances, A. Vassiliev ; du prince A. Kourakine, membre du Conseil permanent ; du comte Tolstoï, grand maréchal du palais ; du comte Rostoptchine, entre autres. Chacun d'eux expliquait pourquoi il considérait que la Russie n'avait aucune raison de s'engager dans la bataille européenne. Ainsi A. Vassiliev rappelait le mauvais état des finances russes, P. Zavadovski soulignait que la guerre entraînerait des dépenses énormes, et Rostoptchine, quant à lui, déclarait catégoriquement : « La Russie deviendra une fois encore l'instrument de la politique de rapines de l'Angleterre en se soumettant à une guerre inutile[59]. »

D'un autre côté, une importante fraction de la noblesse soutenait le tsar sans se demander pourquoi et dans quel but il se lançait dans la guerre. Dans son journal, le jeune fonctionnaire Stépan Jikharev écrivit : « Sa Majesté sait sans doute indépendamment de cela que l'opinion de Moscou consiste à n'avoir aucune opinion et à ne faire que ce qui convient au souverain, en lui faisant une totale confiance[60]. » Les jeunes officiers, comme il se doit, faisaient assaut de forfanterie. Il faut d'ailleurs remarquer qu'à cette époque l'armée avait une vision de la guerre bien différente de celle des XXe et XXIe siècles. Les moyens de destruction, peu développés par rapport à ceux d'aujourd'hui, les uniformes rutilants, l'aspect solennel des batailles, avec les étendards flottant au vent et la musique militaire, enfin la possibilité de se distinguer au combat, de rehausser son statut social, tout cela faisait rêver les jeunes officiers et conduisait certains professionnels à considérer la guerre comme un événement plutôt souhaité que craint. Cela se ressentait particulièrement dans les armées habituées à vaincre. L'armée russe, auréolée des victoires de Souvorov, ne doutait pas de son succès. « Il est difficile de se représenter l'esprit qui animait les guerriers russes de l'époque, et la confiance en soi, étrange et absurde, qui accompagnait ce noble sentiment. Il nous semblait que nous allions droit sur Paris[61] », se souvient l'officier de la Garde I. Jarkévitch.

Enfin, la partie la plus instruite de la noblesse, comme le personnage de *Guerre et Paix* Pierre Bézoukhov, envisageait la guerre avec incompréhension. Le grand historien et publiciste Nicolas Karamzine écrivit alors les paroles que Tolstoï plaça, après les avoir quelque peu transformées, dans la bouche de son héros : « La Russie a mis en marche toutes ses forces pour aider l'Angleterre et Vienne, c'est-à-dire pour leur servir d'instrument dans leur animosité envers la France, sans aucun bénéfice pour elle. […] Ce qui se passera ensuite, Dieu seul le sait, mais les gens connaissent les erreurs politiques que nous avons commises, mais les gens disent : dans quel but le comte Morkov a-t-il irrité Bonaparte à Paris ? dans quel but avons-nous attiré par une guerre insensée des nuages lointains sur la Russie[62] ? »

C'est ainsi que la guerre commença. Une guerre absurde, car ni la Russie, ni l'Autriche, ni les autres États continentaux membres de la coalition, ni à plus forte raison la France, n'y avaient intérêt.

À ce moment-là, ayant rassemblé ses troupes au camp de Boulogne, Napoléon espérait en finir d'un coup avec l'interminable querelle anglo-française. L'empereur et ses soldats scrutaient avec espoir l'horizon, s'attendant à voir apparaître les voiles de l'escadre française qui devait entrer dans la Manche et, immobilisant le gros de la flotte anglaise, ouvrir la voie à la flottille chargée de débarquer les troupes sur les rives de la brumeuse Albion. Mais les désirs du chef de guerre français ne devaient pas se réaliser. Le commandant de l'escadre française, l'amiral Villeneuve, un homme indécis, ne se risqua pas à se frayer passage vers la Manche et à opérer la manœuvre qui aurait dû décider du destin de l'Angleterre. En août 1805, Napoléon fut informé de l'avancée des armées de la coalition sur ses arrières et, sans tergiverser, fit faire demi-tour à ses troupes.

Les troupes de la coalition jouissaient d'une importante supériorité numérique (un demi-million d'hommes environ contre à peu près 250 000 Français). Mais le plan de guerre des coalisés fut une conséquence des dessous politiques de cette coalition. Le tsar souhaitait y attirer le plus possible de puissances, devenir l'idole de l'Europe, et c'est pourquoi les forces alliées étaient dispersées sur d'immenses étendues. Avec d'énormes difficultés, au prix de dépenses matérielles phénoménales, des dizaines de milliers de soldats russes furent jetés les uns au nord, les autres au sud de l'Europe, pour entraîner de nouveaux pays dans la coalition. Du point de vue stratégique, cet éparpillement des forces se révéla totalement inutile. Napoléon agissait de façon si prompte, concentrant ses forces dans la direction principale, que les « diversions » sur ses flancs ne conduisirent qu'à une vaine dépense des forces et furent autant de coups d'épée dans l'eau.

Sur les principaux théâtres d'opérations, en Allemagne du Sud et en Italie du Nord, la guerre se développa également comme il fallait s'y attendre. Tout en comprenant que les combats importants auraient lieu en Allemagne, l'état-major autrichien n'en dépêcha pas moins ses meilleurs régiments en Italie du Nord, parce que c'était là que commandait l'archiduc Charles. Celui-ci n'avait pas obtenu le commandement dans le secteur décisif, parce qu'il était opposé à cette guerre, mais, en tant que frère de l'empereur, on ne pouvait le « vexer ». On confia l'armée envoyée à l'attaque à la nullité qu'était le général Mack, et cela aussi pour des raisons politiques, parce que le malheureux général était un des rares partisans de la guerre.

Toujours en raison de considérations politiques, Mack fit partir son armée bien avant les autres, d'une part pour justifier la confiance que l'on avait placée en lui, d'autre part, une fois encore, pour des motifs politiques : il pensait entraîner ainsi dans la coalition anti-française la Bavière et d'autres États du sud-ouest de l'Allemagne. Il s'ensuivit une disposition des troupes d'une absurdité telle que même un agent ennemi introduit dans l'état-major allié n'aurait pu l'imaginer. Tandis qu'une partie de l'armée autrichienne courait littéralement en avant en Bavière, sa composante la plus importante et la meilleure se tenait tranquillement dans les plaines de Lombardie et n'entrait pas en action, attendant de voir ce qui résulterait de tout cela. Pendant ce temps, une petite fraction seulement des troupes russes (l'armée de Podolie de Koutouzov) faisait route vers l'Autriche, et la distance entre l'armée de Koutouzov et celle de Mack était en outre telle qu'il était vain d'espérer qu'elles puissent agir conjointement face à un ennemi actif.

Mais l'absurdité de la situation ne se résume pas là. Le gros des troupes russes était alors concentré sur la frontière avec la Prusse, menaçant ce pays d'une guerre pour le cas où il n'entrerait pas dans la coalition ! Notons que si cette guerre inimaginable contre un État dont la seule faute consistait à ne pas avoir voulu se battre contre Napoléon avait eu lieu, la Russie aurait enduré une véritable catastrophe dans sa politique étrangère. La Prusse hésitante était prête, dans ce cas, à s'engager résolument aux côtés de la France.

En ce qui concerne Napoléon, ses actions furent exemplaires sur le plan stratégique. Si le plan de guerre des alliés ressemblait à un

ROYAUME DE NORVÈGE
Christiania
ROYAUME DE SUÈDE
Stockholm
Saint-Pétersbourg
Pskov
Riga
Smolensk
ROYAUME-UNI DE GRANDE-BRETAGNE ET D'IRLANDE
ROYAUME DE DANEMARK
Copenhague
EMPIRE DE RUSSIE
Londres
Amsterdam
RÉP. BATAVE
HANOVRE
Hambourg
Stralsund
Berlin
Dantzig
Kœnigsberg
Grodno
ROYAUME DE PRUSSE
Varsovie
Brest-Litovsk
Kiev
Boulogne
Bruxelles
Paris
Dresde
Breslau
Lemberg
Erfurt
Prague
Brunn
Strasbourg
WURT.
BAVIÈRE
Ulm
Passau
Presbourg
Tokay
MOLDAVIE
EMPIRE FRANÇAIS
RÉP. HELVÉTIQUE
Munich
Vienne
Buda Pest
Bordeaux
Lyon
ROY. D'ITALIE
Turin
Milan
Venise
EMPIRE D'AUTRICHE
VALACHIE
PARME
Gênes
Marseille
ÉTRURIE
ÉTATS DU PAPE
CORSE
Rome
ROY. DE NAPLES
Naples
EMPIRE OTTOMAN
Constantinople
ROY. DU PORTUGAL
ROYAUME D'ESPAGNE
Madrid
Lisbonne
SARDAIGNE
ROY. DE SICILE
MALTE
0   500 km

L'Europe en 1805
(à la veille de la guerre contre la troisième coalition)

méli-mélo de bévues et d'erreurs grossières, le plan et les actions de Napoléon étaient semblables à un temple antique : rien de superflu, mais également rien à y ajouter. L'empereur avait choisi la cible principale de façon précise. Il s'abstenait de toute intervention secondaire. Sur tous les autres théâtres d'opérations ne demeurait que le minimum de troupes nécessaire, ou pas de troupes du tout si l'on pouvait sacrifier temporairement ces secteurs. Une supériorité numérique écrasante était concentrée dans la direction du coup stratégique principal. Toutes les méthodes avaient été utilisées pour l'obtenir, et la politique allait main dans la main avec la stratégie. Les États allemands sur lesquels comptaient les Autrichiens devinrent les alliés de Napoléon, et leurs contingents participèrent même à la guerre aux côtés de la Grande Armée.

Au cours de la célèbre marche-manœuvre d'Ulm, l'armée autrichienne de Mack, forte de 80 000 hommes, ne fut pas seulement écrasée, mais faite presque entièrement prisonnière (20 octobre 1805). La coalition était frappée à l'endroit le plus sensible. En d'autres circonstances, une telle victoire aurait été tout à fait suffisante pour conclure la guerre.

Si un autre homme que Koutouzov, qui eût copié ne serait-ce que le dixième des élucubrations de Mack, avait été à la tête de l'armée de Podolie, le destin des troupes russes aurait été scellé. Mais Napoléon avait trouvé en la personne de Koutouzov un digne adversaire en matière d'actions stratégiques. Sans aucun doute, le chef de guerre russe blanchi sous le harnais n'avait pas l'élan et l'énergie de son adversaire, bien plus jeune. Il lui aurait été difficile de discuter avec Napoléon de combinaisons opérationnelles et tactiques. Même si les soldats aimaient Koutouzov, il ne possédait pas le charisme qui caractérisait l'empereur des Français. Mais le vieux capitaine se distinguait par son esprit politique brillant, sa finesse de déduction et une profonde compréhension des questions stratégiques. Il faut reconnaître que la retraite de Koutouzov de Braunau à Brünn fut véritablement exemplaire. La première faute commise par le chef d'armée russe aurait aussi été la dernière. Le moindre retard, les moindres réflexions oiseuses dans le style de Mack, la moindre hésitation lorsqu'il fallait répondre à une question précise (que faire, défendre ou non la limite de l'Enns, Vienne, etc.), et son armée aurait été encerclée, écrasée, ses hommes faits prisonniers. Mais Koutouzov ne commit aucune erreur stratégique, il sut porter un contrecoup devant Krems, il résista même alors que, sans qu'il y soit pour rien, l'armée française prenait Vienne et, ayant franchi le Danube, coupait le chemin aux Russes.

Mais l'exploit de Koutouzov et de ses soldats demeura sans suite, c'est tout à fait évident. Cela découlait du caractère politique général de cette guerre. Si Koutouzov agit en fin de compte avec succès (si tant est que l'on puisse qualifier ainsi une retraite constante), c'est parce qu'il avait fait provisoirement abstraction des buts généraux de la guerre, et qu'il n'avait en tête qu'un seul objectif : la préservation de son armée.

L'arrivée d'Alexandre auprès de ses troupes ne pouvait que replacer les opérations militaires dans le cadre des buts politiques du conflit. Les historiens notent fréquemment que les alliés, s'ils avaient poursuivi leur retraite, auraient pu mettre Napoléon en difficulté et remporter alors presque à coup sûr la campagne. Il en était effectivement ainsi d'un point de vue militaire. Mais, en cas de poursuite de la retraite, l'empereur de Russie aurait risqué de perdre l'alliance avec l'Autriche qu'il avait recherchée si obstinément et sans laquelle il devenait impossible de continuer la guerre.

Il faut dire que les Autrichiens étaient de plus en plus tentés de se retirer du conflit. Les soldats autrichiens combattaient les Français sans aucun entrain. Dans le souvenir des officiers et des soldats russes, les Autrichiens demeurèrent comme de mauvais alliés, indécis et enclins en permanence à la « trahison »... Et comment auraient pu en effet se conduire ceux que l'on avait traînés dans la coalition contre la volonté non seulement de la majorité du peuple, mais même des généraux autrichiens ?

C'est justement pour ne pas conduire l'alliance à sa perte que, le 27 novembre 1805, les troupes russes passèrent à l'attaque et que, le 2 décembre, eut lieu la célèbre bataille d'Austerlitz.

Son issue fut véritablement une surprise pour toute l'Europe. En dépit de leur supériorité numérique (environ 84 000 hommes contre 72 500), les troupes alliées furent battues à plate couture. Pour l'armée russe qui n'avait pas connu de défaite aussi écrasante depuis 1700, ce fut un vrai choc. La honte d'Austerlitz ne fut pas seulement une catastrophe stratégique, mais aussi une blessure morale qui réclamait vengeance et revanche.

Tous les récits d'historiens russes affirmant qu'Austerlitz ne fut pas une défaite si terrible, que l'armée aurait pu poursuivre la lutte, relèvent du domaine de l'imaginaire. Le sort de la guerre se décida d'un seul coup, en un jour, en une heure pourrait-on dire. De ce point de vue, Austerlitz rappelle certaines grandes batailles de l'Antiquité. On peut se souvenir qu'au Moyen Âge on faisait une différence entre « guerre » et « bataille ». La guerre, c'était l'état normal de la société de cette époque : de petites incursions, des sièges, des escarmouches. La bataille, c'était le jugement de Dieu auquel on se préparait comme à un rituel solennel, et qui n'était pas au fond la « guerre », parce qu'il devait immanquablement la terminer[*]. Il en fut ainsi à Austerlitz. Après la bataille, il n'y avait plus de guerre. Le lendemain, l'armistice était signé.

Austerlitz décida également du sort des opérations latérales des alliés. Le corps d'armée russo-anglo-suédois commandé par le comte Tolstoï, qui menait l'attaque dans le nord de l'Allemagne, cessa immédiatement ses opérations, et les troupes embarquées sur des navires rentrèrent dans leurs foyers.

En ce qui concerne les opérations dans le royaume de Naples où l'attaque des troupes anglo-russes avait été annoncée à grand renfort de trompes, c'est Czartoryski qui a le mieux exposé la situation dans sa lettre non officielle à l'ambassadeur de Russie à Naples, Tatichtchev : « Je n'ai pas le temps de vous parler en long de tous les malheurs qui

---

[*] On peut citer comme modèle d'une telle bataille celle de Bouvines, du 27 juillet 1214, au cours de laquelle la chevalerie française battit à plate couture une coalition de féodaux commandée par l'empereur germanique.

nous ont poursuivis. En deux mots, l'Autriche est hors de combat ; et nous avons été fortement battus. [...] La tâche qui vous reste à remplir est de mettre notre armée en sûreté sans exposer le corps anglais [...] car les Français ne manqueront pas de marcher en force contre vous. Le deuxième point, c'est de sauver Naples, s'il est possible. La cour [napolitaine] doit se soumettre aux circonstances et se tirer d'affaire[63]... »

Le couple royal napolitain, abandonné par ses alliés, s'enfuit en Sicile. Le 14 février 1806, les troupes françaises arrivèrent à Naples et, le lendemain, Joseph Bonaparte fit son entrée dans la capitale du royaume au son des cloches et sous le fracas des salves d'artillerie. Désormais, le frère aîné de l'empereur était roi de Naples. La troisième coalition avait cessé d'exister.

Deux jours exactement après la bataille d'Austerlitz, le 4 décembre 1805, un armistice fut conclu entre les Autrichiens et les Français, et bientôt s'engagèrent des pourparlers qui s'achevèrent le 26 décembre par la paix de Presbourg. Aux termes de ce traité, la monarchie autrichienne était privée d'une partie de ses possessions. L'empereur François II perdit au total 4 millions de sujets (sur 24 millions), et les alliés de la France virent s'accroître leurs territoires. La Bavière recevait ainsi le Tyrol et le Vorarlberg, ainsi que quelques autres terres ; le Wurtemberg, Constance et une partie des possessions souabes. Bade s'étendait également. Mais le principal bénéficiaire était le royaume d'Italie, qui obtenait la Vénétie, dont les Autrichiens s'étaient emparés en 1797, et récupérait avec cette région les anciennes possessions vénitiennes de la rive gauche de l'Adriatique (qui font aujourd'hui partie de la côte croate). En ce qui concerne ces dernières terres, elles devinrent italiennes de façon plutôt symbolique, étant donné que les troupes envoyées pour les occuper, placées sous le commandement du général Molitor, étaient principalement françaises. En conséquence, cette contrée relativement peu étendue devint un avant-poste de Napoléon dans les Balkans plutôt qu'une partie du royaume d'Italie.

En juin 1806 fut signé un accord entre la France et les États de l'ouest et du sud-ouest de l'Allemagne, qui entraîna la création de la Confédération du Rhin, dont faisaient partie la Bavière, le Wurtemberg, Bade, Berg, la Hesse-Darmstadt, Francfort et toute une série de petites principautés* – en tout, seize États. Il s'agissait avant tout d'une alliance militaire. En cas de guerre, les alliés allemands devraient aligner 63 000 soldats en appui des troupes françaises. De son côté, Napoléon s'engageait, si l'« indépendance allemande » était

---

* Les duchés de Nassau, de Nassau-Usingen et d'Arenberg, les principautés de Hohenzollern-Hechingen, de Hohenzollern-Sigmaringen, de Salm-Salm, de Salm-Kirbourg, d'Isenbourg-Birstein, de Liechtenstein et de la Leyen.

menacée, à aligner 200 000 soldats pour défendre les États membres de la Confédération.

La formation de celle-ci signifiait, pour les Habsbourg, la perte définitive de leur pouvoir et de leur influence dans les États allemands, et par conséquent la chute d'un empire qui avait existé pendant près de mille ans : le Saint Empire romain germanique. Comprenant qu'il était inutile de maintenir l'existence d'une coquille vide, le 6 août 1806, François II renonça au titre d'empereur du Saint Empire et devint désormais « simplement » empereur d'Autriche sous le nom de François Ier.

Tous ces bouleversements modifiaient de fond en comble les rapports de force en Europe. S'il était question auparavant d'un renforcement de la France, de l'acquisition de possessions susceptibles d'être considérées comme des avant-postes entourant une forteresse assiégée par des coalitions ennemies, à présent l'empire de Napoléon avait de toute évidence dépassé le concept d'État français. C'est à partir de ce moment que l'on se mit à le comparer à l'empire de Charlemagne. L'État napoléonien était certes encore loin de constituer un « empire européen » ; cependant, ce n'était déjà plus la France, mais quelque chose d'autre. L'équilibre des forces sur le continent était visiblement rompu. Il était difficile, à présent, pour les ennemis de Napoléon, d'admettre ce déploiement démesuré de son État. Cercle vicieux : la France se renforçait pour répondre à l'attaque de coalitions, mais plus elle se renforçait, plus ses ennemis la haïssaient, ce qui rendait d'autant plus vraisemblable la constitution d'une nouvelle coalition.

CHAPITRE III

Tilsit

Le désastre d'Austerlitz n'arrêta pas Alexandre. Non, ce n'était pas un jeune homme naïf que de « mauvais » conseillers avaient poussé à la guerre. À présent, après Austerlitz, sa haine envers Napoléon était devenue encore plus féroce, plus implacable. La honte d'une terrible défaite n'avait pas, comme l'espérait l'empereur des Français, servi de leçon à ce jeune homme présomptueux. Elle n'avait fait que renforcer Alexandre dans son intention de renverser à tout prix Napoléon. Les canons français et russes ne s'étaient pas encore refroidis qu'Alexandre préparait déjà à nouveau les hostilités.

Le 5 décembre 1805, tôt le matin, le jeune tsar rencontra l'aide de camp de Napoléon, Savary, et lui donna l'assurance que l'armée russe quitterait le sol autrichien et arrêterait sans retard les opérations militaires. En échange, Napoléon ordonna de cesser immédiatement de poursuivre les troupes russes, espérant éveiller la sympathie d'Alexandre par ce geste magnanime. Dans un entretien avec le ministre prussien des Affaires étrangères, le comte Haugwitz, l'empereur des Français déclara : « La Russie, je l'aurai, non pas aujourd'hui, mais dans un an, dans deux, dans trois ans d'ici. Le temps passe l'éponge sur tous les souvenirs, et ce serait peut-être, de toutes les alliances, celle qui me conviendrait le plus[1]. »

En estimant qu'une alliance franco-russe était avantageuse pour les deux puissances, Napoléon se fondait sur des considérations géopolitiques. Il ne savait malheureusement pas à qui il avait affaire. À peine Alexandre eut-il pris congé de Savary qu'il ordonna au comte Stroganov d'aller à Londres pour « s'informer sur les intentions du gouvernement anglais et l'assurer du maintien de la cohésion de la Russie »… Il donna parallèlement l'ordre « au général aide de camp Dolgorouki de se rendre à Berlin [...] et de promettre, si la Prusse décide de combattre contre Napoléon [...], de la soutenir avec toutes les forces de la Russie, mettant à la première occasion à la disposition du roi de Prusse les corps d'armée de Bennigsen et du comte Tolstoï[2] ».

On a peine à croire que le jeune tsar venait de subir, deux jours seulement auparavant, une cuisante défaite ! En dépit de tout, il brûlait de se jeter sur-le-champ dans une lutte qu'absolument personne en Europe continentale ne souhaitait poursuivre.

En ce qui concerne la Prusse, on assiste là à un épisode tout à fait comique. En novembre, déjà, sous la pression d'Alexandre, le roi de Prusse avait accepté bien à contrecœur de se joindre à la coalition. Le ministre des Affaires étrangères, Haugwitz, fut chargé de transmettre un ultimatum à Napoléon. Mais le comte faisait partie de ceux qui soutenaient la France plutôt que la coalition et il ne se hâta pas de remettre le document. Tout le monde savait qu'une bataille aurait bientôt lieu, et Haugwitz décida d'en attendre l'issue. Lorsque Napoléon eut remporté sa brillante victoire, le ministre estima que, dans ces conditions, il serait tout à fait absurde d'engager une guerre contre la France, et il entreprit, à ses risques et périls, d'entamer des pourparlers qui s'achevèrent par la signature, le 15 décembre 1805, au château de Schönbrunn, d'une alliance franco-prussienne. Clausewitz écrivit non sans humour à ce sujet : « À Berlin, il y eut d'abord grand bruit à propos de la conduite du comte Haugwitz, ce qui était naturel, car il avait été envoyé pour porter une déclaration de guerre, et il revenait avec une alliance[3]. »

Selon les clauses de l'accord franco-prussien, en échange du soutien de la France et de la cession à Napoléon du duché de Clèves et de Neuchâtel, et à la Bavière de la principauté d'Anspach (celle-là même qui avait failli précipiter la Prusse dans les rangs de la troisième coalition), Frédéric-Guillaume III obtenait Hanovre.

Le traité de Schönbrunn privait Alexandre de tout espoir d'une intervention rapide de la Prusse. Si étonnant que cela paraisse, même les pourparlers des Prussiens avec les Français ne purent désarmer le tsar, décidé à aller jusqu'au bout. Se trouvant à Teschen, il donna l'ordre à Koutouzov d'envoyer en secret le corps d'armée du lieutenant général Essen en Prusse pour inciter le roi de Prusse à intervenir ! Koutouzov, homme scrupuleux sur le plan diplomatique, dut n'en pas croire ses yeux à la lecture du rescrit du tsar. En dépit de sa courtoisie, il fut contraint de répondre par un refus catégorique : « Un tel mouvement ne peut qu'alarmer le gouvernement français et causer peut-être des soucis à la cour autrichienne ; tenir celui-ci secret est chose impossible, car il se doit d'envoyer quelqu'un préalablement pour faire provision des vivres nécessaires à ce corps, ce qui sera immédiatement porté à la connaissance du quartier général français. Et alors, qui assurera que Bonaparte, qui se permet tout au monde, n'enverra pas directement une unité pour couper la route et attaquer celle placée sous le commandement du lieutenant général Essen[4] ? » Les troupes russes poursuivirent leur retraite et il n'y eut plus – provisoirement – de nouvelle coalition contre Napoléon.

Hélas ! en dépit de tous les vœux d'Alexandre Ier, la guerre prit fin. Sur le continent européen, personne ne voulait plus se lancer dans la bagarre, et le jeune tsar dut retourner dans sa capitale où, pensait-il, un accueil moins que chaleureux l'attendait. Mais ce qui se produisit à Pétersbourg doit sans doute susciter un léger étonnement, pour employer un euphémisme, chez les personnes habituées à la rationalité. La comtesse Stroganova écrivit : « On était ivre de joie de le revoir. Il est arrivé dans la nuit ; le matin, les salles et les couloirs du palais étaient pleins de monde, on avait peine à passer, et la place devant le palais était noire de peuple. Quand il a paru, on s'est jeté pour lui baiser les mains, les pieds et même son habit[5]. »

Ces transports insensés ne s'expliquaient d'ailleurs pas seulement par l'amour du peuple envers le tsar. On avait fait courir le bruit à Pétersbourg que tous les malheurs de l'armée avaient été provoqués par la trahison des Autrichiens. « Leur conduite infâme, à laquelle nous devons ce revers, écrivit en français l'impératrice Élisabeth à sa mère, m'a causé une indignation inexprimable. Il n'y a pas de mots pour dire ce qu'on éprouve à la vue d'une nation entière, lâche, traître, bête enfin, avec toutes les qualités les plus viles [!]... Malgré leurs revers et la trahison qui les entourait, nos excellentes troupes ont acquis une nouvelle gloire, même aux yeux de leurs ennemis, et inspirent le plus vif enthousiasme à leurs compatriotes. Ce sont des anges, des martyrs que ces soldats, et des héros en même temps. Ils mouraient de faim, tombaient sur place d'inanition et ne demandaient qu'à se battre, tandis que des convois de vivres passaient en attendant chez l'ennemi, et que ces misérables troupes autrichiennes étaient fournies de tout[6]. »

Mais, avec le retour des troupes à Pétersbourg, la pitoyable vérité se fit jour, et l'enthousiasme retomba peu à peu. Voici ce qu'écrivit Nicolas Novosiltsev en janvier 1806 à Paul Stroganov : « Vous savez qu'en nous séparant, vous nous avez laissés fort embarrassés de la figure que nous ferions à Pétersbourg. L'inquiétude et la honte d'y paraître augmentaient à mesure que nous approchions de la capitale... Jugez de notre étonnement lorsque nous apprîmes que l'empereur avait été reçu avec un enthousiasme qu'on ne saurait peindre, et qu'il était entré au milieu d'acclamations dont il n'y avait pas d'exemple ; que toute la bonne ville de Pétersbourg était aux anges de la manière distinguée dont notre armée s'était conduite dans la dernière affaire ; qu'elle n'était composée que de héros [...] ; que notre armée ne demandait pas mieux que de recommencer tout de suite après la bataille, mais que les Autrichiens ne l'avaient pas voulu ; et que, pour l'empêcher, ils avaient conclu un armistice à notre insu ; qu'enfin ces Autrichiens étaient de vrais traîtres, vendus à la France, et que nous n'avions perdu la bataille que parce qu'ils en avaient communiqué les plans aux Français, et que toute leur armée était tout de suite passée aux Français... Vous pouvez aisément vous imaginer que des contes de cette nature ne peuvent pas être crus longtemps... On a bientôt su comment les choses s'étaient passées, quelle était la véritable cause de notre défaite, et comment nous nous sommes conduits dans la suite. Nous vîmes donc, bientôt après notre arrivée, l'empereur tomber dans l'opinion publique d'une manière vraiment alarmante ; on ne parlait plus de trahison, mais on lui imputait à lui seul tous les malheurs[7]. »

Ce revirement de l'opinion publique n'eut aucune influence sur le ferme désir d'Alexandre de déclencher à tout prix une nouvelle guerre contre la France. Presque aussitôt après son retour à Pétersbourg, il convoqua le Conseil d'État, qui se déroula, si étrange que cela paraisse, dans les derniers jours de décembre 1805 et les premiers jours de 1806 (ancien style), c'est-à-dire lors de la Noël orthodoxe et du Nouvel An selon le calendrier julien, à une époque où les administrations d'État étaient habituellement en congé. Le tsar avait besoin de consulter au plus vite sur l'orientation à prendre en politique étrangère, et plus précisément de persuader l'élite russe du caractère indispensable de celle qu'il avait choisie.

Les avis exprimés par les hauts fonctionnaires russes étaient des plus variés : les uns, comme Czartoryski et Kotchoubeï, étaient convaincus que l'alliance avec l'Angleterre était nécessaire ; les autres, en particulier le prince Kourakine, se prononcèrent catégoriquement contre la guerre avec la France. Le prince jugeait que la Russie avait combattu avant tout pour les intérêts anglais, non pour les siens propres, et qu'il serait beaucoup plus avantageux de contrôler Napoléon en concluant une alliance avec lui.

La réunion du Conseil d'État dura plusieurs jours, mais tous demeurèrent sur leurs positions, et le tsar lança immédiatement une offensive diplomatique dont le but était de constituer à tout prix une nouvelle coalition contre la France napoléonienne. Comme en 1804 et 1805, il inonda littéralement de lettres les cours européennes afin de les disposer contre Napoléon. Alexandre se montra particulièrement franc avec l'ambassadeur de Russie en Angleterre, Sémion Vorontsov. Il écrivit avec un vif regret, le 1er (13) février 1806 : « Sa position [de la Russie] ne lui permet point d'aller chercher l'ennemi, et elle ne peut l'atteindre qu'avec le concours des États qui l'en séparent[8]. »

Voilà bien une catastrophe ! L'adversaire ne peut pas nous attaquer, et nous, nous ne pouvons pas non plus l'attaquer ! Mais cela ne décourageait pas le jeune empereur, qui poursuivait : « Se tenir donc en état de les assister constamment était le premier soin comme le plus important, et c'est celui dont je me suis principalement occupé. Mes armées seront remises très incessamment sur le pied le plus complet, et toutes les levées nécessaires pour cet objet sont déjà effectuées et arrivent successivement à leurs différents corps[9]. »

En un mot, l'armée russe était prête pour une nouvelle guerre, à condition de trouver ne serait-ce qu'un petit allié par le territoire duquel il serait possible d'atteindre la France.

Fidèle promoteur de la politique d'Alexandre Ier, Czartoryski écrivit également en Angleterre. Dans sa lettre, il ressassait les principales idées du tsar sur l'importance d'entreprendre une nouvelle guerre et d'exercer le maximum de pression sur le gouvernement prussien, mais il y ajoutait que les puissances de la future coalition pourraient s'approprier sans se gêner les restes des États ennemis défaits : « Il ne fait aucun doute que l'équilibre de l'Europe peut être rétabli par la compensation des acquisitions... Les principes de l'empereur [Alexandre] sont connus, son désintéressement s'est montré dans toutes les occasions de la manière la plus évidente, mais, s'il était reconnu que, pour ne point perdre de son influence en Europe, il dût chercher de nouveaux objets d'acquisition, ne serait-il point naturel à son cabinet de l'y engager, et pourrait-il lui-même, sans oublier les intérêts de ses peuples et la gloire de son empire, ne point y souscrire[10] ? »

Mais l'entretien des proches amis d'Alexandre Ier, Czartoryski et Novosiltsev, avec l'ambassadeur de Prusse à Pétersbourg, Holtz, et un célèbre général prussien, le duc de Brunswick, est encore plus étonnant. Cet entretien, qui a eu lieu le 14 (26) janvier 1806, a été consigné par écrit et nous pouvons ainsi entendre, à travers les strates du temps, la voix des promoteurs de la politique du tsar. Exigeant une action immédiate de la Prusse contre la France, le prince Czartoryski expose les véritables motifs sous-tendant la politique d'Alexandre. On sait que les historiens russes écrivent habituellement que le tsar faisait la guerre pour protéger son État des dangereuses menées de Napoléon. Or Czartoryski déclara sans ambages : « La Russie le faisait par générosité et sans autre intérêt que d'avoir un peu plus ou un peu moins d'influence sur les affaires générales de l'Europe, ce qui pouvait être un agrément, *mais n'avait aucun rapport avec la sûreté de l'empire de Russie qui, par ses ressources, ne courait pas le moindre danger*[11]. »

Effectivement, rien ne menaçait l'Empire russe, pas plus que la Grande-Bretagne dont les intérêts avaient conditionné dans une large mesure les sacrifices russes dans la guerre qui venait de s'achever. Le 21 octobre 1805, non loin de Cadix, sur la traverse du cap de Trafalgar, l'escadre de Nelson attaqua la flotte franco-espagnole placée sous le commandement de l'amiral Villeneuve. En dépit du courage des marins français et espagnols, l'expérience des Anglais et l'art de la navigation de Nelson décidèrent du sort de la bataille. L'armada franco-espagnole subit une défaite écrasante qui ne fut pas seulement matérielle – la destruction et la capture de 23 navires de ligne au cours du combat et dans les deux semaines qui suivirent –, mais aussi morale. La flotte française ne pouvait désormais plus concurrencer les Britanniques sur les mers, et de longues années seraient nécessaires pour restaurer les forces navales du pays. La sécurité des îles Britanniques était dorénavant garantie, de sorte qu'Alexandre ne pouvait plus motiver ses actes par la sauvegarde de la fière Angleterre.

Pourtant, rien de tout cela ne modifia la conduite du jeune tsar qui brûlait d'envie de combattre. Il chargea Czartoryski d'écrire à l'ambassadeur de Russie à Vienne pour lui recommander vivement d'obtenir des malheureux Autrichiens, qui venaient d'être battus, qu'ils suivent l'exemple de l'intrépide Alexandre et se jettent tête baissée dans une nouvelle aventure : « S. M. I., en se déterminant au système qu'elle vous trace et qu'elle est résolue de suivre, s'est plus attachée aux besoins des autres États de l'Europe qu'à ceux de la Russie même, et ce principe préside également à ce qu'elle dit de la conduite qu'elle verrait avec plaisir adoptée par l'Autriche. » Et Czartoryski d'ajouter aussitôt la phrase suivante, qui ôte tout caractère sensé à la conception politique d'Alexandre : « La Russie, on peut le dire, malgré les malheurs du temps présent, n'a rien à craindre pour elle-même[12]. »

Bien que la Russie n'ait rien eu à craindre, on se mit à rechercher des alliés jusqu'à Madrid, et le comte Stroganov, ambassadeur de Russie auprès de la cour d'Espagne, se vit chargé d'adresser des propositions sans équivoque au pouvoir espagnol !

Certains biographes d'Alexandre affirment qu'après la défaite d'Austerlitz le tsar ne savait que faire, qu'il était désorienté, déconcerté. Cependant, les documents cités ici témoignent du contraire. L'une des meilleures biographes de cet étrange monarque, Marie-Pierre Rey, écrit à juste titre : « En dépit de ces reproches, de ces insinuations et de son isolement, Alexandre s'entête dans ses choix diplomatiques. […] Seul maître de sa politique étrangère, le tsar, en 1805-1806, loin de ressembler au velléitaire dépeint par certains historiens, apparaît au contraire comme sûr de ses choix, voire entêté, donnant raison au jugement de Napoléon qui le traitera par la suite de tête de mule[13] ! »

Il est intéressant de noter que le changement de politique de la Grande-Bretagne n'influa pas davantage la politique du tsar. En effet, le célèbre Premier ministre anglais William Pitt mourut, accablé par l'annonce de la débâcle de la troisième coalition devant Austerlitz. Selon la légende, avant de mourir, il dit en pointant la carte d'Europe : « Repliez cette carte, nous n'en aurons plus besoin pendant les dix ans à venir ! » Ennemi implacable de la France, quel que soit son régime, il considérait que l'Europe continentale n'était intéressante que lorsqu'on pouvait la contraindre à faire la guerre aux Français. Pitt s'éteignit le 23 janvier 1806. Il fut remplacé par

lord Grenville, qui forma un ministère entré dans l'histoire comme
« le ministère de tous les talents ». Le portefeuille des Affaires étrangères revint au célèbre James Fox, connu non seulement pour son
éloquence éblouissante, mais aussi pour ses sympathies modérées vis-
à-vis de la France. Pour être plus précis, Fox n'était pas habité par la
francophobie indéfectible qui fut longtemps la marque distinctive de
tous les hommes d'État anglais.

En février 1806, Fox proposa au gouvernement français d'entamer
des pourparlers de paix, et lord Yarmouth fut envoyé à Paris. Apprenant cela, Alexandre fut inquiet. En effet, si l'Angleterre signait un
traité de paix avec la France, il n'y aurait plus moyen de faire la
guerre ! Sur sa recommandation, l'ambassadeur à Londres, Sémion
Vorontsov, présenta le 15 avril 1806 au ministre des Affaires étrangères, Fox, une note dont la teneur était la suivante : « L'ambassadeur de Russie ne comprend pas du tout ce que c'est que de traiter
provisoirement [avec la France], et qu'on soit si prêt à y procéder
qu'on ne différerait pas d'un seul jour la négociation[14]. »

Formellement, on s'inquiétait dans cette note de ce que les
Anglais se préparaient à entamer des pourparlers séparés. Cependant, la forme sous laquelle la note était présentée montre clairement qu'Alexandre Ier et son ambassadeur à Londres se
préoccupaient davantage du principe même de l'amorce de pourparlers anglo-français. Mais le tsar et son proche entourage avaient
tort de se faire du souci. James Fox, que la presse accusait déjà de
francophilie, décida de faire preuve de fermeté dans les pourparlers.
Napoléon, qui avait remporté la victoire à Austerlitz, considérait également qu'il n'avait pas à se montrer trop conciliant. En conséquence, les pourparlers se retrouvèrent dans l'impasse.

Le fait le plus intéressant est que le représentant plénipotentiaire
russe, le conseiller d'État Pierre Oubril, arrivé à Paris à la suite de
lord Yarmouth pour conduire des pourparlers, se révéla étonnamment accommodant. Le 20 juillet 1806, il signa avec le ministre français des Affaires étrangères, Talleyrand, un « Traité russo-français de
paix et d'amitié » décrétant la cessation immédiate des opérations
militaires sur terre et sur mer. Pour ce qui est des concessions
mutuelles, il y en avait peu, car à ce moment-là les intérêts de la
France et de la Russie ne se heurtaient pratiquement nulle part. Les
troupes russes devaient évacuer les bouches de Kotor (l'embouchure
du fleuve Kotor, sur le territoire du Monténégro actuel*) et céder ce

---

* Au cours des opérations militaires de la campagne de 1799, les troupes russes
s'étaient emparées des îles Ioniennes avec la célèbre forteresse de Corfou. Une
importante garnison russe y était cantonnée. Une partie de ce détachement, sur
l'initiative de l'amiral Séniavine, occupa le 5 mars 1806 les bouches de Kotor, sur la
côte orientale de l'Adriatique.

territoire aux Français, et ceux-ci, de leur côté, devaient se retirer d'Allemagne où ils se trouvaient après la campagne victorieuse de 1805.

Ce document, acheminé depuis Paris jusqu'à Saint-Pétersbourg, fut désavoué avec colère par le tsar. Il faut d'ailleurs reconnaître que le traité qu'avait signé Pierre Oubril accordait effectivement quelques avantages à la France sans compensation équivalente en faveur de la Russie. L'indignation du tsar n'était cependant pas uniquement due à ces concessions, mais à la nature même du document. Si Alexandre avait été seulement mécontent de certaines clauses, en particulier de la cession aux Français d'un secteur avantageux de la côte adriatique, rien ne l'empêchait de poursuivre les pourparlers en indiquant les points qui ne convenaient pas à la partie russe. Du reste, on peut juger du cas que faisait le tsar des bouches de Kotor au fait que, au congrès de Vienne de 1814, il céda de son plein gré (!) cette zone aux Autrichiens. Bien plus, il n'abandonna pas seulement ce morceau de terre, mais également les îles Ioniennes, dont il fit cadeau, là encore de son plein gré, aux Anglais !

Bref, le jeune tsar ne se préoccupait pas d'un bout de territoire sur la côte adriatique ; ce qui ne lui convenait pas, c'était l'existence même d'un traité de paix et d'amitié avec la France.

Du côté anglais, Alexandre pouvait être soulagé : le traité de paix anglo-français ne fut pas conclu. Mieux encore, Fox, foudroyé par la maladie, mourut le 13 septembre 1806. Après son décès arrivèrent au pouvoir des tories intransigeants, connus pour leur hostilité envers la France. Le nouveau cabinet repoussa catégoriquement toute tentative de pourparlers. La seule chance de conclure une paix qui puisse restaurer la tranquillité en Europe et réconcilier l'empire napoléonien et les vieilles monarchies était perdue.

Pour ce qui concerne la Prusse, elle connut alors des événements absolument inimaginables qui défient toute logique. En février 1806, le roi de Prusse ratifia le traité d'alliance signé auparavant par Haugwitz. Cependant, un « parti de la guerre » se forma à la cour de Prusse. La reine Louise en était la plus fervente partisane. Cette charmante beauté blonde menait avec ardeur une propagande belliciste parmi les hautes sphères de la société prussienne. Elle prit avec enthousiasme la tête du régiment de dragons de Bayreuth et apparaissait avec plaisir sur le front de ses vaillantes troupes. Pour son anniversaire, elle monta un spectacle patriotique à la cour : quatorze enfants vêtus d'uniformes du temps de Frédéric le Grand lurent un poème belliqueux dans lequel l'ombre du vainqueur de Rosbach remettait à la reine la défense de l'honneur, de la puissance et de la gloire de la Prusse.

L'enthousiasme des jeunes officiers et celui de la charmante Louise influencèrent bien entendu la décision du roi Frédéric-

Guillaume, mais l'incessante pression diplomatique de la Russie agit bien davantage. Alexandre promettait toute assistance, tout soutien, à condition que la Prusse engage la guerre contre la France. Enfin, les pourparlers franco-anglais ne jouèrent pas un mince rôle. Le roi de Prusse craignait à juste titre que, en cas de conclusion d'une paix avec l'Angleterre, Napoléon n'accepte de rendre à celle-ci Hanovre, que la Prusse occupait à cette époque. En conséquence, Frédéric-Guillaume ne résista pas, et le 12 (24) juillet 1806 fut signée une déclaration d'alliance russo-prussienne. Ce document traçait définitivement une croix sur l'alliance de la France avec la Prusse. Le roi faisait faire un virage à cent quatre-vingts degrés à sa politique et passait de l'alliance avec Napoléon à une confrontation violente avec lui. Ce tournant provoqua la jubilation du « parti de la guerre » à la cour de Berlin.

Il convient de noter que cette exaltation ne s'expliquait pas seulement par la haine envers les idées de la Révolution française et la personne de Napoléon, mais aussi par une ardeur purement guerrière. Après Frédéric le Grand, la Prusse n'avait pratiquement pas conduit de guerres sérieuses. Les quelques opérations au cours desquelles les troupes prussiennes s'étaient battues contre l'armée républicaine française n'entrent pas ici en ligne de compte. Dans un pays où tout était soumis à l'armée, où l'on parlait de Frédéric le Grand avec une dévotion quasi religieuse, nul n'admettait la possibilité que les régiments prussiens puissent être défaits par qui que ce soit. Comme on l'a déjà indiqué, à cette époque les jeunes officiers considéraient avec enthousiasme la perspective de participer à la guerre, l'armée étant sûre de la victoire. On a du mal à imaginer assurance plus grande que celle des Prussiens en 1806. Même un général expérimenté comme Blücher déclarait avec aplomb : « L'armée est bonne et l'on peut tout espérer du courage opiniâtre des hommes, de la bravoure et de la prudence des chefs... Je ne crains pas de rencontrer les Français... Je préparerai le tombeau de tous ceux qui se trouvent le long du Rhin et, comme je l'ai fait après Rosbach, j'en apporterai la bonne nouvelle. » Le général Hohenlohe lui faisait écho : « J'ai battu les Français dans plus de soixante affaires, et ma foi ! je battrai Napoléon. » Et que dire des jeunes ! Le prince Louis de Prusse, adoré des officiers prussiens, se vantait : « Contre les Français, pas besoin de sabres, une cravache suffira[15] ! »

Le plus étonnant est que Napoléon ne soupçonnait même pas le tournant brutal qu'avait effectué la politique prussienne. Le 17 août 1806, il écrivait à son chef d'état-major Berthier : « Il faut songer sérieusement au retour de la Grande Armée, puisqu'il me paraît que tous les doutes d'Allemagne sont levés. [...] En général, vous pouvez annoncer que, dans les premiers jours de septembre, on se mettra en marche pour rentrer en France[16]. »

Napoléon ne pensait pas à la guerre contre la Prusse et le roi de Prusse ne souhaitait pas combattre Napoléon, mais la pression du tsar sur la cour de Prusse servit de détonateur à l'explosion. Le roi ne put contrer l'influence du jeune monarque russe et de son entourage. Frédéric-Guillaume III remarquait amèrement : « Beaucoup de rois ont connu la chute parce qu'ils aimaient trop la guerre ; si moi je tombe, cela se produira parce que j'aimais trop la paix. »

Ensuite, les événements se déroulèrent avec une rapidité vertigineuse. Le 7 octobre, Napoléon, se trouvant à Bamberg, reçut un ultimatum du roi de Prusse. Trois jours plus tard, le 10 octobre, eut lieu le premier engagement important, le combat de Saalfeld, où les hommes du maréchal Lannes battirent à plate couture les troupes du prince Louis de Prusse, et cet ardent partisan de la guerre fut tué d'un coup de sabre par un hussard français.

Le 14 octobre, lors de la bataille d'Iéna, les troupes commandées par Napoléon infligèrent une sévère défaite à l'armée prussienne du comte Hohenlohe. Le même jour, à 10 kilomètres au nord d'Auerstaedt, l'armée du maréchal Davout écrasa le gros des forces prussiennes commandées par le roi en personne et le duc de Brunswick. L'armée prussienne tant vantée se débanda, laissant aux mains des vainqueurs des dizaines de milliers de prisonniers, des centaines de drapeaux et de canons.

Poursuivant inlassablement l'ennemi en fuite, les Français arrivèrent à Berlin et, le 27 octobre, les régiments de l'armée napoléonienne défilèrent sur Unter den Linden aux accents de marches triomphales. À la tête d'une cavalcade imposante dont l'or des broderies et les épaulettes des uniformes brillaient au soleil s'avançait, sur un cheval blanc, l'empereur en personne. La victoire avait été si foudroyante, si soudaine que la population de la capitale prussienne ne savait comment réagir aux événements. La majorité fixait avec stupéfaction le grand chef de guerre et son armée victorieuse ; certains, soit par enthousiasme sincère, soit à tout hasard, saluaient Napoléon.

Enfin, le 7 novembre, le commandant de la cavalerie de réserve de la Grande Armée, le maréchal Murat, faisant son rapport depuis le bourg de Schwartau, écrivit à l'empereur ces lignes dans le style gascon reflétant bien l'état d'esprit des Français dans cette étonnante campagne : « Sire, le combat finit, faute de combattants ! »

« Napoléon souffla, et la Prusse cessa d'exister » : c'est par cette petite phrase que le grand écrivain allemand Heinrich Heine a résumé ce qui s'est passé pendant les deux semaines de cette guerre éclair.

C'est sans aucun doute sous l'influence de ces succès militaires que Napoléon, se trouvant à Berlin, prit une décision de grande importance qui allait se répercuter sur l'histoire ultérieure de son empire et exercer une énorme influence sur toute l'histoire de l'Europe.

Le 21 novembre 1806, l'empereur des Français signa le célèbre décret de Berlin instituant le blocus économique des îles Britanniques. Ce décret commençait par un préambule solennel qui expliquait aux habitants de tout le continent pourquoi une telle décision était prise. On y indiquait en particulier ce qui suit :

« [Vu]

1) Que l'Angleterre n'admet point le droit des gens suivi universellement par tous les peuples policés,

2) Qu'elle répute ennemi tout individu appartenant à l'État ennemi et fait en conséquence prisonniers de guerre non seulement les équipages des vaisseaux armés en guerre, mais encore les équipages des vaisseaux de commerce et des navires marchands, et même les négociants qui voyagent pour les affaires de leur négoce,

3) Qu'elle étend aux bâtiments et marchandises du commerce et aux propriétés des particuliers le droit de conquête, qui ne peut s'appliquer qu'à ce qui appartient à l'État ennemi,

4) Qu'elle étend aux villes et ports de commerce non fortifiés, aux havres et aux embouchures des rivières le droit de blocus qui, d'après la raison et l'usage de tous les peuples policés, n'est applicable qu'aux places fortes,

Qu'elle déclare bloquées des places devant lesquelles elle n'a pas même un seul bâtiment de guerre, quoiqu'une place ne soit bloquée que quand elle est tellement investie qu'on ne puisse tenter de s'en approcher sans un danger imminent,

Qu'elle déclare même en état de blocus des lieux que toutes ses forces réunies seraient incapables de bloquer, des côtes entières et tout un empire [...],

7) Que cette conduite de l'Angleterre, digne en tout des premiers âges de la barbarie, a profité à cette puissance au détriment de toutes les autres,

8) Qu'il est de droit naturel d'opposer à l'ennemi les armes dont il se sert, et de le combattre de la même manière qu'il combat, lorsqu'il méconnaît toutes les idées de justice et tous les sentiments libéraux, résultat de la civilisation parmi les hommes,

Nous avons résolu d'appliquer à l'Angleterre les usages qu'elle a consacrés dans sa législation maritime.

Nous avons en conséquence décrété et décrétons ce qui suit :

Article premier

Les îles Britanniques sont déclarées en état de blocus.

Article 2

Tout commerce et toute correspondance avec les îles Britanniques sont interdits.

En conséquence, les lettres ou paquets adressés ou en Angleterre, ou à un Anglais, ou écrits en langue anglaise, n'auront pas cours aux postes, et seront saisis.

Article 3

Tout individu sujet de l'Angleterre, de quelque état ou condition qu'il soit, qui sera trouvé dans les pays occupés par nos troupes, ou par celles de nos alliés, sera fait prisonnier de guerre.

Article 4

Tout magasin, toute marchandise, toute propriété, de quelque nature qu'elle puisse être, appartenant à un sujet de l'Angleterre, sera déclaré de bonne prise[17]. »

Comme le montre le texte du décret, Napoléon en appelait à l'opinion publique de tous les pays européens en pointant du doigt toutes les exactions (dans l'acception de l'époque) de la flotte et du gouvernement anglais. L'empereur se donnait pour tâche non seulement de contraindre, mais également de convaincre les gouvernements et les peuples d'Europe continentale de la nécessité et du caractère juste de la guerre économique qu'il avait déclarée à la Grande-Bretagne.

Les espoirs de Napoléon reposaient sur les idées des physiocrates, ces philosophes du XVIIIe siècle qui considéraient que la véritable richesse d'un pays réside dans l'agriculture et ensuite dans l'industrie – le commerce, et à plus forte raison les finances, n'étant que des secteurs dérivés. Selon cette théorie, la richesse de l'Angleterre, fondée sur le commerce et la spéculation, n'était qu'un colosse aux pieds d'argile. Il suffisait de priver l'Angleterre de la possibilité de s'approvisionner en matières premières sur le continent et d'inonder celui-ci de ses propres marchandises pour que son illusoire puissance s'écroule.

Sans doute les idées de Napoléon n'étaient-elles pas absurdes, loin de là, mais l'empereur ne savait pas que, en 1806 déjà, 33,1 % seulement des exportations de l'Angleterre étaient destinées à l'Europe (24,3 % aux États-Unis d'Amérique et 42,6 % au reste du monde)[18]. Ainsi le blocus, pour lequel il fallait mettre en œuvre des moyens énormes, ne pouvait être ressenti par la Grande-Bretagne aussi fortement qu'on l'escomptait.

Mais le plus important est que, ayant proclamé le blocus continental (l'expression n'existait pas encore à l'époque, elle n'apparaîtra que plus tard), Napoléon fut pratiquement contraint de déclarer la guerre jusqu'à la victoire finale. Pour que le blocus soit efficace, il fallait fermer tous les ports du continent européen, et cela signifiait que tous les États devaient soit devenir des vassaux de la France, soit être les alliés de Napoléon. Ayant rédigé les points du décret proclamant le blocus continental, l'empereur s'était assigné une tâche immense qui devait dorénavant lui dicter sa politique à l'égard de toutes les puissances du continent.

Il réservait dans ce système une place très importante à la Russie, en qui il voyait une alliée potentielle avec l'aide de laquelle il parviendrait à mettre à genoux l'orgueilleuse Grande-Bretagne.

Nous reviendrons à maintes reprises, dans cet ouvrage, sur le problème du blocus continental, mais nous noterons d'ores et déjà que, en dehors de la politique étrangère agressive à laquelle il contraignait Napoléon, le blocus lui jouera en outre un mauvais tour. Sa conséquence sera une hausse des prix sur de nombreuses marchandises d'importation : le sucre, le café, le tabac, le drap anglais de qualité. Autrement dit, tout cela deviendra une source quotidienne d'irritation pour le consommateur européen. Napoléon s'exclamera plus tard : « Quand je pense que, pour une tasse de café plus ou moins sucrée, on arrêta la main qui voulait affranchir l'univers[19] ! »

Mais tout cela interviendra bien plus tard. Pour l'heure, retournons sur le théâtre des opérations.

Il faut noter que, contrairement à l'économie, les succès militaires n'avaient pas tourné la tête à Napoléon et, en dépit de ses brillantes victoires, l'empereur adressa des propositions de paix au roi de Prusse. Les conditions en étaient assez dures : la Prusse devait remettre à la Grande Armée plusieurs forteresses importantes, et l'armée russe devait quitter le territoire du royaume. Ces conditions ne correspondaient pas, loin de là, au désastre qu'avait subi la Prusse. Réfugié en Prusse orientale, le roi convoqua un Conseil, qui se réunit le 16 novembre 1806.

Alexandre Ier était alors déjà informé de ce qui s'était passé sur les champs de bataille d'Iéna et d'Auerstaedt. Le tsar fut stupéfait. Cependant, il faut lui rendre justice, la catastrophe prussienne ne le décontenança pas. Dans une lettre adressée au roi Frédéric-Guillaume III, le 22 octobre (3 novembre) 1806, il confirmait qu'il avait appris la défaite de la Prusse, mais n'en déclarait pas moins la fidélité inébranlable de la Russie à ses engagements, et son intention de lui apporter une aide militaire. Il promettait au moins 140 000 soldats.

L'opinion des membres du Conseil royal était partagée. Les uns considéraient qu'il fallait conclure la paix, les autres qu'il fallait poursuivre la guerre. Mais derrière le dos des hauts fonctionnaires et des généraux prussiens réunis se dressait l'ombre d'Alexandre, avec sa ferme volonté de continuer la lutte contre Napoléon jusqu'à la victoire finale. En conséquence, en dépit du bon sens, en dépit du fait que sept des onze membres du Conseil étaient favorables à la paix, Frédéric-Guillaume, se soumettant à l'invisible volonté du jeune tsar, prit la décision de ne pas déposer les armes.

À ce moment-là, l'armée française arriva sur la ligne de l'Oder au-delà de laquelle s'étendaient les terres de l'ancienne Pologne occupées par les Prussiens.

Un choix complexe se posait à Napoléon : que faire ensuite ? S'arrêter sur l'Oder ou, poursuivant les Prussiens, pénétrer sur le territoire de l'ancienne Rzeczpospolita ? Ce problème sera des plus cruciaux pour l'empire, et l'une des principales pierres d'achoppement, sinon la principale, des relations russo-françaises.

Afin de bien comprendre les racines de cette situation, il convient de faire un petit retour en arrière historique qui semble n'avoir aucun rapport direct avec les événements de l'époque napoléonienne, mais sans lequel il est tout simplement impossible de comprendre non seulement les événements de 1807, mais même ceux de 1812.

La terre où étaient parvenus les soldats français portait encore peu de temps auparavant le fier nom de Rzeczpospolita, traduction du latin *res publica*. En fait, le nom complet de cet État était Rzeczpospolita Korony Polskiej i Wielkiego Księstwa Litewskiego, soit Rzeczpospolita de la couronne de Pologne et du grand-duché de Lituanie. Il était né en 1569 à la suite de l'Union de Lublin qui fusionnait le grand-duché et le royaume de Pologne (avant cela, depuis le XIVᵉ siècle, il existait une union personnelle entre les souverains des deux pays). Ces États avaient un même roi, une même Diète (parlement), une même politique étrangère et un même système monétaire. Cependant, le royaume de Pologne et le grand-duché de Lituanie conservaient en propre leur administration, leurs finances, leurs tribunaux et même leur armée.

Lors de la signature de l'Union de Lublin eut lieu une redistribution des territoires au sein de la Rzeczpospolita. Une grande partie des terres ukrainiennes fut attribuée au royaume de Pologne. Dorénavant, la Pologne et l'Ukraine représentaient des « terres de la couronne ». Le reste du territoire conserva le nom de grand-duché de Lituanie.

Il convient de noter que celui-ci, en dépit de son nom, n'avait pas grand-chose en commun avec la Lituanie actuelle. C'était un grand État multinational peuplé de Lituaniens baltophones ou slavophones (Litvins), de Jadvigiens, de Russes, de Polonais, de Juifs, de Tatars lituaniens et de Karaïms[*]. On y parlait quantité de langues variées, mais la plus répandue était le ruthène. La langue des documents officiels était le ruthène écrit. Toutefois, après l'Union de Lublin, la langue et la culture polonaises se diffusèrent de plus en plus. L'aristocratie de la Rzeczpospolita adopta donc progressivement le polonais. Les nobles s'approprièrent la culture, les usages, le costume, les armes polonaises, etc.

La Rzeczpospolita était un État multiconfessionnel où dominait la religion catholique. La religion orthodoxe jouait cependant elle aussi un rôle important. En 1596, à la suite du concile de l'Église russe occidentale qui s'était tenu dans la ville de Brest, fut proclamée l'Union de Brest, en conséquence de laquelle une partie du clergé

---

[*] Karaïms ou Karaïtes : Juifs qui ont rejeté la Torah orale et les commentaires rabbiniques pour ne garder que le Tanakh ou Ancien Testament (*N.d.T.*).

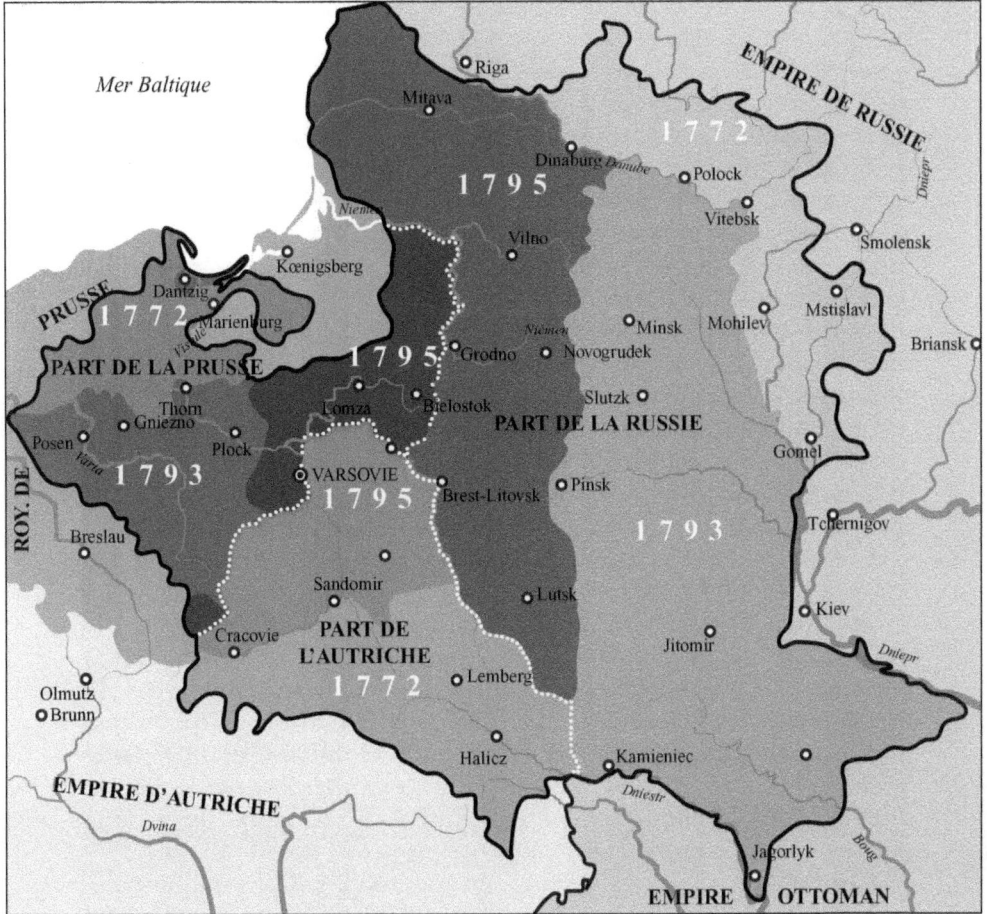

Les partages de la Pologne en 1772, 1793 et 1795

orthodoxe de la Rzeczpospolita reconnut la primauté du pape, et
une nouvelle Église fit son apparition, qui prit le nom d'uniate. Dans
une grande partie du territoire de l'Ukraine et sur les terres orien-
tales du grand-duché de Lituanie, les orthodoxes refusèrent l'Union
et conservèrent leur propre Église.

Le XVIᵉ siècle marqua l'âge d'or de la Rzeczpospolita ; ses possessions
s'étendaient « d'une mer à l'autre », c'est-à-dire des rives de la Baltique
au nord de la mer Noire. À l'époque, beaucoup de terres russes occidentales, en particulier Smolensk, en faisaient partie. La frontière entre
la Rzeczpospolita et le royaume de Moscovie passait à moins de
250 kilomètres de Moscou ! Cependant, au XVIIᵉ siècle, commença le
déclin de cet État naguère si vaste. Le roi y était élu et la noblesse avait

tant de droits que le pays était pratiquement ingouvernable. L'une des lois les plus tristement célèbres de la Rzeczpospolita était le *liberum veto* : il suffisait à l'un des nobles d'opposer son veto à la Diète pour que la décision adoptée par tous les autres soit mise en échec. La Rzeczpospolita perdit alors de nombreuses possessions à l'est, en particulier l'Ukraine de la rive gauche du Dniepr et Smolensk.

Au XVIIIe siècle, le pays s'effondra définitivement et ses voisins se renforcèrent de plus en plus. La nature ayant horreur du vide, les puissants États limitrophes commencèrent à faire pression sur les frontières de la Rzeczpospolita. En 1772 eut lieu le premier « partage de la Pologne » (l'expression s'est ancrée dans la littérature historique, bien qu'il s'agisse ici non de la Pologne, mais de la Rzeczpospolita). La Russie, la Prusse et l'Autriche arrachèrent chacune un gros morceau à l'État tombé en décadence. La Russie reçut un territoire d'une superficie totale de 92 000 kilomètres carrés, peuplé de 1,3 million d'habitants (au moment du premier partage, la population de la Rzeczpospolita était de 12,3 millions d'habitants et sa superficie de 718 000 kilomètres carrés). Le pays perdit en tout 3 480 000 habitants et 210 000 kilomètres carrés.

Les événements révolutionnaires en France soulevèrent une vague de patriotisme en Pologne et, le 3 mai 1791, à l'issue de longues séances, la Diète adopta une Constitution. Celle-ci n'avait rien de révolutionnaire. Elle renforçait au contraire le pouvoir du roi, instaurait la monarchie héréditaire, créait un État unitaire et en finissait avec l'autonomie de la noblesse. Elle abolissait en particulier le *liberum veto*. Les bourgeois obtenaient des droits égaux à ceux de la noblesse et les paysans étaient placés sous protection de l'État.

Catherine II était hors d'elle et, en réponse à la Constitution polonaise, elle suscita la réunion de quelques magnats vénaux dans la petite ville de Targovitz, près d'Ouman, qui proclamèrent la création d'une Confédération visant à rétablir les « libertés polonaises » et à abolir la Constitution du 3 mai. Catherine soutint d'emblée les « insurgés » en lutte pour la « liberté » (on n'utilisait pas encore le mot « démocratie » dans de tels cas). Des troupes russes furent déplacées de Turquie et marchèrent sur Varsovie. Le roi de Pologne, Stanislas Poniatowski, n'offrit aucune résistance et, mieux encore, par peur des représailles, adhéra à la Confédération. En juin 1793, une nouvelle Diète fut réunie à Grodno. Ses sessions se déroulèrent dans un château rempli et encerclé de soldats russes. Afin de montrer leurs muscles, les généraux donnèrent l'ordre de pointer les canons sur le château. La Diète reconnut dans un silence de mort l'abolition de la Constitution et le nouveau partage de la Rzeczpospolita. La Confédération des « insurgés au nom de la liberté », ayant perdu toute utilité, fut dissoute.

Par le deuxième partage de 1793, la Russie reçut l'Ukraine de la rive droite du Dniepr, et la Prusse acquit Dantzig, Thorn et la

« Grande Pologne » avec Poznan. Le pays perdait ainsi un territoire d'environ 308 000 kilomètres carrés, peuplé de quelque 2 millions d'habitants. Ce nouveau partage provoqua un mouvement de libération nationale dirigé par Tadeusz Kosciuszko. L'insurrection fut écrasée et, le 5 novembre 1794, les troupes de Souvorov prirent d'assaut Praga, un faubourg de Varsovie.

Il faut prêter une attention particulière à cet épisode. La majorité des historiens russes préfèrent ne pas en parler du tout, ou du moins ne le mentionner qu'en passant. Pourtant, ce qui s'est déroulé dans ce faubourg de Varsovie situé sur la rive est de la Vistule requiert qu'on s'y attarde. Cet événement est entré dans l'historiographie polonaise sous le nom de « massacre de Praga ». En effet, l'assaut lancé par Souvorov se termina de façon tragique. Les soldats russes, s'étant emparés de ce faubourg fortifié, se livrèrent à une épouvantable tuerie visant non seulement des soldats et des combattants de la milice populaire qui défendaient les fortifications, mais aussi bien la population civile.

Il est étonnant que, même à présent, il se trouve des historiens pour refuser de reconnaître cet événement ou pour minimiser son importance, prétendant que ce ne sont pas 20 000 habitants qui furent tués à Praga, comme l'affirment les Polonais, mais « seulement » 10 000, que les cosaques n'embrochèrent pas de bébés sur leurs piques, que tout cela n'était que des racontars de personnes malveillantes, que d'ailleurs les pogroms, les pillages, les viols accompagnaient tous les assauts à cette époque-là, etc.

Effectivement, les lois non écrites de la guerre de cette époque supposaient qu'une ville prise d'assaut était livrée au pillage des troupes victorieuses. Cependant, entre les pillages et les violences, d'une part, et le massacre de milliers de civils, de l'autre, il y a tout de même une différence. En outre, l'Europe centrale n'avait plus connu de tels événements à grande échelle, disons, depuis le deuxième quart du XVIIe siècle. Une guerre contre les Turcs, dans laquelle l'ennemi ne prenait pas de gants avec les villes européennes, ni par conséquent avec les Européens, était une chose ; un conflit entre armées régulières de pays européens en était une autre. Dans la majorité des cas, au XVIIIe siècle, les forteresses n'étaient pas prises d'assaut, mais assiégées. Lorsqu'une brèche était pratiquée dans le mur d'enceinte, il était proposé à la garnison de capituler avec les honneurs – ce qui avait le plus souvent lieu, étant donné que, généralement, l'assiégeant disposait de plus de forces et de moyens, et qu'il n'y avait de sens à se défendre que lorsque la forteresse n'était pas trop entamée. Quant aux municipalités des villes, qui craignaient évidemment les conséquences d'un assaut, elles persuadaient habituellement le commandant de se rendre tant qu'il en était encore temps.

Au XVIIIe siècle, on ne peut citer en Europe occidentale ou centrale aucun assaut d'une grande ville avec pillages et violences. Les
derniers cas de prises de villes suivies d'exactions remontent à la
guerre de Trente Ans (1618-1648). L'exemple le plus frappant est le
célèbre sac de Magdebourg par l'armée impériale de Tilly, en 1631.

Au contraire, ni pendant la guerre de Succession d'Autriche
(1740-1748), ni pendant la guerre de Sept Ans (1756-1763), ni à plus
forte raison pendant la guerre austro-prussienne dite « des Pommes
de terre » (1778)[*], il n'y avait rien eu de semblable, de sorte que les
Européens s'étaient déshabitués de ce type de guerre. Qu'il y ait eu à
Praga 10 000 ou 20 000 morts n'est pas si important. Ce qui compte,
c'est que cet assaut ait constitué un choc moral pour les Polonais.
Après cela, Varsovie capitula et la résistance cessa.

Cela signifie-t-il que Souvorov, agissant de façon si cruelle, écono-
misa les vies d'autres gens ? Sur le moment, peut-être. Mais, sur le
plan historique, le massacre de Praga fut sans nul doute une faute. Si
Souvorov, en entrant dans la ville, avait simplement exécuté des dirigeants de l'insurrection, le fait aurait été oublié au bout de quelques
années, alors que les scènes barbares du massacre de Praga n'étaient
pas oubliées à l'époque de Napoléon. Rappelons qu'entre ce massacre et l'entrée de Napoléon en Pologne, il s'était écoulé moins de
douze ans. Tous les Polonais adultes de l'époque avaient en
mémoire les événements de Praga. Le souvenir créa en toile de fond
l'atmosphère dans laquelle allait se développer le mouvement polonais de libération nationale.

Après l'assaut de Praga, la Rzeczpospolita cessa d'exister. En 1795,
à la suite du troisième partage, la Russie obtint la Lituanie, le reste
de la Biélorussie et l'Ukraine occidentale (un territoire de
20 000 kilomètres carrés avec une population de 1,2 million d'habitants). Varsovie et une bonne partie des vieilles terres polonaises
revinrent à la Prusse. Cette fois, l'Autriche ne demeura pas à l'écart
et reçut la « Petite Pologne » avec la ville de Lublin.

Des troupes d'occupation dont les exactions ne connaissaient pas
de limites furent cantonnées sur le territoire de la Pologne. Voici ce
qu'en écrivit un témoin de ces événements, un émigré français
servant dans l'armée russe : « L'état de chaque village de Pologne
depuis 1791 jusqu'en 1796, moment où j'écris, et de Moldavie
pendant tout le temps de la guerre, ressemble à celui d'une ville
prise d'assaut. [...] En Pologne, le soldat [...] prend tout au paysan,

---

* Allusion à la guerre de Succession de Bavière (juillet 1778-mai 1779), qui
opposa la monarchie des Habsbourg à une alliance Prusse-Saxe visant à empêcher
les Habsbourg de faire l'acquisition du duché de Bavière. Elle se limita à des escarmouches, les soldats ayant consacré plus d'efforts à la recherche de vivres qu'aux
combats, d'où son surnom. (*N.d.T.*)

et si celui-ci se plaint, il le rosse, c'est plus commode, il ne lui laisse ni pain, ni viande, ni œufs, se fait tout donner, tient table ouverte, invite ses camarades et fait le grand seigneur. [...] Le soldat russe est le fléau de son hôte ; il débauche sa femme, déshonore sa fille, le chasse de son lit et quelquefois de sa maison, lui mange ses poulets, ses bestiaux, lui prend son argent et le rosse sans cesse... » En ce qui concerne la noblesse, l'auteur de ces notes indique : « Les Polonais fidèles à leur patrie furent repoussés, méprisés, exilés, emprisonnés ; des confiscations particulières annoncèrent qu'aucune propriété ne serait plus sacrée et que l'avidité des courtisans de Catherine dévorait d'avance et engloutirait bientôt les plus belles possessions des grands propriétaires de la Lituanie et des provinces de Volhynie et de Podolie[20]... »

Mais, hormis le pillage du territoire conquis, le troisième partage marqua une véritable tragédie : la disparition totale d'un État qui avait des racines historiques très profondes, qui avait beaucoup apporté à la vie et à la culture européennes. Il va de soi que, pour beaucoup de Polonais, de Lituaniens et d'autres habitants de la Rzeczpospolita multinationale, cette disparition était une catastrophe, et ce, d'autant plus que la Constitution du 3 mai 1791 était très populaire et que les réformes alors entreprises dans le pays étaient demeurées dans la mémoire des gens comme des changements positifs qui avaient enfin sorti la Rzeczpospolita du chaos et de l'anarchie politiques qui avaient prévalu au XVIIIᵉ siècle.

Dès le début, les Polonais ont placé leurs espoirs d'une renaissance de leur patrie dans la France, et avant tout dans le général Bonaparte victorieux. Dès 1797 fut créée dans les rangs de son armée combattant en Italie une « légion polono-italienne ». La marche des unités polonaises était la célèbre *Mazurka de Dombrowski* qui deviendrait plus tard l'hymne de la Pologne :

La Pologne n'a pas encore péri,
Puisque que nous vivons.
Ce que l'étranger nous a pris de force,
Nous le reprendrons par le sabre.

Marche, marche, Dombrowski,
De la terre italienne vers la Pologne.
Sous ta direction,
Nous nous unirons avec la nation.

Nous traverserons la Vistule et la Warta,
Nous serons Polonais.
Bonaparte nous a appris
Comment nous devons vaincre.

Le général Bonaparte, puis l'empereur Napoléon, utilisait avec grand plaisir la bravoure des soldats polonais, mais il n'avait sans doute pas réfléchi sérieusement à l'idée qu'il devrait un jour s'occuper concrètement de la question polonaise. Tout cela était si loin de l'Italie du Nord et de l'Adriatique, que l'empereur considérait comme la sphère d'influence naturelle de la France ! Mais le destin avait conduit les troupes françaises aux frontières de l'ancienne Rzeczpospolita et la question polonaise se posait désormais de plain-pied.

Il n'est nul besoin de dire que, pour les Polonais qui avaient combattu héroïquement dans l'armée de Napoléon, tout était clair : il fallait franchir l'Oder, susciter une insurrection armée en Pologne prussienne, libérer pour commencer ces territoires polonais soumis au joug allemand, afin de libérer tôt ou tard toute la Rzeczpospolita.

Cependant, même pour un homme peu au fait de la politique, il était évident que la libération de la Pologne prussienne brouillerait à jamais Napoléon non seulement avec les Prussiens, mais avec la Russie et l'Autriche qui avaient reçu naguère la part du lion des terres polonaises. C'est pourquoi un officier réputé de l'armée napoléonienne, le colonel Jomini, par la suite général, chef d'état-major du corps de Ney, remarquable spécialiste de la stratégie et de la tactique, remit à Napoléon une note dans laquelle il le suppliait littéralement de n'entreprendre en aucun cas une démarche aussi risquée.

Jomini remit sa note à l'empereur le 10 novembre 1806 à Berlin. Le théoricien militaire présentait sous les meilleures couleurs les avantages d'une alliance prussienne pour la France. Selon lui, Napoléon devait pardonner avec magnanimité la Prusse pour son agression, et conclure la paix avec elle sans exiger la moindre concession territoriale ; surtout, il ne devait en aucun cas forcer la ligne de l'Oder et n'aborder sous aucun prétexte la question explosive de la Pologne. Jomini affirmait que, en cas de tentative de libérer la Pologne, la Grande Armée se heurterait à une résistance acharnée des Russes, et que l'armée autrichienne, forte de 150 000 hommes, pourrait l'attaquer sur ses arrières. Enfin, selon le théoricien, le pouvoir d'un État plus éclairé sur le territoire polonais, c'est-à-dire la domination des Prussiens, ne pouvait qu'être bénéfique pour le peuple polonais.

Le ministre français des Affaires étrangères, Talleyrand, était du même avis. Il évoquait en permanence l'inconstance et la légèreté des Polonais, et le risque de conflit avec la Russie et surtout avec l'Autriche que lui-même, Talleyrand, avait toujours glorifiée (hélas, pas à titre gracieux !).

Il existait cependant des opinions contraires. Ainsi, un agent secret de Napoléon, remarquable expert en politique internationale, le comte de Montgaillard, avait également présenté à Berlin un mémoire politique à Napoléon. Sa conclusion était diamétralement opposée à celle de Jomini. Devançant son temps sur nombre de points, Montgaillard indiquait l'immense danger (en perspective) d'un renforcement de la Prusse. Il notait de façon prophétique que la Prusse risquait de devenir le noyau de l'unification allemande, qui serait comme un os en travers du gosier tant de la France que de la Russie : « Le protectorat de l'Allemagne ne doit pas appartenir à la Prusse si l'on ne veut pas que le repos de l'Europe soit tôt ou tard compromis par cette puissance. » Montgaillard considérait aussi que la Russie était l'alliée naturelle de la France : « La Russie ne peut être l'ennemie de la France ; elle a au contraire besoin que la France soit indépendante et forte[21]. » Il jugeait par ailleurs que « seule la restauration de la Pologne renforcera le nouveau système politique en Europe ». Non seulement elle permettrait de créer un solide rempart pour la France à l'est de l'Europe, mais elle aiderait à porter aux Anglais un coup sensible, puisque les rives de la Baltique seraient alors solidement fermées à la flotte britannique.

L'unanimité ne régnait pas non plus parmi les maréchaux. Ainsi le commandant du 5e corps d'armée, Lannes, connu pour sa bravoure et ami personnel de l'empereur, était très sceptique à l'égard des Polonais. Voici ce qu'il rapporta à Napoléon, le 7 novembre, depuis Stettin, à la frontière polonaise : « Toutes [les personnes] s'accordent à dire qu'il sera impossible de rétablir cette nation, qui est dans une anarchie révoltante, et que, si on arme les Polonais, il n'y aura pas de province qui ne se batte contre l'autre. [...] Il paraît que, d'ici à la Vistule, c'est le pays le plus misérable qu'il soit possible de voir. C'est un véritable désert[22]. »

En revanche, le maréchal Davout, commandant du 3e corps de la Grande Armée et héros de la bataille d'Auerstaedt, décrivait avec enthousiasme l'accueil qui avait été réservé à ses avant-gardes en terre polonaise : « Les Polonais nous reçoivent comme des libérateurs... Partout, nos détachements sont accueillis avec le plus vif enthousiasme par les nobles comme par le peuple. Posen est encombré de tous les palatins et des premières familles nobles de la Pologne qui se sont réunis pour venir au-devant de Votre Majesté[23]. »

Murat et nombre d'autres maréchaux et généraux célèbres étaient du même avis.

Napoléon hésitait. Malgré les rapports exaltés de ses subordonnés sur l'enthousiasme des Polonais, il mesurait parfaitement tout le danger que représenterait le simple fait d'effleurer ce point névralgique de l'Europe. En dépit de l'écrasement total des Prussiens, de la capitulation honteuse du reste des troupes de Hohenlohe à Prenzlow, de la reddition du corps de Blücher à Lubeck, de la capitulation des célèbres forteresses de Prusse, Küstrin, Stettin et Magdebourg (dans cette dernière, le général Kleist, avec une énorme garnison de 22 000 hommes, s'était rendu après le bombardement purement symbolique de quelques mortiers français), l'empereur considérait qu'il valait mieux faire la paix avec les Prussiens et mettre ainsi fin à la guerre.

Bien entendu, Napoléon, en homme doué de sens politique, ne pouvait se permettre d'être aussi magnanime que le proposait Jomini dans sa note. L'empereur se souciait des intérêts de son pays et ne pouvait admettre que la Prusse puisse porter à l'avenir un coup inattendu. Elle devait, selon Napoléon, payer ne serait-ce que symboliquement pour avoir déclenché la guerre. Au reste, les conditions que posait l'empereur à son adversaire étaient plus que modérées.

Comme on l'a déjà noté, au grand étonnement de Napoléon, le roi de Prusse refusa de faire la paix.

Ainsi, l'empereur avait de moins en moins le choix. La poursuite de la guerre contre les Prussiens et la lutte contre l'armée russe devenaient inévitables. Il va de soi que, dans cette situation, permettre aux restes de l'armée prussienne de recouvrer leurs esprits, de recevoir de nouveaux renforts venus de Prusse orientale, et de réunir une nouvelle armée puissante sur le territoire de la Pologne, aurait été littéralement insensé d'un point de vue purement stratégique.

Enfin, le facteur de la *terra vacua* joua son rôle. Il ne restait pratiquement pas de troupes prussiennes de l'Oder à la Vistule et les détachements russes n'étaient pas encore apparus. Ainsi, une grande partie de la Pologne prussienne était absolument libre, et même de petits détachements de cavalerie pouvaient l'occuper. Les forteresses qui protégeaient les passages de l'Oder, Küstrin et Stettin, étaient aux mains de la Grande Armée. La Pologne semblait attirer les Français dans les profondeurs de ses espaces.

Ainsi, se soumettant à un impératif stratégique rigoureux et à la tentation de la *terra vacua*, Napoléon prit une décision lourde de conséquences. Elle n'est exprimée nulle part, mais on peut la déceler avec précision en scrutant les ordres de l'empereur et ses actions de novembre et décembre 1806.

La Grande Armée devait pénétrer sur le territoire de la Pologne prussienne et ne pas s'opposer à une insurrection de libération nationale au cas où les Polonais se soulèveraient. Il n'y avait cependant nul besoin de promettre quoi que ce soit : l'insurrection polonaise (si elle se déclenchait) ne devrait, selon Napoléon, que contribuer à écraser rapidement les restes des troupes prussiennes, ce qui servirait de leçon au tsar de Russie.

Napoléon pensait qu'Alexandre comprendrait que, en cas de poursuite de la guerre, il risquait de devoir également faire face à une insurrection dans les anciennes provinces polonaises ; il estimait donc que le tsar allait se montrer plus accommodant et accepterait des pourparlers de paix. En fin de compte, la paix et peut-être une alliance avec la Russie seraient conclues. En cas de pourparlers de paix, Napoléon n'excluait sans doute pas la restauration de l'indépendance d'une partie du territoire polonais, mais il va de soi qu'il ne pouvait s'agir que du territoire de la Pologne prussienne.

À la mi-novembre 1806, les troupes de la Grande Armée franchirent l'Oder sur un large front et pénétrèrent sur le territoire de la Pologne prussienne. Partout, les Français furent reçus en libérateurs. À Poznan, les habitants réservèrent un accueil triomphal au maréchal Davout et à ses soldats. Malgré ces manifestations de joie, il convient cependant de reconnaître que Lannes avait raison sur bien des points. Le pays était pauvre et les routes, en automne, exécrables. C'est alors que naquit dans l'armée française la phrase : « Dieu a créé pour la Pologne un cinquième élément, la boue. »

À peine les corps d'armée français se furent-ils enfoncés de quelques dizaines de kilomètres en territoire polonais que la nécessité de se procurer des vivres et le désir de se retrouver au plus vite dans un endroit civilisé poussèrent littéralement les chefs d'armée français vers Varsovie. Les maréchaux rapportèrent à qui mieux mieux à l'empereur que leurs troupes ne trouvaient pas de vivres en quantité suffisante, qu'il était stratégiquement important d'occuper une ville comme Varsovie, etc.

En conséquence, l'avance prudente en territoire polonais qu'avait conçue Napoléon devint une véritable ruée vers la capitale.

Le 28 novembre 1806, à une heure de l'après-midi, les avant-gardes de la cavalerie de la Grande Armée, placées sous le commandement de Joachim Murat, pénétrèrent dans Varsovie. La garnison prussienne et les détachements russes cantonnés sur la rive gauche de la Vistule se retirèrent sur l'autre rive et n'entravèrent pas l'entrée triomphale des Français dans la capitale polonaise. Les habitants accueillirent les Français avec un enthousiasme débordant. Une foule en délire se pressait le long des rues qu'empruntait la cavalerie de Murat avec, à sa tête, le maréchal en grande tenue, comme à son habitude. « Je n'ai jamais vu un esprit national si fortement prononcé, rapporta le cavalier légendaire. Je suis entré dans Varsovie aux cris mille fois répétés de : "Vive l'empereur Napoléon, notre libérateur !" Ces cris sortaient de la bouche de toutes les classes de citoyens ; les femmes surtout, de la noblesse et du peuple indistinctement, ne pouvaient contenir leur joie. [...] Tous les Polonais demandent des armes, des chefs et des officiers. [...] Tous nos soldats ont été reçus sur la route par les nobles, par les paysans, par tout le monde comme des frères... Chaque habitant se disputait les soldats pour les loger chez lui. [...] Enfin, Sire, la joie est universelle[24]. »

Par ailleurs, le soir, au théâtre de Varsovie, on donna un spectacle spécialement monté pour l'occasion. Il s'appelait *Les Fortifications de Praga*. Il s'agissait bien entendu du sac du faubourg de Varsovie

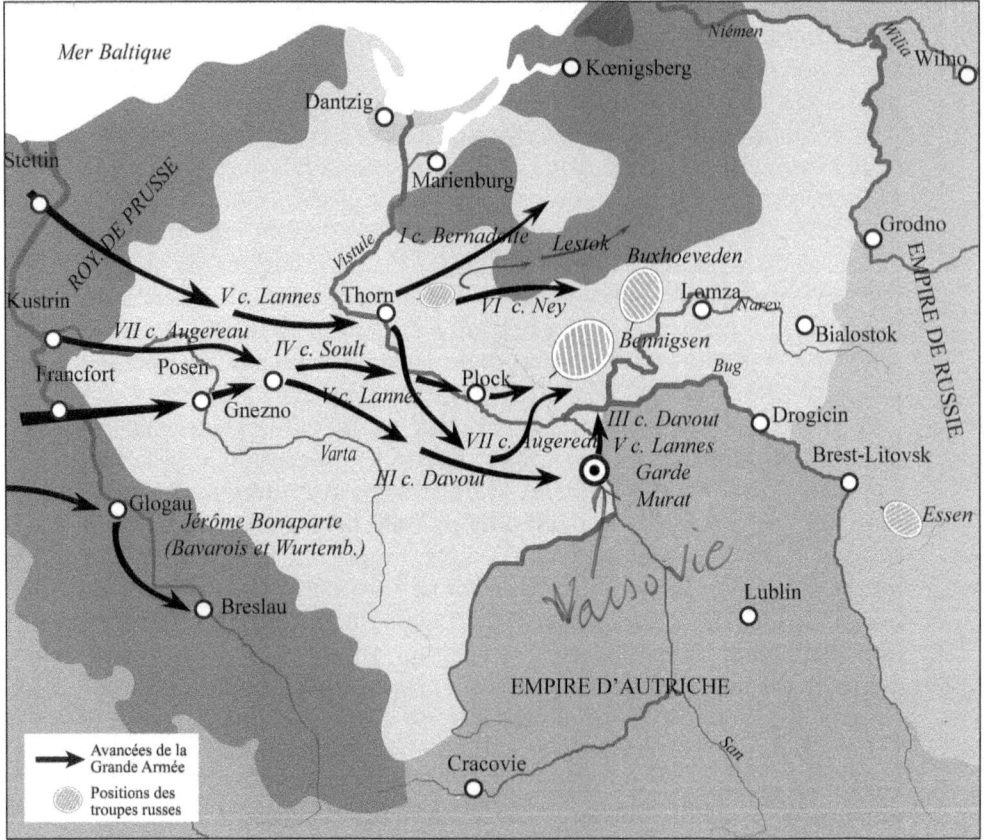

La campagne de 1806 en Pologne

de 1794. L'épisode que nous avons mentionné était sur toutes les lèvres...

Ce n'est pas sans raison que le rapport de Murat sur l'accueil enthousiaste qu'on lui avait réservé dans la capitale polonaise était plein d'exaltation. Le duc de Berg rêvait visiblement de quelque chose de plus que les épaulettes de maréchal : « Former une nation indépendante sous un roi étranger qui lui serait donné par Votre Majesté est le vœu général... mais ils ne s'insurgeront que lorsque Votre Majesté aura déclaré l'indépendance de la Pologne et fait connaître le roi qu'elle veut leur donner[25]. »

La réponse de Napoléon fit l'effet d'une douche froide sur le malheureux maréchal : « Faites bien sentir que je ne viens pas mendier un trône pour un des miens : je ne manque pas de trônes à donner à ma famille. » C'est avec la même froideur et le même calme réfléchi que Napoléon reçut la députation de la noblesse polonaise lorsqu'il se rendit en personne à Poznan, où on lui réserva un accueil plus enthousiaste encore qu'à Murat à Varsovie : « Messieurs, déclara sévèrement l'empereur en réponse aux discours emphatiques, ce dont vous parlez est une grande cause, mais souvenez-vous que c'est une guerre avec ses hasards, ses dangers et ses difficultés. » Cependant, après le bal que l'on organisa en son honneur à Poznan, Napoléon dit en souriant : « À mon avis, toutes les Polonaises sont de vraies Françaises ! » Mais cela ne modifia en rien l'état d'esprit de Napoléon, et il entra presque en cachette à Varsovie, dans la nuit du 18 au 19 décembre, s'efforçant d'échapper à tout accueil solennel. Sur l'autre rive de la Vistule, l'armée russe attendait les Français, et cela préoccupait bien davantage l'empereur que l'enthousiasme de la foule.

Le 22 décembre commença l'opération de franchissement de la Vistule qui allait se transformer en batailles de Pultusk et Golymin. Ces affrontements sanglants n'apportèrent de succès décisif ni d'un côté ni de l'autre.

Le 1er janvier 1807, l'empereur revint à Varsovie. La légende relate que ce jour-là, au relais de Blonie, il rencontra une jolie fille aux cheveux d'or qui le regardait avec un tel enthousiasme et une telle émotion que Napoléon souleva son chapeau et s'inclina. Alors, ne retenant plus les sentiments qui l'emplissaient, la belle inconnue s'exclama : « Soyez le bienvenu, mille fois le bienvenu sur notre terre ! Rien de ce que nous ferons ne rendra de manière assez énergique ni les sentiments d'admiration que nous portons à votre personne, ni le plaisir que nous avons à vous voir fouler le sol de cette patrie qui vous attend pour se relever ! »

Cette charmante Polonaise s'appelait Marie Walewska. L'idylle que nouera Napoléon avec elle jouera également son rôle dans sa perception de la Pologne.

Ensuite commença à Varsovie ce à quoi l'empereur avait si soigneusement tenté d'échapper : des réceptions, des bals, des festins, la noblesse polonaise brandissant des armes et faisant serment de fidélité, l'enthousiasme, l'exaltation, les sourires des jolies Polonaises et... l'amour de la belle Marie. Napoléon était un homme d'État, un politique sensé, mais ce n'en était pas moins un homme. Le grand historien Louis Madelin a décrit avec justesse l'atmosphère enivrante qui entourait l'empereur à Varsovie : « Cette société chevaleresque et raffinée, un peuple presque cousin du nôtre, poussant même à l'extrême, il l'écrira, les qualités comme les défauts français... Les danses entraînantes, les mazurkas scandées par les violons, un luxe de costumes où, à l'élégance de l'Occident, se mêlait la richesse orientale, la figure comme inspirée des hommes, la beauté impressionnante des femmes, une atmosphère imprégnée d'une sorte d'ivresse où l'espoir de libération entrevue surexcitait les plus ardents désirs[26]... »

En conséquence, après avoir dit « A », Napoléon fut contraint de dire « B ». Après avoir estimé que la lutte en Pologne ne serait qu'une insurrection limitée contre les Prussiens, il en vint à ce qu'il s'était efforcé d'éviter par tous les moyens : une insurrection populaire et une guerre sanglante contre les troupes russes.

Cette guerre fut effectivement terrible. Dans le froid et la faim, de la boue jusqu'aux genoux, l'armée perdit ce joyeux enthousiasme qui l'avait envahie lors de la campagne de Prusse de 1806. Le baron de Percy, le célèbre médecin-chef de la Grande Armée, consigna à l'époque dans son journal : « Jamais l'armée française ne fut aussi malheureuse. Le soldat, toujours marchant, bivouaquant toutes les nuits, passant les journées dans la boue jusqu'aux chevilles, n'a pas une once de pain, pas une goutte d'eau-de-vie, n'a pas le temps de sécher ses habits, et il tombe de fatigue et d'inanition. [...] Le feu et la fumée des bivouacs le rendent jaune, hâve, méconnaissable ; il a l'œil rouge ; ses habits sont pleins d'ordures et enfumés[27]. »

Outre les fatigues de la campagne, les Français durent se mesurer à un ennemi résolu, prêt à une empoignade mortelle. L'armée russe se battit avec une endurance et une bravoure étonnantes. Dans la bataille livrée le 8 février 1807 à Eylau, Napoléon ne réussit à remporter qu'une victoire à la Pyrrhus. L'armée russe abandonna un champ de bataille semé de cadavres, mais les Français étaient eux aussi si affaiblis qu'il était impossible de poursuivre l'attaque. Les deux armées prirent leurs quartiers d'hiver et s'apprêtèrent, en léchant leurs blessures, à reprendre le combat.

Il est intéressant de noter que, pratiquement au moment même où débutait la campagne sur le sol de la Pologne prussienne, les canons se mirent également à tonner sur le Danube. L'apparition d'une enclave napoléonienne sur les côtes de l'Adriatique ne fit qu'échauffer encore l'atmosphère dans les Balkans. Il faut dire que les deux puissances, France et Russie, menaient là des politiques offensives et assez inconciliables. L'une et l'autre comprenaient que l'Empire ottoman déclinait et qu'il ne resterait bientôt plus qu'à en ramasser les miettes ; or celles-ci aiguisaient l'appétit de l'aristocratie russe aussi bien que de la bourgeoisie française.

La Russie aspirait en permanence à s'étendre vers le sud, vers Constantinople et les Détroits. Cette aspiration coïncidait objectivement avec les espoirs de libération des peuples vivant sous le joug turc, d'autant plus que beaucoup d'entre eux étaient des Slaves orthodoxes. Le gouvernement russe soutenait systématiquement ces espoirs par de l'argent, des livraisons d'armes et des promesses. D'autre part, il ne cessait d'affirmer, en paroles, la nécessité de maintenir l'alliance avec l'Empire ottoman qui existait depuis 1799 et lui avait rapporté pas mal de dividendes politiques, en particulier des possessions sur la Méditerranée. En conséquence, à cette époque, la défense de l'intégrité de la Turquie contre les desseins perfides de Napoléon était un thème permanent de la rhétorique des milieux dirigeants de l'Empire russe.

La politique et la rhétorique de la diplomatie napoléonienne étaient très semblables, mais inspirées par des intérêts contraires. Les agents français infiltrés dans les pays balkaniques parlaient également de l'aide aux opprimés qu'apporterait la France. D'autre part, Napoléon était trop intéressé au soutien de la Turquie, surtout lorsqu'il faisait la guerre à la Russie, pour ne pas se montrer extrêmement sensible à la défense du malheureux empire contre des atteintes venues du nord.

Voilà qui explique que la politique des deux puissances dans les Balkans ait été très embrouillée et souvent incohérente. Les ambassadeurs de France et de Russie se battaient pour exercer une influence à Constantinople. Cependant, lorsque Napoléon remporta la victoire d'Austerlitz, l'influence de son envoyé Sébastiani devint nettement prédominante. Les humeurs antirusses se ranimèrent en Turquie. De son côté, la Russie effectua une pression diplomatique sur la Sublime Porte, exigeant en particulier, sous forme d'ultimatum, de ne pas destituer les hospodars de Valachie et de Moldavie que le sultan avait décidé de remplacer par des fidèles. Le sultan fut contraint de faire marche arrière, se résignant à laisser en place les hospodars acceptables pour la Russie. Mais cet épisode des hospodars n'était qu'un prétexte. Bien que l'on ait appris à Pétersbourg l'accord des Turcs, le 23 février 1806, les troupes russes franchirent le Dniestr et foncèrent en direction de Bucarest et du Danube.

En dépit du caractère embrouillé des relations russo-turques, cette fois l'initiative du déclenchement de la guerre appartenait entièrement au gouvernement d'Alexandre Ier. L'amiral Tchitchagov, chef de guerre assez incertain mais homme très honnête, écrivit : « Le ministre russe, M. Italinski, venait d'obtenir du Divan entière satisfaction lorsqu'il apprit l'invasion des principautés par une armée russe. Il déclara que le fait était impossible, et il ne fut désabusé qu'après en avoir reçu officiellement la nouvelle. Cette attaque, faite si mal à propos, était le résultat d'une bévue du baron Budberg qui venait de remplacer aux Affaires étrangères le prince Czartoryski... Pour ses débuts au ministère, Budberg avait extorqué à l'empereur l'autorisation d'attaquer les Turcs au moment même où le motif de la querelle avait disparu. C'est ainsi que commença cette guerre qui devait coûter à la Russie tant d'hommes et tant d'argent... »

Fait intéressant, il avait pourtant été précisé de façon officielle que la Russie ne faisait pas la guerre à la Turquie, mais prenait seulement sous sa protection les principautés menacées d'invasion par les troupes napoléoniennes ! On ne peut évidemment sous-estimer l'activité des agents français dans les Balkans ni l'appétit expansionniste de Napoléon, mais c'était tout de même passer les bornes ! Ne souhaitant absolument pas que les troupes russes prennent sous leur « protection » les provinces de son empire, le sultan Selim III déclara la guerre à la Russie le 27 décembre 1807.

Ainsi apparut un nouveau foyer de tension qui brouilla davantage encore la situation politique européenne de cette époque.

Le déclenchement de ce conflit dû presque entièrement à l'initiative d'Alexandre Ier est d'autant plus étonnant que sur les frontières sud-est de la Russie brûlait déjà depuis deux ans la flamme d'une autre guerre, entre la Russie et la Perse cette fois, qui avait débuté en juin 1804 ! Les forces russes engagées dans cette guerre étaient assez limitées : environ 20 000 hommes. Mais ce sanglant affrontement avec la Perse se déployait sur le territoire actuel de l'Azerbaïdjan, de l'Arménie, de la Géorgie et de l'Abkhazie, et il se poursuivit jusqu'en 1813 ! À noter que le shah de Perse, Feth-Ali, qui menait la guerre contre les Russes, recevait une aide active de l'Angleterre (!) qu'Alexandre Ier se préoccupait tant de défendre…

Les principaux événements ne se déroulaient pourtant pas en Turquie ni au Caucase, mais en Pologne, où les deux parties avaient rassemblé leurs forces pour livrer un combat décisif lors de la future campagne d'été de 1807.

Encore sous le coup de la débâcle d'Austerlitz, le jeune tsar se prépara le plus sérieusement du monde à continuer la lutte. Il va de soi que l'armée russe reçut des renforts, des armes, des munitions… Parmi les mesures à caractère militaire fut aussi organisée, par un *oukaz* du 30 novembre (12 décembre) 1806, une milice populaire théoriquement forte de 612 000 hommes.

Parallèlement fut créé, par un *oukaz* du 13 janvier 1807, le « Comité de sécurité générale », police politique secrète et organisation de contre-espionnage. Ce Comité était conçu « en prenant en considération les moyens par lesquels le gouvernement perfide de la France n'avait cessé d'agir dans tous les États européens pour atteindre son but funeste, la destruction de la quiétude générale ».

Mais Alexandre décida pour la première fois d'utiliser une force d'un tout autre caractère : l'arme « idéologique ». Sur son ordre, en décembre 1806, le Saint Synode livra Napoléon à l'anathème et le proclama Antéchrist ! Au début de 1807, dans toutes les églises orthodoxes de Russie, les prêtres prononcèrent de leurs voix de basse retentissantes : « Napoléon a l'audace d'agir contre Dieu et la Russie. […] Montrez-lui qu'il est une créature brûlée par la

conscience et digne de mépris. [...] Ne le croyez pas, ruinez ses
méfaits ! »

On énumérait ensuite de précieux témoignages du fait que
Napoléon ne vivait que « pour ébranler l'Église orthodoxe gréco-
russe, s'efforçait, par une illusion diabolique, d'entraîner les orthodoxes dans la tentation et le trépas », adorait les idoles, les péche-
resses, « prêchait l'Alcoran des mahométans en Égypte », et enfin,
« pour l'humiliation fatale de l'Église du Christ, avait projeté de restaurer le Sanhédrin*, de se proclamer Messie, de rassembler les Juifs
et de les mener à l'éradication finale de toute foi chrétienne[28] ».

Les prêtres qui avaient lu ne serait-ce qu'une seule fois les Saintes
Écritures devaient sentir leurs cheveux se dresser sur leur tête au vu
de cette propagande « idéologique » en direction des sujets de
l'Empire. Il est dit en effet, dans l'eschatologie chrétienne, que l'Antéchrist régnera sur le monde pendant quarante-deux mois. Aucune
force humaine ne pourrait lui résister. « Seul le Seigneur Lui-même,
revenu sur la terre dans Sa gloire, le vaincra. Alors adviendra le Jugement dernier du Christ et la fin de notre monde. » Par conséquent,
il était absolument vain de se battre contre Napoléon, et les perspectives qui se dessinaient n'étaient pas vraiment brillantes...

Cependant, le Seigneur ne prêta apparemment pas attention à
cette lecture inattendue de la Bible par le Saint Synode, et demeura
également sourd aux prières appelant le châtiment sur la tête de
Napoléon, car la campagne de l'été 1807 se révéla étonnamment
brève. Les troupes russes passèrent à l'offensive à l'aube du 5 juin et,
le 14 juin, elles subirent déjà une cuisante défaite à la bataille de
Friedland. L'armée russe perdit environ 20 000 hommes, tués,
blessés ou faits prisonniers, mais l'important n'était pas là. Les pertes
françaises n'étaient pas non plus négligeables (12 000 tués ou
blessés). Le pire était que les régiments russes, acculés à la rivière
Alle, furent jetés du haut de ses rives escarpées dans une totale
confusion. Si, le jour même de la bataille, les soldats, en dépit des
ordres malavisés du commandant en chef, le général Bennigsen, se
battirent avec bravoure, le lendemain, la démoralisation s'empara
des troupes : « Le désordre était épouvantable[29] », se souvint le
général Ermolov, évoquant la retraite qui suivit la bataille.

Quant au commandement, il était en proie à la panique et à la
confusion. Le célèbre poète et partisan Denis Davydov, qui participa
à la campagne de 1807, a fait part de ses impressions sur le climat
régnant alors dans l'entourage du tsar : « J'arrive au galop au quar-

* Le Grand Sanhédrin est une cour suprême juive, convoquée en 1807 par
Napoléon Ier et qui précédera la création du Consistoire israélite de France. Le nom
faisait référence au Sanhédrin, principal corps législatif et judiciaire du peuple juif
jusqu'à l'Antiquité tardive. (N.d.T.)

tier général. Des foules de personnes de genres divers le composaient. Il y avait là des Anglais, des Suédois, des Prussiens, des Français royalistes, des militaires et des fonctionnaires civils russes, des roturiers étrangers au service aussi bien militaire que civil, des parasites et des intrigants, en un mot c'était un marché de spéculateurs politiques et militaires dont les espoirs, les plans et les desseins s'étaient effondrés [...] tout était dans l'inquiétude, comme une demi-heure avant la fin du monde[30]. »

Fait intéressant : alors qu'Alexandre espérait, en dépit de tout, poursuivre la guerre contre Napoléon, son frère, le grand-duc Constantin, lui conseilla : « Sire, si vous ne voulez pas faire la paix avec la France, eh bien ! donnez un pistolet bien chargé à chacun de vos soldats et commandez-leur de se brûler la cervelle, vous obtiendrez le même résultat que celui que vous offrira une nouvelle et dernière bataille qui ouvrira infailliblement les portes de votre empire aux troupes françaises exercées aux combats et toujours victorieuses[31]. »

Il convient ici de suspendre un temps le récit chronologique des événements pour éclairer la situation. Si l'on se fonde sur des considérations purement militaires, celle de l'armée russe était bien entendu difficile, mais pas désespérée. Napoléon avait battu l'armée principale, mais il restait encore beaucoup de troupes. La totalité des effectifs de l'armée régulière de l'Empire russe se montait à 400 000 hommes, et les troupes irrégulières comptaient en outre 100 000 hommes. Les réserves russes étaient relativement proches, et les réserves françaises très éloignées. Rappelons enfin les effectifs potentiels de 600 000 hommes des milices populaires qui devaient incessamment compléter les rangs de l'armée d'active.

Le danger venait surtout des germes de libre pensée qui atteignaient la Russie. En dépit des déclarations des prêtres selon lesquelles Napoléon « s'efforçait, par une illusion diabolique, d'entraîner les orthodoxes dans la tentation et le trépas », la rumeur se répandait dans le pays qu'il donnerait la liberté aux paysans, ce qui suscitait une effervescence considérable.

On peut par exemple trouver dans les documents du Comité de sécurité générale des témoignages de ce qu'« à Pétersbourg, au début de 1807, les domestiques plaçaient leurs espoirs de libération dans Napoléon ». Kornilov, un serf du propriétaire foncier Touzov, racontait dans une échoppe : « Bonaparte a écrit au souverain [...] que, s'il souhaitait avoir la paix », il devrait libérer « tous les serfs, qu'il n'y ait plus de serfs, que dans le cas contraire il y aurait toujours la guerre ». Il avait entendu dire cela par un peintre serf qui discutait avec deux collègues du fait que « le Français veut prendre la Russie et libérer tout le monde ». En janvier 1807, « on avait interrogé

Spirine, un domestique de P.G. Démidov, parce que, dans une lettre […] à son père déporté pour participation à une révolte d'ouvriers d'usine contre les commis, et qui avait été saisie, il écrivait : "Je suppose vous voir dans un futur proche par l'intermédiaire de la guerre ; il semble que chez nous, en Russie, l'injustice sera abolie[32]" ».

La Russie connaissait d'ailleurs en permanence des soulèvements paysans, et ils redoublèrent d'intensité à cette époque. On en compta quarante-cinq au cours de la période 1801-1806[33].

Un hobereau moscovite proche des futurs décembristes, Alexandre Tourguéniev, écrivit dans son journal, en décembre 1806 : « J'ai sans cesse l'impression que Bonaparte viendra en Russie ; je m'imagine les sans-culottes galopant et courant par les longues rues de Moscou[34]... » Fédor Rostoptchine rapporta quant à lui à Alexandre Ier des rumeurs incessantes, et jusqu'à des proclamations vantant la liberté que Bonaparte se préparerait à introduire en Russie.

On était cependant encore loin d'une insurrection paysanne généralisée en Russie. En revanche, une telle insurrection était tout à fait probable sur le territoire de l'ancienne Rzeczpospolita attribué à la couronne de Russie. Dans les provinces occidentales, l'agitation était à son comble. Le gouvernement n'imaginait même pas y rassembler une milice populaire, parce que celle-ci aurait pu retourner ses armes contre son camp. Les gens y guettaient avec avidité les nouvelles des victoires de Napoléon, et toute la Lituanie fut bientôt en effervescence. « La jeunesse de Lituanie quittait la région de toutes les façons possibles, s'acheminant vers l'ouest pour s'engager dans l'armée polonaise en formation », écrit un spécialiste de la Lituanie de cette époque, Dariusz Nawrot. « Environ 12 000 jeunes gens venus de Lituanie et de Volhynie se retrouvèrent vraisemblablement dans les rangs des nouvelles formations militaires[35]. »

Plusieurs représentants des plus grandes familles de la noblesse de Lituanie s'étaient rendus à l'état-major général de Napoléon pour convaincre l'empereur d'entrer sur le territoire de la Rzeczpospolita occupé par les Russes, et d'y déclencher une insurrection armée. Parmi ceux-ci, le rôle le plus éminent était dévolu au jeune prince Alexandre Sapieha qui, pendant la campagne de 1807, avait combattu dans les rangs de la 3e légion du général Dombrowski. Il voyait en Napoléon un homme instaurant un nouvel ordre mondial dans lequel la restauration de la grande Rzeczpospolita jouerait un rôle important. Celle-ci devait, selon le prince, devenir l'axe d'un rassemblement des peuples slaves. En février 1807, Sapieha présenta un plan d'insurrection armée en Podolie, Volhynie et Ukraine. D'autres officiers polonais remirent des plans semblables à l'empereur[36].

Le prince Michel Oginski, par ailleurs auteur de la célèbre polonaise *Adieu à la patrie*, qui avait participé à l'insurrection de Kosciuszko mais qui était, à l'époque que nous évoquons, un partisan du tsar Alexandre et de la politique pro-russe, écrivit : « On ne doit pas le dissimuler : lorsque Napoléon débuta la campagne de 1806, un grand mouvement de curiosité et d'intérêt se manifesta en Lituanie et dans toutes les provinces polonaises soumises à la Russie. On lisait avidement les adresses de Napoléon aux Polonais, les proclamations de Dombrowski et de Wybicki distribuées à Varsovie, et les lettres qui pouvaient parvenir avec des données laissant espérer un rétablissement futur de la Pologne[37]. »

Mme de Choiseul-Gouffier (née Sofia Tiesenhausen, représentante d'une noble famille lituanienne) évoqua la sympathie qu'avaient fait naître dans la population de Wilno les prisonniers français : « Des marchandes de pommes, de craquelins, dans les rues, ne voulaient pas recevoir l'argent des soldats français ; des cochers descendaient de leur siège pour leur donner celui qu'ils avaient sur eux. [...] Dans la vaste maison où logeait mon père, il y avait une trentaine d'officiers enfermés. Mon père leur envoya tous les jours, jusqu'à leur départ, deux repas *à la française*, et servis sur vaisselle plate. [...] Le jour fixé pour le départ des prisonniers, il y eut chez nous comme une foire de vêtements, de linge, de toutes sortes d'effets envoyés de toutes parts pour les Français qui en firent, je crois, une loterie. La cour, fort grande, était remplie de monde et de larges traîneaux fournis *gratis* aux prisonniers par les voituriers de Wilno qui les conduisirent à plusieurs lieues de distance. Mon père alla recevoir les adieux et remerciements des officiers, et leur glissa, inaperçu, un sac d'argent assez lourd. Il avait eu la sage précaution d'envoyer aussi de l'argent à l'hospice russe. Ce qui n'empêcha pas le gouverneur général, M. Korsakoff, très brave homme d'ailleurs, de reprocher à mon père l'*esclandre* qui avait eu lieu chez lui, et de le menacer de l'envoyer en Sibérie[38]. »

Le témoignage d'un officier français prisonnier confirme presque mot pour mot les propos de Sophie Tiesenhausen : « Le zèle pour le rétablissement de la Pologne se montrait aussi vif en Lituanie que dans le duché de Posen, écrivit cet officier de l'état-major du maréchal Ney, fait prisonnier au printemps 1807. On accueillait à Wilno les prisonniers français comme des frères. On vit des gens du peuple les embrasser en pleurant, leur porter à boire dans leurs rangs ; on vit un cocher descendre de son siège et leur donner tout l'argent qu'il possédait. Ces démonstrations inquiétaient le gouvernement[39]... »

Enfin, un fonctionnaire russe rapporta de Wilno que, « dans les casinos ou les clubs, on buvait à la santé de Napoléon, on exprimait diverses opinions interdites sur l'héritier du trône russe, et la majorité d'entre elles avaient trait de façon malveillante au gouvernement russe[40] ». La noblesse lituanienne dissimulait également « des réserves de blé afin de les préserver pour l'arrivée attendue des Français… Dans la seule Wilno, il en avait été caché dans les monastères jusqu'à 80 000 tchetverts[*41] ».

À peine les opérations militaires eurent-elles commencé, à l'été, que, le 17 juin, les troupes polonaises commandées par le général Zajączek marchèrent sur Grodno. À sa suite venait en renfort Dombrowski avec sa division. « Quelques jours encore et notre destin, ainsi que le destin de toute l'Europe, aurait été tout autre[42] », écrivit Feliks Potocki[**].

Pour les élites russes, il eût été très hasardeux de poursuivre la guerre avec un risque de troubles sociaux et d'insurrection polonaise. Dans une note datée du 11 (23) novembre 1806, d'un ton exceptionnellement passionnel pour un document officiel, Novosiltsev, Stroganov et Czartoryski écrivirent à Alexandre que l'on pouvait s'attendre à une restauration de la Pologne par Napoléon et à une insurrection dans les provinces échues à la Russie à la suite des partages[43].

Enfin, le comportement égoïste des Anglais parvint à mettre hors de lui l'homme froid et calculateur qu'était Alexandre.

En dépit des promesses d'un généreux financement des opérations militaires contre Napoléon, les Anglais ne débloquèrent que la maigre somme de 50 000 livres pour l'entretien des troupes russes. En fait d'aide aux forces navales, « les navires militaires britanniques arraisonnèrent à plusieurs reprises les vaisseaux russes, déjà peu nombreux, appartenant pour la plupart à des maisons de commerce d'Arkhangelsk et des provinces baltiques de la Russie[44] ». Enfin, sur terre, l'aide britannique se révéla également illusoire. Il était initialement prévu de débarquer 30 000 hommes dans le nord de l'Allemagne, mais il apparut bientôt que le corps expéditionnaire ne pouvait dépasser les 20 000 hommes, puis on apprit que l'on ne pouvait finalement compter sur plus de 10 000 soldats anglais.

En outre, tout cela s'accompagnait, comme toujours avec le contingent britannique, d'atermoiements sans fin, de prolongations des délais, etc. En fin de compte, un détachement de 3 500 soldats – effectif dérisoire, vu l'ampleur des opérations de la guerre de 1807 – débarqua sur l'île de Rügen. Et encore, cette armée ne mit pied à terre qu'en juin, c'est-à-dire quand la guerre était en fait terminée !

---

* Tchetvert : ancienne mesure russe pour les grains et liquides (1 tchetvert = 209,91 litres).

** Feliks Potocki (1779-1811), un des fondateurs et des premiers officiers des troupes polonaises au service de Napoléon.

Il est intéressant de noter que, simultanément, les milieux dirigeants britanniques surent trouver des soldats et de l'argent pour tenter de s'emparer de l'Égypte. En mars 1807, un corps expéditionnaire anglais de 5 000 hommes débarqua à Alexandrie. Les exploits des gentlemen venus de la brumeuse Albion sur la terre des pharaons durèrent cependant fort peu. Le pacha d'Égypte, Mehmet Ali, sut organiser une digne riposte aux envahisseurs. Dès le mois d'avril de la même année, une partie du corps expéditionnaire fut exterminée, le reste étant fait prisonnier. Seuls de pitoyables débris du détachement britannique réussirent à rembarquer pour la Sicile.

Bien entendu, le débarquement anglais en Égypte avait été réalisé avec un minimum de forces, mais l'armée russe n'avait pas même reçu un tel soutien !

Il n'est pas étonnant que le jeune tsar ait été pris de fureur en voyant cette « aide » du gouvernement anglais…

Napoléon n'était pas non plus enthousiaste à la perspective de continuer la lutte. Son armée, en dépit des victoires, était éloignée de ses sources de complètement. On pouvait supposer que, en cas de poursuite de la guerre, il faudrait à nouveau se heurter au problème du climat et à celui de l'immensité du territoire. Dans l'ensemble, la guerre de libération de la Pologne n'était pas, pour user d'une litote, très populaire parmi les soldats et les officiers français. Une terre pauvre, qui contrastait si violemment avec la Lombardie, la Bavière et la Saxe, si riches. Un climat rude, et un ennemi qui ne l'était pas moins. Certes, les soldats exécutaient les ordres de l'empereur, ils étaient prêts à se jeter au feu pour lui. Mais en Pologne, pendant la campagne de l'hiver 1806-1807, ils juraient et maudissaient le monde entier en permanence. C'est alors que naquit leur célèbre surnom de « grognards ». On dirait plus tard, il est vrai : « Ils grognaient, mais ils le suivaient toujours. »

Par conséquent, l'aspiration à la paix était naturelle dans les deux camps. Pour ce qui concerne Napoléon, il lui semblait que son rêve de construction d'une alliance russo-française était près de se réaliser. Ce n'est qu'ainsi que l'on peut expliquer les actions entreprises par Napoléon le 18 juin 1807. Ce jour-là, les avant-gardes françaises, poursuivant l'armée russe en retraite, s'approchaient de Tilsit où le Niémen, large et profond à cet endroit, barrait la route. Les troupes russes se retrouvèrent acculées au fleuve. Les forces principales de l'armée eurent le temps de traverser, mais un nombre encore important de soldats demeuraient sur la rive gauche. Afin de couvrir leur retraite, le général Bagration déploya son arrière-garde en formation de combat. Il faut dire que sa situation était catastrophique. Si les Français lançaient toutes leurs forces, les Russes n'auraient aucune chance d'échapper. On ne pouvait franchir le profond Niémen, aux eaux abondantes, qui dans la région de Tilsit atteint une largeur de 250 mètres, que sur un étroit pont de bois. Ainsi, une grande partie du détachement de 10 000 hommes de Bagration était acculée à périr ou à rendre les armes. Au moment où les troupes françaises étaient prêtes à l'attaque décisive apparut un parlementaire russe escorté d'un trompette[*].

Le maréchal Murat, qui commandait l'avant-garde, reçut immédiatement l'officier russe et ordonna d'en faire rapport à l'empereur. Les ordres de Napoléon furent clairs : ne pas engager le combat et permettre aux Russes de traverser le Niémen. Le rapport de Murat, rédigé à 15 h 30 ce jour-là, précise : « D'après les ordres de Votre Majesté [...] j'ai dû m'arrêter au village de Schillupisken après avoir vigoureusement poussé devant moi au moins dix mille hommes de cavalerie... Toute l'armée ennemie sera vraisemblablement ce soir derrière le Niémen[45]. »

Le général Bro, alors capitaine du 7e régiment de hussards, se souvint : « Cette troupe [les cosaques] passa la porte d'Elbing, et mes premiers cavaliers se trouvèrent à la queue des derniers chevaux russes. Pour ne pas les inquiéter, car mes hussards bouillaient du désir d'en venir aux mains, je fis arrêter[46]. »

L'avant-garde française regarda ensuite tranquillement les cosaques incendier le pont après que le dernier soldat russe fut passé sur la rive est du fleuve. Enfin, les troupes napoléoniennes ne firent aucune tentative pour préparer un franchissement du Niémen, ni à Tilsit ni aux environs. C'était là une bien étrange poursuite !

Tout cela est absolument incompréhensible d'un point de vue strictement militaire, mais fort clair si l'on retient que Napoléon considérait l'alliance avec la Russie comme une priorité.

Le lendemain, le tsar envoya le prince Lobanov-Rostovski chez le chef d'état-major de la Grande Armée, le maréchal Berthier, cette fois en son nom propre. Le 21 juin, vers 18 heures, le prince revint à l'état-major français, où fut signé l'armistice. Le soir, Lobanov-Rostovski dînait avec Napoléon et portait avec lui un toast à la santé d'Alexandre.

Une rencontre entre les deux empereurs fut fixée au 25 juin. Elle devait avoir lieu sur un radeau spécialement installé à cet effet par les sapeurs français au milieu du Niémen. On y avait construit un pavillon destiné à l'entrevue des souverains. Ce bâtiment revêtait la forme d'une maisonnette. Il possédait deux entrées, l'une pour

---

[*] De nombreux ouvrages d'histoire disent que le premier parlementaire fut envoyé le 19 juin. Il résulte du rapport de Murat cité ci-dessous, et d'autres documents encore, que cela eut bien lieu le 18 juin. L'échange de parlementaires se poursuivit d'ailleurs le lendemain.

Napoléon, orientée vers la rive gauche, occidentale, du fleuve, l'autre pour Alexandre, orientée vers la rive droite, orientale. Les soldats français s'étaient efforcés de décorer l'intérieur de ce petit chalet comme une pièce élégante dotée de deux fenêtres et de miroirs. Au milieu étaient disposés une table et deux fauteuils. À côté, sur le radeau, se dressait une autre maisonnette, plus modeste, pour les suites.

Après de longues journées de pluie, le temps était exceptionnellement beau et ensoleillé. Toute la rive escarpée, « française », était couverte de milliers de soldats et d'officiers en grande tenue, attendant avec impatience cet événement historique. Du côté opposé, on ne voyait que deux petits détachements de cavalerie et, plus loin, une plaine déserte. Le jeune tsar se préparait à la rencontre avec son ennemi dans une riche maison paysanne, presque au bord du fleuve. Pour cette occasion solennelle, il avait revêtu la grande tenue du régiment Préobrajenski, vert foncé, quasi noir, selon le goût de l'époque, avec un col et des parements écarlates. Cet habit strict, sombre, ajusté, soulignait encore l'élégance et la sveltesse de ce monarque de trente ans. Alexandre portait une culotte de peau moulante et des bottes courtes. Ses cheveux, selon la mode du temps, étaient légèrement poudrés.

Alexandre Ier était assis à une table et attendait avec un calme apparent ; autour de lui se tenaient plusieurs généraux et dignitaires, eux aussi en uniforme d'apparat. Une demi-heure environ s'écoula dans un silence tendu. Soudain, un aide de camp fit irruption dans la pièce et s'écria : « Il arrive, Votre Majesté ! »

« Nous fûmes tous parcourus par un courant électrique, se souvint Denis Davydov. Sa Majesté se leva de son siège avec calme et sans hâte, prit son chapeau, ses gants, et quitta la pièce avec un visage tranquille, d'un pas habituel. Nous nous précipitâmes au-dehors par toutes les ouvertures, courûmes vers la rive et vîmes Napoléon galopant à bride abattue entre deux rangées de sa Vieille Garde. Le bruit des saluts et des vivats enthousiastes retentissait autour de lui et nous assourdissait, et pourtant nous nous tenions sur la rive opposée. Son escorte et sa suite étaient constituées d'au moins quatre cents cavaliers[47]. »

Les deux empereurs, accompagnés chacun de cinq personnes, montèrent en même temps dans les barques qu'on leur avait préparées, et les rameurs empoignèrent leurs rames. Mais le courant du Niémen est fort, il n'était pas si facile de ramer. Dans la barque de Napoléon, les rameurs étaient des marins de la Garde. Il n'est donc pas étonnant que l'empereur français se soit retrouvé sur le radeau avant Alexandre ; il gagna d'un pas rapide l'autre côté de l'édifice flottant et aida aimablement le jeune tsar à y monter.

Les deux empereurs, obéissant à une sorte d'impulsion intérieure, sans s'en être mis d'accord, se donnèrent l'accolade. « Sire, je déteste les Anglais autant que vous ! » s'exclama Alexandre. « Dans ce cas, la paix est faite ! » répondit Napoléon en souriant.

Ce fut là le peu de paroles qu'entendirent les témoins de cette scène ; ensuite, les empereurs entrèrent dans leur pavillon, et les suites dans le leur. La rencontre de Napoléon et d'Alexandre dura environ une heure et l'on ne peut que deviner de quoi ils parlèrent, mais, d'une façon ou d'une autre, c'était l'amorce de la paix et de l'alliance franco-russe.

Le lendemain eut lieu une nouvelle rencontre sur le radeau, cette fois en présence du roi de Prusse. Napoléon réprimait à grand-peine son aversion envers ce dernier.

Ce même soir, Alexandre traversa le fleuve à l'invitation de l'empereur des Français. Il fut accueilli avec toute la pompe possible. On prépara pour lui un cheval arabe richement harnaché et il passa en revue des rangs de soldats de la Garde présentant les armes. La Garde impériale en grand uniforme d'apparat, alignée sur la rive et dans les rues de Tilsit, resplendissait d'un éclat martial. Les drapeaux tricolores couronnés d'aigles de bronze s'inclinèrent devant le jeune tsar, soixante salves de canon retentirent en son honneur. Les empereurs, entourés d'une suite brillante, traversèrent la ville au milieu des meilleurs régiments de l'armée napoléonienne. Alexandre, excellent cavalier, se tenait impeccablement en selle et répondait aux salutations avec un sourire aimable, saluant gracieusement de l'épée les bataillons figés au garde-à-vous.

Lorsque les deux empereurs approchèrent de l'hôtel particulier destiné à Alexandre, Napoléon déclara : « Vous êtes chez vous ! » Mais Alexandre, manifestant son enthousiasme face à la Garde française, passa encore un moment en revue les régiments alignés tout au long de la rue.

Le lendemain, Napoléon permit au tsar de jouir à satiété des fastes militaires en organisant une immense revue de la Garde dans la plaine s'étendant devant Tilsit.

L'officier de la Garde impériale Boulart, qui observait le cortège des empereurs se rendant à la manœuvre, écrivit : « Quelle réunion magnifique que celle de tant de souverains, de princes, de généraux, naguère ennemis acharnés, aujourd'hui sinon amis, du moins prêts à le devenir et, en attendant, remplis d'égards, de bons procédés et d'urbanité les uns pour les autres, et ayant les dehors de la bonne harmonie ! Que l'Empereur alors était grand ! Qu'il devait être fier et heureux ! Pour moi, je n'oublierai jamais l'impression profonde que j'éprouvai en voyant passer sous mes fenêtres un cortège si nouveau, si parlant, si plein de grandes et terribles leçons[48]... »

Pour la commodité des pourparlers, Tilsit fut déclaré ville neutre. Une partie en était occupée par Alexandre avec sa suite et un bataillon de la Garde impériale russe, et l'autre par Napoléon avec sa suite et un bataillon de la Garde impériale française. Afin de montrer à quel point les deux parties se respectaient, Napoléon ordonna que le lendemain, dans sa Garde, le mot d'ordre et le mot de ralliement soient : « Alexandre, Russie, Grandeur », tandis que dans la Garde impériale russe, c'étaient respectivement : « Napoléon, France, Bravoure ».

Réceptions solennelles et parades se succédaient. Comme seuls des militaires triés sur le volet avaient accès à la ville, beaucoup d'officiers russes revêtaient une tenue civile pour pouvoir regarder Napoléon, et les rues de Tilsit étaient animées en permanence.

Au soir du 30 juin, la garde française impériale organisa un banquet grandiose auquel furent conviés les soldats de la Garde russe des régiments Préobrajenski, Sémionovski et Izmaïlovski. Dans une plaine située non loin de la ville, des tables furent disposées en un immense carré au centre duquel un orchestre jouait de joyeuses marches. Les tables croulaient sous les mets : bœuf, porc, mouton, oies et poulets grillés, le schnaps et la bière coulaient à flots. Soldats russes et français étaient assis en alternance. Le banquet battait son plein lorsque les empereurs en personne se mêlèrent aux hommes de troupe. Napoléon, observant avec plaisir ces agapes, déclara à ses gardes : « Grenadiers, ce que vous avez fait est magnifique ! » On peut imaginer les toasts et les cris d'enthousiasme qui accueillirent l'apparition des monarques des deux plus puissants empires du monde ! Mais les réjouissances se firent encore plus gaies après le départ des souverains. Les soldats des deux armées fraternisèrent et, finalement, ayant échangé leurs uniformes, arpentèrent la ville aux cris de « Vive les empereurs ! » en russe et en français...

Si nous nous sommes arrêté en détail sur des épisodes qui paraissent de peu d'importance lors de cette rencontre de Tilsit, ce n'est que pour montrer à quel point la guerre entre la Russie et la France était absurde, et les oppositions minimes, en 1805-1807. À peine les canons s'étaient-ils tus que soldats et officiers des deux camps s'étaient assis à une même table et s'étaient réjouis franchement, de tout leur cœur, de leur rencontre, comme de vieux amis. Impossible d'imaginer une telle scène dans une guerre entre des armées que divise une haine à caractère national, idéologique ou religieux.

Cette atmosphère agit sans nul doute sur le cours des pourparlers. L'historien Albert Vandal les a brillamment qualifiés : « Les Français ont tenu un langage singulièrement engageant, affectant de traiter la

Russie moins en ennemie vaincue qu'en amie égarée qu'il s'agit de ramener dans sa véritable voie[49]. »

Il serait long et inutile de décrire toutes les péripéties des pourparlers, d'autant que le plus intéressant est demeuré en coulisses et sans témoins. Nous souhaiterions cependant noter le fait suivant : l'opinion a longtemps prévalu dans la littérature historique française que les deux empereurs étaient tombés sous le charme l'un de l'autre et se trouvaient, en un certain sens, sous une influence mutuelle. Les faits montrent le contraire. Si Napoléon avait été effectivement, dans une certaine mesure, séduit par le « sourire radieux » d'Alexandre, le jeune tsar ne fut en aucune façon influencé par le grand Corse, même si, extérieurement, tel un acteur habile, il faisait preuve d'enthousiasme. Il écrivit de Tilsit, le 17 (29) juin 1807, à sa sœur préférée, Catherine : « Dieu nous a sauvés : au lieu de sacrifices, nous sortons de la lutte avec une sorte de lustre. Mais que dites-vous de tous ces événements ? Moi, passer mes journées avec Bonaparte, être des heures entières en tête-à-tête avec lui[50]... ! »

Non, ce n'était pas un songe, et le jeune monarque russe gardait la tête froide. Il écrivit sans ambages un peu plus tard à la même Catherine, à laquelle il confiait ses pensées les plus secrètes : « Bonaparte prétend que je ne suis qu'un sot. Rira bien qui rira le dernier ! Quant à moi, je place tout mon espoir en Dieu[51]. »

En ce qui concerne Napoléon, il relatait non sans une certaine naïveté, le même jour, dans une lettre à sa femme : « Mon amie, je viens de voir l'empereur Alexandre ; j'ai été fort content de lui ; c'est un fort beau et bon jeune empereur ; il a de l'esprit plus que l'on ne pense communément[52]. »

Un chercheur soviétique réputé, spécialisé dans les relations russofrançaises à cette époque, Vladlen Sirotkine, écrivit qu'il n'y eut aucune séduction mutuelle entre les deux empereurs, mais seulement du marchandage.

Il aurait été plutôt surprenant que les dirigeants de deux grandes puissances se laissent guider exclusivement dans leurs actions par une sympathie personnelle et aient consenti « par amitié » à des concessions mutuelles sur des questions politiques essentielles. Il était on ne peut plus naturel que chacun d'eux s'efforce d'obtenir un maximum d'avantages lors de ces pourparlers. De ce point de vue, tous deux étaient des hommes tout à faits normaux et sains d'esprit, même si Napoléon fut à maints égards charmé par le jeune tsar.

Le plus important était de savoir au nom de quoi se menait le marchandage, au nom de quoi Napoléon, Alexandre et leurs collaborateurs entreprenaient des manœuvres diplomatiques, louvoyaient, tentaient de temps à autre de brouiller les cartes.

L'objectif de Napoléon était de conclure une alliance permanente avec la Russie ; de la part d'Alexandre, ce n'était qu'une tentative d'obtenir une paix temporaire ou, comme il était à la mode de dire dans l'historiographie soviétique, « une trêve pour reprendre souffle », afin de retomber ensuite avec des forces nouvelles et des alliés nouveaux sur celui qu'il considérait comme son ennemi personnel.

La conduite de Napoléon au cours de la poursuite de l'armée russe qui avait suivi la bataille de Friedland montre mieux que tout à quel point il souhaitait non seulement la paix, mais, précisément, une alliance avec la Russie. De même qu'après Austerlitz il avait laissé sciemment, peut-on-dire, s'échapper un ennemi vaincu.

Si l'empereur des Français s'était fixé d'une façon ou d'une autre pour but d'écraser l'Empire russe, s'il avait perçu, dans une perspective à long terme, un nouveau conflit avec les Russes, et, comme il était dit dans l'anathème, s'il « s'efforçait, par une illusion diabolique, d'entraîner les orthodoxes dans la tentation et le trépas », on n'aurait pu imaginer meilleur moment que juin 1807.

Le maréchal Ney exposa dans son rapport du 20 juin 1807 daté d'Insterburg : « Chaque jour apporte de nouvelles preuves de l'affreuse déroute où il [l'ennemi] se trouve. Des personnes qui connaissent bien la Russie assurent que le malheur qu'elle vient d'éprouver s'ébruitent jusque dans ses fondements et la confusion doit y être telle qu'un détachement de l'armée française pourrait pénétrer sans obstacles jusqu'à Saint-Pétersbourg[53]. »

Rappelons-nous les gentilshommes de l'ancienne Rzeczpospolita, à présent sujets du tsar de Russie, se préparant à prendre les armes. Napoléon n'avait nul besoin de marcher sur Pétersbourg ni sur le Kamtchatka pour porter en 1807 un coup fatal à l'empire d'Alexandre Ier. Il aurait suffi à l'empereur des Français de proclamer : « La Pologne existe ! »

« Ah ! s'exclama Sophie Tiesenhausen, si Napoléon, au lieu de faire la paix à Tilsit, eût marché droit sur la Lituanie lorsque l'armée russe était affaiblie, […] que toutes les têtes étaient montées par la création du duché de Varsovie, que tous les cœurs bouillaient de patriotisme, Napoléon n'aurait eu besoin que de paraître pour soulever, comme il disait, l'arrière-ban[54]. »

Mais l'empereur des Français ne se préoccupait pas de la renaissance de la Rzeczpospolita, il ne souhaitait pas humilier la Russie. Au contraire, à l'époque que nous évoquons, il s'efforça à maintes reprises de montrer de toutes les façons son respect aux troupes, aux généraux, aux officiers et aux soldats russes…

Il va de soi que Napoléon ne faisait pas cela en raison d'un amour particulier pour le peuple russe : il était tout simplement persuadé que, selon les lois de la logique et de la géographie, la Russie et la

France étaient destinées non seulement à vivre en paix, mais même à s'allier. Il avait battu les Russes à Friedland, mais une bataille générale était, selon les coutumes de cette époque au sein des armées professionnelles, une affaire naturelle entre soldats, qui ne laissait pas de traces sur les relations ultérieures entre les peuples. En revanche, il évitait d'autres événements qui, comme le « sac de Praga », pouvaient pour des décennies, et même des siècles, détériorer les relations entre les nations. À la gloire douteuse de l'extermination d'une division n'ayant pas eu le temps de passer sur l'autre rive du Niémen, il préférait la perspective d'une alliance franche – alliance non seulement géopolitique, mais aussi affective. Napoléon espérait, non sans quelque naïveté peut-être, que ses gestes généreux seraient appréciés.

Stendhal, contemporain et témoin de ces événements, a analysé d'une façon extraordinairement lucide ce qui s'était passé : « Napoléon laissa le Nord avec la pleine conviction qu'il s'était fait un ami de l'empereur Alexandre, ce qui était passablement absurde ; mais c'est une belle faute : elle est d'un génie qui confond bien ses calomniateurs[55]. »

Ainsi, Napoléon se fixa pour tâche d'orienter les pourparlers vers une alliance avec la Russie. Alexandre aurait préféré conclure simplement la paix, mais le prix à payer pour une paix honorable était l'alliance.

La question qui suscita les discussions les plus serrées fut celle de la Prusse. Napoléon souhaitait châtier sévèrement ce pays, et c'était d'autant moins difficile qu'une grande partie des possessions prussiennes étaient constituées de terres arrachées peu auparavant à ses voisins. Il suffisait de rendre à ceux-ci ce qu'ils avaient perdu, et la Prusse disparaîtrait pratiquement de la carte d'Europe. Alexandre employa toutes ses forces à défendre moins la Prusse que le couple royal prussien, ou plus exactement encore la délicieuse reine Louise. Ainsi la beauté de celle-ci se retrouva-t-elle également au cœur du jeu diplomatique.

Le 6 juillet 1806, la charmante reine arriva à Tilsit où, à la suite des demandes instantes d'Alexandre, s'était déjà installé le roi de Prusse. Le carrosse de Louise s'arrêta près de la modeste maison occupée par son époux, et elle eut à peine le temps de monter dans sa chambre au premier étage que du bruit retentit dans la rue. C'était Napoléon qui arrivait à la tête d'une immense suite. Il poussa résolument la porte et grimpa l'escalier en coup de vent.

Comme s'en souvint plus tard l'empereur, la reine l'accueillit avec des prières pathétiques, dignes d'une prestation de la Duchesnois* dans

---

* Catherine Joséphine Rafin, dite la Duchesnois (1777-1835), tragédienne célèbre de l'époque (N.d.T.).

le rôle de Chimène. Napoléon tenta en vain de dévier la conversation vers des thèmes plus prosaïques. Louise s'exclamait sans se calmer : « Sire, mais vous allez nous laisser Magdebourg et la Westphalie !? » – Madame, je serais évidemment très heureux… », prononça avec hésitation l'empereur, avant de reprendre ses esprits et d'ajouter sur un tout autre ton : « Vous avez une robe merveilleuse. Dites-moi, est-ce du crêpe ou de la gaze d'Italie ? Où vous l'a-t-on faite ? »

Le charme de la reine de Prusse joua en définitive un rôle insignifiant dans les pourparlers, et l'intercession sans équivoque d'Alexandre eut bien plus d'importance.

Dans l'accord de paix signé le 7 juillet, l'article concernant la Prusse proclamait : « S. M. l'empereur Napoléon, par égard pour S. M. l'empereur de toutes les Russies [!], et voulant donner une preuve du désir sincère qu'il a d'unir les deux nations par les liens d'une confiance et d'une amitié inaltérables, consent à restituer à S. M. le roi de Prusse, allié de S. M. l'empereur de toutes les Russies, tous les pays, villes et territoires conquis et dénommés ci-après[56]. » Étaient ensuite énumérées les terres que conservait la Prusse et, en d'autres alinéas, celles que le royaume perdait.

Les pertes territoriales de la Prusse étaient énormes. Sur ses 10 millions de sujets, le roi de Prusse en perdait 5. Les terres occidentales perdues par la Prusse furent à l'origine de la formation du royaume de Westphalie dont le jeune frère de Napoléon, Jérôme, fut déclaré roi. Et à partir des anciens territoires polonais dont s'étaient emparés les Prussiens lors des deuxième et troisième partages de la Rzeczpospolita fut créé le duché de Varsovie. Ce nouvel État avait un territoire de 103 000 kilomètres carrés et une population de 2,6 millions d'habitants. Officiellement, le duché était placé sous la dépendance du royaume de Saxe.

La Russie ne subit aucune perte territoriale. Bien plus, elle s'accrut d'une petite acquisition, le district de Bialystok. Ce territoire avait d'ailleurs été prélevé sur les possessions de l'ancien allié, la Prusse.

La Russie renonçait par ailleurs à des positions en Méditerranée. Les troupes russes devaient quitter les îles Ioniennes et les bouches de Kotor. Ces terres revenaient à la France. Enfin, la Russie s'engageait à retirer ses troupes de Moldavie et de Valachie (une partie du territoire de la Roumanie actuelle), occupées au cours de l'offensive de 1806.

Cette paix était évidemment avantageuse pour la France, ce qui est tout à fait compréhensible, puisqu'elle avait été conclue par Napoléon à l'issue d'une guerre victorieuse. La Russie ne perdait pourtant rien, à l'exception de bases militaires outre-mer qui disposaient d'un statut précaire, et elle gagnait même des territoires.

Lénine qualifia naguère la paix de Tilsit d'« obscène » (!). Il faut dire que le « leader du prolétariat mondial » fit de toute évidence cette déclaration dans l'ardeur d'une discussion politique, sans se

L'Europe en 1807 (après la paix de Tilsit)

préoccuper de la vérité historique. Il est triste que de nombreux historiens russes aient fait leur, sans réfléchir, ce qualificatif. La guerre de 1807 fut effectivement, pour user d'un euphémisme, manquée pour la Russie, mais il s'agit là de la guerre, aucunement de la paix. La paix, elle, fut sans nul doute un succès diplomatique, car après une lourde défaite la Russie parvint non seulement à ne rien perdre, mais même à faire des acquisitions.

Mais c'est dans le traité d'alliance que les talents diplomatiques du jeune tsar se manifestèrent tout particulièrement. Rappelons que, pour Napoléon, l'interruption d'une campagne victorieuse et la signature de la paix n'avaient de sens que dans le cas de la conclusion d'une alliance avec la Russie. L'empereur était persuadé que, une fois les deux grandes puissances unies dans un même élan, la question centrale de sa politique étrangère – la victoire sur l'Angleterre – serait résolue avec succès.

À la différence du traité de paix qui comprenait trente-sept articles, dont sept secrets, le traité d'alliance était, pour user d'une litote, laconique (neuf articles seulement). Mais le fait le plus saillant est qu'il était aussi nébuleux que bref. Le jeune tsar avait à l'évidence battu son partenaire dans le jeu diplomatique. Il ne voulait assumer aucune obligation et il n'en figurait pratiquement aucune dans ce traité.

Ainsi, l'article premier proclamait que les deux empereurs « s'engagent à faire cause commune, soit par terre, soit par mer, soit enfin par terre et mer, dans toute guerre que la Russie ou la France serait dans la nécessité d'entreprendre ou de soutenir contre toute puissance européenne[57] ». Cependant, l'article 2 expliquait que chaque cas réclamait la conclusion d'une convention particulière qui définirait comment et avec quelles forces l'allié devrait aider son partenaire. On peut s'imaginer que, vu les distances, la lenteur des communications et le flou des formulations initiales, on pouvait, si on le voulait, réduire à rien toute coopération dans un conflit armé. Ce fut d'ailleurs le cas, et aucune convention militaire ne fut jamais conclue.

La Russie s'engageait à servir d'intermédiaire dans les pourparlers entre la France et l'Angleterre, et, si cette dernière ne souhaitait pas conclure la paix aux conditions indiquées dans le traité, à rappeler son ambassadeur à Londres et à déclarer la guerre à l'Angleterre. Dans ce cas, la Russie, ce qui est tout à fait naturel, devait se rallier au blocus continental. Mais il n'était rien dit dans le traité des navires des puissances neutres, ce qui allait provoquer par la suite de vives tensions.

Au sujet du blocus continental, il faut noter que l'article 5 du traité d'alliance prévoyait également que la Russie et la France exigeraient la fermeture des ports du Danemark, de la Suède et du Portugal aux navires anglais. « Celle des trois cours qui s'y refusera sera traitée comme ennemie. »

La France s'engageait à servir d'intermédiaire dans les pourparlers entre la Russie et l'Empire ottoman, et à utiliser son influence pour que les Turcs acceptent dans un délai de trois mois les conditions russes. S'il arrivait que « les négociations [...] n'eussent pas conduit à un résultat satisfaisant, la France fera cause commune avec la Russie [...] pour soustraire toutes les provinces de l'Empire ottoman en Europe, la ville de Constantinople et la province de Roumélie exceptées, au joug et aux vexations des Turcs[58] ».

Il est évident que Napoléon, sur cette question, était sincère. Il savait bien entendu que l'Empire ottoman était un allié naturel de longue date de la France. Mais la lutte contre les Habsbourg, qui constituait naguère le fondement de la politique française, était déjà passée depuis longtemps au troisième plan, et par conséquent l'alliance turque avait également perdu de son importance.

L'empereur était disposé à appliquer ce qui figurait dans le traité, d'autant plus qu'il y était clairement indiqué que les Turcs garderaient Constantinople et la Roumélie. Napoléon considérait logiquement qu'entre les sphères d'influence de l'Empire russe et de l'Empire français, il devait se trouver un espace neutre qui empêcherait les deux superpuissances de se heurter à cause des différends qui apparaissent immanquablement entre États limitrophes. « Cet empire, quelque délabré qu'il parût, devait demeurer notre point de séparation à tous deux : c'était le marais qui empêchait de tourner ma droite[59]. »

En outre, l'attitude personnelle de Napoléon vis-à-vis de la présence turque sur le continent européen était extrêmement négative. Dans une lettre du ministre des Affaires étrangères datée de mars 1808, on peut lire : « L'empereur n'aime pas les Turcs, il les trouve des barbares[60]. »

Il ne fait aucun doute que, si tous les points du traité de Tilsit avaient été totalement observés par Alexandre, la Russie et la France ne se seraient aucunement querellées à cause de l'extension de l'Empire russe jusqu'au Danube ! Il faut être un véritable jésuite pour considérer, même dans une certaine mesure, une telle attitude comme l'expression des desseins hostiles de Napoléon envers la Russie.

Certes, il parlementa avec Alexandre, et puis il ne souhaitait pas tellement soumettre un allié, fût-il d'aussi peu d'importance que la Turquie, à la volonté d'un récent adversaire..., mais il s'y résolut malgré tout au nom d'un objectif suprême : l'alliance russo-française.

De ce point de vue, l'attitude de l'empereur des Français à l'égard des Polonais est des plus caractéristiques. On dit fréquemment que Napoléon « a trompé les Polonais ». Le plus intéressant est que cette phrase se trouve sous la plume de ceux qui considèrent que le grand Corse avait planifié quasi depuis sa naissance la guerre contre la Russie. En réalité, un choix très délicat s'offrait à Napoléon : soit l'alliance russo-française, soit la Pologne. Il est clair que la restauration d'un État dont une énorme partie avait été attribuée à la Russie excluait toute possibilité d'alliance avec cette puissance. Il aurait fallu, pour ce faire, mener une guerre jusqu'à la victoire non seulement contre la Russie, mais aussi contre l'Autriche (la Prusse ne comptait pas, elle était déjà écrasée). Napoléon était le chef de l'État français et se préoccupait avant tout de son État. Il a répété à maintes reprises qu'il n'avait pas l'intention de verser le sang de ses sujets pour la restauration d'un État étranger, même anéanti de façon tout à fait inique et cruelle. L'empereur aimait à souligner qu'il était un politique pragmatique – ce qui était exact, mais sans doute pas totalement : en témoigne la création du duché de Varsovie.

On écrit parfois que Napoléon avait arraché la création de ce petit embryon de Pologne pour disposer d'une place d'armes en vue d'attaquer la Russie (!), qu'il souhaitait avoir un allié dans la guerre à venir contre le tsar, etc.

À cette époque, Napoléon n'imaginait pas, même vaguement, qu'il devrait bientôt faire la guerre à l'Empire russe. Il avait besoin d'une alliance, non d'une guerre. Il est clair qu'une Pologne, même toute petite, ne pouvait que gêner cette alliance. Le fait même de restaurer une partie minuscule d'un État naguère vaste ne pouvait que susciter l'agacement des élites russes (ce qui fut le cas). Pourquoi donc avoir créé cet État peuplé de 2,6 millions d'habitants, doté d'un modeste territoire, isolé de ses alliés potentiels, et voisin du colosse russe ?

Était-ce là une provocation ?

Napoléon n'était pas fou et n'avait pas l'intention de heurter un pays sur la participation duquel il comptait pour atteindre l'objectif principal de sa politique étrangère et, peut-on dire, de toute sa vie.

La création du duché de Varsovie ne s'insérait aucunement dans la ligne de la politique que l'empereur avait clairement tracée dans son adresse écrite à Alexandre le 4 juillet 1807 : « Les relations géographiques, dans la situation actuelle des choses, sont tout aussi favorables, tellement que, même en état de guerre, les deux puissances [la France et la Russie] ne savent où se rencontrer pour se battre. [...] La politique de l'empereur Napoléon [l'empereur parle de lui à la troisième personne] est que son influence immédiate ne dépasse pas l'Elbe ; et cette politique, il l'a adoptée parce que c'est la seule qui puisse se concilier avec le système d'amitié sincère et constant qu'il veut contracter avec le grand empire du Nord. Ainsi, les pays situés entre le Niémen et l'Elbe seront la barrière qui séparera les grands empires et amortira les coups d'épingle qui, entre les nations, précèdent les coups de canon[61]. »

L'auteur ne voit pas d'autre motif significatif de la création du duché de Varsovie que l'engagement moral de Napoléon envers les Polonais. Les soldats et officiers polonais s'étaient battus avec un courage indomptable dans les rangs de l'armée du jeune Bonaparte. Ils avaient versé leur sang en Italie, en Égypte et jusque dans la lointaine Saint-Domingue. À peine Napoléon avait-il mis le pied sur le territoire de la Rzeczpospolita que 30 000 Polonais avaient rejoint son armée, se battant à nouveau avec une admirable bravoure et mourant aux cris de « *Niech żyje cesarz** ! ».

En tant que soldat, uni par la fraternité des armes avec les soldats polonais, il était tenu de les récompenser, fût-ce en créant un État

---

* Vive l'empereur !

minuscule et, semblait-il, dérisoire. En tant que politique, cet État lui était absolument inutile et ne faisait que susciter des problèmes. Si Napoléon avait vraiment été un cynique dépourvu de principes et un politicard sans scrupules, il aurait dû oublier tout simplement les Polonais et leurs exploits, et faire comme si rien ne s'était passé...

Non, Napoléon n'a pas trompé les Polonais ; au contraire, il leur a donné tout ce qu'il lui était réellement possible de faire dans sa situation. « Napoléon est le seul souverain étranger, le seul grand Européen qui ait jamais fait du bien à la Pologne, écrivit le célèbre écrivain polonais Simon Askenazy. Il n'était pas tout-puissant ; il fit pour la Pologne le maximum de ce qu'il pouvait ou de ce qui lui paraissait possible[62]. »

Mais, en accomplissant cet acte noble, il avait placé une bombe à retardement sous le traité de Tilsit. La Pologne deviendrait une des causes principales, sinon la principale, de l'altération de l'alliance. Le moment viendra où Napoléon devra choisir entre la Russie et la Pologne...

Mais, en juillet 1807, nul ne pensait encore à cela. La rencontre de Tilsit s'achevait par les plus éclatantes manifestations d'amitié.

Comme on l'a déjà signalé, le 7 juillet 1807 furent signés les principaux documents russo-français et, le 9 juillet, le marathon diplomatique prit fin avec la signature du traité franco-prussien.

Cette journée-là deviendra un symbole. Ce fut la plus belle et la plus ensoleillée de toutes. À 10 heures du matin eut lieu l'échange des traités ratifiés, ainsi que des décorations « diplomatiques ». Napoléon décora de la grand-croix de la Légion d'honneur le tsar lui-même, le grand-duc Constantin, le ministre des Affaires étrangères, Budberg, le prince Kourakine et le prince Lobanov-Rostovski, qui avaient pris une part active aux pourparlers. De son côté, Alexandre fit son allié Napoléon chevalier de l'ordre de Saint-André, la plus haute décoration de Russie. Furent décorés de ce même ordre le ministre des Affaires étrangères, Talleyrand, le chef d'état-major général, Berthier, le maréchal Murat et le jeune frère de l'empereur, Jérôme.

À 11 heures, un bataillon du régiment Préobrajenski avec à sa tête le grand-duc Constantin se mit en ordre de bataille face à un bataillon du 1er régiment de chasseurs à pied de la Vieille Garde. Constantin, à cheval, avait orné sa poitrine du ruban écarlate de la grand-croix de la Légion d'honneur. Les accents solennels de la vieille marche russe *Kol'slaven* (S'il est glorieux) retentirent, auxquels les musiciens français de la Garde répondirent par la *Marche des cornets des chasseurs à pied de la Garde*.

Ensuite les deux empereurs arrivèrent à cheval, escortés de leurs suites. En tête Alexandre avec, tout comme son frère, la poitrine ceinte du ruban de la Légion d'honneur, puis Napoléon avec le ruban bleu de l'ordre de Saint-André et l'étoile de l'ordre.

Lorsque les deux monarques se retrouvèrent sur le front de la Garde russe, Napoléon demanda au tsar : « Votre Majesté me permettra-t-elle de remettre la Légion d'honneur à celui des soldats qui s'est le plus distingué dans cette guerre ? » Alexandre accepta évidemment. En ce qui concerne le colonel, il fut bien embarrassé pour choisir son meilleur soldat. Après s'être brièvement concerté avec ses officiers, il fit sortir du rang le grenadier du flanc droit Lazarev. Napoléon ôta sa croix de chevalier de la Légion d'honneur et l'épingla sur la poitrine du soldat russe en prononçant bien haut la phrase quelque peu théâtrale : « Souviens-toi qu'en ce jour ton souverain et moi sommes devenus amis. » En réponse, Alexandre ordonna plus tard de transmettre la « croix de Saint-Georges des soldats[*] » à Napoléon pour que celui-ci puisse en décorer le meilleur soldat de sa Garde.

Dans l'hôtel particulier où était installé Alexandre eut lieu le dîner d'adieux pour les empereurs et leurs suites, cependant que non loin était organisé un somptueux banquet pour les officiers des Gardes française et russe. Sans compter que les deux armées ne fêtaient pas seulement ce jour-là la conclusion d'une alliance, mais aussi l'anniversaire de la victoire de Pultawa[**].

Enfin, à 3 heures de l'après-midi, Napoléon accompagna Alexandre jusqu'au Niémen, où il monta avec sa suite à bord d'une barque pour passer sur la rive opposée. Les empereurs se firent leurs adieux comme s'ils étaient depuis longtemps les meilleurs amis du monde. Le rêve de Napoléon était réalisé : l'alliance russo-française semblait être devenue réalité.

---

[*] Le tsar ne put passer outre à certaines traditions de caste de la monarchie russe. Par son statut, l'ordre de chevalier de la Légion d'honneur était bien plus élevé que la croix de Saint-Georges des soldats, car cet ordre remis par Napoléon pouvait orner non seulement la poitrine d'un soldat, mais aussi celle d'un officier ou d'un haut dignitaire. La croix de Saint-Georges des soldats était, elle, destinée aux seuls « grades inférieurs ». Chevalier de la Légion d'honneur correspondait au quatrième rang de la croix de Saint-Georges.

[**] Victoire décisive de Pierre le Grand sur Charles XII de Suède dans la grande guerre du Nord (*N.d.T.*).

CHAPITRE IV

La Russie de Stockholm
à Constantinople

Paris accueillit dans la liesse la nouvelle de la paix de Tilsit. « La France était en délire et croyait jouir d'une paix qui serait suivie d'une longue série de bonheurs, écrivit Savary. Tout prospérait : finances, industrie, et en général tout ce qui touche à la félicité publique. [...] Des travaux publics étaient ouverts partout ; les différentes classes d'artisans avaient leurs métiers en activité... Grandes routes nouvelles, canaux et établissements publics, tout était entrepris à la fois et marchait avec un ordre admirable[1]. »

Un sentiment d'allégresse et d'essor emplissait le pays. La reine Hortense, épouse du frère de Napoléon, Louis, roi de Hollande, nota dans ses mémoires : « La paix glorieuse de Tilsit avait ramené le repos et le bonheur. Tous les vœux semblaient accomplis[2]. »

> Je te salue, ô Paix ! ô Paix ! céleste Paix !
> Chaque jour, le Peuple français
> Te demandait à la Victoire.
> Nous sommes rayonnants de gloire,
> Mais nous avions, hélas, besoin de tes bienfaits.
> Je te salue, ô Paix ! ô Paix ! céleste Paix !

Telles sont les paroles de la cantate exécutée à Lyon lors des célébrations de la paix de Tilsit. Bien des années après les événements évoqués ici, lorsqu'on demandera à Napoléon à quel moment de sa vie il fut le plus heureux, il répondit : « Peut-être à Tilsit. »

Et il ne s'agissait pas là seulement d'une fête des élites. « L'empereur Napoléon était retourné dans la capitale, où il fut reçu avec un enthousiasme qui tenait du fanatisme[3] », écrivit dans ses souvenirs Petiet, l'aide de camp du maréchal Soult, et Nicolas Marcel, alors sergent au 69e régiment de ligne, relata : « Les habitants de toutes les villes rivalisèrent de générosité pour recevoir des soldats couverts de gloire, et partout nous fûmes accueillis en frères[4]. » Louis-François Lejeune, officier de l'état-major de Berthier, observa : « On peut concevoir l'enthousiasme avec lequel on nous reçut à notre retour à Paris. [...] Le temps se passait en fêtes, en réjouissances[5]. »

Enfin, la Bourse de Paris, peu encline aux enthousiasmes éphémères, réagit à sa manière à la conclusion de la paix franco-russe. Le cours de la rente d'État atteignit son apogée : 93,4 francs.

Toutes les lettres de Napoléon adressées tant à ses proches collaborateurs qu'à ses parents et aux monarques des puissances étrangères montrent à quel point l'empereur lui-même jugeait cette alliance importante et espérait qu'elle serait durable. Dans un courrier à l'empereur François, du 18 juillet 1807, il dit en particulier : « La paix qui vient d'être heureusement rétablie entre l'empereur de Russie, le roi de Prusse et moi me fait espérer des jours plus prospères pour le continent[6]. »

Dès le lendemain de ses adieux avec Alexandre, l'empereur des Français envoya son aide de camp, le général Savary, à Pétersbourg en qualité de représentant diplomatique temporaire. En guise de recommandations, Napoléon lui écrivit : « Dans vos conversations, évitez soigneusement tout ce qui peut choquer. Par exemple, ne parlez jamais de guerre ; ne frondez aucuns usages, et il n'est que trop dans l'habitude des Français de rapporter tout aux leurs et de se donner pour modèles. C'est une mauvaise marche qui vous empêchera de réussir en vous rendant insupportable à toute la société. Enfin, si je puis resserrer mon alliance avec ce pays et y faire quelque chose de durable, ne négligez rien pour cela. Vous avez vu comme j'ai été trompé avec les Autrichiens et les Prussiens ; j'ai confiance dans l'empereur de Russie, et il n'y a rien entre les deux nations qui s'oppose à un entier rapprochement ; allez-y travailler[7]. »

Le général Savary reçut son ordre de mission le 10 juillet 1807 à Kœnigsberg et, le 23 juillet à 15 heures, il était déjà à Pétersbourg. Dès ses premiers pas sur le territoire de l'Empire russe, il put constater à quel point la vision qu'avaient les Russes de la paix de Tilsit différait de celle des Français.

L'envoyé de Napoléon se heurta à l'hostilité dès la frontière, où l'accueillirent les visages moroses et malveillants des fonctionnaires. Lorsqu'il arriva à Pétersbourg, aucun hôtel ne voulut l'héberger et, selon les récits du général, il ne réussit à s'installer à l'hôtel de Londres que parce que le propriétaire se révéla être un compatriote.

Effectivement, en Russie, la réaction à la paix de Tilsit était à cent lieues de l'enthousiasme. Ainsi, l'ancien ambassadeur russe à Londres, Sémion Vorontsov, déclara que les dignitaires qui avaient signé le traité de Tilsit auraient dû effectuer leur rentrée à Pétersbourg à dos d'âne. Mais ce célèbre anglophile était loin d'être le seul à penser cela ! Toute la haute aristocratie de Pétersbourg accueillit avec animosité la paix avec la France. Savary rapporte que, pendant un mois et demi, il ne fut reçu dans aucune maison noble de la capitale, et ce, alors que le tsar avait accueilli l'envoyé de son allié le soir même de son arrivée à Pétersbourg, et que le lendemain Savary dînait déjà avec Alexandre au palais Kamenoostrovski.

Il faut noter que le choix fait par Napoléon de la personne de son envoyé n'avait pas été des plus judicieux. Certes, Savary était un homme intelligent, dévoué, qui savait bien parler et mieux encore écouter. Mais il avait deux défauts : d'abord, il n'était pas issu d'une famille noble ; ensuite, il avait pris la part la plus active à l'affaire du duc d'Enghien qui avait fait tant de bruit trois ans seulement avant Tilsit.

Cette bévue diplomatique joua évidemment son rôle, mais n'expliquait que partiellement la situation. L'élite russe avait accueilli à couteaux tirés l'accord de Tilsit. On peut y voir la raison majeure dans le fait qu'il ait été signé quelques jours après la débâcle de Friedland ; c'est cela qui passait pour une honte, et non le texte lui-même, que la majorité de la population ne connaissait pas. Enfin, si l'on considère qu'il n'y avait pas eu de traité de paix à la suite de la guerre de 1805, Tilsit consacrait non seulement la défaite russe en Prusse orientale, mais aussi la catastrophe d'Austerlitz.

Savary rendit compte de cela de façon très juste à l'empereur : « L'on vient de me prévenir que, dans presque toutes les sociétés, on se permettait ouvertement des propos contraires à l'état actuel des choses. Les officiers, surtout, sont les plus exagérés. Ils rougissent de ce que la paix a été conclue à l'issue d'une défaite, et désirent se venger de cet affront. Ces mouvements exigent de la vigilance, mais ne semblent pas inquétants. »

La deuxième cause était une hostilité de classe évidente de la noblesse russe envers les Français, ces « parvenus sans lignée », et envers une armée et une société tout juste sorties du creuset de la Révolution. Ce n'était certes pas nouveau, mais auparavant les Français étaient loin, alors qu'ils se trouvaient désormais « sous le nez » des Russes, et qu'au surplus l'un d'entre eux était présent à Pétersbourg et dînait pratiquement tous les jours chez le tsar.

Il ne faut pas non plus écarter les craintes tout à fait réelles de propagation des troubles sociaux. Au lendemain de la paix de Tilsit, le Code Napoléon et une société où l'on avait déclaré l'égalité sociale étaient littéralement aux frontières de l'Empire russe. Un propriétaire foncier d'Orenbourg, M. Vériguine, écrivit : « Dans la nouvelle Constitution du duché de Varsovie, il est dit que personne n'a le droit de posséder des serfs. Et voilà d'un trait de plume les nobles presque privés de propriété. On peut craindre que cette épidémie ne se propage aussi chez nous. Ce serait un coup terrible pour la Russie[8]. »

Enfin, une des principales raisons de l'hostilité de la noblesse russe envers la paix de Tilsit était la question polonaise. Ce problème n'était pas seulement moral, loin de là, mais aussi bien matériel. Les chiffres montrent à quel point les intérêts matériels de l'élite russe étaient liés à la possession des provinces polonaises. Voici, par exemple, une partie du document indiquant les noms des grands seigneurs russes et le nombre de serfs qu'ils ont obtenus par suite des confiscations effectuées de 1793 à 1795 chez les représentants de l'aristocratie polonaise qui avaient participé à la lutte contre les partages de la Rzeczpospolita :

« Au lieutenant général Golénichtchev-Koutouzov. Divers villages confisqués au juge Andreï Doubravski dans le gouvernorat de Volhynie, avec les localités dépendant de celles-ci (2 531 [âmes]).
Bourg de Raïgorodok : 136.
Total : 2 667.

Au général comte Zoubov. Dans le gouvernorat de Lituanie, provenant des anciennes *bona mensae regiae**, economia* de Szavel : 13 662...

Au général en chef comte Nicolas Saltykov. Provenant des propriétés mises sous séquestre du trésorier lituanien Mikhaïla Oginski, dans le gouvernorat de Minsk, le bourg de Ravok et la ferme de Pomorovchtchiznu, le village de Levkov, avec des hameaux : 964.
Bourg d'Ilia avec des villages : 1 005.
Également dans la partie transférée du gouvernorat de Minsk à celui de Moghilev, village de Tsetserjine avec des hameaux : 2 732.
Au total : 4 701...

Au conseiller secret et haut ministre de la Maison impériale comte Bezborodko, dans le gouvernorat de Bratslav, bourg de Hmelnicki : 4 981.

Au conseiller secret Sivers, dans le gouvernorat de Minsk.
Provenant des terres mises sous séquestre du noble lituanien Jan Oskirka, bourg de Barbarov, avec des hameaux : 1 396.
Dans ce même gouvernorat, parmi les terres appartenant à l'évêque de Wilno, le village d'Uborcy, avec des hameaux : 1 412.
Au total, 2 808...

Au feld-maréchal comte Pierre Alexandrovitch Roumiantsev-Zadounaïski, dans le gouvernorat de Lituanie, provenant de l'*economia* de Brest, faisant anciennement partie des *bona mensae regiae* : 5 700.
Également dans le gouvernorat de Bratslav, provenant des terres mises sous séquestre de l'échanson royal Mihaïla Czatski, village de Serebrinets avec des hameaux : 1 399.
Au total : 7 099.

Au général en chef prince Repnine.
Dans le gouvernorat de Minsk : *economia* de Pinsk : 3 995.
Dans le gouvernorat de Podolie : des parties de la même *economia*, village de Svaritsevski avec hameaux : 390.
Au total : 4 385.

---

* Nom donné aux propriétés royales dans la Rzeczpospolita. (*N.d.T.*)

Au lieutenant général comte Ferzen, dans le gouvernorat de Volhynie, sur les terres placées sous séquestre du staroste de Novgorod Tadeusz Czatski, le district d'Ostrogski, à l'exclusion de certains, en raison de la construction d'une ville d'arrondissement peuplée de 188 âmes : 2 367.

Et dans le même gouvernorat, le bourg de Prosiatkovskoié : 754.
Au total : 3 121.

Au feld-maréchal comte Souvorov Rymnikski, dans le gouvernorat de Lituanie, sur l'*economia* de Brest, faisant partie des anciennes *bona mensae regiae*, district Kobrinski avec d'autres districts, villages et seigneuries composant l'ancien gouvernorat de Kobrin : 692.

Au lieutenant général Dénissov, dans le même bourg (Polianok, gouvernorat de Minsk) : 1 200.

Au major général Bennigsen, dans le gouvernorat de Minsk, le bourg de Kozlov Bereg, appartenant à l'évêque de Wilno : 180.
Bourg de Dolguinov : 138.
Village de Medveditchi, avec hameaux : 769.
Au total : 1 087.

Au lieutenant général Konovnitsyne, dans le gouvernorat de Volhynie, les bourg de Tinka et de Zabor, et le hameau de Tchabel ayant appartenu au chapitre Olytsk : 470[9]. »

Ce n'est là qu'une petite partie des terres placées sous séquestre et confisquées qui furent répertoriées après les partages de la Rzeczpospolita et qui permirent un considérable enrichissement de la haute noblesse russe. Sur les seuls territoires des gouvernorats biélorusses avaient été « distribuées » 208 505 « âmes de sexe masculin »[10].

Le général Langeron, que nous connaissons déjà, écrivit : « Leurs biens [de la noblesse polonaise] furent distribués aux généraux russes, aux ministres, aux courtisans, aux favoris, aux valets de toutes ces sangsues d'un peuple malheureux, qui fut soumis à toutes les horreurs d'un pillage universel et organisé ; les cachots furent remplis d'innocents, la Sibérie en fut peuplée, beaucoup d'infortunés périrent ignorés ; mais les Zoubov, les Markov, les Bezborodko obtinrent chacun les dépouilles de plusieurs familles. Le favori Platon Zoubov reçut en Courlande et en Samogitie des terres qui produisaient plus de deux millions de roubles* de revenus[11]... »

Prêtons attention aux noms figurant dans la liste de ceux qui reçurent les possessions confisquées et à ceux que mentionne Langeron : Koutouzov, Souvorov, Roumiantsev, Saltykov, Zoubov, Bennigsen,

---

* Un rouble d'argent de cette époque pesait 24 grammes. Il serait cependant inexact d'estimer son pouvoir d'achat en multipliant simplement le prix actuel de l'argent par ce poids, car l'argent valait alors plus cher. Un homme de cette époque disposant de 2 millions de roubles de revenu annuel peut être comparé à un milliardaire en dollars de nos jours.

Répinine, Konovnitsyne, Bezborodko… Ce sont là des familles représentant la haute aristocratie, le corps des généraux et la haute administration russes. Tous ces gens étaient désormais liés vis-à-vis du problème polonais par une caution solidaire. Tout ce qui avait trait aux perspectives d'une renaissance de la Pologne faisait littéralement enrager la noblesse russe.

Enfin, parmi les principales raisons de la réaction fortement négative de l'aristocratie russe envers la paix de Tilsit figurait le facteur économique : en effet, les exportations de blé et de matières premières vers l'Angleterre enrichissaient les familles les plus illustres de l'Empire. Mais, de cela, nous parlerons plus loin de façon détaillée.

Pour ce qui concerne le peuple, il avait subi dans une certaine mesure l'influence de l'anathème lancé contre Napoléon et des malédictions antifrançaises qui avaient retenti du haut des chaires des églises dans toute la Russie. Ce n'est qu'à la suite d'un avertissement de Savary que le tsar donna l'ordre de mettre fin à ces discours.

Plusieurs historiens décalquent rétroactivement tous ces jugements hostiles à Napoléon et à la France sur l'époque précédant les guerres de 1805-1807, et les amplifient encore par la description de l'état d'esprit qui régnait dans la société russe en 1812. S'y ajoutent en outre des réflexions sur une menace planant sur la sécurité de la Russie, sur les plans agressifs de Napoléon dans les Balkans, etc. Tout cela est présenté sous une forme pseudo-scientifique et l'on obtient ainsi une explication « rationnelle » de la participation active de la Russie à la troisième et à la quatrième coalition, et, pour être plus précis, du rôle décisif que joua Alexandre Ier dans le déclenchement des deux conflits.

Comme il a été clairement indiqué aux chapitres précédents, cet état d'esprit était absent de la société russe avant 1805. Non seulement les intérêts des deux États n'étaient pas vraiment contradictoires, mais il n'existait pas même de terrain où ils puissent se livrer bataille, empêchés qu'ils en étaient par la présence des États situés au centre de l'Europe et qui causaient de tels soucis à Alexandre. Il n'y avait ni prémisses géopolitiques ni même mouvement d'opinion publique qui puissent pousser le gouvernement à un conflit.

L'aristocratie russe n'avait aucune envie de se battre contre Napoléon, il n'existait pas de haine envers celui-ci au sein du peuple, et il n'y avait a fortiori aucune raison d'aller combattre dans de lointains pays pour des intérêts que les soldats et même les généraux russes ne comprenaient pas. Il n'y avait rien d'autre que le désir insensé d'Alexandre et de la poignée d'aristocrates anglophiles qui le soutenaient de s'engager à n'importe quel prix dans une guerre contre la France. Pour ce qui le concerne, Napoléon ne parvenait pas à comprendre ce qu'Alexandre voulait de lui, et était persuadé que ce « nigaud » de jeune tsar était poussé à la guerre par des aristocrates vendus à l'Angleterre qui s'étaient introduits au sein du gouvernement russe.

Par contre, quand la Russie eut participé à deux grandes guerres contre la France, la situation se modifia. Outre la soif de revanche des officiers se firent jour des craintes tout à fait fondées pour les intérêts de la classe dominante dans son ensemble. C'est ainsi qu'apparurent les prémisses économiques et géopolitiques d'un sérieux conflit.

À présent, Alexandre pouvait se tenir à l'écart pour un temps du processus qu'il avait initié. On assistait à une réaction en boule de neige, et la participation personnelle du tsar n'était plus si importante. Il lui suffisait d'impulser discrètement le mouvement sans s'imposer.

Tout en notant les grandes mutations intervenues dans l'attitude de la société russe envers la France et Napoléon, il ne faut pas non plus considérer les événements qui se déroulèrent de 1807 à 1811 à travers le prisme de la future guerre de 1812. Le célèbre poète et partisan Denis Davydov a brossé dans son *Tilsit en 1807* ce tableau catégorique du comportement des officiers russes à l'égard des Français : « La société des Français ne nous a servi de rien ; aucun d'entre nous n'a recherché non seulement à se lier d'amitié, mais même à faire connaissance avec aucun d'entre eux, en dépit de leurs efforts. [...] Nous leur rendions leurs amabilités et leurs politesses par des amabilités et des politesses, et c'est tout. 1812 se dressait déjà au milieu de nous autres Russes, avec sa baïonnette ensanglantée jusqu'à la gueule, avec son couteau ensanglanté jusqu'au coude [*sic* !][12]. »

Ce passage, écrit bien des années après 1812, illustre bien comment les événements ultérieurs déforment parfois du tout au tout les souvenirs. Les témoignages de nombreux officiers français qui participèrent à la rencontre de Tilsit montrent plutôt autre chose. Enfin, il y avait aussi des cas particuliers. Ainsi, le capitaine d'état-major d'Espinchal connaissait certains officiers russes par son passé d'émigré : « En arrivant aux postes avancés, j'y trouvai par l'effet du plus heureux hasard le jeune comte de Levachow, avec lequel j'avais eu jadis les relations les plus intimes à Naples. Nous nous embrassâmes avec toute l'effusion de notre âge, en rappelant à notre souvenir cette époque, si peu éloignée, de bonheur et de plaisirs[13]. » Quant aux manifestations de folle gaieté auxquelles les officiers russes se livrèrent à l'état-major de Napoléon pendant la campagne de 1809, nous en parlerons au chapitre suivant.

Ce sont là, évidemment, des épisodes particuliers, mais la réaction qu'a observée le fonctionnaire russe Viguel dans le milieu de la noblesse provinciale de Penza semble, elle, avoir été tout à fait habituelle : « Quelles conversations ai-je entendues, mon Dieu ! En voici le contenu : "Eh bien quoi, il y a eu la guerre, nous avons battu les ennemis[*], ensuite c'est eux qui nous ont battus, c'est banal, le monde marche ainsi ; et, Dieu merci, il n'y aura pas de nouvelle conscription[14]." »

Il est également intéressant de noter la réaction du clergé russe à la conclusion de la paix de Tilsit. Compte tenu de ce qui a été dit de l'anathème, on aurait pu imaginer que les prêtres allaient très mal accueillir la signature d'un traité de paix avec l'Antéchrist. Or la hiérarchie de l'Église russe comprenait parfaitement que les prêches sur l'Antéchrist étaient exclusivement politiques, et c'est pourquoi le traité avec Napoléon ne l'étonna absolument pas. Le métropolite Augustin prononça à Pétersbourg un prône enthousiaste au sujet de la conclusion de la paix, et reçut d'Alexandre Ier de généreux présents pour son brillant discours. En guise de réponse, le célèbre métropolite de Moscou, Platon, écrivit à son collègue : « Je vous félicite du cadeau que vous avez reçu du souverain ; il prouve que nous avons la paix, et une paix joyeuse[15]. »

Du côté populaire, un bruit se répandit parmi les paysans, expliquant sous une forme naïve pourquoi on était passé de l'hostilité à l'amitié vis-à-vis du païen Napoléon. On disait que si « notre tsar orthodoxe » avait reçu « leur *ampirateur* » sur un radeau, c'était parce que, pour commencer, en le plongeant dans l'eau, il l'avait baptisé, et c'était seulement après cela qu'il avait engagé des pourparlers.

À ce sujet, on peut fortement douter de la spontanéité d'une réaction si vigoureuse de la société pétersbourgeoise à la venue de l'envoyé de Napoléon. Il est très étrange que, dans un pays où l'opinion des dirigeants n'est habituellement pas négligée, on n'ait reçu nulle part pendant un mois et demi (!) un général qui dînait pratiquement tous les jours dans la compagnie du tsar ! Enfin, l'histoire du refus d'héberger Savary et sa suite dans les hôtels laisse tout à fait perplexe. À tel point qu'on pourrait tout simplement ne pas y croire si le général n'en avait parlé que dans ses mémoires, mais il signala explicitement et avec précision cet incident dans son rapport à Napoléon en date du 6 août 1806. Par conséquent, le fait est établi.

Il est absolument inimaginable que les propriétaires d'hôtels aient décidé de leur propre chef de jouer un tel tour à un homme qui, quelques heures après son arrivée, avait été reçu en son palais par le tsar en personne.

Tout cela ressemble beaucoup à un jeu habile organisé sur ordre direct d'Alexandre, qui évoque la pratique bien connue dans le domaine judiciaire sous le nom de « bon flic, mauvais flic ».

---

* Il s'agit probablement de la bataille d'Eylau, qui était présentée en Russie comme une victoire des armées russes.

En soulignant sa bienveillance, en manifestant une amabilité appuyée à l'envoyé, le tsar semblait dire : « Vous voyez, je fais tout ce que je peux ! Mais vous comprenez qu'il est très difficile d'agir alors que tout le pays est hostile à notre alliance. » Il se soustrayait ainsi par avance à toutes ses obligations à l'égard de la France, car il pouvait toujours en référer à la résistance de la noblesse. Et, d'autre part, il pouvait exiger davantage de son allié sous prétexte d'amadouer celle-ci.

Ce n'est bien entendu là qu'une supposition, car il ne pouvait à l'évidence exister d'ordre écrit de ne pas recevoir Savary dans les salons aristocratiques pétersbourgeois. Il est par conséquent difficile de trouver une preuve irréfutable.

En revanche, il est tout à fait clair que le tsar, en dépit de son amabilité doucereuse envers Savary, avait conservé au fond de lui toute son hostilité vis-à-vis de l'empereur des Français, et il y a de cela des preuves écrites. Le jeune tsar écrivait en effet à sa mère, avec une franchise cynique : « Il ne peut être question d'une véritable alliance avec la France : il n'y a qu'une contiguïté temporaire de façade avec les intérêts de Napoléon. La lutte contre lui n'a pas cessé, elle a seulement changé de forme. »

Quant au roi de Prusse, le tsar lui avait déjà dit ouvertement à Tilsit : « Prenez patience. Nous récupérerons tout ce que vous avez perdu. Il se brisera le cou. En dépit de toutes mes démonstrations et actions extérieures, au fond de moi je suis votre ami et espère vous le prouver en actes[16]. »

C'est le grand-duc Nicolas Mikhaïlovitch Romanov qui a été le premier à comprendre et décrire avec netteté le jeu d'Alexandre. Ce prince, historien remarquable, a été fusillé en 1919 par les bolcheviks pour son appartenance à la famille impériale, ce qui explique qu'il n'ait jamais été publié pendant toute la période soviétique. Il est difficile de trouver plus grand accusateur d'Alexandre que ce membre de la famille Romanov.

Nicolas Romanov écrivit : « Alexandre, de même qu'il n'avait pas pardonné à l'Autriche la campagne de 1805, n'oublia pas non plus Austerlitz et attendait avec impatience le moment d'en laver la honte ; ne désirant sans doute pas causer une effusion de sang prématurée, il ne se rapprocha de Napoléon que pour le perdre et, le moment venu, profita de manière géniale de toutes les circonstances en se laissant devenir, aux yeux du monde entier, victime de l'astuce et de l'ambition de son allié[17]. »

La nomination comme ambassadeur de Russie en France du comte Pierre Tolstoï permit à Alexandre de feindre d'être le meilleur des amis, victime d'une noblesse mécontente et frondeuse. Cette nomination aurait été tout à fait inconcevable si le tsar s'était efforcé ne serait-ce qu'une seconde de préserver de bonnes relations entre la Russie et la France. Le comte Tolstoï était en effet un général étranger à la diplomatie, un homme à l'aspect sévère et aux manières rudes. C'était en outre un adversaire convaincu de l'alliance franco-russe. Sa femme, « une grande perche maigre, peu à l'aise en société, gauche et sotte », était également fort hostile à la France.

Tel est le couple diplomatique qui arriva à Paris, et, dès les premiers jours de sa présence dans la capitale française, on eût dit que Tolstoï faisait tout ce qu'il pouvait pour gâter les relations entre les deux pays. Dès l'arrivée de l'ambassadeur russe, l'empereur organisa en son honneur la réception la plus solennelle au château de Fontainebleau et fit preuve à son égard d'une amabilité appuyée pour montrer son respect envers la Russie. Il portait l'ordre de Saint-André reçu à Tilsit, avec le ruban bleu en bandoulière. En dépit de cela, le comte Tolstoï arbora tout au long de l'audience un visage revêche et conserva un silence glacial.

Cela était d'autant moins compréhensible que, outre les honneurs rendus, Napoléon offrit à l'envoyé d'Alexandre un cadeau inimaginable. Pour un million de francs, avec le palais de l'Élysée en prime, l'empereur avait racheté au maréchal Murat son somptueux hôtel particulier de Thélusson. Ce n'était pas seulement d'un bâtiment destiné à l'ambassade que Napoléon avait fait l'acquisition. Manifestant une attention infinie envers l'envoyé d'une puissance « amie », il lui fit don du palais avec tout son contenu : meubles luxueux, tableaux de prix, argenterie, tapis, etc. Il est à noter que la valeur de toutes ces richesses était supérieure à celle du palais lui-même.

Mais tout cela ne fit aucune impression sur le comte. L'ambassadeur russe, évitant les réunions où apparaissait l'empereur, devint en revanche l'habitué du faubourg Saint-Germain où nichait la noblesse royaliste et où l'on menait une propagande déclarée contre le gouvernement.

Les sorties de Tolstoï sont ahurissantes. Rappelons que Napoléon avait recommandé à Savary d'éviter pour sa part toute conversation sur la guerre. On comprend que, en parlant de batailles au cours desquelles les interlocuteurs combattaient dans deux camps opposés, rien n'était plus facile que de tomber sur un sujet sensible. Or Tolstoï semblait en rajouter. Un jour, revenant d'une chasse impériale où il avait été évidemment invité en tant qu'ambassadeur d'une grande puissance alliée, le comte s'était retrouvé dans le même carrosse que le prince Borghèse et le maréchal Ney. En chemin, Tolstoï se mit à aborder avec insistance les sujets militaires, glorifiant sans frein les troupes russes et s'exprimant de façon peu respectueuse sur l'armée française. Il en arriva même à formuler un espoir de revanche. En face du général belliqueux n'était cependant pas assis un académicien décrépit, mais le maréchal Ney, trente-huit ans, réputé pour sa bravoure au combat, son charisme et son caractère emporté. Comme l'attaque du corps d'armée de Ney, personnellement bien connue du maréchal, avait décidé de l'issue de la bataille de Friedland, celui-ci était d'un tout autre avis sur la question... De fil en aiguille, la querelle s'enflamma et prit un tour si vif que, n'eût été la présence du prince Borghèse, la promenade se serait terminée par un duel !

Et encore, si tout cela s'était borné à l'ingratitude et à la grossièreté de l'ambassadeur ! Tolstoï reçut la recommandation d'obtenir un départ rapide de l'armée française du territoire prussien. Ce n'était là qu'un des points des instructions qu'il devait suivre, mais, qui sait pourquoi, c'est précisément à celui-ci que s'attela le comte avec obstination, négligeant toutes les questions sur lesquelles il aurait été plus facile de trouver un accord. Tolstoï envoyait à Pétersbourg des rapports tous plus sombres les uns que les autres. Il voyait dans le retard du retrait des troupes françaises de Prusse la volonté de démembrer définitivement cet État. L'ambassadeur en déduisait que l'anéantissement de la Prusse n'était pour Napoléon qu'un moyen de s'en prendre à l'Empire russe.

Toutes les lettres de Tolstoï en provenance de Paris sont imprégnées de venin et de haine. Au lieu de favoriser dans une certaine mesure l'amélioration des relations entre les deux États, il indiquait que le gouvernement français s'efforçait de s'immiscer dans les affaires intérieures de la Russie (rapport du 19 novembre 1807), ou alors proposait un rapprochement avec l'Autriche afin de contrer Napoléon (rapport du 8 septembre 1808). Mais son idée principale, qui figure dans de nombreux rapports, c'est la nécessité de renforcer l'armée par tous les moyens et de concentrer 200 000 soldats dans les régions occidentales de la Russie. En un mot, de se préparer de toutes ses forces à la guerre[18] !

C'est un homme bien différent que choisit Napoléon en qualité d'ambassadeur à la cour de Saint-Pétersbourg (rappelons que Savary n'était qu'un envoyé temporaire). Tout comme Tolstoï, l'ambassadeur en Russie était un officier d'active issu d'une noble lignée. Mais la ressemblance s'arrêtait là. Savary avait déjà écrit à Napoléon qu'il fallait à Pétersbourg « un militaire, un homme qui puisse aller aux parades, un homme qui par son âge, ses formes, ses goûts, sa franchise, puisse plaire à l'empereur Alexandre ». En outre, l'aide de camp de l'empereur considérait à juste titre qu'il fallait à Pétersbourg un homme de famille aristocratique qui puisse plaire aux femmes par son urbanité et ses manières recherchées.

Un tel homme fut trouvé : c'était Armand-Auguste, marquis de Caulaincourt, général de division et aide de camp de l'empereur. Caulaincourt était très jeune pour son grade ; à son arrivée à

Pétersbourg, il n'avait que trente-quatre ans. Pour ce qui est de l'ancienneté de son lignage, il suffit de dire que l'un de ses ancêtres, Philippe de Caulaincourt, était un proche compagnon d'armes de Baudouin de Flandre, qui conduisit la quatrième croisade (1205). Malgré ses origines aristocratiques, le jeune général n'était en rien soumis à l'influence de l'opposition royaliste et ses opinions correspondaient tout à fait à l'esprit du temps. À la veille même de l'accession au pouvoir de Bonaparte, il écrivait dans une lettre : « Le temps de cet amour ridicule pour la royauté est passé[19]. »

D'autre part, Caulaincourt était d'un dévouement à toute épreuve à son empereur. Enfin, le jeune général était un soldat valeureux. Il s'était battu avec bravoure à l'époque des guerres révolutionnaires, et aussi au cours des campagnes de 1799 à 1801 à la tête du 2e régiment de carabiniers, l'élite de la cavalerie lourde, et était apparu comme un chef remarquable et un officier courageux.

Malgré ses origines et ses manières recherchées, Caulaincourt ne ressemblait absolument pas à un diplomate classique, un subtil agent secret n'oubliant jamais les intérêts de son État, sachant sourire à tout le monde mais ne se fiant à personne. Caulaincourt, lui, était comme ses ancêtres un véritable chevalier, courageux mais honnête, confiant et un peu naïf. Enfin, comme tous les chevaliers, il n'était pas exempt de vanité et succombait facilement à une habile flatterie. On pouvait donc s'attendre à ce que le fin connaisseur de l'âme humaine qu'était Alexandre saisisse toute la personnalité de l'ambassadeur français dès ses premiers pas à Pétersbourg, et ce d'autant plus que le tsar l'avait rencontré auparavant lors d'une brève mission diplomatique de Caulaincourt dans la capitale russe en 1801.

Comprenant qu'il pouvait utiliser la naïveté de l'ambassadeur dans son intérêt, le tsar décida de ne lésiner ni sur les marques d'attention, ni sur les honneurs rendus. L'énorme et luxueux palais des princes Volkonski – dont Alexandre avait fait tout exprès l'acquisition, moyennant la somme, formidable pour l'époque, de 340 000 roubles[*] – fut mis à la disposition du jeune général. La magnificence de ce palais était tout à fait comparable au luxe de l'hôtel de Thélusson que Napoléon, on l'a vu, avait acheté pour l'ambassadeur russe.

Caulaincourt arriva à Pétersbourg le 17 décembre 1807, il remit dès le 20 décembre ses lettres de créance au tsar et, le même soir, il était invité au théâtre de l'Ermitage, où il fut installé au même rang que la famille impériale – honneur dont n'avait encore bénéficié aucun ambassadeur étranger. Joseph de Maistre écrivit à ce moment-

---

[*] Un rouble-argent de l'époque équivalait à peu près à 4 francs, mais il s'agit ici d'assignats. Selon le cours de 1807, un rouble-assignat valait à peu près 2,7 francs français. Par conséquent, la valeur de l'hôtel était d'environ 918 000 francs et égalait presque celle du palais dont Napoléon avait fait cadeau pour l'ambassade de Russie.

là dans son journal : « L'ambassadeur [...] de France a pris tranquillement la première place partout. Hier, il y eut bal et souper chez l'impératrice-mère à l'occasion de l'anniversaire de l'empereur. Caulaincourt dansa le premier avec les deux impératrices [il s'agit de la mère d'Alexandre Ier et de son épouse][20]. »

Lors de la réception officielle du corps diplomatique en février 1807, Caulaincourt occupa la première place parmi les ambassadeurs, bien que, d'après le protocole diplomatique russe, celle-ci revînt traditionnellement à l'ambassadeur d'Autriche. Le jeune tsar approuva : « Ces Français, dit Alexandre en souriant, sont toujours plus lestes que les Autrichiens. »

Mais Alexandre ne se contentait pas d'attribuer à l'ambassadeur français la première place dans les bals, les réceptions officielles et les parades. L'empereur était un virtuose de la flatterie raffinée : « À propos, général, lui disait-il tout à coup, vous avez eu de grands succès dans la haute société ; vous avez conquis les plus rétifs... Avec ces manières, tout le monde deviendra français ! »

Alexandre en vint enfin, pour manifester l'amitié la plus intime envers Caulaincourt, à lui confier ses secrets de cœur, lui parlant en particulier « de l'attrait qui le ramenait toujours vers madame N. [Maria Narychkina], quoiqu'il s'occupât en passant de quelques autres, de la jalousie qui ne menait à rien et ne sauvait rien[21] »...

On ne peut qu'admettre que c'était là un coup de génie. Tout Pétersbourg connaissait dans les moindres détails la liaison d'Alexandre avec Maria Narychkina. Le tsar ne trahissait là rien de secret qui pût porter ombrage à l'empire ou à lui-même, mais il donnait l'impression d'une franchise et d'une confiance exceptionnelles envers le jeune général. En soldat franc et naïf, Caulaincourt pensa que l'empereur de Russie était véritablement devenu son ami intime. Il y avait de quoi tourner la tête à l'ingénu ambassadeur !

Tout cela s'explique en outre par le fait que Pétersbourg produisit également une forte impression tant sur Savary que sur Caulaincourt. Le premier envoyé de Napoléon décrivit ainsi la capitale du Nord : « Pétersbourg est bâti avec tout le luxe d'Italie et la profusion de granit et de marbre que les historiens nous rapportent avoir été remarquée dans les villes anciennes dont le nom seul nous est resté. On n'y voyait pas encore de musée ni d'académie de belles-lettres ; mais le germe de la civilisation se reconnaissait partout, et, avec fort peu de temps, ce pays fera peut-être trembler le monde. Ses peuples sont neufs et vigoureux[22]... » Caulaincourt évoqua avec encore plus d'enthousiasme la Venise du Nord : « Tout inspire l'admiration, respire la grandeur, la magnificence de la Grande Catherine. [...] On croit être dans le temps des fées quand on compare cette superbe cité aux autres villes de l'Europe. [...] Les jours de réception, les salons de palais réalisaient ce que l'imagination peut créer de plus enivrant : c'étaient les prodiges des Mille et Une Nuits. Un luxe tout asiatique ; des femmes ravissantes de beauté, de grâce et d'élégance, étincelantes de diamants, spirituelles, instruites, frivoles, rieuses, avides de danse, de musique, de fêtes et de plaisirs ; de jeunes hommes d'une élégance de mise, de manières et de langage, d'une prodigalité, d'un faste à désespérer tous nos modèles français. Chaque jour amenait de nouvelles parties de plaisir, de nouvelles fêtes. J'avais fort à faire, je vous le jure, pour ne le céder en rien, dans mon état de maison, aux enchantements, aux féeries du luxe russe[23]. »

Napoléon permit d'ailleurs à son ambassadeur de dépasser les Russes en matière de prodigalité. Caulaincourt reçut de l'empereur 800 000 francs par an pour l'entretien de l'ambassade et l'organisation permanente de réceptions, plus 250 000 francs pour les dépenses « d'installation » à Pétersbourg. « Je vous donne carte blanche pour les dépenses de l'ambassade, dit Napoléon. Il ne faut pas que nous ayons l'air de bourgeois enrichis. La cour de France ne doit pas se faire mesquine ni petite. Notre frère de Russie aime le luxe et les fêtes… Soyez magnifique… »

Il faut dire que Caulaincourt se conforma strictement aux ordres de son souverain. On parlera encore longtemps à Pétersbourg d'un dîner de 400 couverts donné par l'ambassadeur de France, où l'on servit des poires dont chacune coûtait 100 roubles-argent, et des cerises à un rouble-argent pièce, et on les servit avec une prodigalité telle que « si elles n'eussent coûté que 20 sous la livre ».

Ce sont les parades organisées à Pétersbourg qui produisirent le plus d'effet sur Caulaincourt, d'autant plus que l'ambassadeur ne les observait pas de l'extérieur, mais à cheval aux côtés du jeune tsar. Voici ce que l'envoyé de Napoléon écrivit dans son rapport de janvier 1808 : « On ne parle que d'uniformes, on ne rêve qu'aux habits qu'on aura à la revue de la fête des Rois, tout à la française, broderies aux généraux, épaulettes aux officiers, baudriers aux soldats au lieu de ceinturons, musique à la française, marches françaises, exercices français[24]. » « Il ne défilait pas moins de 20 000 hommes, souvent le nombre dépassait 30 000, nota plus tard Caulaincourt. Il faut bien le dire, ces troupes étaient admirables de tenue et de costumes. Chaque régiment de cavalerie avait sa couleur de chevaux, tous noirs, tous gris, bais, etc. Le colonel de chaque régiment était un des plus grands seigneurs de la cour de Russie et dépensait des sommes immenses en luxe de représentation. Je vous citerai en première ligne le régiment des chevaliers gardes créé par Paul Ier. […] Et on distinguait, entre les plus beaux, le régiment des hussards de la Garde, commandé par Tchetvertinsky, frère de madame Narish… ; c'était bien le plus élégant colonel qu'on pût voir. Son uniforme rouge était criblé d'or et de riches fourrures rehaussaient encore sa belle figure, sa noble tournure militaire. Il avait obtenu que ses chevaux fussent noirs. Ce noir jais luisant, en opposition avec le rouge éclatant de l'uniforme, était d'un effet prodigieux. Les selles et les armes resplendissaient d'or[25]... »

Alexandre avait réussi son coup. La délicate flatterie du tsar, les beautés de Pétersbourg, les bataillons étincelants de la Garde, l'éclat des bals et le luxe des festivités surent dissimuler à Caulaincourt maints processus politiques sérieux. En conséquence, malgré les observations parfois très fines de la société russe que l'on peut trouver dans les rapports de l'ambassadeur français, celui-ci se révéla absolument aveugle vis-à-vis d'Alexandre qui prenait plaisir, semble-t-il, à jouer ce jeu avec ce général quelque peu crédule.

D'ailleurs, indépendamment de la personne des ambassadeurs, français en Russie et russe en France, les dirigeants des deux États durent à cette époque (fin 1807 et début 1808) prendre toute une série d'importantes décisions de politique étrangère découlant des conditions du traité d'alliance. Comme on l'a déjà noté, la partie russe devait servir d'intermédiaire dans les pourparlers franco-anglais et s'efforcer d'inciter la Grande-Bretagne à signer la paix. Mais l'arbitrage russe fut rejeté par les Anglais ; en revanche, comprenant parfaitement en quoi le rapprochement russo-français menaçait la Grande-Bretagne, le gouvernement de Londres décida d'agir sans tarder, et rudement.

Le premier coup des Anglais fut porté sur le Danemark... Pourquoi le Danemark ? En fait, ce pays entretenait traditionnellement des liens d'amitié avec la Russie et était en passe d'établir également de bonnes relations avec Napoléon. Il est clair que le Danemark pouvait être convaincu de participer à la coalition continentale contre la Grande-Bretagne, et la flotte danoise avait depuis longtemps la réputation d'être une des meilleures d'Europe. Si les forces navales danoises s'associaient à la flotte russe, c'en était fait de la domination des Anglais sur les mers septentrionales.

Comprenant cela, à l'été 1807, juste après l'annonce de la conclusion de la paix de Tilsit, le gouvernement de Londres prépara avec une exceptionnelle rapidité une expédition navale contre le Danemark, pays neutre. Si les Anglais n'avaient pu réunir à temps ni une flotte ni des troupes pour venir en aide aux Russes, là tout fut décidé en quelques jours. À la fin de juillet 1807, une armée britannique de 25 000 hommes fut embarquée sur des navires et se dirigea vers les côtes danoises. Le 16 août, ces troupes commandées par lord Wellesley[*], qui deviendrait célèbre par la suite, débarquèrent et, ayant défait la petite armée danoise près du village de Køge, encerclèrent la capitale du royaume. Une puissante flotte britannique

---

[*] Arthur, lord Wellesley, chef de guerre anglais, plus connu sous le nom de duc de Wellington, titre qu'il obtint en 1814.

bloqua Copenhague depuis la mer. Le commandement anglais adressa un ultimatum aux Danois : ils devaient placer toute leur marine de guerre « sous la garde » de l'Angleterre contre promesse de restitution de celle-ci à la fin des hostilités. Mais les Danois repoussèrent avec indignation cet impudent ultimatum et engagèrent le combat. Les troupes et la flotte britanniques ne pouvaient entreprendre un siège en règle de la forteresse ; comme il craignait à plus forte raison des pertes énormes et un échec s'il lançait l'assaut, le commandement décida tout simplement de bombarder la ville, s'en prenant à la population civile. Cette méthode avait déjà cours à l'époque, mais on employait à cette fin des mortiers lourds qui tiraient des bombes. Les Anglais, nation d'avant-garde sur le plan technique, utilisaient en outre, pour le bombardement, des « fusées Congreve », de petites fusées à poudre jouant le rôle d'obus incendiaires. Du 2 au 5 septembre, pendant presque trois jours, des milliers de ces bombes et fusées s'abattirent sur la capitale danoise. Près de 30 % des bâtiments de la ville furent brûlés ou détruits ; quelque 2 000 civils périrent, ainsi qu'environ 3 000 soldats, miliciens et marins.

En dépit d'une courageuse défense, le vieux commandant d'armes de la capitale signa la capitulation afin d'éviter l'anéantissement total de Copenhague et de ses habitants. Les Anglais firent irruption dans le port et s'emparèrent de 18 vaisseaux de ligne, 11 frégates, 14 navires de combat de moindres dimensions et 26 canonnières. En outre, ces gentlemen brûlèrent trois navires de ligne qui se trouvaient dans les docks et disparurent au bout de quelques jours avec leur butin comme des pirates !

Ce raid sur Copenhague fit plus pour l'attitude du Danemark que n'auraient pu le faire des menaces de Napoléon. Le ministre des Affaires étrangères de ce royaume écrivit à l'ambassadeur de son pays à Paris : « L'agression de l'Angleterre, en portant atteinte à notre neutralité, nous a sans doute rendus les alliés naturels et nécessaires de la France, et celle-ci éprouvera que nous ne nous séparerons plus d'elle et qu'elle n'en possède ni de plus fidèles ni de plus loyaux[26]. »

Ces exactions des Anglais influèrent également sur l'opinion publique russe. En dépit de toutes les intrigues de l'ambassadeur de Grande-Bretagne, lord Hower, et d'un agent bien connu, le colonel Wilson, Alexandre prit la décision d'exécuter les promesses faites à Tilsit. Le 25 octobre (6 novembre) 1807, la Russie rompit ses relations diplomatiques avec la Grande-Bretagne.

Le comportement d'Alexandre peut sembler à première vue contredire ce qui a été dit de sa haine viscérale à l'égard de Napoléon. En réalité, il n'en est rien. Soulignons qu'Alexandre n'était pas à la traîne de l'Angleterre ; au contraire, il utilisait avec habileté l'aversion de ce pays envers la France en général et la France de Napoléon en particulier pour atteindre ses propres buts. L'égoïsme frisant la sottise que le gouvernement anglais avait manifesté au cours de la guerre de 1806-1807 avait vivement irrité le jeune tsar, et il n'était pas opposé à taper sur le nez des arrogants Britanniques en leur montrant le danger d'une attitude méprisante à l'égard d'alliés. Cependant, Alexandre n'avait nulle intention de faire sérieusement la guerre à l'Angleterre. L'ambassadeur britannique ne quitta pas Pétersbourg et le tsar invita à plusieurs reprises le colonel Wilson dans sa résidence de Kamenny Ostrov. Alexandre comprenait parfaitement qu'il aurait encore besoin de l'Angleterre, et il ne se hâta pas de rompre trop brutalement les relations avec elle. Ce n'est qu'à la suite de demandes instantes du ministre des Affaires étrangères, Roumiantsev[*], qui exigeait une politique ferme et conséquente de la Russie, que les Anglais furent éloignés de Saint-Pétersbourg.

À nouveau, après une brève période durant le règne de Paul Ier, la Russie et la Grande-Bretagne se retrouvaient en guerre. Mais, cette fois, le tsar combattait contraint et forcé, ce que ressentaient aussi bien ses subordonnés que l'ennemi.

La première cible des politiques et des militaires britanniques n'en fut pas moins la flotte russe. En l'occurrence, Napoléon escomptait que, regroupées dans la Baltique, les escadres russes et danoises crée-raient pas mal de problèmes aux Anglais. Ordre fut donné à la flotte de l'amiral Séniavine, qui se trouvait en Méditerranée et qui était contrainte de quitter Corfou et les bouches de Kotor, de contourner l'Europe et de revenir dans la Baltique. Cette escadre en était partie en 1799, alors qu'elle était sous les ordres de l'amiral Ouchakov.

Séniavine avait reçu cet ordre longtemps avant la rupture avec l'Angleterre, et il aurait tout à fait pu revenir à temps dans les eaux de la Baltique. Mais l'amiral, qui se battait depuis déjà deux ans contre les Français, ne se hâtait pas d'exécuter cet ordre, car il devinait sans doute pourquoi ses navires devaient effectuer ce contournement de l'Europe. Ce n'est qu'à l'automne 1807 que l'escadre russe franchit le détroit de Gibraltar et se retrouva dans l'Atlantique où, prise dans une violente tempête, elle dut se réfugier dans la rade de Lisbonne.

Là, Séniavine, sans hâte aucune, entreprit de réparer ses navires. Bientôt apparurent non loin du port des navires anglais, et l'amiral apprit que la Russie et l'Angleterre étaient en guerre. En consé-quence, la halte à Lisbonne se prolongea davantage. En août 1808, la puissante escadre anglaise de l'amiral Cotton surgit au large du Portugal. Elle débarqua une armée commandée par lord Wesley, que nous connaissons déjà, et bloqua le port qui abritait la flotte russe.

---

[*] Nicolas Pétrovitch Roumiantsev (1754-1826), fils du célèbre feld-maréchal Roumiantsev-Zadounaïski. De 1807 à 1814, ministre des Affaires étrangères ; de 1810 à 1812, président du Conseil d'État.

Séniavine ne se lança pas avec héroïsme dans un combat inégal. Bien plus, il refusa catégoriquement d'agir de concert avec les forces terrestres du général Junot qui étaient entrées à Lisbonne à la fin de novembre 1807 (voir chapitre V). Ce dernier lui proposait de combattre ensemble les Anglais sur terre en utilisant les nombreux équipages des navires russes.

L'amiral russe préféra capituler. Il est vrai que cette capitulation fut honorable : les navires russes se plaçaient « sous la garde » de l'Angleterre jusqu'à la fin des hostilités. C'était à peu près les conditions que les Britanniques avaient naguère proposées à Copenhague.

Sept vaisseaux de ligne russes et une frégate, couverts de la gloire de maints combats, firent route vers l'Angleterre sous escorte de la flotte britannique. Sur l'insistance de l'amiral, le pavillon de Saint-André ne fut pas amené et continua de flotter sur les bâtiments de l'escadre. Cependant, à leur arrivée en Angleterre, les lords de l'Amirauté déclarèrent qu'il était inadmissible que le pavillon de combat d'une marine ennemie flotte en Grande-Bretagne. Il fallut l'amener.

Après de nombreux atermoiements, en août 1809, les équipages des navires russes furent acheminés sur des transports de troupe vers Riga, où ils arrivèrent en septembre. Les vaisseaux de l'escadre russe demeurèrent pour leur part en Angleterre.

Séniavine, revenu à Pétersbourg sans ses navires, ne fut évidemment pas félicité pour ses « exploits », mais il ne s'ensuivit pour autant aucune sanction. Le tsar refusa simplement de le recevoir, ne souhaitant pas s'entretenir avec un homme qui avait contredit de façon trop manifeste ses ordres et les engagements de l'alliance.

Alors que l'escadre russe stationnait encore sans occupation en rade de Lisbonne, des événements on ne peut plus sérieux débutaient à l'autre bout de l'Europe. Comme on l'a déjà indiqué, d'après le traité de Tilsit, la Russie devait exiger de la Suède qu'elle se rallie au blocus continental et, en cas de refus, lui déclarer la guerre. Plus encore, après le raid des Anglais contre Copenhague, Alexandre somma la Suède de participer à l'interdiction d'accès de la Baltique aux navires britanniques. Le roi Gustave IV rejeta toutes ces exigences et se rapprocha de Londres.

Caulaincourt entreprit avec insistance de convaincre le tsar de la nécessité d'agir par la force contre la Suède. Alexandre Ier ne s'y opposa absolument pas, car il ne demandait pas mieux de battre les Suédois et d'acquérir de vastes territoires en Finlande. Mais Napoléon lui proposait même plus. Lors d'un entretien avec le peu amène ambassadeur russe, le 5 janvier 1808, l'empereur des Français émit l'idée qu'il n'avait rien contre le rattachement à la Russie de toute la Suède, y compris donc Stockholm ! Napoléon déclara en plaisantant que les belles dames de Pétersbourg ne devaient pas être effrayées par le fracas des canons suédois.

Voilà une conversation inimaginable si l'on ajoute foi à l'aspiration de Napoléon à dominer le monde, et donc toute l'Europe !

Les opérations militaires débutèrent le 8 (21) février 1808. L'armée commandée par le général Buxhoeveden traversa la frontière et s'enfonça en territoire suédois. Les troupes russes ne comptaient pas plus de 24 000 hommes et les Suédois n'étaient pas nombreux non plus, il est vrai : 19 000 hommes seulement, dispersés dans toute la Finlande. La faiblesse de l'armée de Buxhoeveden n'en étonne pas moins, car elle ne représentait que 5 % de la totalité des forces armées russes.

Certaines forces étaient certes engagées dans des opérations contre les Turcs et les Perses, mais la plus grande partie des troupes étaient stationnées dans les provinces occidentales de la Russie !

En dépit de la faiblesse du contingent qui combattait en Finlande, l'attaque se déroula avec succès. Le 2 mars, les régiments russes entrèrent dans Helsingfors (Helsinki) et, le 22 mars, ils occupèrent la ville d'Abo. Le 8 mai, après un siège de deux mois, la puissante forteresse de Sveaborg capitulait. Ses 7 500 défenseurs se constituèrent prisonniers, et plus de 2 000 pièces d'artillerie et 120 navires de guerre furent pris.

Enfin, le 16 (28) mars 1808, fut édicté un Acte impérial sur la réunion de la Finlande à la Russie. Il est intéressant de noter que cet acte fut publié alors que la guerre se poursuivait et que les Suédois opposaient encore une résistance acharnée.

Les succès de l'Empire en politique étrangère améliorèrent l'attitude des élites russes vis-à-vis de l'alliance française. Voici ce qu'écrivit Caulaincourt depuis Saint-Pétersbourg en avril 1818, concernant l'état d'esprit de la société : « Il y a eu une grande discussion chez le grand chambellan Narychkine sur la Finlande. "Je suis russe, a dit le mari ; quand je vois que l'empereur [Alexandre] met pour toujours Pétersbourg à l'abri d'une attaque et qu'il réunit à son empire ce que notre grande Catherine n'osait même espérer, je suis content : cela doit nous faire espérer d'autres avantages [de l'alliance]." La femme, qui est une commère, reprit : "Voilà notre chère grande-duchesse vengée de ce petit roi de Suède*. Que la France nous donne les pro-

---

* Catherine II projetait de marier sa petite-fille Alexandra Pavlovna au jeune roi de Suède, Gustave IV ; mais quand, en 1796, le « fiancé » vint à Pétersbourg, il se conduisit de façon provocante et refusa catégoriquement de céder sur la question religieuse : la grande-duchesse devait se convertir au luthéranisme. En conséquence, le mariage fut rompu. Catherine fut très choquée des humiliations que lui avait fait subir un blanc-bec de dix-sept ans, et son état de santé s'en trouva notablement aggravé. En novembre de la même année, l'impératrice mourut.

vinces turques, que tous nos jeunes gars reviennent de l'armée, et que nous ayons la paix : alors, si quelqu'un se plaint encore de l'empereur, il devrait le chasser de la cour. Ces Anglais, ils nous ont toujours laissés là, ils ne pensent qu'à eux[27] !" »

La charmante Maria Narychkina, la bien-aimée d'Alexandre, cause des tourments dont il avait fait part au jeune ambassadeur français, avait touché, dans son discours, un sujet assez critique. Elle avait évoqué non seulement la Finlande, mais aussi les provinces turques. Et, effectivement, l'alliance conclue à Tilsit reposait pour beaucoup sur le fait que Napoléon plaçait sous la coupe de la Russie non seulement la Suède, mais aussi l'Empire ottoman, allié traditionnel de la France.

Plus exactement, pour commencer, il promettait une médiation dans les pourparlers, mais, en cas de refus par les Turcs de ses propositions pacifiques, Napoléon s'engageait à agir de concert avec la Russie contre la Sublime Porte.

Lors des pourparlers de Tilsit, l'empereur des Français avait déjà envoyé dans le camp turc, le 28 juillet 1807, le capitaine du génie Paulin, avec mission de faciliter au plus vite l'arrêt des opérations sur les fronts de la guerre en Turquie.

Durant la période décrite ici, l'avance d'abord rapide des troupes russes avait été stoppée par une défense acharnée des Turcs. L'Empire ottoman n'en était pas moins ébranlé par des troubles internes. Le 29 mai 1807, le sultan Selim III fut renversé. Sa chute détermina dans une large mesure le changement d'attitude de Napoléon envers la Turquie. Quand, lors des pourparlers de Tilsit, l'empereur des Français fut informé des événements qui se déroulaient à Istanbul, il s'exclama : « C'est un décret de la Providence qui me dit que l'Empire turc ne peut plus exister[28] ! »

En effet, l'alliance franco-turque ne reposait pas seulement sur une parenté d'intérêts en politique étrangère, mais aussi sur des spécificités de la personnalité de Selim, sultan réformateur désireux de transformer un empire délabré, aspirant à mettre de l'ordre dans une administration archaïque, d'une monstrueuse complexité, et dans le système financier incohérent de son État. En outre, Selim était un homme instruit, poète et compositeur. Parallèlement, il n'oubliait pas ses origines militaires et voyait comme un des principaux maillons de la modernisation de son État la transformation de l'armée et la création de forces armées sur le modèle européen. Il avait conçu le *Nizam-i djedid* (nouveau règlement) qui consistait à remplacer le corps suranné des janissaires par des régiments de type moderne.

On n'a aucune peine à deviner que les janissaires avaient pris en grippe le sultan : ils organisèrent son renversement, puis son assassinat deux mois après sa destitution et son arrestation. Il fut remplacé par le sultan Mustapha IV qui, à son tour, fut renversé et tué en 1808. Toutes ces révolutions de palais n'empêchaient cependant pas les Turcs de combattre les Russes sur terre et sur mer.

Si, sur terre, les opérations se déroulaient avec un succès variable, sur mer l'amiral Séniavine, dont on a déjà parlé, réussit à défaire la flotte turque lors de la célèbre bataille du mont Athos du 19 juin 1807. Celle-ci eut lieu le jour même où les opérations militaires avaient cessé en Prusse orientale – mais cela, personne ne le savait encore sur la côte de la mer Égée où tonnaient les canons des vaisseaux russes et turcs.

Au cours de ce même été 1807, les opérations terrestres de l'armée russe furent stoppées. L'armée, forte de 18 000 hommes, du vieux général Mikhelson assiégeait Izmaïl (qui, à la suite de la paix de Jassy en 1792, était redevenue turque), et le général Miloradovitch couvrait Bucarest par le sud. Le principal de l'armée côté turc, commandé par le grand vizir Ali Pacha, était déployé aux environs de la forteresse de Silistria.

C'est là que fut mandaté par Napoléon le capitaine du génie Paulin. En dépit du jeune âge et du grade inférieur de l'envoyé de l'empereur, celui-ci fut accueilli avec des honneurs exceptionnels dans un camp qui évoqua pour lui les contes des Mille et Une Nuits : « Cette innombrable quantité de superbes pavillons surmontés de croissants dorés, de banderoles aux couleurs vertes, avec l'étendard de Mahomet flottant partout [...], vingt de nos modestes tentes eussent tenu, toutes déployées, dans celles que je voyais devant moi. [...] Ce ne fut qu'après avoir traversé plusieurs compartiments de la tente, remplie d'armes merveilleuses, que je parvins dans la salle à tentures de soie et de velours avec torsades d'or où je devais être présenté au lieutenant du Grand Seigneur. »

Paulin poursuivait : « Louanges à Dieu, Français, me dit-il après avoir lu la dépêche que je lui avais remise. Ton empereur est grand. Dieu veut que je cesse la guerre avec mes ennemis, j'y consens, mais c'est à regret... Mais, puisqu'il est décidé que la paix doit mettre fin à nos combats et que je sais la volonté de mon souverain de les faire cesser, tu peux aller aux avant-postes faire connaître ta mission de paix[29]. »

Les opérations militaires cessèrent et bientôt le général Guilleminot remplaça le modeste officier sur le théâtre des opérations russoturques. Grâce à ses efforts fut signé à Slobodzeia, le 24 août 1807, un armistice aux termes duquel la Moldavie et la Valachie étaient transformées en zone neutre. Les troupes russes devaient se retirer de ces principautés et refaire route vers le nord, au-delà du Dniestr, et les troupes turques vers le sud, au-delà du Danube.

Le commandant en chef de l'armée russe, le général Mikhelson, mourut pendant les pourparlers et son adjoint, le général von Meyendorff, entérina le traité, puis, sans attendre la ratification de celui-ci par le tsar, conduisit les troupes russes hors des principautés danubiennes.

Somme toute, en remplissant les conditions du traité de Tilsit, en ayant fait signer un armistice entre les parties, qui plus est en tentant d'obtenir des Turcs la cession des principautés à la Russie, Napoléon s'était efforcé en premier lieu d'adoucir le plus possible les conséquences des lourdes pertes territoriales que devait subir l'Empire ottoman. Comme on l'a déjà indiqué au chapitre précédent, à l'époque de Tilsit il était tout à fait d'accord pour que l'Empire russe s'élargisse jusqu'au Danube. On ne peut aucunement qualifier une telle politique d'antirusse, mais les événements qui s'étaient déroulés à la fin de 1807 et au début de 1808 avaient contraint Napoléon à aller encore plus loin qu'il ne s'y attendait, sans doute, dans la résolution de la question d'Orient.

On a déjà noté que, par leur bombardement impitoyable de Copenhague, les Anglais avaient montré que non seulement ils n'avaient nulle intention de déposer les armes, mais qu'au contraire ils étaient prêts à se battre sans quartier. À la fin de janvier 1808, des nouvelles de la session du Parlement britannique parvinrent à Paris. Le discours du trône lu devant les deux Chambres était empli de haine envers la France et de désir irrépressible de guerroyer jusqu'au bout. Plus tard, le général Pillet, qui se trouvait en Angleterre en qualité de prisonnier de guerre, écrivit : « J'ai vu le peuple anglais, au milieu de toutes ces calamités, j'ai vu ce peuple qui ne sait faire la guerre que par l'ambition dévorante de s'emparer du commerce du monde entier, dont la sûreté politique ne pouvait, sous aucun rapport, être mise en danger par la paix, s'écrier de toutes parts : "Il faut détruire la France ; il faut que le dernier de ses habitants périsse ; il faut, pour obtenir ce résultat, employer notre dernier homme en état de porter les armes, et notre dernière guinée[30]." »

Napoléon ne pouvait s'entretenir avec ce général prisonnier, mais il lui suffisait de lire les discours parlementaires dans les journaux pour comprendre que la Grande-Bretagne se préparait à une lutte à mort. Il était impossible d'obtenir quelque paix que ce soit avec elle si on ne l'y contraignait par la force. Par conséquent, il n'avait d'autre solution que la guerre jusqu'à la victoire finale. Il était également clair que la France ne pouvait absolument pas venir à bout toute seule d'un ennemi qui, grâce à son énorme flotte, était présent partout et qui, grâce à son argent, semait partout le trouble, achetait les hommes politiques et ne s'arrêtait devant aucun crime, comme celui qui avait été commis à Saint-Pétersbourg au château Michel, au cours de la nuit de mars 1801.

Il ne faut évidemment pas donner un éclairage contemporain aux méthodes employées par la Grande-Bretagne de ce temps-là pour conquérir la domination mondiale, et faire des services secrets anglais de l'époque napoléonienne une sorte de CIA du XIXᵉ siècle. On n'en est pas moins là en présence d'un refus de tout compromis et de l'utilisation de méthodes rejetées par les autres États.

Et Napoléon se décida ; le 2 février 1808, il écrivit une lettre détaillée à Alexandre Iᵉʳ : « Votre Majesté aura vu les derniers discours du parlement d'Angleterre, et la décision où l'on y est de pousser la guerre à outrance. [...] Ce n'est plus que par de grandes et vastes mesures que nous pouvons arriver à la paix et consolider notre système. Que Votre Majesté augmente et fortifie son armée. Tous les secours et assistance que je pourrai lui donner, elle les recevra franchement de moi ; aucun sentiment de jalousie ne m'anime contre la Russie, mais le désir de sa gloire, de sa prospérité, de son extension[31]. »

Napoléon répète encore une fois qu'il est prêt à accepter que toute la Suède tombe dans l'escarcelle du tsar de Russie : « Votre Majesté a besoin d'éloigner les Suédois de sa capitale ; qu'elle étende de ce côté ses frontières aussi loin qu'elle le voudra ; je suis prêt à l'y aider de tous mes moyens[32]. »

Mais les propositions de l'empereur des Français ne s'arrêtent pas là, et il abat son principal atout – non point un as, mais un véritable joker : « Un mois après que nous en serions convenus, l'armée [alliée franco-russe] pourrait être sur le Bosphore. Le coup en retentirait aux Indes, et l'Angleterre serait soumise. [...] Au 1ᵉʳ mai, nos troupes [alliées] peuvent être en Asie, et à la même époque les troupes de Votre Majesté à Stockholm. Alors les Anglais, menacés dans les Indes, chassés du Levant, seront écrasés sous le poids des événements dont l'atmosphère sera chargée. Votre Majesté et moi aurions préféré la douceur de la paix et de passer notre vie au milieu de nos vastes empires, occupés de les vivifier et de les rendre heureux par les arts et les bienfaits de l'administration ; les ennemis du monde ne le veulent pas. Il faut être plus grands, malgré nous[33]. »

Dans cette lettre, Napoléon ne parle pas explicitement du démembrement de l'Empire ottoman, mais, dans un courrier à Caulaincourt, il mentionne franchement un partage aux termes duquel la Russie obtiendrait Constantinople et, au minimum, les territoires s'étendant au nord de celle-ci, c'est-à-dire les terres de l'actuelle Turquie d'Europe, de la Bulgarie, de la Roumanie et de la Moldavie !

Bien entendu, tout cela n'était pas accordé à la Russie pour ses beaux yeux. La France aurait dû obtenir dans ce partage des morceaux non moins alléchants de l'héritage de l'Empire ottoman : la Grèce, l'Albanie, l'Égypte et enfin les Dardanelles, afin de détenir les clés de la Méditerranée, tandis que la Russie recevait celles de la mer Noire.

Autrement dit, Napoléon proposait de ressusciter quelque chose comme les Empires romains d'Occident et d'Orient, que devait séparer l'Autriche, gage de ce que des conflits frontaliers ne puissent se déclencher entre les deux grands États...

Il faut être véritablement fou pour affirmer que Napoléon, en dépit de cela, ne faisait que rêver d'« écraser la Russie », comme on l'écrivit dans les manuels soviétiques. Au contraire, il n'y a pas eu dans toute l'histoire de la Russie de « nationaliste grand-russe » comme l'empereur des Français. En effet, il ne proposait rien de moins que de créer un Empire russe qui se serait étendu de Stockholm à Constantinople !

Tout cela n'était pas le fruit de la naïveté ni de la sottise, ce n'était pas un mauvais tour ni une tromperie, ainsi que l'affirment, pour se débarrasser du fait, certains historiens russes qui se sont mis dans la tête que Napoléon ne souhaitait rien d'autre qu'« anéantir les orthodoxes ». Mais, en 1807, il avait tout simplement compris qu'il n'avait pas le choix. Il devait se battre contre l'Angleterre pour le droit à exister et à respirer, et cela, il ne pouvait le faire tout seul ! Il lui fallait proposer à son allié quelque chose que ne pouvait refuser qu'un insensé ou un ennemi de son propre pays.

Napoléon était-il agressif ? Bien sûr, et comment ! Mais les représentants de l'oligarchie anglaise, disposés à écraser quiconque pour un penny, étaient-ils des enfants de chœur ? C'étaient eux qui avaient tué des civils à Copenhague, financé toutes les coalitions contre la France, donné de l'argent et des armes à n'importe qui à condition de massacrer tous ceux qui barraient la route aux politiciens anglais.

Le chevalier de l'ordre de Saint-André Napoléon Bonaparte proposait à la Russie un projet de politique étrangère si grandiose que Pierre le Grand lui-même aurait pu le signer.

Bien entendu, la discussion des détails ne pouvait que susciter des désaccords. Et, effectivement, lorsque l'ambassadeur de France, Caulaincourt, et le ministre des Affaires étrangères de Russie, Roumiantsev, se rencontrèrent, ils engagèrent des négociations acharnées sur l'attribution des terres à l'Empire russe, à la France et à l'Autriche. C'étaient les Dardanelles qui posaient la question la plus délicate. Roumiantsev déclara que la possession du Bosphore et de Constantinople sans un contrôle de l'accès à la Méditerranée n'avait pas grande valeur. Ils en discutèrent pendant quatre heures, le 9 mars 1808, et plusieurs heures encore le lendemain. Mais on aurait pu et dû arriver à un accord. Les conditions étaient trop avantageuses pour la Russie et, en ce qui concerne Napoléon, il était tout simplement contraint de s'entendre avec Alexandre : l'avenir de son empire en dépendait. C'est pourquoi, au printemps 1808, les deux empereurs prirent la décision de se rencontrer pour mettre au point les détails du grand projet. Le lieu de la rencontre, sur proposition d'Alexandre, fut fixé dans l'agréable petite ville allemande d'Erfurt. Mais des événements inattendus vinrent soudain apporter des correctifs à ces plans grandioses.

CHAPITRE V

La Péninsule en flammes

Rappelons que, aux termes de la paix de Tilsit, les « Hautes Parties contractantes » devaient, entre autres, exiger du Portugal la fermeture de tous les ports du royaume aux navires anglais. En cas de refus de la cour de Lisbonne, il convenait de lui déclarer la guerre. Pour le Portugal qui, depuis l'époque du traité de Methuen de 1703[*], était en fait une semi-colonie de la Grande-Bretagne, il était absolument impossible de satisfaire à cette exigence.

Une armée française forte de 25 000 hommes, placée sous le commandement du général Junot, était concentrée dans le sud-ouest de la France en vue d'envahir le Portugal. Le 27 octobre 1807, la cour d'Espagne conclut sans aucun problème un accord avec Napoléon. Aux termes de celui-ci, les troupes françaises obtenaient le libre passage à travers l'Espagne, devenue l'alliée de la France dans sa guerre contre son voisin de l'ouest. À la fin de novembre 1807, l'armée de Junot entra sans difficulté dans Lisbonne, d'où la famille royale s'enfuit en bateau.

Pendant que les Français occupaient le territoire du Portugal, une crise couvait au sein du couple royal d'Espagne. Le vieux roi Charles IV de Bourbon ne gouvernait pratiquement plus. Le pouvoir était exercé par la reine Marie-Louise de Parme, une femme laide d'un certain âge, portée sur les plaisirs charnels, ou, plus exactement, sur son favori Manuel Godoy, le prince de la Paix, ainsi qu'on le surnommait depuis 1805. Ancien officier de la Garde royale, ce solide gaillard, vaniteux et effronté, avait concentré entre ses mains les rênes du pouvoir. Non seulement il s'était enrichi de façon

---

[*] En fonction de ce traité, l'Angleterre se voyait attribuer des avantages commerciaux tels que les marchands anglais s'emparèrent très rapidement de tout le commerce du Portugal. Parallèlement, les importations illimitées des Britanniques écrasèrent le développement de l'industrie locale, à la suite de quoi le Portugal se retrouva dépendre économiquement, puis politiquement, de la Grande-Bretagne.

inouïe, mais il intriguait pour modifier l'ordre de succession au trône et écarter du pouvoir l'héritier légitime, le prince des Asturies, Ferdinand. Le peuple détestait Godoy, et le jeune Ferdinand (en 1807, il avait vingt-trois ans) jouissait de la sympathie générale. Le conflit pouvait éclater à tout moment.

Pressentant l'imminence d'événements dramatiques, Napoléon projeta de les utiliser à ses fins. Sous prétexte de renforcer l'armée stationnée à Lisbonne, des colonnes de troupes françaises, placées sous le commandement général de Murat, envahirent l'Espagne. Il est intéressant de noter que les Espagnols accueillirent les détachements français avec bienveillance, car ils considéraient qu'ils étaient venus libérer l'Espagne du favori universellement détesté.

À ce moment-là, l'orage qui couvait depuis longtemps éclata. Dans la nuit du 17 au 18 mars 1808, des partisans du prince Ferdinand firent irruption dans le palais royal d'Aranjuez, aux environs de Madrid. Don Godoy échappa de justesse à la mort en se cachant dans une armoire. Il fut retrouvé le lendemain et ne demeura en vie que grâce à l'intervention de Ferdinand en personne. Le roi et la reine furent contraints d'abdiquer, et le prince monta sur le trône sous le nom de Ferdinand VII.

Souhaitant sauver Godoy d'un inévitable châtiment, le roi et la reine déchus demandèrent l'aide de Murat. Celui-ci, sentant dans quel sens soufflait le vent, conseilla à Charles IV de recourir à la médiation de Napoléon et de contester leur abdication. Ferdinand, de son côté, se hâta également de se plaindre à l'empereur. C'est ainsi que se noua une intrigue qui devait se transformer en drame sanglant.

Napoléon proposa à toutes les parties en conflit de venir le rencontrer à Bayonne. Là, en avril 1808, se déroula une entrevue historique. Le roi et la reine déversèrent un torrent d'injures sur leur fils, exigeant de l'empereur qu'il rétablisse le droit.

La tentation était trop grande. C'était là une occasion magnifique d'écarter du pouvoir une dynastie discréditée. Napoléon pensait qu'il pourrait très facilement remplacer ces souverains enlisés dans les querelles par un nouveau roi, à savoir son propre frère, Joseph. L'empereur considérait que lorsqu'il aurait installé sur le trône d'Espagne un roi de sa dynastie, conduit dans le pays une série de réformes urgentes, mis en place un gouvernement pragmatique, il lui serait facile de conquérir le cœur des Espagnols. À l'Espagne décadente et arriérée se substituerait une nouvelle Espagne, un pays fort, à l'économie florissante, un allié sûr de l'Empire français qui – et c'était l'essentiel pour Napoléon – l'aiderait dans sa lutte contre l'Angleterre avec ses navires, ses marins, et enfin en fermant tout simplement ses ports aux marchandises anglaises.

Napoléon ne s'attendait pas à ce que la mutation dynastique soulève une véritable indignation. Il lui semblait que les Bourbons avaient fait leur temps et que l'Espagne aspirait au changement. Enfin, la garantie de l'intangibilité de l'indépendance nationale et le maintien des privilèges de l'Église catholique lui paraissaient des conditions tout à fait suffisantes pour que les Espagnols acceptent sans trop de difficultés ce jeu de chaises musicales sur le trône.

Le ministre autrichien Metternich, homme bien informé qu'il est difficile de soupçonner de sympathie envers Napoléon, a écrit : « On avait assuré à l'empereur que la seule difficulté qu'il rencontrerait en Espagne serait la mauvaise impression produite par son refus d'y régner en personne [!][1]. » De sorte que Napoléon ne se préparait nullement à la guerre, mais à un coup d'État sans effusion de sang.

Et, effectivement, en ce qui concerne la famille royale, tout se passa plus facilement, même, que Napoléon ne s'y attendait. Ferdinand renonça à la couronne dont il s'était emparé et, quant au roi et à la reine, en remerciement pour les « bienfaits de Napoléon », ils se hâtèrent de faire de même. Ferdinand et le couple royal vieillissant reçurent des mains de l'empereur des palais où ils pouvaient vivre à leur guise grâce à une somptueuse gratification. Napoléon, lui, obtint la couronne d'Espagne pour son frère. Mais, si les dirigeants du pays avaient renoncé aisément au pouvoir, les Espagnols accueillirent pour leur part tout autrement les événements de Bayonne.

Au matin du 2 mai 1808, lorsque les premières nouvelles en parvinrent à Madrid, une insurrection éclata dans la ville. Beaucoup de soldats français qui se promenaient dans les rues furent mis en pièces par la foule.

À la première alerte, Murat rassembla les forces qu'il avait à sa disposition et se précipita sur les insurgés. La rébellion fut noyée dans le sang, et Madrid se calma. Cependant, *El dos de Mayo* (le 2 mai) fut l'étincelle qui alluma l'insurrection dans tout le pays. Partout en Espagne apparurent des juntes locales qui organisèrent la résistance, et la Junte centrale de Séville déclara la guerre à la France au nom du peuple tout entier.

Ainsi commença la guerre la plus longue et la plus acharnée qu'ait connue l'Empire napoléonien. En effet, si la campagne de 1805 ne dura que quatre mois, si la guerre de 1812 en Russie se prolongea environ six mois, la guerre pour l'indépendance de l'Espagne (ainsi qu'on l'appelle dans l'historiographie espagnole) se poursuivit pendant près de six ans !

Hélas, Napoléon ne perçut pas l'essence des événements. Il considéra au début l'énorme vague de colère populaire comme des troubles de peu d'importance. Le 6 mai 1808, il écrivit de Bayonne à Talleyrand : « Je regarde donc le plus gros de la besogne comme fait. Quelques agitations pourront avoir lieu ; mais la bonne leçon qui

vient d'être donnée à la ville de Madrid, celle qu'a reçue dernière-
ment Burgos, doivent nécessairement décider promptement des
choses[2]. »

Mais, en dépit du ton désinvolte de cette lettre, l'Espagne avait
déjà entravé les projets de Napoléon à l'est. Il fut contraint de
repousser son entrevue avec Alexandre à une date indéterminée et,
pendant ce temps-là, les événements se déroulaient dans la péninsule Ibérique à une allure vertigineuse.

Les troupes françaises, sous les ordres du maréchal Bessières, écrasèrent les insurgés, le 14 juillet 1808, à la bataille de Medina de Rioseco,
et le roi Joseph put entrer quelques jours plus tard dans Madrid, qui
le reçut dans un silence de mort. Malgré la froideur de l'accueil de la
population – pour employer un euphémisme –, Joseph fut solennellement proclamé roi « d'Espagne et des Indes ». Pourtant, alors qu'à
Madrid le nouveau roi célébrait son « succès », dans le sud de
l'Espagne, non loin de la ville de Baylen, eurent lieu des événements
qui allaient modifier fondamentalement la situation, non seulement
dans les Pyrénées, mais dans toute l'Europe.

Un petit corps d'armée français placé sous le commandement du
général Dupont fut encerclé par des forces, constituées de troupes
régulières et d'insurgés espagnols, supérieures en nombre. Dupont
disposait de 9 000 hommes ; les Espagnols, de 18 000 en ne comptant que les unités régulières. Le général français se laissa tenter par
les conditions avantageuses de la capitulation qu'on lui proposa : le
commandement espagnol s'engageait, si les Français déposaient les
armes, à les renvoyer tout simplement en France à bord de navires
anglais.

Le 22 juillet, les unités de Dupont et de la division Vedel venue à
sa rescousse déposèrent les armes. Les Espagnols agitèrent devant
Dupont la menace de ne pas remplir les conditions honorables
prévues si son subordonné, dont le détachement n'avait d'abord pas
été comptabilisé dans la capitulation, ne se joignait pas aux troupes
qui se rendaient. Vedel eut la sottise d'écouter son chef et, en conséquence, ce ne furent plus 9 000, mais 18 000 soldats français qui se
rendirent aux Espagnols, et ceux-ci violèrent alors de façon éhontée
tous leurs engagements. Les soldats qui avaient déposé les armes par
suite de la lâcheté criminelle de leur commandant allaient passer six
longues années en captivité dans des conditions effroyables. Beaucoup d'entre eux ne reverraient jamais plus la France.

Mais le plus important dans cette histoire, ce furent les conséquences politiques de la capitulation de Baylen. On raconte que personne n'avait encore vu un accès de rage semblable à celui qui
s'empara de l'empereur à la nouvelle de la reddition de Dupont, et
ce n'est pas fortuit. Napoléon comprit d'emblée que cet événement
exercerait une influence ravageuse sur toute sa politique euro-

péenne. Il écrivit le 3 août 1808 à Joseph, depuis Bordeaux où il avait appris la nouvelle : « Dupont a flétri nos drapeaux. Quelle ineptie ! Quelle bassesse ! [...] Des événements d'une telle nature exigent ma présence à Paris. L'Allemagne, la Pologne, l'Italie, etc., tout se lie. Ma douleur est vraiment forte, lorsque je pense que je ne puis être en ce moment avec vous et au milieu de mes soldats[3]. »

Souvent, lorsqu'ils décrivent la guerre d'Espagne, les historiens affirment que Napoléon n'avait aucune chance de succès, car il est impossible de vaincre l'insurrection de tout un peuple. Il y a pas mal de bon sens dans cette affirmation, et les événements qui se sont déroulés dans la péninsule Ibérique semblent la confirmer en tout point. Il ne faut cependant pas oublier que Napoléon n'avait pas seulement des opposants, mais également d'ardents partisans en Espagne. Si, au printemps 1808, lorsque la vague du mouvement populaire n'avait pas encore atteint son apogée, l'empereur avait fait entrer en Espagne des forces puissantes, il aurait peut-être réussi à remplir l'objectif qu'il s'était fixé. Mais, en juillet 1808, il n'y avait là que 100 000 soldats dispersés sur un immense territoire ; en outre, l'écrasante majorité d'entre eux étaient des recrues qui n'avaient encore jamais flairé l'odeur de la poudre. C'étaient des bataillons de réserve, des escadrons de marche composés d'unités appartenant à divers régiments – au total, tout ce qui se trouvait sur les arrières de la Grande Armée, laquelle n'était pas encore revenue d'Allemagne après la campagne de 1805-1807.

Le résultat de cette sous-estimation de la résistance espagnole fut la capitulation de Baylen, qui servit de détonateur à une énorme explosion. Si, jusqu'à ces événements fatals, une grande partie des Espagnols n'avait pas fait son choix, appréhendant le prestige de l'armée napoléonienne, après Baylen la situation changea. La propagande des insurgés espagnols et la presse anglaise répandirent en un clin d'œil dans toute l'Espagne et dans le reste de l'Europe des récits extraordinairement gonflés de la capitulation de Dupont, ce qui modifia aussitôt le climat moral en Espagne. Une puissante vague d'enthousiasme envoya sous les armes des milliers d'hommes qui doutaient récemment encore. Sur les drapeaux des régiments nouvellement engagés apparurent des inscriptions présomptueuses comme : « Aux vainqueurs des vainqueurs de Marengo, Austerlitz et Iéna ! »

Peu importe que les Espagnols aient en réalité battu un petit corps d'armée composé de nouvelles recrues. Napoléon lui-même disait qu'à la guerre la chose la plus précieuse est le moral, et que croire sincèrement à quelque chose, c'est déjà la réaliser à moitié. À présent, les miliciens, les insurgés et les soldats des régiments réguliers espagnols étaient convaincus qu'ils pourraient écraser n'importe quelles troupes de l'Empire napoléonien. En l'espace de quelques jours, la situation sur le théâtre des opérations bascula. Joseph fut contraint de fuir Madrid, les unités françaises reculèrent vers la frontière. Junot se retrouva au Portugal, coupé du gros des troupes, et, au début d'août, un groupement de troupes anglaises commandé par notre vieille connaissance sir Arthur Wellesley débarqua sur le sol de ce pays. L'escadre de Séniavine était bloquée (voir chapitre précédent).

À Saint-Pétersbourg, toute la haute société discutait fiévreusement des nouvelles venues d'Espagne. Caulaincourt écrivit à ce moment, dans ses rapports sur l'état d'esprit de l'élite russe : « On dit Cadix occupée par les Anglais et la flotte française prise par eux. On dit le Portugal en révolte et évacué par les Français, l'escadre russe brûlée en partie, le reste pris par les Anglais. [...] On dit le général Dupont pris avec 25 000 Français et 10 000 Suisses, le maréchal Bessières battu le 16 [juillet] avec des pertes considérables, et forcé à se retirer, le maréchal Moncey en retraite sans être battu et destitué, le général Lefebvre battu et coupé, le général Junot enfermé dans ses retranchements et dans les forts de Lisbonne, le roi parti de Madrid avec l'armée[4]... »

Dans ces cas-là, il ne sert à rien de rechercher la vérité. L'escadre russe, comme nous l'avons déjà indiqué, n'avait pas été incendiée, mais s'était rendue à des conditions honorables. Bessières n'avait pas perdu la bataille du 16 juillet, mais avait au contraire, comme nous venons de le dire, remporté une brillante victoire, le 14, à Medina de Rioseco, et non seulement ne s'était pas retiré, mais était entré dans Madrid... Mais l'important est que la noblesse russe qui, peu de temps auparavant, avait commencé à s'accoutumer à l'alliance russo-française, s'en était à nouveau majoritairement détournée.

Des changements réellement inimaginables s'étaient produits entre-temps en Autriche. Les premières informations sur les événements d'Espagne avaient réveillé brusquement le nationalisme pangermanique et le patriotisme autrichien jusque-là assoupis. La nouvelle épouse de l'empereur, la jeune et jolie Marie-Louise d'Este, rêvait de guerre contre les « jacobins ». Le ministre des Affaires étrangères, Johann-Philipp von Stadion, qui remplaçait le comte Kobentzel, appelait lui aussi à prendre une revanche sur les défaites antérieures. Des pamphlets antinapoléoniens espagnols traduits en anglais étaient diffusés à Vienne. Le journal *Les Feuilles nationales* excitait l'humeur patriotique générale. L'aristocratie viennoise hostile à l'Empire napoléonien se regroupait autour des salons anti-napoléoniens.

Au-delà des frontières de l'Autriche, à Königsberg, apparut en avril 1808 l'organisation secrète Tugendbund, qui réunissait la jeunesse étudiante, et Fichte y prononça ses fameux « Discours à la nation allemande ». Dans le huitième de ces discours, effectuant un parallèle évident avec l'empire de Napoléon, le philosophe énuméra les bienfaits de la civilisation romaine. Il n'en exalta pas moins les anciens Germains qui avaient pris les armes pour leur indépendance : les Germains « ne voyaient-ils donc pas la prospérité plus grande des provinces romaines, les jouissances plus fines qui y étaient accessibles, et en même temps, à profusion, les lois, les tribunaux, les faisceaux et les haches des licteurs ? Les Romains n'étaient-ils pas tout prêts à leur faire partager l'ensemble de ces bienfaits ? À travers plusieurs de leurs propres princes qui se laissèrent convaincre que la guerre contre ces bienfaiteurs de l'humanité serait une rébellion, n'eurent-ils pas la preuve de la si fameuse clémence romaine quand ils virent les plus conciliants parés de titres de rois, de postes de commandants dans les armées romaines ? N'avaient-ils aucune conscience des avantages de la culture romaine ? [...] [Mais], pour eux, la liberté consistait à rester allemands. [...] L'esclavage, c'était pour eux tous ces bienfaits que les Romains leur proposaient, parce qu'en les acceptant il leur aurait fallu ne plus être allemands et devenir à moitié romains[5] ».

La nouvelle de la défaite de Baylen provoqua une véritable explosion de liesse dans les milieux nationalistes allemands et, derrière les discours des philosophes et les bavardages mondains, on entendait distinctement le cliquetis des armes. Des colonnes de troupes se dirigèrent vers les frontières de la monarchie des Habsbourg, la Bohême et la Hongrie votèrent l'octroi de subventions à la *Landwehr*, milice créée par un décret de l'empereur d'Autriche de juin 1808. Les dames de la haute société viennoise menaient une propagande assidue en faveur de l'enrôlement dans les rangs de cette troupe nouvelle, et l'impératrice brodait de ses propres mains des rubans pour ses drapeaux... Tout cela ressemblait beaucoup à l'état d'esprit qui régnait à Berlin en 1806, à cette différence près que, cette fois, l'enthousiasme guerrier ne se limitait pas au corps des officiers, mais se répandait dans une grande partie de la population. Les six bataillons de la *Landwehr* de Vienne étaient entièrement composés de volontaires. Enfin, l'élan patriotique était également soutenu par l'Église catholique.

En juillet 1808, le comte Stadion invita chez lui l'ambassadeur russe à Vienne, le prince Kourakine, et lui exposa de façon assez sincère, dans un long entretien, l'intention qu'avait sa cour de faire la guerre à la France. Kourakine envoya à Pétersbourg un rapport très détaillé de cet entretien, dans lequel il écrivait en particulier : « Le comte Stadion [...] a dit [que] jamais l'Autriche n'en avait eu une [armée] plus complète ni mieux équipée. [...] Jamais il ne s'était présenté d'époque plus favorable pour se refaire des pertes précédentes [que] [...] l'occupation que donnent à l'empereur des Français les affaires d'Espagne. Elles prennent une tournure inquiétante pour la France par l'énergie du caractère espagnol[6]. »

En résumé, il était dit sous une forme diplomatique que l'Autriche avait l'intention de frapper pendant que Napoléon était occupé en Espagne, et que l'empereur d'Autriche comptait beaucoup, sinon sur le concours des Russes, du moins sur leur bienveillante neutralité.

Si ces pourparlers étaient menés en secret, il était impossible, en revanche, de dissimuler les formidables préparatifs militaires des Habsbourg. Napoléon, qui ne pensait qu'à la lutte contre l'Angleterre, et qui devait maintenant se sortir d'urgence du pétrin où il s'était fourré en Espagne, n'avait absolument pas besoin d'une guerre au cœur du continent. Il voyait dans l'alliance russe le moyen le plus évident et le plus simple de l'éviter. À présent, la question du partage de la Turquie, du Bosphore et des Dardanelles était repoussée *sine die*. Il fallait stopper d'urgence les Autrichiens. La rencontre des empereurs à Erfurt, reportée à l'automne, vit son ordre du jour radicalement modifié.

Le 23 septembre 1808, le carrosse de campagne de Napoléon quitta le château de Saint-Cloud et fit route vers l'est. Alexandre était parti plus tôt de Saint-Pétersbourg, le 14 septembre, car il avait un plus long trajet à faire. Le jeune tsar fut accompagné par les larmes et les prières de sa mère, qui suppliait son fils de ne rencontrer à aucun prix le monstre corse. « Vous répondrez de ce voyage devant l'empereur et devant la Russie ! » se serait-elle exclamée en s'adressant au maréchal de la cour Tolstoï.

Il faut interrompre ici le récit chronologique, et s'arrêter un instant sur la position de la noblesse russe à l'égard de l'alliance russo-française en général, et sur l'influence de l'impératrice veuve Maria Fédorovna.

Quelques jours avant qu'Alexandre ne parte à la rencontre de Napoléon, sa mère lui adressa une longue lettre qui occuperait une dizaine de pages de cet ouvrage si on la citait dans son intégralité, mais qui, pour nous, outre le fait d'être un chef-d'œuvre de graphomanie, constitue un bon résumé de ce que pensait l'opposition conservatrice à la politique du tsar.

Rappelons que la majeure partie de l'aristocratie russe a toujours considéré Napoléon comme le suppôt d'une révolution ennemie de Dieu, et par conséquent, *a priori*, comme un ennemi du genre humain et de la Russie en particulier. Cependant, avant la guerre de 1805-1807, cette hostilité n'était pas si forte ; surtout, la majorité de la classe dominante russe n'en concluait aucunement qu'il fallait faire la guerre à un usurpateur dont les excès révolutionnaires se situaient à l'autre bout de l'Europe.

À présent, après trois ans de guerre, la Révolution française était arrivée aux frontières de l'empire et la question de la lutte contre elle était inscrite à l'ordre du jour de la plupart des milieux conservateurs de la noblesse russe. En effet, la proportion d'aristocrates proclamant une attitude intransigeante à l'égard de Napoléon s'était considérablement accrue, surtout parmi la haute noblesse.

Il semble toutefois que cette opposition n'ait pas été unanime, loin de là. La quasi-totalité des témoignages de la vive hostilité de la noblesse russe émanent de mémoires influencés par les passions datant de la guerre de 1812 et des années qui suivirent. Il ne s'agit pas là en fait de l'opinion de la noblesse et du peuple russes en 1808, par exemple, mais d'un aperçu des sentiments qui s'emparèrent de la majorité de la société russe pendant la Guerre patriotique[*].

Or, ce qui nous intéresse ici, c'est l'état de la Russie d'après Tilsit, et là, tout n'est pas aussi simple qu'il y paraît. Voici ce qu'écrivait au sujet de l'empire de Napoléon, en janvier 1809, la célèbre revue moscovite *Genij vremeni* (Le Génie du temps) : « Cet État [la France] se rapproche à pas de géant, attirant sur lui pendant vingt ans l'attention du monde entier en raison de son niveau inattendu de grandeur et de force. Guidé par la sagesse d'un grand homme tenant en son pouvoir des millions de personnes, il se transforme et introduit un ordre des choses tout à fait nouveau. Les dernières traces d'un affreux désordre [la Révolution] qui a ruiné cette terre pendant plusieurs années ont tout à fait disparu l'an passé [1808]. Une nouvelle noblesse héréditaire a pris la place de l'ancienne. [...] Le trône de Napoléon en a tiré une grande stabilité et un nouvel éclat. [...] L'instruction publique a reçu de nouvelles règles et est confiée à l'Université impériale. Pour faciliter l'enseignement ont été créées des pensions [des bourses], et les fils des officiers méritants sont placés dans des collèges. Les fabriques et les manufactures atteignent un état florissant[7]... »

Et l'on pouvait lire au même moment dans la revue encore plus célèbre *Vestnik Evropy* (Le Courrier de l'Europe), dont le rédacteur en chef était Vassili Joukovski[**] : « Napoléon lui-même, né pour les agitations guerrières et la gloire guerrière, a déclaré solennellement qu'il était prêt à des sacrifices pour rétablir un calme souhaitable en Europe[8]. » Pour ce qui est des événements récemment survenus en Espagne, les sympathies des collaborateurs de la revue sont évidentes : « Les rusés Britanniques n'ont pas laissé passer l'occasion de susciter des émeutes en Espagne, profitant de l'absence des troupes

---

[*] C'est le nom que l'on donne en Russie à la guerre de 1812 (*N.d.T.*).

[**] Vassili Joukovski (1783-1852), poète et critique russe, précurseur du romantisme en poésie russe. En 1826, il devint le tuteur du prince héritier de Russie, le futur Alexandre II, et défendit le mouvement des décembristes. (*N.d.T.*)

françaises. Dans les provinces du Nord et du Sud [...] s'est allumée la flamme d'une terrible rébellion ; le peuple, attisé par le fanatisme et la cruauté, a mis à mort avec barbarie ses chefs, ainsi que de nombreux Français installés en Espagne[9]. »

Tout cela est bien éloigné de l'opinion devenue pratiquement un axiome, en particulier dans les études publiées à l'époque soviétique et qui s'appuyaient sur les ouvrages de l'historien Nikolaï Doubrovine, spécialiste des mémoires à la fin du XIXe siècle. On peut lire dans l'une de ces études : « Tel était alors l'état d'esprit de la société : l'idée de vengeance et la haine populaire envers Napoléon croissaient de jour en jour. "Le sentiment de haine envers les Français, écrit X. Polevoï[*], était présent chez tous les Russes qui réfléchissaient[10]." »

On ne peut qu'être stupéfait des généralisations en bloc fondées sur de tels « témoignages », si l'on considère que leur auteur, Xénophon Polevoï, qui a rédigé ses mémoires un demi-siècle environ après l'époque napoléonienne, avait... six ans au moment de la signature de la paix de Tilsit !

Mais revenons à la mère d'Alexandre. Sa lettre est un document bien plus important, car elle a été écrite en 1808 et exprime par conséquent l'opinion de son époque, ou plus exactement celle des conservateurs les plus virulents, dont elle était l'un des leaders. Même la tsarine régnante, Elizavéta Alexéevna, qui était loin de sympathiser avec les bouleversements révolutionnaires, notait à son propos : « L'impératrice [douairière], qui, comme mère, devait soutenir, défendre les intérêts de son fils [...], a réussi à ressembler à une meneuse de fronde : tous les mécontents, qui sont en grand nombre, se rallient à elle. [...] Je ne puis vous rendre à quel point cela m'indigne[11]. »

La lettre, donc. En ce qui concerne l'Europe, Maria Fédorovna est catégorique : « La situation générale à l'étranger présente au plus haut point un tableau triste et frappant. L'Europe est soumise aux volontés d'un tyran sanguinaire. [...] L'infortuné jeune roi [Ferdinand VII] se languit dans un château qui sera sans doute son tombeau. [...] Terrassé par son premier véritable échec, il [Napoléon] se trouve en état de crise [...] ; si les Espagnols continuent à tenir et à triompher de lui, leur exemple entraînera d'autres peuples qui gémissent sous le joug[12]... »

Si nous ne savions pas qui avait écrit cette lettre, nous pourrions croire que c'est là l'œuvre de quelque *carbonaro* fomentant une révolution contre un impitoyable oppresseur. Mais, si ridicule que cela puisse être, c'est la propriétaire de millions de serfs réduits en

---

* Xénophon Polevoï (1801-1867), journaliste, critique et mémorialiste russe. (*N.d.T.*)

esclavage qui évoque ceux qui « gémissent sous le joug » ; la souveraine d'un pays où, rien que sous le règne d'Alexandre Ier, se sont
produites environ 280 révoltes paysannes d'importance, écrasées
dans leur majorité par les armes, où l'arbitraire des propriétaires
fonciers possédant des milliers de serfs ne connaissait aucune limite,
où l'on pouvait lire dans les journaux des annonces du genre :
« Vends une chienne de race avec deux chiots, la fille du nom de
Paraska sachant coudre, et un perroquet parlant... »

Convaincue de la fragilité du pouvoir de Napoléon, Maria
Fédorovna reproduit dans sa lettre tous les clichés des pamphlets
anglais : « L'idole vacille, [...] la guerre [...] est indispensable à
Bonaparte pour détourner l'attention des Français[13]. » Quand à la
personne de l'empereur des Français, sous la plume de l'impératrice
il s'agit simplement d'un bandit de grands chemins. Pour ce qui est
de l'entrevue avec Napoléon, Maria Fédorovna est catégorique : elle
« noircit votre réputation et y laisse une tache indélébile pour
laquelle même les générations futures vous feront des reproches.
[...] Vous vous trompez, et même d'une façon criminelle [!] : ce que
vous faites pour empêcher des malheurs, cela même les déversera
d'une main généreuse sur nos têtes. [...] Alexandre, qu'adviendra-
t-il de notre État, de votre famille ? Vous êtes père de l'un et de
l'autre, écoutez nos prières [...] au nom de Dieu, Alexandre,
renoncez à cette entrevue[14] ! »

Au fond, ce ne serait pas la peine de reproduire tout ce fatras s'il
ne reflétait l'état d'esprit d'une partie non négligeable de la noblesse
conservatrice et si, par surcroît, nous ne connaissions pas la réponse
du jeune tsar, qui donne un clair aperçu de sa politique et de sa
vision de la situation d'ensemble en ces années-là.

Pour commencer, Alexandre rejeta catégoriquement toutes les
fables, puisées dans les pamphlets, comme quoi la France serait un
État instable, prêt à chaque seconde à s'effondrer, un repaire de
bandits semblable à la république des pirates du XVIIe siècle à
Madagascar, dirigée par un bandit de grands chemins dont la seule
force consiste dans la cruauté, la duplicité et la perfidie. « Sur quoi
reposent les suppositions d'une chute si proche d'un empire puissant comme la France de l'époque actuelle ? demandait le jeune tsar.
Auriez-vous oublié qu'elle a résisté à toute l'Europe mobilisée contre
elle à une époque où elle-même était déchirée par tous les partis possibles, par la guerre intestine en Vendée, quand, en place d'une
armée, elle n'avait qu'une garde nationale et, à sa tête, un gouvernement faible, hésitant ? [...] Mais, à l'heure actuelle, elle est dirigée
par un homme extraordinaire, dont les talents et le génie ne
peuvent être discutés [...], et dispose d'une armée aguerrie,
éprouvée par quinze ans de campagnes ; et on voudrait qu'un tel
empire s'écroule parce que deux corps d'armée français conduits de

façon déraisonnable ont été défaits par un ennemi aux forces supérieures ?! »

Alexandre, qui le savait déjà, avait encore mieux compris, depuis la rencontre de Tilsit, qu'il n'avait pas affaire à un petit voyou, mais à un grand homme. Lors des revues de Tilsit, il avait observé l'éclat et la puissance de son armée, il avait vu la fougue de ses jeunes généraux, et il avait pris connaissance, au cours de la brève année de paix, des œuvres des savants, des artisans et des artistes français de talent. Ses lettres à toutes les têtes couronnées d'Europe de 1802 à 1806, appelant à sauver le monde d'un monstre assoiffé de sang, c'était, si l'on peut dire, pour la consommation externe. Mais, devant sa mère, il est extrêmement franc : oui, Napoléon est grand ; non, « il ne souhaite pas la guerre avec l'Autriche. Cette dernière ne peut l'entreprendre que si elle se trompe sur ses véritables intérêts... ». Tout cela est vrai, certes, mais cela ne l'empêche pas, lui, Alexandre, de préparer la perte de Napoléon : « Mais nous devons y travailler dans le silence le plus profond, et non dévoiler sur la place publique nos armements, nos préparatifs, en tonnant contre celui dont nous nous méfions[15]. »

Les circonstances permirent à Alexandre d'obtenir à Erfurt une excellente occasion de fomenter, « dans le silence le plus profond », des intrigues de coulisses.

L'empereur des Français arriva dans la petite ville allemande envahie de troupes, de hauts dignitaires, de diplomates et tout simplement de curieux, le 27 septembre, quelques heures avant son impérial « ami ». Napoléon refusa catégoriquement tous les honneurs personnels, car il s'était fixé pour tâche d'entourer Alexandre Ier de signes d'attention et d'honneur. Les maisons anciennes de l'aimable cité avaient été rénovées, nettoyées, et le palais princier équipé d'un mobilier luxueux de style Empire. On avait enlevé les portraits des princes en perruques poudrées et accroché à leur place des tapisseries pompeuses décorées des symboles de l'Empire, aigles et abeilles brodées d'or. On avait disposé partout des vases précieux, du bronze plaqué d'or étincelant.

Napoléon avait ordonné de ne lésiner sur rien pour gagner la bienveillance d'Alexandre et lui montrer tout l'éclat de son empire. Des unités d'élite de la Garde et les meilleurs régiments cantonnés à proximité étaient arrivés à Erfurt. La garnison était commandée par le général Oudinot. La troupe de la Comédie-Française, avec le célèbre tragédien Talma et les plus jolies comédiennes, avait été convoquée. « Il me faudra tous les jours un spectacle. [...] Je veux étonner l'Allemagne par ma magnificence[16] », aurait dit l'empereur à l'ancien ministre des Affaires étrangères, Talleyrand, qui, en dépit de sa démission en août 1807, avait été invité à la rencontre d'Erfurt en qualité de conseiller. Il avait en outre conservé sa dignité de grand chambellan de la Maison impériale, ce qui fournissait un prétexte formel à sa présence parmi la suite de l'empereur.

D'ailleurs Talleyrand, dont nous évoquerons encore le rôle lors de l'entrevue d'Erfurt, avait tenté de persuader l'empereur qu'il fallait y inviter également l'empereur d'Autriche. Mais Napoléon voyait avant tout dans cette entrevue la possibilité d'un échange de vues en tête-à-tête avec le jeune tsar, et ne souhaitait absolument pas la présence de ce monarque qui préparait une guerre contre lui. Le seul représentant autrichien fut le baron de Vincent, porteur d'une lettre de François, son souverain, qui ne contenait que des formules diplomatiques générales et sans importance.

En ce qui concerne les rois et princes allemands, il n'était pas même besoin de les convier, car ils ne voulaient pas manquer cet événement historique et s'étaient invités d'eux-mêmes à Erfurt. Étaient venus les rois de Bavière, de Wurtemberg, de Saxe, le duc d'Oldenbourg, les princes de Cobourg, de Mecklembourg-Schwerin, de Thurn und Taxis, etc., avec leurs suites, leurs chambellans, leurs pages, leurs laquais en livrée, leurs carrosses... En résumé, on ne s'ennuyait pas dans la ville et les vingt hôtels furent pris d'assaut, de même que toutes les maisons où l'on pouvait se loger.

Pour montrer toute son attention envers le jeune tsar, Napoléon sortit de la ville à la tête d'une énorme suite pour accueillir son « ami ». Lorsque l'équipage d'Alexandre apparut, l'empereur des Français sauta à bas de son cheval, le tsar descendit de carrosse et ils s'étreignirent comme de vieux amis. On amena ensuite à Alexandre un beau cheval richement équipé et les empereurs se dirigèrent ensemble vers la ville.

Aux portes d'Erfurt étaient placés des bataillons et des escadrons en grande tenue, une musique solennelle et des salves d'artillerie retentirent, les aigles de bronze étincelantes s'inclinèrent et l'on entendit partout des cris de : « Vive les empereurs ! » Le soir, dans la ville brillamment illuminée régnait une animation bruyante, on voyait partout des officiers et des soldats en tenue de sortie, et des habitants en vêtements élégants qui se promenaient. Tout semblait se dérouler de façon idyllique.

À partir du 28 septembre, l'entrevue prolongée d'Erfurt suivit pratiquement chaque jour le même rituel. Le matin, les empereurs vaquaient chacun à leurs affaires ; l'après-midi, ils se rencontraient et discutaient de questions politiques ; les soirées étaient consacrées au théâtre, aux bals et aux réceptions.

En dépit du vaste programme de réjouissances mondaines, l'entrevue d'Erfurt fut l'une des plus importantes batailles diplomatiques du XIXe siècle. Presque tout de suite, elle ne se déroula pas comme l'avait prévu Napoléon. Et un homme auquel il convient de faire un sort à part joua là un rôle majeur.

Des centaines d'épais volumes ont été consacrés à Talleyrand, prince de Bénévent, et il est difficile et même impossible de le décrire en quelques mots. Sans aucun doute diplomate de grand talent, un des meilleurs spécialistes de son temps en matière de relations internationales, interlocuteur brillant et spirituel, le prince de Bénévent, disons-le carrément, n'avait rien d'un héros. Mirabeau, le célèbre acteur de la Révolution française, le définit ainsi : « C'est un homme indigne, lâche, un vil intrigant, c'est de la boue et de l'argent qu'il lui faut. Pour de l'argent, il a vendu son honneur et son ami. Pour de l'argent, il vendrait son âme, et il aurait raison, car il troquerait son fumier contre de l'or. »

Pourquoi donc Napoléon recourait-il aux services de ce coquin corrompu ? C'est très simple : l'empereur reconnaissait les compétences et les talents diplomatiques du ministre et voulait les utiliser à ses fins, étant manifestement persuadé que son génie personnel était de toute façon supérieur et qu'il pourrait contrôler l'activité de son collaborateur en l'orientant vers le bien de l'État. Ce schéma fonctionna dans l'ensemble jusqu'en 1807, mais à Erfurt, nous le verrons, il fit défaut...

Il convient de noter que Talleyrand n'était pas seulement mû par l'appât du gain, il professait également une certaine conception de la politique. Selon lui, la position de la France en matière de politique étrangère avait été idéale en 1802, après la signature de la paix d'Amiens avec l'Angleterre. Les guerres de 1803-1807 avaient par trop développé la puissance du pays ; quant à l'aventure d'Espagne, elle était grosse de catastrophes. Talleyrand parle assez clairement de cela dans ses mémoires. Là-dessus, il est difficile de ne pas être d'accord avec la logique du ministre. Cependant, la voie qu'il choisit pour parvenir à un juste réagencement du monde ne laisse pas d'étonner. Le prince de Bénévent décida d'empêcher le renforcement de l'alliance de Napoléon avec la Russie. « S'il eût réussi à Erfurt, écrivit-il de Napoléon, il aurait, sous quelque prétexte facile à imaginer, cherché querelle à l'Autriche, et, après quelques succès militaires, il aurait tâché d'en faire ce qu'il avait fait de la Prusse[17]. »

Même Alexandre savait – il le disait dans sa lettre à sa mère – que Napoléon ne recherchait pas la guerre avec la monarchie des Habsbourg, et qu'il s'efforçait d'éviter à tout prix ce conflit. C'était au fond dans ce but qu'avait été organisée la rencontre d'Erfurt. De sorte que les raisonnements du prince de Bénévent étaient absolument faux, et que ses menées ultérieures s'expliquaient de tout autre façon.

Si étrange que cela puisse paraître, Napoléon faisait à tel point confiance à Talleyrand que, avant la rencontre, il lui permit de prendre connaissance de tous les documents secrets concernant les relations russo-françaises, en particulier des rapports de Caulaincourt.

Plus encore, non seulement l'empereur n'interdit pas au prince de Bénévent de rencontrer Alexandre en tête-à-tête, mais il l'y encouragea de toutes les manières, espérant que l'habile diplomate saurait composer le traité avec tant de finesse que la Russie prendrait sur elle un maximum d'engagements.

Mais, lors de sa première rencontre vespérale informelle avec Alexandre dans le salon de la princesse de Thurn und Taxis, le prince de Bénévent confondit son interlocuteur par cette phrase ahurissante : « Sire, que venez-vous faire ici ? C'est à vous de sauver l'Europe, et vous n'y parviendrez qu'en tenant tête à Napoléon. Le peuple français est civilisé, son souverain ne l'est pas ; le souverain de la Russie est civilisé, et son peuple ne l'est pas ; c'est donc au souverain de la Russie d'être l'allié du peuple français[18]. »

« Pour Alexandre, le comportement de Talleyrand fut une véritable révélation, écrivit très pertinemment le célèbre historien russe Evguéni Tarlé. Il distingua là, à juste titre, une faille encore imperceptible pour les autres, mais de mauvais augure dans l'édifice gigantesque et menaçant du grand empire. Un homme comblé de largesses par Napoléon, avec son patrimoine foncier, ses palais, ses millions, le titre d'altesse, des honneurs royaux, s'était soudain décidé à une telle trahison ! Il est curieux de noter que, à Erfurt, Alexandre écoutait davantage Talleyrand qu'il ne lui parlait lui-même. Il se taisait presque tout le temps. Le tsar n'excluait apparemment pas, au début, la possibilité d'une provocation entreprise, qui sait pourquoi, par Napoléon par l'entremise du prince de Talleyrand. Mais ces soupçons d'Alexandre se dissipèrent bientôt[19]. »

À dater de ce jour commencèrent en fait de doubles pourparlers : dans la journée, Napoléon conversait avec Alexandre, s'efforçant de le convaincre de son bon droit ; le soir, Talleyrand, dans le salon de la princesse de Thurn und Taxis, sapait tous les efforts de son empereur.

Talleyrand relata cela dans ses mémoires avec un orgueilleux cynisme :

« Qu'est-ce que dit M. de Vincent ? [demande le tsar].

– Sire, des choses raisonnables, car il espère que Votre Majesté ne se laissera pas entraîner par l'empereur Napoléon dans des mesures *menaçantes*, ou tout au moins *offensantes*, pour l'Autriche ; et si Votre Majesté me permet de le lui dire, je forme les mêmes vœux.

– Je le voudrais aussi ; c'est fort difficile, car l'empereur Napoléon me paraît bien monté. »

Talleyrand ne s'arrêta pas là et continua à argumenter en faveur du sabotage de l'alliance franco-russe.

« Je voyais que je faisais plaisir à l'empereur Alexandre, poursuivait le "héros" de ces événements, il prenait avec un crayon des notes sur

ce que je lui disais [...]. L'empereur Alexandre me montra le lendemain ses observations sur le projet de traité et me dit avec grâce :

– Vous vous y reconnaîtrez dans quelques endroits ; j'y ai ajouté
beaucoup de choses tirées d'anciennes conversations de l'empereur
Napoléon avec moi.

« Ces observations étaient suffisamment bien. Je le trouvai décidé à
les remettre le lendemain matin. Cela me fit plaisir, car il ne me
paraissait point avoir un air assez dégagé pour que je ne désirasse pas
que ce premier pas-là fût fait. Ma crainte n'était pas fondée, car,
dans une conférence qui dura trois heures, il ne céda rien à l'empereur Napoléon, qui m'envoya chercher au moment où ils se séparè-
rent.

– Je n'ai rien fait, me dit-il, avec l'empereur Alexandre ; je l'ai
retourné dans tous les sens ; mais il a l'esprit court. Je n'ai pas avancé
d'un pas.

– Sire, je crois que Votre Majesté en a fait beaucoup depuis
qu'elle est ici, car l'empereur Alexandre est complètement sous le
charme.

– Il vous le montre ; vous êtes sa dupe. S'il m'aime tant, pourquoi
ne signe-t-il pas ?

– Sire, il y a en lui quelque chose de chevaleresque qui fait que
trop de précautions le choquent ; il se croit, par sa parole et par son
affection pour vous, plus engagé avec vous que par les traités. Sa correspondance, que Votre Majesté m'a donnée à lire, est pleine de
traits qui le prouvent.

– Balivernes que tout cela[20] ! »

C'en était fait des desseins de Napoléon... Les idées de Talleyrand
sur l'équilibre européen, sur le fait que la France n'avait nul besoin
de la guerre d'Espagne, étaient certes justes. Mais, en 1808, la situation était ce qu'elle était. Qui en était coupable : Napoléon,
Alexandre, les négociants anglais, les aristocrates autrichiens, les
militaristes prussiens ? Cette question est destinée au tribunal de
l'Histoire, et nous nous y arrêterons bien entendu à nouveau.

Mais, à présent, l'important était ailleurs : il y avait une situation
politique donnée qui n'offrait que deux issues, malheureusement
accompagnées toutes deux d'une effusion de sang.

Dans la première, Alexandre soutient Napoléon, déclare fermement aux Autrichiens qu'en cas d'attaque contre l'Empire français il
remplira ses obligations d'allié. L'Autriche reste tranquille, Napoléon
met de l'ordre en Espagne et, appuyées sur ce nouveau rapport de
forces en Europe, la Russie et la France contraignent l'Angleterre à
conclure la paix, les deux empires conservant toutes leurs acquisitions territoriales.

Dans la seconde, Alexandre se conduit comme le souhaite
Talleyrand. Non seulement il ne brandit pas la guerre comme une

menace à l'égard des dirigeants autrichiens, mais, dans une certaine mesure, il pousse à la guerre, montrant qu'il ne remplira que pour la forme ses engagements envers son allié. Pendant que Napoléon va démêler les affaires espagnoles, les Autrichiens attaquent sur ses arrières. En cas de victoire de l'Autriche, la Russie tout d'abord, puis la Prusse la rejoignent ; l'Empire français, le royaume d'Italie et le duché de Varsovie sont écrasés dans le sang. Napoléon est renversé et, sur les ruines de l'État, Talleyrand récolte les fruits de sa trahison.

En cas de défaite de l'Autriche, Napoléon est contraint d'accroître sa puissance, provoquant encore davantage ses ennemis potentiels, en particulier l'Empire russe. Il s'ensuit une formidable guerre et, pour la suite, voir le scénario précédent : sur les ruines de l'Empire noyé dans le sang, Talleyrand obtient de nouveaux honneurs et de nouvelles richesses. Cette dernière variante des événements s'est d'ailleurs réalisée... et constitue en fait la matière de cet ouvrage.

Que valait-il mieux : une brève campagne en Espagne ou une énorme boucherie, longue de plusieurs années, dans le centre de l'Europe, avec en prime une guerre prolongée et sanglante en Espagne ?

De ces deux orientations, laquelle constitue une politique de paix ? Bon nombre d'historiens qui aiment à faire parade de leur lucidité présentent la trahison de Talleyrand comme l'acte d'un homme raisonnable s'efforçant de toutes les manières – au besoin pas très reluisantes – de freiner un despote sanguinaire. Il nous semble que, à Erfurt, Talleyrand ne s'est pas conduit en homme de paix et de modération, mais qu'au contraire il s'est révélé comme le plus sanguinaire de tous, parce qu'en commettant son ignoble trahison il était le seul à comprendre les conséquences qu'elle entraînerait.

Napoléon demeura naïf et aveugle. Il voyait qu'Alexandre était devenu réticent et que tout n'allait pas comme il le souhaitait. De là son irritation et la célèbre scène où, furieux de l'obstination du tsar, il saisit son chapeau, le jeta à terre et le piétina. Alexandre ne perdit pas son flegme et prononça d'une voix impassible : « Vous êtes emporté, mais moi je suis têtu. Vous n'obtiendrez rien de moi par la colère. Nous allons continuer à discuter tranquillement, ou je m'en vais. » Napoléon était sorti de ses gonds parce qu'il voyait que tous les arguments raisonnables n'avaient aucun effet sur son interlocuteur. Que celui-ci ne parlait pas le langage de l'alliance, mais celui de la confrontation.

C'est là aussi, à Erfurt, qu'Alexandre prit une autre décision importante, non sans les bons conseils de Talleyrand. Napoléon avait suggéré au jeune tsar qu'il avait l'intention de divorcer d'avec Joséphine, qui était stérile, et de rechercher une nouvelle union qui lui permettrait de jeter les fondements d'une nouvelle dynastie. Il était clair qu'il s'agissait d'une possible union dynastique avec une des sœurs du tsar. Alexandre s'en tira par des phrases vagues. Alors, souhaitant obtenir le soutien d'un diplomate expérimenté, Napoléon confia à Talleyrand le soin de s'entretenir avec le tsar à ce sujet.

Et celui-ci s'entremit... Le soir même, le prince de Bénévent donna de précieux conseils à Alexandre :

« J'avoue, écrivit le prince lui-même, que j'étais effrayé pour l'Europe d'une alliance de plus entre la France et la Russie [!]. À mon sens, il fallait arriver à ce que l'idée de cette alliance fût assez admise pour satisfaire Napoléon, et à ce qu'il y eût cependant des réserves qui la rendissent difficile. »

Il ne fallait déjà plus rien expliquer à Alexandre : il savait parfaitement ce qu'il convenait de répondre à Napoléon.

« Au premier mot, poursuivait Talleyrand, il me comprit, et il me comprit précisément comme je voulais l'être. "S'il ne s'agissait que de moi, dit-il, je donnerais volontiers mon consentement, mais [...] ma mère a conservé sur ses filles un pouvoir que je ne dois pas contester[21]." »

Toute cette activité se déroulait d'ailleurs en coulisses. Extérieurement, les deux empereurs conservaient d'excellentes relations. Ils se rendaient en total accord, semblait-il, aux spectacles, aux fêtes et aux bals.

Les témoins de ce moment historique se souviennent particulièrement d'un bal somptueux qui fut donné en l'honneur des deux empereurs pendant leur visite à Weimar. À la fête, qui avait lieu dans le palais ducal, s'étaient réunis tous les rois, princes, ducs et comtes témoins de la rencontre d'Erfurt. Des milliers de bougies brillaient, les diamants étincelaient sur les diadèmes, les colliers et les robes brodées des centaines de nobles dames. Alexandre ouvrit le bal en dansant la première contredanse avec la reine de Westphalie (la jeune épouse de Jérôme Bonaparte).

En dépit de la splendeur de la réception, Napoléon ne manqua pas d'impressionner tout le monde en souhaitant rencontrer là, lors de ce bal, le célèbre écrivain Wieland*, auquel on avait envoyé un carrosse. Napoléon lui parla comme à un vieil ami et s'entretint longuement avec lui de sujets historiques et littéraires. Chacun remarqua que l'empereur conversait avec l'écrivain sans une ombre d'arrogance, mais aussi sans cette fausse familiarité avec laquelle les grands de ce monde s'adressaient fréquemment aux gens « ordinaires » en se targuant d'un esprit démocratique. Il n'y avait rien de

---

* Christoph Martin Wieland (1733-1813) est, avec Lessing et Lichtenberg, l'auteur le plus important des Lumières en Allemagne et le plus âgé des auteurs du classicisme de Weimar, illustré également par Goethe et Schiller. (*N.d.T.*)

semblable dans le ton de Napoléon : il parlait à Wieland comme à un pair, en s'intéressant sincèrement à ses idées.

Alors qu'il était encore à Erfurt, Napoléon n'avait d'ailleurs pas vu seulement Wieland : il avait rencontré Goethe et avait profité de son voyage à Weimar pour témoigner à nouveau son respect au grand écrivain.

Enfin, à Weimar, les empereurs participèrent une seule et unique fois à une chasse, et le lendemain ils se rendirent sur le champ de bataille d'Iéna, où Napoléon servit de « guide » au tsar.

Les deux empereurs assistaient chaque soir à des spectacles de la Comédie-Française. Le 4 octobre, alors que la célèbre troupe représentait la pièce de Voltaire, *Œdipe*, le fameux Talma déclama bien fort la phrase : « L'amitié d'un grand homme est un présent des dieux[*]. » En entendant ces mots, Alexandre se leva et serra ostensiblement la main de Napoléon, manifestant l'enthousiasme le plus sincère... Talleyrand avait vraiment là un élève remarquable !

Enfin, un épisode assez bizarre eut lieu à Erfurt. Comme à Tilsit, on procéda à un échange d'attentions. Napoléon et Alexandre, chacun son tour, octroyèrent aux collaborateurs de leur allié les plus hautes décorations. Le tsar remit les insignes de l'ordre de Saint-André au maréchal Lannes, héros de la bataille de Friedland, et Napoléon décora du grand aigle de la Légion d'honneur le « remarquable diplomate » Pierre Tolstoï, certainement pour son grand apport au développement de l'amitié russo-française...

Il est intéressant de noter qu'après cela le tsar décida lui aussi de distinguer la remarquable activité de son ambassadeur, et il se préparait à lui passer en personne le ruban bleu ciel de l'ordre suprême de l'Empire russe lorsque le comte eut la sottise non seulement de s'écarter d'Alexandre qui allait le décorer, mais encore de s'exclamer : « Non, Votre Majesté, je ne peux pas admettre que votre ordre sacré voisine avec le ruban reçu d'un usurpateur ! » Le comte Tolstoï ne recevra jamais plus l'étoile de Saint-André, et il fut également privé de son poste. Le tsar avait besoin d'un homme qui dissimule habilement ses intentions, non de quelqu'un qui conduisait aussi grossièrement et directement à la confrontation.

C'est le prince Alexandre Kourakine qui fut nommé ambassadeur de Russie en France. Oui, le même Kourakine qui figure dans un costume constellé de brillants sur un célèbre portrait de Borovikovski[**]. Kourakine était un des hommes les plus riches de Russie et se distinguait par sa culture... et son extraordinaire vanité.

---

[*] Acte I, scène 1. (*N.d.T.*)

[**] Vladimir Borovikovski (1757-1825), peintre russe, connu en particulier pour ses portraits officiels. Celui qui représente le prince Kourakine est considéré comme un modèle du portrait d'apparat. (*N.d.T.*)

Il aimait les décorations et l'on disait que, même lorsqu'il buvait son thé du matin, il portait une robe de chambre décorée d'étoiles de brillants. Il était aux antipodes de son prédécesseur, le sévère soldat Tolstoï. Kourakine devait également se faire connaître comme grand amateur de danseuses françaises... C'était un homme superficiel et fat, mais il n'était hostile ni à Napoléon ni à la France, et allait être un ambassadeur idéal pour Alexandre. À la différence de Tolstoï, il ne se conduirait pas de façon provocatrice à l'égard de Napoléon, ne ferait pas de scandales avec les maréchaux napoléoniens, mais se montrerait bienveillant, dans le style mondain. Mais, d'autre part, il n'était pas non plus à craindre qu'il se lance dans des initiatives favorisant un véritable renforcement de l'alliance.

Mais revenons à Erfurt. En dépit des sourires, des poignées de main, des manifestations de sentiments « amicaux », l'entrevue des empereurs ne déboucha au fond sur rien. Plus exactement, Erfurt fut une victoire diplomatique complète d'Alexandre, si l'on admet que l'objectif du jeune tsar était de faire se heurter de front les deux grands empires. C'est en vain que sa maman se faisait du souci : non seulement Alexandre ne succomba pas à l'influence de Napoléon, mais, bien plus, il le berna comme un garçonnet... Mais dans quel but ?

À la suite de l'entrevue d'Erfurt fut adopté un accord comportant quatorze articles. La nécessité de mener des pourparlers avec l'Angleterre était réaffirmée sur la base d'un *statu quo* qui comprenait la reconnaissance de Joseph comme roi d'Espagne et, d'autre part, la confirmation pour la Russie de son droit à détenir la Finlande, la Moldavie et la Valachie. Le dépeçage de la Turquie était oublié, et les deux parties convinrent de préserver « l'intégrité des autres possessions de l'Empire ottoman ».

Parallèlement, il était déclaré qu'en cas d'attaque de l'Autriche contre l'Empire français, la Russie devait s'engager contre les Autrichiens. Cette clause elle-même devait cependant demeurer secrète pendant dix ans, de sorte que les Autrichiens et les représentants d'autres pays ne pouvaient en avoir connaissance ; en revanche, Alexandre fit clairement comprendre à l'empereur d'Autriche qu'il n'avait pas l'intention de remplir pour de bon ses engagements d'allié.

Il n'était bien entendu rien dit, dans le traité, des projets de mariage. Napoléon pensait que les choses allaient dans la bonne direction et que les réponses évasives du tsar découlaient de sa prudence. En ce qui concerne Alexandre, il savait dorénavant qu'il lui fallait préparer des prétextes plausibles pour repousser ce parti.

Le 14 octobre 1808, Napoléon et Alexandre s'étreignirent une dernière fois et se firent leurs adieux sur la route de Weimar. On dit que Napoléon demeura longtemps immobile à suivre des yeux le carrosse du jeune tsar qui s'éloignait. Peut-être, en fin connaisseur de l'âme humaine, avait-il compris d'instinct que cette rencontre était la dernière...

Persuadé néanmoins que le soutien de la Russie lui était garanti, Napoléon se hâta d'abord en direction de Paris, puis fonça littéralement vers l'Espagne pour trancher d'un coup d'épée foudroyant le nœud des contradictions politiques. Le 25 octobre, pendant son bref séjour dans la capitale, il prit la parole lors de l'ouverture du Corps législatif. Il y fit brièvement part des résultats de l'entrevue d'Erfurt : « L'empereur de Russie et moi, nous nous sommes vus à Erfurt. Notre première pensée a été une pensée de paix. Nous avons même résolu de faire quelques sacrifices pour faire jouir plus tôt, s'il se peut, les cent millions d'hommes que nous représentons de tous les bienfaits du commerce maritime. Nous sommes d'accord et invariablement unis pour la paix comme pour la guerre. »

L'empereur annonça également quel était son dessein le plus immédiat : « Une partie de mon armée marche contre celles que l'Angleterre a formées ou débarquées dans les Espagnes. C'est un bienfait particulier de cette Providence qui a constamment protégé nos armes, que les passions aient assez aveuglé les conseils anglais pour qu'ils renoncent à la protection des mers et présentent enfin leurs armées sur le continent. Je pars dans peu de jours pour me mettre moi-même à la tête de mon armée et, avec l'aide de Dieu, couronner dans Madrid le roi d'Espagne et planter mes aigles sur les forts de Lisbonne[22]. »

Dans les premiers jours de novembre 1808, les régiments de l'ex-Grande Armée franchirent les Pyrénées et, le 4 novembre, l'empereur en personne arriva en territoire espagnol. Les généraux espagnols, qui se vantaient après Baylen de dépasser dans leur art Napoléon en personne, s'étaient fixé pour tâche non seulement d'arrêter les Français, mais de faire prisonniers l'armée française et son commandant en chef. Mais les premiers heurts montrèrent qu'ils avaient désormais vraiment affaire aux soldats d'Austerlitz et de Friedland.

Dès le 10 novembre, l'avant-garde du gros des forces françaises battit l'armée du marquis Belveder à Gamonal. Le même jour, le maréchal Victor, avançant sur le flanc droit des troupes napoléoniennes, écrasa le corps espagnol à la bataille d'Espinosa. Et quelques jours plus tard, le maréchal Lannes, marchant avec ses forces sur l'aile gauche, infligea une défaite cuisante aux armées du général Castaños et de Palafox à Tudela (23 novembre). Contrairement à l'habitude qu'il avait prise dans beaucoup de ses campagnes, Napoléon ne fit même pas l'honneur aux généraux espagnols de régler ses opérations en fonction du déploiement de leurs troupes, et il marcha tout simplement sur Madrid en balayant tout sur son passage.

Le 30 novembre, l'armée du général Benito San Juan tenta de barrer la route aux troupes françaises dans le défilé de Somosierra. Mais la supériorité morale des régiments conduits par Napoléon était si forte que, pendant que l'infanterie engageait le combat en tirailleurs à droite et à gauche de la route, l'empereur, impatient d'en finir, jeta dans l'attaque un escadron de son escorte composé de 150 chevau-légers polonais. L'attaque impensable, inimaginable d'un escadron contre toute une armée réussit. Les intrépides Polonais prirent toutes les batteries espagnoles dressées sur la route et l'armée de Benito San Juan s'enfuit dans la panique.

La brillante victoire de Somosierra, l'écrasement des troupes espagnoles par le corps d'armée du maréchal Lannes, la victoire du maréchal Victor et enfin l'entrée de Napoléon dans Madrid modifièrent, comme après un changement de décor au théâtre, la situation stratégique sur le sol de la péninsule Ibérique. Les généraux qui menaçaient encore récemment de faire prisonniers Napoléon et son armée fuyaient de tous côtés avec les restes de leurs troupes démoralisées.

L'empereur décida d'affermir ses foudroyantes victoires militaires par des réformes sociales et politiques qui devaient, selon lui, lui concilier des millions d'Espagnols. Les changements dont rêvaient les hommes de progrès espagnols furent réalisés littéralement en une seule journée. Par les décrets signés au palais de Chamartin, aux environs de Madrid, le 6 décembre 1808, Napoléon en finit une fois pour toutes avec les séquelles du féodalisme : il déclara l'égalité de tous les citoyens devant la loi, abrogea à tout jamais l'Inquisition, supprima toutes les douanes intérieures qui freinaient le développement économique, réduisit des deux tiers le nombre des monastères, instaura des lois uniques pour tout le pays... L'empereur promettait également l'amnistie à tous ceux qui déposeraient les armes dans un délai d'un mois, et les habitants de Madrid jurèrent fidélité au nouveau roi Joseph Bonaparte sur le Saint Sacrement.

Tout se présentait si bien pour Napoléon qu'il semblait que le problème espagnol ait été résolu en un éclair et de façon irrévocable. Mais il n'en était rien. Le 19 décembre, pendant une revue grandiose près de Madrid, dans la plaine de Chamartin, l'empereur apprit que le corps d'armée anglais qui avait débarqué en Espagne avait fait son apparition sur les voies de communication de l'armée française ! Tout le monde savait depuis longtemps que les Anglais avaient débarqué dans la péninsule Ibérique, mais personne, à l'état-major général, n'avait la moindre idée de l'endroit où ils se trouvaient, pas plus que de leurs agissements et de leurs effectifs... Beaucoup pensaient que, effrayés par les victoires des régiments impériaux, soit ils avaient carrément quitté l'Espagne, soit ils se cachaient quelque part en bord de mer, n'osant pas s'écarter d'un pas de leurs navires...

Informé de l'offensive des Anglais, Napoléon décida de foncer sur eux et de les battre à plate couture sans qu'ils puissent se replier vers la mer. Le 23 décembre 1808, l'armée française franchit en pleine tempête de neige la Sierra Guadarrama et se porta à la rencontre des troupes anglaises du général Moore, qui se trouvaient à ce moment-là au nord de Valladolid. Les Anglais n'avaient rien d'autre à faire que de se replier en toute hâte en direction du nord-ouest, dans l'espoir de réussir à embarquer et de disparaître au plus vite. Ils se retirèrent au début en bon ordre, et l'arrière-garde britannique montra même les dents, mais bientôt, sous l'offensive fougueuse des Français, la retraite de l'armée britannique devint désordonnée avant de se transformer en franche débandade.

Voici comment l'officier britannique lord Napier décrivit cette armée passant par la ville de Bembibre : « Les immenses celliers de Bembibre avaient offert de telles tentations que plusieurs centaines de soldats ivres restèrent en arrière. [...] L'on vit alors paraître un détachement de cavalerie française. En un rien de temps, le chemin fut couvert de ces misérables traînards dont la plupart avaient perdu l'usage de la raison... les uns poussant des cris de détresse, les autres jurant et faisant des gestes grossiers, plusieurs jetant leurs armes, tant ils étaient dominés par la crainte ; d'autres, plus ivres encore, insensibles au danger et à la honte de leur état, faisaient partir leurs armes[23]. »

Cependant, alors que la décomposition des troupes anglaises était devenue quasi totale, on remit à l'empereur une dépêche de Paris évoquant des préparatifs militaires renforcés de l'Autriche, et d'incompréhensibles intrigues de Talleyrand et Fouché. Napoléon reçut cette correspondance dans la nuit du 1er au 2 janvier 1809 lorsque, poursuivant les Anglais, il se trouvait sur la route d'Astorga. Il décida qu'il devait se rendre sur-le-champ à Paris et qu'on écraserait bien l'armée de Moore sans lui. Au matin du 2 janvier, à Astorga, Napoléon déclara à ses maréchaux et généraux : « Je suis contraint de me rendre à Valladolid pour recevoir une estafette de Paris dans les cinq jours. [...] La situation en Europe exige que je ne sois pas éloigné de la capitale. [...] Je dois malheureusement quitter Astorga. »

Il quitta Astorga le 3 janvier 1809 après avoir passé en revue le corps d'armée du maréchal Soult, auquel revenait désormais le rôle principal dans la poursuite des Anglais.

La situation changea aussitôt. La Garde suivit l'empereur ; le maréchal Ney, qui ne voulait pas rester sous le commandement de Soult, saisit un prétexte pour s'éloigner afin de se lancer aux trousses d'un détachement espagnol. En conséquence, Soult se retrouva avec ses seules forces, qui ne suffisaient pas, de toute évidence, pour poursuivre résolument l'ennemi. Ainsi, au lieu d'écraser et d'anéantir l'armée anglaise, on l'« accompagna » jusqu'au port de La Corogne où, après un combat symbolique, le 16 janvier 1809, elle rembarqua sur ses navires et s'éloigna tranquillement.

Bien que le maréchal Soult ait rédigé un brillant rapport sur sa victoire, faisant état de milliers de prisonniers et d'une énorme quantité de canons saisis (dans les forteresses espagnoles qui s'étaient rendues), l'opération n'avait pas atteint son but. Si l'empereur était demeuré quelques jours de plus sur le terrain, les Anglais n'auraient sans aucun doute pas pu échapper à sa traque. Leur armée aurait été immanquablement encerclée et faite prisonnière, avec les meilleurs régiments de la Garde, des généraux, des officiers et des drapeaux. Une telle débâcle aurait probablement mis fin à la participation des troupes britanniques à des opérations continentales, et le Parlement anglais n'aurait plus consacré un penny au financement d'un tel engagement.

Au lieu de cela, l'armée anglaise n'avait été que légèrement bousculée. Le total de ses pertes durant la retraite et les combats se montait à 5 ou 6 000 hommes. Ce n'était pas rien, bien entendu, mais les régiments avaient conservé leurs cadres, leurs drapeaux, leur structure, et pouvaient reprendre le combat après un peu de complètement et de repos.

C'est justement cette présence des troupes anglaises qui transforma une campagne quasi victorieuse en une longue lutte sanglante. Les détachements d'insurgés espagnols vont se regrouper autour de l'armée britannique. Les Anglais vont financer la création de régiments réguliers, portugais et espagnols, leur fournir des armes, de l'équipement, des munitions. En conséquence, la guerre d'Espagne ne sera pas une guerre de partisans, comme on le dit souvent, mais une vraie guerre, avec des dizaines de batailles importantes, des centaines de combats de moyenne ampleur, de nombreux sièges de forteresses... Une guerre qui engloutira les forces d'un grand empire et minera sa puissance.

Il ne fait aucun doute que, le 2 janvier 1809, l'empereur, en partant pour Valladolid sans avoir achevé la poursuite de l'ennemi, commit une erreur qui déterminerait en fin de compte dans une large mesure l'écroulement de sa monarchie européenne.

S'étant fourré en 1808 dans les affaires espagnoles, Napoléon ne soupçonnait pas quelles forces dormantes il réveillerait, ni dans quel gouffre il avait attiré son empire. Parmi les déclarations qu'il fit à Sainte-Hélène, envers lesquelles il convient d'avoir une attitude plus que critique, il n'en est pas moins une qui montre la racine et la cause première de sa chute finale mieux que les centaines de volumes des œuvres ultérieures : « Cette malheureuse guerre m'a perdu. Toutes les circonstances de mes désastres viennent se rattacher à ce nœud fatal ; elle [la guerre d'Espagne] a détruit ma moralité en Europe, compliqué mes embarras, ouvert une école aux soldats anglais[24]. »

L'empereur ne demeura pas longtemps à Valladolid : dans la journée du 17 janvier, il galopait déjà avec sa suite sur les routes défoncées d'Espagne en direction du nord, et il arriva à Paris tôt dans la matinée du 23 janvier. Là, il reçut et traita une masse énorme de documents relatifs à la préparation de l'Autriche à la guerre, et c'est là aussi qu'il fut informé des menées secrètes de Talleyrand et Fouché. Le 27 janvier, il infligea une volée de bois vert à son ministre de la Police, Fouché, et, le lendemain, il s'en prit au principal coupable : « Vous êtes un voleur, un lâche, un homme sans foi ! s'exclama Napoléon, fou de rage. Vous ne croyez pas en Dieu. Vous avez manqué toute votre vie à vos devoirs, vous avez trompé, trahi tout le monde ! Il n'y a rien pour vous de sacré, vous vendriez votre père. Je vous ai comblé de biens et il n'y a rien dont vous ne soyez capable contre moi. Ainsi, depuis dix mois, vous avez l'impudence, parce que vous supposez, à tort et à travers, que mes affaires d'Espagne vont mal, de dire à qui veut l'entendre que vous avez toujours blâmé mon entreprise dans ce royaume, tandis que c'est vous qui m'en avez donné la première idée !

« Et cet homme, ce malheureux [il s'agit du duc d'Enghien], par qui ai-je été averti du lieu de sa résidence ? Qui m'a excité à sévir contre lui ? Quels sont vos projets ? Que voulez-vous ? Qu'espérez-vous ? Osez le dire ! Vous mériteriez que je vous brisasse comme verre, j'en ai le pouvoir, mais je vous méprise trop pour en prendre la peine[25] ! » Et Napoléon d'ajouter : « Vous êtes de la merde dans un bas de soie ! Merde ! Merde !… »

On cite souvent aussi la remarque spirituelle de l'ancien ministre à sa sortie du cabinet de l'empereur : « Quel dommage qu'un si grand homme soit si mal élevé ! »

Ce que l'on sait moins, c'est que Talleyrand, à cette époque, n'était plus seulement un traître, mais un agent stipendié des services secrets russes. Son principal contact était le conseiller de l'ambassade de Russie, Karl Nesselrode, qui sera plus tard un tristement célèbre ministre des Affaires étrangères de Russie[*]. Dans la correspondance secrète de Nesselrode avec Pétersbourg, Talleyrand figurait sous les noms de code d'« Anna Ivanovna », « cousin

---

* Karl Nesselrode (1780-1862) a conduit la politique de la Russie pendant près de quarante ans et s'est « illustré » en aidant l'Autriche à réprimer la lutte de libération hongroise menée par Kossuth. On le considère par ailleurs comme responsable de la guerre de Crimée perdue par la Russie. (N.d.T.)

Henri », « notre vendeur de livres », « le jurisconsulte », « notre ami ». Même si, à ce moment-là, Talleyrand n'était plus ministre, il avait conservé un nombre considérable de relations qui lui permettaient de transmettre à ses maîtres une information de qualité. Il a été particulièrement aidé en cela par le ministre de la Police, Fouché, qui, dans la correspondance secrète de l'ambassade de Russie, figurait sous les noms de « Natacha », « le Président » et « Bergien ». La démission de Fouché en 1810 privera Talleyrand de la possibilité d'obtenir de précieuses informations et, par conséquent, le flot d'or en provenance de Russie se tarira peu à peu. Il aura alors le front d'écrire à Alexandre une lettre dans laquelle il se dira à court d'argent et priera le tsar, en souvenir des services rendus à Erfurt, d'envoyer à son fidèle agent une petite somme, plus exactement un million et demi en or. Alexandre répondra poliment et avec ironie (dont il était grand spécialiste) qu'il ne pouvait envoyer d'argent, précisément parce qu'il ne voulait pas compromettre le prince de Bénévent...

Mais Talleyrand ne se limitait pas à son activité d'espionnage en faveur de la Russie. Le 29 janvier 1809, quelques jours seulement après la scène tumultueuse des Tuileries, il rencontra l'ambassadeur d'Autriche, Metternich, et proposa tout simplement ses services – pas à titre gracieux, bien entendu. L'ambassadeur en rendit compte à Vienne : « X. [Talleyrand] s'est dépouillé de tout masque vis-à-vis de moi. [...] Il m'a dit que le moment était venu ; qu'il croyait de son devoir d'entrer en relation avec l'Autriche. [...] Il m'a fait pressentir qu'il avait besoin de quelques centaines de mille francs, l'empereur [Napoléon] l'ayant sapé jusque dans ses fondements [!] [...]. Je lui répliquai que l'empereur [François] n'était pas éloigné de lui procurer sa reconnaissance s'il voulait servir la cause générale. Il répondit qu'elle était la sienne, qu'il ne lui restait plus qu'à triompher ou à périr avec elle[26]. » Ainsi, aucune action de Napoléon ne demeurait secrète pour les cours de Vienne et de Saint-Pétersbourg. C'est pourquoi l'on ne pouvait ignorer, dans ces deux capitales, que Napoléon était catégoriquement opposé à la guerre contre l'Autriche.

Par ailleurs, au début de 1809, le ministre russe des Affaires étrangères, le comte Nicolas Roumiantsev, se trouvait à Paris. Comprenant à quel point les préparatifs de guerre de l'Autriche étaient avancés, Napoléon lui proposa de garantir par un traité conjoint russo-franco-autrichien la sécurité de l'empire d'Autriche. En échange, l'Autriche devait cesser ses préparatifs de guerre. Roumiantsev ne prit pas sur lui d'assumer une décision, et le 15 février 1809 il quitta Paris. Étant donné que la période fin janvier-début février 1809 fut celle où l'activité de Talleyrand fut la plus déchaînée, on ne peut s'étonner du départ du ministre russe.

En dépit de l'alliance formelle franco-russe, les liens les plus étroits se maintenaient entre les cours de Pétersbourg et de Vienne. Au moment où Roumiantsev quittait Paris, l'ambassadeur d'Autriche à Pétersbourg, le comte Schwarzenberg, rencontra Alexandre Ier. L'entrevue, que l'ambassadeur relata en détail à sa cour, ne laisse pas de stupéfier. L'« allié » de la France ne tentait pas de faire comprendre aux Autrichiens que leur politique était lourde des plus sérieuses complications, mais, au contraire, montrait toute la part qu'il prenait au destin de l'Autriche et son hostilité à Napoléon. Enfin, le tsar, ouvrant son cœur, prononça la phrase suivante : « L'heure de la vengeance viendra un jour » – sous-entendu : une guerre future et inévitable avec Napoléon[27].

Dans ces conditions, il ne venait même pas à l'esprit des Autrichiens de faire demi-tour. Une armée autrichienne de près de 200 000 hommes s'était concentrée à la frontière de Bavière, une armée de 100 000 hommes avançait vers celles du royaume d'Italie, enfin 33 000 soldats étaient prêts à pénétrer sur le territoire du duché de Varsovie. À présent, la guerre était inéluctable...

CHAPITRE VI

Jeszcze Polska nie zginęła[*]

Tôt dans la matinée du 9 avril 1809, les troupes autrichiennes commandées par l'archiduc Charles passèrent l'Inn, rivière frontalière, et pénétrèrent en Bavière. Au total, les Autrichiens disposaient là d'environ 139 000 soldats. Au même moment, le corps de 20 000 hommes du général Schateler entra au Tyrol, l'archiduc Jean lança une offensive de son armée de 73 000 hommes en Italie, et les 33 000 soldats de l'archiduc Ferdinand franchirent les frontières du duché de Varsovie. C'est ainsi que commença l'une des campagnes les plus grandioses de l'épopée napoléonienne...

Les Autrichiens comptaient sur l'effet de surprise et sur l'impréparation de l'armée française. En effet, environ 150 000 soldats de Napoléon étaient disséminés en Allemagne sur un immense territoire allant des rives de la Baltique aux Alpes bavaroises. En conséquence, dans les premiers jours, l'archiduc Charles réussit à enfoncer un coin dans les unités françaises dispersées. Mais lorsque le premier coup de canon retentit en Bavière, Napoléon monta dans son carrosse et arriva au début de la matinée du 17 avril à Donauwörth, centre de cantonnement de ses troupes.

Le même jour, il adressa à ses hommes un appel enflammé : « Soldats ! J'étais entouré de vous lorsque le souverain d'Autriche vint à mon bivouac de Moravie. Vous l'avez entendu implorer ma clémence et me jurer une amitié éternelle. [...] L'Autriche a dû tout à notre générosité ; trois fois elle a été parjure ! Nos succès passés nous sont un sûr garant de la victoire qui nous attend. Marchons donc, et qu'à notre aspect l'ennemi reconnaisse ses vainqueurs[1] ! »

L'armée française passa aussitôt à l'offensive et il s'ensuivit une série de victoires rapides : le 19 avril, Tengen ; le 20 avril, Abensberg ; le 21 avril, Landshut ; le 22 avril, Eckmühl ; le 23 avril, Ratisbonne... La

---

[*] Premières paroles de l'hymne national polonais : « La Pologne n'est pas encore morte... » (*N.d.T.*)

route de Vienne était ouverte et un mois ne s'était pas écoulé que les troupes françaises étaient déjà sous les murs de la capitale autrichienne. Après une brève canonnade, la ville ouvrit ses portes et, le 13 mai, les troupes françaises marchèrent une fois encore aux accents de fanfares triomphantes par les rues de Vienne. Personne ne s'attendait à une rapidité aussi incroyable dans la marche des événements.

À ce moment-là, à l'est de l'Europe, les opérations militaires se déroulaient d'une tout autre façon. Contraint par un traité formel de déclarer la guerre à l'Autriche, Alexandre invita dans son palais l'ambassadeur autrichien et lui signifia qu'il ne manquerait aucune occasion d'échapper à l'obligation de causer du tort à l'Autriche. Enfin le tsar en vint, en guise d'adieu, à souhaiter bonne chance aux Autrichiens !

Toujours aussi hypocrite, le jeune tsar était pour une fois sincère dans ses souhaits à son ennemi formel. Si, sur le « front ouest », les événements se succédaient à une vitesse vertigineuse, la hâte que mettaient les troupes russes à aider leurs alliés rappelle celle qu'avaient naguère manifestée les Anglais lorsqu'il leur fallait effectuer un débarquement pour soutenir les troupes russes.

La Russie détacha formellement une armée de 40 000 hommes, placée sous le commandement du prince Golitsyne, pour mener des actions conjointes avec la France contre l'Autriche. Sa progression fut cependant retardée sous tous les prétextes possibles. On déclara d'abord que l'armée ne pouvait partir en campagne parce que la neige mettait du temps à fondre, puis que les pluies incessantes ralentissaient les troupes, enfin que la débâcle des rivières entravait le mouvement. De plus, le prince lui-même ne pouvait gagner son quartier général parce qu'il mariait son fils, et l'offensive fut repoussée pour cette raison hautement plausible...

Les événements qui se déroulèrent alors sur les rives de la Vistule ont le rapport le plus direct avec le sujet du présent ouvrage, et c'est pourquoi il nous faut les décrire en détail.

La petite armée du prince Joseph Poniatowski engagea héroïquement le combat avec une armée autrichienne presque deux fois supérieure en nombre. Le 19 avril 1809, non loin de Varsovie, près de la petite ville de Raszyn, il résista avec un corps d'armée de 12 000 hommes à l'attaque de plus de 30 000 Autrichiens. La bataille de Raszyn est entrée dans la légende, parce que les Polonais s'y sont battus comme des héros. Au moment le plus critique du combat, alors que les Autrichiens avaient culbuté le centre des troupes polonaises, non loin du village de Falenty, le prince Joseph sauta à bas de son cheval et, ayant saisi le fusil d'un soldat, entraîna l'infanterie dans une contre-attaque téméraire, combattant l'ennemi à la baïonnette comme le plus brave des grenadiers.

En dépit de sa bravoure insensée, le prince dut battre en retraite et livrer Varsovie pour ne pas causer la perte de sa petite troupe. Le

23 avril, les Autrichiens entrèrent dans la capitale polonaise, et il semblait qu'avec cet abandon la Pologne eût à nouveau péri.

Mais personne ne s'attendait à ce qu'accomplit le prince Poniatowski lors de ces journées, et la témérité de ses actions passe l'imagination. Non seulement il ne baissa pas les bras, mais il se lança dans la bataille avec encore plus d'intrépidité. Profitant de ce que les Autrichiens étaient contraints de maintenir des forces importantes à Varsovie, le prince décida de défendre la rive droite de la Vistule.

Les Autrichiens tentèrent de franchir le fleuve pour écraser la petite armée polonaise, mais Poniatowski se jeta en contre-attaque et le 3 mai, lors de la bataille de Gora, il anéantit et fit prisonnière l'avant-garde autrichienne.

Mais le plus intéressant advint ensuite. Lorsque les Autrichiens avancèrent sur la rive gauche de la Vistule en direction du nord-ouest, menaçant un point d'appui important du duché, la forteresse de Thorn, Poniatowski ne se rua pas à la poursuite de l'ennemi, mais risqua un coup totalement inattendu. Il fit marcher ses troupes dans la direction opposée, vers le sud-est, et pénétra dans la Galicie autrichienne.

La population accueillit les troupes polonaises dans la liesse. Les nobles allaient à la rencontre de Poniatowski, entraînant derrière eux des détachements armés de paysans. Dans les villes et les villages qu'ils traversaient, les régiments du prince intrépide recevaient un accueil solennel. Le 9 mai, ils entrèrent dans Lublin. Dans la nuit du 17 au 18 mai, les unités des généraux Sokolnicki et Rosznecki prirent d'assaut les fortifications de la ville de Sandomir. Les Autrichiens rendirent la ville à la condition qu'ils pourraient en sortir librement. Alors que les 4 000 soldats de la garnison du général Egerman quittaient la forteresse, 800 soldats autrichiens d'origine polonaise abandonnèrent les rangs autrichiens et se joignirent aux régiments polonais.

Le 20 mai, les troupes de Poniatowski se lancèrent à l'assaut de Zamość. En dépit de remparts hauts de dix mètres et de profonds fossés, les Polonais, pratiquement sans préparatifs d'artillerie, se ruèrent en avant. Les grenadiers polonais escaladèrent les remparts grâce à des échelles, sous le feu de l'ennemi, et prirent d'assaut la ville. La garnison n'existait plus : environ 500 Autrichiens avaient été tués et 2 500 faits prisonniers.

Amplifiant leur succès, le 26 mai, les régiments, déployant leurs drapeaux ornés d'aigles blancs, entrèrent dans Lwów, qui accueillit les unités polonaises en libératrices. Les troupes autrichiennes du général Hohenzollern se replièrent vers le sud et les soldats autrichiens natifs de Galicie désertèrent leurs régiments pour se joindre à l'armée polonaise.

Poniatowski déclara la Galicie placée sous le pouvoir temporaire de l'Empire français. Le prince ne savait quelle décision prendrait Napoléon et craignait de parler trop ouvertement, voire prématurément, du retour de la Galicie au sein de l'État polonais. Il

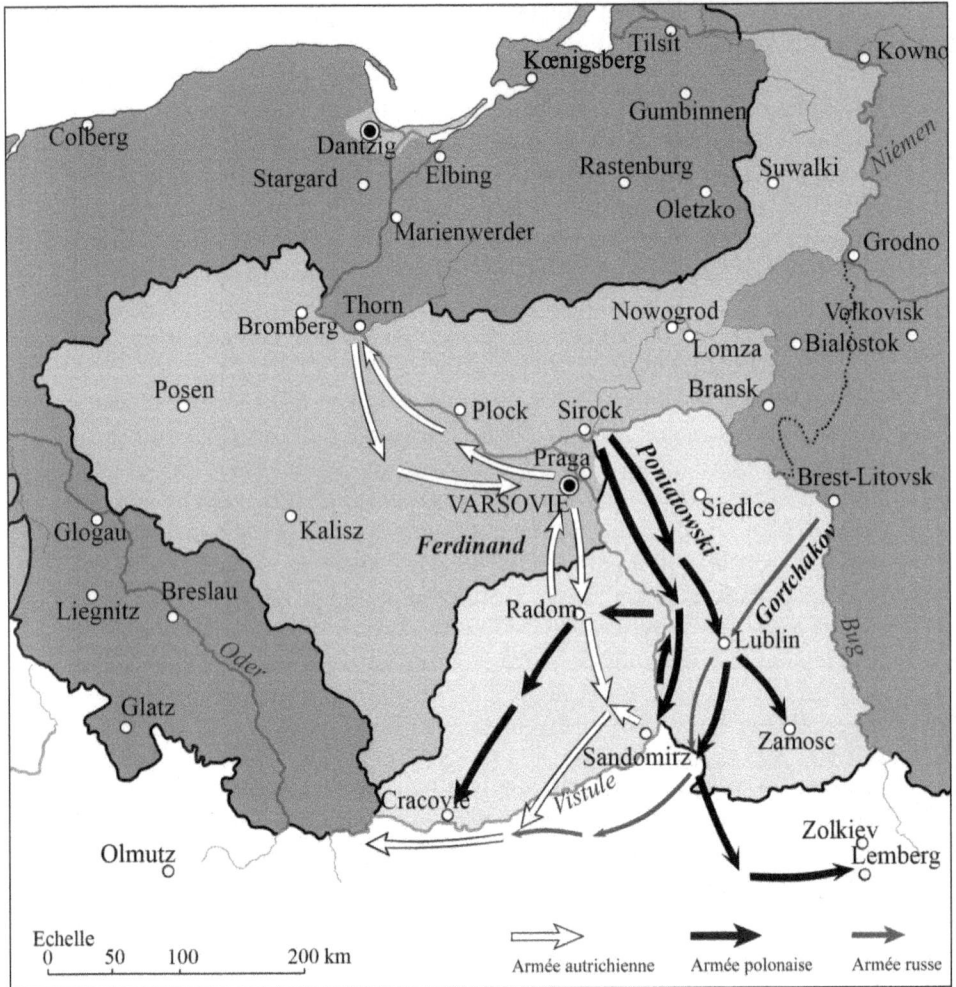

La campagne de 1809 en Pologne

décréta le recrutement de volontaires dans les régiments auxquels on attribua le nom bizarre de « franco-galiciens » pour donner le moins possible matière à s'irriter aux autorités russes.

Dans son rapport à Napoléon, Poniatowski annonçait : « Les nouvelles levées se poursuivent avec la plus grande activité ; il y a en ce moment, en pleine organisation, quatre régiments d'infanterie et quatre de cavalerie, tous habillés et équipés aux frais des citoyens qui en ont offert la formation. De ce nombre se trouve M. le comte Zamoyski, gendre du prince Adam Czartoryski, le plus riche particulier de Galicie. Quelques bataillons seront en état d'agir avant quinze jours[2]... »

Les offensives fulgurantes de Napoléon en Allemagne et les succès de Poniatowski en Galicie stupéfièrent Pétersbourg. L'empereur Alexandre s'alarma sérieusement, en particulier des événements de Pologne. Sur instruction du tsar, le ministre des Affaires étrangères, Roumiantsev, envoya immédiatement au commandant en chef de l'armée russe sur la frontière polonaise, Golitsyne, un ordre ainsi libellé : « Les succès importants et rapides des armes françaises ont totalement modifié la situation générale après votre départ. Sa Majesté Impériale ne peut plus différer l'application de ses engagements et demeurer spectateur en présence de tels événements. Sa Majesté, en dépit de ses dispositions pacifiques, ne peut aucunement ne pas prendre part à la guerre, d'autant moins que les opérations de cette guerre commencée par l'Autriche ont presque touché nos frontières, d'une part, dans le duché de Varsovie, et, de l'autre, par l'insurrection populaire qui s'est déclenchée en Galicie[3]. »

Cet ordre révèle mieux que tout les intentions d'Alexandre et les motifs de la marche d'un corps d'armée russe en direction du territoire autrichien. Il va de soi que la mission de celui-ci n'était pas de remplir les engagements de l'alliance, mais de résister à un possible mouvement de libération nationale polonais tant sur le territoire de la Galicie autrichienne que dans les provinces occidentales de l'Empire russe.

Presque en même temps qu'il donnait cet ordre au prince Golitsyne, Alexandre Ier envoya à l'empereur des Français une lettre dans laquelle il le félicitait de ses succès en Bavière et en Autriche. Celle-ci fut portée à l'état-major de Napoléon par un jeune officier russe dont on parlera encore à maintes reprises dans cet ouvrage. Il s'appelait Alexandre Tchernychev et, à l'époque que nous évoquons, il n'avait que vingt-trois ans. Toutes les sources sont unanimes pour affirmer que c'était un bel homme, un bourreau des cœurs, de surcroît valeureux sur le champ de bataille, et qu'il parlait français comme un vrai Parisien. Dans son rapport de mission, Tchernychev écrivit :

« J'ai rejoint le quartier général et j'ai vu l'empereur le 9 mai (27 avril) à Sankt Pölten, où je lui remis la lettre dont j'étais chargé ; il me reçut très bien et me dit : "Eh bien ! Les Autrichiens ont voulu me faire la guerre, les voilà punis de leur folle audace..."

« Le 10 mai, le quartier général fut transféré à Schönbrunn, château de plaisance à une petite lieue de Vienne. Le 11 à 4 heures de l'après-midi, l'empereur allait se promener à cheval et me fit donner un de ses chevaux en me disant que je pouvais l'accompagner dorénavant partout[4]. »

L'armée russe se mit en branle à la nouvelle des succès de Napoléon, mais à la guerre la chance ne sourit pas toujours, et en 1809, entre ses victoires, l'empereur des Français connut aussi la défaite.

Après la prise de Vienne, Napoléon tenta de forcer le Danube, mais l'armée de l'archiduc Charles repoussa les Français jusqu'à ce que toutes leurs unités passent sur la rive droite. Grâce à sa supériorité numérique et au fait que les régiments français se trouvaient le dos à un large fleuve encore grossi par une crue printanière impétueuse, les Autrichiens remportèrent la victoire à la bataille d'Essling, les 21 et 22 mai 1809. Les troupes françaises subirent de lourdes pertes et le maréchal Lannes fut mortellement blessé.

L'attitude à l'égard des Russes qui prévalait dans les rangs français est remarquablement illustrée par un épisode survenu lors de cette bataille. Pendant la retraite des Français, alors que l'empereur lui-même courait un mortel danger, dans la barque qui devait sauver le commandement en chef de l'armée, Napoléon n'était accompagné que de quatre hommes : le maréchal Berthier, major général des armées, le grand maréchal du palais Duroc, le général Savary, aide de camp de l'empereur, et... Tchernychev !

Un mot à propos des officiers russes : la France et la Russie étant alliées, tout au moins formellement, cinq officiers russes étaient présents à l'état-major de Napoléon, tous jeunes, nobles, instruits et, comme il convenait aux officiers russes et français, valeureux. C'étaient le comte Alexandre Tchernychev, déjà cité, le colonel comte Ivan Witte, vingt-huit ans, le major baron Vladimir Löwenstern, trente-deux ans, le colonel Ivan Gorgoly, trente-six ans, et le prince Pavel Gagarine (général et aide de camp du tsar), trente-deux ans.

Le lecteur qui connaît l'œuvre de Denis Davydov déjà citée, *Tilsit en 1807*, s'imagine sans doute que, comme l'écrivait le célèbre partisan, nul ne cherchait à lier connaissance avec les Français, car « 1812 se dressait déjà au milieu de nous autres Russes, avec sa baïonnette ensanglantée jusqu'à la gueule, avec son couteau ensanglanté jusqu'au coude ». Cette phrase ne se rapporte pas, de toute évidence, aux officiers énumérés ci-dessus, qui devinrent les amis intimes des aides de camp de Berthier et des officiers d'ordonnance[*] de Napoléon. La jeunesse dorée parisienne – les Flahaut, Montesquiou-Fezensac, Canou-ville, Périgord, Turenne, Mortemart... – se joignait à la jeunesse dorée de Pétersbourg dans les intervalles entre les opérations militaires pour fréquenter toutes les revues, parades et réceptions.

Löwenstern se souvenait qu'un jour, après le combat, « nous restâmes auprès de sa tente et nous installâmes si près que je me rappelle avoir été étendu avec Montesquiou et Duroc à côté de la tente de Napoléon, et que nos têtes reposaient sur les cordes qui soute-

---

[*] C'est ainsi que l'on appelait les officiers qui exerçaient auprès de Napoléon les fonctions d'aides de camp, car ceux qui portaient formellement ce titre avaient le grade de général. On leur confiait des tâches qui dépassaient par leur importance le service habituel des aides de camp.

naient cette tente. On causait, on riait à pleine gorge, et personne ne paraissait être gêné par sa présence. Ces messieurs nous firent même remarquer que Napoléon aimait en pareille circonstance la joie bruyante de son état-major.

« Une nappe fut dressée sur le gazon et, pendant qu'on servait à Napoléon, dans sa tente, son dîner qu'il partageait avec Berthier et Champagny, on nous fit faire à côté de lui un excellent dîner auquel présidait le grand maréchal Duroc. D'excellents vins de Bourgogne furent servis et la chère était exquise[5]. »

Alors que des opérations militaires se déroulaient non loin de Vienne, il faisait de plus en plus chaud au bord de la Vistule et du San. Il nous paraît indispensable d'entrer dans le détail de ces événements.

Après la brillante campagne de Poniatowski en Galicie et les revers des troupes autrichiennes en Allemagne, l'archiduc Ferdinand abandonna Varsovie dans la nuit du 2 au 3 juin et se mit en mouvement, à la suite de Poniatowski, en direction du sud-est, le long de la rive gauche de la Vistule, alors que Poniatowski en occupait la rive droite. Le commandement autrichien décida de porter un coup aux troupes polonaises dans la région de Sandomir. À ce moment-là, une bonne partie de la petite armée de Poniatowski était dispersée sur le territoire de la Galicie et, plus au nord, sur la rive droite de la Vistule. Il n'y avait à Sandomir que 5 000 soldats polonais placés sous le commandement du général Sokolnicki. Mais les troupes russes avaient alors pénétré sur le territoire de la Galicie et s'approchaient de Sandomir par le nord-est. Poniatowski adressa à Golitsyne un appel désespéré afin qu'il vienne aider à la défense de cette position stratégiquement importante, car Sandomir n'était pas seulement une localité considérable, mais également un endroit commode pour traverser la Vistule.

Une correspondance active se noua entre le commandant en chef des troupes polonaises et l'armée russe. Le ton en fut, au début, courtois. Poniatowski priait poliment les Russes de lui venir en aide et le prince Golitsyne lui répondait poliment pourquoi cela lui était impossible à ce moment-là. Les demandes se répétèrent et, peu à peu, le ton des explications se tendit.

Le 7 juin 1809, lorsque les Autrichiens lancèrent toutes leurs forces à l'assaut de Sandomir, Poniatowski écrivit à Golitsyne : « La colonne mentionnée [il s'agit de la division du prince Souvorov, qui était la plus proche des Polonais], au lieu de se porter sur Sandomir par Zamość, soit la voie la plus courte, où aucun obstacle ne saurait l'arrêter, et où j'avais donné l'ordre de faire préparer de quoi subvenir à tous ses besoins, prend sa direction par Lublin et, au lieu d'accélérer son mouvement, qui n'est que de deux milles* par jour, y ajoute par ce détour quatre marches et trois jours de repos[6]. »

---

* Il s'agit de milles allemands (1 mille = environ 7 kilomètres).

Le temps passait, les combats sanglants pour Sandomir se poursuivaient, et Golitsyne, toujours avec les mêmes formules courtoises, avançait de nouvelles explications pour justifier le retard des troupes russes. Poniatowski rapporta à Napoléon : « À la suite de la conférence dans laquelle le prince Golitsyne s'était engagé par écrit à faire passer ses troupes sur la rive gauche du San, je donnai sur-le-champ l'ordre de rassembler et préparer les matériaux nécessaires pour jeter un pont sur cette rivière. [...] La division du prince Souvorov se trouvait sur les lieux, je lui demandai de faire seconder par une compagnie de pionniers russes les sapeurs et travailleurs polonais que j'y avais envoyés. Mais il vient de me répondre que, n'ayant eu ordre de son général en chef de nous secourir en cas d'attaque, il ne pouvait en aucune manière prendre sur lui d'aménager des ponts sur le San[7]... »

Roman Soltyk, qui fut officier dans le corps d'armée de Poniatowski, et témoin des événements, puis historien de la guerre de 1809, raconta que, écoutant les appels incessants du prince polonais, les généraux russes auraient décidé de faire mouvement en avant pour venir en aide aux Polonais, mais qu'ils s'étaient arrêtés au dernier moment. Le prétexte donné pour interrompre leur mouvement relève tout simplement de la bouffonnerie : on était lundi, jour considéré en Russie comme funeste, et, pour cette raison, les troupes russes ne pouvaient livrer bataille ce jour-là. Les unités polonaises continuaient à défendre Sandomir avec acharnement, et les généraux russes promirent tout de même de leur venir en aide le lendemain. Mais survint un nouveau malheur : le général Sievers, qui commandait l'avant-garde, perdit sa croix de Saint-Georges et, devant ce mauvais présage, l'armée russe retourna sur ses positions.

Peut-être est-ce là une exagération, car l'ouvrage de Soltyk fut rédigé dans les années 1830, après l'écrasement dans le sang de l'insurrection polonaise de 1831 à laquelle l'auteur participa activement. Cependant, les documents contiennent des arguments qui, s'ils ne sont pas exactement ceux-là, y ressemblent fort. Ainsi, Golitsyne écrivit à ce moment à Poniatowski : « En vous remerciant des informations que vous me donnez sur les mouvements de vos troupes, je m'empresse de vous faire connaître [que] je me vois obligé de rester encore quelque temps dans cette position afin de recevoir des notions sûres et détaillées de ce qu'aura fait le corps de cavalerie que j'ai détaché vers Lemberg[*8]. » Le prince Golitsyne était probablement le seul à connaître le lien entre la nécessité de marcher au secours d'une ville assiégée et les renseignements provenant du détachement envoyé en direction de Lwów...

Malgré tout, la défense héroïque de Sandomir se poursuivait. Dans la nuit du 15 au 16 juillet, les Autrichiens lancèrent à l'assaut environ

---

* Nom autrichien de Lwów. (*N.d.T.*)

10 000 hommes. Le combat acharné, sanglant, dura quarante heures sans interruption ! On dit que, sur ordre de l'archiduc Ferdinand, chaque soldat autrichien participant à l'assaut touchait une bouteille d'alcool. On avait promis à chaque officier cent ducats, et à chaque soldat cent florins, s'ils prenaient Sandomir.

Or les Polonais se battaient comme des lions. Les Autrichiens laissèrent sous les murs de la ville 1 500 soldats, et 500 furent même faits prisonniers. Mais les valeureux soldats de Sokolnicki n'avaient plus de cartouches pour leurs fusils, ni d'obus pour leurs canons, et, voyant que l'ennemi préparait une nouvelle attaque, le commandant polonais engagea des pourparlers. Sandomir se rendit, mais les troupes polonaises quittèrent les lieux avec leurs armes et leurs drapeaux.

Poniatowski était fou de rage. Et si, dans ses lettres à Golitsyne, il conservait un ton froid et correct, dans son rapport à Napoléon il ne pouvait plus se contenir. Le 27 juin 1809, il écrivit à l'empereur : « Il n'y a pas eu jusqu'à présent le plus petit engagement entre elles [les troupes russes] et l'ennemi. [...] Après avoir épuisé tout ce que la mauvaise volonté la plus décidée peut fournir de prétextes pour ne pouvoir agir, les généraux russes en ont enfin imaginé un nouveau qui achève de la mettre en évidence : c'est de se faire fournir tous les jours une quantité de vivres suffisante pour la subsistance de plus de 100 000 hommes. [...] C'est ainsi que, malgré l'engagement pris par le prince Golitsyne de faire passer le San le 21 de ce mois à deux divisions russes, ce passage, sous le même prétexte, ne s'est effectué que plusieurs jours après, lorsqu'on se fut bien assuré que les troupes autrichiennes avaient repassé la Vistule ; et deux compagnies d'infanterie oubliées à Rzeszow, qui n'attendaient qu'une sommation pour se rendre, ne virent pas même arriver une patrouille à cet effet, et furent en présence de plus de 20 000 hommes qu'ils virent faire aussi tranquillement retraite que si ce corps avait été là pour les protéger[9]. »

Et encore, si tout cela s'était limité à une absence d'assistance de la part des troupes russes ! Sur le front politique, le commandement russe s'opposait de toutes les manières possibles aux Polonais. Partout où passaient les troupes russes, les autorités polonaises récemment installées au nom de Napoléon étaient chassées et remplacées par des administrateurs autrichiens. Dès l'entrée de l'armée russe dans Lwów, le général Meller-Zakolmeski fut nommé gouverneur. Le détachement polonais dont la route passait par Lwów ne put entrer dans la ville ; en revanche, le gouverneur autrichien Wurmser arriva tranquillement sous la garde de deux cents hussards autrichiens (!) et occupa les fonctions de vice-gouverneur.

Dans sa lettre du 1er juillet 1809 au prince Golitsyne, Poniatowski disait : « Il m'est impossible de croire que des dispositions aussi extraordinaires soient conformes à la volonté d'un souverain dont l'Europe admire les loyales vertus, ni qu'il autorise des faits dont la seule apparence doit répugner à son caractère.

« Si l'idée de fournir au gouvernement autrichien les moyens de persécuter les habitants de la Galicie pour avoir donné des preuves de leur attachement à la cause en faveur de laquelle Votre Excellence est chargée d'agir n'a point été pour elle un motif suffisant pour s'abstenir d'en réintégrer les employés, je la prie de ne point perdre de vue que les troupes polonaises font partie du 9e corps, et que les opérations que j'ai à effectuer en vertu des ordres de S. M. l'empereur des Français, étant liées avec celles de la Grande Armée[10]... »

Mais Sergueï Fédorovitch Golitsyne ne l'oubliait justement pas, et c'était pour cette raison même qu'il agissait ainsi. Il rapporta à Alexandre Ier : « J'ai l'audace d'exposer en très humble sujet à Votre Majesté que le dénouement de cette affaire peut entraîner des conséquences fort désagréables pour nous, car, dès que l'on commencera ici à prêter serment de fidélité à l'empereur des Français, je crains que ne commencent des troubles dans les provinces réunies à la Russie auxquelles on ne peut aucunement se fier[11]. »

Le prince Golitsyne supposait à juste titre que les actions du corps d'armée de Poniatowski risquaient de provoquer des troubles dans les provinces occidentales de l'Empire russe. Si, avant le déclenchement de la guerre, l'armée du petit État polonais s'intitulait de façon « politiquement correcte » armée du duché de Varsovie, avec le début des opérations militaires, étant donné qu'il fallait mobiliser les forces du peuple, Poniatowski avait lancé un appel sans ambiguïté à ses soldats et à toute la population du duché : « Un voisin que nous n'avons point offensé, un voisin dont la capitale et l'empire ont été autrefois sauvés par les armes de nos ancêtres, vient d'envahir notre territoire et nous traite comme une horde sans patrie et sans gouvernement, s'efforçant de séparer notre cause de celle de notre grand régénérateur, et prétendant ne faire la guerre qu'à l'empereur Napoléon. [...] Une telle pusillanimité serait indigne de Polonais. Sacrifions tout pour défendre notre patrie et notre honneur. [...] Accourez, Polonais qui n'avez jamais dégénéré ! [...] Vous, confiants en Dieu et dans la protection du grand Napoléon, combattez au nom de la patrie... Couvrez de vos corps ce que l'homme a de plus précieux : votre indépendance et vos droits[12] ! »

Poniatowski lança à plusieurs reprises de semblables exhortations aux troupes, à la population du duché de Varsovie et à la population de Galicie. En conséquence, la guerre de 1809 mit la question polonaise à l'ordre du jour dans toute son acuité. Une députation de la population de Galicie se rendit, en dépit de tous les obstacles, au quartier général de Napoléon, à Vienne, pour requérir la restauration du royaume de Pologne. Napoléon s'efforçait, malgré tout, de préserver l'amitié de son pays avec la Russie, et c'est pourquoi il répondit de façon évasive à la prière des Polonais : « Je ne disconviens pas [...] que j'ai une affection particulière pour votre nation [...], mais toutes ces affections particulières ne comptent pour rien dans la politique. Donc, comment faire pour contenter les Russes ? Chose que je ne sais pas encore. L'enthousiasme des Galiciens est très naturel, mais je ne l'ai pas commandé, mais il n'y a pas de Français dans tout cela, et je ne me sens aucune obligation de faire pour les Galiciens ce que j'ai fait pour le duché de Varsovie où, soi-disant, j'ai engagé mon honneur. [...] Je ne veux pas m'attirer une guerre éternelle avec la Russie. Cependant, il faut voir[13]. »

Sur le théâtre d'opérations, les relations entre Russes et Polonais, de plus en plus tendues, étaient déjà proches d'une confrontation ouverte. Dans son rapport du 2 juillet 1809, Poniatowski relata : « Le concert des généraux russes avec l'Autriche devient tellement certain et prononcé que, à proprement parler, il semble que ce sont les troupes polonaises qu'on regarde comme ennemies, et, tandis qu'ils se prêtent avec empressement aux vues des commandements autrichiens, toutes les mesures sont prises pour déjouer les efforts de leurs alliés[14]. »

La veille, 2 juillet, le capitaine du premier régiment d'infanterie du duché de Varsovie, Gembarzewski, rapporta à son commandement l'épisode suivant. Il était entré dans Sandomir, que venaient de quitter les Autrichiens et qui, en principe, aurait dû être occupé par les troupes russes. « En pénétrant dans la ville, j'aperçus vingt et un hussards autrichiens formés en ligne devant le quartier du capitaine russe Denissov qui y commandait un détachement. Je crus d'abord qu'ils avaient été faits prisonniers, mais, voyant qu'ils avaient leurs pistolets et leurs sabres, je leur demandai ce qu'ils faisaient là. Ils me répondirent qu'ils étaient venus en patrouille. Je voulus alors arrêter l'officier autrichien qui les commandait et qui buvait tranquillement de l'eau-de-vie avec le capitaine russe, mais ce dernier ne voulut point le permettre, quoique l'officier de hussards m'eût déjà remis son sabre ; il l'emmena dîner chez lui et me dit ironiquement : "Si vous avez envie de vous battre contre les hussards, vous en êtes le maître, leur officier et moi serons spectateurs[15]." »

Poniatowski ne se plaignit pas seulement à l'empereur, mais tenta d'accéder à l'ambassadeur de France en Russie. Il raconta à Caulaincourt que des parlementaires de l'armée russe se rendaient en permanence chez les Autrichiens, et des parlementaires autrichiens chez les Russes, que les deux armées faisaient tous leurs efforts pour ne s'affronter en aucun cas : « Leurs avant-postes respectifs, en vue les uns des autres, ont constamment dessellé et débridé leurs chevaux, et nos patrouilles les trouvent presque toujours cimentant leur bonne volonté en buvant pêle-mêle les uns avec les autres. Les détails qu'on a rassemblés à cet égard paraîtraient incroyables[16]... »

Quelle que fût la tournure des événements sur le théâtre d'opérations polonais, l'essentiel de la campagne de 1809 se déroulait bien entendu sous les murs de Vienne. Là, Napoléon préparait une nouvelle tentative pour franchir le Danube. Sur l'île danubienne de Lobau, transformée en énorme tête de pont, avaient lieu de gigantesques travaux d'ingénierie : des fortifications étaient élevées et l'on y installait des pièces d'artillerie, des moyens de grande ampleur étaient mis en œuvre pour ménager un passage sur le Danube, et des routes étaient même percées avec, tout du long, des réverbères permettant de circuler de nuit sur l'île...

L'empereur, qui se trouvait au palais de Schönbrunn, suivait attentivement ces travaux grandioses, sans perdre de vue la situation politique. Il avait besoin comme jamais du concours des troupes russes pour menacer les Autrichiens sur leurs arrières, mais il avait déjà pris connaissance à ce moment-là des rapports de Poniatowski, et était parfaitement au courant de ce qui se passait en Galicie.

Il avait en particulier reçu une lettre, interceptée par les patrouilles polonaises en territoire galicien et adressée au commandant de l'armée autrichienne, l'archiduc Ferdinand, par un général russe, le prince Gortchakov. Toute cette lettre était empreinte d'hostilité envers la France napoléonienne, et l'on y décelait clairement l'espoir en des actions conjointes des Autrichiens et des Russes dans la lutte contre Napoléon. Tchernychev raconta : « Il [Napoléon] me fit entrer dans son cabinet pour me montrer une lettre du prince G. écrite à S. A. F. Je fis tout mon possible pour détruire son mécontentement [de Napoléon] à ce sujet, de même que ses mauvaises impressions contre le gén. Lewis [commandant d'une des divisions de l'armée russe en Galicie][17]. »

Quels que soient les arguments et explications avancés par le bel aide de camp russe, l'empereur des Français comprenait qu'il ne pouvait s'attendre à des interventions actives de l'armée « alliée ». C'est pourquoi, lorsque son général aide de camp Savary évoqua l'alliance russe, Napoléon s'exclama : « Bien m'a valu de ne pas compter sur des alliés comme ceux-là ! [...] Quel avantage ai-je à leur alliance, s'ils ne sont pas en état de m'assurer la paix en Allemagne ? Il est plus vraisemblable qu'ils se seraient mis contre moi si un reste de respect humain ne les eût empêchés de trahir aussitôt la foi jurée ; il ne faut pas s'abuser : ils se sont tous donné rendez-vous sur ma tombe, mais ils n'osent s'y réunir[18]. »

Au début de juillet, tout était prêt pour un nouveau passage. Dans la nuit du 4 au 5, les troupes françaises franchirent le Danube, et les 5 et 6 juillet, au cours d'un des plus grands affrontements du XIXe siècle, la bataille de Wagram, elles défirent l'armée de l'archiduc Charles. Le sort de la guerre était joué...

En dépit de la méfiance, pour ne pas dire plus, que Napoléon éprouvait désormais à l'égard de l'alliance russo-française, les officiers russes que nous connaissons déjà – Gagarine, Tchernychev, Gorgoly, Witte et Löwenstern – se trouvaient aux côtés de l'empereur lors de la bataille de Wagram. Mieux encore : rien n'avait changé pour eux, ils continuaient à avoir accès partout, ils étaient présents dans tous les événements d'importance, remplissant des fonctions à l'état-major en compagnie de leurs nouveaux compagnons d'armes. Seule les distinguait des autres l'attention appuyée dont ils faisaient l'objet. Après le premier jour de la bataille de Wagram, Tchernychev passa comme auparavant la nuit à côté de la tente de l'empereur, cependant que Gagarine, Witte, Löwenstern et Gorgoly partaient pour l'arrière. « Une fois arrivés à Kaiser-Ebersdorf, se souvint Löwenstern, nous ne manquâmes plus de rien. Vivres, boissons, fourrages, tout nous fut fourni. Notre qualité d'officiers russes nous valut cet accueil favorable. Napoléon avait donné les ordres les plus précis pour que nous ne manquions de rien, et Duroc et Savary étaient spécialement chargés de veiller à ce que ses ordres fussent exécutés[19]. »

Au soir de la deuxième journée victorieuse de la bataille, les officiers russes étaient à nouveau dans l'entourage de l'empereur : « Pendant qu'on préparait le dîner, tout le monde chercha à se procurer du papier pour écrire des lettres à Paris et à ses parents. Car des courriers devaient partir du champ de bataille même pour annoncer cette victoire à toutes les cours d'Europe. Le beau, brillant et pétulant Tchernitcheff fut désigné pour porter cette nouvelle à Saint-Pétersbourg[20]. »

Comment expliquer une telle sollicitude envers des officiers représentant une armée qui, en Galicie, avait de fait saboté les opérations militaires contre les Autrichiens ? Avant tout, bien entendu, par des considérations politiques. Napoléon s'efforçait de montrer que l'alliance existait, même s'il n'y croyait plus particulièrement lui-même. Il est aussi possible que l'empereur ait voulu, en la personne d'au moins quelques membres de la noblesse russe, se ménager des partisans de l'orientation pro-française de la Russie. Il savait que tous les jeunes gens qui buvaient du bourgogne sous sa tente étaient les représentants de familles illustres et que leur opinion ne demeurerait sans doute pas sans écho dans les salons de Saint-Pétersbourg.

La présence de ces hommes parmi la suite de Napoléon s'expliquait certes par des raisons politiques, mais elle fournit par ailleurs un indice important qui justifie que nous ayons insisté sur cet épisode en apparence insignifiant. En effet, s'il l'est effectivement pour la marche des opérations militaires de 1809, il joue néanmoins un rôle dans l'histoire des relations russo-françaises. Tchernychev, Gagarine, Witte et les autres n'étaient pas seulement présents au château de Schönbrunn et sur le champ de bataille de Wagram : ils avaient leurs entrées à l'état-major de l'armée française, où ils se sentaient comme chez eux. Se trouvant à proximité de la tente de l'empereur, dans les cabinets des généraux d'état-major, s'entretenant en permanence avec les aides de camp, les officiers supérieurs, ils étaient au courant de tous les événements, de tous les plans. Si Napoléon avait projeté à ce moment-là quelque chose contre la Russie, s'il y avait eu dans sa conduite à l'égard de son allié quelque chose d'autre que le désir d'agir de concert avec lui, cela aurait été immédiatement connu de tous, en particulier de Tchernychev. Ce brillant jeune officier allait partout avec l'empereur et avait même été invité à plusieurs reprises à déjeuner ou à dîner avec lui en la compagnie de Berthier et dans le cercle étroit des familiers et hommes de confiance de Napoléon.

En outre, Tchernychev n'était pas seulement un mondain et un agréable compagnon, c'était aussi un agent d'une clairvoyance au-dessus de son âge. D'autres membres de cette joyeuse bande rédigeaient eux aussi des rapports sur leur séjour à l'état-major français, et Napoléon devinait bien entendu que la présence des officiers russes ne s'expliquait pas seulement par leur désir de brandir leur sabre en compagnie de la jeunesse dorée parisienne. Pourtant, ces hommes étaient admis partout, et l'empereur démontrait par là qu'il n'avait rien à cacher à la Russie...

La guerre ne dura pas longtemps après Wagram. Les Français étaient sur les talons de l'armée autrichienne qui battait en retraite et un combat d'arrière-garde était à peine entamé que les hostilités cessèrent. Le 12 juillet, l'armistice fut signé à Znaim et des pourparlers de paix s'engagèrent bientôt dans la petite ville d'Altenburg, à la frontière de la Hongrie.

Un officier d'ordonnance de Napoléon, le capitaine Chlapovski, fut envoyé auprès de Poniatowski pour l'informer de la conclusion de l'armistice. Il traversa avec un laissez-passer signé par l'archiduc Charles tout le territoire occupé par les troupes autrichiennes ; le 15 juillet, il était déjà au quartier général de l'archiduc Ferdinand et, le lendemain, à l'état-major de Poniatowski.

Là, sur le théâtre d'opérations polonais, les relations entre « alliés » s'étaient transformées en véritable théâtre de l'absurde. Au début de juillet, les Autrichiens battaient en retraite. L'armée polonaise était sur leurs talons. Le 14 juillet au matin, les troupes de Poniatowski s'approchèrent de Cracovie. À ce moment, un parlementaire arriva dans le camp polonais. Au nom du général Mondet, il sollicitait du commandant de l'avant-garde polonaise, le général Rozniecki, un armistice de quarante-huit heures afin d'évacuer la ville sans dommages pour les habitants. Poniatowski donna son autorisation, mais seulement pour douze heures.

L'accord avait été conclu le 14 juillet à 6 heures du soir, et l'armistice venait par conséquent à expiration le 15 à 6 heures du matin. Cependant, à l'aube, on rapporta au prince Poniatowski qu'il y avait des troupes russes en ville. Il se plaça immédiatement à la tête d'un détachement de cavalerie et, à 6 heures, il était aux portes de Cracovie. Le général Sievers s'y trouvait déjà avec un détachement russe, et ses soldats barrèrent la route aux cavaliers polonais. Alors le commandant d'un escadron polonais, Potocki, s'exclama : « J'ai l'ordre d'y entrer [dans la ville] au nom de Sa Majesté l'empereur des Français, et j'espère que vous ne me forcerez point à faire croiser les lances pour m'en ouvrir le passage ! » Sievers ne voulut pas se lancer dans une aventure risquée, ses soldats s'écartèrent et la cavalerie polonaise, le prince Poniatowski en tête, entra dans la ville, suivie de l'infanterie.

Quel ne fut pas l'étonnement du prince lorsqu'il s'aperçut que la ville était remplie de troupes russes ! En effet, après avoir conclu l'armistice avec les Polonais, les Autrichiens avaient tout fait pour presser l'avant-garde russe afin de lui remettre la ville, de sorte que Sievers et ses troupes étaient arrivés à marches forcées à Cracovie avant les Polonais. Poniatowski constata que les unités russes n'étaient pas les seules à s'être installées en ville, et que des Autrichiens armés s'y promenaient tranquillement. Sur la place, un escadron de hussards russes barra la route au prince. Il se tenait dos aux Autrichiens et faisait face au détachement polonais. Un témoin de cet épisode raconta dans son rapport : « Le prince fit signe aux hussards de se ranger. Ils restaient immobiles. Le prince, irrité, pique des deux, s'élance à travers les hussards, applique à l'un d'eux un violent coup de poing. Alors le passage s'ouvre aux acclamations du peuple[21]. »

À la suite du prince, ses officiers et ses cavaliers arrivèrent au galop et l'infanterie polonaise occupa la ville. Ce n'est que par la force que Poniatowski put pénétrer dans l'hôtel de ville et recevoir la ville au nom de l'empereur Napoléon. L'état-major russe resta d'ailleurs encore longtemps à Cracovie, de même que le commandement polonais, jusqu'à la conclusion de la paix.

Selon l'armistice, dont Chlapovski avait communiqué les termes au prince au lendemain de la prise de Cracovie, les troupes devaient demeurer sur les positions qu'elles occupaient au moment de la signature du document. Cela serait revenu, pour Poniatowski, à quitter l'ancienne capitale de la Pologne. Mais le prince comprenait que laisser une position aussi importante entre les mains des Autrichiens, surtout après une victoire, aurait été absurde. C'est pourquoi il interpréta autrement les termes de l'armistice : ses troupes devaient demeurer sur les positions qu'elles occupaient *à l'arrivée de la nouvelle* de l'armistice. Et il déclara qu'il ne rendrait pas Cracovie sans l'ordre de Napoléon.

À parler franchement, la situation dans la ville n'était pas simple. Comme on l'a déjà indiqué, des unités russes et polonaises étaient stationnées dans l'ancienne capitale. Les relations entre « alliés » étaient telles que le chef d'état-major de l'armée polonaise, le général Fischer, provoqua en duel le général Sievers, commandant de l'avant-garde russe. Des officiers se battirent également en duel à maintes reprises et les soldats ne cessaient de se bagarrer à coups de poing dans les rues.

En dépit de cette atmosphère tendue, Poniatowski put constater que ses relations avec le prince Golitsyne s'amélioraient tout à coup. Cette évolution du commandant en chef russe s'expliquait par ses propres vues politiques, qui n'étaient pas simplement fondées sur des sentiments hostiles aux Polonais ; il remarquait même : « Il est indubitable que les habitants des deux Galicies ne peuvent souffrir les Autrichiens, et cette détestation provient clairement de leur administration sévère et de leur façon de les traiter[22]... »

Sur cette base, le prince proposait de restaurer le royaume de Pologne et de le placer sous le sceptre du tsar de Russie. Le prince Czartoryski, ami proche d'Alexandre, caressait déjà depuis longtemps cette idée et la politique russe avait tourné autour d'elle entre la fin de 1804 et le début de 1805. À ce moment, Czartoryski faisait tout son possible pour provoquer une guerre entre la Russie et la Prusse afin de prendre à la Prusse les terres polonaises, de s'entendre avec les Autrichiens et de proclamer la restauration du royaume de Pologne en plaçant la couronne royale sur la tête d'Alexandre Ier.

Comme on l'a déjà mentionné, cette guerre contre la Prusse n'eut pas lieu, et l'idée fut pour quelque temps mise de côté, mais elle revenait sans cesse à la surface en fonction des fluctuations de la conjoncture politique.

Les propositions de Golitsyne étaient bien plus modestes que celles de Czartoryski. Si ce dernier voulait rétablir la Pologne dans ses anciennes frontières, Golitsyne, dans ses projets, excluait du futur royaume toute la Biélorussie, ainsi que les gouvernorats de Kiev et de Podolie. Il considérait toutefois que l'idée de restauration de la Pologne était plus que raisonnable. Il écrivait : « Afin de conduire tous les esprits à l'équilibre, pour instaurer partout la tranquillité, il leur faut absolument un roi. [...] Tous les Polonais sagaces aspirent à la minute où Alexandre, empereur de toutes les Russies, sera proclamé leur roi[23]. »

Cependant, le projet de restauration du royaume polonais sous le sceptre russe ne devait pas se réaliser non plus en 1809. Répondant à Golitsyne au sujet de sa proposition, le ministre des Affaires étrangères, le comte Roumiantsev, exprimait, sous le sceau « ultra-secret », des remarques sceptiques : « Peut-on se fier à la permanence de la nation polonaise et, sous l'aspect même de leur brûlant désir de se réunir aujourd'hui sous le sceptre de Votre Majesté, ne se cache-t-il pas plutôt le dessein de recouvrer la partie de la Pologne qui est revenue à la Russie, et ensuite de se débarrasser de nous ? Mais, même si cela ne se produisait pas, ne voyons-nous pas des exemples parlants de la faiblesse et du peu de fiabilité d'un lien réunissant des États sous un seul pouvoir, mais sous des noms différents et avec des droits distincts, en dépit d'une ancienneté qui aurait dû les rendre indivisibles et inséparables dans toutes les circonstances[24] ? »

Mais peut-être le principal contre-argument de Roumiantsev était-il que, la Pologne demeurant divisée entre trois puissances (n'oublions pas que la Prusse avait conservé, même après la paix de Tilsit, certaines terres polonaises), ces dernières étaient liées par une sorte de caution solidaire. Tant que cette situation perdurait, la Prusse et l'Autriche restaient des alliées potentielles de la Russie en tant que complices d'un acte pas très reluisant, alors que si la Russie s'appropriait toutes les terres polonaises, elle risquait de se brouiller sérieusement avec les deux autres coacteurs du partage. C'est pourquoi il ne fut pas donné suite, pour l'heure, au projet politique du prince Golitsyne. Roumiantsev n'excluait néanmoins pas que si les nobles du duché de Varsovie et les grands propriétaires galiciens souhaitaient devenir sujets russes, et s'ils déposaient une requête en ce sens, « une telle action de leur part et une proposition en ce sens ne demeureront pas vaines[25] ».

Cependant, aucun « exploit » ni aucune proposition en ce sens ne s'ensuivirent. La politique de Golitsyne resta sans effet sur le destin de la Galicie. En revanche, les discussions portant sur cette province et la Pologne en général jouèrent un très grand rôle dans les pourparlers de paix d'Altenburg.

Ces pourparlers avançaient difficilement. D'une part, les Autrichiens disposaient encore de forces non négligeables : environ 250 000 soldats prêts à continuer la guerre ; de l'autre, Napoléon lui-même ne savait trop comment sortir de la situation complexe dans laquelle tout le monde était plongé. Sans compter que la position de la Russie était loin d'être claire pour lui. Dans l'idéal, il voyait comme résultat de cette campagne la réunion de la Galicie au duché de Varsovie, mais il était absolument évident que cette issue était inacceptable pour Alexandre. Elle aurait eu pour effet la reconstitution de près de la moitié de la Rzeczpospolita et, dans ce cas, la question de la renaissance de cet État s'imposerait d'elle-même, avec l'abandon par la Russie de ses provinces occidentales. Par conséquent, Napoléon recherchait d'autres solutions. L'une des variantes possibles aurait été la création de la Galicie en tant qu'État indépendant sous gouvernance d'un souverain allié à Napoléon, mais il était peu probable qu'elle puisse satisfaire la Russie : au lieu d'une petite Pologne, on en aurait eu deux ! Donner la Galicie à un prince autrichien, ce qui agréait tout à fait au tsar, ne convenait aucunement ni à Napoléon ni aux Polonais, car cela revenait à dire que toute la Galicie demeurerait province autrichienne.

L'habile ministre autrichien Metternich, qui conduisait les pourparlers avec le ministre français des Affaires étrangères, Champagny, laissa entendre qu'une alliance avec l'Autriche serait profitable à Napoléon, et qu'il serait indiqué, pour l'empereur des Français, de n'enlever aucun territoire à la monarchie des Habsbourg, mais, en lieu et place d'annexions, de conclure une alliance avec elle !

Si étrange que cela puisse paraître, Napoléon n'était pas opposé à une telle solution, mais à une condition : que l'homme installé sur le trône d'Autriche soit remplacé. « L'intime alliance avec l'empereur actuel était difficile, parce que, quoique rempli de bonnes qualités, il est toujours de l'opinion du dernier qui lui parle[26] », écrivit l'empereur des Français à son ministre des Affaires étrangères. Et, dans une autre missive au même destinataire, il précisa : « S'il y avait un empereur à la bonne foi duquel je puisse me fier, comme le grand-duc de Wurtzbourg[*] ou l'archiduc Charles, je rendrais toute la monarchie autrichienne et je n'en retrancherais rien[27]. » Enfin, dans une autre lettre adressée à Champagny, il confirma : « Si l'empereur veut abdiquer en faveur du grand-duc de Wurtzbourg, je livrerai le pays tel qu'il est, avec son indépendance actuelle, et je ferai une alliance avec lui qui nous mettra à même de finir les affaires du continent. Comme j'ai confiance dans le caractère et le bon esprit du grand-duc de Wurtzbourg, je considérerai le repos du monde comme assuré par cet événement[28]. »

Il est intéressant de noter que Napoléon n'avait pas particulièrement besoin d'obtenir de l'Autriche de notables concessions territoriales. S'il proposait de troquer des pertes territoriales contre l'abdication de François Ier, c'était parce qu'il ne pouvait annoncer à l'Europe une paix qui eût permis à l'Autriche de s'en tirer à si bon compte, car cela eût signifié aux yeux de tous qu'il n'y avait pas eu de véritable victoire, ou que l'on pouvait impunément faire la guerre à l'Empire français. Que le lecteur s'imagine un État qui a repoussé une agression, écrasé l'ennemi grâce à une grande tension de ses forces, et occupé sa capitale avec ses troupes victorieuses, et qui, après cela, n'aurait revendiqué aucun privilège et n'aurait pris aucune mesure contre lui ! Impensable ! Mais Napoléon, chose étrange, y était disposé pourvu qu'on lui fournisse un témoignage, voire un symbole de la victoire remportée. L'abdication de François Ier était la mesure la plus modérée, celle qui épargnait le plus la monarchie des Habsbourg, et

---

* Ferdinand III (1769-1824), frère cadet de l'empereur d'Autriche François Ier, grand-duc de Toscane en 1790-1801, grand-duc de Wurtzbourg en 1806-1814, prince électeur et grand-duc de Salzbourg en 1814-1824.

ce, d'autant plus que le duc de Wurtzbourg, frère cadet de l'empereur, était connu de tous comme un homme d'une morale élevée, remarquablement instruit et plein de talent. Enfin, il avait quarante ans et était par conséquent dans la force de l'âge.

Mais François Ier n'avait nullement l'intention d'abdiquer au profit de ses frères et, en outre, dans le domaine de la politique internationale, à partir de cette époque, l'empereur était conseillé par Metternich, ancien ambassadeur à Paris et, depuis le 8 octobre 1809, ministre des Affaires étrangères. La politique de Metternich est exposée avec précision dans ses lettres rédigées à la veille de la signature de la paix. Le ministre y explique à l'empereur qu'il est indispensable d'obtenir un accord avec Napoléon, car, en cas de tentative de résoudre le problème par les armes, l'armée autrichienne serait sans nul doute écrasée et il ne resterait alors plus d'autre issue, pour Napoléon, que de renverser la monarchie autrichienne. C'est pourquoi Metternich propose de s'orienter vers une alliance avec Napoléon, celle-ci ne devant toutefois pas avoir pour but de l'aider, mais de le conduire à sa perte.

« Il faudra donc qu'à partir du jour de la conclusion de la paix notre système se borne exclusivement à louvoyer, à nous effacer, à composer avec le vainqueur. De cette manière seulement nous prolongerons peut-être notre existence jusqu'au jour de la délivrance commune. Sans l'assistance de la Russie, il ne faudra plus jamais songer à secouer le joug qui pèse sur toute l'Europe. [...] Nous n'avons donc qu'un parti à prendre : il faut que nous réservions nos forces pour des temps meilleurs, et que nous travaillions à notre salut par des moyens plus doux[29]... »

Oui, Napoléon avait tout à fait raison, depuis longtemps ils s'étaient « tous donné rendez-vous sur sa tombe », et l'alliance autrichienne promettait de n'être en rien plus fiable que l'alliance russe. Peut-être le plus sûr, pour Napoléon et la France, aurait-il été de mettre définitivement à bas la monarchie des Habsbourg en accordant l'indépendance à la Pologne, à la Hongrie et à la Bohême. Mais cela aurait été un tournant trop radical, lourd de guerres nouvelles. L'empereur préféra donc se limiter à une solution qui lui paraissait plus raisonnable, consistant à amputer légèrement l'empire d'Autriche de divers côtés et, lui semblait-il, à sécuriser ainsi tout le système.

Alexandre Ier ne voulut même pas envoyer de représentants aux pourparlers. Il se borna à dépêcher à nouveau à l'état-major de Napoléon le beau Tchernychev avec une lettre dans laquelle il définissait de façon vague la position de la Russie à l'égard du futur traité de paix : « Mes intérêts se trouvent dans la main de Votre Majesté, écrivait le tsar. J'aime à placer une confiance entière dans son amitié pour moi. Elle peut m'en donner un gage certain en se rappelant ce que je lui ai bien souvent répété à Tilsit et à Erfurt sur les intérêts de la Russie par rapport aux affaires de la ci-devant Pologne, et ce que j'ai chargé depuis son ambassadeur de lui exprimer en mon nom[30]. »

Alexandre Ier ne disait rien de concret. Cependant, un mois auparavant, il avait formulé très rudement sa position dans un entretien avec Caulaincourt. Le tsar avait déclaré à l'ambassadeur : « Le monde n'est pas assez grand pour que nous puissions nous arranger sur les affaires de Pologne s'il est question de sa restauration d'une manière quelconque[31]. »

Si le tsar s'était exprimé durement, mais néanmoins de façon assez vague, Roumiantsev n'avait pas été moins rude, mais plus concret, dans son entretien avec l'ambassadeur. Il avait parlé avec indignation de la conduite des troupes du prince Poniatowski au cours de la récente guerre : « Elles ne se bornaient pas à se considérer comme des troupes de l'armée saxonne ; elles se qualifiaient de Polonais [en effet, quelle insolence : les Polonais se qualifiaient de Polonais !] ; elles faisaient des proclamations au nom de la patrie ; elles parlaient de sa restauration ; elles faisaient des levées jusque hors les limites par la voie d'un appel patriotique, et quelques-uns des sujets de l'empereur qui vivaient paisibles sous son sceptre depuis l'anéantissement complet du royaume de Pologne se laissèrent égarer à de pareils prestiges ; ils ont passé sans passeports la frontière des deux États, ils ont armé quelques hommes qu'ils ont entraînés avec eux, et en franchissant la limite il y en a qui ont tout de suite tiré sur une sorte de garde en charge de la surveiller[32]… »

Le ministre avait poursuivi en évoquant avec colère les suites de la campagne de 1809 en Galicie : « L'idée de la restauration du royaume de Pologne germe dans la tête de ceux qui composent le duché de Varsovie. Elle n'y repose pas comme un vœu secret : c'est une espérance mise à découvert ; elle se prêche comme une croisade, mais cette idée ne peut, même en imagination, chercher son accomplissement que dans la supposition que l'on parviendra à désunir les deux empereurs[33]. »

Roumiantsev considérait que, si la Galicie était détachée de l'Autriche, la Russie devait obtenir au moins les deux tiers de ce territoire pour ses « services » rendus lors de la guerre. Dans un de ses entretiens avec Caulaincourt, Roumiantsev s'était exclamé : « Les Polonais sont ivres ; il faut les dégriser. […] Veut-on le rétablissement de la Pologne ? Alors […] on nous attaque au cœur, et, dans ce cas, je serai le premier à dire à l'empereur que nous avons commis une erreur en suivant le système actuel ; il faudrait en convenir dès aujourd'hui et sacrifier jusqu'à notre dernier homme[34]. »

Le discours de Roumiantsev est capital pour comprendre l'évolution de l'attitude de la société russe à l'égard de la France napoléonienne à cette époque. Soulignons une fois de plus que l'on exagère manifestement l'hostilité de l'aristocratie russe envers Napoléon dans les premières années du XIXe siècle à cause de l'accumulation formidable de sources postérieures à la guerre de 1812. Cependant, après la guerre de 1809, cette hostilité devient évidente. Il faut noter que Roumiantsev ne faisait partie ni des anglophiles du genre de Sémion Vorontsov, ni des conservateurs militants comme l'impératrice veuve Maria Fédorovna. Au contraire, c'était un homme cultivé, amateur de culture française et, sur le plan politique, ne s'efforçant pas de saper l'alliance russo-française. Pourtant, cet homme d'État réagissait lui aussi, à l'apparition des aigles blanches polonaises à la frontière avec l'Empire russe, comme un taureau à la vue d'un chiffon rouge.

On comprend tout à fait, par ce qui a été dit au chapitre IV, pourquoi, pour toute la haute noblesse russe, le rétablissement de la Pologne était inacceptable. Roumiantsev, en dépit de ses idées libérales, était l'un de ceux dont la famille avait reçu des milliers de serfs grâce à la confiscation des terres de l'ancienne Pologne. Ni lui, ni les Saltykov, ni les Zoubov, ni les Bezborodko ne souhaitaient perdre leurs revenus.

Pour toute l'aristocratie russe, la restauration de la Pologne était absolument inadmissible. À présent, un tel froid était en train de naître entre la Russie et la France que l'odeur de la poudre se faisait déjà sentir.

Ainsi, la question polonaise s'était aggravée pour de bon. Le gouvernement de l'empire de Russie ne pouvait admettre la restauration de la Rzeczpospolita, car elle aurait conduit à la destruction de l'Empire dans sa forme présente. Quant à Napoléon, il était dorénavant lié aux Polonais par une nouvelle fraternité d'armes. Les soldats polonais, on l'a dit, avaient combattu avec un héroïsme prodigieux et étaient morts avec le nom du grand Napoléon sur les lèvres en espérant la renaissance de leur patrie. En outre, ils ne s'étaient pas seulement battus sur les rives de la Vistule et du San, ils avaient aussi versé leur sang pour l'empereur sur les champs de bataille de la guerre d'Espagne. Trois régiments d'infanterie du duché de Varsovie, trois régiments d'infanterie de la légion de la Vistule et un régiment de lanciers de la Vistule avaient été présents de Saragosse à Séville, d'Albuera à Valence, faisant preuve partout d'une ténacité et d'une bravoure remarquables. Les jeter en pâture aux autorités autrichiennes, même un homme politique aussi pragmatique que Napoléon ne pouvait se le permettre. C'était un soldat, et il tenait en haute estime le sang versé dans une lutte commune. L'affirmation de Roumiantsev, dans un de ses entretiens avec Caulaincourt, comme quoi la Russie avait participé à la campagne de Pologne, sonnait tout simplement comme un outrage.

On comprend tout à fait que les officiers et généraux russes n'aient eu aucun désir de défendre les Polonais, et Napoléon en avait pleinement conscience. Pendant la campagne de Galicie, il n'y avait eu, entre Russes et Autrichiens, aucun combat, à l'exclusion d'une escarmouche nocturne fortuite aux avant-postes au cours de laquelle un Autrichien avait été tué et deux autres blessés. Mais comment, après cela, accepter la proposition faite par Alexandre de remettre à la Russie les deux tiers de la Galicie, alors que le duché de Varsovie ne devait en recevoir qu'un tiers !

En fin de compte, la paix entre l'Autriche et la France fut conclue le 14 octobre 1809 au château de Schönbrunn. Il semblait à Napoléon que ce traité était un compromis. Effectivement, aux termes de celui-ci, seule la Galicie occidentale, avec Cracovie, était réunie au duché de Varsovie (soit un quart seulement de la Galicie), presque toute la Galicie orientale (soit les trois cinquièmes de la superficie de la région) demeurait aux mains de l'Autriche, en dehors du district de Tarnopol, peuplé de 400 000 habitants, qui revenait à la Russie. En outre, la monarchie autrichienne se voyait privée de ses provinces du sud-ouest : la Croatie, Raguse, Fiume, Trieste, la Carniole, Gorizia et une partie de la Carinthie. Braunau, Salzbourg et le district de l'Inn allaient à la Bavière.

Les résultats de la guerre de 1809 portaient véritablement en eux les prémisses d'un nouveau conflit. Bien que Napoléon ait évité l'agrandissement de la Pologne, bien que l'État polonais ait conservé le nom de duché de Varsovie, tout le monde comprenait qu'il s'agissait là de la future Pologne. La paix de Schönbrunn attribuait au duché un territoire de 52 000 kilomètres carrés, et sa population s'accroissait de 1,7 million d'habitants. La population du duché atteignait ainsi 4,3 millions d'habitants. C'était évidemment loin de la totalité de la Rzeczpospolita, mais ce n'était plus seulement, loin de là, un embryon de Pologne que l'on pût négliger, comme après Tilsit. C'était maintenant un État avec des frontières élargies, un peuple fier de ce que, comme on le chantait dans la mazurka de Dombrowski, il avait repris par le sabre « ce que l'étranger nous avait pris de force ». On avait d'un côté les proclamations enflammées de Poniatowski, l'insurrection des Polonais en Galicie et les batailles qu'avaient livrées les soldats polonais, et, de l'autre, une hostilité absolument évidente à la cause polonaise non seulement des autorités, mais aussi des officiers et simples soldats russes. Si étrange que cela ait pu paraître, à Tilsit, sitôt après s'être combattus, Russes et Français avaient fait la fête ensemble de bon cœur. Les soldats et officiers russes et polonais, bien qu'alliés, se considéraient, eux, comme des ennemis jurés, et cela, on ne pouvait rien y faire.

À la frontière de la Russie se dressait un État qui mettait son espoir principal dans la guerre pour la libération de terres naguère confisquées. Il est clair que, pour la classe dominante de l'Empire russe, la coexistence avec cet État était devenue impensable, et l'idée qu'il fallait écraser, anéantir le duché de Varsovie allait désormais de soi aux yeux de toute l'élite russe.

Jusqu'en 1803, la Russie et la France n'avaient aucune raison de se combattre. Avec le début de la guerre franco-anglaise, un prétexte indirect s'était fait jour. Après la guerre de 1805-1807 étaient apparus des foyers de contradictions qu'il n'était pas si simple d'éteindre, mais, après la guerre de 1809, la tension était devenue telle qu'il aurait été étonnant de pouvoir éviter une confrontation entre les deux empires. À présent, l'empereur Alexandre était près de réaliser son rêve secret. La guerre contre la France napoléonienne, d'idée fixe du tsar, était désormais devenue la cause à défendre pour toute la classe dirigeante de Russie.

Napoléon sentait que l'alliance avec la Russie, sur laquelle il avait tellement compté, lui échappait, et que la question polonaise avait sérieusement compliqué les relations entre les deux pays. Il se résolut à effectuer en direction de la Russie quelques démarches d'importance à l'aide desquelles il espérait encore sauver l'alliance.

La première d'entre elles fut une démarche diplomatique à l'adresse du gouvernement russe. Le 20 octobre 1809, presque aussitôt après la signature de la paix de Schönbrunn, le ministre des Affaires étrangères, Champagny, proposa à Roumiantsev de conclure une convention qui mettrait un point final à la question polonaise. Champagny écrivit : « L'empereur veut non seulement ne point faire naître l'idée de la renaissance de la Pologne, si éloignée de sa pensée, mais il est disposé à concourir avec l'empereur Alexandre à tout ce qui pourra en effacer le souvenir dans le cœur de ses anciens habitants. » Suivait une phrase qui jurait avec tout ce que faisait Napoléon, mais son désir de préserver l'alliance avec la Russie était si fort qu'il fit préciser par le ministre des Affaires étrangères : « Sa Majesté approuve que les mots de Pologne et de Polonais disparaissent non seulement de toutes les transactions politiques, mais même de l'histoire [!][35]. »

À Pétersbourg, on accueillit ce projet de convention avec enthousiasme, d'autant plus qu'une proposition de ce genre avait été envoyée à Napoléon et était justement en chemin lorsque arriva la lettre de Champagny.

Lors des journées au cours desquelles l'empereur se préparait à cette importante démarche politique, il entreprit de faire littéralement la cour à la Russie. La première cible en fut l'ambassadeur Kourakine. Il avait sa loge au théâtre des Tuileries, on l'invitait à toutes les chasses, à toutes les réceptions de la cour, en lui donnant priorité sur tous les rois, ducs et autres hautes personnalités. Kourakine se sentait dans cette ambiance comme un poisson dans l'eau. Il apparaissait à toutes les cérémonies de la cour en ayant conscience de son importance, sans omettre d'afficher ses brillants. Comme il avait été décoré de la grand-croix de la Légion d'honneur, il se commanda une étoile en diamants et s'enorgueillissait qu'elle dût même surpasser, par son éclat, l'étoile du grand chancelier. Caulaincourt ne le cédait d'ailleurs en rien à son collègue russe pour le luxe et la magnificence. Il donnait des bals, des réceptions somptueuses, et ce, d'autant plus qu'à la fin de 1809 la Russie avait bien quelque chose à fêter.

La guerre contre la Suède s'était achevée victorieusement en septembre 1809. Ce conflit, qui avait débuté à l'hiver 1808 comme une simple promenade militaire, s'était transformé, au cours de l'été suivant, en une campagne difficile qui traînait en longueur. Les troupes russes avaient occupé rapidement la Finlande, mais, à l'automne, la résistance des Suédois s'était accrue et des partisans finnois se mirent à harceler les troupes russes sur leurs arrières. Le 7 (19) novembre fut conclu un armistice qui courait jusqu'à mars 1809. Cependant, au début de février, les troupes russes lancèrent une offensive. Un détachement (sous le commandement de Chouvalov) se dirigea vers le nord, le long du golfe de Botnie ; deux autres marchèrent droit à travers le golfe, sur la glace. Une colonne commandée par Barclay de Tolly avança à travers le détroit de Kvarken, le passage le plus étroit du golfe de Botnie, entre la ville finlandaise de Vaas et la ville suédoise d'Umeo. Un autre détachement, commandé par Bagration, traversa les îles Åland.

Un officier de la colonne de Barclay raconta cette dernière étape, la plus dure de cette étonnante marche à pied à travers le golfe : « Il fallait marcher sans route, avec une neige vierge jusqu'aux genoux, par un froid de moins 15 degrés ; [...] seuls des héros pouvaient réaliser cet exploit unique dans l'histoire militaire. Les Russes parcoururent en deux jours environ cent verstes à travers des masses de glace, des neiges profondes, sans aucune sente, par un froid glacial ; ils culbutèrent l'ennemi à la première rencontre et soumirent par leur seule apparition une région entière[36]. »

La déroute des troupes suédoises et la menace planant sur la capitale provoquèrent un coup d'État à Stockholm. Le roi Gustave IV fut écarté du pouvoir et contraint d'abdiquer. Le Riksdag (parlement) suédois élut comme roi l'oncle de Gustave IV, le comte de Södermanland.

Le nouveau pouvoir demanda aussitôt un armistice aux Russes, mais la guerre se poursuivit. Après de nouvelles victoires de l'armée russe, des pourparlers s'engagèrent en août 1809 et, le 5 (17) septembre, un traité de paix fut conclu à Fredrikshamn. Aux termes de celui-ci, la Russie se voyait attribuer la Finlande ainsi que les îles Åland. La frontière maritime passait dorénavant au milieu du golfe de Botnie. La Suède devait en outre fermer ses ports aux navires de guerre et de commerce anglais, et il était interdit de les ravitailler en eau et en vivres. La Suède se joignait ainsi *de facto* au blocus continental. Le comte Roumiantsev, ministre des Affaires étrangères, joua un grand rôle dans la conclusion de la paix de Fredrikshamn et, en récompense de ses succès dans ses activités au service de l'État, il fut nommé chancelier de l'empire de Russie.

Comme on sait, l'annexion de la Finlande par la Russie avait été réalisée en accord avec l'empereur des Français lors de l'entrevue d'Erfurt. C'est là également qu'il avait été convenu, lors de la rencontre des deux empereurs, que la Moldavie et la Valachie devaient revenir à la Russie. C'est pourquoi, pendant que les troupes russes combattaient en Suède, les canons se mirent aussi à tonner sur le Danube. Là, les opérations se heurtèrent à de grandes difficultés. Le début de la campagne engagée par le vieux feld-maréchal Prozorovski n'eut rien de brillant. Le tsar avait la manie de faire commander par des vieillards les armées luttant contre les Turcs : Mikhelson, soixante ans, avait été remplacé par Prozorovski, soixante-dix-sept ans. L'un de ses généraux, Langeron, décrivit ainsi son commandant en chef : « C'était plutôt une momie qu'un être existant. Il était dans un état si effrayant de caducité physique qu'il faisait craindre tous les jours qu'il n'y eût plus de lendemain pour lui. Mais, avec un corps si usé et si débile, il avait une âme de feu et une vivacité d'esprit dont beaucoup de jeunes gens n'eussent pas été capables[37]. »

Au printemps 1809, l'armée russe passa le Danube et marcha sur les forteresses turques qui défendaient la rive droite du fleuve.

Le premier raid des troupes russes fut pour la forteresse de Brailov. Dans la nuit du 19 au 20 avril (1er-2 mai) débuta un assaut qui se termina par un échec sanglant, car il n'avait absolument pas été préparé. Les troupes engagées dans l'opération (environ 8 000 hommes) atteignirent le fossé dans une obscurité totale, et réussirent à y descendre en dépit du feu de l'ennemi, raconta Langeron, mais il apparut que les échelles d'assaut étaient trop courtes pour monter jusque sur les remparts. « Nos malheureux officiers et soldats entassés dans ce fossé si profond, et ne pouvant ni en sortir facilement ni escalader le mur, canardés du haut du rempart, fusillés et mitraillés par les travers, périssaient sans pouvoir se défendre ni donner la mort à aucun ennemi. [...] Le feu était terrible et tous les coups portaient... 200 officiers périrent ou furent grièvement blessés, et plus de 5 000 soldats connurent le même sort[38]. »

Prozorovski écrivit au tsar : « Mon cœur saignait. Je souhaitais mourir et, s'il y avait eu la plus petite possibilité d'apporter une aide et de réparer ce malheur, je me serais précipité moi-même dans le feu avec l'armée. » Après cet échec, le siège de la forteresse fut levé et les troupes russes demeurèrent inactives pendant deux mois. En dépit d'ordres multiples, le vieux feld-maréchal ne bougeait pas.

Le général Bagration, connu pour son dynamisme et sa bravoure, fut désigné pour lui venir en aide. Lorsque Bagration rejoignit l'armée, comme par un fait exprès Prozorovski mourut, et ce chef d'armée résolu prit désormais les choses en main. Il ne put cependant remporter immédiatement des succès. Le pire ennemi auquel se heurta l'armée russe sur le théâtre sud des opérations, ce furent les maladies. « Mon principal adversaire, ce ne sont pas les Turcs, mais le climat d'ici. Les chaleurs excessives qui se maintiennent avec une intensité extrême causent une extrême faiblesse chez les hommes et multiplient jusqu'à l'invraisemblable le nombre de malades. [...] Les maladies font également rage à un tel degré en Moldavie, en Valachie et en Bessarabie que, là-bas, dans certains bataillons [...] nous n'avons que de 60 à 80 hommes en état de porter les armes, et plusieurs bataillons peuvent aligner à peine une compagnie complète[39]. »

Ces troupes n'en passèrent pas moins à l'offensive. Le 16 septembre, Bagration remporta une victoire devant Rassevat contre le détachement fort de 7 000 hommes du seraskier (général d'armée) Kozrev. Après avoir vaincu les Turcs, la cavalerie russe – principalement les cosaques – poursuivit l'ennemi en fuite sur près de 20 kilomètres. En conséquence, entre 2 500 et 3 000 Turcs furent sabrés, un millier environ faits prisonniers, mais 400 d'entre eux moururent le soir même de leurs blessures. Ce ne fut pas un grand combat, mais sans nul doute un succès, et il fut très apprécié à Pétersbourg. Bagration reçut l'étoile de Saint-André pour sa victoire à Rassevat, et Platov et Miloradovitch furent faits généraux en chef.

Presque en même temps que le succès de Rassevat eut lieu devant Frasina un combat au cours duquel le général Langeron infligea une défaite à une autre division turque de 7 000 hommes. Enfin, la célèbre forteresse d'Izmail capitula le 26 septembre devant les troupes du général Zass. Plus de 4 500 soldats turcs et 2 700 civils armés se rendirent, 221 pièces d'artillerie et 9 petits navires de guerre furent pris. L'offensive s'en tint là et, pis encore, Bagration demanda l'autorisation à Pétersbourg d'acheminer l'armée dans ses quartiers d'hiver, sur la rive gauche du Danube.

Ces succès en demi-teinte ne provoquèrent pas l'enthousiasme de la société aristocratique. « La guerre de Suède avait habitué Pétersbourg à des succès rapides, écrivit Wiegel[*], et c'est pourquoi les opérations de Bagration paraissaient fort peu satisfaisantes. Pensez donc, quelle merveille, il a franchi le Danube ! On pouvait s'étonner de cela il y a cinquante ans, mais, à présent, personne ne sera flatté de recevoir le titre de *Zadounaïski*[**]. Non, mon ami, franchis donc les Balkans !

---

* Philippe Wiegel (1786-1856), célèbre mémorialiste russe, ami de Pouchkine. (*N.d.T.*)

** Allusion au feld-maréchal Pierre Roumiantsev, héros des guerres russo-turques du XVIIIe siècle, qui reçut, pour ses exploits lors du franchissement de ce fleuve, le titre de *Zadounaïski* (Transdanubien), désormais accolé à son nom (*N.d.T.*).

[...] Il semble plus difficile de se battre contre des Suédois instruits, jugeaient-ils, que contre des barbares ne connaissant ni discipline ni tactique. Ce Bagration est d'ailleurs lui-même un ignare qui ne connaît la guerre que par la pratique[40]. »

Cependant, à l'automne, l'armée russe remporta encore un succès. Après un siège de courte durée par la division du général Essen, la forteresse turque de Brailov, qui avait coûté tant de sang aux troupes russes au printemps 1809, se rendit. La garnison turque fut autorisée à en sortir à condition de remettre ses drapeaux et toutes les pièces d'artillerie de la forteresse. Il était également recommandé aux habitants musulmans de quitter la ville. Le 21 octobre (2 novembre), 4 100 fantassins et 1 100 cavaliers turcs ainsi que 11 300 civils sortirent de la forteresse. Il ne restait dans la ville que 2 000 habitants de confession chrétienne.

Outre la guerre contre la Turquie et contre la Suède, la Russie continuait à se battre contre la Perse, qui avait rétabli son alliance avec la Grande-Bretagne et qui, à son tour, était parvenue à la conclusion d'un accord perso-turc pour des opérations conjointes sur le théâtre caucasien. Là encore, les troupes russes avaient remporté des succès. Le général Tormasov, qui avait remplacé le vieux feld-maréchal Goudovitch, avait repoussé en 1809 l'offensive de troupes commandées par le shah de Perse, Feth Ali en personne, et fait échouer la tentative de son fils Abbas Mirza de s'emparer de la forteresse de Giandja. Ces succès ne pouvaient que favoriser l'optimisme général qui régnait dans les milieux dirigeants russes.

La paix victorieuse de Fredrikshamn, la prise d'Izmail et celle de Brailov servirent de prétexte, dans la capitale de l'Empire russe, à de somptueuses célébrations dans lesquelles, comme toujours, l'ambassade de France se distingua par le luxe et le coût de ses dîners solennels et de ses bals.

Pour ce qui concerne la convention russo-française, un projet concret fut proposé par la Russie en janvier 1810. Voici quels en étaient les termes :

« *Article 1er*. Le royaume de Pologne ne sera jamais rétabli.

Art. 2. Les Hautes Parties contractantes s'engagent à veiller à ce que les notions de *Pologne* et de *Polonais* ne s'appliquent jamais à aucune des parties qui ont précédemment constitué ce royaume, ni à leurs habitants, ni à leurs troupes, et disparaissent pour toujours de tout acte officiel ou public, de quelque nature qu'il soit.

Art. 3. Les ordres de chevalerie qui appartenaient à l'ancien royaume de Pologne seront abolis sans pouvoir jamais être rétablis. [...]

Art. 5. Il est établi comme principe fixe et inaltérable que le duché de Varsovie ne pourra, à l'avenir, obtenir aucune extension territoriale qui serait prise sur l'une des parties qui composaient l'ancien royaume de Pologne[41]. »

Le texte de cette convention avait été mis au point par le comte Roumiantsev et l'ambassadeur de France, Caulaincourt, et signé conjointement par eux.

Napoléon était certes prêt à aller loin, mais le traité rédigé sous cette forme provoqua chez lui une exclamation de stupeur. Il suggéra à son ministre des Affaires étrangères de modifier les articles de la convention qui étaient formulés de façon trop crue et même cruelle à l'égard des Polonais. Dans son projet alternatif, il proposa en fait de dire la même chose, mais en respectant au moins certaines convenances vis-à-vis d'hommes qui l'avaient si fidèlement servi.

L'article premier était à présent formulé comme suit : « S. M. l'empereur des Français s'engage à ne favoriser aucune entreprise tendant à rétablir le royaume de Pologne, à ne donner aucune assistance à toute puissance qui aurait cette vue, ni aucun appui, soit direct, soit indirect, à toute insurrection ou soulèvement des habitants des provinces qui composaient ce royaume. »

Il était dit désormais dans le deuxième article : « Les Hautes Puissances contractantes ni le roi de Saxe n'emploieront plus à l'avenir, dans aucun acte public, les mots de *Pologne* et de *Polonais* pour désigner, dans son état actuel, telle ou telle partie de l'ancien royaume de Pologne et de ses habitants[42]. »

Pour ce qui est de l'article 3, l'empereur était d'accord pour que l'on ne remette plus dorénavant de décorations relevant des ordres polonais, mais il ne voulait pas interdire à ceux qui en étaient détenteurs de les porter, privant ainsi des hommes loyaux de leurs récompenses méritées. En conséquence, les ordres devaient s'éteindre progressivement « après la mort de ceux qui les portent actuellement ».

Les articles suivants furent également soumis à de légers amendements, mais, dans l'ensemble, le sens du document était entièrement préservé, Napoléon ayant l'intention de fournir à la Russie un engagement sans ambiguïté à ne pas favoriser la restauration de la Pologne.

Mais la rédaction de Napoléon fut rejetée par la partie russe. Un nouveau projet fut rédigé à Pétersbourg, dans lequel étaient répétées avec un entêtement maniaque les formules de la convention de janvier. Il y était à nouveau mentionné que « la Pologne ne sera jamais restaurée », que les mots « Pologne » et « Polonais » seraient à jamais bannis des actes publics, etc. Le célèbre historien polonais Marian Kukiel écrit à ce sujet que Napoléon « comprit que l'on voulait le calomnier, le compromettre politiquement, se rire de lui en tant que monarque et en tant qu'homme[43] ».

Au reste, lorsque la nouvelle version russe de la convention parvint à Paris, la situation politique s'était à tel point modifiée que Napoléon avait dans une large mesure cessé de s'y intéresser...

CHAPITRE VII

La main de la grande-duchesse...
et les sacs de blé

Pour comprendre la marche des événements, il nous faut nous éloigner des secousses politiques et des orages militaires, et aborder un instant une question qui semble n'avoir qu'un rapport indirect avec notre propos. En réalité, il n'en est rien et nous espérons que le lecteur qui lira ce chapitre s'en convaincra.

Depuis la proclamation de l'Empire, Napoléon avait compris qu'il lui faudrait tôt ou tard divorcer d'avec Joséphine. Elle était devenue stérile par suite de certains épisodes orageux de sa jeunesse, et l'Empire avait besoin d'un héritier. Cependant, Napoléon était lié à cette femme par un sentiment sincère et fort, et longtemps il ne put se résoudre à la quitter. Pourtant, la question de l'héritier devenait chaque jour plus pressante. À la fin de 1809, on apprit la grossesse de Marie Walewska, la bien-aimée de l'empereur. Cette fois, celui-ci ne doutait pas que l'enfant fût de lui. Les doutes s'étaient dissipés et il était à présent persuadé que si Joséphine n'avait pas d'enfant, cela provenait uniquement de l'état de santé de l'impératrice, non de sa propre stérilité. La décision du divorce fut prise irrévocablement et, malgré des larmes sincères et, peut-on dire sans exagérer, le chagrin des deux époux, le 16 décembre 1809 l'annulation du mariage fut proclamée par consentement mutuel.

L'empereur souhaitait qu'aussitôt après la notification du divorce on annonce au pays son remariage, et il l'avait même déjà planifié pour le printemps 1810, afin d'avoir un héritier au début de 1811. Le choix d'une princesse étrangère était évident : cela devait être une grande-duchesse russe. Comme on l'a déjà mentionné, dès Erfurt, Napoléon avait chargé Talleyrand et Caulaincourt de sonder avec précaution Alexandre à ce sujet. Il pouvait s'agir de ses deux sœurs célibataires. L'une d'elles, Catherine, avait vingt ans au moment de l'entretien d'Erfurt. L'autre, sa sœur cadette, Anne, n'en avait que treize, mais, comme il s'agissait d'une anticipation, on pouvait tout à fait envisager un mariage de Napoléon avec la plus jeune.

L'impératrice douairière, Maria Fédorovna, était horrifiée à cette perspective. Elle se consacrait depuis longtemps déjà au choix d'un parti pour l'aînée de ses filles célibataires, et se démenait même avec une insistance frisant le sans-gêne. Lorsque, au printemps 1807, François Ier devint veuf, Maria Fédorovna s'appliqua avec acharnement à faire monter Catherine sur le trône d'Autriche. Notons que la jeune fille était extraordinairement ambitieuse, vaniteuse et décidée. Elle aussi avait envie de devenir impératrice d'Autriche. Mais, alors que tout semblait devoir s'arranger, le tsar lui-même s'opposa de façon cassante à ce projet.

Le prince Kourakine, rapportant à Maria Fédorovna son entretien avec Alexandre, lui exposa ce qui suit : « L'empereur considère tout de même que le Kaiser François ne peut pas plaire à la grande-duchesse Catherine et n'est pas un parti convenable pour elle. L'empereur le définit comme un homme extérieurement peu attirant, chauve, sans volonté, paresseux de cœur, affaibli physiquement et mentalement par toutes sortes de malheurs qu'il a dû subir, peureux à tel point qu'il n'ose pas lancer son cheval au galop et qu'on doit le mener par la bride, ce dont l'empereur lui-même a été témoin devant Austerlitz. À ces derniers mots, je n'ai pu me retenir de rire et me suis exclamé : "Un tel caractère ne peut aucunement convenir à la grande-duchesse. Elle a de l'esprit, du cœur et une forte volonté ; la timidité ne lui est aucunement propre. Et la hardiesse avec laquelle elle monte provoque l'envie, même chez les hommes[1]." »

En fait, le jeune tsar et sa sœur entretenaient des relations assez étranges qui ne ressemblaient pas beaucoup à un amour fraternel. Voici une lettre d'Alexandre à sa sœur, publiée par le grand-duc Nicolas Mikhaïlovitch : « ...Je ne peux malheureusement pas jouir à présent de mon droit ancien, celui que j'avais dans votre chambre de Tver, de couvrir vos petits pieds de tendres baisers. Alors, Madame, distrayez-vous comme il faut et n'oubliez pas le pauvre reclus de Pétersbourg[2]. » De sorte qu'Alexandre ressentait une vive jalousie à l'égard de François Ier et parvint, en fin de compte, à faire capoter le mariage...

Ayant laissé passer un parti aussi avantageux politiquement, la mère décida, après Erfurt, de marier immédiatement Catherine à n'importe qui, pourvu qu'elle ne devînt pas l'épouse de Napoléon. Les pourparlers sur un mariage possible avec le duc Georges de Holstein-Oldenbourg avaient en fait déjà commencé avant l'entrevue d'Erfurt. Le piquant de la situation résidait dans le fait que ce duc était un parent de la dynastie Romanov, mais le point le plus important était que son père régnait sur un minuscule État sur les rives de la Baltique. En 1805, déjà, le duc avait eu un conflit sérieux avec Napoléon en raison de ses liens avec les Anglais, et l'empereur des Français avait tout simplement chassé le duc et son administration d'Oldenbourg. Aux termes du traité de Tilsit, le duc revint sur ses terres, mais il était clair qu'en cas de détérioration des relations entre Napoléon et Alexandre, il risquait à nouveau de les perdre.

Ainsi le mariage de Catherine et du fils du duc sentait-il quelque peu la provocation politique, car on pouvait prédire que les intérêts de l'Empire français et ceux du petit duché en viendraient à se heurter. Il était peu probable que l'impératrice douairière ait été séduite par la beauté et la richesse du fiancé, car le duché était pauvre et, en ce qui concerne le physique du jeune Georges d'Oldenbourg, voici ce qu'en écrivait avec ironie la femme d'Alexandre Ier, la jeune impératrice Élisabeth : « Son physique est peu agréable, au premier regard extrêmement désagréable, même, bien que l'uniforme russe l'ait quelque peu embelli… Je n'aurais jamais cru qu'il puisse éveiller de l'amour, mais la grande-duchesse assure qu'il lui plaît en tant qu'époux et que l'apparence ne joue aucun rôle pour elle. Je trouve que cela est très raisonnable[3]. » De son côté, l'ambassadeur de France notait : « Le prince est laid, chétif, couvert de boutons ; il articule avec peine[4]. »

Les sentiments ardents de Catherine envers le duc d'Oldenbourg semblent d'autant plus sujets à caution que, à la fin des années 1807-1809, cette inconstante jeune fille vivait une intrigue assez passionnée avec le prince Bagration. Les amants ne dissimulaient pratiquement pas leur liaison, ce qui constituait évidemment une violation absolue des convenances de l'époque et, à plus forte raison, des préceptes de la cour impériale. Catherine faisait fi, par la même occasion, de la jalousie de son frère. Une lettre qu'écrivit Catherine à Alexandre après la mort de Bagration en 1812 prouve qu'il ne s'agissait pas seulement de rumeurs : « Vous vous souvenez de mes relations avec lui et de ce que je vous avais dit qu'il avait entre les mains des documents susceptibles de me compromettre sérieusement s'ils tombaient dans des mains étrangères. Il m'a juré cent fois qu'il les avait détruits, mais, connaissant son caractère, j'ai toujours douté que ce fût la vérité. Il est infiniment important pour moi [rayé : "et sans doute aussi pour vous"] que de tels documents ne viennent pas à être connus. […] C'est là une affaire urgente : de grâce, que personne ne jette un regard à l'intérieur, parce que cela me compromettrait énormément[5]… »

Il n'est pas exclu que cette liaison ait été connue à Paris et, à Erfurt, lorsqu'on tâta le terrain en vue d'un éventuel mariage, il était question d'une grande-duchesse en général, et non de Catherine en particulier. En avril 1809 eurent lieu les noces de Catherine avec Georges, et ainsi s'évanouit la possibilité qu'elle devienne impératrice des Français. C'est pourquoi, dans le cas d'un projet de mariage, il ne pouvait s'agir que de la grande-duchesse Anne.

En janvier 1810, Anne avait quinze ans et elle était l'exact opposé de sa sœur Catherine. Si cette dernière était autoritaire, hautaine, audacieuse et sensuelle, Anne, au contraire, était une jeune fille très douce et équilibrée. Toutes les sources soulignent sa bonté et sa constance. Lorsque Napoléon souhaita en savoir davantage sur elle, Caulaincourt envoya à l'empereur cette description de la grande-duchesse : « Elle est grande pour son âge et plus précoce qu'on ne l'est ordinairement ici ; car, aux dires des gens qui vont à la cour de sa mère, elle est formée depuis cinq mois. Sa taille, sa poitrine, tout l'annonce aussi [...] [Napoléon s'intéressait beaucoup à la maturité de la jeune fille, parce qu'il avait besoin au plus vite d'un héritier, et c'est pourquoi Caulaincourt s'attarde avant tout sur ce point]. Sans être très belle, elle a un regard plein de bonté. Son caractère est calme, on la dit fort douce ; on vante plus sa bonté que son esprit. Elle diffère entièrement, sous ce rapport, de sa sœur, qui passait pour impérieuse et décidée. Comme toutes les grandes-duchesses, elle est bien élevée, instruite. Elle a déjà le maintien et l'aplomb d'une princesse, nécessaires pour tenir sa cour[6]. » Caulaincourt soulignait enfin, une fois encore, les espoirs de tous que la grande-duchesse serait féconde, vu que sa mère était, selon son expression, « un moule à enfants » !

Un mois avant son divorce officiel, le 4 novembre 1809, Napoléon ordonna à Caulaincourt de procéder sans tarder à un sondage diplomatique sur la possibilité d'un mariage avec la grande-duchesse Anne. Une lettre à l'ambassadeur, signée par le ministre des Affaires étrangères, Champagny, précisait que ces démarches devaient être effectuées sans retard, étant donné « que l'on calcule ici les moments, parce que, tout cela étant une affaire de politique, l'empereur a hâte d'assurer ses grands intérêts par des enfants ». Le ministre ajoutait par ailleurs : « On n'attache aucune espère d'importance aux conditions, même à celles de la religion. [...] Agissez donc en conséquence de la présente lettre, qui a été dictée par l'empereur. Sa Majesté s'en rapporte absolument à vous, connaissant votre tact et votre attachement à sa personne[7]. » Cette lettre est rédigée dans le plus pur style napoléonien. Ici comme sur le champ de bataille, Napoléon ordonne d'agir rapidement, résolument, et de lui donner au plus vite une réponse claire. D'autre part, il était d'accord pour accepter toutes les conditions que pouvait poser la cour de Pétersbourg. En particulier, aucun obstacle ne serait opposé s'il était exigé que la future impératrice conserve sa foi orthodoxe.

Le courrier mit malheureusement beaucoup de temps pour arriver en Russie. Au lieu de remettre la lettre fin novembre-début décembre, il ne réussit à la faire parvenir à Pétersbourg que le

14 décembre. Le tsar était alors absent de la capitale, il était parti à peine quatre jours auparavant pour Moscou, et ce n'est que le 28 décembre (16 décembre ancien style) qu'il put recevoir l'ambassadeur de France. La rencontre eut lieu le soir, après un dîner au palais. Le tsar fit venir Caulaincourt dans son cabinet et, là, l'envoyé suggéra pour la première fois au tsar d'organiser le mariage de Napoléon avec la grande-duchesse Anne.

Conformément aux instructions reçues, Caulaincourt ne présenta pas de demande officielle, il ne pouvait parler que par périphrases, et Alexandre lui répondit également de façon alambiquée et floue. Le tsar commença par exprimer à l'ambassadeur de France tout son enthousiasme au sujet de ce projet de mariage. Mais, ensuite, il ajouta qu'à son grand regret il ne maîtrisait pas tout à fait la situation. « Pour moi, dit-il, cette idée me sourit, et même, je vous le dis franchement, dans mon opinion ma sœur ne peut mieux faire. Mais vous vous rappelez ce que je vous ai dit à Erfurt. Un *oukaz*, ainsi que la dernière volonté de mon père, donne à ma mère la libre et entière disposition de l'établissement de ses filles. Ses idées ne sont pas toujours d'accord avec mes vœux ni avec la politique, pas même avec la raison. Si cela dépendait de moi, vous auriez ma parole avant de sortir de mon cabinet, car, je vous le dis, cette idée me sourit. J'y penserai et je vous donnerai, comme vous le désirez, une réponse, mais il faut me laisser dix jours au moins[8]. »

Le plus drôle est que Caulaincourt ne comprit rien à l'affaire et que, dans son rapport rédigé le jour même, il transmit les paroles mêmes du tsar, considérant que celui-ci allait vraiment effectuer des démarches auprès de sa mère et employer tous ses efforts pour favoriser le mariage tant souhaité par Napoléon.

En raison de multiples retards, la réponse de Caulaincourt n'arriva à Paris que le 27 janvier. Il s'était ainsi passé plus de deux mois et demi entre l'envoi de la première dépêche à l'ambassadeur et la première réponse dilatoire reçue par celui-ci. C'est là un très long délai, même pour l'époque. Habituellement, un bon courrier effectuait le voyage de Paris à Pétersbourg en trois semaines ; c'est pourquoi le fait même de cet important retard fit naître de mauvais pressentiments chez Napoléon.

Il était absolument inacceptable, pour l'empereur, de recevoir une gifle sous forme de réponse négative, même à une demande en mariage semi-officielle. Napoléon disposait de plusieurs options de rechange : se marier avec la fille de l'empereur d'Autriche, avec une princesse de Saxe ou, enfin, tout simplement avec une jeune fille estimable de son pays.

À ce propos, l'ex-impératrice Joséphine, qui avait conservé des sentiments chaleureux envers Napoléon, s'était exclamée, lors d'une conversation avec le conseiller d'État Thibaudeau : « Encore, si on lui donnait une Française, une bonne et honnête personne ! En manque-t-il donc ? S'il lui faut une grande dame, n'y a-t-il pas des Montmorency, des familles aussi nobles que toutes les princesses de l'Europe ? Il ne s'agit que d'avoir des héritiers ? Eh bien ! La dernière des bourgeoises est bonne pour cela. [...] Je ne peux me défendre de tristes pressentiments. Une étrangère ! Elle livrera les secrets d'État, elle le trahira, elle l'empoisonnera[9]. » Mais Napoléon considérait que le mariage avec une Française ne convenait pas à la grande politique. Les événements ultérieurs montreront que ce n'était pas lui qui avait raison, mais son ex-femme...

En ce qui concerne la princesse de Saxe, nul doute que le roi de ce pays, fidèle vassal et ami de Napoléon, aurait été heureux de s'allier avec l'empereur grâce à ce mariage dynastique, mais une telle perspective éveillait des craintes justifiées. Le duché de Varsovie faisait formellement partie de la Saxe. S'apparenter à une princesse saxonne signifiait dans une certaine mesure s'apparenter à la Pologne, ce qui serait vu par la Russie comme une provocation. En outre, bien que la Saxe fût gouvernée par une dynastie ancienne, le royaume lui-même était exigu et n'avait pas un grand poids politique en Europe.

Enfin, la première des options énumérées, le mariage autrichien, présentait des avantages évidents, mais aussi des inconvénients qui ne l'étaient pas moins. D'une part, le trône de Vienne était occupé par une des plus anciennes dynasties d'Europe. L'Autriche était, après la France et la Russie, la plus grande puissance continentale. Ses troupes, modernisées grâce à des réformes raisonnables, avaient montré leur force lors de la guerre de 1809. Cependant, la perspective d'une alliance autrichienne ne rencontrait aucun soutien en France. Tout le monde avait en tête le souvenir de la Révolution, et la princesse qui pouvait devenir l'épouse de l'empereur était la petite-nièce de la reine Marie-Antoinette, exécutée peu de temps (dix-sept ans) auparavant. La foule parisienne avait accompagné la charrette menant l'ex-reine à l'échafaud aux cris de : « À mort l'Autrichienne ! À mort la traîtresse ! À la guillotine ! » Beaucoup craignaient que le mariage autrichien ne signifie dans une certaine mesure la restauration de l'Ancien Régime.

Ce n'en est pas moins à cette possibilité que Napoléon pensait justement, mais seulement en qualité d'option de secours. La réponse en provenance de Russie tardant trop, c'est elle qui fut étudiée plus activement même que ne l'aurait souhaité l'empereur. Comme on l'a déjà mentionné, le nouveau ministre des Affaires étrangères d'Autriche, Metternich, s'employait avec obstination à renforcer les positions de son pays. Il considérait que la décision la plus juste, dans la situation donnée, était le rapprochement le plus étroit avec la France. En outre, l'habile intrigant qu'était Metternich jugeait qu'il serait avantageux pour l'Autriche de rompre tout rapprochement franco-russe.

C'est pourquoi, lorsque le ministre autrichien apprit le divorce de Napoléon, il ne douta pas, en homme clairvoyant, que l'empereur des Français demanderait la main de la grande-duchesse russe. Comme il était un des hommes les mieux informés d'Europe en matière politique, il pouvait deviner qu'une réponse positive de la Russie n'était pas absolument garantie et que, par conséquent, on pouvait tenter de contrecarrer le mariage russe et pousser Napoléon à une union avec l'archiduchesse autrichienne. Metternich mit au fait de ses projets le prince Schwarzenberg, devenu ambassadeur d'Autriche à Paris. Celui-ci, à son tour, envoya en reconnaissance l'un de ses adjoints, le comte de Flore.

Lors d'une soirée aux Tuileries, le comte aborda le sénateur de Sémonville, connu pour ses liens dans le monde politique, et se plaignit que Napoléon se marie avec une grande-duchesse russe, et non avec une princesse autrichienne, et que l'affaire soit apparemment décidée : « Il paraît, en effet, répondit Sémonville, que l'affaire est faite, puisque vous n'avez pas voulu la faire vous-mêmes.

– Qui vous l'a dit ? riposta vivement l'Autrichien.

– Ma foi ! On le croit ainsi. Est-ce qu'il en serait autrement ?

– Pourquoi pas ?

– Serait-il vrai, s'écria Sémonville, très ému, que vous fussiez disposés à donner une de vos archiduchesses ?

– Oui.

– Qui ? Vous, à la bonne heure, mais votre ambassadeur ?

– J'en réponds !

– Et M. de Metternich ?

– Sans difficulté !

– Et l'empereur ?

– Pas davantage[10] ! »

Le même soir, presque à la nuit, Sémonville communiqua cette nouvelle au secrétaire d'État Maret et, dès le matin, elle parvint à l'empereur. Ainsi, Napoléon savait qu'il avait en poche l'option qu'il considérait comme de remplacement. L'empressement des Autrichiens ne pouvait que plaire à l'empereur des Français. Il prouvait que l'Autriche était prête au rapprochement le plus étroit.

Par conséquent, lorsque, le 27 janvier 1810, Napoléon reçut de Caulaincourt la réponse évasive du tsar, il comprit d'emblée que le mariage russe était fortement mis en cause. Il fallait donc obtenir une assurance et présenter les choses comme si l'empereur avait lui-même choisi la princesse destinée à devenir sa fiancée et ne doutait pas d'obtenir un accord, quel que fût son interlocuteur.

Le 29 janvier se réunit aux Tuileries un Conseil de la Couronne auquel furent invités les frères de Napoléon présents à Paris, le roi de Naples, Murat, l'oncle de l'empereur, le cardinal Fesch, les ministres et les présidents des Assemblées. La question que Napoléon posa à ses conseillers portait sur le choix d'une fiancée et il avança les quatre options déjà mentionnées : la grande-duchesse russe, l'archiduchesse autrichienne, la princesse de Saxe ou une Française. Le discours de Napoléon se terminait par une phrase pleine d'assurance : « Il ne dépend que de moi, affirmait hardiment l'empereur, d'indiquer celle qui entrera dans Paris en passant sous l'Arc de Triomphe. »

Comme il fallait s'y attendre, les opinions divergeaient au sein du Conseil. Le clan Bonaparte et les anciens révolutionnaires penchaient pour la grande-duchesse russe, le clan Beauharnais pour l'archiduchesse autrichienne, seul l'architrésorier Lebrun se prononça pour la princesse saxonne. Après avoir entendu tout un chacun, Napoléon déclara qu'il allait réfléchir et, après avoir remercié le Conseil pour ses précieuses indications, il leva la séance. Toutes les précautions avaient ainsi été prises et l'empereur avait montré qu'il choisissait lui-même et que, bien entendu, aucun refus, d'où qu'il vînt, n'était prévu.

Il est intéressant de noter que les « hommes de gauche » (les anciens révolutionnaires) en tenaient pour le mariage russe, alors que les « hommes de droite » (les représentants de la vieille aristocratie française) soutenaient le mariage autrichien. Il n'y a rien d'étonnant à cela, étant donné qu'un mariage avec une grande-duchesse russe n'était envisagé que du point de vue de ses avantages en politique étrangère ; il ne pouvait avoir aucune influence en matière de politique intérieure. Au contraire, le mariage avec une archiduchesse autrichienne réveillait le souvenir de Marie-Antoinette et de l'Ancien Régime. En outre, la cour d'Autriche était considérée comme le rempart d'un catholicisme intransigeant. Sans nul doute un rapprochement avec l'Autriche eût signifié un renforcement de l'influence de l'Église catholique, ce que ne souhaitaient évidemment pas les anciens révolutionnaires, et il était clair, au contraire, qu'un mariage avec une princesse orthodoxe ne favoriserait aucunement le catholicisme.

Napoléon attendait avec impatience des nouvelles de Pétersbourg. Des dépêches de l'ambassadeur parvinrent le 5 février au soir dans le bureau du ministre des Affaires étrangères. C'étaient des rapports chiffrés datant du 15 et du 21 janvier. Y était adjointe une note non cryptée.

Le lendemain matin, les documents étaient sur le bureau de l'empereur. Caulaincourt déclarait avec optimisme que les choses avançaient, mais que, malheureusement, Alexandre devait connaître l'opinion de sa mère et que cette procédure demandait du temps. Le tsar lui-même, selon l'ambassadeur, était indigné de ces atermoiements et s'employait de toutes ses forces à régler cette affaire. « Si je réussis, disait-il, je vous assure que je croirai avoir fait la négociation la plus difficile, car ce ne sont pas des raisons que l'on a à combattre et auxquelles on en oppose d'autres ; c'est un esprit de femme, et le plus déraisonnable de tous… […] Je ne me décourage pas, reprenait-il, parce que je crois la chose avantageuse pour tous, parce que ce sera un lien de plus pour l'alliance. Je n'en ai pas besoin, mais je serai heureux de penser que nos successeurs respecteront notre ouvrage, se feront les alliés de notre dynastie, comme je suis celui de son grand fondateur[11]. »

Se trouvant à 2 500 kilomètres de Pétersbourg, Napoléon comprit mieux la situation que son ambassadeur, présent dans la capitale russe. Le jour même, il ordonna de chercher l'ambassadeur d'Autriche, le prince Schwarzenberg, qui fut immédiatement invité à la chasse. Au cours de celle-ci se tint la première conversation et, à 6 heures du soir, le prince Eugène de Beauharnais arriva à l'ambassade d'Autriche. Il était chargé de faire savoir que l'empereur demandait la main de l'archiduchesse Marie-Louise, à la condition que l'ambassadeur donne immédiatement son accord et prenne des engagements au nom de son souverain. Le prince Eugène racontera plus tard : « Jamais, sans doute, l'ambassadeur ne s'était trouvé dans une situation si embarrassante. Je le voyais se démener, suer à grosses gouttes, faire d'inutiles représentations. » Cependant, la peur de prendre une décision négative alors qu'il connaissait la volonté de Metternich, et par conséquent la volonté de son monarque, l'emporta sur celle de la responsabilité, et Schwarzenberg donna son accord au nom de l'empereur d'Autriche.

Le lendemain eut lieu un nouveau Conseil de la Couronne, au cours duquel pratiquement tout le monde se prononça en faveur de l'archiduchesse autrichienne. En réalité, ce n'était pas tant un conseil que la confirmation d'une décision déjà prise, et les intervenants justifiaient tout simplement le verdict rendu par Napoléon. Tout de suite après le Conseil, le choix de l'empereur fut proclamé et les dépêches correspondantes envoyées en Autriche. Parallèlement, on informa Caulaincourt qu'il pouvait ne plus se mettre en peine pour une affaire sans espoir.

La hâte de Napoléon étonne quelque peu de prime abord : ne pouvait-on pas remettre d'un mois ou deux la décision dans une affaire aussi importante ? Mais, en réalité, si l'on y regarde de plus près, l'empereur a agi de façon tout à fait raisonnable : il craignait par-dessus tout d'essuyer un refus avant de s'adresser ailleurs.

En outre, à présent, il comprenait mieux Alexandre et, derrière les premières réponses vagues et la tentative de se cacher derrière sa mère, l'empereur avait senti une ruse de son interlocuteur. Et il ne s'était pas trompé. Au cours de l'entrevue suivante avec Caulaincourt, le tsar lui annonça la décision définitive qui, affirmait-il, émanait de sa mère : « L'âge est le seul obstacle que l'impératrice mère trouve au mariage, déclara Alexandre. L'exemple malheureux de ses deux filles aînées fait qu'elle ne pourrait y consentir que dans deux ans. Mademoiselle la grande-duchesse Anne ne pourrait, comme ses sœurs Marie et Catherine, se marier avant dix-huit ans. L'impératrice est flattée de cette idée, m'a dit encore l'empereur ; mais aucune raison n'a pu la déterminer à passer sur la crainte d'exposer la vie de sa fille en la mariant plus tôt[12]. » Caulaincourt s'indigna et tenta même de faire un peu honte au tsar pour son trop grand respect filial. Mais, bien entendu, tout cela fut vain, car la décision avait été prise depuis longtemps, et non par Maria Fédorovna.

Le voyage d'Alexandre à Erfurt, entrepris en dépit de toutes les larmes et supplications de l'impératrice douairière, montre en particulier à quel point il se souciait peu de l'opinion maternelle s'il s'agissait de choses importantes pour lui et au sujet desquelles il avait son propre avis. Et c'était a fortiori vrai en ce qui concernait ce mariage. En effet, l'Impératrice douairière aspirait à donner sa fille en mariage à l'empereur d'Autriche, et Catherine elle-même désirait fort cette union. Enfin, d'un point de vue politique, c'eût été une avancée bien plus sérieuse que de marier la grande-duchesse avec un petit prince allemand de dixième catégorie. Mais Alexandre ne voulait pas de ce mariage et il n'avait pas eu lieu.

Albert Vandal, dans son célèbre ouvrage *Napoléon et Alexandre*, écrit pour sa part : « Il paraît établi toutefois que l'impératrice ne prétendait nullement à ce droit absolu de veto que le tsar, dans ses entretiens avec Caulaincourt, se plaisait à lui attribuer [...] elle s'inclinait d'avance devant sa détermination et lui reconnaissait le droit de statuer[13]. » Toutes les études ultérieures, et en particulier les documents conservés dans les archives d'État de la Fédération de Russie, à Moscou, ne font que confirmer le bien-fondé de ce passage. On y trouve quelques lettres inédites de l'impératrice douairière à son fils. En voici une, écrite à Gatchina en janvier 1810 : « Dès que mes yeux se sont ouverts, ce matin, j'ai encore revu votre lettre, cher et bon Alexandre, et toujours avec la même émotion ; je me reproche que dans cette émotion j'ai oublié de vous dire hier que je suis convaincue que même le délai que l'âge de ma fille a exigé impérieusement de moi pour la célébration du mariage, en cas que l'intérêt de l'État vous ait engagé à acquiescer à cette union, ne peut avoir influé sur votre décision, car le code Napoléon que j'ai sur ma table fixe expressément, chapitre IV, Des effets du divorce, [...] le terme de trois ans passés avant de se remarier lorsque le divorce est fait par consentement mutuel ; en outre, je vous dirai que Gorgoli [colonel mentionné au chapitre précédent] m'a répondu, lorsque je lui ai demandé à quand on fixait le mariage de Napoléon, qu'on disait à Paris que c'était à deux ans ; ainsi je me livre en toute sécurité au doux sentiment que votre lettre d'hier a répandu dans mon cœur, et pour lequel je vous embrasse encore mille fois et mille fois[14]. »

Bien que la lettre de Maria Fédorovna soit quelque peu confuse, on n'en comprend pas moins qu'il n'existe aucune hostilité entre la mère et le fils, et qu'ils ne se consacrent tous deux qu'à rechercher un prétexte pour rejeter la proposition de Napoléon. Prêtons surtout attention aux mots « en cas que l'intérêt de l'État vous ait engagé à acquiescer à cette union ». Ils montrent assez clairement que l'impératrice douairière était prête à se soumettre à la volonté de son fils et souverain, ainsi que le lui enjoignaient les lois et us de la monarchie. En sorte que toutes les paroles d'Alexandre adressées à l'ambassadeur français ne sont rien d'autre qu'un rideau de fumée appelé à adoucir quelque peu l'effet du refus. Le tsar n'avait nullement tenté, fût-ce de façon détournée, de demander à sa mère de bénir le mariage de la grande-duchesse et de Napoléon.

Ce n'était pas seulement sa mère, d'ailleurs, qui était prête à s'incliner devant la volonté d'Alexandre, mais aussi bien la société aristocratique de Saint-Pétersbourg. Si l'on en croit les rapports de l'ambassade de France concernant l'opinion qu'on avait en Russie sur le projet de mariage, on peut enregistrer une réaction plutôt positive des milieux dirigeants de l'Empire à cette perspective. Voici ce que l'on peut lire dans une dépêche du 5 février : « On parle d'un prétendu projet de mariage entre l'empereur Napoléon et la grande-duchesse Anne. On le dit convenu depuis Erfurt. […] Les Français en font compliment aux Russes, les Russes en félicitent les Français. […] À Moscou comme à Saint-Pétersbourg, tout le monde parle de ce mariage qui a l'assentiment général de la nation[15]. »

Même si les analyses de l'ambassadeur de France en rajoutaient quelque peu dans leurs appréciations, il ne fait aucun doute que le refus d'Alexandre n'était nullement une mesure imposée, comme il est souvent dit dans les ouvrages d'histoire. Ni sa mère ni les élites russes, même quand ces dernières n'éprouvaient aucun enthousiasme pour une telle alliance, n'avaient contraint le tsar à opposer un refus à Napoléon. La décision d'Alexandre faisait partie intégrante de la politique qu'il conduisait depuis longtemps. Elle était mûrement réfléchie et visait à accroître le contentieux avec Napoléon.

Pas encore informé du refus définitif, l'empereur des Français ordonna au ministre des Affaires étrangères, Champagny, d'écrire à Caulaincourt afin qu'il cesse les démarches relatives à la demande en mariage de la grande-duchesse. Dans cette lettre qu'il dicta en personne, il fit tout son possible pour montrer que son nouveau choix n'était aucunement dicté par l'humiliation et n'entraînerait pas de changements en politique étrangère. On n'en devine pas moins, derrière les phrases diplomatiques courtoises, un mécontentement lourd de complications pour les relations franco-russes. On voit cependant que Napoléon s'efforçait pour l'heure de sauvegarder les convenances et, au moins en apparence, le maintien de l'alliance.

La dépêche de Caulaincourt informant du refus définitif du tsar fut envoyée le 18 février et arriva à Paris début mars. Cette nouvelle piqûre, ce nouveau coup infligé à l'amour-propre de Napoléon et à la dignité de son empire provoqua chez lui une irritation non dissimulée, et marqua le début de l'évolution de sa vision de l'avenir politique de l'Europe.

Nous disposons d'un très intéressant témoignage du changement d'état d'esprit de l'empereur à cette époque. Il émane de notre vieille connaissance, Alexandre Tchernychev. Le bel officier était arrivé à Paris pour une nouvelle mission diplomatique aux alentours du 20 février. Dans son rapport à Roumiantsev en date du 23 février, il note l'accueil aimable que lui a réservé Napoléon, qui le reçut au palais dès son entrée dans la capitale française. Napoléon ne souffla mot à Tchernychev de ses projets de mariage, d'abord parce qu'au moment de l'arrivée de l'aide de camp russe la décision du mariage avec l'archiduchesse autrichienne était déjà prise, ensuite parce que la mission de Caulaincourt était secrète et que Napoléon ne souhaitait pas que quelqu'un apprenne l'échec de sa demande en mariage avec Anne.

Quelques jours après son arrivée à Paris, l'officier russe apprit qu'une grande parade se préparait et fit part au maréchal du Palais, Duroc, de son désir d'y assister. « Le soir du même jour, je reçus de S. E. [Duroc] la lettre ci-jointe dans laquelle il m'annonça que l'empereur m'avait compris dans la liste des personnes qui l'accompagneraient à la parade et qu'il me serait préparé un cheval de la cour pour suivre S. M., distinction qui ne s'est accordée à personne jusqu'à présent, pas même aux maréchaux de France[16]. »

Cependant, lorsque l'officier russe, agréablement surpris du grand honneur que Napoléon voulait faire à la Russie à travers sa propre personne, arriva à la parade, on lui fit savoir que l'empereur avait changé d'avis, qu'une telle chose n'était pas prévue par les usages, et qu'on lui proposait de regarder la parade avec d'autres invités d'honneur depuis le balcon du palais impérial.

La somptueuse parade avait lieu le 11 mars 1810. La dépêche de Caulaincourt était arrivée la veille même dans la capitale française. On peut sans peine discerner un lien entre le renoncement aux honneurs extraordinaires accordés à un officier russe et la réponse du tsar. Désormais, Napoléon n'avait aucun intérêt à montrer des égards particuliers à une puissance dont il venait de recevoir une gifle, fût-ce atténuée et dissimulée sous une forme polie. En fait, l'alliance franco-russe avait alors cessé d'exister…

Les pourparlers concernant le mariage avec Marie-Louise, de même que tous les événements entourant cette union, se déroulèrent à la vitesse des marches forcées de la Grande Armée. À peine l'ambassadeur Schwarzenberg eut-il signé, le 7 février 1810, le contrat préliminaire scellant l'accord sur le mariage de Napoléon avec l'archiduchesse que le consentement de l'empereur d'Autriche fut reçu ; le 27 mars, la jeune Marie-Louise était déjà accueillie à Compiègne par son impérial fiancé et, la nuit même, elle était dans les bras de Napoléon. Quatre jours plus tard, le 1er avril, eut lieu à Saint-Cloud la cérémonie du mariage civil ; le lendemain, 2 avril, comme l'avait promis Napoléon en s'adressant à son Conseil, la jeune impératrice « entra à Paris en passant sous l'Arc de Triomphe », et à la mi-journée s'accomplit au Louvre la cérémonie religieuse, qui se termina par un somptueux banquet.

Les réjouissances éblouirent par leur magnificence. Le carrosse de l'impératrice, véritable joyau d'or et de verre, descendit les Champs-Élysées et traversa la place de la Concorde entouré de généraux revêtus d'uniformes chamarrés, escorté de milliers de gardes à cheval coiffés de bonnets d'ourson surmontés d'énormes plumets, de casques étincelants, aux accents des trompettes et des timbales. Il semblait que le triomphe fût complet, mais les anciens républicains regardaient ce tableau sans enthousiasme. Le conseiller d'État Thibaudeau ne consentit même pas à figurer à la tribune d'honneur du Louvre lors de la cérémonie religieuse : « Ma femme s'y rendit, j'aimai mieux me faire peuple et rester libre sur le pavé. Je me tins aux Champs-Élysées pour voir l'entrée du cortège impérial ; il fut réellement magnifique. Je circulai pour observer le public, simplement par curiosité : il ne témoigna ni l'enthousiasme, ni la joie[17]. »

Le rapport de la police parisienne rédigé à cette époque note que la population « conserve […] de fortes préventions contre une princesse autrichienne ». On y lit par ailleurs : « L'instinct des Polonais les porte à voir dans le grand événement qui se prépare le rétablissement futur du royaume de Pologne. Ce rétablissement paraît être trop utile aux intérêts de la France pour leur paraître douteux. Cette seule espérance ramène insensiblement beaucoup de Polonais que les déclarations du ministre de l'Intérieur à la tribune du Corps législatif avaient aliénés de l'empereur[18]. »

La joie régnait également dans les salons de la vieille noblesse française, qui ne pouvait que voir avec enthousiasme la nièce de la reine Marie-Antoinette entrer triomphalement dans la capitale en qualité de souveraine. Il faut noter que le mariage de Napoléon avec Marie-Louise marquait une victoire définitive sur la fronde de l'aristocratie. Désormais, presque toutes les familles de la noblesse d'Ancien Régime allaient se mettre progressivement au service du régime impérial.

Cependant, le lieu où le mariage de Napoléon et de l'archi-duchesse provoqua une véritable tempête d'enthousiasme fut Vienne. Les élites autrichiennes y virent le signe que la monarchie autri-chienne avait trouvé le moyen de surmonter ses malheurs, que le danger qui pesait sur la couronne des Habsbourg avait maintenant disparu. L'ambassadeur de France à Vienne décrivit dans son rapport l'état d'esprit qui régnait dans la ville à cette époque : « Tout le monde se félicitait, l'ivresse était générale. La ville avait retrouvé son air de fête ; dans les lieux de plaisir et de réunion, l'affluence était énorme, et les Viennois, reprenant l'usage de s'assembler dans les salles de concert et de bal autour des orchestres, célébraient par des toasts et des festins le joyeux événement. » Enfin, chose absolument étonnante, les officiers de l'armée autrichienne étaient en liesse. « Brave et malheureuse, lasse d'être toujours battue, l'armée aspirait à trouver quelque part l'occasion de vaincre, fût-ce aux dépens d'anciens alliés, et sentait comme une velléité de prendre sa revanche sur la Russie des défaites infligées par la France. Des officiers autrichiens venaient voir ceux des nôtres qui étaient restés à Vienne : "Faites en sorte, leur disaient-ils, que nous puissions nous battre à côté de vous ; vous nous en trouverez dignes." Les Russes, cajolés jusqu'alors, surprenaient des allusions malséantes et des propos hostiles ; ils disaient avec un douloureux étonnement : "Il n'y a que quelques jours, nous étions tous très considérés à Vienne. Aujourd'hui, on adore les Français, et tout le monde veut nous faire la guerre[19]." »

Dans la littérature historique contemporaine, on attribue un rôle secondaire au mariage de Marie-Louise et de Napoléon. Dans les ouvrages « sérieux » où l'on parle beaucoup d'économie, de finances et d'administration, on n'accorde que quelques lignes à de tels détails. On comprend tout à fait que, pour un contemporain accou-tumé à voir dans la vie quotidienne et politique qui l'environne l'influence écrasante des facteurs socio-économiques, cela puisse être très naturel. Mais nous traitons ici de l'époque napoléonienne. Il ne fait aucun doute que, tant dans une monarchie classique que dans l'empire guerrier de Napoléon, les éléments personnels jouaient un rôle autrement plus important que dans la vie politique des États modernes. Le mariage de Marie-Louise et de Napoléon n'était pas seulement un épisode pittoresque de la « petite histoire », ce fut éga-lement une étape majeure dans la formation de la nouvelle approche de l'État et de la vision globale de la politique européenne de l'empereur. Avant février 1810, Napoléon envisageait, d'une façon ou d'une autre, toute la politique étrangère de son État sous forme d'actions menées en commun dans l'arène internationale avec l'État qu'il considérait comme son allié : l'Empire russe, et même les guerres de 1805-1807 n'avaient pu influer sur cette vision de sa politique européenne. Aux yeux de Napoléon, ces guerres étaient un malentendu ne correspondant pas aux intérêts géo-politiques des deux États. Cependant, plusieurs agissements d'Alexandre Ier sur le plan international, et surtout la conduite de la Russie lors de la campagne de 1809, avaient provoqué un refroidisse-ment de l'alliance, et la conclusion du mariage autrichien mettait définitivement une croix dessus.

En effet, qu'est-ce qui aurait pu empêcher Alexandre Ier de marier sa sœur à l'empereur des Français si le tsar avait réellement désiré la paix ? Une union conjugale avec un puissant empire ne pouvait en aucune façon être qualifiée de mésalliance en regard, disons, du mariage de la grande-duchesse Catherine avec le boutonneux Georges d'Oldenbourg ! Personne ne contraignait le tsar, ce faisant, à soumettre la politique de la Russie à celle de l'Empire français. Il pouvait et devait mener sa politique dans l'intérêt de son pays, mais en quoi une impératrice russe installée sur le trône d'un des plus grands États d'Europe aurait-elle fait obstacle aux intérêts de la Russie ? Sa présence, avec le respect que Napoléon éprouvait envers les liens conjugaux, aurait garanti la paix entre la Russie et la France. Désormais, on aurait pu discuter et même se quereller, mais il aurait été difficile d'imaginer Napoléon donnant l'ordre d'engager une guerre contre son beau-frère !

En refusant à Napoléon la main de sa sœur, Alexandre poussait l'empereur des Français à une alliance avec l'Autriche, soutien des Polonais, et, par conséquent, provoquait un conflit armé. Et, effec-tivement, d'une conception reposant sur l'alliance russo-française, Napoléon passa en 1810-1811 à celle d'une Europe unie sous son sceptre : une sorte d'énorme empire fédératif dans lequel se maintien-nent des États indépendants, où les gens parlent leur langue mater-nelle, mais qui sont unis par une alliance générale sur le plan militaire et économique, et dont le souverain est, cela va de soi, Napoléon en personne, s'efforçant dorénavant de copier Trajan et Charlemagne. Dans cette Europe unie sous un même sceptre, il n'y avait pas de place pour la Russie. D'amie potentielle, elle s'était transformée en adver-saire potentiel, avec, à sa frontière, un petit État polonais dévoué corps et âme à Napoléon, aspirant de tout son être à en venir aux mains avec l'Empire russe pour se venger de la perte de ses terres et de son indé-pendance. Il n'y avait pas, pour l'heure, de conflit, mais toutes les com-posantes de celui-ci étaient déjà en place. L'archichancelier de l'Empire, Cambacérès, déclara à propos de l'importance de ce mariage : « Je suis moralement sûr qu'avant deux ans nous aurons la guerre avec celle des deux puissances dont l'empereur n'aura pas épousé la fille. Or, une guerre avec l'Autriche ne me cause aucune inquiétude, mais je tremble d'une guerre avec la Russie ; les conséquences en seront incalculables[20]. » On sait que de telles prédictions sont d'ordinaire faites *a posteriori*, mais, même s'il en est ainsi, la phrase de Cambacérès reflète sans conteste les sentiments qu'éprouvaient maints politiques français bien informés de cette époque.

Parallèlement aux événements à caractère politique, les contradictions s'aggravèrent en 1810 sur un tout autre plan. Il s'agit du blocus continental, dont nous avons commencé à parler au chapitre III. Notons tout de suite que le présent ouvrage ne se propose pas de jeter la lumière sur tous les problèmes économiques qui déterminèrent l'histoire de l'Europe au début du XIXe siècle. Nous ne nous intéressons qu'à ce qui est directement lié aux relations russo-françaises et à ce qui a conduit par la suite à un conflit armé. Nous considérerons donc exclusivement ici le blocus continental sous l'angle de son rôle dans les relations entre les deux empires.

Quelques mots, cependant, du blocus en tant que tel. On a déjà noté que s'il entraîna d'énormes conséquences politiques, du point de vue du résultat économique – l'affaiblissement de l'Angleterre –, il ne s'est pas révélé particulièrement positif, vu que les exportations britanniques n'étaient qu'en partie destinées à l'Europe et que le blocus ne réussit même pas à mettre fin à celles-ci en raison de l'étendue de la ligne littorale du continent.

On peut observer l'impact du blocus continental sur le commerce britannique dans le tableau ci-dessous :

Exportations de la Grande-Bretagne (en milliers de livres)[21]

	1805	1806	1807	1808	1809	1810	1811
Europe du Nord et de l'Ouest	16 647	13 429	10 820	5 432	14 575	13 858	3 483
Portugal	2 028	1 778	1 170	600	1 124	2 229	6 165
Espagne	187	62	105	1 117	3 035	1 744	1 496
Gibraltar, Malte, Sicile	1 574	2 279	3 325	6 834	8 456	6 394	7 393
États-Unis	11 447	12 866	12 098	5 303	7 461	11 218	1 875
Amérique hors États-Unis	8 557	11 888	11 354	18 173	19 834	17 684	12 844
Autres (Asie, Afrique...)	10 669	10 729	11 610	12 511	11 533	9 576	10 684
Total	**51 109**	**53 029**	**50 483**	**49 970**	**66 018**	**62 702**	**43 940**
Europe seule	**20 436**	**17 547**	**15 421**	**13 983**	**27 190**	**24 225**	**18 537**

Comme on le voit dans ce tableau, la stricte application du blocus continental permit en 1810-1811 de réduire sensiblement le commerce anglais avec l'Europe, mais en 1811, en raison de la détérioration des relations de l'Angleterre avec les États-Unis, le volume global du commerce anglais diminua également. On voit d'autre part que les résultats du blocus furent loin de ceux qui étaient escomptés. Si les forces navales de l'Europe napoléonienne avaient été supérieures, ou tout au moins égales à celles de la Grande-Bretagne, le blocus aurait pu être très efficace et contraindre rapidement l'oligarchie britannique à entamer des pourparlers. Il n'aurait d'ailleurs plus été nécessaire, puisque les Anglais n'auraient plus pu se comporter avec l'arrogance et l'aplomb qu'ils manifestaient du fait qu'ils disposaient d'une écrasante supériorité sur les mers.

La guerre en Espagne joua un très grand rôle dans l'histoire du blocus continental, de même que dans celle de tout l'Empire napoléonien. On voit dans le tableau ci-dessus que, en se soumettant aux exigences de Napoléon, l'Espagne ne commerçait pratiquement plus avec les Anglais *avant même* le début des opérations militaires sur son sol, et qu'en outre les marchands de la brumeuse Albion n'avaient pas accès aux possessions latino-américaines des Espagnols. Avec le déclenchement de la guerre en Espagne, un flot de marchandises anglaises inonda le sud des Pyrénées et les possessions espagnoles d'Amérique, ce qui représenta une très grosse brèche dans le blocus. Ainsi, ayant engagé l'aventure espagnole dans l'espoir de porter un coup économique à l'Angleterre, Napoléon obtint un résultat diamétralement opposé, ouvrant des marchés et des sources d'approvisionnement en matières premières considérables à la production anglaise.

En conséquence, le blocus frappait avant tout les consommateurs, et en partie aussi les producteurs, européens. Napoléon devait recourir à des mesures de plus en plus dures pour entraver la contrebande de marchandises anglaises. Celles-ci entraînaient un renchérissement des biens de consommation auxquels les Européens étaient habitués, principalement ce que l'on appelait les « marchandises coloniales » : sucre, tabac, colorants, ainsi que les biens produits par les manufactures anglaises comme le drap de qualité et les articles métalliques. Les douanes napoléoniennes installées dans le nord de l'Allemagne et dans le sud de l'Italie ne parvenaient pas à contenir l'énorme flux de la contrebande. En outre, comme on peut le deviner aisément, les profits considérables que retiraient les commerçants de la vente de marchandises interdites permettaient de verser de substantiels pots-de-vin. Par suite, en dépit des mesures draconiennes prises par l'empereur et ses proches collaborateurs, comme le maréchal Davout à Hambourg ou le général Rapp à Dantzig, la corruption, peu répandue dans l'Empire napoléonien proprement dit, était florissante. De surcroît, les pots-de-vin étaient si disproportionnés, et les services demandés en échange si « innocents », que rares étaient ceux qui résistaient à la tentation. En effet, il ne s'agissait pas de se faire payer pour libérer un dangereux criminel, mais seulement de fermer les yeux sur l'introduction d'une centaine de sacs de café qu'attendaient depuis longtemps les malheureux citadins. Le commissaire de police du port italien de Livourne écrivit dans un rapport : « Comment empêcher qu'un préposé qui, avec 40 francs par mois, a à peine ici de quoi vivre et à qui, lorsqu'il stationne seul sur le glacis, l'on propose 200 ou 300 francs pour faire semblant de dormir pendant une demi-heure, accepte la proposition[22] ? »

En conclusion, il conviendrait de dire non pas que le blocus n'eut pas de répercussions sur l'industrie et la puissance anglaises, mais qu'il en coûta des efforts et des pertes absolument sans rapport avec le résultat obtenu.

De fait, en 1810-1811, une violente crise économique éclata en Angleterre. En 1810, la banque Brickwood fit faillite, ce qui provoqua une vague de banqueroutes de banques de province. Enfin, la faillite de la banque Goldsmith et le suicide de son propriétaire semèrent une véritable panique à la Bourse. Au cours de la seule année 1810, on dénombra 1 799 faillites. La crise du système financier entraîna une dépression dans l'industrie anglaise en 1811-1812. La mauvaise récolte que connut toute l'Europe en 1811 se répercuta lourdement sur la condition ouvrière. Les premiers désordres significatifs virent le jour en février 1811 dans la région de Nottingham. Dans de nombreuses villes industrielles, comme Manchester, Leeds, Sheffield et Birmingham, éclatèrent des révoltes ouvrières qui furent réprimées par les armes.

Cependant, pour obtenir un tel résultat, Napoléon avait dû irriter en permanence le consommateur européen, contribuer à la montée d'un état d'esprit oppositionnel dans toute l'Europe napoléonienne, et jusqu'en France où les villes portuaires connurent des difficultés économiques dont elles ne se remettront pas, même après la chute de l'Empire.

Parallèlement, le blocus continental était devenu la cible sur laquelle se concentrait le mécontentement des élites russes vis-à-vis de l'alliance russo-française. On ne dispose malheureusement pas d'études savantes contemporaines assez poussées sur ce phénomène. Il n'existe que deux recherches sérieuses fondées sur un large ensemble de documents d'archives, qui montrent l'influence du blocus continental sur la Russie. Il s'agit d'un chapitre d'un grand ouvrage rédigé par l'académicien Evguéni Tarlé sur le blocus continental, et d'une étude très fouillée de Mikhaïl Zlotnikov, *Le Blocus continental et la Russie*. Mais ces deux œuvres sont déjà anciennes. La monographie de Tarlé est parue en 1913, et l'ouvrage de Zlotnikov en 1966 dans une version « retravaillée » par la censure soviétique. Enfin, la partie la plus intéressante du texte de Zlotnikov, concernant les répercussions du blocus continental sur l'industrie russe, n'a jamais été publiée, et son manuscrit continue à prendre la poussière. Ces deux études, en dépit de leur importance, ont beaucoup vieilli, et certaines approches imposées par la méthodologie marxiste-léniniste à Zlotnikov ne peuvent aujourd'hui que prêter à sourire. Tous les travaux publiés ultérieurement ne sont que des reprises de ces deux ouvrages fondamentaux, déclinées selon différents modes.

En consacrant le présent livre aux aspects militaires et politiques de la confrontation franco-russe dans ces années-là, l'auteur ne pouvait évidemment pas étudier cette question en profondeur, car il aurait fallu des dizaines d'années pour réaliser une étude convenable sur la base des sources russes, françaises, anglaises, allemandes, suédoises et hollandaises. Il n'en est pas moins nécessaire d'avancer ici certaines conclusions que l'on peut tirer des matériaux existants.

La fermeture des ports russes aux navires battant pavillon britannique ne pouvait qu'entraîner une réduction sensible du chiffre d'affaires du commerce extérieur de la Russie. En effet, l'Angleterre était le principal partenaire étranger des marchands russes. Les exportations russes se montaient en 1799 à 69 810 000 roubles, et les importations à 46 635 639 roubles. Sur ces sommes, les exportations effectuées par des sujets anglais se chiffraient à 36 602 424 roubles (53 % du total), et leurs importations à 8 334 981 roubles (17,9 %).

Dans la période 1802-1804, sur les 7 530 navires entrés dans les ports russes, 2 100 battaient pavillon anglais, 697 russe, 681 prussien, 428 autrichien, 835 suédois, 713 danois, 732 turc, 342 hollandais, 143 américain, 25 français, 20 espagnol et 18 portugais[23].

L'Angleterre importait essentiellement de Russie du blé, du bois de construction, du chanvre et des graisses. Elle exportait vers la Russie des « marchandises coloniales », des articles en laine, des articles de luxe, etc. Autrement dit, les Anglais consommaient les principaux produits provenant des grandes exploitations des propriétaires fonciers et approvisionnaient en produits de consommation ces mêmes propriétaires, ainsi que la grande bourgeoisie russe.

En se fondant sur les chiffres cités, on comprend que la rupture des relations de la Russie avec son premier partenaire commercial ne pouvait que provoquer de sérieuses complications tant pour le commerce russe que pour certains secteurs de la production, et ce, d'autant plus qu'elle ne supposait pas seulement la fermeture des ports russes aux navires anglais, mais également une réduction sensible du flux des navires neutres, désormais soumis aux actes de piraterie de la flotte britannique. En conséquence, le chiffre d'affaires total du commerce extérieur russe diminua considérablement. Le tableau ci-dessous en fournit les indicateurs :

Années	Chiffre d'affaires du commerce (en millions de roubles argent)		
	maritime	terrestre	Total
Moyenne 1802-1806	69,1	12,8	81,9
1807	50,7	6,5	57,2
1808	17,4	18,9	36,3
1809	34,4	10,6	45,0
1812	43,1	14,7	57,8

On voit à quel point le blocus continental a influé sur le commerce russe, dont le volume total a été divisé par plus de deux et le commerce maritime par près de quatre en 1808 (dans la période d'application la plus stricte des règles du blocus en Russie) !

En Russie comme dans les autres pays, le blocus continental s'accompagnait de la confiscation des marchandises reconnues comme anglaises, ainsi que des navires marchands eux-mêmes. Cependant, tout en appliquant ses règles, le gouvernement russe s'efforçait d'agir dans la mesure du possible en douceur. En 1808, d'après des données incomplètes, on ne confisqua qu'un navire, et la cargaison de quatre autres ; huit navires marchands furent expulsés. En 1809, on confisqua vingt-cinq navires et les cargaisons de vingt-six autres. Connaissant les habitudes des fonctionnaires russes, on peut aisément deviner que la mollesse dans l'application des règles du blocus n'allait pas sans « dons » généreux des personnes intéressées. Dans l'ensemble, le blocus continental entraîna une chute notable du commerce ainsi que de nouvelles vexations et exactions de la part des fonctionnaires.

Les marchands se plaignaient, faisaient appel, portaient plainte devant les tribunaux, et ce, d'autant plus que dans de nombreux cas il était très difficile de déterminer l'origine de la cargaison. Presque tous les bateaux naviguaient sous pavillon d'États neutres, et leur équipage était international (d'ailleurs, selon les règles établies à ce moment-là, un navire n'était déclaré ennemi que si plus d'un tiers de l'équipage relevait d'une puissance ennemie). Comme on n'organisait pas dans le port d'examen de maîtrise de la langue, un navire appartenant à des armateurs anglais, sur lequel presque tout l'équipage était anglais, dont la cargaison était anglaise, mais qui battait pavillon de quelque Papenburg[*] et possédait des documents de bord indiquant qu'il venait de Rio de Janeiro, pouvait tout à fait être déchargé à Saint-Pétersbourg et s'en retourner à Londres après avoir chargé de nouvelles marchandises à son bord. Au prix, bien entendu, de quelques petits « cadeaux » qui permettraient à un malheureux responsable de la douane de subsister...

Il va de soi que les archives officielles ne mentionnent pas les noms de ceux qui touchaient ces sommes, ni le montant de celles-ci, ni les noms de ceux qui n'en touchaient pas. On peut cependant trouver d'intéressants renseignements parmi les papiers personnels. Ainsi, dans le journal non publié du général D. Volkonski figure une note du 25 février 1809 relative aux propos que lui a tenus le négociant Tavison : « La présumée entrave au commerce ne se fait pas au détriment des marchands, mais des acheteurs, car il a lui-même fait un don de 20 000 [roubles] au douanier pour qu'on laisse passer son navire avec des marchandises anglaises qui furent toutes réétiquetées fictivement comme prussiennes[24]. »

Les documents de bord étaient vérifiés, revérifiés, passant d'un fonctionnaire à l'autre, et arrivaient même jusqu'au Conseil d'État, parfois jusqu'à l'empereur en personne. « L'*oukaz* édicté le 14 mai 1809 impose aux armateurs l'obligation de démontrer l'appartenance neutre par une série de documents. Doivent être présentés pour les navires le passeport, le titre de propriété, le rôle de l'équipage et le journal de bord ; pour la cargaison, la charte-partie[**], le connaissement[***], la déclaration du capitaine, le certificat de provenance de la marchandise si la cargaison appartient pour tout ou partie à l'armateur, et la facture si le navire arrive d'Amérique ou des Indes. En cas d'absence d'un des documents susmentionnés, le navire est expulsé du port sans être déchargé[25]. »

On peut citer comme exemple une banale affaire de ce type. En juin 1810, le navire russe *Saint Michel*, transportant 126 tonneaux de sucre, arriva à Cronstadt. Le capitaine Herzberg déclara qu'il venait de Stockholm et présenta des documents confirmant que le sucre avait été produit en Suède. Il apparut néanmoins que le capitaine disposait de deux licences anglaises mentionnant que le sucre avait été transporté de Londres à bord du navire *Kitty*. Sur ce même navire avaient été acheminées 30 caisses d'indigo. L'indigo avait été

---

* Papenburg est une ville de Basse-Saxe abritant d'importants chantiers navals.

** Charte-partie : acte constituant une police d'assurance ou un contrat d'affrètement conclu de gré à gré entre le propriétaire du bateau et celui de la cargaison. (*N.d.T.*)

*** Connaissement : document matérialisant le contrat de transport maritime conclu entre le chargeur et le transporteur maritime. Il est également un titre représentatif de la propriété des marchandises. (*N.d.T.*)

244   LE COMBAT DE DEUX EMPIRES

laissé à Stockholm et le sucre envoyé en Russie. Le marchand Holm
(fondé de pouvoir du capitaine) démontra en vain que la garantie
de la cargaison par des licences anglaises était une obligation pour
assurer la propriété russe contre une saisie par les Anglais. La commission décida de confisquer le sucre et de laisser repartir le navire
avec une cargaison russe. L'affaire fut ensuite examinée par le
Conseil d'État. Une majorité de ses membres jugea que l'accusation
portée contre le capitaine Herzberg de transporter une cargaison
ennemie était avérée. La décision de confiscation fut confirmée.

La plus importante affaire de confiscation d'une cargaison est
celle de l'« expédition de Ténériffe ». Au début de la saison de navigation* de 1810, un nombre inhabituel (75 !) de navires en provenance des îles Canaries afflua dans les ports russes. Une grande
partie d'entre eux jeta l'ancre dans le port de Riga, les autres dans
ceux de Pétersbourg et d'Arkhangelsk. Une telle affluence de vaisseaux venant des îles Canaries éveilla les soupçons des douaniers. La
vérification des documents présentés par les capitaines montra que
les papiers étaient à l'évidence des faux. La contrefaçon était grossière : les signatures des mêmes fonctionnaires divergeaient, on y
relevait des fautes d'orthographe et, mieux encore, il s'ensuivait qu'il
y avait deux gouverneurs à Ténériffe ! En outre, les marchandises
transportées par les navires – du plomb, de l'étain, du fer-blanc –
arrivaient en général en Russie depuis l'Angleterre. En fin de
compte, il s'avéra que presque tous les navires de l'« expédition de
Ténériffe » provenaient de Londres, de Yarmouth et d'autres ports
anglais, et qu'ils avaient traversé le détroit du Sund escortés d'un
convoi militaire britannique. En conséquence, la commission fit
confisquer les cargaisons de 63 navires et 4 d'entre eux demeurèrent
sous séquestre.

On n'a aucune peine à deviner que de semblables confiscations
non seulement entraînèrent une baisse notable du chiffre d'affaires
du commerce, comme on l'a déjà mentionné, mais encore susci-
tèrent les plaintes des marchands et le mécontentement d'une
grande partie de la noblesse. Cependant, il serait tout à fait inexact
d'imaginer une condamnation générale du blocus continental. De
nombreux hommes politiques russes y voyaient un châtiment mérité
des Anglais pour leur attitude arrogante et égoïste à l'égard du commerce maritime des autres puissances. Voici en particulier ce qu'écrivait
le ministre de la Guerre, l'amiral Paul Tchitchagov, à Alexandre Ier :
« Ils [les Anglais] considèrent que c'est lui [Napoléon] qui ravage,
qui dévaste le monde parce que tout ce qui n'arrange pas les Anglais
fait tort au monde, au salut duquel ils s'intéressent si vivement,

---

* Après la fonte des glaces empêchant la navigation (*N.d.T.*).

comme on sait. [...] Les voilà maîtres de la Baltique sans avoir dit un mot à personne, en n'ayant obéi qu'à leur propre volonté. Des frégates anglaises parcourent cette mer sans qu'on ose leur demander de quel droit. [...] En un mot, ils commandent et maîtrisent tout ce qui va sur l'eau sans observer aucune forme de bienséance, sans jamais estimer devoir rendre de comptes à personne [...] et, de nos jours, les Anglais ont eu pendant quinze ans le continent, hormis la France, à leur service, et l'ont sacrifié en détail à leurs intérêts[26]. »

Et voici ce qu'écrivait au tsar Vassili Karazine, savant, ingénieur et inventeur, homme des Lumières, fondateur de l'université de Kharkov, qui fut à l'origine de la création du ministère de l'Instruction publique de l'Empire russe : « La Russie ne peut pas, dans les circonstances actuelles, demeurer dans une relation ambiguë vis-à-vis de l'Angleterre. Étant donné que nous nous sommes déjà rapprochés en une occasion de son ennemi suprême, il convient d'agir, il convient de l'aider à remettre dans des limites souhaitables cette puissance marchande qui, récemment encore, comme en 1800, a montré qu'elle n'avait rien de sacré, et que, si apparemment elle respectait naguère notre gouvernement, c'était sans le moindre sentiment sincère, mais comme instrument pour son profit personnel, pourrait-on dire. [...] Tirons tout le profit possible de notre paix avec Napoléon, acquise à un prix si élevé ! Consolidons à jamais pour nous cette paix ! D'autre part, mettons-nous en sécurité contre les menées de la piraterie maritime de l'Angleterre[27]. »

Le blocus continental a causé des dommages au commerce extérieur, c'est évident, mais quand on en conclut que la Russie ne faisait que gémir et pleurer à cause des contraintes engendrées par ce blocus, c'est manifestement exagéré. On voudrait rappeler que l'économie de la Russie à cette époque différait énormément de celle d'aujourd'hui. Le gros des marchandises que l'on produisait et vendait était destiné à la consommation interne. Bien plus, nombre de producteurs subissaient une concurrence acharnée des marchandises anglaises, et ils ne pouvaient nullement s'émouvoir de l'interruption temporaire de leur arrivée sur le marché russe.

Voici les observations quotidiennes d'un marchand de Petite Russie* : « Depuis 1807, après la paix de Tilsit, le gouvernement avait interdit l'entrée d'une grande partie des marchandises étrangères, dont le besoin fut compensé par des marchandises russes, grâce à quoi le commerce ukrainien s'est mis à croître et, de 1807 à 1812, a revêtu une assez grande ampleur. C'est à partir de cette époque qu'a commencé à se faire sentir pour moi une influence directe sur les affaires. En 1808, pour la première fois, 50 000 roubles de nos

* C'est le nom que l'on donnait à l'époque à une partie de l'Ukraine. (*N.d.T.*)

marchandises ont été livrées à la foire d'Ilinskaïa, alors qu'auparavant il ne s'agissait que de 20 et 25 000[28]. »

Prenons par exemple Moscou et la province de Moscou. Dans l'ouvrage détaillé *Description statistique de la province de Moscou en 1811*, paru dans l'ancienne capitale de la Russie par une ironie du sort au début de 1812, littéralement à la veille de la guerre, c'est en vain qu'on cherchera des récriminations quant à la détestable influence du blocus continental. On n'y trouvera au contraire pas un mot sur ce blocus et son influence sur le commerce et l'industrie moscovites. Voici ce qu'on peut y lire au sujet du commerce à Moscou : « Les marchandises reçues des pays étrangers, en dehors de la vente de ceux-ci dans la capitale, sont vendues à des prix élevés dans les autres villes de l'Empire russe [...]. Le commerce le plus important et le plus rentable est avec la Chine, d'où l'on fait venir du thé, des cotonnades et des soieries, du nankin, de la soie grège, de la porcelaine, etc. Le commerce intérieur moscovite se monte à de nombreux millions, ce à quoi contribue pour beaucoup la situation de la capitale, car elle se trouve presque à l'intérieur de la Russie ; c'est pourquoi les marchandises parviennent librement de toutes les régions du vaste empire[29]. »

Il est intéressant de noter que l'auteur ne s'inquiète aucunement de l'impossibilité de vendre du blé en Angleterre. Pourquoi ? C'est simple : « La culture du blé, même si elle constitue le premier exercice [des paysans de la province de Moscou], ne peut, en raison du manque de terres et de leur faible rendement, contribuer totalement à leur bien-être[30]. » L'auteur indique plus loin que, chaque année, on fait venir « une quantité importante de blé des provinces céréalières voisines ».

Si l'on énumère les usines et manufactures implantées à Moscou à la veille de la guerre de 1812, on constate qu'elles sont toutes orientées exclusivement vers le marché intérieur. Voici une liste des plus importantes d'entre elles :

FABRIQUES

64 de soieries	5 de chapeaux
17 de rubans	1 de nankin
27 d'indienne	1 de nappes
23 de drap	1 de tissus de coton
1 de bas	2 de ceintures
2 de papier peint	

Manufactures et ateliers

1 de coffres	23 de briques
49 de maroquinerie	7 de feutre
60 brasseries	4 malteries
4 de colle	1 de cire à cacheter
2 de boutons	1 de savon
9 de fils de fer	6 de cuivre
2 de fils de cuivre	2 de cloches
6 de feuilles de métal	1 de vodka
3 de cannetille	2 de laiton
3 de vaisselle de cuivre	

Comme l'indique l'auteur de ce tableau statistique, la production de tous ces ateliers trouvait à s'écouler dans Moscou et ses environs. Il en allait de même dans beaucoup d'autres régions de l'Empire russe, à l'exception bien entendu des grands ports où la production et la consommation étaient liées au commerce maritime. Ce n'est donc pas un hasard si le résultat du blocus continental fut de protéger de nombreuses branches de la production russe contre la concurrence anglaise.

Dès 1805, la corporation des marchands de Moscou avait demandé, par une adresse du 20 juin à l'empereur, d'introduire des mesures protectionnistes afin de limiter le commerce des marchandises étrangères, qui « cause aux marchands russes une grande entrave à leur négoce[31] ».

En outre, les marchands moscovites s'inquiétaient à juste titre du renoncement au système de droits prohibitifs frappant l'importation des marchandises anglaises à la veille de la guerre de 1812. Dans leur requête au ministère de l'Intérieur, les marchands notaient : « La Russie est un État d'Europe qui, par la richesse de ses propres productions de biens de première nécessité, dépasse les autres puissances », et c'est seulement la concurrence des étrangers qui empêche le développement de la production russe. Or, si l'on créait des fabriques en Russie, grâce à sa propre production, le pays « n'aurait pas le moindre besoin de produits étrangers ». Cette requête demandait également l'interdiction des importations de pâte à papier, laquelle fut introduite en 1811. Les marchands écrivaient que « la pâte de fabrication nationale ne le cède en rien par sa qualité à ses homologues étrangères[32] ».

Par suite de l'application de telles mesures protectionnistes, de nombreuses fabriques et usines firent leur apparition en Russie au cours de la confrontation avec l'Angleterre, et celles qui existaient déjà virent augmenter leur production.

E. Ziablovski, spécialiste bien connu des statistiques de l'Empire russe, cite dans sa *Description statistique* les données suivantes sur la croissance de la production en Russie durant la période du blocus continental. Le nombre de fabriques de drap était en 1804 de 155 (28 689 ouvriers) ; en 1811, de 209 (36 547 ouvriers). La production de soie, qui avait quelque peu diminué à la veille du blocus, se mit à croître rapidement par la suite. Si, en 1807, la Russie produisait 193 pouds[*] de soie, ce chiffre était en 1811 de 505[33]. L'auteur note en particulier la vigoureuse croissance de la production des brasseries, des fabriques de porcelaine, de faïence et de cire à cacheter.

Quant au nombre total de fabriques et d'usines, il était en 1804 de 2 423 (95 202 ouvriers) ; en 1814, de 3 721 (169 530 ouvriers)[34].

Il va de soi que certaines connaissaient des difficultés, mais la tendance était manifestement orientée vers le développement des usines, fabriques et manufactures russes.

Les historiens qui souhaitent installer l'image d'un blocus continental monstrueux qui aurait ruiné la Russie ne se privent pas de relever l'inflation gigantesque que connut le pays en ces années-là. En effet, le rouble-papier subit entre 1805 et 1810 une chute spectaculaire. Le tableau ci-dessous illustre l'évolution du cours des assignats par rapport au rouble-argent :

1804**	79,05 kopecks-argent
1805	78,74
1806	77,82
1807	67,11
1808	50,25
1809	44,64
1810	33,78
1811	24,81
1812	24,75

---

* 1 poud = 16,38 kg.
** Le cours est donné au mois de juin de chaque année.

Le graphique ci-dessous montre de façon plus concrète et plus détaillée l'évolution du cours des assignats :

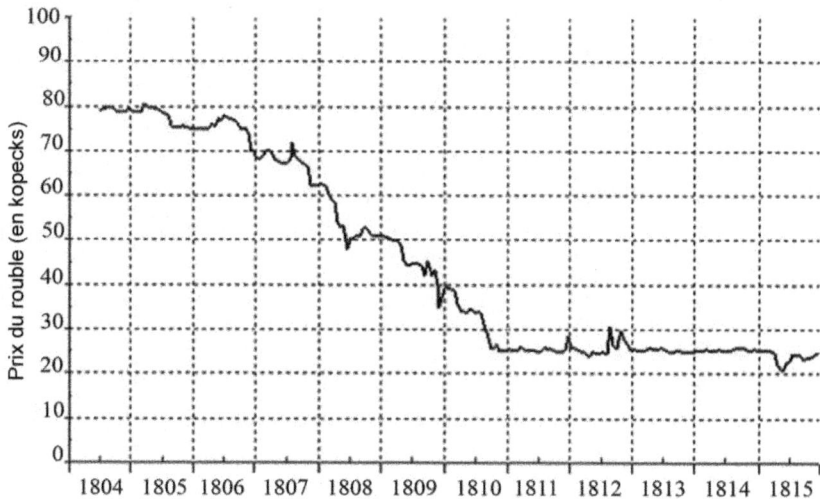

Prix du rouble (en kopecks)

100 — 90 — 80 — 70 — 60 — 50 — 40 — 30 — 20 — 10 — 0

1804 1805 1806 1807 1808 1809 1810 1811 1812 1813 1814 1815

Ces chiffres semblent effrayants dans la mesure où le pouvoir d'achat du papier-monnaie concernait les plus larges couches populaires et où, par conséquent, le blocus continental prenait l'allure d'un fléau ayant ruiné la Russie…

Hélas ! cette chute du cours n'avait aucun rapport (ou, plus exactement, presque aucun) avec le blocus continental. Un spécialiste réputé de la circulation monétaire en Russie de la fin du XIXᵉ et du début du XXᵉ siècle, Illarion Kaufman, explique dans son ouvrage monumental, *De l'histoire du papier-monnaie en Russie*, les causes de la chute du cours du rouble-papier, sans même en faire mention !

Quelle est donc la cause réelle de cette inflation galopante ? Elle est très simple : c'est l'énorme émission monétaire réalisée pendant le règne d'Alexandre Iᵉʳ. À partir de 1805, des tonnes de papier-monnaie furent imprimées en Russie.

Dans les premières années du règne de Catherine II, on imprimait par an de 0,5 à 5 millions de roubles-assignats ; aussi le cours du papier-monnaie était-il stable, et le pouvoir d'achat du rouble-papier presque égal à celui du rouble-argent. En revanche, l'émission considérable de monnaie réalisée dans la seconde période du règne de Catherine II, puis en partie pendant le règne de Paul Iᵉʳ, conduisit à une forte chute du cours de la devise russe. Au début du règne d'Alexandre Iᵉʳ, l'émission était également prudente ; mais, quand commencèrent les guerres contre Napoléon, les digues cédèrent.

Voici un tableau qui montre l'émission monétaire et le nombre de coupures en circulation à l'époque qui nous intéresse :

Année	Roubles émis	Roubles en circulation
1801	8 799 000	221 488 335
1802	8 976 090	230 464 425
1803	19 535 575	250 000 000
1804	10 658 550	260 640 550
1805	31 540 560	292 199 110
1806	27 040 850	319 239 960
1807	63 089 545	382 329 505
1808	95 039 075	477 368 580
1809	55 832 720	533 201 300
1810	46 172 580	579 373 880[35]

Ce tableau ne laisse aucun doute sur l'origine de l'inflation. Que vient faire ici le blocus continental, alors qu'en 1808 on imprima près de 100 millions de roubles-assignats, cependant qu'en 1786, sous le règne de Catherine II, il n'y avait que 46 millions de roubles-papier en circulation ? Il est intéressant de noter qu'il se trouve des historiens pour se refuser à voir ces chiffres et pour continuer à prétendre que Napoléon a ruiné la Russie ! Il n'existe pas encore d'État au monde qui imprime du papier-monnaie par charretées et qui obtienne un autre résultat que l'inflation.

Un historien russe qui affirme que la chute du cours du rouble provenait non pas de cette folle émission, mais du blocus continental, se réfère au fait que le graphique reproduit ci-dessus affiche des à-coups, alors que, dans le cas d'une inflation due à l'émission de papier-monnaie, la courbe devrait, selon lui, descendre en douceur. Il ne faut pas être grand économiste pour savoir cette vérité élémentaire : si le cours d'une monnaie dépend dans l'ensemble de l'émission monétaire, il peut connaître de menues fluctuations « dans les limites de la marge d'erreur », comme disent les mathématiciens. Rappelons que les assignats étaient des billets dont le cours par rapport au métal précieux était fixé à la Bourse. Il va de soi que le cours de ces billets pouvait subir des à-coups, en raison de diverses opérations spéculatives, de bonnes ou de mauvaises nouvelles dans la sphère économique, en particulier de certaines phases du blocus continental. Mais il s'agit là de fluctuations ne présentant pas de caractère de principe ni dans un sens, ni dans l'autre !

De son côté, le ministre du Commerce, Nicolas Roumiantsev, indique de façon très catégorique les motifs de la chute du rouble dans sa note à l'empereur Alexandre : « *L'abaissement de notre cours n'est absolument pas advenu par suite de notre rupture avec l'Angleterre, mais en raison des coûts qu'a sans doute exigés la multiplication précipitée des assignats [...] ; la seule cause de la baisse de nos assignats a été l'émission disproportionnée de ceux-ci*, et cette circonstance, même si elle a été plus discutable que juste, nous entraîne vers des conséquences fort désagréables[36]. »

Pourquoi donc le gouvernement imprimait-il une telle quantité d'assignats non garantis ? Nous abordons ici l'un des principaux thèmes du présent chapitre. Effectivement, le règne d'Alexandre se caractérise par une croissance frénétique du chapitre dépenses de l'État. Et à quoi cet argent était-il destiné ? Aux dépenses militaires. Voici le montant des dépenses militaires de la Russie à cette époque :

Année	Dépenses militaires (en milliers de roubles-assignats)	Dépenses militaires (en milliers de roubles-argent obtenus par conversion du papier-monnaie au cours en vigueur en mars de l'année donnée)
1804	41 942	33 134
1805	43 184	34 115
1806	44 304	33 228
1807	63 402	44 381
1808	118 525	69 929
1809	112 279	56 139
1810	127 936	43 499
1811	122 414	31 827
1812	160 843	40 210

On peut constater une croissance considérable des dépenses militaires en assignats. Nous avons sciemment donné les mêmes dépenses converties en roubles-argent au cours en vigueur. Lors de cette conversion, on observe que les dépenses militaires ont même quelque peu diminué en 1811 par rapport aux débuts du règne. En revanche, par rapport aux années précédentes, l'augmentation du budget militaire, tant en assignats qu'en argent, est tout simplement gigantesque. Rappelons qu'à la fin du règne de Catherine II, en 1796, le budget militaire annuel de la Russie n'était que de 21 millions de roubles (assignats). À l'époque de Paul Ier, il a augmenté, mais il ne se montait à la fin de son règne qu'à 33 millions de roubles (assignats). De toute évidence, quelle que soit la façon dont on exprime le budget, il a augmenté. Par surcroît, les dépenses se faisaient à l'aide de l'impression d'énormes quantités de papier-monnaie, ce qui engendrait l'inflation.

La politique financière d'Alexandre a conduit à une crise profonde du système monétaire qui s'est poursuivie pendant une longue période. Ce n'est que sous le règne de Nicolas Ier, en 1840, que la Russie pourra sortir de cette situation et créer un rouble-papier fiable, convertible en argent et en or. Celui-ci sera également détruit plus tard par une émission excessive, mais cette histoire dépasse de loin les limites de notre étude...

Voyons ce qu'il en est des pertes financières découlant du blocus continental. Les rentrées de l'État russe à cette époque ne se composaient que de quelques postes importants : la capitation, la taxe sur les boissons, la taxe sur le sel et les droits de douane. Le tableau ci-dessous montre le budget de l'État russe de 1805 à 1811 en milliers de roubles-assignats :

Année	Capitation	Taxe sur les boissons	Taxe sur le sel	Droits de douane	Total des impôts (en assignats)	Total des impôts (en argent)
1805	44 846	26 151	6 945	11 927	107 180	82 529
1806	44 080	26 347	6 553	10 181	105 593	79 195
1807	44 454	34 634	6 882	9 134	114 765	78 040
1808	48 408	34 203	7 664	5 523	122 633	64 995
1809	52 597	35 631	8 100	8 428	133 877	60 245
1810	82 348	36 747	14 699	11 185	178 043	62 315
1811	80 645	75 374	16 452	15 828	232 795	58 199

On voit, d'après ce tableau, que le blocus continental s'est traduit, pour le budget de l'État, par la perte de quelques millions de roubles de droits de douane, mais, parallèlement, le Trésor tira des revenus de la vente des marchandises confisquées. La somme globale provenant de cette vente s'est montée, pendant les années du blocus, à 19 184 100 roubles, couvrant par conséquent les pertes de droits de douane. En fait, celles-ci n'étaient pas importantes, elles ne représentaient qu'une part insignifiante du budget global de l'Empire russe.

Lorsqu'on juge des conséquences du blocus continental pour la Russie, il convient ainsi de noter qu'il n'a exercé d'influence catastrophique ni sur l'économie, ni sur les finances russes. En revanche, s'il a eu une influence, c'est sans nul doute sur la situation matérielle des élites de la société russe, l'aristocratie de cour et la partie la plus riche du corps des marchands. Souvenons-nous que nous avons affaire à un pays dont le système économique et politique différait fondamentalement du système contemporain. Le blé n'était pas livré sur le marché par les paysans, mais par les grands propriétaires fonciers. Ce blé, de même que les autres produits agricoles, était pratiquement confisqué de force aux paysans par le biais de la corvée et des travaux compensatoires. C'est pourquoi le véritable producteur ne se souciait aucunement de savoir si le maître allait vendre son blé à un riche marchand qui le revendrait à un autre, lequel l'enverrait en Angleterre par bateau, ou si ce blé demeurerait dans ses greniers. Plus encore, peut-être cette dernière éventualité – le blé demeurant à l'intérieur de la propriété et à l'intérieur du pays – était-elle préférable aux yeux de certains paysans, car elle atténuait quelque peu leur exploitation par le propriétaire foncier dont le but était la vente du blé sur le marché extérieur.

Il faut de même noter que le commerce maritime était uniquement pratiqué par de riches marchands. Seuls ceux qui disposaient de millions de roubles pouvaient payer les énormes frais liés au transport de marchandises à l'étranger, s'assurer contre les risques considérables inhérents au transport maritime, y compris en temps de paix. Aussi, le blocus continental ne causait de tort qu'aux plus riches des Russes : les grands aristocrates, les gros marchands et les banquiers. Même si producteurs et marchands opérant sur le marché intérieur ressentaient quelques conséquences du blocus, celles-ci étaient principalement positives. Il est clair, cependant, que c'était l'opinion des « victimes » du blocus qui parvenait aux oreilles du pouvoir, d'autant plus que la capitale de l'Empire, Saint-Pétersbourg, était à la fois le plus grand port et le plus grand centre bancaire du pays.

C'est pourquoi il n'est pas étonnant que la noblesse de cour, qui vendait son blé à l'étranger ou empruntait de l'argent aux banquiers et négociants de Pétersbourg, ait été de plus en plus hostile à l'alliance franco-russe. Par suite, la haine d'Alexandre Ier à l'égard de l'empereur des Français pouvait désormais s'appuyer sur une base économique sérieuse. L'aristocratie russe était de plus en plus contre la France et de plus en plus mûre, moralement parlant, pour la guerre.

CHAPITRE VIII

Alerte aux frontières

Les événements du début de 1810, avec le mariage retentissant de Napoléon, avaient pour un temps relégué au second plan l'adoption de la convention sur la question polonaise. Cependant, la nouvelle version du projet d'accord, mise au point sur les indications personnelles d'Alexandre Ier, parvint à Paris en avril 1810, et l'ambassadeur de Russie devait la remettre à Napoléon. Ce dernier, s'il ne souhaitait pas se brouiller avec le tsar, était supposé l'adopter sans en retrancher ni en modifier un seul mot.

Fait intéressant, parallèlement à l'échange des projets d'accord dans le cadre duquel, sous une forme rigide, il exigeait de l'empereur des Français qu'il renonce à jamais au rétablissement de la Pologne, Alexandre avait invité chez lui son ami le prince Adam Czartoryski et avait eu avec lui des entretiens dont la teneur n'avait rien à voir avec la convention. Le prince a laissé un *verbatim* de ces conversations du plus haut intérêt, et l'on dispose en outre des lettres qu'il écrivit à cette époque, ainsi que de celles qu'Alexandre lui adressa. De la sorte, les plans qu'étudiait à ce moment-là l'empereur de Russie peuvent tout à fait être reconstitués.

Le premier de ces entretiens eut lieu le 12 novembre 1809. À cette date, les discussions autour de la convention sur la Pologne avaient déjà commencé, ce dont Czartoryski était parfaitement informé. Au tsar, il déclara constater avec regret qu'il était devenu « l'ennemi capital et persécuteur en chef de la nation et du nom polonais [...] et poussait même l'animosité au point de vouloir que le nom de la Pologne fût effacé de l'histoire ». Alexandre répliqua qu'on ne pouvait le condamner pour cela, qu'il y était contraint par sa position de chef de l'Empire russe. Le prince, que cet argument n'avait pas convaincu, ne cessa d'en faire grief à son impérial ami, et alors, comme le relate Czartoryski, « l'empereur baissa les yeux ».

« "Y a-t-il rien de plus révoltant que la conduite des trois puissances à l'égard de la Pologne ? poursuivait le prince. Et peut-on s'étonner que l'idée de voir leur pays rétabli enflamme tous les Polonais et les réunisse ? [...] Personne ne doutera maintenant que ce soit aux instances de Sa Majesté que Napoléon a cédé sur un point dont il ne se serait autrement jamais désisté. [...] Tandis qu'ici on n'ouvre la bouche que pour la persécution, lui, il cherchera par toute sorte de promesses et de flatteries à effacer le ressentiment qu'on avait pu concevoir un instant contre lui..." L'empereur [Alexandre] se contenta de répondre que sûrement, en cas de guerre avec la France, il serait à propos qu'il se déclarât roi de Pologne afin de gagner les esprits à sa cause. Je répondis qu'il serait alors trop tard et, voyant que la conversation avait déjà trop duré, je ne voulus pas la prolonger davantage[1]. »

Cette conversation ne fut d'ailleurs qu'un prélude. Le 26 décembre 1809, le tsar invita Czartoryski pour lui parler à nouveau de la question polonaise. Le prince reprocha derechef à son ami la préparation d'une convention humiliante pour la Pologne. « L'empereur évita de me répondre et me dit simplement qu'il n'était pas question de ce que je croyais. » Czartoryski, qui avait naguère été anglophile, entreprit, comme lors du précédent entretien, d'expliquer au tsar pourquoi les Polonais admiraient Napoléon. Il avoua même à Alexandre : « L'impression générale produite sur tous mes compatriotes par les circonstances, [...] par l'existence du duché de Varsovie, n'a pu manquer d'avoir aussi son effet sur moi. Je ne peux m'empêcher de prendre le plus vif intérêt à mon pays. [...] J'ai mon frère, mes sœurs, toute ma famille dans ce nouveau pays, et j'avouerai à Sa Majesté que c'est une raison qui me fait désirer de ne me mêler d'aucune affaire ici. »

Alexandre écouta le prince, plongé dans ses réflexions, puis, comme s'il se réveillait tout à coup, il prononça ces mots : « Il n'y a pas d'autre moyen pour arranger tout cela que notre ancien projet, celui de donner une constitution et une existence séparée au royaume de Pologne en attachant ce titre à la couronne de Russie. Il faut attendre que l'Autriche fasse une bêtise et provoque une nouvelle rupture avec la France ; alors on pourra trouver un moyen de s'entendre avec Napoléon et de donner des compensations au roi de Saxe. » L'empereur ajouta que, en attendant, il aurait été bon « de procéder dans ce sens avec les provinces appartenant actuellement à l'empire [russe], et de prendre le titre de grand-duc de Lituanie[2] ».

Cette conversation, comme on le voit d'après la date, eut lieu au moment où Alexandre avait appris par Caulaincourt les intentions de Napoléon concernant un mariage avec sa sœur. Le tsar comprenait sans aucun doute que son refus compliquerait les relations entre les deux pays et pourrait entraîner un conflit. Dans ce contexte, il s'efforçait de trouver une solution avantageuse pour la Russie de la question polonaise.

Au bout de trois mois, le tsar convia de nouveau Czartoryski à un entretien. Alexandre venait d'apprendre que Napoléon épousait Marie-Louise. Il comprenait parfaitement que ses relations avec lui allaient se tendre encore davantage, et il mettait à présent consciemment le cap sur la confrontation. La Pologne devait jouer un rôle très important dans ce futur conflit. Dans l'esprit du tsar, des troupes russes devaient entrer sur le territoire du duché et proclamer ensuite la restauration de la Pologne sous le sceptre russe.

Le prince raconta : « L'empereur me détailla alors les idées qu'il avait eues. Entre autres projets, il me demanda si l'on ne pourrait pas entamer une guerre simulée avec le duché, où, aux termes d'un arrangement concerté, les troupes russes pourraient arriver sur des positions à partir desquelles elles pourraient tenir tête aux Français ; dans ce cas, tous les désirs de la Pologne seraient satisfaits. »

Le prince ne pouvait qu'être sidéré par cet étrange projet qui supposait, Dieu sait pourquoi, que les Polonais salueraient avec allégresse l'apparition des troupes russes, se rangeraient immédiatement aux côtés d'Alexandre et entreprendraient de se battre contre ceux qui venaient de les libérer du joug prussien ! Czartoryski écrit : « Les difficultés d'exécution de ce projet étaient trop palpables, sans compter ce qu'il recelait de chimérique, et, dans tous les cas, c'était toujours la guerre contre Napoléon, avec des chances bien incertaines[3]. »

Alexandre se remit ensuite à parler de la guerre : « "Nous sommes au mois d'avril, continua-t-il ; ainsi, ce sera dans neuf mois." En me disant ces mots, et en général dans toute cette conversation, l'empereur avait un regard sévère et fixe qui me rappela les yeux hagards qu'il avait à l'époque d'Austerlitz. Son attitude était faite d'abattement et de découragement. Je lisais en lui beaucoup d'inquiétude et un grand désir de régler les affaires de Pologne de quelque façon que ce fût[4]. »

Ces conversations furent immédiatement consignées par écrit par Czartoryski et l'on ressent bien, dans ce texte, le style et les manières d'Alexandre. Il est douteux que de telles choses aient pu être inventées plus tard, car Czartoryski n'avait absolument pas besoin de donner libre cours à son imagination à ce propos. Il semble que l'état d'esprit du tsar et ses idées aient été reflétés là de la façon la plus exacte.

La duplicité d'Alexandre saute aux yeux. Alors qu'il exige catégoriquement de Napoléon qu'il désavoue, sous une forme humiliante pour les Polonais, l'idée de restauration de la Pologne, il ne pense qu'à la restaurer sous son égide. On est par ailleurs étonné qu'Alexandre parle de la guerre comme d'une chose décidée et que, ce faisant, ainsi que le relève le prince, il paraisse abattu.

Mais, au début de 1810, c'était le tsar seul qui préparait la guerre, non Napoléon. C'était le choix qu'Alexandre avait fait depuis très longtemps, mais il mesurait sans nul doute le terrible risque d'une nouvelle guerre, et savait que par sa décision politique il provoquerait la mort de centaines de milliers, voire de millions d'hommes. Le tsar comprenait également qu'il exposait l'Empire russe et lui-même à un grave danger, et l'on imagine bien qu'il ait pu ressentir le poids de cette responsabilité.

Peut-être l'empereur de Russie avait-il été contraint à cette décision par des actes agressifs de Napoléon contre la Russie ? Ainsi qu'on l'a vu aux chapitres précédents, la principale idée politique de Napoléon jusqu'en 1810 était l'alliance avec l'Empire russe. Il y avait sacrifié beaucoup d'autres avantages et s'y était préparé pendant de nombreuses années. Il menait certes parallèlement une politique agressive, surtout depuis qu'il avait décrété le blocus continental, il s'était certes lancé dans une guerre injuste et inutile outre-Pyrénées, mais il ne souhaitait pas combattre la Russie et n'y pensait même pas.

Dans son discours du 3 décembre 1809 aux députés du Corps législatif, Napoléon déclara : « Mon allié et ami, l'empereur de Russie, a réuni à son vaste empire la Finlande, la Moldavie, la Valachie et un district de la Galicie. Je ne suis jaloux de rien de ce qui peut arriver de bien à cet empire. Mes sentiments pour son illustre souverain sont d'accord avec sa politique[5]. »

Cette déclaration de Napoléon n'était pas de pure forme. Pour l'Empire ottoman, elle revêtait une très haute importance, ce que les Turcs ne manqueront pas de rappeler à Napoléon et qui exercera une grande influence sur les destinées de l'Europe.

Enfin, les paroles de l'empereur furent confirmées par ses actes. Le début de 1810 fut marqué par une réduction sensible des effectifs des troupes françaises stationnées en territoire allemand. Le 9 janvier, l'empereur donna les instructions suivantes au ministre de la Guerre, Clarke : « Écrivez au vice-roi [Eugène de Beauharnais] de faire rentrer en Italie tous les régiments français qui étaient à l'armée d'Allemagne, et de les cantonner dans des garnisons définitives sur le pied de paix[6]. » Une lettre du 2 mars adressée au même correspondant précisait : « Je veux profiter de la consolidation de la paix continentale pour porter la plus grande économie dans mes armées[7]. »

Enfin, le 15 mars 1810, Napoléon ordonna le démantèlement complet de l'armée dite d'Allemagne. C'est ainsi que l'on appelait toutes les troupes françaises et alliées qui avaient pris part à la campagne de 1809 contre l'Autriche sous le commandement personnel de Napoléon. Une partie de ces troupes avaient déjà été transférées dans leur cantonnement définitif, mais le reste se trouvait encore sur le sol allemand. Conformément à un ordre détaillé de l'empereur, instruction avait été donnée de démanteler de l'état-major de l'armée d'Allemagne, l'administration militaire, les dépôts de l'artillerie et du génie. Ne devaient demeurer sur place que trois divisions du corps de Davout, qui recevraient par la suite l'ordre de contrôler la ligne du littoral septentrional et l'Allemagne du Nord en général. Toutes les autres troupes devaient être ramenées en France.

Le 22 mars 1810, le ministre de la Guerre rendit compte à l'empereur de l'exécution de ses instructions. On voit d'après ce rapport que la division de cavalerie légère du général Pajol et la division de grosse cavalerie d'Arrighi avaient quitté l'Allemagne, que les unités d'infanterie du 2ᵉ corps d'armée (divisions Tharreau, Dupas et Grandjean) et la brigade de cavalerie de Colbert avaient abandonné également en totalité la terre allemande. C'était aussi le cas du 4ᵉ corps qui, lors de la campagne de 1809, était placé sous le commandement du maréchal Masséna (divisions d'infanterie de Legrand et Dessaix, brigade de cavalerie de Piré)[8].

Au début d'avril fut également démantelée l'armée dite de Brabant, groupement de troupes stationné entre la Meuse, l'Escaut et la côte, dont les unités furent relocalisées sur le territoire de l'Empire[9]. Napoléon écrivit à cette époque au ministre de la Guerre : « Supprimez tout ce qui est inutile ; portez la plus grande économie dans les emplois de l'administration de la guerre[10]. »

La conséquence de ces instructions de Napoléon fut un énorme déplacement de troupes, à la suite duquel des dizaines de milliers de soldats et d'officiers quittèrent l'Europe centrale pour regagner le territoire de l'Empire français. Il est inimaginable qu'un tel redéploiement ait pu inquiéter le tsar. Il s'agissait d'un dispositif absolument limpide qui non seulement ne menaçait pas l'Empire russe, mais éloignait tout danger de ses frontières.

En outre, au début de 1810, Napoléon décida de porter un coup décisif aux Anglais sur le sol de la péninsule Ibérique. Il forma à cette fin l'armée de Portugal. L'empereur plaça à sa tête celui qu'il considérait comme le meilleur de ses chefs militaires, le maréchal Masséna, qui s'était couvert de gloire dans la guerre de 1809 contre l'Autriche. Masséna fut rappelé en toute hâte d'Allemagne à Paris et, le 29 avril, il quittait la capitale française pour prendre le commandement de trois corps destinés à mener campagne au Portugal. Cette armée reçut des renforts envoyés en urgence de France, et les généraux Junot et Reynier, ainsi que le maréchal Ney, furent nommés à la tête des corps qui la composaient. La nomination à la tête de l'armée de Portugal d'étoiles de première grandeur de l'art de la stratégie, comme Masséna et Ney, montre l'attention que l'empereur accordait à la préparation de cette campagne contre les Anglais. Pendant toute la première moitié de 1810, le thème militaire récurrent dans les ordres et instructions de Napoléon sera sans conteste la guerre d'outre-Pyrénées, qui absorbera de plus en plus de soldats et de moyens.

Un autre thème qui préoccupait l'empereur était la défense des côtes et la sécurité des ports contre les attaques d'escadres anglaises.

Il veilla ainsi parallèlement à la flotte, au renforcement de la défense des villes italiennes, à l'approvisionnement de l'île de Corfou, etc.

Quant aux questions civiles, en dehors de la politique intérieure et des affaires courantes de l'Empire, Napoléon s'occupa en permanence des problèmes liés au blocus continental et de tout ce qui concernait le rattachement de la Hollande à l'Empire. Le 10 juillet 1810 fut déclarée l'intégration du royaume de Hollande – gouverné par le frère de Napoléon, Louis – à l'État napoléonien. Dorénavant, cet ancien royaume indépendant faisait partie intégrante de l'Empire. Napoléon s'engageait à y respecter les libertés religieuses, les coutumes locales et la langue néerlandaise.

L'annexion de la Hollande changeait en fait peu de chose pour la population du pays. La Hollande avait été occupée dès 1794 par les troupes révolutionnaires françaises et était devenue une « république sœur », c'est-à-dire un État totalement dépendant de la France, étroitement uni à elle sur les plans militaire et politique. Par conséquent, ce rattachement améliora plutôt qu'il ne dégrada la situation de la population, puisque aux nombreux inconvénients de la dépendance se substituait l'avantage d'entrer sur un pied d'égalité dans un grand empire. Les élites hollandaises obtinrent des sièges au Sénat, au Conseil d'État et au Corps législatif, et les meilleurs régiments hollandais furent intégrés à la Garde impériale.

Il est vrai que le rattachement de la Hollande ainsi que celui de Rome et des États du pape à l'Empire, en 1809, faisaient partie de la politique de conquêtes de Napoléon et furent jugés négativement par de nombreux contemporains. Mais cet élargissement de l'Empire français menaçait-il l'État russe ? Après le mariage de Napoléon et de Marie-Louise, on pouvait le penser. Un empire s'étendant de Hambourg à Rome, incluant en qualité d'États dépendants presque tous les pays d'Europe occidentale, ayant fait entrer l'Autriche dans son orbite politique, pouvait désormais potentiellement se confronter à l'Empire russe. Mais, au début de 1810, aucune des actions de Napoléon ne pouvait inquiéter le tsar. Certes, après le mariage autrichien, l'empereur ne misait plus sur l'alliance russe, mais, au moins en apparence, il s'efforçait de souligner qu'il conservait des relations amicales avec Alexandre, et de fait, dans ses ordres et instructions, Napoléon s'occupait de tout ce que l'on veut, sauf de préparer une guerre avec la Russie.

Du côté d'Alexandre, les premières instructions que l'on peut juger comme liées à la préparation d'une guerre sont datées de janvier-mars 1810. Une édition monumentale de documents consacrés à la guerre de 1812 fut mise en chantier au début du XXe siècle en Russie. Vingt-deux volumes furent publiés. Malheureusement, la Première Guerre mondiale vint interrompre ce projet, mais les principaux documents russes ayant trait aux événements de 1812 et à la

ROYAUME DE NORVÈGE
Christiania
ROYAUME DE SUÈDE
Stockholm
FINLANDE
(rattachée à la Russie 1809)
Saint-Pétersbourg
Riga
Smolensk
ROYAUME UNI DE GRANDE-BRETAGNE ET D'IRLANDE
Londres
ROYAUME DE DANEMARK
Copenhague
Tilsit
Kœnigsberg
Dantzig
Grodno
Rég. de Bialostok
EMPIRE DE RUSSIE
Kiev
Amsterdam
Boulogne
Bruxelles
Paris
Magdebourg
Berlin
ROYAUME DE PRUSSE
Varsovie
DUCHÉ DE VARSOVIE
ROY. DE WEST.
Dresde
Breslau
Erfurt
CONF. DU RHIN
Prague
Brunn
Presbourg
Rég. de Tarnopol
Strasbourg
WURT.
BAVIÈRE
Ulm
Munich
Vienne
MOLDAVIE
EMPIRE FRANÇAIS
SUISSE
EMPIRE D'AUTRICHE
VALACHIE
Bordeaux
Lyon
Turin
Milan
ROY. D'ITALIE
Gênes
Venise
PROVINCES ILLYRIENNES
Marseille
ROY. DU PORTUGAL
Lisbonne
ROYAUME D'ESPAGNE
Madrid
CORSE
Rome
ROY. DE NAPLES
Naples
EMPIRE OTTOMAN
Constantinople
SARDAIGNE
ROY. DE SICILE
MALTE
0   500 km

L'Europe en 1811

préparation de la Russie à une confrontation avec la France n'en ont pas moins vu le jour. Le premier document du recueil est daté du 2 (14) janvier 1810. Il concerne la nomination du général Miloradovitch au poste de commandant de l'armée qui devait être cantonnée en Biélorussie, son état-major se trouvant à Moghilev.

En effet, c'est au début de 1810 que commencèrent à se regrouper aux frontières occidentales de la Russie des troupes qui seront à l'origine de ce que l'on appellera, pendant la guerre de 1812, la 1re et la 2e armée de l'Ouest. Sur les côtes de la Baltique, en Livonie, fut créé en 1810 le corps de Wittgenstein, fort d'environ 29 000 hommes (14e et 5e divisions d'infanterie et une partie de la 5e division de cavalerie). Sur le territoire de la Lituanie fut formé un corps placé sous le commandement du lieutenant général Essen, composé des 2e, 3e et 4e divisions. En tout, 36 000 hommes.

En Volhynie fut constituée une armée commandée par le général Dokhtourov (7e, 25e, 9e divisions d'infanterie, une partie des 5e et 6e divisions de cavalerie, et des unités de cavalerie détachées). Dans les documents de l'époque, elle portait le nom d'armée de l'Ouest. Son nom varie d'un document à l'autre ; plus tard, elle s'appellera également 2e armée, armée du Sud, armée de Podolie. À la veille de la guerre de 1812, elle reçut le nom de 2e armée de l'Ouest. Dans l'ordre de nomination de Dokhtourov au poste de commandant de l'armée, daté du 4 (16) février 1810, il était simplement dit : « Je vous confie le commandement principal de notre armée de l'Ouest[11]. » Les troupes du général Dokhtourov comptaient plus de 38 000 hommes.

Enfin, sous le commandement du général Miloradovitch dont nous venons de mentionner la nomination, se forma l'armée dite de réserve, d'un effectif de plus de 38 000 hommes également.

Les ordres adressés aux troupes au début de 1810 mettaient l'accent sur la protection des forteresses. En mars, le lieutenant-colonel Eichen, le colonel Wisticki, le colonel Hekkel, le major général Opperman reçurent pour instructions de procéder à l'inspection des frontières occidentales de la Russie. Il était prescrit aux trois premiers officiers de sélectionner des endroits favorables à l'implantation de camps fortifiés, et à Hekkel de trouver un terrain pour construire une forteresse « afin de contrôler les deux rives de la Dvina et d'assurer les communications entre Riga et Boudilovo[12] ». En outre, Opperman fut plus tard chargé d'inspecter et préparer à la défense la forteresse de Kiev. Les ordres donnés à ces officiers se terminaient par une seule et même phrase : « L'exécution de la mission qui vous est confiée doit dans la mesure du possible être couverte par un secret impénétrable et, afin de dissimuler le véritable but de celle-ci, vous pourrez feindre de vous consacrer à corriger les erreurs d'une carte détaillée de ces lieux[13]. »

On aurait pu en conclure qu'il s'agissait de préparer une guerre défensive. Mais la mise en état des forteresses était nécessaire pour n'importe quelle guerre, défensive ou offensive, car les forteresses étaient à cette époque des bases fiables pour l'armée. D'ailleurs, en anticipant, notons que lorsque Napoléon commencera ses préparatifs, en 1811, il procédera au renforcement des forteresses sur le territoire du duché de Varsovie. C'était là une précaution élémentaire. De sorte que le perfectionnement de telle ou telle forteresse ne démontre absolument pas le caractère forcément défensif de la guerre. Et ce, d'autant moins que d'autres instructions de la même époque révèlent un vif intérêt pour l'étude de documents nécessaires à une offensive. Ainsi, le 26 août 1810, on demanda au comte Liven (ambassadeur de Russie en Prusse) et au comte Chouvalov (ambassadeur de Russie en Autriche) d'envoyer des cartes et des informations concernant ces pays.

Il était dit dans la lettre à Liven : « Votre séjour actuel offre une possibilité commode de faire parvenir des relations et des plans secrets. Votre Excellence connaît tout le prix de ces joyaux ; vous ne ménagerez pas votre peine, et, quel qu'en soit le prix, vous trouverez ces raretés et nous en enrichirez. [...] Pour récolter le plus possible de matériaux sur l'état des puissances qui nous sont voisines, je considère comme nécessaire, sous l'apparence de missions tempo-raires ou tout autre prétexte, d'envoyer en divers lieux des observa-teurs militaires. [...] Varsovie, qui constitue le principal nœud de nombreuses relations dans les domaines politique et militaire, doit être le principal objet de nos exposés[14]... »

Au moment où les premiers préparatifs de guerre débutaient en Russie eut lieu le premier échange des projets de convention concer-nant la Pologne. Napoléon reçut à la mi-avril 1810 un nouveau projet russe contenant derechef la phrase : « Le royaume de Pologne ne sera jamais rétabli. » Cette expression, déjà rejetée, y réapparais-sait en bonne place.

Le ministre des Affaires étrangères, Champagny, écrivit sous la dictée de l'empereur exaspéré : « La Russie veut être rassurée sur les intentions de l'empereur relatives au royaume de Pologne : ces intentions sont prouvées par les événements ; si l'empereur eût voulu rétablir la Pologne à Tilsit, au lieu de conclure la paix, il eût passé le Niémen ; si, depuis, il eût eu cette intention à Vienne, au lieu de prendre des provinces qui tenaient à cœur à la monarchie autrichienne, il eût réuni au duché de Varsovie toute la Galicie. À ces deux époques successives, il a prouvé que sa politique était toute française ; qu'il ne voulait pas prolonger la guerre ni verser le sang de ses sujets pour des intérêts qui n'étaient pas les siens. »

Et, plus loin, était proposée une nouvelle formulation du malen-contreux article : « Sa Majesté s'engage à ne favoriser aucune entre-prise tendant à rétablir le royaume de Pologne, à ne donner aucune assistance à toute puissance qui aurait cette vue, ni aucun appui ni encouragement soit direct, soit indirect, à toute insurrection ou sou-lèvement des habitants des provinces qui composaient ce royaume. »

Le ministre écrivait ensuite : « On ne peut donc pas concevoir le but que peut avoir la Russie en refusant une rédaction qui lui accorde ce qu'elle demande, pour y substituer une rédaction dogma-tique, inusitée, contraire à la prudence humaine, et telle enfin que l'empereur ne peut la souscrire qu'en se déshonorant [...] ; un pareil traité, au lieu de consolider l'alliance, l'affaiblirait, car, si l'on pouvait oublier un moment l'origine de l'alliance entre les deux empires et la supposer non basée sur l'égalité et la convenance réci-proque, mais fondée sur l'impuissance et la faiblesse d'une des deux parties, l'on arriverait à un résultat bien erroné et contraire à l'état des choses[15]. »

Deux mois s'écoulèrent, et quelle ne fut pas la stupéfaction de Napoléon lorsque, à la fin de juin, l'ambassadeur de Russie, Kourakine, présenta une nouvelle version de la convention sur la Pologne où figurait la phrase : « Le royaume de Pologne ne sera jamais rétabli » ! Là, Napoléon se mit pour de bon en colère. Il sentit qu'il y avait derrière tout cela quelque intention cachée. Doutant que son courtois ambassadeur puisse transmettre ce qu'il pensait de telles exigences, l'empereur prit pratiquement lui-même la plume et dicta à son ministre des Affaires étrangères la lettre dont Caulaincourt devrait donner lecture à Pétersbourg. Toute la missive est empreinte d'irritation, et l'on y prononce ouvertement le mot que l'on évitait si soigneusement dans les documents diplomatiques : la *guerre*.

« Que prétend la Russie, dit Napoléon, par un tel langage ? Veut-elle la guerre ? Pourquoi ces plaintes continuelles ? Pourquoi ces soupçons injurieux ? […] La Russie veut-elle me préparer à sa défection ? Je serai en guerre avec elle le jour où elle fera la paix avec l'Angleterre. N'est-ce pas elle qui a recueilli tous les fruits de l'alliance ? La Finlande, objet de tant de vœux, de tant de combats, dont Catherine II n'osait même pas ambitionner quelque démembrement, n'est-elle pas dans toute sa vaste étendue devenue province russe ? Sans l'alliance, la Valachie et la Moldavie resteraient-elles à la Russie ? Et à quoi m'a servi l'alliance ? […] Je ne veux pas rétablir la Pologne. Je ne veux pas aller finir mes destinées dans les sables de ses déserts. Je me dois à la France et à ses intérêts, et je ne prendrai pas les armes, à moins qu'on ne m'y force, pour des intérêts étrangers à mes peuples. Mais je ne veux pas me déshonorer en déclarant que *le royaume de Pologne ne sera jamais rétabli*, me rendre ridicule en parlant le langage de la Divinité, flétrir ma mémoire en mettant le sceau à cet acte d'une politique machiavélique, car c'est plus qu'avouer le partage de la Pologne que de déclarer qu'elle ne sera jamais rétablie. Non, je ne puis prendre l'engagement de m'armer contre des gens qui ne m'ont rien fait, qui m'ont bien servi, qui m'ont témoigné une bonne volonté constante et un grand dévouement. Par intérêt pour eux et pour la Russie, je les exhorte à la tranquillité et à la soumission, mais je ne me déclarerai pas leur ennemi, et je ne dirai pas aux Français : il faut que votre sang coule pour mettre la Pologne sous le joug de la Russie[16]. »

Napoléon avait dicté cette lettre irritée le 1er juin dans la journée, et le soir il se rendit à un grand bal que donnait l'ambassadeur d'Autriche, le prince Schwarzenberg, dans son luxueux hôtel particulier. Afin que tous les invités puissent danser, on avait édifié dans le jardin un vaste pavillon provisoire. Celui-ci était décoré avec un faste extraordinaire : il y avait là des draperies magnifiques et des décorations représentant les aigles françaises et autrichiennes, des tapis, de splendes miroirs de la manufacture de Saint-Gobain reflétant la lumière de milliers de bougies. Quelque 2 000 invités étaient présents à la fête. Parmi eux, toute l'élite parisienne, le corps diplomatique, des rois, des reines, des princesses... L'empereur, accompagné de sa jeune épouse, apparut au bal dans la soirée, à 22 h 15.

À 23 h 30, le bal battait son plein. On dansait une écossaise à laquelle prenaient part la jeune impératrice, la reine de Naples, la reine de Westphalie, la princesse Borghèse, la princesse Schwarzenberg et une centaine d'autres jeunes dames. Alors que l'allégresse était à son apogée, le feu prit à une draperie. Bien qu'un officier se soit précipité pour arracher le tissu enflammé, le feu se propagea en un instant, car on avait utilisé pour décorer les lieux des peintures diluées à l'alcool.

La gigantesque salle remplie d'invités s'embrasa. La foule fut prise de panique. Il faut dire que la jeune impératrice se conduisit en digne héritière de ses ancêtres couronnés. Au lieu de s'enfuir, elle s'assit sur le trône, montrant l'exemple du sang-froid. L'empereur la prit par la main et l'emmena au-dehors. Il s'efforçait cependant de marcher sans hâte pour conserver sa dignité et donner l'exemple aux autres. Sa jeune épouse et lui parvinrent à sortir indemnes.

À peine Napoléon eut-il mis l'impératrice en sécurité qu'il retourna là où les flammes faisaient rage, pour prendre des mesures afin d'éteindre l'incendie et secourir les victimes. Celles-ci furent nombreuses : une centaine de personnes souffraient de brûlures et de blessures, et au moins une dizaine décédèrent. La sœur de la princesse Schwarzenberg, pensant que sa fille était demeurée dans la salle, se jeta dans le feu pour la sauver. À ce moment, la salle s'effondra et elle périt dans les flammes.

Le prince Kourakine se trouvait parmi les victimes. Le général Lejeune, alors jeune officier, relata : « Une des premières [personnes] que je pus entraîner fut le malheureux prince Kourakine, ambassadeur de Russie, qui était dans un état horrible : une de ses mains dépouillée et ensanglantée s'appuya sur ma poitrine et y laissa toute son empreinte. Sous son corps gisaient plusieurs dames à demi brûlées ; on les arrachait avec peine du milieu des flammes où les épées des hommes accrochaient les vêtements et gênaient la délivrance. De toute part, des cris déchirants de douleur et de désespoir étaient jetés par des mères appelant leurs filles, des maris leurs femmes[17]. »

La tragédie survenue au bal de Schwarzenberg fit naître de nombreux bruits dans Paris. Tout le monde se souvenait que lors du mariage d'un autre souverain, Louis XVI, avec la princesse autrichienne Marie-Antoinette, il s'était produit, lors du feu d'artifice, une explosion qui avait emporté la vie de plus de cent personnes. On sait quel fut le destin du roi et de la reine. De funestes pressentiments s'emparèrent de presque tous les contemporains de cet événement.

Napoléon était superstitieux, et le drame du bal du 1ᵉʳ juillet s'ancra dans son esprit. Plus tard, quand, au cours de la campagne de Russie, on lui rapporta que le corps autrichien de Schwarzenberg, qui se battait aux côtés des Français, avait été défait, et que Schwarzenberg lui-même avait été tué (ces deux nouvelles étaient fausses), l'empereur s'exclama : « C'était donc bien un mauvais présage ! »

Le 10 juillet 1810, Napoléon donna le premier ordre de ce qui peut être considéré comme une préparation, même lointaine, de la guerre. Il écrivit du château de Rambouillet au ministre de la Guerre : « Je désire que vous preniez secrètement des informations sur la situation des armes dans le duché de Varsovie. [...] Mon intention est d'avoir toujours dans ce pays une grande quantité d'armes afin qu'en cas de besoin la population puisse s'en armer[18]. »

Ce n'était là, bien entendu, qu'une mesure de précaution prise en vue d'une défense potentielle de la Pologne, en aucune façon la préparation d'une invasion de la Russie – mais en Russie également il était censé ne s'agir que de mesures de précaution...

Il est intéressant de noter qu'au moment où, dans les états-majors des deux puissances, on commençait à songer à la guerre, où les troupes russes entamaient un redéploiement progressif vers les provinces de l'Ouest, les relations entre les deux empires demeuraient formellement celles d'amis et d'alliés. Dans sa circulaire aux ambassadeurs de France, le ministre des Affaires étrangères, Champagny, rappelait que l'alliance avec la Russie était maintenue et que les diplomates devaient démentir le bruit selon lequel des difficultés étaient apparues entre les deux pays. Parallèlement, Alexandre Iᵉʳ, dans ses instructions au major général N. Répine qu'il avait envoyé à titre d'ambassadeur à la cour du roi d'Espagne Joseph Bonaparte, écrivait : « Je dois vous répéter une fois encore que je n'ai pas de liens plus étroits et, comme je le pense, plus utiles pour le bien de mon empire que ceux que j'ai établis avec l'empereur Napoléon. Ces liens, qui reposent sur une base si solide, doivent déterminer toute votre conduite ; aux yeux du roi d'Espagne [...], je considère son installation sur le trône non seulement comme un événement marquant un terme aux multiples malheurs de la nation espagnole, que j'ai toujours respectée, mais également comme un pas dans la voie de la paix universelle, car aussitôt que le calme sera rétabli dans ce royaume, l'Angleterre perdra toute possibilité de mener une guerre ravageant les pays du continent[19]. »

Cependant, si les canons s'étaient tus pour un temps et si les diplomates échangeaient des phrases aimables, des combattants d'un autre front, invisible celui-ci, les agents secrets russes et français, avaient déjà commencé à s'activer. Dans la guerre d'espionnage qui se déploya bien avant les opérations militaires, la primauté revenait sans conteste à la Russie.

L'ambassadeur français Armand de Caulaincourt, guerrier valeureux et chéri de la haute société (ce qui, à l'époque, était jugé comme tout à fait compatible, et même se mariant parfaitement), était un mauvais espion, et cela se comprend fort bien. La morale du début du XIXe siècle demeurait encore très marquée par un mépris caractéristique de la société traditionnelle pour la profession d'agent secret. À cette époque, il était tout à fait impossible d'imaginer qu'une œuvre (littéraire, dramatique) semblable à nos films sur James Bond pût avoir du succès. On considérait comme honteux et indigne pour un officier de se cacher, pour remplir une mission, sous l'habit d'autrui, et à plus forte raison de s'infiltrer dans un état-major ennemi sous un faux nom, de copier des documents à la dérobée, d'acheter des employés, d'agir en catimini, incognito. Caulaincourt était un soldat et ne voulait pas se livrer à cela personnellement (chose tout à fait compréhensible pour un ambassadeur) ; même diriger ces activités lui semblait déplacé. En conséquence, les « services secrets » français à Pétersbourg, si l'on peut les appeler ainsi, ne communiquaient que des informations superficielles : l'état d'esprit de la société, des ragots, des conversations, de simples bruits... Et c'était de toute évidence insuffisant pour fournir une information objective sur les desseins du haut commandement russe.

Au reste, si Caulaincourt préférait se tenir à l'écart des agents secrets, d'autres personnes manifestaient beaucoup moins de scrupules à cet égard que le délicat ambassadeur. C'était avant tout le cas du maréchal Davout, qui commandait le « corps d'observation de l'Elbe », autrement dit toutes les troupes françaises cantonnées dans le nord de l'Allemagne et dont l'état-major se trouvait à Hambourg. C'était aussi le cas du général Rapp, commandant la forteresse de Dantzig, et du prince Poniatowski, qui commandait les troupes du duché de Varsovie. Davout, Rapp et Poniatowski recevaient des informations de centaines d'espions et informateurs bénévoles.

Il serait cependant naïf de se représenter le travail de ces hommes à l'aune de l'activité des agents glorifiés dans les séries d'espionnage contemporaines. Il est même douteux qu'on puisse, en l'occurence, user de l'expression « services de renseignement français », comme le fait un historien russe qui vient de consacrer une étude à ce sujet[*]. Par là, en effet, on fait involontairement le rapprochement avec les services modernes, c'est-à-dire une structure solide disposant de cadres spécialement formés, d'un état-major et d'une direction unifiés, exécutant des opérations spéciales planifiées, etc. Or, il n'existait rien de tel dans les « services secrets napoléoniens ».

---

[*] V. Bézotosny, *Razvedka i plany storon v 1812 godu* (Services secrets et plans des deux parties en 1812), éditions Rosspen, Moscou, 2005.

Qui étaient les « agents secrets » d'alors ? Quelques commerçants, principalement juifs, qui gagnaient un peu d'argent en communiquant des informations sur les déplacements de troupes. Mais ces informations résultaient soit d'observations visuelles, soit de conversations d'officiers éméchés dans des tavernes le long des routes. Travaillaient également pour les Français un grand nombre de Polonais, principalement des propriétaires fonciers ou des citadins aisés qui agissaient surtout, pour ainsi dire, à des fins idéologiques. Certains de ces informateurs polonais servaient même à des grades subalternes dans l'armée russe. Mais même eux n'avaient pas accès aux documents secrets et ne pouvaient transmettre que des conversations, des bruits, ou ce qu'ils avaient vu de leurs propres yeux. Les témoignages fournis par un tel réseau n'avaient pas grande valeur.

En Russie, il en allait tout autrement. Le ministre de la Guerre, Barclay de Tolly, qui avait une façon plus moderne de voir les choses, loin des scrupules du naïf ambassadeur français, organisa le travail des services secrets sur le plan tant stratégique que tactique. Il envoya des officiers à Dresde, Munich, Vienne, Berlin et Madrid pour des missions de renseignement. Pour ce qui concerne Paris, c'est un jeune officier que nous connaissons bien qui joua le rôle principal, et son activité était effectivement proche, par son caractère, de celle des services secrets ou d'espionnage d'aujourd'hui.

Le bel Alexandre Tchernychev, qui portait l'élégant uniforme de colonel (déjà !) aide de camp du tsar coupé selon la dernière mode française, n'avait que vingt-quatre ans. Le jeune officier, favori de deux empereurs, chéri de ces dames, séducteur notoire, habitué des dîners fins réunissant la jeunesse dorée parisienne avec laquelle il avait fait la campagne de 1809 sans mettre pied à terre, sabre au clair, jouissait du respect, de la confiance et de l'affection de tous. Il en faisait peut-être un peu trop, étant excessivement parfumé, paré, frisé et même légèrement fardé ; dans l'ensemble, on le considérait comme un peu trop apprêté, mais cela plaisait à certaines femmes...

Comme on l'a déjà signalé, Napoléon était particulièrement bien disposé envers le jeune officier, qu'il invitait partout. D'ailleurs, il était également présent au bal donné chez Schwarzenberg, et avait fait preuve de courage et de présence d'esprit, aidant à sauver de l'incendie les épouses du maréchal Ney, du général Duroc et du sénateur de Beauharnais, parent de Joséphine.

Napoléon, pas tout à fait naïf, comprenait que le bel officier, qui tournait en permanence dans son état-major parmi les généraux français, les hauts fonctionnaires, et qui, selon les bruits, avait même une aventure avec la sœur de l'empereur, Pauline (!), ne faisait pas tout cela seulement par amour de l'art. Il transmettait bien entendu ce qu'il voyait et entendait à sa hiérarchie, et rédigeait des rapports détaillés sur ses entretiens avec l'empereur : rien là que de naturel. Mais Napoléon lui parlait en sachant que chacune de ses paroles serait ainsi transmise à l'empereur Alexandre et au chancelier Roumiantsev. Tout cela, l'empereur le considérait comme une nécessité politique.

En revanche, Napoléon ne devinait pas que Tchernychev n'était pas seulement un observateur qui, comme Caulaincourt, communiquait des potins mondains et l'état d'esprit de la société du pays où il séjournait, mais qu'il était un véritable agent au sens moderne du terme. Cela, non seulement l'empereur ne le soupçonnait pas, mais, lorsqu'on l'en informa, il demeura même longtemps sans le croire.

L'activité d'espionnage sur le territoire français ne fut pas immédiatement un succès pour le jeune officier. Dans sa lettre écrite en mars 1810 et adressée au chancelier Roumiantsev, Tchernychev se plaignit des difficultés du travail d'espion, comparant sa situation à celle dont il jouissait encore peu auparavant lors de la campagne de 1809 : « J'ai trouvé une grande différence entre Paris et l'état-major de campagne dans les difficultés que j'ai pour me procurer des informations. Là-bas, les militaires savent tout et on peut utiliser sans grande habileté leur franchise naturelle, mais, ici, les officiers ne savent rien sur les affaires. Il faut avoir recours à des gens qui ne sont pas de très bon ton, et on ne peut les contraindre à agir qu'en utilisant une petite clé que je n'ai pas en main[20]. » Par ces mots, le chéri de ces dames et agent secret faisait allusion de façon transparente à la nécessité de lui envoyer davantage d'argent...

D'ailleurs, Tchernychev disposa bientôt de la petite clé en or et de la serrure où l'introduire. Dès 1804, le diplomate russe Pierre Oubril avait réussi à recruter un fonctionnaire du ministère de la Guerre, M. Michel. Le contact fut perdu au début de la guerre de 1805, mais, en 1810, Tchernychev le retrouva. Alors que le conseiller de l'ambassade Karl Nesselrode entretenait des relations avec le « cousin Henri » et « Natacha* » qui lui fournissaient contre monnaie sonnante et trébuchante des copies de toute une série de documents confidentiels du ministère des Affaires étrangères, Tchernychev put travailler avec succès sur le plan militaire.

Avec l'aide de Michel, le jeune officier parvint à recruter plusieurs autres fonctionnaires. En conséquence fut organisé tout un service d'espionnage qui transmettait deux fois par semaine à l'empereur russe une description extrêmement détaillée des unités de l'armée française, avec leurs effectifs et leur localisation du moment.

À cette époque, les précautions prises dans le maniement des documents secrets ne ressemblaient pas, même de loin, à ce qu'elles sont de nos jours. Pour transmettre à l'Empereur des documents

---

* Comme le lecteur l'a appris au chapitre V, il s'agit là des noms de code de Talleyrand et de Fouché.

correctement présentés, on les faisait sortir du ministère de la Guerre et on les portait chez un relieur qui collait les feuilles de papier sur du carton et revêtait le tout d'une belle reliure de cuir estampée d'or. Tchernychev fit en sorte que les documents transitent par un endroit où un jeune copiste du nom de Salmon intégrait toutes les données dans des tableaux préparés et quadrillés à l'avance.

Tchernychev envoya le premier tableau détaillé de l'armée française à Barclay de Tolly le 5 septembre 1810. Son rapport, comme il se doit, était écrit dans un français recherché (Tchernychev n'utilisait pas d'autre langue pour rédiger ses rapports !). « Mon général ! [...] D'après le désir que Votre Excellence m'a fait l'honneur de me témoigner d'avoir des renseignements exacts sur l'état de l'armée française, et connaissant toute l'importance de l'objet dans les circonstances actuelles [...], j'ai mis tous mes soins à me procurer des intelligences dans les bureaux du ministre de la Guerre et, à force de recherches, de peines et de sacrifices d'argent, j'ai eu le bonheur d'y réussir complètement[21]... », rapportait fièrement le jeune colonel. Effectivement, ce n'étaient pas seulement des documents ultra-secrets qui s'étaient retrouvés entre les mains de l'agent russe, mais des informations sur les effectifs, la composition, le personnel et les déplacements de l'armée napoléonienne dont même les maréchaux français ne disposaient pas. En conséquence, la disposition et l'état de l'armée française n'avaient plus de mystères pour le ministre russe de la Guerre ni pour le tsar. Il y a peu d'exemples, dans l'histoire, où l'une des parties ait été informée sur l'adversaire comme le fut le haut commandement russe du milieu de 1810 au début de 1812, lorsque Tchernychev fut contraint de quitter la France.

En dehors de Tchernychev, le conseiller de l'ambassade Karl Nesselrode, qui, comme on l'a déjà mentionné, entretenait des rapports étroits avec le « cousin Henri », jouait un rôle important dans la collecte d'informations secrètes. Cependant, il y avait également là, sans doute, des choses inattendues. Ainsi, au printemps 1810, Nesselrode reçut copie d'un rapport détaillé du ministre des Affaires étrangères, Champagny, à Napoléon, daté du 16 mars 1810. Voici ce qu'écrivit au sujet de ce document Nicolas Schilder, biographe d'Alexandre Ier, dans l'ouvrage monumental qu'il a consacré à la vie du tsar : « Les intentions perfides de Napoléon à l'égard de son allié de Tilsit [...] se sont exprimées dans la note secrète élaborée sur instructions de l'empereur [...] du 4 (16) mars 1810 ; celle-ci avait pour objet la politique future de la France déterminée par le mariage de Napoléon avec une archiduchesse autrichienne. En vue du rapprochement inévitable, selon les termes de la note, de la Russie avec l'Angleterre, il y était affirmé que l'alliance avec la Russie tirait à sa fin, et la guerre avec celle-ci était présentée comme une nécessité pressante pour renforcer la position primordiale occupée par la

France en Europe. La rupture avec la Russie devait s'accompagner d'une réorganisation complète de la carte politique de l'Europe, et, ce faisant, la Pologne n'était évidemment pas oubliée : dans ces conditions, était-il dit dans la note, l'empire de Charlemagne serait effectivement rétabli, mais agrandi et renforcé par ce que l'on avait appris en dix siècles[22]... »

Depuis l'époque de Schilder, ce rapport passe d'un ouvrage historique russe à l'autre comme une preuve de la perfidie de Napoléon, et du fait qu'il fut le premier à préparer la guerre contre la Russie. Une référence à ce rapport s'est retrouvée en particulier dans le volumineux recueil de documents intitulé *La Politique étrangère de la Russie au XIXᵉ et au début du XXᵉ siècle*. Les compilateurs de ce recueil n'ont pas publié, il est vrai, le texte du rapport lui-même : ils se sont contentés d'en résumer brièvement le contenu en se référant au livre de Schilder, et ils ont fait preuve en l'occurrence d'une circonspection qui n'était sans doute pas superflue.

Le texte même du rapport ne laisse déjà pas d'étonner. Le ministre des Affaires étrangères n'avait pas du tout la réputation d'un faucon, mais, au contraire, celle d'un partisan du maintien de bonnes relations avec la Russie. Il fut limogé le 16 avril 1811 lorsque Napoléon mit le cap sur une confrontation avec l'empire d'Alexandre, et ce, justement parce que le ministre se conformait trop strictement aux principes de Tilsit. Il fut remplacé par Maret, duc de Bassano, prêt à mener la politique qui convenait alors mieux à l'empereur. C'est pourquoi les propositions instantes d'entreprendre une guerre contre la Russie, émanant d'un des ministres les plus pacifistes de l'Empire napoléonien, apparaissent comme très étranges.

Tout cela ne pouvait que donner envie de vérifier l'authenticité de ce rapport, et ce, d'autant plus que ce document ne figure dans aucun recueil important de pièces publié en France concernant cette époque. Plus encore, la correspondance de Napoléon datée de mars 1810 comporte de nombreuses lettres adressées au ministre des Affaires étrangères. Rien que le 16 mars, Napoléon a envoyé à Champagny trois lettres publiées dans la *Correspondance*, mais nulle part, dans aucune de ces lettres, pas plus que dans celles des jours suivants, on ne trouve un seul mot ayant trait à un rapport du ministre et contenant des propositions politiques globales. Aucune réaction ! Voilà qui est pour le moins surprenant...

Ce mystère nous a incité à nous tourner vers les documents des Archives nationales de France afin de rechercher l'original du rapport de Champagny. En effet, si un tel rapport existe, il doit forcément figurer dans les fonds du Secrétariat d'État. Tous les rapports des ministres adressés à Napoléon étaient envoyés en deux exemplaires : l'un était conservé au Secrétariat d'État (c'est à présent l'énorme fonds AF IV des Archives nationales), l'autre était renvoyé au ministère, parfois avec des annotations de l'empereur. Et, effectivement, le fonds AF IV 1699 contient plusieurs documents importants datés de mars 1810, émanant du ministre des Affaires étrangères. Mais le rapport cité par Schilder n'y figure pas, pas plus qu'il ne se trouve dans les archives du ministère français des Affaires étrangères !

En revanche, nous savons, grâce à la publication des lettres de Nesselrode, que le scandaleux document visé a été transmis à Nesselrode à la toute fin de mars 1810 par le « cousin Henri », qui reçut en échange 3 000 francs.

Ce n'était évidemment pas beaucoup pour Talleyrand, mais, après sa destitution, il estimait qu'il ne fallait pas dédaigner fût-ce une telle somme, et ce, d'autant moins que Nesselrode écrivait dans la lettre qu'il avait besoin de 30 à 40 000 francs supplémentaires pour les dépenses extraordinaires de l'ambassade[23], autrement dit pour la rémunération des espions et, avant tout, de Talleyrand. Cette somme-là correspondait tout à fait à l'envergure du « cousin Henri ». Cela dit, si l'on considère que le rusé « cousin » était encore récemment ministre des Affaires étrangères, il ne lui coûtait rien de fabriquer un rapport et de l'attribuer à Champagny. Trois mille pièces d'argent valaient bien quelques heures de travail : aussi avait-il choisi pour ce rapport le sujet le plus délicat, et le pacifique Champagny s'était mué en faucon conseillant à celui auquel on n'avait pas coutume de donner de tels conseils de se préparer à la guerre...

Il se peut, bien entendu, que le document ait été tout simplement égaré dans les archives ; que Napoléon ait décidé de ne pas y répondre ; que Champagny ait été quelque peu éméché lorsqu'il rédigea un tel rapport... Mais tout cela est peu vraisemblable, pour ne pas dire plus, et l'on peut déclarer avec assurance que le prétendu rapport de Champagny du 16 mars 1810 est un faux fabriqué par Talleyrand, lequel ne reculait pas devant les moyens, fussent-ils les plus vils, pour toucher de l'argent et, par la même occasion, faire s'affronter la Russie et la France, ce à quoi l'on ne peut contester qu'il réussit assez bien.

La fin de 1810 fut marquée par une détérioration de plus en plus marquée des relations franco-russes. Le 5 août 1810, Napoléon signa le décret dit de Trianon, qui augmentait sensiblement les taxes sur toutes les « marchandises coloniales » (café, sucre, thé, coton, etc.). En octobre de la même année, il émit une directive d'après laquelle toutes les marchandises anglaises de contrebande devaient être immédiatement confisquées et détruites. Ces textes avaient pour but la victoire sur la Grande-Bretagne dans la guerre économique. Connaissant les problèmes qu'avait provoqués en Angleterre le blocus continental, Napoléon s'efforçait par là d'accentuer la pression sur son adversaire et de lui porter un coup décisif.

Dans sa lettre à Alexandre Ier du 23 octobre 1810, l'empereur des Français recommandait que la Russie prenne des mesures semblables en renforçant le blocus continental : « Six cents bâtiments marchands anglais qui erraient dans la Baltique ont été refusés dans le Mecklembourg, en Prusse, et se sont dirigés vers les États de Votre Majesté. Si elle les admet, la guerre [contre l'Angleterre] dure encore ; si elle les séquestre et confisque leurs chargements [...], le contrecoup qui frappera l'Angleterre sera terrible ; toutes ces marchandises sont pour le compte des Anglais. Il dépend de Votre Majesté d'avoir la paix ou de faire durer la guerre[24]. »

L'empereur envoya cette lettre à Alexandre par l'entremise de notre bon ami le colonel Tchernychev. Il reçut celui-ci à Fontainebleau deux jours avant de l'écrire. Comme toujours, Napoléon accueillit fort bien son favori et s'entretint longuement avec lui, tentant de le persuader de l'importance de l'alliance russo-française en affirmant que « *la Russie était géographiquement l'amie-née de la France* ; en le restant, elle avait l'avantage de s'agrandir et de contribuer en même temps à obtenir une paix maritime indépendante du caprice et du despotisme d'une nation qui, par les mesures prises en dernier lieu, se voyait à la veille de sa perte[25] ».

L'empereur des Français termina son discours en répétant ce qu'il disait dans sa lettre à Alexandre : il fallait confisquer les navires anglais qui voguaient sur la Baltique. Mais, en Russie, on repoussa catégoriquement les souhaits de Napoléon. Le chancelier Roumiantsev écrivit à l'ambassadeur de Russie à Paris, afin que ses propos soient évidemment transmis à Napoléon : « En ce qui concerne l'adoption de lois commerciales et d'un tarif étranger sans avoir étudié à quel point elle contribuera au bien-être de son propre peuple, Sa Majesté ne se le permettra jamais. [...] Une alliance consiste dans une communauté de principes. Cette communauté sera maintenue. Sa Majesté le promet, ce dont vous pouvez donner les assurances adéquates, elle a l'intention de démontrer sa bonne volonté en édictant des lois analogues et en prenant des mesures actives contre le commerce de la Grande-Bretagne, qui est son adversaire direct, de même qu'elle est l'adversaire de la France[26]. »

Mikhaïl Spéranski, homme d'État de grand talent de l'époque d'Alexandre, réunit une assemblée de négociants de Pétersbourg dont le comité envoya au Conseil d'État de Russie un volumineux rapport concluant à l'impossibilité, pour la Russie, d'interdire le commerce neutre. Sur la base de ce rapport, Spéranski prépara un projet de tarif douanier qui, au lieu de soutenir les mesures prises par l'empereur des Français pour lutter contre l'Angleterre, portait un coup au commerce avec la France. En dépit des exigences de Napoléon, ce nouveau tarif douanier russe simplifiait la délivrance de licences au commerce neutre et admettait en Russie les navires de tous pays, sauf s'ils naviguaient sous pavillon anglais.

On cite fréquemment ces événements d'ordre économique comme s'ils étaient pratiquement les principales causes du début de la guerre de 1812 : la Russie aurait refusé de souscrire aux exigences de Napoléon, et lui, pour la contraindre à exécuter les prescriptions du blocus continental, aurait fait marcher une énorme armée droit sur Moscou...

On ne saurait imaginer conception plus rudimentaire et simpliste de l'influence de l'économie sur la politique. Ni Napoléon ni Alexandre n'étaient semblables à ces présidents de nations contemporaines dont les affairistes du monde de la finance déterminent la politique, et où l'argent et les intérêts économiques décident de tout.

L'empereur Alexandre était tsar par la grâce de Dieu. Il souhaitait bien entendu des succès économiques pour son pays, mais ce n'était pas l'unique priorité de sa politique. Il prêtait naturellement attention à l'opinion de la haute aristocratie qui, comme on l'a déjà dit à plusieurs reprises, exportait son blé à l'étranger, principalement en Angleterre. Mais, tout en tenant compte de l'avis de ces magnats, Alexandre disposait d'une très large marge de manœuvre en politique étrangère. Pour que se produise un coup d'État comme le meurtre de Paul Ier, il fallait mettre sérieusement en colère la noblesse par tout un ensemble de mesures dirigées contre ses intérêts, comme l'avait fait l'empereur assassiné, en combinant en outre ces décisions impopulaires parmi l'élite aristocratique avec une rare irascibilité. Impossible d'imaginer que la noblesse se précipite pour étrangler le tsar au seul motif que celui-ci avait limité les exportations de chanvre ou de lard !

L'ambassadeur d'Autriche à Pétersbourg, Saint-Julien, qui, à la différence de son collègue français Caulaincourt, était très bien informé de la situation dans la capitale russe, écrivit dans un rapport à son chef, le ministre des Affaires étrangères, Metternich : « Plusieurs choses, entre autres l'affection de S. M. de n'accoster dans ses promenades journalières que les femmes de négociants, indisposent beaucoup la noblesse. Il est aussi vrai que le manque de numéraire, les impôts dont on vient de surcharger le pays, la stagnation du commerce, donnent lieu à bien des murmures dans le public ; il est vrai encore que l'amour-propre national se sent froissé par cette condescendance humiliante vis-à-vis du cabinet des Tuileries ; mais il y a loin d'un mécontentement à une conjuration, et je suis persuadé que, pour le moment, il n'y a aucun soupçon à former à cet égard[27]. »

D'ailleurs, pour ce qui est des exportations russes, Roumiantsev annonçait dans son rapport de décembre 1809 que, par suite de l'amélioration de la situation du pays en matière de relations extérieures, de la signature de la paix avec la Suède et l'Autriche, « les marchandises russes se vendaient à présent à un prix assez élevé, et presque toutes avaient été immédiatement écoulées [!][28] ». De sorte que le blé de l'aristocratie russe se vendait avec profit, que la noblesse continuait à recevoir des espèces sonnantes et trébuchantes, et qu'elle n'avait pas de raison de se soulever. Les marchands et négociants encaissaient également des profits, et même si certains étaient mécontents, on ne saurait imaginer qu'à cause d'une pétition signée par quelques dizaines d'entre eux le tsar se serait décidé à faire la guerre ! Impensable !

Et pourtant, les faits montrent qu'à la fin de 1810 le tsar avait pris définitivement sa décision.

En novembre 1810, Alexandre confia à Czartoryski une mission secrète dans le duché de Varsovie. La correspondance du prince avec Alexandre Ier évoque indirectement le but de cette mission, mais il est exposé de façon beaucoup plus précise dans un document de la plus haute importance. Il s'agit des instructions à Czartoryski intitulées « Mesures concernant les Polonais ». Ce document est conservé dans les Archives d'État de Russie avec l'inscription suivante en français : « Cette lettre ne peut être ouverte qu'avec autorisation spéciale de l'empereur. – Nesselrode, 7 février 1832. » L'historien russe Vassili Bilbassov[*] en a tiré une copie qui est conservée dans le Fonds des manuscrits de la Bibliothèque nationale de Russie.

Les instructions que donnait Alexandre à son ami sont exposées maladroitement sur le plan du style, car il ne s'agissait que d'un brouillon, mais on ne peut plus clairement pour ce qui concerne le fond :

« 1. Pendant tout le voyage, s'efforcer de les enrôler [les Polonais] ; pour ce faire :

« 2. Les inviter à déjeuner, engager avec eux des conversations sur leur situation, sur le souhait du gouvernement [russe] de l'améliorer de toutes les façons, comparer celle-ci avec la situation du duché de Varsovie, leur inspirer le rêve de la réunion de celui-ci à la Russie, éveiller en eux la méfiance envers la France et ses promesses creuses. [...]

« 7. S'il y a une possibilité de rencontrer Poniatowski, [...] engager avec lui une argumentation sur la difficulté de rétablir la Pologne par l'entremise de la France, sur la guerre cruelle qui s'ensuivrait immanquablement, et la destruction de tout le pays, et les moyens cruels que la Russie serait contrainte d'employer pour sa défense[29]. »

Ainsi, Czartoryski devait effectuer un travail de sape en Pologne et menacer Poniatowski de la ruine totale du pays s'il n'était pas tenté

---

* Vassili Bilbassov (1838-1904), historien et journaliste russe. A enseigné à l'université de Kiev, puis s'est consacré au journalisme. Rédacteur en chef du journal libéral modéré *Golos* (La Voix). (*N.d.T.*)

par « le rêve de la réunion [...] à la Russie ». Ce n'est pas par hasard qu'Alexandre, dans son brouillon gauchement rédigé, se servit à deux reprises de la même épithète : la « guerre cruelle » et les « moyens cruels ».

Il ajoutait :

« 10. Si ces raisonnements et d'autres semblables ébranlent l'opinion du prince Poniatowski et sont acceptés par lui :

11. Préparer des papiers à ce sujet et s'entendre avec lui sur des actions... »

Ces papiers étaient sans doute des garanties données au prince, couchées noir sur blanc, avec sa nomination à tel ou tel poste dans le futur royaume russo-polonais, et une gratification en argent.

Le tsar indiquait : « Si les Polonais se livrent à la Russie, leur existence n'est pas douteuse. » Il était également convaincu que si le duché se rangeait aux côtés de la Russie, la Prusse et l'Autriche s'associeraient à la coalition. Alexandre escomptait même le concours de la Bavière et du Wurtemberg ; il s'attendait à tout le moins à ce qu'ils restent neutres et considérait que, même si « ces deux derniers États ne sont d'accord que pour une totale inaction, ce sera suffisant pour mettre la France dans la position la plus dangereuse. On sait qu'il n'y a pas plus de 60 000 soldats français en Allemagne et en Hollande. *Étant attaqué par surprise*, ayant perdu ses alliés, on peut espérer que le succès [de la coalition antinapoléonienne] sera complet[30] ».

Ainsi, on ne voit pas là l'ombre d'une guerre défensive destinée à protéger les frontières russes contre un adversaire perfide : il ne s'agit ni plus ni moins que d'*une attaque par surprise contre les troupes françaises* ! Cette note ne laisse planer aucun doute sur le fait qu'Alexandre se préparait à une agression, et le ministre des Affaires étrangères estimait, même à l'époque de Nicolas Ier, que ce document était à tel point secret qu'on ne pouvait le consulter sans autorisation de l'empereur.

Le 25 décembre 1810, alors que Czartoryski avait déjà rempli sa mission secrète dans le duché, Alexandre écrivit à son ami une longue lettre qui ne faisait que confirmer les dispositions du document précédent :

« Les circonstances actuelles me paraissent bien importantes. Il me semble que c'est le moment de prouver aux Polonais que la Russie n'est pas leur ennemie, mais bien plutôt leur amie véritable et naturelle ; que, malgré qu'on leur ait fait envisager la Russie comme le seul obstacle existant à la restauration de la Pologne, il n'est pas improbable, au contraire, que ce soit elle qui la réalise. [...] Jamais le moment n'y a été plus propre ; mais, avant d'aller plus loin, je voudrais que vous me répondissiez point par point, avec le plus grand détail, aux questions que je crois devoir faire préalablement avant que de procéder à l'exécution de mon plan. »

La nature des questions posées par Alexandre découlait des instructions qu'il avait dispensées auparavant : sonder l'état d'esprit qui prévalait à présent parmi les habitants du duché de Varsovie, savoir s'ils étaient prêts à s'engager aux côtés de la Russie au cas où le tsar déclarerait le rétablissement du royaume de Pologne. Alexandre Ier s'intéressait particulièrement à l'armée : quels courants d'opinion y règnent-ils ? « quel est l'individu, parmi les militaires, qui dirige le plus l'opinion de l'armée ? »

Le tsar écrivait ensuite : « Si vous me secondez, et si les notions que vous me communiquerez sont de matière à me faire espérer une unanimité d'intention de la part des Varsoviens, surtout de l'armée, [...] dans ce cas le succès n'est pas douteux, avec l'aide de Dieu, car il repose non sur un espoir de contrebalancer les talents de Napoléon, mais uniquement sur le manque de forces où il se trouvera, joint à l'exaspération générale dans toute l'Allemagne contre lui. »

Et, pour terminer, Alexandre évoquait le rapport des forces en présence dans le cadre d'une guerre future. Selon lui, le rapport entre les effectifs serait le suivant :

« *D'une part :*
100 000 Russes
50 000 Polonais
50 000 Prussiens
30 000 Danois

Total : 230 000 hommes qui peuvent encore être renforcés tout de suite par 100 000 autres Russes.
De l'autre :
60 000 Français (on ne compte même que 46 000 hommes en Allemagne, mais j'y ajoute ce qui peut être tiré de la Hollande et de l'intérieur de la France)
30 000 Saxons
30 000 Bavarois
20 000 Wurtembergeois
15 000 Westphaliens et autres troupes allemandes

Total : 150 000 hommes. »

« Mais il est plus probable que l'exemple que donneront les Polonais sera suivi par les Allemands, et alors il ne restera que les 60 000 Français. Et si l'Autriche, moyennant des avantages qu'on lui offrira, entre de même en jeu contre la France, c'est encore 200 000 hommes de plus qu'on aura contre Napoléon[31]. »

De nombreuses hypothèses contenues dans cette lettre, et déjà présentes dans la directive précédente, montrent à quel point Alexandre se leurrait. Il était persuadé que, après tout ce qu'il avait fait à la Pologne, les Polonais s'engageraient avec enthousiasme à ses côtés, et il alignait même d'emblée dans ses estimations 50 000 soldats polonais dans les rangs de la coalition russe ! Il incluait également dans son armée multinationale, on ne sait pourquoi, les Danois, fidèles alliés de la France, sans leur demander leur avis !

En revanche, il indiquait très exactement les effectifs français aussi bien dans sa directive que dans sa lettre. Il avait entre les mains des documents de l'état-major de Napoléon, et connaissait en détail le nombre de bataillons et d'escadrons français, et le lieu de leur cantonnement. Le tsar avouait franchement que s'il se risquait à combattre l'empereur des Français, c'était parce que ce dernier « disposerait de peu de forces ».

Comme tout cela est éloigné des clichés répétés d'année en année dans les ouvrages historiques russes : « préparation du pays à la défense », « invasion imminente », « plans de conquête de Napoléon », etc. ! *Les troupes russes ne se préparaient pas à la lutte contre Napoléon parce qu'il était trop fort et que ses hordes innombrables menaçaient les frontières de la Russie, mais parce qu'il était faible !* C'est du moins ce que l'on pensait dans le proche entourage du tsar.

Et, effectivement, il découlait des informations extrêmement précises concernant les positions de l'armée française, transmises par Tchernychev et complétées depuis Berlin par l'ambassadeur de Russie, le comte Liven, que la totalité des effectifs des forces françaises en territoire allemand se montait à 41 000 hommes. Il fallait ajouter à ce chiffre les garnisons de Stettin, de Küstrin et de Glogau : « 231 officiers et 5 675 grades inférieurs, y compris les fonctionnaires, les femmes et les enfants[32] ». Comme Alexandre n'avait sans doute pas inclus les femmes et les enfants dans son calcul, il obtenait environ 5 000 soldats dans les garnisons, soit un total de 46 000, ce qui correspond exactement aux informations fournies par les agents pour novembre-décembre 1810. À ces forces, le tsar ajoutait les régiments français de Hollande, ce qui donnait 60 000 soldats et officiers.

À l'évidence, dans les derniers jours de 1810, Alexandre projetait de mener une guerre qui devait commencer par l'invasion du duché de Varsovie. Ensuite, en s'appuyant sur les forces des États allemands, principalement la Prusse, puis l'Autriche, il déploierait une offensive générale contre Napoléon, laquelle ne pouvait se conclure que d'une seule façon : l'entrée dans Paris et la déposition de l'empereur des Français. Le démembrement de son empire allait de soi.

La réponse du prince Czartoryski, si elle ne constitua pas pour Alexandre une douche froide, ne devait en tout cas pas contribuer à attiser l'ardeur guerrière du monarque russe.

Dans sa lettre du 18 (30) janvier, le prince, qui se trouvait alors dans sa propriété de Puławy, sur le territoire du duché de Varsovie, écrivait : « Quelque justes que soient les plaintes que les Polonais ont à formuler contre Napoléon, il est cependant parvenu à les tenir dans la persuasion que c'est une impossibilité absolue, non le manque de bonne volonté, qui l'a empêché de pousser plus loin l'œuvre de leur régénération [...]. Il se joint à cette persuasion un sentiment de reconnaissance pour ce que Napoléon a fait jusqu'à présent ; pour l'existence déjà acquise, dont il est le créateur, et qui, quoique précaire, si rien d'autre ne vient à sa suite, est cependant considérée comme un premier et très grand pas de fait. On doit donc s'attendre que, par obligation de gratitude et de loyauté, les gens peut-être les mieux pensants et les plus probes répugneront à tourner contre Napoléon des moyens qu'on tient de lui, et à l'abandonner dans un moment où il comptera le plus sur la coopération du duché de Varsovie. Ajoutons à cela la fraternité d'armes qui s'est établie entre les troupes françaises et polonaises, parmi lesquelles il se trouve beaucoup d'individus de tous les grades qui ont fait la guerre ensemble, l'idée que les Français sont amis des Polonais et que les Russes sont au contraire leurs ennemis acharnés, tant par politique que par animosité personnelle, idée qui est trop ancrée, trop généralement répandue pour n'avoir pas produit dans l'armée des sentiments analogues que les événements de la dernière guerre, et tous ceux qui ont eu lieu depuis, n'ont pu que renforcer encore[33]. »

On ne peut que constater que, en arrivant dans le duché, Czartoryski comprit ce qu'il ne saisissait pas jusque-là, et son analyse de la situation est absolument juste. D'ailleurs, les rapports des agents secrets russes confirmèrent tout à fait les propos de Czartoryski. Voici, par exemple, ce que déclarait le capitaine Neuhart, envoyé en janvier 1811 en mission de reconnaissance dans le duché : « À Varsovie, les troupes de même que les civils sont très dévoués à Napoléon, et l'appellent le restaurateur de la Pologne[34]. »

Czartoryski craignait aussi un peu que l'ambassadeur de France ne remarque les préparatifs guerriers des Russes et n'en fasse part à temps à sa hiérarchie. « Votre Majesté est-elle bien certaine que l'approche d'un changement de système aussi important [c'est ainsi que Czartoryski qualifiait avec tact la future guerre] ait échappé entièrement aux regards de M. de Caulaincourt ? Ayant la facilité d'être journellement avec Votre Majesté et avec les personnes qui l'entourent, étant en position, sur la scène où il se trouve, de voir sans cesse, pour ainsi dire, ce qui se passe en coulisses, il faut des précautions extrêmement habiles pour espérer lui cacher un pareil secret, d'autant plus que les préparatifs militaires et le mouvement des troupes devraient le lui indiquer[35]. »

Dans toute cette lettre, c'est la seule erreur. En effet, Czartoryski ne pouvait deviner que l'ambassadeur de Napoléon, Caulaincourt, serait assez ingénu pour ne pas remarquer des préparatifs militaires de grande ampleur. Alexandre, en l'occurrence, avait raison : Caulaincourt était aveugle.

Czartoryski écrivait enfin : « Napoléon, réveillé de la léthargie dans laquelle il paraît endormi, aura déjà eu le temps de rassembler une armée, de retirer d'Espagne la plus grande partie de ses forces, et [...] il viendra à marches forcées avec une armée qui sera alors égale à celles que les alliés pourront lui opposer. »

Ce n'était cependant pas la question qui inquiétait le plus le prince. Connaissant bien son ami, il ajoutait : « Mais, chose plus importante encore, si le plan vient à exécution, les résolutions de Votre Majesté seront-elles bien solidement assises ? Seront-elles inébranlables, tant pour l'entreprise générale que pour traiter avec bonne foi, grandeur d'âme et générosité une nation entière qui doit se dévouer à elle[36] ? »

Dans sa réponse du 31 janvier 1811, le tsar s'efforça de tranquilliser Czartoryski sur ses forces et la fermeté de ses intentions. Il énumérait à présent de façon tout à fait concrète les divisions prévues pour l'offensive ; bien plus, il laissait transpirer le secret de l'organisation du dispositif d'invasion. Les troupes russes devaient se composer de trois armées comptant au total 284 500 hommes.

S'appuyant sur des forces aussi imposantes, et également sur les Prussiens et l'armée polonaise (que le tsar considérait obstinément comme relevant de lui), Alexandre écrivait qu'il entreprendrait des actions dont la conséquence serait « une révolution morale en Europe », et qu'il pourrait avec ses troupes « atteindre l'Oder sans tirer un seul coup de feu » !

En ce qui concerne l'ambassadeur de France, le tsar précisait : « Il ne me reste plus qu'à vous parler des craintes que vous avez élevées que Caulaincourt n'ait percé le mystère dont il s'agit. L'avoir pénétré est impossible, car même le chancelier ignore entièrement notre correspondance. La question a été plus d'une fois débattue avec ce dernier, mais je n'ai pas voulu que personne sache que je m'occupe déjà de ces mesures. Quant aux apprêts militaires, *je leur ai prêté un caractère défensif* et nullement caché[37]... »

La directive d'Alexandre et ses lettres à Czartoryski sont sans doute les rares documents qui traitent sans ambages des buts des préparatifs militaires. Il ne s'agit aucunement de défense. Il n'est question d'atteindre la ligne de l'Oder que comme première tâche ! Le tsar lui-même écrit ouvertement à son ami qu'il a prêté aux préparatifs militaires « un caractère défensif » – autrement dit, que ceux-ci n'étaient défensifs que pour les non-initiés.

Répétons une fois encore que l'auteur n'a pas l'intention de présenter Napoléon comme un monarque pacifiste assailli par un terrible agresseur incarné par l'empire de Russie. Les actes de l'empereur des Français à l'égard de nombreux États européens avaient revêtu un caractère ouvertement agressif, et il est difficile de qualifier sa guerre en Espagne autrement que comme une guerre de conquête. Mais, à l'égard de la Russie, Napoléon a tout fait pour éviter un conflit armé. Certes, il discutait des tarifs douaniers, tentait d'imposer à la Russie ses règles du jeu économiques, mais les dirigeants russes ne se conformaient que de façon formelle aux exigences du blocus continental et, à la fin de 1810, avec leur nouveau tarif douanier, ils s'en étaient carrément moqués.

Il ne fait pas l'ombre d'un doute que Napoléon n'aurait jamais déclenché la guerre uniquement pour des contentieux économiques. Mais si l'on représente l'empereur des Français sous les traits d'un banquier calculateur qui ne raisonne qu'en termes de profit, il est tout à fait évident qu'il aurait été stupide de dépenser des centaines de millions à faire la guerre pour les quelques dizaines de millions que pouvait rapporter tel ou tel avantage économique conquis à la suite d'un combat risqué ! Ce n'est pas un hasard si l'empereur a dicté à son ministre des Affaires étrangères, Maret : « Il faudrait plaindre les États qui se battraient pour des intérêts partiels du commerce[38]. » Il ne pouvait admettre que la Russie renie formellement l'alliance et s'engage aux côtés de l'Angleterre ; quant au reste, il aurait été contraint de le digérer...

Alors qu'il n'avait pas encore commencé à préparer la guerre, Napoléon donna un magnifique prétexte au tsar pour justifier ses actes. Apprenant les nouvelles mesures du gouvernement russe en matière de relations économiques extérieures, l'empereur des Français décida de renforcer la lutte contre la pénétration en Europe des marchandises anglaises. Il y avait encore, au nord de l'Allemagne, quelques fissures dans le blocus continental par lesquelles s'introduisaient ces marchandises. Le 13 décembre 1810, Napoléon résolut d'annexer la ville libre de Hambourg. Comme entre celle-ci et les possessions françaises s'étendait le territoire du petit duché d'Oldenbourg, il fut décidé d'occuper également ce territoire.

Napoléon savait qu'il indisposerait ainsi sans doute Alexandre, mais il ne croyait plus trop à l'alliance et prit le parti comme bon lui semblait, proposant en outre au duc d'Oldenbourg une compensation estimable : Erfurt et les terres attenantes. Ces terres étaient, il est vrai, inférieures par leur superficie, mais elles étaient sans conteste plus fertiles et plus attrayantes...

L'annexion d'Oldenbourg provoqua une réaction indignée à Pétersbourg : les protestations, notes diplomatiques, plaintes, etc., se mirent à pleuvoir. Évidemment, on ne saurait qualifier les actes de Napoléon à l'égard du duché autrement que comme l'annexion illégitime du territoire d'autrui, mais, comme l'a très justement noté le chercheur russe Vladlen Sirotkine, « Alexandre Ier s'efforçait de gonfler la "question d'Oldenbourg" aux dimensions d'une calamité universelle[39] ».

C'est justement à cette époque que l'armée russe passa à la phase de concentration active de ses forces sur la frontière. Si, au cours de l'année 1810, les troupes se regroupaient progressivement dans les provinces occidentales et formaient des armées prêtes à déclencher des opérations militaires, à présent, non seulement les régiments russes s'avançaient jusqu'aux frontières mêmes, mais, ce qui est également important, ordres étaient donnés de transférer des forces du théâtre d'opérations moldave vers l'ouest.

Des ordres de concentration des principales forces de l'armée russe vers les frontières occidentales furent donnés les 21 et 22 janvier (2-3 février) 1811. Parallèlement, cinq divisions de l'armée de Moldavie furent dépêchées vers le nord en direction des frontières occidentales de l'Empire. C'étaient les 9e, 11e, 12e, 15e et 18e divisions d'infanterie. Ainsi, la 9e division quitta Bucarest, la 11e Focşani et Brailov, la 12e Jassy, la 15e Izmail, la 18e Hotin et Stefanesti... Auparavant, la 17e division avait déjà quitté la Finlande en direction de l'ouest.

Pour comprendre le sérieux d'un tel transfèrement, il convient de se souvenir qu'au début de 1811 la Russie disposait au total de vingt-sept divisions d'infanterie* (sans compter la Garde et la division de grenadiers réunis formée le 23 mars 1811), dont neuf servant contre les Turcs.

Ainsi, au début de 1811, plus de la moitié des grandes unités d'infanterie avaient été retirées du « front » du Danube ! Et cela, alors que la guerre contre la Turquie se poursuivait. Et il ne se trouvait pas un seul militaire ou homme politique en Russie qui, au vu de la situation générale, n'aurait appelé à en finir au plus vite avec la guerre contre l'Empire ottoman !

Outre le mouvement du sud à l'ouest, on rassemblait des troupes venues du plus profond de l'Empire et du nord. Ainsi, les régiments d'infanterie** de Revel, Pernov et Libav arrivèrent de Vyborg, le régi-

---

* À la fin de 1810, il existait en Russie vingt-cinq divisions d'infanterie, numérotées de 2 à 26. Avec, en plus, la 1re division, celle de la Garde. En mars et avril 1811 furent formées la 1re et la 2e division de grenadiers. Dans le même temps, la 2e division d'infanterie fut dissoute, et ses unités incorporées à d'autres grandes unités. Enfin, une division d'infanterie fut constituée à Orenbourg, mais elle sera dissoute plus tard et son numéro, 27, attribué à une autre grande unité qui sera créée en octobre 1811 à Moscou. Ainsi, selon l'état d'avril 1811, il y avait, en dehors de la Garde, la 1re et la 2e division de grenadiers, vingt-cinq divisions d'infanterie numérotées de 3 à 27, et une division de grenadiers réunis.

** Strictement parlant, ils s'appelaient encore « de mousquetaires », bien que l'infanterie n'ait plus été armée de mousquets depuis bien longtemps. Cette appellation caduque sera supprimée en 1811, et les régiments s'appelleront désormais « d'infanterie ».

ment d'Ekatérinbourg de Voronej, le régiment de Sélenguine de Chadrinsk, et le 18ᵉ régiment de chasseurs de Perm !

Au printemps 1811, il y avait déjà sur les frontières occidentales dix-sept divisions d'infanterie (y compris deux divisions de grenadiers et de grenadiers réunis) ! Il ne restait que quatre divisions contre les Turcs. Trois autres divisions se trouvaient en Finlande, deux en Géorgie, une en Crimée et une à Orenbourg.

La cavalerie se regroupa à la suite de l'infanterie. Sur les neuf divisions de cavalerie* existant à l'époque, six étaient concentrées sur les frontières occidentales. Enfin, des masses de cosaques firent route en mars depuis le sud en direction de Brest-Litovsk : dix régiments de cosaques furent prélevés sur les effectifs de l'armée de Moldavie, et deux sur la ligne du Caucase où ils étaient affectés à la défense de la frontière contre les montagnards belliqueux.

Ainsi, pratiquement toutes les forces de l'empire de Russie, en dehors d'un minimum de troupes combattant les Turcs et les Perses, ainsi que les garnisons et détachements indispensables à la défense des frontières au sud, à l'est et au nord, étaient concentrées sur la frontière occidentale. Impossible d'expliquer une telle répartition par les nécessités de la défense, comme on l'a déjà noté à maintes reprises, car les grandes unités de troupes françaises les plus proches se trouvaient à plus de 1 000 kilomètres de la frontière russe, et leurs effectifs étaient tels qu'elles ne représentaient pas la moindre menace pour le sol russe.

Parallèlement, au début de 1811, les premiers plans d'opérations furent soumis à Alexandre. Le plus détaillé et le plus achevé était celui du général Bennigsen, présenté au tsar en février 1811. Il proposait une invasion du duché de Varsovie et l'écrasement de l'armée polonaise. Bennigsen notait : « Le plus utile serait de prendre possession de Varsovie (dont la perte frapperait et désarmerait une partie des Polonais qui ne sont pas disposés favorablement envers la Russie). » Le général écrivait ensuite : « Notre armée, ayant consommé le destin des troupes polonaises qui nous auraient retenus quelque temps, avancerait vers les frontières de Silésie. » Dans l'idée de Bennigsen, ne serait-ce que par là, « on pourrait, par une seule guerre offensive, incliner le roi de Prusse de notre côté [...] ; ajoutons à cela que, demeurant en position défensive, nous permettrions aux Polonais d'accroître leurs troupes, alors que par des actions offensives, si nous ne parvenons pas à détruire ou disperser l'armée polonaise, nous la réduirons au moins considérablement en la désarmant au moins en partie ».

---

* Au début de 1811, il y avait sept divisions de cavalerie légère et deux divisions de cuirassiers.

Le général comprenait parfaitement que la guerre n'avait absolument pas pour but de se prémunir contre une invasion par Napoléon. Il écrivait : « *Le pouvoir de Napoléon n'a jamais été moins dangereux pour la Russie [!] qu'au moment où il mène cette malheureuse guerre en Espagne*, et est préoccupé par la défense d'une grande étendue de côtes, ce à quoi il est nécessaire d'employer des armées puissantes[40]. »

Un autre document envoyé à Alexandre Ier est rédigé sur un ton tout aussi dépourvu d'ambiguïté. C'est le « Mémoire politique » d'un de ses conseillers, un certain d'Allonville. Il y est dit carrément qu'il était nécessaire « de prendre l'offensive en se portant vivement sur le duché de Varsovie et, gagnant s'il est possible la Silésie, d'occuper, de concert avec la Prusse, la ligne de l'Oder pour faire déclarer les princes de l'Empire ou exciter des insurrections dans le nord de l'Allemagne. [...] 2. De dissoudre le gouvernement polonais, de dissiper [...] ses corps armés, de *dévaster impitoyablement le duché* si l'on se trouve contraint de l'évacuer. [...] 9. De ne l'attaquer qu'avec une supériorité accablante de forces et de situation ; [...] enfin, il ne faut pas perdre de vue que *l'homme qu'on a en tête joint aux forces de l'ancienne France, accrue des conquêtes de la France nouvelle et de celles du jacobinisme organisé qui fait l'essence de son gouvernement [...], il ne suffit donc pas d'élever une digue fragile contre les efforts d'une aussi redoutable puissance, il faut la détruire*[41] ».

Si on analyse ces projets et qu'on les juxtapose à ceux que proposait Alexandre à Czartoryski, il ne fait aucun doute qu'à la fin de 1810 et au début de 1811 le tsar s'était résolu à faire la guerre à Napoléon, et que cette guerre était conçue comme offensive. Dans un entretien avec l'ambassadeur d'Autriche, Saint-Julien, le 3 (15) février 1811, Alexandre lui dévoila ses plans, car il était important pour lui de savoir quelle serait la réaction de l'Autriche à une incursion des troupes russes dans le duché de Varsovie. L'ambassadeur autrichien, s'efforçant d'être le plus diplomate possible, répondit : « Le système pacifique de mon auguste souverain permet de supposer que nous nous en tiendrons à une neutralité absolue ; cependant, je vous demanderais de ne faire aucune conclusion de ce que je vous ai dit, parce que je m'exprime en mon nom personnel[42]... ! » Bien plus, Saint-Julien déclara lors de cet entretien avec Alexandre : « Sire, permettez à un homme qui n'a pas l'honneur de se trouver à votre service, mais qui éprouve un profond attachement envers vous, [...] de vous dire que vous vous préparez à commencer un terrible combat dont l'issue exercera une influence décisive sur le destin de la Russie et de l'Europe. » Saint-Julien raconte que le tsar lui saisit aussitôt la main et s'exclama : « Général, ne dites pas "je commence", parce que ce n'est pas moi qui commence[43] !... »

Mais c'était bel et bien Alexandre qui commençait. S'il avait préparé ses troupes à une menace réelle ou supposée contre la Russie, il ne lui aurait pas fallu les concentrer à proximité directe des frontières. Comme on l'a déjà noté, Alexandre savait que, à la fin de 1810 et au début de 1811, Napoléon disposait d'à peine 46 000 soldats français en territoire allemand, et encore se trouvaient-ils en majorité dans la région de Hambourg. Ces forces ne pouvaient aucunement constituer une menace pour la sécurité de l'Empire russe, avec son armée de plus d'un demi-million d'hommes. Pour créer le moindre danger pour la Russie, il aurait fallu que Napoléon transfère des troupes non seulement depuis le territoire français, mais aussi d'Italie et d'Espagne. On comprend que, en l'absence de moyens de transport modernes, une telle opération ne pouvait en aucun cas prendre moins de quatre à cinq mois. Étant donné que l'état-major russe était informé des faits et gestes du commandement français, on ne peut douter que, sitôt que les premières colonnes se seraient ébranlées, on l'aurait appris sur-le-champ à Pétersbourg. Même si l'expression « sur-le-champ » signifie ici les trois à quatre semaines nécessaires aux courriers pour faire parvenir des rapports, l'état-major russe aurait eu plus que largement le temps d'effectuer un déplacement de troupes sur les lignes de défense indispensables.

Tous ceux qui connaissent quelque peu le métier des armes savent qu'il existe, aujourd'hui comme alors, une énorme différence selon qu'une unité se trouve dans son cantonnement habituel ou sur des positions avancées. Cette dernière localisation entraîne toujours des dépenses, des complications logistiques, des difficultés supplémentaires de recrutement, etc., de sorte que personne ne retire sans nécessité des troupes de leur lieu de casernement.

En confrontant les plans politiques et militaires présentés à Alexandre, ses entretiens avec Czartoryski et Saint-Julien, il ne fait aucun doute que le tsar ne se préparait pas à la défense des frontières du pays, ce dont il n'y avait à l'époque nul besoin, mais se consacrait aux préparatifs d'une guerre offensive. Le but de cette guerre n'était pas seulement l'invasion du duché de Varsovie et son écrasement ; il est tout à fait évident qu'une telle guerre ne pouvait se dérouler impunément, que Napoléon tenterait aussitôt de défendre le duché en levant les forces nécessaires.

C'est pourquoi le but des opérations militaires n'était pas de mettre la main sur la Pologne, mais d'atteindre la ligne de l'Oder et d'attirer la Prusse dans une alliance militaire avec la Russie. Il va de soi que, dans tout cela, l'objectif n'était pas d'admirer les beaux paysages des rives de l'Oder, mais de poursuivre la guerre et d'écraser Napoléon. D'Allonville résumait parfaitement cette nécessité dans son mémoire politique déjà cité : « Il ne suffit donc pas d'élever une digue fragile contre les efforts d'une aussi redoutable puissance, il faut la détruire. »

Et, en effet, il aurait été impossible d'écraser la Pologne, d'organiser l'engagement de la Prusse contre la France sans conduire cette affaire jusqu'à son terme logique, soit la débâcle totale de l'Empire napoléonien et l'entrée dans Paris. Ainsi, si insolite que cela puisse paraître, les troupes russes concentrées dans la région de Grodno et de Wilno, de Minsk et de Brest-Litovsk ne se préparaient pas seulement à un raid sur Varsovie, mais ni plus ni moins qu'à leur entrée dans la capitale française.

Il va de soi qu'après le début de la guerre de 1812 et l'irruption des troupes françaises sur le territoire russe, tout cela fut aussitôt oublié. Pourtant, on en parlait alors sur tous les tons. L'homme politique polonais Julian Niemcewicz évoqua, dans son ouvrage écrit à l'été 1812, *Lettres de Lituanie*, l'état d'esprit des officiers de l'armée russe à la veille de la guerre : « Pendant tout l'hiver, ils ne parlaient pas de défendre les frontières, mais de poursuivre les Français au-delà de la Vistule, de l'Elbe et du Rhin, et même jusqu'à Paris[44]. »

La mission de Czartoryski sur le territoire du duché de Varsovie confirme sans conteste les plans d'Alexandre. Le tsar l'avait chargé de pourparlers avec les principales personnalités de cet État, avant tout avec le prince Poniatowski. Czartoryski, profitant de ses relations, n'eut aucun mal à mener les pourparlers nécessaires, mais il rencontra en la personne du prince Joseph Poniatowski un guerrier honnête et loyal qui avait juré fidélité à Napoléon et n'avait nulle intention de le trahir. C'était un authentique chevalier et, ayant promis à Czartoryski qu'il ne laisserait rien transparaître de leur conversation, il n'informa Napoléon ni de l'entretien lui-même, ni de son interlocuteur, mais rendit compte immédiatement du reste, de ce qui concernait les préparatifs d'invasion des troupes russes. Il y avait déjà à ce moment-là sur le bureau de l'empereur toute une pile de rapports rédigés par les Polonais l'avertissant d'une attaque en préparation contre le duché. Cependant, sachant que les Polonais étaient intéressés à un engagement frontal entre la Russie et la France, on ne se fiait pas trop à ces informations. Mais Napoléon n'avait pas encore lu de rapport semblable à celui qu'il reçut du prince :

« Sire, Votre Majesté daignera me pardonner si, au milieu des grands intérêts auxquels Elle doit Son attention, j'ose prétendre à la fixer un instant pour mettre sous Ses yeux ce que je suis parvenu à découvrir sur les projets de la Russie. Mais l'importance m'en paraît si grande et les sources où j'ai puisé ce que je viens d'avoir l'honneur de Lui exposer sont si sûres que je croirais manquer à la reconnaissance que je Lui dois si je tardais un instant à Lui en faire part. […]

« L'empereur de Russie [a] le projet de se déclarer roi de Pologne ou de placer sur ce trône quelqu'un qui lui serait entièrement dévoué. Pour se convaincre des facilités ou des obstacles que ce dessein rencontrerait dans le duché de Varsovie, des émissaires habiles sont chargés de chercher à connaître l'esprit des personnes qui ont quelque influence soit dans le civil, soit dans le militaire ; de sonder les dispositions du pays et de l'armée pour savoir si, cessant de se laisser faire illusion par des prestiges, on voudrait se jeter avec confiance et enthousiasme dans les bras de la puissance quelconque qui offrirait aux Polonais leur existence nationale, leur nom et leurs frontières primitives. [...]

« La Prusse devrait, dans ce cas, agir de tous ses moyens militaires. [...] Le roi actuel [serait] forcé de suivre le torrent ou, en cas d'opposition, déposé et remplacé dans un soulèvement général qu'on prépare par l'influence et sous les auspices de la Russie.

« Pour la première opération de ce côté, la surprise des places sur l'Oder [...].

« L'exécution de ce plan, quant au duché de Varsovie, doit être opérée par un corps d'armée considérable qui, filant successivement de plusieurs côtés, se rassemble déjà entre Kowel et Grodno, au milieu des marais et des forêts immenses de Pinsk. Ce corps, composé en grande partie de cavalerie pour agir avec la plus grande célérité, doit fondre à l'improviste sur le duché, vaincre le peu de résistance qu'on pourrait craindre de la part d'une armée disséminée sur une vaste étendue du pays et qu'on n'aurait pas le temps de réunir ; pénétrer droit dans Varsovie, y proclamer le rétablissement de la Pologne sous les auspices de la Russie, ainsi que le nouveau souverain qu'elle lui donne. [...]

« Il m'est impossible d'entrer dans le détail des moyens dont je me suis servi pour surprendre le secret de ce dessein ; mais la certitude des renseignements que j'ai obtenus est telle qu'il ne m'est point permis de douter, et que je n'hésite pas un instant à garantir à Votre Majesté, sur mon honneur, que ce que je viens de Lui exposer est effectivement le plan qui, dans ce moment, occupe la pensée de l'empereur. [...]

« J'ose espérer qu'il est superflu de parler à Votre Majesté de l'esprit qui anime l'armée, et de son dévouement pour la France et son auguste souverain. Je ne crains point pour elle les insinuations d'un parti contraire. L'honneur en garantira les officiers. [...]

« Les dispositions des habitants du duché sont bonnes, et l'attachement envers Votre Majesté, commun à tous. Je ne dois néanmoins pas Lui dissimuler que le vœu général et l'objet de tous leurs efforts étant le rétablissement de la Pologne, ce résultat, présenté par la Russie, serait un puissant moyen de séduction et d'égarement. [...]

« Voilà, Sire, l'état exact des choses. Leur urgence m'a fait passer sur toute espèce de considération pour le soumettre directement à Votre Majesté. Daignez, Sire, n'y voir que la franchise et le zèle d'un soldat[45]. »

Poniatowski envoya le même jour des rapports à son supérieur formel, le roi Frédéric-Auguste de Saxe, puis au maréchal Davout. Dans la lettre à ce dernier, il était question d'informations provenant de multiples sources vérifiées et revérifiées, de sorte qu'aucun doute ne subsistait.

Ayant écrit une fois à Napoléon, Poniatowski ne le dérangea plus, mais il submergea en revanche de ses missives le maréchal Davout et le roi Frédéric-Auguste. Dans une lettre du 25 mars 1811, il écrivit au roi de Saxe :

« De nouvelles troupes filent sans discontinuer vers nos frontières. Elles ont avec elles leur artillerie, ainsi que tous les objets nécessaires pour entrer de suite en campagne. [...] On ne saurait douter que les 160 000 hommes qu'elle a réunis à portée du duché de Varsovie ne soient destinés à y faire une invasion. Il est même facile de juger des points sur lesquels elle s'opérera quand on sait qu'il existe du côté de Kowel un corps d'environ 80 000 hommes, et qu'un autre d'égale force se trouve entre Wilno, Bialystok et Grodno.

« La grande quantité de cavalerie qui fait partie de ce corps ne laisse aucun doute sur la célérité que l'on se propose d'imprimer à ses mouvements.

« À des moyens aussi importants, dont l'effet se trouve encore augmenté par la promptitude d'exécution, [...] quelles sont les ressources que peut opposer le duché de Varsovie ?

« Des places qu'on peut à peine regarder comme formées ; dans lesquelles il n'existe ni bâtiments militaires à l'épreuve, ni aucune espèce d'approvisionnements de bouche ; qui, ne pouvant, dans cet état, être de presque aucune utilité, ne serviront qu'à affaiblir l'armée, par les garnisons qu'il faudra y laisser, et attireront probablement, par le nom imposant de places fortes, des efforts vigoureux de l'ennemi auxquels elles sont si peu en état de résister[46]. »

Napoléon avait reçu la lettre de Poniatowski dans les premiers jours de mars et y répondit par les premières consignes d'envoyer des renforts en Allemagne. Cependant, l'empereur ne se fia apparemment pas totalement au prince Poniatowski et à ses agents diplomatiques qui divulguaient à peu près la même chose que lui. Les mesures que prit Napoléon en mars 1811 préparaient sans aucun doute les troupes à une possible confrontation avec les Russes, mais ce n'étaient toutefois pas là des préparatifs destinés à une grande guerre.

Le 3 mars, l'empereur fit savoir au commandant en chef des troupes françaises en Allemagne, le maréchal Davout, qu'il souhaitait renforcer la garnison de Dantzig et la porter à 9 000 hommes. Le 13 mars, Napoléon écrivit au même destinataire qu'il voulait disposer d'une solide forteresse et d'un point d'appui sur l'Elbe. Enfin, le 24, toujours dans une lettre à Davout, Napoléon recommanda à celui-ci de veiller à ce que Poniatowski forme une garde nationale en Pologne.

L'empereur écrivait dans cette même missive : « Rien ne porte à penser que les Russes veuillent se mettre avec les Anglais et me faire la guerre ; ils sont trop occupés du côté des Turcs ; mais j'ai lieu de croire que, lorsqu'ils auront fini avec les Turcs et que leur armée sera de retour et en force sur les frontières de la Pologne, ils pourront devenir plus exigeants ; et il ne sera plus temps alors de faire des mouvements qui les décideraient à brusquer une invasion sur Varsovie. Il faut donc que tous les mouvements que j'ai à faire soient faits dans le courant d'avril ; cela fait, il est probable que nous nous expliquerons et que nous gagnerons du temps de part et d'autre. Mais alors je me trouverai dans une position offensive : Dantzig bien approvisionné, bien armé, ayant une garnison suffisante ; vous, ayant presque deux divisions sur Stettin de manière qu'au moindre mouvement qu'ils feraient, je serais aussitôt qu'eux sur la Vistule. [...] À moins que les Russes ne m'attaquent, je ne compte pas faire d'autres mouvements cette année ; mais je veux me mettre en état[47]. »

En analysant les lettres de l'empereur, on peut affirmer qu'à ce moment-là il se préparait au mieux à une guerre défensive. Les effectifs des troupes françaises en territoire allemand étaient accrus. Dantzig se renforçait, on créait des dépôts sur l'Elbe, mais on était très loin de préparer contre la Russie une guerre offensive à grande échelle et, à plus forte raison, une invasion. Selon les données de Tchernychev, après les mesures prises au printemps par Napoléon pour grossir les troupes sur le sol de l'Allemagne, d'après l'état en date du 7 mai 1811, il y avait là 72 500 militaires français et soldats des contingents des États allemands alliés inclus dans les grandes unités françaises. Avec cela, 300 000 soldats et officiers français se trouvaient en Espagne et au Portugal, et près de 350 000 étaient dispersés le long des côtes de l'immense empire, occupaient des garnisons en France, en Italie, en Hollande, étaient présents dans les dépôts des régiments, etc. Ainsi, 11 % seulement des effectifs français étaient disséminés sur le territoire de l'Allemagne et pourraient potentiellement participer aux combats pour défendre, en cas de nécessité, le duché de Varsovie. On a du mal à imaginer qu'une telle répartition des forces témoigne de préparatifs en vue d'une offensive contre la Russie.

Ainsi, à l'évidence, Alexandre avait de l'avance sur son adversaire. C'est lui qui avait été le premier à regrouper une armée aux frontières et à l'affecter à un projet d'invasion.

Expliquant sa position au roi de Wurtemberg, Napoléon écrivit le 2 avril 1811 : « J'espère et je crois, comme Votre Majesté, que la Russie ne fera pas la guerre. Cependant, […] elle crée quinze nouveaux régiments ; les divisions de Finlande et de Sibérie sont en marche pour les frontières du grand-duché. Ce ne sont pas les paroles, mais les faits qui révèlent les intentions des gouvernements. Pourquoi retirer des divisions qui sont utiles à la Russie dans sa guerre contre les Turcs ? Pourquoi créer de nouveaux régiments dans un moment de pénurie où l'on n'a pas d'argent, où l'on a une grande guerre sur les bras, et où l'on ne peut subvenir aux dépenses qu'avec du papier-monnaie[48] ? »

Au moment où Napoléon écrivait cette lettre, dans le duché de Varsovie on se préparait avec fièvre à une invasion imminente et qui semblait à tous inévitable. Le 4 avril 1811, Poniatowski prit en urgence la route de Paris afin d'informer personnellement l'empereur du cours des événements. En chemin, il s'arrêta à Dresde, où il apprit au roi de Saxe ce qui se tramait aux frontières, puis il fonça en malle-poste vers la capitale française.

En son absence, le 27 avril arriva une dépêche du roi de Saxe ordonnant de préparer sur-le-champ tout le pays à la défense : « Évacuer de Varsovie à Dantzig toute la partie matérielle de l'artillerie qui ne prendra pas part à la défense du pays. Faire provision de munitions, de biscuit, de fourrage dans les fortifications de l'arrière entre la Vistule et l'Oder. Rappeler les dépôts et réunir les troupes de Pultusk jusqu'à Varsovie ; faire revenir tous les militaires de permission. Accélérer les achats de chevaux et user pour ce faire de réquisitions. […] Les hôpitaux doivent être immédiatement évacués vers Kalisz[49]. » Il était même ordonné de faire exploser les remparts de Zamošč, étant donné que cette forteresse ne pourrait résister à un siège sérieux. « Cette dernière recommandation prouve combien on jugeait le péril imminent, écrivit Louis Bignon, représentant de la France dans le duché. Je crus toutefois devoir réclamer contre cette destruction. […] Ma réclamation fut accueillie[50]. »

À Varsovie, tout le monde était en pleine agitation. On s'attendait d'un jour à l'autre à l'apparition des cosaques russes, à des pogroms, à des incendies et à l'anéantissement du duché. On emballait les archives et on les mettait en lieu sûr dans des forteresses, on évacuait les militaires malades, on transférait l'artillerie lourde dans les bastions de Modlin et de Torn.

L'état-major russe était parfaitement au courant de ce qui se passait à Varsovie. Voici ce que rapporta au ministre de la Guerre l'ambassadeur de Russie, le comte Liven, depuis Berlin : « Le gouvernement polonais craint une invasion soudaine des Russes. Ils considèrent qu'ils ne pourront résister à l'adversaire sans l'aide de la France[51]. » Un agent secret indiquait : « Chacun supposait que les

Russes entreraient dans Varsovie sous quelques jours. Praga était à nouveau renforcée, on y avait disposé des batteries en hauteur, 800 hommes y travaillaient, et Modlin était encore renforcé. [...] Les plus beaux tableaux de la demeure du prince Poniatowski ont été en outre envoyés à Kalisz, et [...] le Conseil et tous les ministres sont prêts à partir pour Kalisz. Les cadets doivent également y partir[52]. » Et le colonel Turski, chef des services secrets russes à Bialystok, parlait ainsi de l'état des troupes du duché : « Leur armée est constituée de 60 000 hommes armés, équipés de tout le nécessaire, aguerris dans les combats, ne rêvant de rien d'autre que de conquérir leur droit à l'existence et le droit à porter leur nom [de Polonais][53]. »

Dès son arrivée à Paris, le 24 avril 1811, le prince Joseph Poniatowski fut reçu par l'empereur au château de Saint-Cloud, où eut lieu entre Napoléon et lui un entretien prolongé et détaillé. Nous ne savons pas ce qu'a dit précisément Poniatowski, mais il est évident que son discours fut passionné et convaincant. Si, avant cette conversation, Napoléon doutait beaucoup de la véracité des rapports en provenance du duché, à présent il en était persuadé.

Ce même jour, l'empereur donna l'ordre à son frère Jérôme, roi de Westphalie, de former un « petit corps d'armée ». Le nouveau ministre des Affaires étrangères, Maret, duc de Bassano, reçut instruction d'envoyer en Prusse des agents secrets chargés d'apprendre ce qui se passait entre Berlin et l'Elbe, ainsi qu'à Kœnigsberg.

À ce propos, des changements de personnel étaient intervenus au ministère en raison de la nouvelle orientation de la politique étrangère de la France. Le ministre des Affaires étrangères, Champagny, avait été destitué le 16 avril 1811, et Maret, déjà mentionné, nommé à ce poste. Champagny écrivit dans ses mémoires qu'il avait été limogé parce que l'empereur avait décidé de se préparer désormais à la guerre contre la Russie, et qu'il était opposé à une telle orientation. Il est difficile de dire à quel point cela correspond à la vérité, mais il est avéré que c'est à ce moment-là que se produisit un tournant radical dans la politique de Napoléon. Après avoir reçu les rapports en provenance du duché, et définitivement après son entretien avec Poniatowski, l'empereur prit la décision de se lancer dans des préparatifs militaires on ne peut plus sérieux.

Dans le même temps, notre vieille connaissance Armand de Caulaincourt fut rappelé de Pétersbourg, où il fut remplacé en qualité d'ambassadeur par l'aide de camp de l'empereur, le général Jacques-Alexandre Law de Lauriston. Ancien condisciple de Napoléon à l'École militaire, ce n'était pas seulement un valeureux soldat, mais aussi un assez bon diplomate. Napoléon espérait que Lauriston saurait se montrer plus clairvoyant et meilleur observateur que son prédécesseur.

Il est évident que Caulaincourt ne convenait pas à la nouvelle orientation. Non seulement il était sous l'influence d'Alexandre Ier, mais, surtout, il était passé complètement à côté des préparatifs militaires de la Russie. Il était bien le seul à n'avoir rien vu ni en 1810, ni au début de 1811. Il va de soi qu'un tel ambassadeur ne pouvait plus désormais jouir de la confiance de Napoléon. En ce qui le concernait personnellement, Napoléon conservait un immense respect à l'égard du général de division Armand de Caulaincourt. Il le considérait comme un homme profondément honnête et droit, ce que Caulaincourt était en effet, et il souhaitait l'avoir dans sa suite (pendant la guerre de 1812, Caulaincourt gérera en qualité de grand écuyer les chevaux et les étapes de campagne du quartier général de l'empereur).

Caulaincourt arriva à Paris le 5 juin au matin. La capitale arborait alors un air de fête. Un peu plus de deux mois avant le retour de l'ambassadeur s'était produit un événement important : le 20 mars 1811, ainsi que l'avait espéré l'empereur, Marie-Louise lui avait offert un héritier. À présent, à l'occasion du baptême du garçonnet qui, pour beaucoup de Français – et pas seulement de Français –, incarnait un espoir de stabilité et de tranquillité, Paris se préparait à la fête. Caulaincourt traversa sans s'arrêter la ville et se rendit immédiatement au château de Saint-Cloud. L'ancien ambassadeur fut reçu sans attendre par l'empereur. C'était aux alentours de 11 heures du matin, et Napoléon venait de finir un déjeuner pris de bonne heure.

Alors commença un entretien qui ne dura pas moins de sept heures ! Malheureusement, Caulaincourt n'en a rédigé le *verbatim* qu'après la guerre de 1812, et l'on peut y trouver de nombreuses idées apparues sans aucun doute *a posteriori*. Cependant, la plus grande partie de l'entretien a été apparemment transmise avec exactitude et nous savons assez bien ce qui s'est dit dans le cabinet de travail de l'empereur à Saint-Cloud, ce 5 juin 1811. Cette conversation avec Caulaincourt revêt une importance primordiale pour le sujet du présent ouvrage. Écoutons donc ce dont a parlé l'empereur avec son ambassadeur :

Napoléon accueillit le début du discours du général avec impatience, et il s'emporta lorsque celui-ci qualifia le plan d'attaque des Russes contre le duché de Varsovie de conte ridicule inventé par les Polonais :

« Alexandre et les Russes se paient votre tête ! Vous n'avez pas su voir ce qui se passait sous votre nez ! » s'exclama l'empereur.

En guise de réponse, l'ancien ambassadeur poursuivit son rapport et s'éleva ardemment contre les affirmations de Napoléon qui répétait que les Russes préparaient une offensive contre le duché :

« J'étais prêt à me constituer prisonnier et à porter ma tête sur le billot si les événements ne justifiaient pas [...] ce que je lui disais. »

Ces paroles, prononcées avec une fermeté et une assurance étonnantes, troublèrent quelque peu Napoléon, qui déclara :

« Ainsi, vous croyez que la Russie ne veut pas la guerre et qu'elle resterait dans l'alliance et prendrait des mesures pour soutenir le système continental si je la satisfaisais pour la Pologne ? »

Caulaincourt répondit qu'une concession sur cette question et une politique modérée seraient la garantie du maintien de la paix :

« Il faut revenir au plus près de la position qui s'était établie après Erfurt. Si vous souhaitez rétablir la Pologne, alors c'est autre chose.

– Je vous ai déjà dit que je ne voulais pas rétablir la Pologne !

– Alors je ne comprends pas à quoi Votre Majesté a sacrifié son alliance avec la Russie. »

Là-dessus, Caulaincourt se mit à démontrer avec fièvre que l'empereur lui-même donnait l'exemple de la violation du blocus continental.

« Vous êtes amoureux d'Alexandre ? demanda Napoléon avec un sourire.

– Non, je le suis de la paix », répondit avec fermeté l'ex-ambassadeur.

Selon Caulaincourt, le moment était venu où l'empereur devait faire son choix entre deux options dont chacune avait ses aspects positifs, mais excluait l'autre :

« Il vous faut choisir entre la Pologne et la Russie, car les choses ont pris une tournure telle que si vous ne voulez pas décevoir un côté, il faudra perdre l'autre.

– Et vous, que choisiriez-vous ?

– L'alliance, la prudence et la paix. »

Sur ce, Caulaincourt tint un long discours plein de dithyrambes à l'adresse d'Alexandre Ier, louant sa franchise et sa noblesse. Il parlait avec une ardeur telle que l'empereur remarqua en plaisantant à demi :

« Si les dames de Paris vous entendaient, elles raffoleraient encore plus de l'empereur Alexandre. Ce qu'on leur a raconté de ses manières et de sa galanterie à Erfurt leur a tourné la tête ! »

Mais Caulaincourt ne se rendait pas : il évoqua les bonnes intentions d'Alexandre, les forces incommensurables de la Russie, puis, revenant sur le caractère du tsar, il ajouta :

« Il est opiniâtre. Son esprit conciliant fait qu'il cède facilement sur certaines choses [...], mais il se trace en même temps un cercle qu'il ne dépassera pas. »

Napoléon s'exclama alors :

« Il a le caractère grec, il est faux ! »

Ensuite, l'empereur prononça une phrase que Caulaincourt a sans nul doute correctement retranscrite, qui révèle au mieux la réalité et ce que Napoléon ressentait à cette époque en son for intérieur :

« Alexandre est ambitieux ; *il a un but qu'il dissimule en voulant la guerre ; il la veut, vous dis-je, puisqu'il se refuse à tous les arrangements que je propose. Il a un motif secret. Vous n'avez pas pu le pénétrer ? Je vous dis qu'il a d'autres motifs que la Pologne et Oldenbourg*[54]. »

Ces paroles de l'empereur sont sans doute à la fois les plus prophétiques et les plus profondes. Il avait compris instinctivement qu'il n'était question ni de la Pologne, ni d'Oldenbourg, ni du blocus continental, mais de quelque chose d'autre. Il avait compris qu'en dépit de toutes les propositions, de toutes les options raisonnables de règlement du conflit, Alexandre recherchait, on ne sait pourquoi, la confrontation. Ce n'étaient pas les considérations rationnelles de la géopolitique ou de l'économie qui dictaient au tsar cette haine étrange et illogique. Si inimaginable que cela puisse paraître, les questions aussi bien politiques qu'économiques n'étaient que prétextes et artifices pour traduire en actes cette animosité irrationnelle.

Le grand-duc Nicolas Mikhaïlovitch, l'auteur de ce qui est sans doute une des meilleures études sur l'empereur Alexandre, écrit : « Souverain russe, ce n'est qu'à l'heure de la Guerre patriotique qu'il a donné toute la mesure de ses brillantes facultés : au cours des vingt-quatre autres années de son règne, *il a malheureusement relégué les intérêts de la Russie au second plan*[55]. »

Certes, après la Guerre patriotique au cours de laquelle les troupes napoléoniennes pénétrèrent en Russie, on se mit à trouver naturel que le tsar éprouve de l'hostilité envers Napoléon. Mais, en 1811, Napoléon n'était pas encore entré en Russie, et n'avait même nulle intention de lui faire la guerre, du moins avant d'avoir reçu des preuves convaincantes qu'Alexandre préparait contre lui une guerre de grande ampleur.

Très souvent les historiens, citant des extraits de la conversation de Napoléon avec Caulaincourt, mettent l'accent sur diverses notations prophétiques de l'ex-ambassadeur de France concernant les immenses espaces de la Russie, ses forces armées, son climat rigoureux... Nous ne pouvons vérifier ce qui fut dit alors et ce qui a été écrit plus tard, mais, habituellement, de telles « prophéties » sont faites *a posteriori*. Si l'on peut citer à coup sûr quelque chose qui fut dit alors, ce sont justement les paroles que Caulaincourt a transcrites en dépit du fait qu'elles aient été contredites par les événements ultérieurs. C'est à ces paroles que nous faisons le plus confiance. Il est également possible que l'ambassadeur se soit bien souvenu de la conclusion de la conversation, en raison de sa tournure affective.

« La guerre et la paix sont entre vos mains, Sire, s'exclama Caulaincourt. Je supplie donc Votre Majesté de réfléchir pour son propre bonheur et pour celui de la France qu'elle va choisir entre les inconvénients de l'une et les avantages bien certains de l'autre.

– Vous parlez comme un Russe ! riposta l'empereur.

– Plutôt comme un bon Français, comme un fidèle serviteur de Votre Majesté[56]. »

Caulaincourt était un honnête homme, Napoléon le savait et l'appréciait. Les conclusions de l'ex-ambassadeur avaient été formulées avec tant de passion et d'énergie, avec une telle foi dans leur pertinence, que l'empereur se prit à douter. Peut-être toutes les informations qu'on lui communiquait sur une offensive de l'armée russe en préparation n'étaient-elles rien d'autre que le fruit de l'imagination de Polonais exaltés, intéressés à déclencher un conflit, et l'œuvre de ces petits agents qui forgent des fables afin de pouvoir être payés, d'avoir quelque chose à monnayer ?

Le lendemain de sa conversation avec Caulaincourt, le 6 juin 1811, l'empereur donna plusieurs ordres annulant les instructions précédentes sur le début de préparatifs guerriers. Il fut ainsi enjoint au ministre de la Guerre de faire revenir dans les dépôts le personnel d'encadrement des bataillons nouvellement formés, dirigés vers l'armée d'Allemagne ; l'ordre selon lequel les détachements envoyés en renfort de l'armée d'Espagne devaient être redéployés vers l'Allemagne fut également rapporté, etc.

On ne peut évidemment pas dire que ces instructions mirent fin à tous les préparatifs guerriers, mais ceux-ci se relâchèrent en quelque sorte. Dans son discours prononcé le 16 juillet pour l'ouverture des travaux du Corps législatif, Napoléon déclara publiquement : « Les Anglais mettent en jeu toutes les passions. Tantôt ils supposent à la France tous les projets qui peuvent alarmer les autres puissances, [...] tantôt ils font appel à l'amour-propre des nations pour exciter leur jalousie. [...] C'est la guerre sur toutes les parties du continent qui peut seule assurer leur prospérité. Je ne veux rien qui ne soit dans les traités que j'ai conclus. Je ne sacrifierai jamais le sang de mes peuples pour des intérêts qui ne sont pas immédiatement ceux de mon empire [allusion transparente à une guerre pour la restauration de la Pologne]. Je me flatte que la paix du continent ne sera pas troublée[57]. »

De fait, en juin 1811, la conjoncture politique et militaire semble avoir changé. Toutes les sources dont disposait l'empereur des Français notaient une réduction de l'activité militaire en territoire russe. Une telle situation résultait du changement d'intentions d'Alexandre. Les informations reçues par le tsar en provenance du duché de Varsovie n'étaient pas rassurantes pour lui. Le plan d'attaque reposait sur deux positions de principe : la première supposait que les Polonais et l'armée du duché passeraient pour une part du côté de la Russie et demeureraient pour une autre part passifs ; la deuxième était que l'invasion devrait être soudaine, prenant le duché à l'improviste et écrasant instantanément ceux qui, peu nombreux, supposait-on, opposeraient de la résistance.

Mais l'affaire tourna tout à fait autrement. Le prince Poniatowski refusa catégoriquement de devenir un traître et la petite armée du duché décida de se battre jusqu'au bout au nom de la Pologne et de Napoléon. Enfin, les mesures immédiates prises par le commandement polonais firent que l'armée se trouva en état d'alerte. En cas de guerre, une partie d'entre elle pouvait s'enfermer dans les forteresses en attendant des renforts, une autre partie échapper à l'attaque et utiliser toutes les possibilités pour battre en retraite et faire sa jonction avec les troupes saxonnes et françaises.

Une telle évolution des événements ne faisait absolument pas l'affaire d'Alexandre. En revanche, une autre perspective était apparue, et c'était elle que le tsar allait commencer à étudier à compter du début de l'été 1811. Il devenait évident que, à la concentration de troupes russes à la frontière, Napoléon avait répliqué en entamant des préparatifs militaires on ne peut plus imposants – ce qu'avait aussitôt appris le commandement russe, et pas seulement lui. Les troupes se déplaçaient alors lentement, et l'information, même si elle ignorait la vitesse actuelle, circulait beaucoup plus rapidement que les colonnes d'infanterie et les lourds convois d'artillerie. C'est pourquoi toute l'Europe fut bientôt au courant des préparatifs de l'empereur des Français. De l'avis général, la guerre allait bientôt éclater. La roue du destin avait commencé de tourner et, désormais, il aurait fallu, pour l'arrêter, de sérieux efforts politiques et de la bonne volonté des deux côtés...

Dans cette conjoncture, alors que les préparatifs de la guerre avaient également débuté en France, Alexandre comprit qu'il disposait d'une option assez avantageuse dans le dispositif opérationnel, à savoir : attirer l'ennemi sur son territoire et, dans un premier temps, mener une guerre défensive en vue de le « fatiguer ». On n'avait aucune peine à comprendre qu'une fois qu'il aurait commencé à se préparer pour de bon à la guerre, Napoléon aurait du mal à s'arrêter. À présent, tous les officiers russes et polonais parlaient de la guerre. Les premiers se vantaient d'être bientôt à Varsovie et à Paris, les seconds menaçaient de flanquer une bonne rossée aux « moscals[*] » et de restaurer la grande Pologne « d'une mer à l'autre ». Cette situation rendait inévitables les provocations de part et d'autre, l'aggravation du conflit, donc de nouveaux pré-

---

[*] Surnom donné aux Russes par les Polonais et les Ukrainiens.

paratifs de Napoléon et, par suite, une nouvelle spirale de la tension. Autrement dit, la confrontation était devenue pratiquement inévitable.

On peut dire qu'Alexandre avait atteint son objectif. À présent, on pouvait difficilement s'attendre à ce que la Russie et la France se réconcilient, et à plus forte raison à ce qu'une alliance non plus formelle, mais réelle, se maintienne. En bientôt dix ans d'activité dans l'arène de la politique étrangère, le jeune tsar avait apuré son complexe pathologique. La Russie et la France, dont les intérêts ne s'opposaient sérieusement en rien, mais qui réunissaient au contraire toutes les conditions d'une coopération étroite sur le plan international, étaient devenues ennemies, même si le mot n'était pas encore ouvertement prononcé.

Alexandre, doué d'un sens politique très aiguisé, comprit que, dans cette situation, il serait très avantageux de se présenter devant la Russie et l'Europe comme un agneau innocent, de montrer à tous qu'il avait toujours agi comme un allié fidèle et un monarque pacifique qui devenait la victime d'une injuste agression de la part d'un insatiable despote.

En cas de guerre offensive, ses premières défaites provoqueraient une explosion d'indignation. Dans le cas d'un caractère défensif des opérations, on pourrait s'assurer d'un soutien bien plus large de l'opinion, laquelle pourrait pardonner plus facilement quelques revers. L'immensité de l'Empire russe devenait, dans ce cas, non pas un obstacle (pour la mobilisation des forces), mais un facteur favorable permettant d'anéantir les efforts de l'ennemi.

Soulignons qu'il s'agissait seulement là de la première phase d'une guerre dont le but final n'était pas la défense de la Russie, mais le renversement de l'Empire napoléonien et, par conséquent, une traversée de l'Europe et l'entrée dans Paris. Si le conflit débutait sous la forme d'une guerre défensive, son dénouement ne serait que repoussé.

Ludwig von Wolzohen, un Allemand au service de la Russie, futur général et, à l'époque, aide de camp du tsar avec le grade de lieutenant-colonel, relata dans ses souvenirs très authentiques : « Le 21 février 1811, j'ai été brusquement convoqué pour le 26 à la résidence impériale de l'île Kamennoï. J'ai été reçu par l'empereur en personne dans son cabinet. Il était d'humeur grave, et il m'a déclaré qu'il prévoyait sûrement une guerre avec Napoléon. Il avait longtemps hésité et tout fait pour éviter d'en arriver là. [...] Il n'ignorait pas [...] combien les Russes et une grande partie de l'Europe lui tenaient rigueur de la mansuétude dont il avait fait preuve à l'égard de l'empereur des Français ; mais il avait estimé jusqu'ici de son devoir de n'exposer le bien-être de son peuple, l'honneur de sa dynastie et le sort du monde aux hasards de la guerre que dans les cas extrêmes. Ce cas extrême semblait maintenant approcher. L'attente et l'immobilisme n'étaient plus compatibles avec l'honneur politique. Au cas où Napoléon ne changerait pas immédiatement de registre, il mettrait tout en œuvre et ferait la guerre afin d'organiser soigneusement une guerre défensive[58]… »

Hormis l'inévitable préambule sur les efforts qu'avait déployés le tsar pour le bien de son peuple, les paroles d'Alexandre reflètent très exactement ce qu'il en était. Effectivement, il avait décidé que « l'attente et l'immobilisme n'étaient plus compatibles avec l'honneur politique », autrement dit que la guerre était indispensable. Cette guerre devait être menée à sa fin logique : la chute de Napoléon et de son empire. Enfin, dans la conjoncture présente, était à l'ordre du jour une guerre qui devait prendre pour commencer l'aspect d'opérations défensives.

Alexandre s'entoura alors de toute une série de gens venus en Russie, comme le dira plus tard le poète, « à la chasse au bonheur et aux grades[*] ». Se détachait parmi eux un Corse d'Ajaccio, Pozzo di Borgo, dont le clan était historiquement ennemi du clan Bonaparte ; des émigrés français pleins de haine pour la France nouvelle, d'Allonville et Vernègues ; le nationaliste allemand Stein, ennemi juré de Napoléon ; l'Italien Sierra-Capriola, agent diplomatique de la réaction monarchiste et cléricale, et un intrigant connu, le Suédois Armfelt. Tout le mérite de ces gens ne tenait ni dans leurs connaissances, ni dans leurs bienfaits envers la Russie, ni dans leurs talents, mais seulement dans la haine virulente qu'ils vouaient à Napoléon. Ils ne se souciaient aucunement des souffrances que devrait endurer le peuple russe en cas de guerre, ni des milliers de victimes. Ils n'aspiraient qu'à une chose : noyer dans le sang l'empereur des Français. Ainsi, reflétant avec exactitude la nouvelle stratégie du tsar, Armfelt écrivit à cette époque qu'il espérait bien que « Napoléon tomberait dans le piège », autrement dit qu'il engagerait la guerre le premier.

Une des provocations habiles d'Alexandre fut l'affaire de la compensation concernant Oldenbourg. Dès avril 1811, Tchernychev, au cours de l'une de ses rencontres avec Napoléon, avait transmis à l'empereur les paroles de Roumiantsev : « Si l'on était parvenu à fourrer dans un même sac les affaires de la Pologne et d'Oldenbourg, à bien les mélanger, et ensuite à vider ce sac, l'alliance entre la France et la Russie aurait été plus solide. » Cette proposition, suggérée par une allusion du jeune aide de camp du tsar, s'est trouvée confirmée dans les dépêches envoyées par le nouvel ambassadeur de France en Russie, le général Lauriston, en juin et juillet 1811.

---

* Mikhaïl Lermontov, *La Mort du poète*. (*N.d.T.*)

Déjà, dans sa conversation avec Tchernychev, Napoléon, entendant le mot « Pologne », s'était exclamé : « Non, monsieur, heureusement, nous ne sommes pas encore réduits à cette extrémité ; donner le duché de Varsovie pour l'Oldenbourg serait le comble de la démence. Quel effet produirait sur les Polonais la cession d'un pouce de leur territoire, au moment où la Russie nous menace ! Tous les jours, monsieur, on me répète de toutes parts que votre projet est d'envahir le duché. Eh bien, nous ne sommes pas encore tous morts[59] ! »

Pendant l'entretien d'avril, l'habile aide de camp se tira d'affaire en disant qu'il n'avait peut-être pas bien compris les idées de ses supérieurs, mais les dépêches expédiées durant l'été par Lauriston confirmèrent de la façon la plus évidente qu'Alexandre souhaitait précisément, en guise de compensation pour Oldenbourg, une partie du duché de Varsovie. En réponse, Napoléon dicta à son ministre des Affaires étrangères, Maret, une note détaillée qui était pratiquement une réflexion, ou une conversation avec lui-même, sur les mesures à prendre dans une telle situation : « Tout porte donc à penser que la paix pourrait être maintenue si l'on voulait céder 5 à 600 000 âmes du duché de Varsovie à l'Empire russe. [...] S'il existait dans le duché une nation à part de 5 à 600 000 âmes dont elle [Sa Majesté] eût le droit de disposer, et qu'elle pût, sans manquer à l'honneur, réunir à la Russie, cette cession serait préférable à la guerre. Mais toutes les parties du duché ont la même origine [...] et, lorsqu'il aurait perdu 5 à 600 000 habitants, sa perte totale s'ensuivrait à la première circonstance favorable. [...] La question doit donc être posée d'une autre manière. Il faut examiner s'il convient à la France d'agrandir la Russie du duché tout entier. Cet agrandissement porterait les frontières de la Russie sur l'Oder et sur les limites de la Silésie. Cette puissance que l'Europe, pendant un siècle, s'est vraiment attachée à conserver dans le Nord, et qui s'est déjà portée, par tant d'envahissements, si loin de ses bornes naturelles, deviendrait puissance du midi de l'Allemagne ; elle entrerait avec le reste de l'Europe dans des rapports que la saine politique ne peut pas permettre. [...] Sa Majesté est donc décidée à soutenir par les armes l'existence du duché de Varsovie, qui est inséparable de son intégrité[60]. »

Ainsi, tout semble limpide. La guerre inscrite à l'ordre du jour devait avoir pour but la défense du duché de Varsovie, avec une conséquence inévitable en cas de victoire de Napoléon : le rétablissement du royaume de Pologne. L'empereur considérait que l'État russe avait déjà atteint un extraordinaire degré de puissance et qu'un développement supplémentaire de cet empire conduirait à un déséquilibre absolu du rapport des forces en Europe. C'est pourquoi la guerre était inéluctable. C'est ce que pensait en particulier l'éminent historien des relations russo-françaises, Albert Vandal.

Cependant, un document des plus intéressants, qui est demeuré, on ne sait pourquoi, en dehors du champ de vision de nombreux chercheurs, apporte de sérieux correctifs à cette approche satisfaisante. Il s'agit de la lettre du prince Czartoryski à Alexandre, datée du 24 juin 1811, c'est-à-dire du moment précis où Napoléon était en train de résoudre la question de principe de ses actions ultérieures envers la Russie. « Il paraît que la France, s'obstinant à la conquête de l'Espagne, met un grand prix à préserver la paix avec la Russie », indiquait le prince à son impérial ami. Ensuite, soulignant la fermeté de la position de Napoléon à l'égard de l'intégrité du duché, Czartoryski citait ces paroles de l'empereur des Français : « Qu'un seul cosaque pénètre la frontière du duché de Varsovie, et je proclame la Pologne ! » La phrase citée correspondait presque exactement aux réflexions de Napoléon dans sa lettre dictée à Maret, mais, plus loin, le prince mentionnait une phrase de l'empereur qui présentait toute l'affaire sous un jour absolument inattendu : « *On dit que l'empereur Alexandre [...] désire devenir roi de Pologne. Si c'est de gré à gré, je ne m'y oppose pas : au contraire, j'y accéderais volontiers. Moi-même, je lui en avais déjà fait l'offre, mais alors il n'a pas voulu l'accepter. Je consentirais même que son frère [!] devienne roi de Pologne.* » Czartoryski écrivait ensuite : « *Voilà ses propres paroles. [...] L'idée que j'ai soumise à V. M. [...] d'entrer en négociation directement avec Napoléon sur le royaume de Pologne en présentant sa formation comme moyen de régler les différends, d'empêcher la guerre et de consolider la bonne harmonie entre les deux empires [...] me paraît toujours une des plus acceptables*[61]. »

Ainsi, *même à l'été 1811*, Napoléon était prêt à donner toute la Pologne au tsar de Russie à la seule condition que cela ait lieu « de gré à gré » et que le duché créé par lui ne subisse pas une débâcle avec la mort de dizaines de milliers de personnes et la répression de ceux qui avaient servi sous les drapeaux de Napoléon.

Il s'ensuit que *Napoléon ne défendait pas tant le duché que l'honneur de son empire. Il ne se refusait pas à placer toute la Pologne sous protectorat russe, mais à condition qu'il n'y ait pas de guerre avec la Russie et que cela se fasse en respectant les convenances.* Napoléon supposait à juste titre que c'était une chose que de partager avec un ennemi, fût-il très douteux, et une autre que de laisser cet ennemi mettre en pièces des hommes qui l'avaient fidèlement servi. Il va de soi que cette remise de la Pologne « de gré à gré » à Alexandre Ier aurait exigé, de la part du tsar, des concessions et des garanties en retour. En revanche, toute guerre franco-russe aurait été exclue, ne serait-ce que parce que, avec la disparition d'une

Pologne napoléonienne incarnée par le duché, les deux empires demeureraient aux deux extrémités de l'Europe.

Mais il n'y eut aucune réaction d'Alexandre aux propositions de Napoléon transmises par l'intermédiaire du prince Czartoryski. *Le tsar ne recherchait absolument pas une solution pacifique au conflit : il ne recherchait que la guerre, l'anéantissement de l'Empire napoléonien et, plus que tout, le renversement de Napoléon.* Les troupes russes continuèrent donc à se regrouper en direction des frontières.

Napoléon reçut à ce sujet de nombreux rapports de ses subordonnés, principalement de Davout qui, de son état-major de Hambourg, récoltait les informations fournies par Rapp, lequel dirigeait le réseau de renseignement depuis Dantzig.

« *On est toujours menacé d'une guerre prochaine et inévitable* », écrivait l'un des auteurs de ces rapports au maréchal Davout. « On fait dans toute la Russie les préparatifs en conséquence. L'armée de Lituanie s'augmente beaucoup. Les régiments de la Courlande, de la Finlande et des provinces les plus éloignées s'y concentrent. Quelques-uns même de l'armée de Turquie sont arrivés. [...] *L'esprit de l'armée est assez bon ; les officiers se vantent publiquement d'être bientôt à Varsovie.* »

Davout avait envoyé la lettre précédente le 3 juillet 1811 ; au bout de quelques jours seulement, le maréchal écrivit à nouveau : « Sire, j'ai l'honneur d'adresser à Votre Majesté les derniers rapports de Varsovie. Je lui enverrai ces jours-ci un tableau de la formation de l'armée russe en quatre corps d'armée, et de l'emplacement de chaque régiment, relevé d'après les différents rapports. [...] Ils doivent être très exagérés quant au nombre, puisque, d'après ce relevé, la Russie aurait, entre la Livonie et la Podolie, une armée de plus de 200 000 hommes ; mais on peut en conclure que les rassemblements sont considérables. »

Quelques jours plus tard, Davout envoya à l'empereur de nouveaux rapports de Varsovie. En voici quelques extraits.

Rapport d'Augustowo, du 27 juin 1811 :

« On disait autrefois que le rassemblement des Russes sur les frontières du duché n'était qu'une mesure de précaution occasionnée par le mouvement des troupes du duché ; maintenant, *les Russes parlent ouvertement [...] d'une prochaine invasion du duché* par trois voies : par la Prusse ; directement sur Varsovie depuis Grodno ; et par la Galicie... »

Rapport de la douane de Luszkow (sur le Bug), du 6 juillet 1811 :

« Trois officiers de la division de Doctorow [Doktourov] sont venus reconnaître la frontière formée sur le Bug. [...] *Les habitants russes et les cosaques assurent* que ces officiers sont venus choisir des emplacements pour des camps, et *que l'armée russe doit avoir ordre d'entrer dans le duché.* »

Rapport de Hrubiezow, du 27 août 1811 :

« Des lettres reçues de Russie reprennent les bruits d'une guerre prochaine. [...] On s'attend dans ces environs à l'arrivée de nouvelles troupes [russes] pour lesquelles les magasins [...] ont été préparés. »

Rapport au général Rozniecki, d'Ostrolenka, du 31 août 1811 :

« Les nouvelles de l'extrême frontière, au nord du département de Lomza, confirment ce qui a déjà été annoncé plusieurs fois, à savoir que quantité de chariots russes circulent continuellement entre la Prusse et la Russie. On ne tient plus sous le secret que ce sont des munitions de guerre[62]. »

On pouvait inférer de ces nombreux rapports que les divisions russes étaient déplacées du Danube vers les frontières du duché.

Napoléon sortit alors de ses gonds. Le 16 août 1811, il dicta à son ministre des Affaires étrangères, Maret, la note détaillée, citée plus haut, sur la situation en Europe, et la veille, jour de son anniversaire, il se livra à une sortie publique qui, pour toute l'Europe, ne laissait plus planer de doutes sur l'état des relations russo-françaises.

Par une chaude journée ensoleillée, le 15 août 1811, eut lieu, comme à l'accoutumée pour l'anniversaire de l'empereur, une réception dans la salle du trône des Tuileries. Comme toujours, la salle était pleine de hauts dignitaires, de membres du corps diplomatique, d'invités illustres. Napoléon fit sans hâte le tour des invités, engageant avec tous de brèves conversations polies, dénuées d'importance. La chaleur était telle dans la salle que les dignitaires et les généraux, couverts de sueur dans leurs lourds uniformes chamarrés, commencèrent à s'éclipser discrètement. C'est à ce moment que l'empereur s'approcha du prince Kourakine. La conversation s'ouvrit d'ailleurs sur des phrases banales concernant les opérations militaires de l'armée russe contre les Turcs. Napoléon se lança dans une sorte d'exposé sur la stratégie, puis, après avoir évoqué les échecs des troupes russes, il déclara soudain : « C'est moins le tort de vos généraux [...] que celui de votre gouvernement qui leur a ôté les forces dont elles avaient un besoin indispensable, qui a ramené cinq divisions du Danube sur le Dniepr, et *cela, pourquoi ?* » L'empereur, qui posait la question pour la forme, y répondit lui-même avec flamme : « *Pour armer contre moi qui suis votre allié [...], contre moi qui ne voulais point vous faire la guerre, et qui ne veux pas vous la faire encore aujourd'hui. [...] Et tout cela pour qui ? Pour le prince d'Oldenbourg, pour quelques contrebandiers... C'est pour de telles gens que vous vous exposez à la guerre avec moi !* Et pourtant, vous le savez bien, j'ai six cent mille hommes à vous opposer, j'en ai quatre cent mille en Espagne, je sais mon métier, jusqu'ici vous ne m'avez pas vaincu et, Dieu aidant, j'espère que vous ne me vaincrez jamais ! »

Napoléon parlait vivement, avec élan, accablant d'un flot de reproches et de menaces l'ambassadeur figé sur place. Le discours de l'empereur était si passionné qu'il en venait à se contredire parfois : « Je conviens que si j'avais su à quel point vous teniez au prince d'Oldenbourg, j'aurais procédé autrement. [...] Maintenant, comment faire ? Vous rendrai-je le territoire d'Oldenbourg tout chargé de mes douaniers, car je ne vous le rendrais pas autrement ? Vous n'en voudriez pas... En Pologne, je ne vous donnerai rien... rien[63]... »

L'empereur continua à s'épancher ainsi pendant trois bons quarts d'heure, puis il décida de terminer son discours sur un mode majeur, comme il convient dans les réceptions diplomatiques : « Expliquez-vous donc avec moi, et ne recommençons pas la guerre ! » Sur ce, il serra la main de Kourakine et lui permit enfin de s'éloigner...

Le prince, rouge de chaleur et d'émotion, parvint tant bien que mal à quitter la salle du trône, déclarant à la ronde : « Il faisait très chaud, chez l'empereur. »

Les ambassadeurs des pays européens présents à la réception, qui avaient été témoins de cette scène, décrivirent aussitôt dans les moindres détails ce qui s'était passé dans leur rapport à leur cour. Kourakine relata également l'entretien dans un rapport détaillé, et c'est par là, en fait, que le discours de Napoléon est demeuré dans l'histoire, moyennant bien entendu quelques variantes d'un document à l'autre. En dépit de sa conclusion optimiste, tout le monde considéra que la tirade adressée à Kourakine était presque une déclaration de guerre. C'était bien le cas. Dès lors, les gouvernements et les armées des deux puissances ne doutaient plus que l'état d'alerte aux frontières tournerait à la guerre...

CHAPITRE IX

Bataille diplomatique
de la Baltique à la mer Noire

La guerre était désormais une affaire réglée, mais, avant que les canons ne parlent, une grandiose bataille diplomatique s'engagea sur tout le front de la future confrontation militaire. La question était de savoir quelle serait la conduite des pays limitrophes de l'Empire russe dans le conflit à venir. Indépendamment du choix que ferait la Russie entre une guerre défensive ou offensive, le déroulement de celle-ci dépendrait pour beaucoup de la position de la Suède, de la Prusse, de l'Autriche et de la Turquie, sans parler du duché de Varsovie dont les intentions ne faisaient pas le moindre doute. Quant à la Turquie, elle était en guerre contre la Russie, mais l'affrontement entre la Russie et la France n'était pas encore pour demain et l'Empire ottoman pouvait soit faire la paix avec le tsar, soit au contraire se lancer dans la bataille avec une énergie redoublée. Il va de soi que, dans le cas de la Turquie, les choses ne dépendaient pas seulement de la conjoncture politique et des efforts des diplomates, mais aussi de l'évolution des événements sur le théâtre des opérations.

La Suède

Le camp dans lequel se retrouva la Suède en 1812 fut déterminé bien moins par la géopolitique que par un enchaînement de circonstances fortuites dignes d'un mauvais feuilleton historique. Comme on l'a déjà mentionné au chapitre VI, le roi de Suède, Gustave IV, fut renversé par un coup d'État et son oncle, le duc de Sudermanie, fut élu roi. Le pouvoir lui était presque naturellement échu par ses liens de parenté, et il avait déjà dirigé le royaume en qualité de régent du petit roi Gustave IV de 1792 à 1796. À présent, le duc, qui n'était plus très jeune, se retrouvait au pouvoir, cette fois comme roi, sous le nom de Charles XIII. Selon les conceptions actuelles, il était loin de la décrépitude, puisqu'il n'avait que soixante et un ans en 1809. Mais, à cette époque, les gens vieillissaient un peu plus vite que maintenant ; en outre, Charles XIII était en mauvaise santé, et beaucoup le jugeaient même faible d'esprit.

Comme le vieux monarque n'avait pas de fils, le Riksdag (parlement) décida d'élire un prince héritier pour assurer la continuité de la dynastie et gérer le royaume en lieu et place du monarque, peu apte à cette fonction.

Le choix tomba sur le prince Charles-Auguste de Holstein-Augustenbourg. Il fut élu en juin 1809, mais, moins d'un an après, le 28 mai 1810, alors qu'il passait les troupes en revue, le prince d'Augustenbourg tomba de cheval… et mourut sur le coup, officiellement d'une « attaque d'apoplexie ».

Le pays se retrouvait à nouveau privé de direction et il fallait derechef élire un héritier. Parmi les candidatures, en dehors du jeune frère du défunt prince, on envisageait sérieusement de confier le trône au roi de Danemark, ou, en guise de pis-aller, à son fils, afin de réunir à l'avenir les deux royaumes. Le Riksdag suédois était très désireux de complaire à Napoléon, espérant que tôt ou tard l'empereur passerait l'éponge et se souviendrait d'un allié de longue date (depuis le début du XVIIe siècle) de la France qui s'était un instant fourvoyé. C'est pourquoi la candidature du roi ou du prince de Danemark, représentant un fidèle allié de l'Empire napoléonien, semblait riche de perspectives. C'était bien le cas, mais, hélas, aux yeux de nombreux Suédois, tout ce qui était lié au Danemark était inacceptable, tant l'hostilité entre ces deux peuples scandinaves était enracinée.

Alors que le roi lui-même et les hommes politiques suédois les plus influents ne parvenaient pas à se décider, ce fut un jeune officier, Carl-Otto Mörner, qui prit l'initiative afin de mettre sur le trône suédois l'un des maréchaux de Napoléon. Il porta à Paris une lettre de Charles XIII à l'empereur des Français et réussit à rencontrer Bernadotte, le plus connu en Suède des chefs d'armée de Napoléon. En 1807, le maréchal avait combattu l'armée suédoise en Poméranie, il avait acquis la réputation d'un général compétent, et il était surtout apparu comme un vainqueur magnanime envers les prisonniers suédois.

Le jeune officier obtint sans peine l'accord de Bernadotte, puis, comme Napoléon, soucieux de ne pas influencer la décision du Riksdag, gardait le silence, d'autres parlèrent à sa place. Ceux que Mörner avait séduits parvinrent à persuader le Riksdag que Napoléon souhaitait l'élection de son maréchal, mais se taisait par modestie, et le scénario absolument inimaginable réussit. Lors de la session du Riksdag du 21 août 1810, le maréchal Bernadotte fut élu à l'unanimité prince héritier. Cette nouvelle fut un choc pour Napoléon,

mais il était déjà trop tard. L'empereur tenta de suggérer avec précaution au maréchal qu'il ne fallait peut-être pas accepter un tel
cadeau, mais Bernadotte para habilement la charge en déclarant :
« Sire, vous ne pouvez souhaiter que je me place plus haut que vous
en refusant la couronne ? » Ce à quoi Napoléon répondit avec exaltation : « Allez, nos destinées vont bientôt s'accomplir ! »

On n'a aucune peine à comprendre la réaction de l'empereur si
l'on considère que Bernadotte se distinguait parmi tous ses maréchaux non par ses talents, mais par son perpétuel mécontentement,
son opposition, son sabotage délibéré d'importantes opérations militaires. En 1802, alors qu'il était encore général de division,
Bernadotte avait été impliqué dans une conjuration au sein de
l'armée de l'Ouest* dont il assumait le commandement, conjuration
qui ne visait à rien d'autre qu'à une mutinerie et au renversement par
la force du Premier Consul. Le complot avait été découvert, de nombreux officiers s'étaient retrouvés en prison pour longtemps, mais
aucune mesure n'avait été prise à l'encontre du général conspirateur.

Quatre ans plus tard, le 14 octobre 1806, pendant la double bataille
d'Iéna et d'Auerstaedt, le corps commandé par Bernadotte se trouvait
juste entre les deux champs de bataille. Il n'était qu'à quelques kilomètres d'Auerstaedt, où le corps du maréchal Davout livrait un
combat sanglant et inégal, mais Bernadotte refusa catégoriquement de
venir en aide à son compagnon d'armes. Davout remporta une
brillante victoire, mais toute l'armée fut indignée de la conduite de
Bernadotte et, selon les dires d'un officier français, le comportement
du maréchal était à ce point honteux qu'il aurait fallu soit le traduire
devant un conseil de guerre, soit feindre qu'il ne s'était rien passé.
Malheureusement, l'empereur choisit alors cette dernière solution.

Pendant la bataille d'Eylau, le corps de Bernadotte ne vint pas non
plus à la rescousse, cette fois des forces principales de l'armée. Enfin,
en 1809, à Wagram, le maréchal ne connut pas beaucoup de réussite à
la tête du corps saxon ; en revanche, dans son adresse aux soldats de
son unité, il s'exprima quasi comme si tout le succès de l'armée française s'expliquait ce jour-là par l'incomparable valeur des Saxons...

La question se pose naturellement de savoir pourquoi Napoléon,
en 1802, au lieu de faire passer Bernadotte en jugement, et à tout le
moins de le dégrader, voire de le mettre en prison, le nomma maréchal en 1804. Pourquoi, en 1806, il le gratifia du titre ronflant de
prince de Ponte-Corvo et d'une énorme rente en argent au lieu de le
faire passer en cour martiale après sa honteuse sortie à Auerstaedt.

Pour répondre à cette question, il nous faudra descendre des hauteurs de la géopolitique à un niveau auquel les historiens préfèrent

---

* Armée cantonnée sur le territoire des départements de l'ouest de la France,
dont l'état-major était établi à Rennes.

souvent ne pas se placer, car, comme l'a dit autrefois Louis Madelin, « ils craignent de passer pour des romanciers ». Cependant, dans le cas de Bernadotte, il est impossible de ne pas dire fût-ce quelques mots de sa vie privée. Le fait est qu'en 1798 le jeune général Bernadotte s'était marié à une charmante jeune fille, Désirée Clary, fille d'un prospère négociant marseillais. Mais cette jeune fille, par une ironie du sort, n'était autre que la fiancée délaissée de Napoléon Bonaparte : celle que, deux ans auparavant, il avait quittée à cause de sa passion subite pour Joséphine de Beauharnais.

Une lettre de Désirée Clary à Napoléon, qui nous est parvenue, montre à quel point cette séparation avait été dramatique. « Un retard de lettre vous brouille sans retour avec celle que vous nommiez votre chère Eugénie [c'est ainsi que Napoléon, qui rebaptisait tout le monde à sa manière, appelait Désirée] et vous engage à vous marier à une autre ! Vous marier ? Cette idée me tue ! Je n'y puis survivre !... Je ne désire que la mort. La vie est un supplice affreux pour moi depuis que je ne puis plus vous la conserver[1]. »

Napoléon a cultivé pendant des années un sentiment de culpabilité envers Désirée et, quoi que l'on en dise parfois, l'empereur pouvait se montrer sentimental, en butte aux émotions et faiblesses humaines les plus ordinaires. Mais le sentiment de culpabilité n'était pas le seul moteur de sa conduite. En effet, la sœur de Désirée, Julie, s'était mariée au... frère de Napoléon, Joseph Bonaparte, et ainsi Bernadotte se retrouvait parent éloigné de Napoléon, « à la mode de Bretagne » certes (le mari de sa belle-sœur), mais parent tout de même.

Ces deux éléments personnels contraignaient l'empereur à fermer les yeux sur la conduite du maréchal rebelle et déloyal, lui pardonnant des sorties qu'il n'aurait tolérées de nul autre. C'est en particulier pour cela qu'il ne fit pas obstacle à l'élection de Bernadotte au rang de prince héritier, même s'il ne doutait pas que celui-ci dirigerait la politique de son nouveau pays de façon à se trouver le moins possible dans le sillage de celle de Napoléon.

Mais l'empereur espérait encore, malgré tout, que l'origine française du maréchal ainsi que les intérêts géopolitiques de la Suède ne permettraient pas à Bernadotte de pratiquer une politique ouvertement hostile à sa désormais lointaine patrie.

Il faut dire d'ailleurs que si Bernadotte avait été élu avec enthousiasme par le Riksdag, ce n'était pas seulement dû à l'activisme de quelques habiles intrigants. Les élites suédoises espéraient que la présence d'un maréchal français sur le trône garantirait que, dorénavant, l'armée suédoise serait bien commandée. Et qu'au moment où éclaterait le conflit entre la France et la Russie, dont on parlait ouvertement dans la seconde moitié de 1810, apparaîtrait une chance de récupérer la Finlande perdue, voire davantage. Le vieux roi lui-même avait déclaré à un émigré français au service de la

Suède, le général de Suremain : « « Si Napoléon venait à se brouiller avec Alexandre, quelle belle occasion pour ravoir la Finlande ! [...] Je ne pourrais plus guère monter à cheval, mais sur un vaisseau on a moins besoin de ses jambes que de sa tête. Le prince royal commanderait l'armée, moi je commanderais la flotte. Une glorieuse campagne, voilà qui finirait bien un règne ! » En prononçant ces mots, raconta Suremain, « ses yeux pétillaient, sa langue cessait d'être embarrassée, [...] il semblait enfin rajeunir[2] ».

Mais Bernadotte orienta la politique de la Suède dans une tout autre direction ; c'était évidemment dû, pour beaucoup, aux exigences de Napoléon quant à l'adhésion du royaume au système continental. Se soumettant aux prescriptions de l'empereur des Français, la Suède déclara la guerre à la Grande-Bretagne, le 17 novembre 1810 ; auparavant, sur pression d'Alexandre, elle avait même annoncé la fermeture de ses ports aux navires anglais. Mais, pour un pays dont presque toutes les grandes villes étaient situées sur la côte et dont l'économie dépendait entièrement du commerce maritime, de telles limitations étaient difficilement acceptables. Ce qui pour la Russie n'était qu'une gêne aurait été une catastrophe économique pour la Suède. Les Suédois ne se sont d'ailleurs jamais vraiment pliés aux exigences du blocus, même à un niveau comparable à celui de la Russie. Les ports suédois accueillaient non seulement des navires battant pavillon anglais, mais aussi des bateaux de guerre britanniques. En outre, les officiers anglais se promenaient sur le bord de mer en uniforme, sans essayer de dissimuler leur présence (pour ce qui est des matelots, ils portaient à l'époque une sorte de vêtement de travail qui rendait difficile leur identification à telle ou telle flotte). L'ambassadeur de Napoléon, Alquier, ancien jacobin fervent, réclama assez rudement l'application par la partie suédoise des règles du blocus, mais ses multiples remontrances n'eurent aucun effet et les relations entre la France et la Suède étaient de plus en plus tendues. Il semblait que Bernadotte n'eût rien à redire à une telle tournure des événements.

De plus, au lieu de s'orienter sur la récupération de la Finlande qui ne pouvait évidemment advenir qu'en cas de conflit franco-russe et de participation de la Suède à une lutte contre la Russie, le prince héritier songeait à une tout autre acquisition. Il décida que, pour les élites suédoises, le principal était d'accroître le territoire du pays et il visa la conquête de la Norvège, qui faisait partie à l'époque du royaume de Danemark, fidèle allié de la France.

Bernadotte soumit cette remarquable idée à l'empereur des Français par l'intermédiaire de l'ambassadeur Alquier, déjà mentionné. Il soulignait que, si Napoléon aidait à cette conquête, la Suède deviendrait pour lui un appui fiable et, en cas de guerre contre la Russie, enverrait ses troupes à la reconquête de la Finlande et menacerait même Pétersbourg.

L'idée de plumer un fidèle allié et ami provoqua chez l'empereur une explosion d'indignation : « Il y a tant d'effervescence et de décousu dans la tête du prince de Suède que je n'attache aucune espèce d'importance à la communication qu'il a faite au baron Alquier. » Plus encore, l'empereur déclarait sans ambiguïté : « Mon ministre [des Affaires étrangères] emploiera tout pour rassurer, encourager et soutenir le Danemark et lui faire entendre que [...] je le soutiendrai par toutes les forces de mon empire[3]. »

Ayant essuyé un refus catégorique, Bernadotte se mit à sonder le terrain auprès de la Russie. Le comte Löwienhielm fut envoyé en mission à Pétersbourg afin, comme l'indiquaient ses instructions, « d'acquérir la Norvège et de prévenir la possibilité d'un rapprochement inattendu de la Russie avec la France ».

À la veille des pourparlers de Pétersbourg, en janvier 1812, à la suite de la non-observance totale par la Suède du blocus continental, les troupes françaises occupèrent la Poméranie suédoise, petit reliquat d'un empire suédois autrefois étendu, situé au sud de la Baltique. Le but était le même que celui qui avait conduit naguère à l'occupation d'Oldenbourg : empêcher les marchandises anglaises de pénétrer dans le nord de l'Allemagne. De tels actes ne pouvaient qu'exercer une influence négative sur les relations franco-suédoises et pousser davantage encore Bernadotte à se rapprocher d'Alexandre. « Tant de précipitation [dans les pourparlers avec la Russie] me surprit, relata le général de Suremain. Je ne pus l'expliquer que par l'ancienne et constante inimitié de Bernadotte et de Bonaparte, et le roi confirma mon opinion en m'avouant que, dès son arrivée en Suède, le prince avait songé à s'étayer de la Russie, et que, lors du passage de Tchernitchef à Stockholm, l'année précédente [1811], des semences d'union intime avaient été jetées, de sorte que l'invasion de la Poméranie ne faisait que précipiter les choses et servir le prince, à qui il fallait un pareil motif pour se déclarer[4]. »

Le tsar accepta sans objection la perspective de dépecer le Danemark en échange de l'engagement de la Suède aux côtés de la Russie dans la guerre à venir. Il est intéressant de noter qu'Alexandre, qui se présentait partout comme le défenseur des droits des peuples opprimés par Napoléon, était prêt à placer sans sourciller le peuple de Norvège sous la coupe du roi de Suède, ce qui, pour les Norvégiens, était totalement inacceptable. Bien plus, conformément au traité signé presque simultanément en avril 1812 à Pétersbourg et à Stockholm, la Russie devait apporter le soutien de ses troupes à la conquête de la Norvège.

Cependant, avant de faire parler les armes, le tsar proposa d'agir « par la persuasion » sur le roi de Danemark et de recommander à celui-ci de livrer la Norvège de son plein gré. D'ailleurs, en guise de compensation pour les territoires perdus, Alexandre était prêt à céder aux Danois... Oldenbourg ! Autrement dit, alors qu'il se préparait à une guerre grandiose sous le prétexte de la perte d'un petit duché appartenant à des parents à lui, il était disposé à abandonner celui-ci sans le moindre regret en rétribution de l'alliance suédoise dans la guerre à venir !... Peut-être aurait-il alors été plus simple de se passer de guerre ?

Bernadotte promit à son tour à Alexandre de débarquer des troupes en Poméranie pour mener des opérations sur le flanc gauche et les arrières de l'armée française. Le traité russo-suédois signé à Pétersbourg le 24 mars (5 avril) 1812 stipulait : « Les hautes parties contractantes se promettent mutuellement assistance, prenant sur elles l'engagement le plus solennel de réaliser une diversion qui fasse échouer les opérations des troupes de la France et de ses alliés en dirigeant un corps unifié, composé de 25 à 30 000 Suédois et 15 à 20 000 Russes de diverses armes, sur celui des points de la côte de l'Allemagne qui sera alors jugé le plus propice pour mener avec succès des actions contre les armées de la France et de ses alliés. » Mais ce n'était pas tout, loin de là ! L'article 9 du traité fixait la date de l'offensive. Les troupes russes « devaient être prêtes à passer à l'action à partir du 1er mai ancien style de cette année (13 mai nouveau style)[5] ».

Mais l'ex-maréchal ne se satisfit pas d'avoir conclu une alliance contre le pays qui lui avait donné et la vie et la gloire. Il déploya tous ses efforts pour exciter encore la haine d'Alexandre envers Napoléon, car il avait très peur de se retrouver en fâcheuse posture, pour ne pas dire plus, si la Russie et la France venaient à se réconcilier. Le fidèle interprète de ses pensées, le comte Löwienhielm, exprima cette idée monstrueuse que Bernadotte partageait entièrement : « On ne peut être sûr de la marche ininterrompue des choses que du jour où le sang aura derechef commencé à couler[6]. »

Ainsi, sur le flanc nord, la bataille diplomatique ne tournait pas, c'est le moins qu'on puisse dire, à l'avantage de Napoléon. La Suède, ancienne puissance de la « barrière de l'Est », ne se retrouvait pas simplement dans le camp de ses adversaires, mais dans celui de ses ennemis irréductibles. Comme le dira Suremain, « nul autre que Bernadotte, prince royal de Suède, n'aura autant contribué à la chute de Bonaparte[7] ».

La Prusse

À la différence de celle du gouvernement suédois, la politique du gouvernement prussien à l'égard de la France n'était pas déterminée par des soubresauts diplomatiques ou des histoires d'alcôve, mais par des besoins parfaitement naturels et une réaction non moins naturelle à la conquête française. La population de la Prusse, écrasée en 1806, privée de la moitié de ses terres par le traité de Tilsit, humiliée par une occupation française prolongée, irritée des dépenses occasionnées par d'énormes contributions militaires, était à l'évidence hostile tant à Napoléon personnellement qu'aux Français en général. On a déjà noté au chapitre V qu'en 1808 était née sur le sol de Prusse une organisation secrète du nom de Tugendbund, ayant pour but la lutte contre l'Empire napoléonien. La Prusse fut également à la source de la philosophie et de l'idéologie nationalistes allemandes qui donneront plus tard les tristes fruits que tout le monde connaît.

Il faut cependant noter que, bizarrement, la défaite militaire avait aussi eu des effets positifs sur la Prusse. Au contact de la France, celle-ci avait été contrainte de s'engager dans la voie de transformations radicales tant au sein de la société que dans l'armée. En octobre 1807 avait été publié le célèbre édit abolissant le servage et diverses limitations aux opérations d'achat et de vente de la terre. En novembre 1808 avait vu le jour une réforme municipale créant des conseils élus dans les villes. Parallèlement, des réformes administratives avaient modernisé l'appareil d'État du royaume.

Parmi les principales innovations, il faut aussi citer les réformes de l'armée. Ces transformations se déroulèrent sous la houlette du général Gerhard von Scharnhorst, qui dirigeait depuis 1807 la commission de réorganisation de l'armée et, depuis 1808, le ministère de la Guerre. Le service militaire obligatoire ne sera instauré en Prusse qu'en 1814, mais la nouvelle armée prussienne était déjà une armée populaire dans laquelle les grades d'officiers étaient accessibles à tous ceux qui en avaient les capacités, indépendamment de leur appartenance sociale.

Scharnhorst s'efforça de développer le respect envers les simples soldats ; il considérait que le moral des troupes était beaucoup plus important que les détails techniques de la chose militaire. Les idées de Scharnhorst exercèrent une grande influence sur l'œuvre future du grand théoricien militaire Carl von Clausewitz, son plus proche collaborateur. Dans nombre de sentences de Clausewitz consacrées à la guerre transparaît l'esprit que Scharnhorst et lui tentèrent d'introduire dans la nouvelle armée prussienne : « Une armée qui, sous le feu le plus dévastateur, conserve ses formations ordinaires, qui ne cède pas aux terreurs imaginaires et sait résister à celles qui sont fondées, qui, fière de ses victoires, conserve dans le revers la force d'obéir, le respect et la confiance dans ses chefs, une armée dont les forces physiques sont trempées par les privations et l'effort, comme les muscles d'un athlète, une armée qui conçoit tous ses efforts comme un moyen de victoire et non comme une malédiction attachée à ses drapeaux, et qu'une brève thèse se résumant en une seule sentence, celle de la gloire de ses armes, suffit à rappeler à tous ses devoirs et à toutes ses vertus – une telle armée est animée de l'esprit guerrier[8]. »

Sans doute est-ce en pensant à la douloureuse situation dans laquelle s'était retrouvée la Prusse que Clausewitz écrivit plus tard : « Demain est inclus dans aujourd'hui, le futur se crée dans le présent ; pendant que vous mettez des espoirs insensés dans l'avenir, il sort déjà défiguré de vos mains paresseuses. Le temps est à vous, ce qu'il sera dépend de vous. »

De nombreux documents montrent l'état d'esprit qui prévalait alors dans l'armée prussienne et en Prusse en général. Citons à ce sujet un témoignage encore inédit, une lettre écrite le 8 septembre 1811 et décryptée par la poste travaillant sur ordre du maréchal Davout. Son auteur est un officier de cavalerie prussien.

« Tout le monde parlait de la possibilité d'une nouvelle guerre entre la Russie et la France. On en parle moins à présent, mais on assure en revanche que la guerre entre la France et la Prusse est proche. [...] De notre côté, on ne souhaite pas réaliser ses désirs [de Napoléon], et on n'a pas peur de son ton arrogant. Le roi a répondu qu'il préférerait s'enterrer sous les débris du trône que de satisfaire à ses prétentions. [...] On a déchargé à Kolberg 50 000 fusils anglais et on peut s'imaginer avec quelle énergie tout le monde se prépare aux événements futurs. La conduite de la Russie à notre égard démontre que les relations entre nos États sont telles que l'on pourrait le souhaiter. On dit que l'empereur de Russie a offert des chevaux russes au régiment de hussards de Brandebourg et au régiment des "gardes du corps". Ces bons chevaux serviront également dans notre régiment, qui en recevra 97, dont la moitié est déjà arrivée d'Ukraine et de Pologne. Tu ne peux imaginer l'enthousiasme de la nation prussienne quand elle a appris la décision du roi. Et vous, Gaulois, que pensez-vous en voyant la Prusse dans une telle puissance ? Vous pensiez sans doute que la Prusse avait cessé d'exister comme force et qu'on avait rogné les ailes de ses aigles ?

« [...] Il y a quelques semaines, nous avons fait une plaisanterie amusante. Il nous fallait tirer au pistolet pour que nos hommes et nos chevaux s'accoutument au feu. Nous avons pris quelques planches, les avons clouées ensemble, en avons fait un bouclier et avons dessiné dessus, avec des couleurs, un cuirassier français. Il nous a servi de cible et nous avons tiré dessus à diverses distances, au pas, au trot et au galop[9]. »

Comme on peut en juger par cette lettre envoyée à l'étranger, l'armée prussienne était d'humeur belliqueuse, et prête à se battre contre les Français. Ceux qui témoignaient une attitude positive envers Napoléon – il y en avait – étaient submergés par le climat d'hostilité générale. On rapportait cela à l'empereur, qui était parfaitement au courant de la situation.

Cependant, s'il y avait beaucoup de têtes chaudes parmi les troupes, le roi de Prusse, lui, ne brûlait absolument pas d'envie de se battre. Bien plus, il voyait de façon très négative les préparatifs guerriers d'Alexandre Ier, considérant celui-ci comme l'initiateur du conflit. Le 12 mai 1811, dans une lettre au tsar, Frédéric-Guillaume III écrivait : « Je sais de source sûre que l'empereur des Français ne souhaite pas la guerre, et il me semble qu'il ne dépend que de la volonté de Votre Majesté de l'éviter. Je laisse de côté la cause des querelles avec ce monarque [Napoléon] et n'ai pas l'audace de décider dans quelle mesure ses actes touchent aux intérêts d'État de la Russie ; mais il me semble qu'en appliquant de façon un peu plus attentive les principes du grand système continental, en évitant par cela même les motifs de querelle, en vous expliquant enfin avec l'empereur Napoléon sur ce qui l'inquiète tant, Votre Majesté aurait pu éviter un orage dont les conséquences seront incalculables. Ne vaudrait-il pas mieux utiliser tous les moyens qui sont en notre pouvoir pour préserver la paix sur le continent que souhaite, il me semble, son peuple, de même que les autres peuples d'Europe[10] ? »

En réponse aux prières de Frédéric-Guillaume de ne pas déclencher un conflit en Europe, Alexandre écrivit une lettre dans laquelle il s'indignait qu'on lui impute le désir de déclencher la guerre... et donnait en même temps à comprendre que sa décision à lui était sans appel. Dans cette conjoncture, le malheureux roi de Prusse, seul monarque européen à souhaiter sincèrement la paix, sentit qu'il serait immanquablement écrasé soit par la France, soit par la Russie, s'il ne se prononçait pas résolument pour l'un ou l'autre camp dans le conflit qui se révélait imminent.

Alors, le 16 juillet 1811, Frédéric-Guillaume écrivit au tsar une lettre dans laquelle il faisait à nouveau humblement remarquer que, tout de même, selon lui, Napoléon « ne souhaitait pas la guerre contre la Russie, car il était trop occupé dans les Pyrénées ». Cependant, comprenant qu'il n'y avait rien à faire, il proposait au tsar de conclure un traité aux termes duquel, face au moindre danger venant des Français, les troupes russes devraient entrer en Prusse et se battre ensuite avec les troupes prussiennes contre les unités napoléoniennes disséminées sur le territoire de l'Allemagne. Puisque Alexandre désirait la guerre, le roi le suppliait d'agir résolument, « de me venir réellement en aide et de ne pas m'abandonner dans une situation difficile où les forces en nombre supérieur de Napoléon m'écraseraient. [...] La Prusse a besoin d'un système résolu qui puisse lui assurer un soutien et une garantie de sécurité[11] ». Ce plan correspondait tout à fait aux intentions d'Alexandre au printemps 1811, mais guère à sa nouvelle vision stratégique de la situation à la fin de cette même année.

Comme on l'a déjà noté à plusieurs reprises, c'est précisément au début de l'été 1811 qu'Alexandre passa du plan d'une guerre offensive à l'idée d'attirer les troupes napoléoniennes sur son territoire. Les propositions prussiennes tombaient mal et le tsar se remit à douter. Il fut très long à répondre au roi de Prusse et, en septembre, Scharnhorst lui-même fut envoyé à Pétersbourg en mission secrète. Il était chargé d'exposer à Alexandre la difficile situation dans laquelle se trouvait la Prusse. En effet, si l'ambassadeur de France, Saint-Marsan, était aussi étonnamment aveugle que Caulaincourt et n'avait absolument pas remarqué les préparatifs militaires de la Prusse, le maréchal Davout et le gouverneur de Dantzig, le général Rapp, les voyaient, eux, parfaitement. Davout et Rapp inondaient l'empereur de rapports détaillés sur l'armement de l'armée prussienne, la préparation des forteresses, l'acheminement des armes et des munitions, les manœuvres renforcées des troupes prussiennes. On comprend que, dans un tel contexte, la Prusse redoutait de se retrouver en tête-à-tête avec son puissant voisin. On comprend aussi que, en 1811, l'issue d'un tel combat ne faisait de doute pour personne.

C'est pourquoi Scharnhorst devait convaincre Alexandre de s'engager sur-le-champ. Dans le cas contraire, le roi craignait qu'il ne lui faille, s'il ne voulait pas être écrasé entre deux puissants empires, conclure une alliance avec la France, ce qu'il ne souhaitait nullement. Mais Alexandre hésitait pour de bon. Il attendit une semaine avant de recevoir Scharnhorst, qui était venu à Pétersbourg en grand secret, moyennant des précautions dignes d'un roman d'aventures.

Enfin, le 4 octobre, le tsar reçut le général, mais se montra très réservé à son endroit. Scharnhorst suggérait de déclencher l'offensive des troupes russes, de faire fusionner celles-ci avec l'armée prussienne, et de livrer une bataille décisive à Napoléon. Mais Alexandre proposait d'agir tout autrement : en cas d'approche des Français, les troupes prussiennes devraient s'enfermer dans les forteresses et mener une défense active cependant que l'armée russe attirerait l'ennemi sur son territoire, l'écraserait et viendrait ensuite en aide aux Prussiens.

Bien sûr, ce plan n'enthousiasma pas le général prussien car, dans ce cas, les unités et l'État prussiens seraient laissés pour une durée indéterminée sans aucun soutien ! Après une longue discussion, la convention russo-prussienne fut néanmoins signée le 7 octobre 1811. Elle constituait un moyen terme : en cas de danger militaire, une partie des troupes russes viendrait immédiatement en aide aux Prussiens, les autres les rejoignant au fur et à mesure des possibilités, et il était recommandé à l'armée prussienne de reculer aussitôt à la rencontre des renforts russes. Quant au roi, Alexandre lui conseillait de quitter sur-le-champ Berlin et de se réfugier à Königsberg.

On comprend qu'une telle convention n'ait pas donné beaucoup de courage à Frédéric-Guillaume, car il risquait de se retrouver dans une position encore pire qu'à la fin de 1806, et le sort du royaume de Prusse ne tiendrait alors qu'à un fil. Une nouvelle mission secrète fut confiée à Scharnhorst. Il lui fallait cette fois se rendre à Vienne et tenter d'obtenir des Autrichiens des assurances solides portant sur des actions communes contre Napoléon. Le général prussien entreprit ce voyage plutôt par acquis de conscience, car la réponse des Autrichiens était tout à fait prévisible.

À nouveau déguisé, sous un nom d'emprunt, Scharnhorst se rendit en secret à Vienne et on le fit là aussi attendre longtemps, mais la position des dirigeants autrichiens fut encore moins bienveillante que celle d'Alexandre. Évidemment, ceux-ci « n'aimaient pas beaucoup » Napoléon, pour ne pas dire pis, mais, comme on l'a déjà dit, Metternich s'était engagé dans une collaboration temporaire avec la France pour en retirer le maximum d'avantages politiques. En outre, un demi-siècle seulement auparavant, l'Autriche avait été dépouillée de façon monstrueuse par la Prusse qui avait arraché à la monarchie des Habsbourg sa province historique de Silésie. Attendre des Autrichiens qu'ils s'engagent tête baissée, avec un risque pour l'existence de leur État, à sauver leurs « amis » prussiens aurait été pour le moins étrange. Le 26 décembre, Scharnhorst essuya un refus poli, mais sans appel...

Même si tous ces pourparlers se déroulaient dans un profond secret, il était impossible de dissimuler les préparatifs militaires et de faire taire les bavardages des officiers. En conséquence, le 14 novembre 1811, Napoléon ordonna au maréchal Davout d'élaborer en cas d'urgence un plan de guerre contre la Prusse : « Ce projet a pour but, si la Prusse continue à être de mauvaise foi, de prendre l'initiative ; il faut le bien calculer pour le rendre le plus profitable possible. Marquez-moi sur une carte la position actuelle de l'armée du grand-duché [de Varsovie], celle de vos divisions, des troupes de la Saxe et de la Westphalie, et faites-moi connaître comment vous entendriez exécuter ces mouvements, enfin quelles sont les forces que la Prusse aurait à opposer de Berlin et de Kolberg[12]. »

La réponse aux instructions de l'empereur fut le plan du maréchal Davout daté du 25 novembre 1811, qui, par son style, est la meilleure traduction du concept allemand de *Blitzkrieg* reposant sur les idées de Scharnhorst et la théorie de Clausewitz. Mais c'était une *Blitzkrieg* dirigée contre les auteurs mêmes de ce concept. Le plan d'une guerre menant à l'« anéantissement », comme aurait dit Clausewitz, d'une guerre sans pitié, astucieuse et rapide, appelée à anéantir l'État ennemi par une attaque soudaine.

Selon le plan du maréchal Davout, au jour fixé, les divisions de Friant, de Gudin, de Morand, de Compans et de Dessaix devaient pénétrer sur le territoire de la Prusse de plusieurs côtés, tout en déclarant qu'elles ne faisaient mouvement que pour venir en aide aux troupes polonaises ayant subi une attaque inopinée des Russes. Les autorités et les troupes prussiennes devaient être prises au dépourvu. Tous les courriers devaient être immédiatement interceptés, toute communication entre les détachements prussiens interrompue. Des documents falsifiés devaient être utilisés afin de provoquer chez les officiers et généraux prussiens un total désarroi. Ils ne devaient comprendre ce qui leur arrivait que lorsqu'ils se trouveraient désarmés. « Ce ne serait que le jour où tout concourrait au plan pour désarmer l'armée prussienne que les troupes connaîtraient le véritable objet. [...] Toutes les autorités prussiennes seraient frappées de terreur par cet événement et les injonctions qui leur seraient faites. » Davout se proposait également de capturer à Berlin le roi lui-même : « Sa prise serait si importante que je suppose qu'il ne faudrait pas la manquer », écrivait le maréchal.

Enfin, pour ce qui concerne Poniatowski, ses divisions devaient, conjointement avec les troupes de Dantzig, attaquer la Prusse depuis l'arrière, mais il ne fallait rien faire savoir à l'avance à Poniatowski : « Ce n'est pas que je me méfie de lui, je le regarde comme un homme sûr et dévoué à Votre Majesté, mais une lettre peut traîner, et il y a dans ce pays-là des femmes bien adroites. »

Davout lui-même comprenait que son plan était un chef-d'œuvre de perfidie, mais il le justifiait : « Je sais bien qu'aucun mot de ce projet n'a le cachet de la bonne foi ; mais on ne ferait qu'user de représailles envers le gouvernement prussien[13]. »

Le plan de Davout ne fut pas approuvé par Napoléon, car il lui parut par trop déloyal. En outre, les Prussiens, sentant que les nuages s'accumulaient sur leur royaume, prirent la décision de rechercher un accord avec Napoléon. Le 29 janvier 1812, l'ambassadeur de France en Prusse fut informé que le roi était prêt à accepter les exigences de l'empereur des Français, tout en exprimant l'espoir que le monarque, magnanime, manifesterait de sa propre initiative une certaine indulgence à l'égard de la Prusse.

Des pourparlers démarrèrent en vue de la conclusion d'une alliance et, le 24 février 1812, un traité fut signé entre la France et la Prusse. Aux termes de celui-ci, la Prusse s'engageait à aligner un corps auxiliaire de 20 000 hommes ; de plus, au cas où les effectifs de celui-ci viendraient à baisser, ils devraient être complétés en permanence. En dehors de la fourniture de ce contingent, la Prusse devait ouvrir son territoire au passage des troupes françaises et fournir une importante quantité de vivres pour l'armée : « 400 000 quintaux de blé, 200 000 de seigle, 12,5 de riz, 10 000 de légumes secs, 2,2 millions de quintaux de viande, 2 millions de bouteilles d'eau-de-vie, 2 millions de bouteilles de bière, 650 000 quintaux de foin, 350 000 de paille, 200 000 mesures d'avoine, 6 000 chevaux de cavalerie légère, 3 000 chevaux de cuirassiers, 6 000 chevaux pour l'artillerie et les convois, 3 000 fourgons attelés, et des hôpitaux pour 3 000 malades ».

Les autorités prussiennes ne fourniraient d'ailleurs pas cela gracieusement. Le traité d'alliance stipulait : « En cas d'issue heureuse de la guerre contre la Russie, si, en dépit du désir et de l'espoir des deux hautes parties contractantes, cette guerre a lieu, Sa Majesté Impériale [Napoléon] s'engage à accorder au roi de Prusse une gratification territoriale afin de compenser les sacrifices et les pertes que le roi [de Prusse] subira pendant la guerre[14]. »

Apprenant les prétentions des Prussiens, Napoléon déclara avec un sourire narquois : « Et le serment sur le tombeau de Frédéric ? » L'empereur évoquait là les touchantes effusions d'Alexandre, de Frédéric-Guillaume et de la reine Louise dans le mausolée du grand roi...

L'alliance prussienne garantissait ainsi à Napoléon un petit contingent de soldats, d'importantes ressources matérielles et un territoire sur lequel les troupes pouvaient se déplacer librement. Cependant, s'étant assuré la coopération du royaume de Prusse, l'empereur des Français rendait la guerre offensive pratiquement impossible pour Alexandre. Les généraux russes étaient désormais encore moins tentés de lancer une invasion, puisqu'un de leurs principaux objectifs avait été la jonction des troupes russes et prussiennes. Il semblait à Napoléon qu'il y gagnait, la Prusse lui fournissant des forces supplémentaires, alors qu'en réalité il y perdait ; mais, à ce moment-là, nul ne pouvait l'imaginer.

L'Autriche

La position de la monarchie des Habsbourg dans le futur conflit était la plus équilibrée, car elle était logiquement motivée et correspondait aux intérêts de son État. Il n'y avait là ni histoires d'alcôve, ni ballottements d'un côté et de l'autre, mais une ligne conséquente et claire, fixée par le ministre des Affaires étrangères, Metternich. Sur l'histoire de la politique étrangère autrichienne, nous disposons de documents remarquables qui nous permettent de bien suivre son évolution à cette époque. En effet, Metternich écrivait de nombreuses lettres détaillées à son souverain en matière de politique étrangère et celui-ci y donnait toujours son accord. Les rapports du ministre ont été rédigés précisément à l'époque dont il s'agit – ce ne sont là ni des mémoires composés bien des années plus tard, ni des élucubrations de personnes extérieures. Enfin, c'est sans aucun doute Metternich qui conduisait alors la politique étrangère de l'Autriche, et c'est pourquoi ses réflexions écrites constituent un témoignage de première main.

En outre, Metternich était un des hommes les mieux informés d'Europe sur les problèmes de politique étrangère. Lors du mariage de l'archiduchesse Marie-Louise avec Napoléon, il s'était rendu à Paris et y était demeuré plusieurs mois. Il avait alors rencontré fréquemment l'empereur et avait eu avec lui de longues et même, pourrait-on dire, d'étonnamment longues conversations. À cette époque, Napoléon avait beaucoup changé physiquement et moralement. Au lieu du Premier Consul svelte et énergique, prodigieusement concentré sur ses buts, on pouvait voir un homme qui, s'il n'était pas prématurément vieilli, avait en tout cas changé davantage qu'on ne pouvait s'y attendre à son âge. Il n'avait qu'un peu plus de quarante ans et avait déjà beaucoup grossi. S'il avait toujours été volontaire, il était devenu par trop sûr de lui et, chose plus surprenante, extrêmement bavard. D'ailleurs, pour satisfaire ce petit défaut, il avait besoin d'un bon interlocuteur, un érudit, un intellectuel sachant en outre écouter. Metternich répondait de façon idéale à cette définition. Homme cultivé, fin diplomate, il avait parfaitement compris cette particularité de Napoléon et avait su devenir presque un confident auquel l'empereur faisait de plus en plus part de ses projets.

Difficile de savoir s'il s'agissait là d'un excès de naïveté ou de confiance en soi, ou les deux, mais Napoléon dévoilait beaucoup de ses secrets dans ses conversations avec un homme qui dirigeait la politique d'un État qui avait combattu la France à quatre reprises en moins de vingt ans ! Pis encore : un homme qui n'excluait absolument pas la possibilité que son pays entre tôt ou tard en conflit armé avec Napoléon ! Mais, si étrange que cela paraisse, l'empereur exposait malgré cela très ouvertement ses idées et ses plans au rusé Autrichien. De sorte que le témoignage de Metternich est une source de premier ordre pour l'histoire de cette époque.

Ainsi, quels étaient les plans du ministre autrichien en cas de conflit entre la Russie et la France ? Il écrivit dans un de ses rapports qu'il existait « trois alternatives : union de l'Autriche avec la Russie ; alliance effective de l'Autriche avec la France ; neutralité de l'Autriche ».

Au sujet de la perspective d'alliance avec la Russie, Metternich n'admet aucun compromis : « Il m'est impossible de faire entrer la première alternative dans mes calculs. Les forces militaires de Votre Majesté seraient paralysées avant même qu'on en fît usage ; l'ennemi sera dans la capitale de l'Empire, la Galicie sera en pleine insurrection. [...] Et dans l'hypothèse [...] du secours de la Russie, l'histoire des guerres antérieures montre ce qu'on peut espérer. »

Metternich rejette aussi l'idée d'une alliance franche et totale avec Napoléon, estimant qu'une telle démarche serait inacceptable pour l'Autriche, car elle porterait atteinte à l'état de choses que les Habsbourg représentaient, selon lui, en Europe, c'est-à-dire une monarchie légitime, avec son ordre et ses valeurs.

Metternich considère enfin qu'une neutralité absolue est également impossible. Pourquoi ? Le ministre des Affaires étrangères est persuadé que la Russie n'a aucune chance dans un futur conflit. Il écrit : « D'après ma conviction intime, [la Pologne] renferme la garantie de la future victoire de la France sur la Russie. » Car il est inévitable que les Polonais s'insurgent sur le territoire des provinces occidentales de l'Empire russe, et ils « propageront l'incendie et soulèveront tous les pays jusqu'à l'extrême limite de l'ancienne Pologne. [...] Napoléon n'a qu'un mot à dire pour que la Pologne surgisse comme un corps considérable et puissant. Pour réussir dans cette entreprise, il n'a pas besoin de notre concours ».

Le fin politique autrichien en déduit qu'il serait tout simplement absurde de demeurer à l'écart, dans une telle situation, et ce d'autant plus qu'il ne voit pas de dommage pour l'Autriche dans la restauration de la Pologne. Il note même : « Je trouverais de l'avantage pour nous dans le rétablissement de cette vieille monarchie. »

Voilà pourquoi le ministre considère que la chose la plus indiquée est d'occuper une position intermédiaire entre alliance inconditionnelle avec Napoléon et neutralité. De prendre part à la guerre, mais de le faire, si l'on peut s'exprimer ainsi, sans grand zèle. De demander les compensations les plus substantielles pour sa participation à la campagne. Comprenant parfaitement que la conséquence d'une victoire de Napoléon serait le rétablissement de la Pologne, et que, dans ce cas, les terres autrefois arrachées à la Rzeczpospolita deviendraient un fardeau impossible à assumer pour l'Autriche, Metternich accepte par avance de céder la Galicie à la future Pologne ressuscitée, mais suggère que l'on exige de Napoléon, en guise de compensation, toutes les provinces illyriennes. « Les avantages d'une frontière qui nous met en contact avec l'Italie, avec le Tyrol, [...] ne sont pas à comparer avec la frontière qui nous met en rapport avec la Russie. Nous reprenons, dans le groupe des États européens, la place d'où nous avons été chassés dans les derniers temps[15]. »

La majorité des représentants de l'élite autrichienne étaient tout à fait d'accord avec le point de vue de Metternich. Le major Prendel, envoyé en mission diplomatique et de reconnaissance en Allemagne, constata qu'il n'y avait là pas beaucoup de partisans de la « bonne cause », comme on appelait la guerre contre Napoléon dans le jargon de l'aristocratie européenne, et que, en revanche, le groupe des partisans de l'archiduc Charles, dont faisaient également partie le général Grüne, le général Radetzki, le général Duka, entre autres, était très influent. « Le parti de l'archiduc comprend tous les grands propriétaires fonciers de ce pays qui, par égoïsme, oublient le bien commun et craignent la dévastation de leurs terres par les Français [en cas de guerre contre Napoléon]. Ce groupe influent d'élites autrichiennes soutient Metternich, qui voit d'un mauvais œil la possibilité d'un renforcement de la Russie... » En particulier, indiquait Prendel, le ministre autrichien aurait déclaré : « Si l'on consent à ce que les Turcs cèdent à la Russie la Moldavie et la Valachie, les Autrichiens devront se passer de l'usage de la viande, et leur armée ne pourra plus avoir de cavalerie [les provinces turques fournissaient d'importantes quantités de produits alimentaires et de chevaux à l'Autriche][16]. »

Ainsi, les positions de l'Autriche vis-à-vis du conflit russo-français étaient réfléchies et suivaient strictement une ligne fixée à l'avance. Lorsque le comte Chouvalov, ambassadeur de Russie à Vienne, fit à Metternich les premières propositions d'alliance, ce dernier feignit la naïveté : « Comment, demandai-je au comte, conciliez-vous l'idée d'une alliance avec l'Autriche avec les rapports que vous avez actuellement avec la France ? Votre alliance avec Napoléon a-t-elle cessé d'exister[17] ? »

Chouvalov commença par dire que l'alliance de la Russie et de la France demeurait magnifique, mais qu'on souhaitait tout de même disposer également, pour parer à toute éventualité, d'une alliance autrichienne. Metternich éluda toute réponse directe. En revanche, il écrivit à son empereur assez rudement : « La Russie, placée par la déplorable politique qu'elle a menée en dernier lieu dans une situation qui la rend dangereuse pour ses voisins et impuissante contre la France, cet État [la Russie] qui n'a pas d'argent, qui n'a pas de cohésion intérieure, se voit dans le cas d'invoquer du secours sans pouvoir prêter en retour à d'autres un secours effectif[18]. »

Il ne faut donc pas s'étonner que les pourparlers entre la France et l'Autriche n'aient pas rencontré de difficultés de principe. En outre, Napoléon ne souhaitait pas que le soutien de la monarchie des Habsbourg soit par trop actif. Une certaine assistance lui suffisait. Les premières propositions d'alliance parvinrent à l'ambassadeur autrichien à Paris en novembre 1811. Au cours de ces pourparlers, Napoléon promit à l'Autriche le retour des provinces illyriennes et même de la Silésie dans le cas où la Prusse déciderait de revoir sa position. Le 14 mars 1812, le ministre des Affaires étrangères français Maret et l'ambassadeur autrichien Schwarzenberg signèrent un traité d'alliance, lequel fut ratifié dix jours plus tard à Vienne. L'Autriche s'engageait à fournir un contingent de 30 000 hommes pour la guerre à venir. Napoléon aurait souhaité davantage de troupes, mais les Autrichiens pleuraient misère et l'empereur se satisfit de ce contingent. Aux termes du traité, les troupes autrichiennes devaient constituer un corps séparé sous le commandement d'un général autrichien. Fait intéressant : même si les Autrichiens devaient se battre dans les rangs de la Grande Armée, le territoire de l'Autriche était déclaré neutre, ne participant pas aux opérations.

L'alliance franco-autrichienne était secrète, mais tout ce qui est secret finit par être connu, et si Alexandre apprit l'existence de cet accord, c'est parce que le représentant de la monarchie des Habsbourg à Stockholm, le baron Neiperg, en informa les autorités suédoises. Compte tenu de ce qui a déjà été dit de Bernadotte, il était évident que cette information serait transmise sans retard à la Russie. Le fait que les Autrichiens seraient alliés à Napoléon fournit un argument supplémentaire à Alexandre pour renoncer à ses plans offensifs.

La Turquie

En ce qui concerne la Turquie, sa position était moins déterminée par des calculs diplomatiques que par le cours de la guerre russo-turque qui n'était toujours pas terminée, les succès de l'armée russe en 1809 ayant été insuffisants pour contraindre l'Empire ottoman à la paix. Par conséquent, le gouvernement russe décida de renforcer ses troupes sur le théâtre d'opérations danubien et de procéder également au remplacement de leur commandant, en dépit du fait que le général Bagration s'était couvert de gloire pendant la précédente campagne. Le général comte Nicolas Kamenski, l'étoile montante de l'art militaire russe, fut placé à la tête de l'armée.

Ce jeune chef militaire était le fils du feld-maréchal Mikhaïl Kamenski qui s'était distingué dans les guerres de la seconde moitié du XVIIIe siècle, mais qui, à la fin de sa carrière, avait complètement perdu l'esprit au point d'abandonner l'armée qui lui avait été confiée, en décembre 1806, à la veille de la bataille de Pultusk. Cela n'empêcha pas son fils de gagner des lauriers mérités lors de la guerre avec la Suède de 1808-1809, au cours de laquelle il fit preuve d'un rare talent et d'un grand courage. Il devint général en chef le 17 novembre 1809, alors qu'il n'avait pas encore trente-trois ans. À présent, on espérait à la cour que le talent et le charisme de cet homme aideraient à décider du sort de la campagne. Une force militaire imposante était en outre à sa disposition : 100 000 hommes avaient été envoyés combattre les Turcs. Les effectifs de l'armée de Kamenski se composaient de 142 bataillons d'infanterie, 117 escadrons et 10 demi-escadrons de cavalerie, 108 *sotnias* cosaques et 108 pièces d'artillerie. De plus, il avait sous ses ordres 140 bâtiments de guerre de la flottille du Danube.

Rien d'étonnant à ce que, disposant de telles forces, Kamenski soit résolument passé à l'offensive. Les unités du général Zass, ayant franchi le Danube le 31 mai, s'emparèrent de la forteresse de Turtukaï. Le 3 juin, le frère de Kamenski, lui aussi général, prit d'assaut la forteresse de Bazardjik, à la tête de son corps, en concertation avec le détachement du général Markov, anéantissant une grande partie de la garnison et faisant prisonniers plus de 2 000 Turcs. Enfin, les troupes russes firent le siège de la célèbre forteresse de Silistrie, qui se rendit le

11 juin 1810. Celui d'une autre forteresse turque, Sumela, se solda, il est vrai, par un sanglant échec. Cela n'empêcha pas Kamenski de mener ses troupes à l'assaut de la forteresse de Roustchouk. Cependant, là aussi, ce fut une défaite : l'assaut du 3 août 1810 fut littéralement noyé dans le sang ; l'armée russe y perdit 3 000 tués et plus de 5 000 blessés, soit la moitié des troupes engagées !

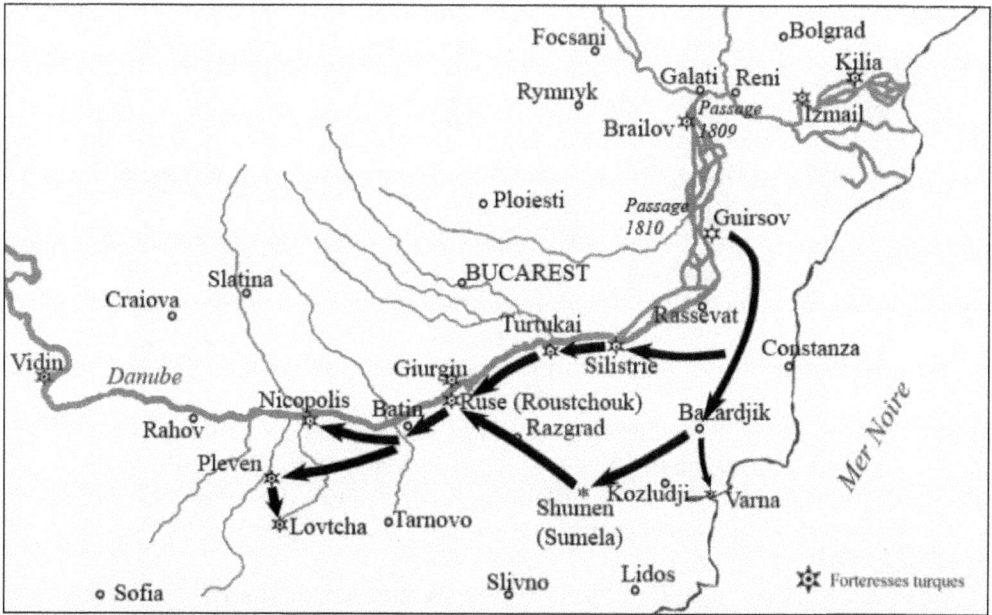

La campagne de l'armée russe sur le Danube en 1810

Mais ces sévères échecs n'abattirent pas le moral du jeune chef de guerre. Il passa à nouveau à l'attaque et, le 7 septembre, devant Batin, il écrasa une armée turque de 30 000 hommes. À la suite de cette victoire de Kamenski, Roustchouk tomba le 27 septembre et, à la fin de l'automne, les troupes russes réussirent enfin à prendre les forteresses de Nikopol, Plevna et Lovtcha.

Au cours de cette campagne victorieuse de 1810, l'armée russe avait ainsi infligé aux Turcs une cuisante défaite et s'était emparée de toute la ligne des forteresses danubiennes. Il ne restait plus à présent qu'à effectuer un bond en avant, à battre les dernières forces, peu nombreuses, de l'adversaire, et à entrer triomphalement à Constantinople...

Mais c'est à ce moment-là qu'Alexandre Ier prit la décision de retirer cinq divisions du front danubien et de les envoyer sur les

frontières occidentales ! Certains historiens russes affirment que c'est
Napoléon qui a fait avorter l'inéluctable succès de l'armée russe sur
le théâtre d'opérations côté turc, mais il découle clairement de ce
qui a été dit dans cet ouvrage que l'initiative du mouvement de troupes
russes du sud à l'ouest appartenait exclusivement au tsar. Ce déplacement de troupes n'était pas une mesure forcée, liée à une menace
exercée sur les frontières de la Russie, mais, au contraire, fut la cause
principale de l'apparition d'une telle menace.

Certes, au début de 1811, les relations entre la Russie et la France
s'étaient tout à fait dégradées. L'odeur de la poudre flottait dans
l'air. On peut même dire que Napoléon devenait dangereux pour
l'Empire russe, mais le mécanisme de la préparation à la guerre fut
précisément enclenché par le déplacement de troupes russes du
Danube vers les provinces de l'ouest.

Ainsi, on ne peut qualifier la décision de l'empereur Alexandre Ier
autrement que comme un véritable coup porté aux intérêts de la
Russie. Au moment où les troupes russes avaient toutes les chances
de résoudre définitivement une querelle vieille de plusieurs siècles
avec l'Empire ottoman, Alexandre avait décidé d'attaquer le duché
de Varsovie.

À présent, sur le théâtre d'opérations danubien, au lieu de neuf
divisions, il n'en restait plus que quatre, avec une cavalerie affaiblie :
au total, guère plus de 46 000 hommes. En outre, le comte Nicolas
Kamenski était tombé gravement malade. Il fut transporté à Odessa,
où il décéda en mai 1811.

La tête de l'armée fut alors confiée à un chef de guerre et diplomate éminent, Mikhaïl Koutouzov. Il va de soi que, avec les forces
qui demeuraient à sa disposition, toute possibilité de conduire une
guerre offensive était exclue ; dans le meilleur des cas, on ne pouvait
qu'espérer préserver les positions occupées.

Effectivement, Koutouzov adopta une stratégie défensive et
l'armée du vizir, qui s'était regroupée au sud de Roustchouk, passa à
l'offensive. L'attaque des Turcs sur Roustchouk, le 3 juillet 1811, fut
repoussée, mais, en dépit de ce succès, le général russe se replia avec
son armée au-delà du Danube. Dans la nuit du 10 au 11 septembre,
une partie des troupes turques franchit le fleuve. Koutouzov n'engagea
pas un combat en rase campagne, mais encercla l'armée du vizir par
des fortifications.

À ce moment, des renforts arrivèrent à la rescousse du chef
d'armée russe. Après une promenade inutile de plusieurs mois, la
9e et la 15e division d'infanterie rejoignirent l'armée du Danube. La
raison en était qu'à l'été 1811, comme il a déjà été dit, le tsar avait
pris la décision de mener une guerre défensive, et que l'invasion du
duché de Varsovie était annulée. Sur le plan de la défense, comme il
était absolument évident que Napoléon ne pourrait entreprendre

aucune guerre dans le courant de 1811, les troupes stationnées sur la frontière occidentale n'auraient rien à faire, au moins jusqu'au printemps de l'année suivante. C'est pourquoi les deux divisions susmentionnées furent renvoyées là d'où elles venaient.

Leur retour ne pouvait plus remettre la campagne sur les rails qu'elle aurait dû suivre si Alexandre n'avait pas privé l'armée du Danube de la moitié de ses effectifs. Cependant, cette aide ne fut pas inutile. Le 14 octobre 1811, le détachement du général Markov, qui s'était transporté en temps voulu sur la rive sud du Danube, attaqua par surprise les forces turques stationnées là. Ayant écrasé l'ennemi, Markov verrouilla l'encerclement des Turcs sur la rive nord en disposant ses batteries le long du fleuve, juste en face des positions des troupes du vizir. L'armée turque, encerclée de toutes parts, privée de l'arrivage de vivres, fut contrainte de capituler. Le 7 décembre 1811, sur 22 700 soldats turcs qui étaient passés sur la rive nord, seuls 8 500 se rendirent, les autres ayant déserté, étant morts de maladie, de faim ou de leurs blessures, ou se trouvant dans les hôpitaux[19].

Après la capitulation, un armistice fut conclu entre les deux parties et des pourparlers de paix s'engagèrent. À ce moment, il était devenu évident que les relations entre la Russie et la France étaient sur le point de virer à la guerre, et c'est pourquoi les Turcs, en dépit d'une lourde défaite, firent preuve d'un tel entêtement. Cependant, l'existence même des pourparlers et, en fin de compte, leur succès témoignent mieux que tout de l'attitude de Napoléon envers la perspective d'une guerre contre la Russie. Même si, au début de 1812, les troupes tant russes que françaises se préparaient à la guerre, Napoléon n'avait pas définitivement décidé à quel point il avait besoin de celle-ci ; autrement, il n'aurait en aucun cas accepté le succès des pourparlers russo-turcs. Certes, il n'est pas douteux qu'on fit comprendre aux Turcs qu'ils ne devaient point trop se hâter de conclure la paix, car à ce moment-là les troupes russes étaient massées aux frontières et les troupes françaises déjà en marche. Néanmoins, aucun document dépourvu d'ambiguïté, confirmant les intentions de Napoléon d'engager la guerre contre la Russie, ne fut envoyé aux Turcs jusqu'en février 1812. Quant aux Anglais, ils déployèrent une activité frénétique, promettant leur aide au sultan et arrosant généreusement les acteurs turcs des pourparlers. Ils achetèrent en particulier le drogman* turc, le prince Mourousi.

Napoléon récoltait là les fruits de sa politique à Tilsit. Bien entendu, après le début de la campagne d'Espagne et à plus forte raison après la rencontre d'Erfurt, il n'était plus question de céder

---

* Les drogmans étaient des traducteurs et intermédiaires officiels entre les puissances du Proche-Orient et les représentants diplomatiques et commerciaux européens. Ils assumaient l'interprétariat et des fonctions diplomatiques.

Constantinople et les Détroits à la Russie. Mais, même à la fin de 1810, alors que la guerre russo-française était plus que jamais à l'ordre du jour, Napoléon continuait à respecter les engagements qu'il avait pris à l'égard du tsar à Erfurt, en particulier l'assentiment à l'occupation par la Russie de tout le territoire de l'Empire ottoman jusqu'au Danube (tout le territoire de la Moldavie et de la Roumanie actuelles) à condition que celle-ci ne tente pas de s'emparer de la Serbie.

Dans son entretien avec Metternich du milieu de l'année 1810, l'empereur des Français l'avait encore confirmé : « J'ai contracté des engagements [...] que je n'ai pas de raison ni même de prétexte de violer. Ces engagements sont infiniment onéreux ; j'y entrevois un tort réel pour la France, mais vous savez ce qui m'y a porté dans le temps. Agir maintenant contre ces engagements serait fournir immédiatement un motif de guerre direct à la Russie, ce qui ne cadre pas avec mes vues, ou bien me priver à jamais du droit d'être cru dans aucun de mes engagements. Quelle garantie pourrai-je vous fournir à vous-même si je brise un engagement explicite par le simple motif que les circonstances [ont] changé [...][20] ? »

Il va de soi que l'époque de l'amitié de Tilsit était à jamais révolue, et Napoléon avait déclaré lors du même entretien : « Je ne souffrirai jamais l'acquisition [par la Russie] d'un pouce de terrain sur la rive droite du Danube. » Cependant, les Turcs ne pouvaient être transportés d'enthousiasme à l'idée que Napoléon acceptait un accroissement considérable du territoire russe aux dépens de l'Empire ottoman. Ils connaissaient d'ailleurs bien le discours de l'empereur aux députés du Corps législatif, où il avait dit : « Mon allié et ami l'empereur de Russie a uni à son vaste empire la Finlande, la Moldavie, la Valachie et un district de Galicie. Je ne regrette rien de ce qui peut aller à l'avantage de cet empire. Mes sentiments envers son grand monarque sont en plein accord avec ma politique. » Enfin, la partie turque était également informée des propositions que Napoléon avait faites à Alexandre au sujet du partage de l'Empire ottoman. Dans ce contexte, les signaux adressés aux Turcs par les diplomates français pour leur faire savoir que la conclusion d'un traité de paix russo-turc n'était pas souhaitable ne suffirent pas.

Ce n'est que le 15 février 1812, alors que l'ordre de concentration de la Grande Armée avait déjà été donné, que le représentant de la France à Constantinople, Latour-Maubourg, reçut son accréditation pour mener des discussions sur une alliance potentielle de la Turquie avec la France, mais cela ne modifia en rien le cours des pourparlers russo-turcs.

Pourtant, en dépit de tout l'or anglais, des échecs de l'armée ottomane et des positions prises antérieurement par Napoléon, la partie turque ne signait pas la paix. Quoi qu'il en soit, la perspective d'un conflit russo-français d'envergure ne pouvait qu'inciter les milieux dirigeants de la Sublime Porte à réfléchir – et là, c'est le hasard qui intervint à nouveau.

Mécontent de la lenteur des pourparlers, le tsar décida d'écarter Koutouzov du commandement et de transmettre celui-ci, ainsi que la conduite des pourparlers, à l'amiral Tchitchagov. On sait qu'Alexandre Ier n'aimait pas beaucoup Koutouzov, et c'est là un euphémisme. En envoyant l'amiral Tchitchagov à la place du chef de guerre mal aimé, le tsar déclara : « La paix avec la Turquie n'avance pas ; les excès de nos troupes en Moldavie et en Valachie ont exaspéré les habitants. [...] D'ailleurs, je ne crois pas que le chef actuel [Koutouzov], auteur de tous ces maux, soit capable d'obtenir des résultats qui demandent de l'énergie, de la bonne volonté et de la célérité dans l'exécution[21]. »

Tchitchagov quitta Pétersbourg le 14 mai 1812 et il ne s'en fallut que de quelques jours pour qu'il arrive à temps à Bucarest, puisque le traité fut signé le 28 mai 1812 par Koutouzov et le plénipotentiaire turc, Ahmed Pacha.

Koutouzov était sans conteste un remarquable chef de guerre et un fin diplomate, mais l'image d'Épinal répandue en Russie du bon « grand-père Mikhaïl Illarionovitch », héros populaire idéalisé, est fort éloignée de la réalité, pour ne pas dire plus. Koutouzov n'était pas exempt de nombreuses faiblesses humaines. Il ne dédaignait pas les possibilités de s'enrichir de façon douteuse et vivait à Bucarest dans le luxe, entouré d'un véritable harem... Mais un trait plus important est ce relâchement dans les rangs de son armée que confirment toutes les sources. Tchitchagov n'était pas un grand capitaine, loin de là ; en revanche, c'était un homme plutôt honnête. Il décrit dans ses mémoires l'état de l'armée qu'il avait reçue en commandement : « En traversant la Moldavie et la Valachie, je remarquai des habitations abandonnées et j'appris que leurs propriétaires, pour échapper aux réquisitions des autorités et aux vexations du soldat, avaient abandonné le pays et que d'autres erraient dans les bois. [...] La discipline était si relâchée que le pillage était permanent et que les militaires prenaient [...] tout ce qui était à leur convenance. Je me vis obligé d'infliger des châtiments exemplaires à des soldats de ma garde d'honneur qui avaient raflé des provisions dans des maisons contiguës à la mienne[22]. »

En outre, Koutouzov ne faisait jamais de cadeaux à ses rivaux. Apprenant que son successeur était sur le point d'arriver, il décida de conclure la paix à tout prix. Cette hâte s'est révélée objectivement justifiée, puisque la paix fut signée moins d'un mois avant le début des opérations militaires sur la frontière occidentale ; cependant, cette précipitation de Koutouzov s'expliquait avant tout par des considérations personnelles.

Les conditions de la paix étaient réellement étranges, si l'on considère les énormes sacrifices qui avaient été consentis par la Russie et les succès que l'armée russe avait remportés au cours des campagnes de 1809-1811. En échange des principautés de Moldavie et de Valachie, la Porte ne concédait à la Russie qu'une partie de la principauté moldave, laquelle prendrait plus tard le nom de Bessarabie. La frontière entre la Russie et l'Empire ottoman était établie sur le Prut. C'était extrêmement loin des conditions envisagées au départ et auxquelles Napoléon avait donné son accord, à savoir l'annexion par la Russie de tout le territoire occupé par les troupes russes jusqu'au Danube.

L'article 6 du traité obligeait la Russie à restituer à la Turquie les forteresses conquises sur le littoral de la mer Noire, Anapa et Poti, ainsi que la ville d'Akhalkalaki. Elle conservait Soukhoumi et les territoires de la Géorgie occidentale. En revanche, le traité replaçait la Serbie sous le joug ottoman. Toutes les forteresses devaient être remises aux Turcs, qui brûlaient du désir de faire payer aux Serbes leur soulèvement de libération nationale.

Dans l'ensemble, on ne saurait dire que la paix de Bucarest était avantageuse pour la Russie ; cependant, dans le contexte du printemps 1812, il faut reconnaître que la paix – même celle-là, et même si elle avait été conclue pour des motifs personnels – constituait un succès.

Si l'on dresse un bilan, on peut estimer que, globalement, la Russie avait gagné la bataille diplomatique. Mettant à profit les erreurs de la diplomatie napoléonienne, Alexandre avait su obtenir la sécurité sur ses flancs stratégiques dans la lutte à venir. Mieux encore, l'apparent succès de Napoléon, qui avait obligé la Prusse et l'Autriche à se ranger à ses côtés, tourna en réalité pour lui à l'échec. C'est en effet le rattachement de ces deux derniers pays au camp de l'Europe napoléonienne qui contraignit le tsar à renoncer à l'offensive et priva la Grande Armée de la possibilité d'écraser par une offensive fulgurante les forces d'Alexandre.

CHAPITRE X

De la commodité d'élaborer
des plans a *posteriori*

Avant même que ne se termine la bataille diplomatique décrite au chapitre précédent, les préparatifs militaires atteignirent une ampleur sans précédent... Mais ce n'est pas par là que nous commencerons. Avant de parler divisions, régiments, convois, équipements et munitions, il convient de voir quelle conception stratégique guidait les actions des commandements des armées russe et française, au nom de quoi des forces énormes se rassemblaient ainsi aux frontières, et ce qu'on se proposait de faire durant les opérations. Autrement dit, quels étaient les plans des camps en présence.

Le plan russe

En ouvrant tout livre sérieux sur l'histoire de la guerre de 1812, vous trouverez d'abord une description de la façon dont Napoléon se préparait à envahir le territoire russe, puis, en fonction des penchants de l'auteur, une condamnation soit légère, soit impitoyable de l'empereur des Français pour ses intentions agressives et son absence de réalisme. De fait, conquérir la Russie, avec ses espaces infinis, n'était-ce pas absurde ? On vous exposera ensuite de manière plus ou moins détaillée comment, en dépit de quelques propos de peu d'importance sur une éventuelle offensive, les chefs militaires russes préparaient une guerre défensive afin de protéger leur pays de l'invasion.

L'historien bien informé n'omettra évidemment pas de citer la phrase que Barclay de Tolly prononça dès 1807 dans une conversation qu'il eut à Memel, où il se soignait d'une grave blessure reçue à la bataille d'Eylau, avec le diplomate et historien prussien Barthold Georg Niebuhr. Voici comment le général français Mathieu Dumas transmit, dans un texte écrit trente ans « seulement » après, les paroles de Barclay que lui avait répétées Niebuhr : « Le général russe espérait attirer cette formidable armée jusqu'au cœur de la Russie, même au-delà de Moscou, la fatiguer, l'éloigner de sa base d'opérations, lui faire user ses ressources et son matériel [...] jusqu'à ce que, aidé par la rigueur du climat, il pût reprendre l'offensive et faire trouver à Napoléon, sur les bords de la Volga [!], un second Pultawa*. C'était une effrayante et trop juste prophétie[1]. »

Il va de soi que cette prophétie était d'autant plus juste qu'elle est rapportée plus d'un quart de siècle après les faits... Ce n'est un secret pour personne que la guerre de 1812 se déroula tout à fait autrement qu'on ne se l'imaginait à la veille de la confrontation, et c'est pourquoi, plus tard, lorsque ses acteurs prirent la plume, ils « adaptèrent » leurs souvenirs aux événements ultérieurs.

Le « plan » de guerre russe n'y fait pas exception. Nous mettons ici le mot « plan » entre guillemets, parce qu'il n'existait jusqu'au commencement de la guerre aucun plan précis, adopté officiellement, des opérations. De 1810 à 1812, plus de quarante projets différents avaient été présentés à l'empereur Alexandre. Parmi ces documents, certains avaient été concoctés par des auteurs inconnus qui ne servaient même pas dans l'armée russe, mais il y avait aussi des plans préparés dans le plus proche entourage du tsar par des personnalités influentes au sein de l'armée et à la cour. Parmi ces auteurs se détachaient le général Barclay de Tolly, ministre de la Guerre, le général Bennigsen, le général aide de camp Ouvarov, le général prince de Wurtemberg, entre autres.

Comme on l'a déjà indiqué, au début de 1811, presque tous les projets du commandement russe étaient exclusivement orientés sur l'offensive. Cependant, après l'échec de l'intrigue polonaise, le tsar renonça à une attaque immédiate et réfléchit à la possibilité de mener une guerre défensive. S'il en est bien ainsi, on ne peut néanmoins s'en tenir là lorsqu'on se pose la question du plan du commandement russe, et ne discuter en détail que de la façon dont les autorités russes allaient attirer à l'intérieur du pays l'armée « des vingt nations** ». Jusqu'en juin 1812, les projets d'offensive s'entassèrent sur le bureau du tsar, et ce n'étaient pas seulement là des plans fantaisistes concoctés par des étrangers.

Barclay lui-même, censé être persuadé de la nécessité de mener une guerre défensive et d'attirer l'ennemi jusqu'à la Volga, écrivit au début de 1811 des phrases qui ne ressemblent pas beaucoup au récit de Niebuhr. Dans ce rapport du ministre de la Guerre, il était en effet principalement question d'une guerre offensive dont le but

---

* Allusion à la bataille de Poltava (8 juillet 1709) entre l'armée de Pierre le Grand et celle de Charles XII de Suède, soutenue par les cosaques d'Ukraine du hetman Ivan Mazepa. La victoire russe a fait perdre à la Suède son rang de grande puissance militaire. (N. d. T.)

** C'est un des noms que l'on donnait à la Grande Armée de Napoléon.

était défini comme suit : « 1. S'étant emparés du duché de Varsovie, changer son gouvernement, réunir les troupes prussiennes à notre armée et, ayant conquis par là la confiance d'autres puissances, faire naître en elle le courage et l'espoir de se délivrer d'un joug odieux. 2. Par une intrusion temporaire sur les terres ennemies, on pourra entretenir nos troupes le plus longtemps possible aux dépens d'autrui, et ensuite priver l'ennemi de tous les moyens de mener une guerre offensive. [...] On ne peut mettre en œuvre toutes ces propositions qu'en devançant l'ennemi dans un mouvement offensif[2]. »

Certes, Barclay de Tolly n'excluait pas non plus, dans son plan, la possibilité d'agir en défense, mais sa conception était centrée sur une attaque immédiate contre le duché de Varsovie.

À l'été 1811, le concept de guerre défensive se substitua au plan d'invasion immédiate du duché. Il sera en particulier exprimé dans le tristement célèbre plan Phull dont il sera question plus loin. On vit apparaître parallèlement un énorme projet (l'équivalent de 70 pages imprimées) rédigé par le neveu du ministre de la Guerre, l'officier d'ordonnance André (Otto) Barclay de Tolly. Il y proposait en guise de dispositif de guerre ce qui suit : « Éviter en permanence les batailles décisives, inquiéter l'ennemi de tous côtés [...], utiliser de grandes masses de troupes légères de tous genres, faire traîner la suite de la campagne, être ferme dans les revers de fortune [...], utiliser la lenteur de Fabius, la rapidité d'Hannibal ou de Jules César [...], voilà l'arme la plus forte que l'on peut employer contre la nouvelle manière de faire la guerre des Français. [...] Le principe des Français est de ne pas épargner les hommes, il repose sur la supériorité numérique et sur le court terme. C'est pourquoi ils ne pourront pas durer longtemps sans se détruire eux-mêmes[3]. »

À la lecture de ce document, on pourrait conclure que, dorénavant, le commandement russe a clairement arrêté ses buts et la manière de les atteindre, et qu'il ne reste plus, selon la formule de l'historien russe Victor Bezotosny, qu'à élaborer, à partir de ces idées, « un plan opérationnel constituant une partie de la première étape d'un programme stratégique[4] » !

Hélas, on ne peut discerner en réalité la moindre élaboration d'un plan cohérent, à plus forte raison d'un plan comprenant « les étapes d'un programme stratégique » (!). On ne voit au contraire qu'incessantes hésitations entre les plans d'opérations les plus divers.

Après la signature de la convention secrète avec la Prusse, les troupes furent informées qu'elles devraient franchir la frontière dès qu'elles en recevraient l'ordre. En date du 8 (20) octobre 1811, il fut prescrit au commandant de corps Wittgenstein de faire route vers l'ouest de façon que la 5e division puisse, « dès qu'elle en recevrait l'ordre, passer en quelques jours sur l'autre rive du Niémen, à Tilsit ». Quant au général Wittgenstein lui-même, il devait transférer son état-major dans la bourgade de Schavli, située à environ 90 kilomètres de la frontière. Quelques jours plus tard, le lieutenant général Baggovout et le lieutenant général Essen reçurent également des instructions du ministre de la Guerre leur enjoignant, dès que « le lieutenant général comte Wittgenstein les aurait informés qu'il traversait le Niémen près de Tilsit ou en quelque autre lieu en direction de la Prusse avec les troupes qui lui étaient confiées », de faire avancer leurs troupes vers les frontières[5].

Deux jours plus tard, on envoya au général Dokhtourov et au général Bagration des instructions identiques : « Dès que vous recevrez par courrier spécial du comte Wittgenstein la nouvelle qu'il entre en Prusse, veuillez sans tarder ordonner aux troupes [...] de partir sur-le-champ[6]. » Étaient joints à cet ordre des plis contenant l'itinéraire des troupes. Il ne fallait ouvrir ceux-ci qu'à l'arrivée du courrier annonçant le début de l'offensive de Wittgenstein. Il était ordonné aux chefs de corps d'observer le plus grand secret, et il était en outre indiqué : « Afin de ne pas déclencher en vain une alerte prématurée, ne pas leur ordonner formellement [aux troupes] de se tenir prêtes à se mettre en campagne, mais les tenir en alerte par de fréquentes inspections[7]. »

Ces lettres constituent sans conteste des instructions destinées à préparer une guerre offensive afin de soutenir les troupes prussiennes. Il va de soi qu'un tel mouvement en avant ne pouvait que concerner le duché de Varsovie, et ce, à plus forte raison si l'on considère la carte montrant la disposition des troupes russes à ce moment. Il est tout à fait évident que la marche en avant de Dokhtourov et de Bagration signifiait une intrusion dans le duché de Varsovie, avec toutes les conséquences pouvant en découler. Cependant, comme on l'a déjà indiqué, la convention avec la Prusse ne fut pas ratifiée et, par conséquent, le projet d'offensive resta à nouveau lettre morte.

Les propositions de Barclay de Tolly dans sa lettre au tsar du 22 janvier (3 février) 1812 ne se distinguaient pas non plus par un style défensif. Le ministre de la Guerre proposait tout un ensemble d'actions visant à porter atteinte aux forces de l'Empire napoléonien :

« Il est indispensable de s'efforcer : 1° de détruire l'influence de la France dans les États allemands et d'y préparer des diversions ; 2° de contraindre une partie des troupes françaises à abandonner le théâtre nord des opérations et à passer au sud afin que les dépenses nécessaires à leur entretien reposent sur la France elle-même ; 3° d'utiliser toutes les circonstances qui peuvent porter radicalement atteinte à la puissance du gouvernement français, en s'efforçant d'agir sur le moral du peuple français ; 4° d'utiliser tous les moyens politiques qui peuvent servir à priver la France de ses alliés. [...]

« Cela ne demanderait pas non plus de grands efforts de contraindre les habitants de la France à réfléchir à l'esclavage dans lequel ils sont tombés. [...] Si l'on ajoute à cela une intrusion venant de la mer, et peut-être même du côté de l'Espagne, Napoléon sera bientôt obligé d'utiliser une partie de son armée pour contraindre à ce qu'on lui obéisse au sein même de la France[8]. »

La phrase suivante a-t-elle une résonance particulièrement « pacifique », s'inscrit-elle dans l'esprit de la « préparation à la défense » ? « Je ne parle pas de la Pologne, étant donné qu'il suffira de quelques batailles remportées et toute la Pologne sera dans nos mains[9] ! »

Mais peut-être, après les pourparlers infructueux avec la Prusse, Barclay de Tolly s'est-il conformé strictement au concept de guerre défensive, développant et détaillant un « plan opérationnel d'ensemble » de retraite dans les profondeurs de la Russie ? Pour se convaincre que cela ne correspond nullement, loin de là, à la réalité, il suffit de consulter le rapport du ministre de la Guerre d'Alexandre Ier en date du 1er (13) avril 1812. Indiquant que les Français construisaient des ponts sur la Vistule et se préparaient à franchir ce fleuve, Barclay de Tolly écrivait : « Toutes ces circonstances nous incitent à nous hâter le plus possible afin de devancer au moins quelque peu l'ennemi. [...] Les troupes peuvent cependant faire mouvement sur-le-champ si je reçois pour cela un ordre de Votre Majesté Impériale. [...] Toutes les colonnes des deux armées et des corps doivent franchir la frontière ; ce mouvement inattendu de nos troupes ne peut aucunement inquiéter l'ennemi[10]. »

Ainsi, même à la mi-avril 1812, le ministre de la Guerre n'avait pas du tout l'intention de battre en retraite, mais se proposait de « se hâter » afin de « devancer » l'ennemi. Et c'était loin d'être tout : dès la fin d'avril 1812, ordre fut donné de préparer des passages sur le Niémen « près de Merich, Olitta et Stanevo [...] afin de pouvoir les utiliser dès que le besoin s'en fera sentir[11] ».

Comme on peut aisément le deviner, ces ponts n'étaient pas construits pour apporter une aide amicale aux pontonniers de Napoléon, mais pour faire passer l'armée russe sur la rive occidentale, autrement dit pour entamer une offensive sur le duché de Varsovie ! Ainsi le tsar et le ministre de la Guerre, un mois et demi ou deux avant la guerre à laquelle ils se préparaient depuis deux ans et demi, n'avaient pas encore décidé ce qu'ils allaient faire.

Il n'est nul besoin de parler de tous les autres généraux et officiers d'état-major. Ceux d'entre eux qui étaient doués d'une bonne plume inondaient le commandement de leurs projets chimériques où il n'était aucunement question d'attirer l'ennemi dans les profondeurs du territoire russe. Ils ne mentionnaient tous pratiquement qu'une chose : la nécessité d'attaquer sans attendre le duché de Varsovie. Voici certains des plus caractéristiques d'entre eux :

L'adjudant général Van Tuyll, résident des services secrets russes en Autriche, écrivit en septembre 1811 : « L'on a presque toujours laissé à l'empereur Napoléon l'initiative de la guerre, qui lui procure un ascendant décidé et soutenu. Il ne m'appartient pas de juger s'il serait impossible de se soustraire à cette loi générale [...] afin de commencer les hostilités dès que le moment favorable sera arrivé et qu'il plaira à la Russie, et non pas à la France, de donner le signal. [...] L'occupation rapide du duché de Varsovie [...] serait le plus beau et le plus utile commencement[12]. »

Le général Ouvarov, aide de camp du tsar, écrivit en octobre 1811 à Alexandre Ier (dans un français épouvantable) : « Il y auroit un autre avantage pour les Russes s'ils pouvaient s'emparer de la Ville de Varsovie [...] pour établir le théâtre de la guerre en Pays ennemi. [...] Le Roi de Prusse seret fort heureux s'il pouvez se débarasser de la necessite de lesser entrer les troupes française sur son territoire. [...] Il pourrait redevenir des aliez fidele de la Russie des le moment ou cele-ci prendrait le partie d'entrer sur le territoir Prussien pour le deffandre. Ce qui serait en même temps d'une importance incalculable par les mouvements qu'un pareil évenement produiret chez les Peuples oprimés de l'Allemagne, de l'Italie et de la Suisse[13]. »

Le major général Dovré rapporta au général prince Volkonski, aide de camp du tsar, le 3 (15) mars 1812, que les Français s'avançaient vers les frontières russes : « L'orage a éclaté si vite que la seule chose à faire dans les circonstances, celle de s'emparer des villes de Tilsit et de Memel, et par conséquent de tout le Niémen, n'a pu avoir lieu. [...] Il y a dix jours, la prise de possession de ces deux endroits n'aurait coûté que la peine d'y entrer. La possession de Tilsit aurait couvert la frontière entre Jurbourg et Polangen, et nous aurions ouvert une porte pour les événements ultérieurs[14]... » Ce rapport ne constituait évidemment pas un plan, mais le major général du 1er corps Dovré n'avait visiblement pas l'intention de se replier sur la Volga et comptait même conserver « une porte ouverte pour les événements ultérieurs », autrement dit des places d'armes nécessaires à l'offensive.

Parmi divers documents d'état-major, on trouve une note d'un auteur inconnu en date du 12 (24) mars 1812 adressée, autant qu'on puisse en juger, au ministre de la Guerre. Il va de soi qu'on ne peut aucunement la considérer comme un ordre d'entreprendre des opérations ou un plan du commandement, mais les conseils qui y sont prodigués et les conclusions mentionnées reflètent sans conteste ce dont on parlait à l'état-major russe à la veille du déclenchement des hostilités :

« Si la Russie avait l'imprudence d'attendre l'arrivée des armées françaises en Prusse et dans le duché de Varsovie, si elle ne prévenait pas la leur dans ses marches, on verrait avec quelle promptitude elles pourraient pénétrer d'un côté vers Riga et par le duché de Varsovie, se dirigeant sur Brest, Pinsk, Minsk, Moghilev et Smolensk. *On aurait alors à lutter* non seulement avec l'armée française, mais *avec la nation polonaise* qui se révolterait en entier, et la Russie, malgré ses grandes armées, aurait alors beaucoup de peine à déloger l'ennemi de ses provinces[15]. »

Si cette note ne nous intéresse que comme exemple des idées discutées à l'état-major russe, son auteur étant, selon toute vraisemblance, quelqu'un de peu connu, on ne saurait en revanche qualifier d'inconnu l'auteur du « Projet de plan opérationnel des troupes russes dans le duché de Varsovie », le duc Alexandre de Wurtemberg. C'était le gouverneur militaire de Biélorussie, le gouverneur civil de Vitebsk et de Moghilev, et à la veille de la guerre de 1812 il faisait partie de l'état-major de la 1re armée. Comme le duc était parent de l'empereur, son opinion était fort écoutée au sein de l'armée.

En mars 1812, Alexandre de Wurtemberg proposa un vaste plan aux termes duquel les troupes russes devaient entreprendre une offensive de grande ampleur : « L'armée russe devrait se concentrer sur quatre points principaux, savoir : sur Grodno, sur Bialystok, sur Brest-Litovsk et sur Vladimir-en-Volhynie. [...] [Avec le] corps de 15 à 16 000 hommes qui agiraient avec les Prussiens, cela ferait en tout une masse de 226 000 hommes... »

Le duc décrivait en détail les itinéraires des corps et indiquait ensuite : « Une fois Varsovie emportée, la tête de pont de Prague [Praga], prise à revers, tombera alors entre nos mains sans qu'on ait été obligé de l'attaquer de front. On ne négligera point de détruire cette tête de pont le plus tôt possible. Le second corps d'armée, après la prise de Varsovie [...], se portera en avant sur deux colonnes. Le troisième corps [...], après avoir passé le Bug à Terespol, marchera tout droit sur Lublin. [...] Le quatrième corps de l'armée russe, qui se concentrera avant d'entrer en campagne vers Vladimir [...], passera [...] la rivière Bug [...] et continuera après cela sa marche sur Cracovie, dont il s'emparera sans rencontrer probablement beaucoup de difficultés. [...] Tout ce que l'on pourra entreprendre par la suite me semble dépendre uniquement des circonstances, sans qu'il soit possible de les prévoir ni de les diriger[16]. » Il convient de noter que l'auteur envisageait également une situation dans laquelle il serait possible d'agir en défense. Mais l'axe principal du plan consistait à prendre rapidement le duché de Varsovie et à faire ensuite la guerre en fonction des circonstances.

On n'a aucun mal à deviner que si Barclay de Tolly et son entourage parlaient d'offensive, le général Bagration, bloc d'énergie et d'ardeur, bouillait littéralement au seul mot de « retraite ». Deux mois avant le début de la guerre, le 17 (29) avril 1812, il exposait au ministre de la Guerre ses considérations, davantage formulées comme des exigences : « Selon cette proposition, mon mouvement doit être offensif, d'autant plus que Votre Excellence m'a informé dans des lettres antérieures que l'armée d'observation regroupée entre Jitomir et Tarnopol observera les mouvements des Autrichiens qui se trouvent dans les environs de Lemberg [...], et ce n'est qu'à toute extrémité qu'il faut penser *à la retraite, si dommageable sous tous les rapports*[17]. »

Il existe également des plans datant du printemps 1812, concernant des opérations importantes sur les flancs stratégiques. Nous avons déjà parlé du premier au chapitre précédent. Il s'agit du projet dit « Poméranie ». Ayant paraphé le traité d'alliance russo-suédois le 24 mars (5 avril), Alexandre obtint de Bernadotte la promesse d'effectuer un débarquement des troupes suédoises dans le nord de l'Allemagne. Des soldats russes devaient prendre part à cette opération. Au total, il était prévu de créer une armée conjointe russo-suédoise composée de 25 à 30 000 Suédois et de 15 à 20 000 Russes. Ce corps devait être commandé par le prince héritier de Suède, Charles-Jean, *alias* l'ex-maréchal de l'Empire français Jean-Baptiste Bernadotte. Mais la programmation de cette opération n'existait qu'en paroles. Les Suédois prirent effectivement part à des opérations militaires contre Napoléon, mais bien plus tard, lors de la campagne de 1813.

En dehors du projet d'actions sur le flanc nord apparut également, au printemps 1812, le projet dit « Dalmatie ». Celui-ci était lié avant tout à l'imminence de la signature de la paix avec la Turquie, et aussi au fait que l'Autriche faisait désormais partie des alliés de Napoléon. Alexandre eut l'idée d'entreprendre une diversion sur le flanc sud avec l'aide de l'armée du Danube, dégagée de la confrontation avec les Turcs. Lorsque, en avril 1812, il nomma au commandement de celle-ci l'amiral Tchitchagov à la place de Koutouzov, le tsar lui donna l'ordre de provoquer une insurrection en Hongrie contre le pouvoir de l'empereur d'Autriche et, en même temps, de faire marche vers la Serbie, la Bosnie, la Dalmatie, le Monténégro et la Croatie en vue de réunir ces peuples slaves et de les attirer dans la lutte contre les possessions italiennes de Napoléon.

L'amiral était lui-même enthousiasmé par la grande mission qui lui était confiée, comparable par son ampleur aux campagnes d'Alexandre de Macédoine. Mais ses subordonnés avaient une tout autre vision du plan. Voici ce qu'écrivit au sujet du projet « Dalmatie » le général Langeron : « À son arrivée, l'amiral Tchitchagov nous a révélé le plan de campagne qu'il voulait mettre à exécution et dont il était apparemment ravi. Personne n'aurait pu imaginer projet aussi confus que ce malencontreux plan de campagne et, dans l'ensemble, une idée aussi funeste. Je n'ai pu savoir qui en était l'auteur. On disait que l'honneur en revenait aux Anglais. Mais je ne puis imaginer comment un tel projet a pu être adopté par un homme aussi intelligent et instruit que l'empereur Alexandre, et à plus forte raison par un militaire aussi célèbre que Barclay de Tolly, qui était alors ministre de la Guerre. Il nous était ordonné de traverser la Serbie, la Bosnie et d'atteindre les bouches de Kotor, qu'il fallait prendre ; il nous était ensuite prescrit de nous réunir avec la flotte anglaise et d'attaquer les conquêtes françaises en Italie afin de détourner l'attention de Napoléon et de le contraindre à envoyer là une partie de ses troupes. Rien n'était préparé pour cette expédition ; il nous fallait aller au petit bonheur quémander des vivres aux Serbes, qui ne nous en donneraient pas et pouvaient nous retenir dans leurs défilés et leurs montagnes où nous nous sentirions pris au piège[*18]. »

Le projet « Dalmatie » fut éphémère, de même que le projet « Poméranie ». Les contacts diplomatiques secrets pris en mai-juin 1812 montrèrent que les Autrichiens n'avaient nulle intention de combattre véritablement les Russes et que, par conséquent, il était absurde de se lancer dans une incursion de grande ampleur en territoire autrichien. D'autre part, les opérations contre Napoléon, qui avaient déjà commencé, avaient révélé que le commandement russe n'avait pas la possibilité de disséminer ses forces dans des entreprises telles que le projet « Dalmatie ». En septembre, Alexandre donna l'ordre à Tchitchagov de faire mouvement avec son armée pour mener une opération sur le flanc de la Grande Armée. Le projet de grande campagne en Italie était définitivement enterré.

Bien que les plans « Poméranie » et « Dalmatie » n'aient pas été mis en application, le fait même de discuter sérieusement de telles opérations démontre une fois de plus que, même en avril 1812, il n'était pas du tout évident, pour le tsar, que la guerre revêtirait un caractère exclusivement défensif. De fait, l'offensive dans le nord de l'Allemagne et, à plus forte raison, la marche sur l'Italie n'avaient aucun sens si, comme l'affirment certains mémorialistes, le tsar et son ministre de la Guerre avaient l'intention de reculer pratiquement jusqu'à la Volga. En revanche, dans le cas d'une offensive, de telles manœuvres, même si elles n'étaient pas très justifiées, pouvaient au moins, dans certaines circonstances, procurer de menus avantages.

Rappelons qu'en 1805 le mouvement du gros de l'armée russo-autrichienne en Allemagne avait été appuyé par des opérations de l'armée anglo-russo-suédoise dans le nord de l'Allemagne et par un débarquement de troupes russes et anglaises en Italie. En 1805, ces « diversions » sur les flancs s'étaient soldées par un coup d'épée dans l'eau et terminées par un vain éparpillement des forces et des

---

* Retraduit du russe.

moyens, sans apporter la moindre assistance au gros des troupes en campagne dans le centre de l'Allemagne. Mais un tel style de planification correspondait parfaitement au caractère d'Alexandre Ier et était bien destiné exclusivement à mener la guerre en Europe.

Cependant, début mai (nouveau style), il devint évident que les forces rassemblées par Napoléon étaient énormes, et que le passage à l'offensive enthousiasmait de moins en moins le commandement russe. C'est justement à ce moment qu'apparut un plan de guerre élaboré par le colonel Toll, quartier-maître général affecté à la 1re armée.

On disait du colonel Toll qu'il était l'« officier le plus instruit de l'état-major général ». Sa parole était très estimée au sein du commandement suprême des troupes russes. Plus tard, « avec l'arrivée de Koutouzov dans l'armée, nommé quartier-maître général de toutes les armées d'active, il jouissait de la confiance totale du commandant en chef (selon A. Mikhaïlovski-Danilevski, aucun conseil de guerre ne se tenait et aucune décision n'était prise sans Toll)[19] ».

Le plan de guerre du colonel Toll est daté du 29 avril (10 mai) 1812. D'après son auteur, la guerre offensive serait certes avantageuse, mais il écrit : « À mon regret, je dois remarquer que le moment propice pour des opérations offensives est passé pour nous. » Il considère par conséquent qu'il faut se préparer à une guerre défensive. Pour cette raison, certains historiens voient dans le plan Toll une sorte de préfiguration des opérations à venir, mais ce terme ne lui convient en aucune façon.

Il suppose que Napoléon « réunira la masse de ses troupes, au nombre de 100 000 hommes, dans les environs de Varsovie, d'où la ligne d'opérations la plus proche et la plus avantageuse pour lui sera de commencer à agir sur Brest-Litovsk ou Briansk, Slonim et ainsi de suite… ». C'est pourquoi l'auteur estime que le meilleur moyen de contrer l'ennemi sera de rassembler le gros de l'armée russe entre Grodno et Bialystok (Toll se propose de disposer la 1re armée de l'Ouest dans les environs de Sokolka, la 2e de l'Ouest aux alentours de Vysokolitovsk).

Toll suggère ensuite tout simplement de livrer à l'ennemi une bataille décisive : « Disposant de 148 000 hommes de troupes régulières et de 25 000 cosaques, nous pouvons lui infliger [à l'ennemi] sur tous les lieux une résistance en règle. Les Russes ont toujours remporté la victoire sur les Français là où ils se battaient contre eux d'un effort commun et avec les forces réunies. » Alors que le gros de l'armée devait, selon Toll, engager la bataille principale, de petits détachements de cavalerie, régulière et irrégulière, de 1 000 à 2 000 hommes, devaient s'avancer « pour faire irruption dans les lignes de l'ennemi […], s'efforçant de lui causer tout le dommage possible[20] ».

Ainsi, il n'y a rien de commun entre le plan Toll et les prétendus projets « scythes » consistant à attirer Napoléon dans les profondeurs de la Russie. Le projet du quartier-maître général ne prévoyait pas de lancer une offensive immédiate sur le territoire du duché, mais de livrer pratiquement d'emblée aux Français une bataille générale sur la frontière même – ce que, il faut le souligner, Napoléon souhaitait justement. En fait, le plan Toll n'était qu'une offensive quelque peu différée. La seule nuance réside dans le fait que l'auteur avait l'intention de battre l'ennemi non sur le territoire de celui-ci, mais sur son propre sol, à proximité de la frontière. Cette opération serait suivie, cela va de soi, d'une offensive victorieuse qui ne pourrait se terminer qu'à Varsovie, puis à Paris.

Parallèlement à tous les projets énumérés ci-dessus, à partir de 1810 Alexandre avait chargé Phull, un général prussien passé au service de la Russie à la fin de 1806, d'élaborer un plan de guerre. On peut trouver la description de ce plan archiconnu dans tout ouvrage de quelque importance sur la guerre de 1812. On s'y borne en général à relater que Phull proposait de diviser l'armée russe en deux grands groupes, l'armée de la Dvina (dans le secteur nord des opérations) et l'armée du Dniepr (dans le secteur sud). En cas de déclenchement des opérations contre les Français, l'armée de la Dvina devait se retirer dans un camp fortifié construit au début de 1812 sur un méandre de la Dvina, non loin du bourg de Drissa (dans la province de Vitebsk). Napoléon était censé tenter de s'emparer du camp, et échouer. Pendant ce temps, l'armée du Dniepr saccagerait les communications de l'ennemi et anéantirait ses réserves. Ayant subi de lourdes pertes lors de sa tentative d'assaut des fortifications, et aussi par suite des actions des Russes sur le flanc sud, l'armée ennemie perdrait sa supériorité numérique et l'armée de la Dvina passerait alors à l'attaque...

On peut lire une telle version du plan Phull dans n'importe quel ouvrage consacré à la Guerre patriotique. Il semble cependant qu'aucun des auteurs décrivant ce plan, peut-être peu praticable, mais tout à fait clair, n'ait lu le texte authentique de Phull. Cela se comprend, car le « plan Phull », ou plus exactement les multiples ébauches stratégiques élaborées par le tristement célèbre général, n'ont jamais été publiées. Elles se trouvent dans les Archives d'État d'histoire militaire de Russie (AEHMR) et consistent en 151 pages d'un texte rédigé dans un français très approximatif, à l'écriture peu lisible, comportant des fautes dans pratiquement un mot sur deux. Les auteurs russes ne se sont apparemment pas donné le mal de décrypter ce « grimoire » ; quant aux historiens français, ils n'y ont pas eu accès.

Le lecteur sera sans doute fort étonné d'apprendre que ces notes ne contiennent *aucun plan*. Il s'agit seulement de réflexions morcelées, parfois tout à fait décousues, apparemment rédigées entre 1810 et le début de 1812. Elles concernent aussi bien la guerre future contre Napoléon que l'art de la guerre en général. Comme le texte de Phull n'a jamais encore été cité par personne, nous en avons inclus en annexe un important extrait. Autrement, le lecteur n'ajouterait pas foi à ce qui va être dit ci-après.

Mais, pour commencer, disons quelques mots du général Phull lui-même. C'était un produit typique de l'école militaire allemande de la fin du XVIIIe siècle. C'était en outre un homme à la conduite bizarre, totalement coupé de la vie réelle. Phull vécut six ans en Russie et n'apprit pas un seul mot de russe, alors que son ordonnance russe parvint pour sa part à s'exprimer en allemand ! Carl von Clausewitz, le grand théoricien militaire allemand, qui se trouvait au début de 1812 au service de la Russie, donna une description très juste du général, ainsi que de la situation dans laquelle celui-ci élabora son « plan ». Comme Clausewitz ne connaissait pas un seul mot de russe, on l'avait nommé assistant de Phull, puisque cela ne l'empêcherait pas de communiquer avec ce dernier.

Voici ce que Clausewitz dit de son chef : « C'était un homme manquant de connaissances pratiques. Il menait depuis longtemps une vie uniquement intellectuelle et si coupée du monde qu'il ne savait rien des événements de tous les jours. Jules César et Frédéric II étaient ses auteurs et ses héros favoris. Des rêveries stériles sur leur méthode de guerre, que n'étayait aucune critique historique, étaient son occupation quasi exclusive. [...] Il ignorait la langue, les gens, l'organisation du pays et de l'armée, il était sans position officielle, sans autorité d'aucune sorte ; il n'avait pas d'officier d'ordonnance, pas de bureau, ne recevait pas de rapports, rien ne lui était communiqué. Il n'avait de relations ni avec Barclay, ni avec aucun autre personnage ; bien plus, il ne leur adressait jamais la parole. C'est l'empereur Alexandre qui lui avait appris ce qu'il savait des capacités et de l'état de l'armée. Il ne possédait pas même un tableau complet de l'état des forces ni aucun de ces documents dont l'étude continuelle est indispensable aux préparatifs d'une campagne[21]. »

Il est évident qu'un tel général ne pouvait élaborer rien d'autre qu'un projet scolastique, coupé de la vie.

D'ailleurs le plan Phull, comme le montre le texte cité en annexe, surpasse par son absurdité tout ce que l'on pouvait attendre de l'utopie la plus inepte. *Le Journal d'un fou*[*] : voilà la seule définition qui vient à l'esprit à la lecture de ces notes décousues, contradictoires, parsemées d'invraisemblables colonnes de chiffres indiquant la quantité de biscuits destinée à telle ou telle division.

---

* *Le Journal d'un fou*, nouvelle de Nicolas Gogol. (*N.d.T.*)

Mais prenons les choses dans l'ordre. Au début, Phull cite de façon péremptoire les effectifs des troupes qu'engagera Napoléon dans la guerre à venir contre la Russie : 240 000 hommes, point final. Puis il fournit un tableau détaillé des forces reposant sur ce chiffre tiré d'on ne sait où, en les répartissant par contingents étrangers. Ensuite, d'une manière tout aussi assurée que s'il venait de discuter amicalement avec Napoléon qui lui aurait confié ses plans les plus secrets, Phull annonce avec aplomb la façon dont va agir l'empereur des Français. Celui-ci divisera ses forces en trois : l'armée de la Vistule inférieure (au nord), l'armée de la Vistule supérieure (à peu près à la latitude de Lutsk et de Rovno), et l'armée d'Illyrie pour les opérations sur le Danube. Puis Phull expose par le menu combien de jours s'écouleront entre la décision prise à Paris et à Pétersbourg de déclencher les hostilités et tel ou tel mouvement des troupes françaises et russes, et décrit avec minutie (au biscuit près) combien de livres de cette ration seront nécessaires, et à qui et par quels moyens de transport ces biscuits seront livrés. Il faut dire que *zoukhary*[*] est sans doute le seul mot « russe » que Phull avait appris, et il se plaît à l'utiliser plus de cent fois dans son opus.

Son plan ne mentionne à plus forte raison aucun repli à l'intérieur de la Russie. Phull écrit même : « Les réserves destinées à assurer les communications et à occuper des points fixes sur la base d'opération ne pourront point participer d'une manière réelle à la guerre qu'on fera aux frontières[22]. » Toute la guerre à venir apparaît, dans la conception de Phull, sous la forme de manœuvres d'armées relativement peu nombreuses, dans le style de Frédéric II, dans la région de Tilsit, de Wilno, de Lutsk…, en un mot sur les frontières mêmes de l'Empire russe.

Comme la guerre à venir, selon le rhéteur allemand, est censée rappeler beaucoup les guerres de cabinet du XVIIIᵉ siècle, il prône le plus sérieusement du monde le « système des cinq étapes », et ce, dans un français approximatif : « Une armée accompagnée d'une boulangerie de campagne et d'un train de vivres, comme l'armée prussienne l'a été sous le règne de Frédéric II, peut s'éloigner de son magasin en faisant cinq marches de suite sans avoir recours au charriage du pays. Ce mouvement a cependant un effet et une armée ne saurait rester longtemps à la distance de cinq marches de son magasin le plus avancé sans s'exposer à ruiner ses équipages. La distance ordinaire est de trois marches. Dans ce cas, l'armée se trouvera à la distance d'une marche de la boulangerie de campagne et celle-ci à deux marches du magasin. Une armée qui manque d'une boulangerie de campagne et d'un train de vivres peut s'éloigner de trois

---

[*] *Zoukhary*, déformation « à l'allemande » du mot russe *soukhary* : biscuits, biscottes.

marches de son magasin si les caissons de troupes peuvent être chargés de provision de *zoukhary* pour huit jours. L'éloignement de trois marches du magasin n'est cependant que pour des cas extra-ordinaires. L'éloignement ordinaire et compatible avec la conservation des équipages de l'armée est de deux marches. En portant l'armée au-delà du rapport direct avec le magasin, les équipages de l'armée doivent être complétés par des voitures de réquisition. Si, par exemple, l'armée doit s'éloigner de cinq marches d'un magasin dont elle doit retirer ses subsistances, l'on rassemble près du magasin assez de voitures de réquisition pour pouvoir y charger une provision de *zoukhary* de huit jours[23]. »

Et que dire du calcul – il y en a d'ailleurs des dizaines chez Phull – sur la marche des divisions russes depuis Riga, Revel et Pétersbourg ! « La division de Riga se mettra en marche lorsque la tête de la division de Revel se trouvera à la distance d'une marche. La division de Revel se conduira de la même manière à la division des Gardes. Le besoin journalier de trois divisions est de 51 623 portions de *zoukhary*, ce qui fait 103 246 livres si la portion est de deux livres. Une provision de 8 jours fait 412 984 portions pesant 825 968 livres. Une provision de 12 jours fait 629 476 portions ou 1 238 552 livres. Une provision de 32 jours fait 1 651 936 portions ou 3 303 872 livres. La charge d'un cheval de paysan est de 300 livres. Pour charrier une provision journalière, il faudra 344 chevaux ; pour charrier celle de 8 jours, 2 752 ; pour charrier celle de 12 jours, 4 128 ; pour charrier celle de 32 jours, 11 008 chevaux[24]. »

Et voilà : 3 303 872 livres et 11 008 chevaux, ni plus ni moins ! Dans ces drôles de calculs, Phull se révèle en outre d'une rare pingrerie : calculant que l'armée de la Dvina a besoin de 51 673 portions de bœuf par jour, Phull alloue pour cela 64 bœufs, à raison de 800 portions par bête. Si l'on multiplie ces chiffres, on obtient 51 200 portions, de sorte que Phull a décidé d'économiser 473 portions...

Mais trêve de plaisanteries ! Il est évident que non seulement en temps de guerre, mais même en temps de paix, en calculant au plus juste, avec des administrateurs idéalement honnêtes et incorruptibles, une telle exactitude est inconcevable, et ce n'est rien d'autre que de la paperasserie coupée du réel. Dans le meilleur des cas, il s'agit d'une base pour des estimations ultérieures plus sérieuses, rien de plus.

Nous ne citerons pas d'autres notes de Phull, inutiles pour étudier l'histoire réelle. Il suffit de mentionner leurs titres pour comprendre à quel point elles étaient éloignées du déroulement de la guerre de 1812. Parmi ceux-ci : « Note sur l'attaque supposée de l'ennemi sur l'aile droite », « Note sur l'attaque supposée de l'ennemi sur l'aile gauche », « Note sur la base des actions militaires de Napoléon »,

« Note sur la cuisson du pain et des biscuits », « Notes sur la base des actions militaires », « Note sur différentes méthodes pour tourner les positions », « Actions supposées entre Memel, Pregel et Inster », etc.

Mais qu'en est-il donc du célèbre camp de Drissa* ? Il n'est pas exclu qu'il ait fait l'objet d'une note séparée qui ne s'est pas retrouvée dans la masse de documents conservés dans les AEHMR. On n'y découvre que des remarques générales sur l'avantage des camps fortifiés (cf. annexe) ainsi que des réflexions détaillées sur le type de redoutes et de lunettes à édifier pour être sûr de terrasser l'armée de Napoléon.

On sait cependant que le camp fortifié de Drissa a bien été construit. Et il y a des chances que le « plan Phull », ou plus exactement les « plans Phull », aient connu une inflexion, revêtant, avec l'approche de la guerre de 1812, un aspect proche de ce qui est habituellement décrit dans les ouvrages d'histoire. Il n'en est pas moins évident que la plus grande partie des réflexions de Phull conservées dans les archives n'avaient pu être modifiées et, ce qui importe le plus, que Phull n'imaginait aucune retraite en profondeur, seulement des manœuvres dans les régions frontalières.

Pour ce qui est des camps fortifiés, l'idée de leur utilité était visiblement dans l'air en 1810-1811, et c'est tout à fait compréhensible. Le fameux général anglais Wellington avait en effet utilisé avec succès les lignes fortifiées de Torres Vedras pendant la campagne du Portugal. Les événements de Torres Vedras s'étaient déroulés entre octobre 1810 et mars 1811, et étaient largement connus dans toute l'Europe. Le chef militaire anglais avait construit non loin de la capitale portugaise d'énormes installations défensives comptant au total 108 forts et 151 redoutes, équipés de 1 067 canons. La première ligne était longue de 46 kilomètres, et en arrière de celle-ci avaient été édifiées deux autres lignes de puissantes fortifications. Tous ces ouvrages colossaux avaient été érigés en tenant compte du caractère du terrain. Pour s'emparer de Lisbonne, principale base des troupes anglaises au Portugal et position clé du point de vue politique, les Français devaient en effet marcher vers la ville dans l'étroit espace compris entre le Tage et l'Océan. Le Tage, dans cette région proche de l'embouchure, atteint une largeur de plusieurs kilomètres, et il était par conséquent impossible, pour des troupes terrestres, de le traverser. Enfin, derrière les fortifications étaient postés près de 100 000 hommes dont la moitié appartenait à des troupes régulières anglaises et portugaises, les autres à des milices populaires. On n'a

---

* Camp fortifié construit à la veille de la guerre de 1812 sur la rive gauche de la Dvina occidentale à proximité du village de Drissa. Selon le plan Phull, la 1re armée russe, cantonné là, devait stopper les troupes napoléoniennes pendant que la 2e armée les attaquait sur leur flanc et leurs arrières.

aucun mal à deviner que les armées de Masséna, qui ne comptaient pas plus de 50 000 hommes, ne réussirent pas à franchir cette enceinte digne des pyramides d'Égypte, d'autant que le ravitaillement en vivres et munitions ne rencontra aucun obstacle, en raison de la totale domination sur mer de la flotte britannique qui couvrait solidement, en outre, les flancs de la ligne de combat.

Les événements du Portugal avaient marqué un tournant dans la guerre dans la péninsule Ibérique. L'échec de l'armée de Masséna, arrêtée par Wellington devant Torres Vedras, était devenu un sujet de conversation parmi tous les officiers des armées européennes, et bien entendu l'utilisation réussie des lignes de défense donna matière à réflexions théoriques dans le domaine de la tactique et de la stratégie. Même un scolastique s'intéressant peu à la vie réelle, comme le général Phull, pouvait avoir été influencé par ces discussions.

Son plan ne prenait cependant en compte ni les effectifs des armées combattantes – que, d'ailleurs, les services secrets russes connaissaient bien –, ni les particularités de la situation stratégique, ni enfin des considérations élémentaires sur les caractéristiques du terrain. Si Wellington avait remporté un succès devant Torres Vedras, ce n'était que grâce à la configuration du terrain, à l'importance politique et militaire de Lisbonne, enfin à l'énormité de son armée qui, avec une témérité vraiment digne de gentlemen, avait préféré, alors que ses effectifs étaient le double de ceux de l'ennemi, se défendre derrière une triple ligne de fortifications ! On ne peut se retenir d'ajouter un détail piquant sur la spécificité des fortifications de Torres Vedras. La dernière ligne de celles-ci, la plus courte, entourait non pas le centre de Lisbonne, mais un site particulier destiné à l'embarquement de l'armée britannique. Autrement dit, le « duc de fer » envisageait que, en cas de prise par les Français des deux premières lignes, les Portugais devraient décider eux-mêmes de ce qu'ils feraient de leur capitale, alors que nos braves Anglais pouvaient ne pas se faire de souci pour leur rembarquement.

Il est clair que l'armée russe n'avait pas la faculté de rembarquer pour fuir le camp de Drissa. Mais, et c'est ce qui compte le plus, celui-ci ne protégeait aucune position importante sur le territoire du pays. Même s'il était renforcé à l'instar des lignes devant Lisbonne, on pouvait le tourner et, l'ayant bloqué par des forces équivalentes, faire avancer le reste des troupes dans n'importe quelle direction. En outre, la qualité de ses fortifications, construites à la va-vite à partir d'avril 1812, laissait à désirer. Le camp était situé dans un emplacement fermé à l'arrière par un méandre de la Dvina, et le long du front qui représentait la corde de cet arc (d'une longueur d'environ 5 kilomètres) avaient été érigées des redoutes et des lunettes de terre. Enfin, la Dvina n'est pas très large à cet endroit et on peut la passer presque partout à gué. Cette localisation du camp avait été choisie par le général aide de camp Woltzogen, qui avait été envoyé en reconnaissance après qu'Alexandre eut donné son approbation, à l'été 1811, à l'ensemble du « plan Phull » (ou plutôt des plans de Phull), même si celui-ci ne fut jamais adopté officiellement.

Toutes les réflexions de Phull sont si scolastiques, si éloignées de la réalité qu'on est éberlué que ses élucubrations aient pu être discutées sérieusement par des généraux ayant l'expérience du terrain. C'est pourquoi un certain nombre d'historiens ont émis l'avis que le « plan Phull » n'était rien d'autre qu'une tentative d'Alexandre Ier pour rejeter la responsabilité de la retraite sur le plus « modeste » des généraux, un original n'ayant aucune influence parmi les élites russes, que l'on pouvait rendre responsable de n'importe quoi et sur qui l'on pouvait détourner le mécontentement de l'armée et de la société contre les « véritables auteurs des plans, l'empereur Alexandre Ier et Barclay de Tolly[25] ».

Il y a sans conteste une once de rationalité dans un tel point de vue, et il ne fait presque aucun doute qu'Alexandre aurait été heureux de trouver un bouc émissaire en la personne du général Phull, idéale pour le rôle, si les événements avaient mal tourné. Cependant, il est tout à fait impossible de considérer qu'Alexandre avait planifié à l'avance la retraite et utilisé le plan Phull pour la préparer. D'abord, comme on le voit d'après les extraits cités en annexe, les plans de Phull changeaient en permanence, il ne savait pas lui-même à quel dispositif se conformer, et voyait la guerre à venir sous la forme de manœuvres alambiquées sur la frontière – ce qui est aux antipodes de l'idée, élaborée à l'avance, de battre en retraite et d'attirer l'ennemi dans les profondeurs du pays. Ensuite, ni Alexandre ni Barclay n'avaient de claire vision des actions de l'armée russe dans le futur conflit. Le tsar et son ministre de la Guerre oscillaient eux-mêmes de droite et de gauche, et étaient littéralement inondés de toutes parts de propositions diverses dont la plupart impliquaient une offensive.

On peut évidemment négliger nombre de projets comme le plan de Bennigsen, ou d'Ouvarov, ou du duc de Wurtemberg, en disant que ces hommes ne jouaient aucun rôle dans l'adoption de la décision définitive. Mais, en dehors de l'opinion des généraux, on dispose aussi des instructions de Barclay de Tolly, datant de la fin de l'automne, à Wittgenstein, à Baggovout et à Essen, qui ne suscitent aucun doute et envisagent la possibilité d'une offensive afin de prêter assistance au roi de Prusse. Enfin, on a déjà mentionné le rapport de Barclay de Tolly, daté d'avril 1811, dans lequel celui-ci propose à Alexandre de se lancer d'emblée dans l'offensive. La préparation de la construction de ponts sur le Niémen ne laisse pas planer non plus de doute sur son dessein et souligne encore une fois que, pratiquement jusqu'au début de la guerre, le commandement suprême de l'armée russe hésitait entre attaquer et mener la guerre sur son propre sol.

Mais, même si l'on peut encore qualifier à la rigueur la préparation de la traversée du Niémen d'opération de désinformation de l'adversaire et de ses propres généraux, visant à se présenter à ceux-ci comme les partisans d'une offensive courageuse, on ne peut en aucune façon classer le rapport d'avril de Barclay de Tolly parmi de telles manœuvres. Le rapport du ministre de la Guerre était absolument secret et n'était destiné qu'à l'empereur ; autrement dit, il n'était connu que de ceux qui prenaient véritablement les décisions.

Enfin, la disposition des forces russes et des dépôts de vivres, dont il sera question en détail au chapitre suivant, montre sans conteste que l'armée se préparait à l'offensive, ou à tout le moins examinait une invasion du duché de Varsovie comme le dispositif le plus conforme à l'évolution des événements. Non seulement les troupes étaient disposées sur la frontière même, ce que l'on peut encore justifier par un désir de désinformer l'ennemi, mais l'installation des principaux magasins contenant les stocks de vivres à deux pas du territoire ennemi n'aurait absolument pas été logique si l'on avait déterminé fermement à l'avance une ligne de retraite…

Et puis, il y a aussi la présence d'Alexandre Ier auprès de l'armée. Pourquoi le tsar, alors qu'il était arrivé à Wilno en avril 1812, avait-il besoin de rester avec les troupes jusqu'au début des opérations, s'il était absolument persuadé que l'armée allait battre en retraite ? Était-ce pour conduire ses régiments dans leur fuite ? C'est précisément en l'absence d'Alexandre que la retraite se serait déroulée de la façon la plus naturelle et n'aurait pas rencontré les obstacles moraux qu'aurait à l'évidence créés la présence du monarque à la tête de l'armée. Et il aurait alors été plus commode de tout mettre sur le dos d'un quelconque Allemand.

La présence d'Alexandre à la tête de l'armée n'avait de sens que dans le cas où il se préparait à entrer triomphalement dans Varsovie, à se proclamer roi de Pologne et à poursuivre ensuite une offensive victorieuse en Europe.

On peut donc conclure que, selon toute probabilité, ni Alexandre ni Barclay de Tolly n'ont eu de claire vision de la guerre à venir jusqu'au début des opérations. La seule chose que savait Alexandre était qu'il devait renverser Napoléon, dût-il sacrifier pour cela des millions de vies. Comment il allait s'y prendre concrètement, le tsar l'ignorait. En revanche, il était manifeste qu'en 1810, alors que l'armée s'était déjà massée aux frontières, l'esprit qui y régnait était exclusivement offensif. Tout le monde ne parlait que d'entrer dans le duché, de l'écraser hardiment, de faire la jonction avec les Prussiens et de marcher sur Paris. À partir du printemps 1811, lorsque le tsar apprendra que ses vues sur la Pologne ne se concrétiseront sans doute pas, ou alors avec beaucoup de difficultés, il se tournera vers le plan de guerre défensive, en particulier vers l'« autorité indiscutable » de Phull, et ce, d'autant plus que Napoléon se sera alors laissé prendre à la provocation et aura commencé à préparer réellement la guerre.

On comprend tout à fait que, dans ce contexte, le rusé tsar, qui se cachait toujours derrière le dos d'autrui pour prendre des décisions impopulaires, ne pouvait que remarquer à quel point il serait commode de faire porter, le cas échéant, la responsabilité de la retraite à un Allemand à l'esprit dérangé.

Cependant, y compris à ce moment-là, jusqu'aux derniers jours, ni le tsar ni ses généraux ne s'étaient arrêtés à un plan concret. Il va de soi que, lorsque le gros des forces françaises aura forcé l'Oder et la Vistule et se rapprochera des frontières de l'Empire russe, l'état d'esprit se modifiera sensiblement. Les effectifs des troupes françaises étaient tout à fait connus du commandement russe, et le péril apparaîtra alors aux yeux de tous dans toute son ampleur. Dans cette conjoncture, à côté du plan scolastique de Phull surgira celui non moins scolastique de Toll, supposant de se défendre sur la frontière.

Quand Napoléon ne fut plus qu'à quelques jours du franchissement du Niémen, il devint évident qu'il allait falloir battre en retraite. Il était trop tard alors pour qu'Alexandre quitte l'armée : cela aurait été considéré comme une fuite. Le tsar dut accompagner quelque temps ses troupes dans leur recul. Mais, même alors, à quelques jours seulement des premiers coups de feu, le haut commandement de l'armée russe, à l'exception évidemment de Barclay de Tolly, n'estimait pas la retraite inéluctable. Le bouillant prince Bagration écrivit au tsar le 8 (20) juin 1812 : « L'ennemi, rassemblé sur divers points, est une véritable racaille. [...] Prie le Seigneur et ordonne d'attaquer[26] ! »

Le plan français

Ouvrant n'importe quel ouvrage populaire sur la guerre de 1812, on trouvera presque à coup sûr une phrase qu'aurait prononcée Napoléon à la veille de celle-ci : « Dans cinq ans, je serai le maître du monde, il ne restera que la Russie, mais je l'écraserai aussi. » Cela, si l'on veut, pour le dessein politique d'ensemble. Pour ce qui est des visées stratégiques concrètes, elles se caractérisent fréquemment par une formule presque aussi expressive : « Si je prends Kiev, je tiendrai la Russie par les pieds ; si je prends Pétersbourg, je prendrai la Russie par la tête ; si j'occupe Moscou, je frapperai la Russie au cœur. »

Ces phrases sont bien sûr apocryphes. Ainsi, la première est tirée des mémoires de l'abbé de Pradt, rédigés et publiés sitôt après la chute de Napoléon, au moment où ses ennemis jurés avaient accédé au pouvoir en la personne des Bourbons. En ce qui concerne l'auteur lui-même, il était ambassadeur à Varsovie en 1812 et s'était conduit à ce poste de telle façon qu'il avait été vertement admonesté par l'empereur. La restauration des Bourbons donna la possibilité au malencontreux diplomate de régler ses comptes avec son ancien chef dans un petit opus venimeux grâce auquel il s'efforçait de se faire bien voir des nouvelles autorités.

On peut juger de l'utilité de cet opus pour l'étude de l'histoire par la phrase qui s'étale en première page : « L'Empereur a été surpris, laissant du plus profond de sa rêverie échapper ces paroles mémorables : "Un homme de moins, et j'étais le maître du monde [...]. Cet homme, c'était moi" », ajoute modestement l'auteur, qui poursuit : « *À ce compte, j'aurais donc sauvé le monde* et, ce titre à la main, je pourrais le défier d'égaler jamais la reconnaissance au bienfait[27]. »

Si l'honorable lecteur souscrit à une telle approche des processus historiques et peut croire que le plus incompétent de tous les diplomates de l'époque napoléonienne a sauvé le monde, il lui faudra encore faire siennes d'autres hypothèses formulées dans les mémoires du vaniteux abbé. On y trouve en particulier l'idée, qui caractérisera toutes les œuvres ultérieures, de représenter Napoléon comme un homme psychiquement déséquilibré, pénétré du dessein de conquérir la planète. Pradt écrit : « L'empereur a porté en naissant, en s'élevant, en montant sur le trône, l'appétit et le désir d'envahir le monde[28]. »

Il semble que tout notre ouvrage démontre, en se fondant sur les faits, que la politique de Napoléon, même s'il n'était pas exempt de traits agressifs, reposait sur des principes réalistes. Dans aucune lettre, officielle ou non, de l'empereur des Français, dans aucune des instructions qu'il a données, il n'est question, même de loin, même par les plus vagues allusions, de la conquête du monde. Certes, les victoires avaient sans conteste enflé les ambitions de Napoléon, mais, jusqu'en 1810, il aspirait à un dessein tout à fait réalisable : vaincre l'hégémonie maritime de l'Angleterre, ouvrir la possibilité d'un libre commerce pour tous les pays, instaurer une paix durable en s'appuyant sur l'alliance russo-française au nom de laquelle il était prêt à consentir de nombreux sacrifices.

Après l'échec de son projet de mariage, voyant la stérilité de ses tentatives pour nouer des relations avec Alexandre, et trouvant d'autre part, lui semblait-il, un écho favorable en Autriche, il en vint progressivement à l'idée que l'on pourrait définir comme la création d'une Europe unie sous sa houlette, un empire fédératif où devraient se maintenir les dynasties en place, les traditions nationales, mais que devraient rassembler les mêmes buts de politique étrangère, la proximité des systèmes législatifs, un même système monétaire, un réseau unique de routes et de canaux, un système unique de poids et mesures, etc.

Ce sont les documents officiels datant de cette époque, et non les mémoires rédigés pendant la Restauration, qui parlent le mieux de la vision de cet empire qu'avait Napoléon. Voici le discours prononcé le jour de l'anniversaire de l'empereur, le 15 août 1812, en la cathédrale d'Elbing, par le commissaire général de Prusse occidentale, de Boigne. Ce discours est un véritable hymne à l'Europe napoléonienne, l'exposition du rêve que poursuivait l'empereur, dont il était proche à la veille de la guerre de 1812 :

« Des contrées de l'Illyrie aux rives du Tibre et à celles de la Seine, du Tage à la Düna et au Boristhène, de la mer Égée à la Baltique, dans cette immense étendue de pays qui comprend l'Empire de la Civilisation, des Arts et des Sciences, toutes les nations qui en font partie, tous les souverains qui les gouvernent, unis par les mêmes intérêts et par les mêmes sentiments d'affection et d'amour, célèbrent aujourd'hui l'anniversaire de Napoléon le Grand, empereur des Français et roi d'Italie.

« Si l'Empereur a étendu aussi loin les bornes de son Empire et par ses armes et par son génie [...], [il] a également réuni les cœurs de tous les peuples chez lesquels il a été contraint de porter la guerre.

« Je citerai pour premier exemple les habitants de la Prusse. En effet, les bords de la Vistule et du Niémen furent naguère, entre l'Empire et ce royaume, le théâtre de plusieurs combats. [...] S. M. le roi de Prusse donne à ses sujets l'exemple de l'amitié et de l'affection qu'elle porte aux Français, et de sa loyauté à remplir ses engagements. Les troupes prussiennes combattent sous les mêmes drapeaux, et rivalisent de courage et de gloire avec celles de Sa Majesté Impériale. [...]

« Tous ses ennemis sont devenus ou les plus intimes amis ou les plus fidèles alliés de S. M., combattant aujourd'hui sous ses aigles contre l'Angleterre et la Russie, les seuls qui lui restent encore.

« Ces grands phénomènes politiques ne sont pas seulement produits par l'influence de la victoire ; mais ils sont le résultat de la confiance qu'inspire ce souverain dont les vues ne tendent qu'à la paix [...] et [...] à tarir la source de ces guerres périodiques qui, depuis tant de siècles, ensanglantent l'Europe et semblent contredire l'État de civilisation auquel elle prétend être parvenue.

« Des principes libéraux ont formé la base d'un système de législation [...], le Code de Napoléon, qui est suivi déjà dans beaucoup d'États et deviendra, sans doute, le Code universel [...].

« Si l'on y joignait l'uniformité des poids et mesures, [...] les peuples de l'Europe sembleraient ne former qu'une seule et même famille, quoique sous des gouvernements séparés et indépendants. Ce serait le complément de la plus parfaite civilisation.

« La mendicité, cette lèpre des États policés, a été éteinte dans tout l'Empire. Des maisons de bienfaisance ont été dotées. L'infortune y trouve un asile assuré, du repos, des soins, des consolations et l'existence. [...] L'imagination s'étonne quand on considère quels obstacles invincibles paraissait opposer la nature pour ouvrir les deux routes qui conduisent de France en Italie par le Mont-Cenis et le Mont-Saint-Bernard, achevées et pour ainsi dire aplanies.

« Quand on considère les canaux creusés, ceux commencés et projetés pour porter l'abondance et faciliter les communications des mers avec l'intérieur de l'Empire ; quand on considère le nombre des établissements formés, les encouragements donnés aux arts, aux sciences, au commerce, aux manufactures, les embellissements de la capitale, ou pour mieux dire sa reconstruction qui en a fait, malgré son antiquité, une ville neuve, la plus belle et la plus grande. Quand enfin on voit Rome, retirée par la même main du tombeau où elle était ensevelie depuis des siècles pour la placer au rang qu'elle occupait dans les temps fameux de sa gloire[29]... »

Il n'y avait pas place pour la Russie dans cet empire. Par son hostilité implacable, Alexandre avait fait changer de cap à la conception de la politique de Napoléon : alors qu'il était auparavant guidé par l'aspiration à coordonner les efforts de deux grandes puissances qui auraient pu gouverner l'Europe dans l'alliance et l'amitié, il en est venu à l'idée d'une sorte de nouvel Empire romain pour lequel la Russie était une intruse non exempte de danger. La concentration de troupes russes sur la frontière mit en branle une énorme mécanique dont les roues se sont mises à tourner inexorablement. À présent, la guerre se rapprochait des frontières de l'État russe. Mais quel était donc le plan de Napoléon ? Quels buts politiques poursuivait-il dans la guerre à venir, quel était son concept stratégique ? Avait-il vraiment l'intention d'aller jusqu'à Moscou ?

Si étrange que cela puisse paraître, en étudiant cette question, les ardents partisans de Napoléon affirment presque la même chose que les ardents patriotes russes, à savoir que Napoléon ne rêvait depuis le début que d'engager la guerre contre la Russie. À ceci près que les premiers déclarent qu'il le fit pour défendre la civilisation européenne contre les barbares russes, et les seconds qu'il se préparait à soumettre le peuple russe, à le convertir, à lui imposer des institutions étrangères. On peut rencontrer ce second point de vue dans pratiquement la moitié des livres populaires sur la guerre de 1812 publiés en Russie. Quant au premier, on en trouve la formulation la plus claire dans les ouvrages d'Édouard Driaut, qui voyait dans le conflit de 1812 une sorte de « guerre suprême » pour la civilisation européenne.

Avec une telle vision des desseins de Napoléon, il était naturel d'imaginer que l'empereur se donnait pour but de marcher sur

Moscou afin de détruire et humilier à jamais la Sainte Russie. Selon Pradt, il en rêvait depuis sa naissance. En dehors de l'œuvre « éminente » de l'abbé, il en est une autre où tous les historiens ultérieurs ont puisé les témoignages « inestimables » sur la préparation d'une campagne visant tout droit Moscou. Ce sont les souvenirs d'un certain Villemain dont l'historien contemporain le plus réputé de Napoléon, Jean Tulard, a écrit, dans sa bibliographie critique des mémoires sur l'époque napoléonienne : « Villemain rapporte, en les arrangeant quant à la forme, les propos de l'empereur à la veille de l'expédition de Russie. [...] Ces souvenirs constituent une source de premier ordre sur les dernières années de l'Empire[30]. »

Or, si l'on en croit les mémoires de Villemain, Napoléon aurait déclaré sans détour au printemps 1812 : « Je lui enlèverai Moscou ; je le [Alexandre] rejetterai en Asie. [...] Les peuples barbares sont superstitieux et ont des idées simples. Un coup terrible porté au cœur de l'Empire sur Moscou la grande, Moscou la sainte, me livre en un instant cette masse aveugle et sans ressort. » Après quoi, comme il se doit, une expédition en Inde et la conquête du monde : « Cette longue route est la route de l'Inde. Alexandre était parti d'aussi loin que Moscou pour atteindre le Gange. [...] Supposez Moscou pris, la Russie abattue, le tsar réconcilié ou mort de quelque complot de palais ; [...] dites-moi si, pour une grande armée de Français et d'auxiliaires partis de Téflis, il n'y a pas d'accès possible jusqu'au Gange, qu'il suffit de toucher d'une épée française pour faire tomber dans toute l'Inde cet échafaudage de grandeur mercantile [de l'Angleterre]. Ce serait l'expédition gigantesque, j'en conviens, mais exécutable, du dix-neuvième siècle. Par là, du même coup, la France aurait conquis l'indépendance de l'Occident et la liberté des mers[31]. »

Le lecteur aura sans doute cru que Villemain était un proche compagnon de Napoléon auquel celui-ci avait confié ses pensées et ses projets. Hélas ! Abel-François Villemain n'était que le jeune secrétaire du général comte de Narbonne, aide de camp de l'empereur. Selon lui, c'est le général qui lui aurait rapporté point par point les propos de l'empereur. Bien entendu, le jeune homme les avait parfaitement mémorisés et, quarante ans plus tard (!), alors qu'il était déjà âgé, il les avait reproduits avec exactitude dans ses mémoires...

Pour analyser le texte de Villemain, commençons par écouter ce que, selon lui, Narbonne aurait répondu aux discours insensés de Napoléon. L'aide de camp savait évidemment ce qui allait se passer et, tombant presque à genoux devant l'empereur, il se serait exclamé : « J'ose vous en supplier au nom de tous ceux qui se taisent, ne conduisez pas au fond de la Russie cette merveilleuse fortune de la France ! [Il y aurait] cette fois à lutter contre la longueur de la route, à travers des pays demi-déserts ou dévastés à dessein. C'est la guerre des anciens Scythes. [...] Passé le Niémen, c'est un autre monde. [...] Autour de l'armée victorieuse, derrière son sillon de feu, tout se refermera ; tout restera hostile et barbare. [...] On a mesuré les Russes en Italie, en Prusse, en Allemagne ; on en a eu raison partout : on ne sait pas encore ce qu'ils peuvent être au fond de la Russie, armés de leur climat, de leur barbarie et de leur fanatique désespoir[32]. »

Une telle prémonition n'était évidemment pas due aux dons de voyant de Narbonne. Il est en effet on ne peut plus facile d'être lucide lorsqu'on rédige un ouvrage de nombreuses années après les événements. Il est intéressant de noter que, dans les mémoires de Villemain, on rencontre fréquemment des quasi-citations de livres écrits dans les années 1830-1840 sur la campagne de Russie. En fait, il ne s'agit pas tant de mémoires que de réflexions sur l'histoire napoléonienne, dans lesquelles les souvenirs authentiques de l'auteur s'entremêlent bizarrement avec des affabulations et des extraits d'ouvrages historiques. Il est absolument inimaginable que le général Narbonne ait passé son temps à faire part de ses conversations avec Napoléon à son secrétaire, et que celui-ci les ait reproduites avec exactitude et sans les dénaturer tant d'années après !

Il ne faut pas oublier un autre élément important. Les mémoires de Villemain sont parus au moment où un conflit connu sous le nom de guerre de Crimée venait d'éclater en Europe. Tous les intellectuels libéraux du continent déclarèrent littéralement la guerre à la Russie de Nicolas Ier. Certains auteurs disent de ce conflit que ce fut la première guerre moderne où les nouveaux moyens techniques, les moteurs à vapeur, le télégraphe, les fusils rayés à grande portée, jouèrent un rôle majeur. Le premier photoreportage de guerre fut consacré au siège de Sébastopol. Ce fut en même temps la naissance de la guerre de l'information, qui n'en était encore, au début du XIXe siècle, qu'à un stade embryonnaire. Les mémoires de Villemain font partie intégrante de cette guerre ; ils avaient pour tâche de représenter la Russie comme une puissance barbare, dangereuse et agressive, menaçant les libertés européennes. Il suffit, pour s'en convaincre, de prêter attention aux prétendues paroles de Napoléon proclamant que le résultat de la campagne de Russie serait « l'indépendance de l'Occident », phrase absolument absurde à l'époque de Napoléon Ier !

Heureusement, pour connaître l'opinion de Narbonne, nous disposons d'un document d'archive important, rédigé par le général lui-même en mai 1812. Nous citerons cette lettre de Narbonne au chapitre XII, quand il sera question de la préparation directe des opérations militaires. Notons seulement que ce document met une croix sur les affabulations de Villemain.

Ajoutons également qu'on trouvait à cette époque dans l'entourage de Napoléon beaucoup de représentants de la vieille aristocratie française. Comme Narbonne, d'Aubusson de La Feuillade, chambellan et consul de France à Naples, descendait d'une illustre famille. En janvier 1812, la préparation de la guerre contre la Russie étant alors un secret de Polichinelle, ce dernier remit à l'empereur une « Note sur la situation politique de la France en janvier 1812 ». Ce long document évoque un éventuel conflit avec la Russie. Non seulement l'auteur ne frémit pas et ne tombe pas à genoux devant l'empereur en l'implorant : « Ne conduisez pas au fond de la Russie cette merveilleuse fortune de la France », mais il écrit au contraire avec beaucoup d'assurance que, à la suite de « l'affranchissement des paysans, l'on aurait pour soi non seulement les Lituaniens, mais encore les peuples de la Courlande, de la Livonie et autres provinces russes ; on en a pour garant l'exemple de Pougatchev. D'après ces considérations et l'immense supériorité des forces, tout laisse présumer que cette guerre ne serait vraiment qu'une promenade militaire[33] ».

Comme tout cela diffère des sombres prophéties rédigées *a posteriori* ! Parmi ces « prédictions » se distingue un passage, utilisé maintes fois par les historiens, des mémoires de Marmont. L'affaire se serait passée au début de 1810. Marmont rencontre l'amiral Decrès et celui-ci émet à brûle-pourpoint une « prophétie » que l'on considère habituellement comme une géniale prévision sur l'issue de la campagne de Russie : « Voulez-vous que moi, je vous dise la vérité ? […] L'empereur est fou, tout à fait fou, et nous jettera tous, tant que nous sommes, cul par-dessus tête, et tout cela finira par une épouvantable catastrophe[34]. »

Pour évaluer le degré d'authenticité de cette déclaration, il suffit de se souvenir que le maréchal Marmont était un homme que Napoléon considérait comme son ami proche, et qui, malgré cela, commit en 1814 une félonie que même les pires ennemis de l'empereur renversé jugeaient abjecte. Dans ses mémoires, rédigés à peu près à la même époque que les notes de Villemain, il devait résoudre un problème assez complexe : expliquer pourquoi il avait d'abord servi Napoléon avec zèle, pour trahir ensuite son bienfaiteur. Les mémoires de Marmont reposent donc sur une idée extrêmement simple : dans les premières années, Napoléon était bon, puis il est devenu mauvais, et au début de la campagne de Russie il a carrément perdu la tête…

Par ailleurs, ni les prétendues supplications de Narbonne, ni les effrayantes « prophéties » de Decrès, ni les fantaisies triomphalistes de d'Aubusson de La Feuillade n'ont eu d'influence sur l'élaboration des plans stratégiques... Quels étaient en réalité ceux-ci ? Nous ne pouvons pénétrer dans les pensées de Napoléon, mais, sur la base des multiples instructions et ordres signés par lui à la veille de la guerre, nous pouvons percer ses desseins réels. Si nous nous sommes penché avec attention sur les mémoires de Villemain, ce n'est que pour montrer à quel point il est dangereux de tirer des conclusions à partir de mémoires tardifs qui déforment du tout au tout la réalité. Malheureusement, dans la majorité des travaux historiques, qu'ils soient russes ou français, c'est justement de semblables bavardages que l'on tire des déductions hasardeuses.

Dans les souvenirs de Villemain, Napoléon répète avec une obstination maniaque le mot « Moscou ». Pourquoi l'empereur parle-t-il avec un tel entêtement de cette ville de province russe ? Rappelons qu'en 1812 cela faisait exactement cent ans que Moscou n'était plus la capitale de la Russie, et si Napoléon avait projeté de conquérir des espaces dont il n'avait en réalité nul besoin, il aurait, ne serait-ce que de temps à autre, mentionné dans ses réflexions le nom d'une autre ville, la capitale de l'Empire russe : Saint-Pétersbourg. C'est là que se trouvaient la résidence de l'empereur de Russie, l'état-major général, le ministère de la Guerre, tout l'appareil d'État de l'Empire, les dépôts de tous les régiments de la Garde, et enfin c'est là que résidait toute la noblesse de cour, tous ceux qui décidaient véritablement du destin de la Russie.

Or, dans aucun ordre de Napoléon concernant la préparation de la guerre contre la Russie ne sont mentionnés comme objectif stratégique non seulement Moscou, mais même Saint-Pétersbourg ! On peut en revanche trouver fréquemment des appellations géographiques comme Varsovie, Thorn, Marienbourg, Marienwerder, Pultusk, Elbing, Modlin, Plotsk, Pozen, Dantzig... et c'est seulement en juin 1812 que s'y ajoutent Wilno et Kovno.

Qu'est-ce que cela signifie ? Cela signifie que, en se fondant sur les multiples rapports qu'il avait reçus entre 1810 et le début de 1812, Napoléon ne doutait plus que l'armée russe se préparait à l'attaque. Ainsi, s'il ne faisait pas avancer ses troupes vers les frontières russes, le duché de Varsovie serait piétiné, écrasé, incendié, et les Russes déclencheraient ensuite une insurrection en Prusse et fonceraient sur lui avec des forces encore augmentées.

D'autre part, il était persuadé que, dès que les régiments français et alliés auraient fait mouvement vers la Pologne, le commandement russe, à cette nouvelle, lancerait immédiatement l'offensive, pénétrerait dans le duché de Varsovie – pour la suite, il suffit de se reporter à l'option précédente. C'est pourquoi l'empereur retenait comme objectif principal le déplacement le plus rapide possible de son armée sur les rives de la Vistule. Là, il pouvait être sûr que, même en cas d'offensive fulgurante des troupes russes, celles-ci se heurteraient à l'obstacle d'un large fleuve, et que les Français auraient assez de temps pour prendre des contre-mesures.

Napoléon n'a évidemment pas laissé de plan de guerre détaillé sur le papier. Il n'en avait nul besoin parce qu'il était maître de la situation et savait que, à la guerre, tout plan doit être immanquablement rectifié et modifié à de multiples reprises. Même celui de la célèbre manœuvre d'Ulm de 1805, même celui de la bataille d'Austerlitz, dans lesquels, comme le pensent naïvement certains historiens, tout était calculé et pensé dès le début jusque dans les moindres détails, furent en réalité modifiés en permanence en fonction de l'évolution de la situation. L'idée générale n'en était pas moins maintenue. S'il n'y avait pas de plan sur le papier, le chercheur dispose en revanche des ordres au chef d'état-major et aux maréchaux, aux commandants de corps d'armée, à l'aide desquels on peut reconstituer, comme à l'aide de fragments de mosaïque, un tableau d'ensemble du plan stratégique de Napoléon.

Le premier objectif du chef de guerre français, qui apparaît dans les documents authentiques de cette époque, est d'occuper la ligne de la rive ouest de la Vistule. Celle-ci devait être équipée de forteresses et de têtes de pont ; il s'agissait avant tout de l'énorme forteresse de Dantzig, qui desservait le flanc gauche (nord) du déploiement stratégique de l'armée française. C'est justement là que l'empereur avait l'intention d'agir au plus vite. Dans une lettre au roi de Wurtemberg, Napoléon écrivait déjà, le 2 avril 1811 : « Conserverons-nous la paix ? J'espère encore que oui ; mais il est nécessaire de s'armer et de mettre à l'abri de toute tentative la place de *Dantzig, qui est la clef de tout*[35]. » La dernière phrase aurait été absolument impensable au cas où Napoléon aurait préparé une campagne à l'intérieur du territoire russe.

L'empereur s'efforça parallèlement d'équiper toute la ligne de la Vistule de fortifications fiables. Toute une série de lettres de la fin de 1811 et du début de 1812 sont consacrées aux forteresses de Modlin et de Thorn, ainsi qu'aux têtes de pont sur la Vistule : Marienbourg, Marienwerder et Praga. Des fortifications particulièrement puissantes étaient en cours de construction autour de Modlin, qui devait être, avec Dantzig, le point d'appui le plus solide sur la Vistule. Ce grand chantier avait débuté en 1807 et le premier plan de la forteresse avait été tracé par un éminent ingénieur militaire français, le général Chasseloup-Laubat. Fin 1811-début 1812, jusqu'à 12 000 paysans travaillaient là sans relâche à l'édification de fortifications. Dans les archives du Service historique de l'armée de terre française, on peut trouver des rapports détaillés sur les grandioses travaux de Modlin et de Thorn. On acheminait dans ces forteresses d'énormes réserves de vivres, de poudre, de munitions diverses. Le 26 mars, l'empereur ordonna d'envoyer « 300 milliers* de poudre sur Dantzig, 100 milliers sur Thorn et 200 milliers sur Modlin ; et que les différents mouvements de poudre [...] aient lieu sans délai ». Napoléon indiquait également : « Il est bien important que Zamosc soit abondamment approvisionné de tout, puisque cette place est la plus susceptible d'être assiégée[36]. »

L'empereur pensait que les puissantes fortifications de Modlin, Thorn et Praga arrêteraient l'offensive russe sur la ligne de la Vistule au cas où celle-ci commencerait avant l'approche de l'armée française. Cela permettrait de fixer les troupes sur la Vistule et d'empêcher l'anéantissement du duché, même au cas où les troupes françaises tarderaient quelque peu à rejoindre la ligne du fleuve. C'est en raison du risque d'être devancés par une rapide offensive russe que les régiments quittèrent en grand secret, en janvier-février 1812, leurs lieux de cantonnement permanent. Napoléon était parfaitement conscient que les nombreux agents russes et les représentations diplomatiques dans les grandes villes d'Allemagne informeraient sans coup férir du transit des colonnes françaises par Munich, Dresde, Berlin, etc.

C'est pourquoi, le 10 mars 1812, l'empereur écrivit une lettre irritée à son chef d'état-major : « Témoignez mon mécontentement au duc d'Abrantès [général Junot] de ce qu'il a été à Munich avant ses troupes et de ce qu'il a ainsi démasqué mon mouvement deux jours trop tôt ; ce qui est cause que le courrier russe, qui ne serait parti que le 2 mars, est parti le 29 février[37]. » Ainsi, Napoléon ne tentait absolument pas de « se faufiler » en Russie sans être remarqué et d'attaquer celle-ci par surprise. Il ne doutait pas qu'à Munich, déjà, l'attaché militaire russe rapporterait en détail les mouvements des colonnes françaises, mais il voulait que cela se passe le plus tard possible afin d'avoir le temps d'arriver sur la Vistule avant le début de l'offensive russe.

Dans sa lettre du 3 mars 1812 au major général, le maréchal Berthier, Napoléon indiqua que la tâche la plus importante était selon lui « que le grand-duché ne soit pas ravagé et que, si les Russes commençaient les hostilités, le prince d'Eckmühl [Davout] puisse se porter avec assez de rapidité pour protéger le territoire [polonais][38] ».

Le 16 mars, l'empereur écrivit à Berthier plusieurs missives dans lesquelles il exposait en détail le plan auquel il se conformait à cette époque : « Faites connaître au prince d'Eckmühl que je lui ai envoyé les ordres de mouvement pour le 1er avril, dans la supposition que les Russes ne quitteront pas leur frontière et ne commenceront pas les

---

* Millier : ancienne mesure de poids française équivalant à environ une demi-tonne.

agressions ; et que, dans ce cas, tout ce que j'ai ordonné s'exécutera littéralement ; et que le principal sera de faire reposer les troupes, de bien les faire nourrir, d'organiser les ponts et têtes de pont de la Vistule, et d'être en un mot maître de partir de là pour commencer la campagne avec activité si les hostilités ont lieu. Mais si, au contraire, les Russes commençaient les hostilités et entraient en Prusse et dans les États du grand-duché, [...] le 1er corps, s'avançant sur l'Alle, menacerait de détourner les corps [russes] qui déboucheraient sur Varsovie par Grodno[39]. »

Dans une autre lettre datée du 16 mars et adressée à Berthier, Napoléon indiquait : « Ainsi, si [...] les Russes n'ont fait aucun mouvement qui ait obligé le prince d'Eckmühl à changer ces dispositions, le quartier général sera à Thorn. [...] Recommandez-lui [à Davout] d'envoyer un aide de camp à Poniatowski pour le prévenir qu'il sera en mesure de se porter, si nécessaire, au secours de Varsovie et d'appuyer le corps du grand-duché. [...] Le prince d'Eckmühl activerait la marche de ce corps [...] si les Russes commençaient les hostilités et menaçaient Varsovie, ce que je ne pense pas[40]. »

Quelques jours plus tard, Napoléon écrivit à nouveau au chef d'état-major : « Si, en conséquence du mouvement du prince d'Eckmühl sur la Vistule, les Russes déclaraient la guerre en envahissant le grand-duché, [...] il serait nécessaire qu'il [Oudinot, commandant du 2e corps] se portât [...] sur Stettin, et de là sur la Vistule, pour soutenir le prince d'Eckmühl[41]. » Et aussitôt, dans une autre lettre, l'empereur ordonna derechef : « Si, par suite du mouvement du prince d'Eckmühl sur Thorn, des Saxons et des Westphaliens sur Varsovie et des Bavarois sur Posen, les Russes marchaient sur les frontières du grand-duché ou de la Prusse, il faut, prévoyant ce cas, que ses troupes [le 3e corps de la Grande Armée, sous le commandement de Ney] soient disposées de manière qu'il puisse sur-le-champ déboucher par Posen et se porter rapidement sur Thorn[42]. »

Ainsi, Napoléon voyait avant tout comme première partie de son plan le déploiement de ses troupes sur la ligne de la Vistule. En cas d'offensive des Russes, les unités d'avant-garde devaient affronter l'ennemi sur une ligne bien fortifiée, et l'écraser ensuite avec l'arrivée de toutes les forces de la Grande Armée. En l'absence d'une offensive russe, l'empereur proposait de faire lui-même mouvement à la rencontre de l'armée russe et de la battre dans un combat aux frontières. Selon toute l'information qui lui parvenait, il ne doutait nullement que les troupes d'Alexandre, si elles n'attaquaient pas, l'attendraient en état d'alerte et livreraient aussitôt un combat général comme cela avait été le cas devant Austerlitz et devant Friedland.

Rappelons que la partie vraiment décisive de la campagne d'Austerlitz avait commencé le 27 novembre 1805 par une offensive de l'armée russe. Au sixième jour, le 2 décembre, avait eu lieu la bataille d'Austerlitz et, moins de quarante-huit heures plus tard, l'armistice avait été conclu. La paix de Presbourg avait été signée trois semaines après. La campagne de l'été 1807 avait commencé le 5 juin, à nouveau par une offensive des Russes ; neuf jours plus tard avait eu lieu la bataille décisive de Friedland, et quatre jours après le premier parlementaire russe arrivait dans le camp français ; la paix et le traité d'alliance de Tilsit avaient été signés eux aussi au bout de trois semaines. Napoléon avait sans doute en tête un schéma analogue pour la campagne de 1812.

On sait que, malgré tous les développements des généraux russes sur l'offensive, l'armée d'Alexandre n'avait pas franchi les frontières de l'empire de Russie, mais la machine de guerre de Napoléon s'était mise en branle et ne pouvait plus s'arrêter. Venus d'Italie et d'Espagne, des rives de la Méditerranée et de l'Adriatique, des centaines de milliers de soldats s'avançaient, des canons roulaient sur les routes, par milliers les sabots des chevaux soulevaient la poussière. Il n'y avait pas de retour en arrière possible… L'empereur voyait désormais comme objectif de la campagne une offensive brève et fulgurante contre les troupes russes massées à la frontière, leur débâcle et la conclusion d'une paix victorieuse et avantageuse. Dans une lettre au maréchal Davout, il indiquait que la campagne durerait de toute évidence vingt jours.

Au début de juin 1812, l'empereur ne doutait presque plus qu'il serait le premier à franchir le Niémen, mais même à ce moment-là il continuait à craindre une offensive des Russes. Dans ses lettres des 26 mai et 5 juin à son frère Jérôme, il écrivait : « Je vous recommande la tête de pont de Pultusk et de Sierock sur la Narew, parce qu'il serait possible que, dans un second mouvement, je laissasse l'ennemi maître du pays depuis les glacis de Praga [faubourg de Varsovie][43]… »

Napoléon s'exprima encore plus nettement dans la lettre suivante, où il recommandait à son frère de s'efforcer de « faire croire que vous allez entrer en Volhynie, et tenir l'ennemi le plus possible sur cette partie. [Pendant ce temps], je me trouverai sur son flanc droit, je passerai le Niémen et lui enlèverai Wilno, ce qui est le premier objet de la campagne. […] Quand cette opération sera démasquée, l'ennemi prendra un des deux partis suivants : ou il se ralliera dans l'intérieur de ses États pour se trouver en force de livrer bataille, ou il prendra lui-même l'offensive. [Dans le deuxième cas], pendant que l'ennemi serait sur les remparts de Praga et sur les bords de la Vistule, […] par mon mouvement à droite, toute son armée serait débordée et jetée dans la Vistule[44] ».

Enfin, même le 10 juin, dans une lettre adressée à Berthier, l'empereur émit l'idée que les Russes allaient probablement envahir le territoire du duché de Varsovie afin de s'emparer de sa capitale. Autrement dit, à quelques jours seulement du début de la guerre, le chef militaire français pensait que les troupes russes allaient malgré tout se lancer dans l'invasion du duché !

Les services secrets napoléoniens ne disposaient pas d'agents du niveau du remarquable espion qu'était l'aide de camp Alexandre Tchernychev. Comme on l'a déjà noté à plusieurs reprises, tous les renseignements que recevait Napoléon étaient fournis par des informateurs qui pouvaient écouter ce dont parlaient les officiers et les généraux russes, mais qui ne parvenaient pas, loin s'en faut, à pénétrer les réunions secrètes de haut niveau, à plus forte raison à savoir ce dont parlait l'empereur Alexandre avec son ministre de la Guerre. En revanche, les agents de Napoléon écoutaient et consignaient les bavardages des officiers éméchés. Ainsi qu'on l'a déjà souligné en première partie de ce chapitre, tout le monde, dans l'armée russe, ne parlait que d'offensive. Comme l'a très justement écrit le général Bogdanovitch dans son *Histoire de la guerre patriotique de 1812*, rédigée dans les années 1850 : « Avant le début de la guerre de 1812, nos troupes et tout le peuple russe étaient persuadés que nous allions mener une offensive. L'idée de laisser pénétrer l'ennemi dans les limites de l'empire de Russie ne pouvait trouver place dans les conceptions de notre peuple[45]... »

Il est clair que les partisans de la retraite, s'il y en avait, ou bien parlaient tout bas, ou bien se taisaient. Au contraire, les partisans de l'offensive, des hommes comme Bagration, parlaient haut et fort. On peut imaginer ce que pouvait entendre un propriétaire foncier polonais qui avait invité à dîner sur son domaine un groupe d'officiers russes ! On ne doute pas que, après quelques verres, on avait peu de chances d'entendre évoquer autre chose, à propos de la guerre à venir, que la marche sur Varsovie et l'entrée dans Paris. C'est justement ces conversations qui étaient rapportées à Poniatowski, lequel les transmettait à son tour à Rapp et Davout, et c'est pourquoi Napoléon ne recevait aucune information sur de quelconques projets de retraite.

On peut seulement s'étonner que l'empereur n'ait eu aucune idée de l'existence du camp de Drissa, et par conséquent du plan Phull ! Il n'apprit l'existence de ce camp que lorsque sa cavalerie, poursuivant les troupes russes en retraite, se trouva pratiquement nez à nez avec les redoutes dressées sur les rives de la Dvina ! Il n'est donc pas surprenant que Napoléon n'ait absolument pas pris en compte l'éventualité d'une retraite de l'armée russe.

Napoléon était d'ailleurs informé du projet « Poméranie » et connaissait les plans russes d'offensive au sud. Tout cela ressemblait tellement au plan de la campagne de 1805 ! La même offensive au centre, les mêmes attaques de diversion en Allemagne du Nord et en Italie ! Notons également qu'au cours des deux guerres avec la Russie, de 1805 et 1807, si l'on exclut bien entendu l'épisode de la retraite de la petite armée de Koutouzov le long de la vallée du Danube, l'armée n'agissait qu'en fonction d'un seul et unique paramètre : l'attaque.

Dans deux des cas précédents sur trois (Austerlitz, Friedland), Napoléon avait remporté une brillante victoire grâce à une puissante contre-offensive. Dans le troisième cas (Eylau), il n'avait réussi à repousser qu'avec peine l'armée russe, comme on sait, parce qu'il disposait à l'évidence de trop peu de troupes. Eh bien ! il avait à présent décidé de faire en sorte qu'il n'y ait aucun doute sur sa supériorité en hommes et en matériels. L'armée russe devait être littéralement écrasée par un coup de massue. Pour ce faire, Napoléon avait rassemblé des forces encore jamais vues.

Nous parlerons concrètement, un peu plus loin, des effectifs de ses troupes, de l'organisation des corps et des divisions. Pour l'heure, notons seulement ce fait irréfutable : le chef des armées françaises voyait la campagne à venir comme une contre-attaque grandiose contre les troupes russes à l'offensive, ou comme l'écrasement de cette armée ennemie immobile sur la frontière. La deuxième option n'apparut pratiquement qu'aux derniers jours précédant le début des hostilités, lorsque l'empereur constata non sans un certain étonnement que l'armée russe ne venait pas à sa rencontre.

Enfin, pour parler d'une marche dans les espaces illimités d'une terre étrangère telle qu'on la conçoit aujourd'hui, dans l'idée de Napoléon, la prétendue « marche sur Moscou » devait s'achever quelque part devant Varsovie. Mais, quand l'armée russe demeura figée, il fut décidé de transporter les opérations au-delà du Niémen. Pourtant, même dans ce cas, l'empereur ne doutait aucunement que sa campagne ne se dirigerait pas vers la Sibérie, mais se déploierait sur le sol des provinces occidentales de l'empire de Russie, soit sur le territoire de cette même Rzeczpospolita annexée par la Russie dix-sept ans seulement plus tôt. Dans une lettre à Eugène de Beauharnais, commandant les troupes françaises en Italie, Napoléon écrivit à la veille de l'avancée des troupes vers la frontière : « La guerre de Pologne ne ressemble en rien à la guerre d'Autriche ; sans moyens de transport, tout y est inutile[46]. » Notons que l'empereur parlait à son fils adoptif non pas d'une perspective de campagne au fin fond de la Russie, mais précisément d'une guerre en territoire polonais.

Nous reviendrons encore à maintes reprises sur l'état d'esprit qui prévalait sur le territoire de la Lituanie et de la Biélorussie. Cela mériterait un récit détaillé à part. Notons seulement l'essentiel : la noblesse, les paysans et les citadins y attendaient Napoléon en libérateur. Sans doute, sur le territoire de l'ancien grand-duché de Lituanie, n'y avait-il pas la même unanimité dans les dispositions pro-napoléoniennes que sur le territoire de la Pologne prussienne, où les Français avaient été accueillis en 1806-1807 avec un enthousiasme frénétique. Alexandre Ier avait réussi à mettre de son côté une partie des élites lituaniennes, d'autant plus que certains propriétaires ter-riens craignaient l'émancipation des serfs. Mais, dans sa majorité, la Lituanie était hostile à l'armée russe. Les officiers et généraux russes se sentaient là en terre étrangère. Et si Napoléon pouvait se demander si la population lituanienne serait unanime à le soutenir, il pouvait être absolument sûr qu'elle ne lui serait pas hostile.

À ce sujet, le lieutenant général Essen[*] envoya de Slonim au ministre de la Guerre, le 2 (14) février 1812, un rapport dans lequel il décrivait avec beaucoup de précision l'état d'esprit qui régnait dans les provinces occidentales de l'Empire russe : « Les proprié-taires terriens possédant des biens ne souhaitent pas la guerre, ceux qui sont moins aisés et à plus forte raison ce que l'on appelle la petite noblesse sont d'un avis tout à fait opposé, et souhaitent dans l'ensemble le rétablissement du pays et du peuple polonais. Pour ce faire, on peut supposer que toutes les bontés témoignées à ce pays par Sa Majesté Impériale [Alexandre Ier] seront oubliées si un autre souverain leur promet le rétablissement de la Pologne ; une grande partie est prête à tout sacrifier afin d'atteindre ce but[47]. »

Le lieutenant général Baggovout, commandant le 2e corps, rap-porta presque la même chose le 9 (21) février 1812 au ministre de la Guerre : « Les riches propriétaires terriens et les gens d'autre qualité ayant atteint un âge respectable semblent loyaux envers nous, mais, au contraire, les jeunes gens, par légèreté, souhaitent et espèrent des changements. Tant que nous ferons la guerre à l'étranger, on ne peut attendre de conséquences nuisibles des Polonais de notre pays ; mais si la guerre est dans nos frontières, on peut à ce moment-là sup-poser que l'ennemi en obtiendra des augmentations substantielles des effectifs de l'armée[48]... »

Presque au même moment, le gouverneur civil de Lituanie-Grodno, V. Lanskoï, écrivit : « On peut dire sans se tromper qu'ici couve sous la cendre un feu qui, à la première occasion favorable, est prêt à s'allumer[49] », et le baron Rozen, inspecteur de police, rap-porta de Wilno, le 7 (19) septembre 1811, au ministre de la Police, Balachov : « « En tant que fidèle sujet, je peux vous assurer sous serment que, pendant mon séjour en Lituanie, j'ai trouvé partout les Polonais malintentionnés envers la Russie, et ils espèrent plus que

---

[*] Le lieutenant général Essen commandait au début de 1812 le corps dit d'Obser-vation, devenu plus tard 6e corps d'infanterie, et temporairement, avant l'arrivée de Barclay de Tolly, toute la 1re armée de l'Ouest.

jamais à présent la restauration du royaume de Pologne[50]. » Enfin, le conseiller d'État Krjijanovski, en mission dans les provinces occidentales de l'Empire russe, écrivit au même Balachov que « les *povets**** de Wilno, Retchitsa, Sloutsk, Mozyr et Pinsk étaient totalement suspects et *prêts à prendre les armes contre la Russie*[51] ».

Ainsi, il ne s'agissait pas d'une campagne hasardeuse dans des étendues enneigées et inexplorées, grouillant de partisans, mais d'*une bataille aux frontières, avec une écrasante supériorité de forces, sur un territoire où l'on s'attendait à recevoir l'accueil le plus amical, à obtenir du soutien*, et assurément à ne rencontrer aucune résistance. C'est pourquoi l'homme bien informé qu'était Metternich ne doutait pas de l'issue de la guerre de Napoléon contre la Russie. Souvenons-nous de sa phrase citée au chapitre précédent : « D'après ma conviction intime, [la Pologne] renferme la garantie de la future victoire de la France sur la Russie. »

Il est intéressant de noter qu'au même moment notre vieille connaissance, le prince Adam Czartoryski, a écrit presque la même chose à l'un de ses amis en expliquant pourquoi il était contraint de quitter la Pologne et de ne pas se joindre à ceux qui se préparaient à lutter pour sa restauration : « Sans doute seuls les sots ne voient pas *que toutes les probabilités promettent la victoire du génie de la victoire et que, au contraire, tous les malheurs doivent s'abattre sur Alexandre.* Sera-t-il noble, sera-t-il juste que, dans ces malheurs, son âme soit encore plus accablée par le spectacle d'une ingratitude inexcusable de la part d'un homme qui lui devait tant[52] ? » Ainsi, si Czartoryski demeurait à l'écart de la lutte, ce n'était que par pitié envers Alexandre Ier, qu'il considérait déjà sans coup férir comme condamné.

Notons une fois encore que ces deux phrases sont extraites de documents rédigés à la veille de la campagne, et reflètent clairement l'état d'esprit de l'écrasante majorité des hommes politiques européens connaissant leur affaire. Il est évident que si Alexandre Ier avait livré bataille à la frontière, la guerre aurait vraisemblablement tourné comme le supposait Metternich et comme le pensait apparemment Czartoryski. On peut être sûr et certain que, au terme de cette guerre, les politiques et les militaires auraient raconté dans leurs souvenirs qu'ils n'avaient pas douté une seule seconde du succès de la campagne de Napoléon. Bien plus, il ne se serait probablement pas trouvé un seul général de la Grande Armée n'écrivant pas dans ses mémoires que c'était lui qui avait donné à l'empereur cette idée précieuse et sage d'écraser enfin les troupes d'Alexandre, de rétablir la Pologne en plaçant par là même une barrière en travers du chemin de l'empire adverse.

---

* Subdivisions administratives du gouvernorat de Lituanie-Grodno.

À propos de mémoires, que disent ceux de Metternich ? Ils ont été rédigés sinon sur les traces fraîches des événements, du moins par un homme dans les mains duquel se trouvaient des documents, des notes, des lettres de cette époque, et par conséquent, si l'on ne peut pas faire littéralement confiance aux souvenirs du célèbre homme politique, pas plus d'ailleurs qu'à n'importe quels mémorialistes, certains de leurs passages méritent cependant de retenir l'attention.

Voici ce qu'écrit le ministre autrichien sur ses entretiens avec l'empereur, à la veille de la guerre de 1812 : « Napoléon nourrissait de grandes illusions. En tête de ses faux calculs était la conviction que l'empereur de Russie ou bien n'accepterait pas la lutte avec la France, ou bien serait disposé à la terminer sitôt après les premières victoires de la Grande Armée, victoires que Napoléon se croyait sûr de remporter. [...] *Napoléon était convaincu que l'armée russe viendrait l'attaquer.* Quant à moi, j'étais persuadé que l'empereur Alexandre, au lieu de passer la frontière, attendrait les attaques de l'armée française et qu'il les déjouerait en se retirant devant elle. J'exprimai cette opinion ; Napoléon essaya de la réfuter [...] en alléguant la manière de voir et d'agir du czar, qu'il croyait connaître à fond[53]. »

Il va de soi que la certitude de Metternich qu'Alexandre ne « passerait pas la frontière » et que l'armée russe se retirerait est vraisemblablement apparue *a posteriori*. Pour ce qui est des plans de Napoléon dans la version du ministre autrichien, ils coïncident totalement avec ce que l'on peut inférer des documents rédigés à la veille de la campagne. C'est pourquoi nous nous permettrons de citer un autre extrait des mémoires de Metternich dans lequel il relate comment les projets de Napoléon se modifièrent lorsqu'il comprit que, selon toute vraisemblance, les Russes ne passeraient pas à l'offensive : « Quand il [Napoléon] apprit par les éclaireurs de l'armée qu'il avait réunie dans le duché de Varsovie [...] qu'il devait renoncer à être attaqué par le czar, il m'exposa le plan de campagne qu'il avait arrêté, et tint les propos suivants [...] : "Mon entreprise est une de celles dont la patience renferme la solution. Le triomphe appartiendra au plus patient. Je vais ouvrir la campagne en passant le Niémen. Elle aura son terme à Smolensk et à Minsk. C'est là que je m'arrêterai. Je fortifierai ces deux points et m'occuperai à Wilno, où sera le grand quartier général, durant l'hiver prochain, de l'organisation de la Lituanie, qui brûle d'impatience d'être délivrée du joug de la Russie. Nous verrons, et j'attendrai qui de nous deux se lassera le premier : moi de faire vivre mon armée aux dépens de la Russie, ou Alexandre de nourrir mon armée aux dépens de son pays. Peut-être irai-je de ma personne passer les mois les plus rigoureux de l'hiver à Paris[54]. »

Metternich ne cite peut-être pas exactement les lignes que devait concrètement atteindre la Grande Armée, car ce n'est pas la même chose que de s'arrêter à Minsk ou à Smolensk, mais le principe général est absolument évident : *après avoir écrasé les principales forces de l'armée russe, occuper le territoire de l'ancienne Rzeczpospolita et, au cas où Alexandre s'entêterait et ne souhaiterait pas conclure la paix, attendre qu'il ne tienne plus et soit forcé de conclure un arrangement à l'amiable.*

Si nous avons cité ces phrases de l'homme politique autrichien, c'est seulement parce qu'elles correspondent exactement à ce qui se dessine sur la base des documents rédigés à la veille de la guerre.

Voici en particulier un rapport qui fut envoyé de Varsovie quelques jours avant le début de la guerre, le 30 mai (11 juin) 1812, par un agent secret russe dont le nom ne nous est pas connu, mais qui, sans aucun doute, fréquentait les plus hautes sphères du commandement polono-français. L'auteur de ce document écrivait : « *On peut conclure avec certitude que Napoléon n'a pas l'intention de transporter la guerre en Russie* [l'auteur veut parler des terres séculaires russes], il comprend tout le danger d'une telle entreprise qui est en outre trop éloignée de son dessein de terminer la guerre au plus vite. *Le seul but qu'il se propose pour l'heure est de détruire l'œuvre immortelle de la Grande Catherine en ressuscitant la Pologne afin de nous opposer cette barrière*[55]. »

L'agent inconnu, qui s'inquiétait de ce que la Russie ne pourrait peut-être plus « défendre efficacement » l'Europe, a brillamment résumé l'objectif stratégique que se fixait Napoléon à la veille de la guerre de 1812. Comme le notait très justement l'auteur de ce rapport, Napoléon n'avait pas intérêt à s'avancer sur les terres séculaires russes, et moins encore à marcher sur Moscou. Son but était de « détruire l'œuvre immortelle de la Grande Catherine », c'est-à-dire de libérer les terres de l'ancienne Rzeczpospolita et de créer un État qui soit un rempart pour tout son empire européen à l'est. Souvenons-nous du discours prononcé par le commissaire général de Prusse occidentale, de Boigne, dans lequel il indiquait que les frontières de l'Empire s'étendaient du Tage à la Dvina et au Dniepr.

Ainsi, on peut résumer comme suit le plan de Napoléon à la veille de la guerre avec la Russie : supposant que, selon toute vraisemblance, les troupes russes allaient attaquer, l'empereur avait pris la décision de les arrêter sur la ligne de la Vistule et de les écraser par une attaque de flanc. Mais, étant donné que ni en avril ni en mai 1812 l'armée russe n'était passée à l'offensive, et que les troupes de Napoléon s'étaient déjà concentrées le long de ce fleuve, le chef de guerre français décida de passer lui-même à l'attaque. Il était persuadé que sitôt après la traversée du Niémen aurait lieu une bataille décisive et que, une fois la victoire acquise, ses troupes occuperaient le territoire de l'ancienne Rzeczpospolita, revenue à la Russie après les partages de la fin du XVIIIe siècle. Napoléon n'excluait pas l'éventualité que la défaite de l'adversaire dans une bataille générale ne lui apporte pas d'emblée une victoire définitive. Il était alors sans doute prévu de demeurer sur le territoire occupé de l'ancienne Pologne jusqu'à ce qu'Alexandre accepte la paix.

Il va sans dire qu'il n'est question dans aucun des documents officiels consacrés à la préparation de la guerre avec la Russie d'une quelconque campagne en Inde dont la rumeur court dans de nombreux mémoires, en particulier ceux de Villemain. Les historiens qui puisent leurs informations dans les ragots et les affabulations aiment beaucoup gloser sur cette campagne. En outre, elle s'accorde fort bien avec les idées absurdes sur les plans de domination mondiale de Napoléon. Il est absolument inconcevable que si l'empereur, se préparant à la guerre contre la Russie, avait projeté de quelque façon de la prolonger, à l'instar d'Alexandre de Macédoine, par une traversée de l'Himalaya, on n'en ait pas trouvé une allusion dans la correspondance de travail, les ordres au chef d'état-major, au ministre de la Guerre ou au maréchal Davout, hommes auxquels Napoléon confiait tous ses secrets. Il n'est que de se souvenir de la discussion avec Davout sur la possibilité d'une attaque subite contre la Prusse. Il n'est évidemment pas exclu que, dans des conversations privées, l'empereur ait pu évoquer le projet qu'il avait proposé autrefois à Paul Ier. Il est également possible que, en cas d'issue heureuse de la confrontation avec la Russie, Napoléon ait pu envisager, après la signature de la paix, d'organiser une expédition d'un quelconque corps d'armée visant à bouter les Anglais hors de l'Inde. Mais cela n'avait aucun rapport avec la préparation et les plans de la guerre de 1812, qui étaient devenus des objectifs tout à fait concrets, intelligibles et réalisables.

Le dessein politico-stratégique de la guerre présupposait aussi le choix de moyens concrets, ce dont il sera question au prochain chapitre. Comme il ne s'agissait pas d'une guerre ayant pour fin de détruire l'État russe, mais d'une opération militaire avec des buts de grande ampleur, certes, mais néanmoins tout à fait tangibles, les solutions proposées étaient d'ordre purement militaire. Dès le début, Napoléon avait décidé de ne recourir à aucune méthode de guerre totale. Toutes ses instructions ne parlent que de préparatifs militaires. L'empereur repoussa ainsi d'emblée l'idée de donner la liberté aux serfs de Russie, ce à quoi l'exhortait d'Aubusson de La Feuillade dans sa note.

Vis-à-vis de la Pologne, il adopta une position moyenne. Certes, il s'était décidé à restaurer un grand État polonais, mais il ne souhaitait pas se ligoter par des engagements concrets, afin de se laisser une marge de manœuvre lors des pourparlers qui devaient se tenir en cas de victoire. Il n'excluait nullement de faire des concessions sur la question polonaise pour obtenir plus facilement un compromis avec les dirigeants russes.

Si les plans de Napoléon étaient bien ceux-là, cela ne signifie pas qu'il n'y ait pas eu, parmi ses subordonnés, en particulier polonais, des têtes brûlées qui aspiraient à une guerre « jusqu'à anéantissement total ». On peut trouver de telles idées dans un ample projet présenté à l'empereur en février 1812 par le général de division de l'armée du duché de Varsovie, Michał Sokolnicki. Ce document s'intitulait « Essai sur quelques moyens de délivrer l'Europe de l'influence de la Russie et, par contrecoup, de celle de l'Angleterre ». Un long préambule au projet contient la description de la politique de l'État russe, exposée sous le jour le plus sinistre : « La politique du cabinet russe est fondée sur un système d'envahissement et d'usurpations que le tsar Pierre Ier a légué à ses successseurs et dont la tradition s'est transmise de règne en règne. [...] Le partage de la Pologne a été le premier pas qu'elle a fait vers l'accomplissement de ces vues[56]. » Il allait de soi, selon l'auteur, que ces « vues » n'étaient rien d'autre que la domination du monde.

Sokolnicki relate sa conversation avec un général russe qui lui aurait déclaré ce qui suit : « Si Paul n'eût désorganisé l'armée par sa manie des réformes, s'il eût marché de suite contre les Français, comme l'avait ordonné la sagesse de Catherine, et s'il n'eût mécontenté tous les chefs par ses fureurs, Alexandre n'aurait plus eu qu'un pas à faire pour y arriver. [...] Ne sommes-nous pas les descendants des Huns, vainqueurs des Romains ? N'est-ce point sous les efforts des Normands, nos frères, qu'a croulé l'empire de Charlemagne ? »

Ce n'était certes pas la première fois que la Russie était décrite de façon à faire peur, mais le document de Sokolnicki se distingue par le fait que, selon lui, l'Angleterre n'est pas seulement complaisante vis-à-vis de toutes les horreurs perpétrées par les tsars de Russie, mais leur apporte son aide directe. L'auteur écrit que, en raison de « l'alliance monstrueuse de la Russie avec l'Angleterre [...], le continent, ou plutôt le monde entier, est resté la proie de toutes les déprédations du vice et de la chicane, de l'astuce et de la trahison, du crime et de la discorde, de l'opprobre et de la sottise, de l'usure et de la cupidité, et de tous les autres avortons de Borée et d'Éole [!] ».

Pis encore, selon Sokolnicki, le monde est dorénavant partagé en deux forces : d'une part l'« Empire de la lumière » (l'État napoléonien, bien sûr), de l'autre l'« Empire des ténèbres » (comme on le devine facilement : la Russie). Il va de soi qu'avec une telle approche des problèmes politiques le but de la guerre consiste à écraser l'« Empire des ténèbres », et ce, de façon définitive et irrévocable.

C'est pourquoi, selon Sokolnicki, si la guerre devait commencer par l'occupation de la Lituanie, parmi les mesures importantes que le général proposait de prendre figurait la marche d'une partie significative de l'armée sur la Volhynie. Sokolnicki suggérait de placer à la tête de cette campagne le prince Radziwill*, qu'il appelait dans son document « le jeune prince Radziwill ». Et ce n'est pas un hasard, car « le prince possède, en étendue, plus de terrain [...] que n'en possèdent tous les autres seigneurs de la Lituanie pris ensemble, et dans les environs de Sluck et de Neswiez un millier de familles nobles [...] relèvent de lui ».

Après avoir déclenché une insurrection en Volhynie, les troupes polonaises devraient faire route vers le sud pour s'emparer de Kiev. Un autre détachement se dirigerait vers le sud de la Biélorussie pour y déclencher également une insurrection. Sokolnicki suppose aussi un mouvement d'une partie des troupes vers le nord-est, en direction de Narva, et n'exclut pas que les troupes franco-polonaises entrent un jour dans Pétersbourg et Moscou, même si cette dernière action, de son point de vue, n'est pas déterminante.

Le résultat de la guerre, selon le général, doit être le démembrement de l'Empire russe. Outre le rétablissement assuré de la Rzeczpospolita, il convient de créer une zone tampon formée de duchés vassaux dont chacun pourrait fournir, le cas échéant, de 25 à 30 000 soldats qui « puissent, à l'exemple des Polonais, servir dans l'armée française ». Sokolnicki propose de créer les duchés suivants : de Livonie, de Polotsk, de Smolensk (« sans y comprendre la ville, qui doit former une place frontalière pour la Pologne »), de Mstislav, de Tchernigov et de Pultawa.

Sokolnicki suggère de réunir les Cosaques zaporogues avec les Tatars de Crimée afin d'organiser un État nommé « Napoléonide » (!). Enfin, le général estime nécessaire de faire de Saint-Pétersbourg une grande ville libre et marchande semblable à celle de Dantzig, « sous protection immédiate du Grand Empereur ». Les Pétersbourgeois, comme les sujets des autres duchés, devraient fournir un contingent à l'armée française.

Ainsi, conclut l'auteur, « réduite à ses premiers éléments, rejetée des rives de la Baltique et de la mer Noire, séparée du grand Empire par un redoutable boulevard, et contenue par les armées toujours prêtes à repousser ses agressions, la Russie serait obligée de renoncer à ses projets [...] de conquête, d'envahissement, d'usurpations en tous genres. L'Angleterre elle-même, cette ennemie déclarée de la France, du continent et de la personne sacrée de Napoléon, voyant tomber des mains de la Russie cette verge sanglante [...], serait alors forcée [...] d'implorer la grâce du Héros qu'elle a offensé[57] »...

---

* Sur le prince Radziwill, voir chapitre XII.

Cependant, même dans ce cas, Sokolnicki craignait que l'Europe ne soit pas définitivement protégée du terrible spectre de la puissance russe, car il estimait que l'autocrate russe pouvait encore convoquer les « hordes asiatiques » qui menaceraient à nouveau l'Europe.

C'est pourquoi le général écrit : « Si un genre de prophète se présentait inopinément parmi ces hordes et qu'il leur montrât le siège du paradis terrestre au-delà de la mer Caspienne, cette multitude suivrait aveuglément son chef jusqu'au Bengale. L'espoir du butin serait, pour ces demi-sauvages, un appât auquel il ne pourraient résister, et Alexandre serait alors le vrai souverain d'Orient et le seul maître de l'Asie. Cette proposition devrait sans contredit être inspirée par un Russe influent ; mais il est si aisé d'acheter un Russe qu'on peut assurer *a priori* qu'on aura le premier d'entre eux quand on voudra le payer. »

Enfin, Sokolnicki achève son mémoire par une phrase tout à fait inattendue : « Tel serait enfin le coup de grâce que le Héros porterait à l'Angleterre [!], dont elle ne pourrait plus se relever. »

Nous nous sommes penché en détail sur le plan extravagant de Sokolnicki non parce que les propositions du général polonais furent utilisées de quelque façon par Napoléon, mais parce que ce projet reflète plutôt la présentation que donnent du plan du chef des armées françaises ceux qui lui attribuent une aspiration à la domination mondiale. Étant donné que le projet de Sokolnicki a été élaboré, comme on peut facilement le deviner, avant le début de la guerre, le nom de Moscou n'y est mentionné qu'une fois, et encore en passant. En revanche, le général proposait de détruire l'État russe sous la forme qu'il revêtait alors.

Les extraits de Sokolnicki relatifs à l'Angleterre apparaissent très insolites. On voit que ce sujet intéressait peu le général, qu'il ne le connaissait guère, mais il comprenait que l'empereur avait absolument besoin d'une allusion antibritannique. C'est pourquoi il introduit à propos – ou mal à propos – des passages qui donnent une image horrible non seulement de la Russie, mais aussi de l'Angleterre, et en conclusion, on l'a déjà dit, il déclare de but en blanc que la victoire sur la Russie serait un coup mortel porté à la Grande-Bretagne.

Personne ne sait quelle attention Napoléon a prêtée à l'œuvre de Sokolnicki, mais ce qui est évident, c'est qu'aucune des propositions du général polonais n'a été retenue lors de la préparation de la guerre de 1812. Ce plan supposait une guerre prolongée, or les dispositions de Napoléon visaient à une attaque rapide. Sokolnicki proposait de mobiliser toutes les forces antirusses, de soulever les paysans et la noblesse en Ukraine et en Biélorussie ; Napoléon ne s'y préparait absolument pas. Enfin, il n'y avait aucun corps franco-polonais désigné pour marcher sur la Volhynie et Kiev.

L'activité de Sokolnicki nous conduit à nous tourner vers un autre épisode souvent mentionné par les historiens. Il s'agit du célèbre « Testament de Pierre le Grand ». Dans de nombreux ouvrages consacrés à la guerre de 1812, on peut lire que ce faux, dans lequel la politique de la Russie au XVIIIe siècle est représentée de la façon la plus funeste, avait été inventé par Napoléon lui-même et publié à la veille de la guerre contre la Russie afin de diffuser une image extrê-mement négative de l'Empire russe au sein de l'opinion française.

En effet, en 1812 parut à Paris le livre de l'historien et publiciste Charles-Louis Lesur, *Des progrès de la puissance russe*, dans lequel, de la page 177 à la page 179, est cité le texte d'un document qu'aurait laissé le grand empereur de Russie pour l'édification de ses descendants. Le but de la Russie tracé par Pierre dans ce testament est d'accéder à la domination mondiale. Les méthodes sont formu-lées en quatorze points par lesquels le grand empereur enjoignait à ses descendants d'agir de la façon suivante : « 1. Ne rien négliger pour donner à la nation russe des formes et des usages européens. [...] 2. Maintenir l'État dans un état de guerre continuelle afin d'aguerrir le soldat et tenir toujours la nation en haleine et prête à marcher au premier signal. [...] 6. Entretenir l'anarchie dans la Pologne ; influencer ses diètes, surtout les élections de ses rois ; la morceler à chaque occasion qui s'en présentera, et finir par la subju-guer. [...] 9. Se mêler à tout prix, soit par force, soit par ruse, des querelles de l'Europe, et surtout de celles de l'Allemagne[58]... »

Le couronnement de toutes ces dispositions devait être un acte final ressemblant un peu à la fin du monde dans les *blockbusters* américains. Les forces unies de la Russie devaient anéantir l'Autriche, les troupes russes progresser vers le Rhin. « Elle [la Russie] les ferait suivre immédiatement par ses hordes asiatiques ; et, à mesure que celles-ci avanceraient dans l'Allemagne, deux flottes considérables partiraient, l'une de la mer d'Azov, l'autre du port d'Archangelsk, chargées d'une partie de ces mêmes hordes, sous le convoi des flottes armées de la mer Noire et de la Baltique ; elles paraîtront inopinément dans la Méditerranée et sur l'Océan pour verser tous ces peuples nomades, féroces et avides de butin, et en inonder l'Italie, l'Espagne et la France dont ils saccageraient une partie des habitants, emmèneraient l'autre en esclavage pour peupler les déserts de la Sibérie[59]... »

Ces effrayantes prophéties n'avaient pas été inventées par Lesur : elles provenaient de documents dont les chercheurs contemporains situent l'apparition dans les années 1790. Le premier avait été élaboré par un certain Tombeur sur la base d'un autre document qu'il aurait vu en 1794 à Varsovie. La version suivante du testament de Pierre le Grand date de 1796 ; elle aurait été composée par un Polonais du nom de Poradowski. Enfin, l'auteur de la troisième version, apparue un peu plus tard, est notre vieille connaissance le général Michal Sokolnicki. Une série de particularités stylistiques du « Testament de Pierre le Grand » trahissent sa main et rappellent fâcheusement certains passages du plan rédigé par lui à la veille de la guerre de 1812.

Ainsi, Napoléon n'avait nul besoin d'inventer ce document qui était apparu au ministère des Affaires étrangères à l'époque du Directoire. Le « Testament de Pierre le Grand » avait été au contraire mis sous le boisseau alors que l'empereur recherchait patiemment et obstinément l'alliance russe. Même si l'ouvrage de Lesur n'a pu paraître sans l'aval de Napoléon, il ne procédait pas d'une « guerre de l'information » contre la Russie, mais ne servait là qu'à justifier un conflit qui avait déjà débuté.

En effet, *l'ouvrage de Lesur avait paru alors que les troupes françaises étaient déjà entrées dans Moscou. Il ne préparait pas l'opinion à la guerre, mais tentait plutôt de justifier un fait accompli.* On peut y lire en dernière page : « Nulle guerre ne pouvait avoir un but si noble, un objet si important ; nul sacrifice ne saurait payer ce bienfait. Mais, pendant que l'imagination des politiques s'égare en vaines spéculations, le génie du grand empire accomplit ses destins ; [...] son glaive venge les injures faites à l'Europe civilisée. L'aigle française a déployé ses ailes sur les flèches dorées du palais antique des czars. On ne verra plus les farouches enfants du Nord menacer nos campagnes, nos cités et nos arts : déjà, ils ont fui la terre fertile qu'ils avaient désolée [il s'agit des provinces occidentales]. Bientôt ils maudiront l'alliance d'Albion ; elle n'empêchera point qu'ils ne reconnaissent enfin des barrières que leur orgueil n'osera plus franchir, et je pose la plume aux acclamations de la victoire[60]... » Ces lignes n'ont pu être écrites que vers septembre-octobre 1812, lorsque l'armée française se trouvait à Moscou. Quant au livre lui-même, il n'est sans doute pas paru avant novembre-décembre 1812.

Au fait, en ce qui concerne l'ouvrage de Lesur et le « Testament de Pierre le Grand », de nombreux événements de l'histoire politique de la Russie évoqués par Lesur ne sont pas inventés, même s'ils sont présentés de la façon la plus tendancieuse. Ce livre ressemble beaucoup aux pamphlets anglais sur la France qui étaient lus non seulement en Angleterre, mais aussi en Russie, à cette seule différence près que l'on y décrivait dans les mêmes tonalités sinistres la politique de l'Empire napoléonien. De sorte qu'on pouvait, si on en avait envie et en considérant les choses sous un certain angle, représenter aussi bien la politique de Napoléon que celle des empereurs russes de façon à faire peur.

En revanche, si nous nous tournons vers les publications officielles qui paraissaient à la veille de la guerre, nous pouvons constater non sans étonnement que *le concept moderne de « guerre de l'information », visant à noircir l'adversaire et à le transformer, aux yeux de l'opinion publique de son pays, en incarnation du Mal, était totalement absent dans l'Empire napoléonien.*

La principale publication officielle de l'Empire était le quotidien *Le Moniteur universel*. Le lecteur y chercherait en vain des articles rédigés à la veille de la guerre ressemblant par leur esprit aux écrits de Lesur. Jusqu'au début des opérations, on ne pouvait trouver dans le journal officiel de la France que des assertions positives ou des notes neutres sur l'Empire russe. En voici quelques-unes :

« *Pétersbourg, 8 février.* Le conseiller de la Cour Brodsky, propriétaire de terres au cercle de Constantinovgrad, dans le gouvernorat de Pultawa, a introduit dans ses domaines une méthode aussi facile que sûre d'inoculer [...] la vaccine aux moutons. [...] Au bout de quelques jours, le mouton inoculé éprouve les mêmes symptômes qu'un enfant à qui on aurait fait l'opération de la vaccine[61]. »

« *Pétersbourg, 23 février.* S. M. I. [Sa Majesté Impériale] a proposé un prix de deux médailles d'or, de 100 ducats chacune, pour la réponse aux deux questions suivantes auxquelles la société économique n'a pu encore avoir une solution satisfaisante[62]. »

« *Pétersbourg, 3 mars.* Deux savants voyageurs, MM. Engelhardt et Parrot, arrivent du voyage qu'ils ont fait au Caucase et se rendent à Dorpat. Ils ont employé le cours d'une année à reconnaître, par des observations barométriques, le niveau général des terres entre la mer Caspienne et la mer Noire, pour établir avec certitude lequel de ces deux bassins est le plus élevé[63]. »

« *Pétersbourg, 3 mars.* On a découvert à Andrinopol, dans le gouvernorat de Tver, des sources d'eau minérale qui ressemblent beaucoup aux eaux de Pyrmont et de Spa[64]. »

« *Pétersbourg, 10 avril.* L'administration des Postes vient de prendre des mesures efficaces pour que les postes sur la route de la Russie Blanche, par Luga, soient toujours bien servies. [...] Il y aura constamment à chaque relais trente-six chevaux[65]. »

Il faut évidemment avoir l'esprit mal tourné pour voir dans des articles sur la vaccination des moutons ou l'eau minérale de Tver une orientation antirusse. Même après avoir déployé au maximum ses préparatifs militaires, Napoléon n'excluait pas de parvenir à faire la paix avec Alexandre. Et s'il fallait combattre, comme on l'a déjà dit à plusieurs reprises, il supposait que la guerre serait brève et qu'il faudrait en venir rapidement au stade des pourparlers, raison pour laquelle il n'avait absolument pas intérêt à exciter les humeurs antirusses au sein de la société. Si, à la fin de 1812, était paru un livre comme celui de Lesur, c'est seulement parce que la guerre avait passé les limites que s'était fixées au début le chef des armées françaises.

Le seul événement concernant d'une certaine façon la préparation morale de la société française à la guerre contre la Russie fut le scandale d'espionnage qui éclata au début de 1812. À l'époque, les agents des services français réussirent à démontrer que le bel Alexandre Tchernychev, dont nous avons déjà beaucoup parlé, s'occupait, lors des loisirs que lui laissaient ses obligations officielles, non seulement à séduire les jolies Parisiennes, mais aussi à d'autres affaires. Les agents du ministre de la Police, Savary, remirent à leur chef des preuves irréfutables de ce que, le 21 février 1812, Tchernychev avait préparé pour le tsar une dépêche contenant une masse de détails récoltés la veille au ministère de l'Administration militaire, ainsi qu'un tableau des plus exacts des effectifs de la Grande Armée, conforme aux dernières instructions données par le ministre de la Guerre. Dans ces éléments, Napoléon reconnut sans peine ses propres ordres et des documents secrets qui n'étaient connus en France que de quelques-uns.

Aucun doute ne subsistait sur le caractère des activités de Tchernychev. Mais l'empereur ne souhaita pas prendre le jeune espion la main dans le sac, afin de ne pas provoquer de riposte immédiate de la part de la Russie. Comme on l'a déjà souligné, Napoléon craignait beaucoup que l'armée russe ne passe à l'offensive avant qu'il ait concentré ses forces sur la Vistule. Pour cette raison, l'empereur non seulement ne versa pas d'huile sur le feu, mais, au contraire, invita Tchernychev à venir le rencontrer à deux reprises.

Le premier de ses entretiens prolongés avec le jeune colonel eut lieu le 23 février, et le deuxième la veille du départ de Tchernychev, le 27. Ces deux rencontres furent inhabituellement longues, puisque la dernière dura trois heures et demie. Napoléon ne tança absolument pas l'aide de camp pour ses activités d'espionnage. Mieux encore, Tchernychev nota dans son rapport officiel : « Pendant toute l'audience, l'empereur Napoléon conversa avec moi avec un grand sang-froid, comme s'il avait réfléchi à l'avance à tout ce qu'il voulait dire. Dans l'ensemble, il était très prudent et n'était pas aussi détendu que les fois précédentes où j'avais eu l'honneur de converser avec lui. Sa Majesté s'efforçait souvent de se contenir et semblait se modérer[66]. »

Napoléon « n'était pas aussi détendu que les fois précédentes »... On le comprend ! Comment l'empereur avait-il pu trouver la force de converser courtoisement avec un homme dont on avait appris qu'il avait acheté des collaborateurs du ministère de la Guerre et volé des documents secrets ? Et même celle d'avoir avec lui un si long entretien...

La conversation a été bien évidemment transcrite en détail par Tchernychev et exposée dans son rapport au tsar. De ce long monologue assez contradictoire, on pouvait seulement comprendre que Napoléon demandait pour la énième fois de faire savoir à Alexandre qu'il était prêt à trouver avec lui un accord sur toutes les questions suscitant des dissensions. Il ne cachait nullement qu'il avait entamé la préparation à la guerre. Il avait déclaré : « J'ai commencé à présent à me préparer à la guerre. Si vous revenez ici dans trois ou quatre mois, vous y trouverez tout dans un autre état qu'à présent[67]. »

L'empereur répéta à maintes reprises qu'il ne souhaitait pas cette guerre, mais qu'elle lui était imposée : « Je reconnais qu'il y a encore deux ans, je ne croyais pas qu'il puisse se produire une rupture entre la France et la Russie. Tout au moins de notre vivant ; et, étant donné que l'empereur Alexandre est jeune et que moi, je dois vivre longtemps, je supposais que la tranquillité de l'Europe était garantie par nos sentiments mutuels. Les miens sont restés inchangés, et vous pouvez lui transmettre que si le destin veut que les deux États les plus puissants de la terre se battent pour des vétilles, je combattrai en chevalier, sans aucune haine ni animosité. Si les circonstances le permettent, je lui proposerai même de déjeuner sur les avant-postes... » Napoléon poursuivait : « Je vous envoie chez l'empereur Alexandre en plénipotentiaire dans l'espoir qu'on peut encore en venir à un accord et éviter que coule le sang de centaines de milliers de braves, pour le seul motif que nous ne sommes pas tombés d'accord sur la couleur d'un ruban[*68]. »

Ce que l'on peut dire assurément, en se fondant sur ces longs entretiens, c'est que Napoléon se préparait à la guerre avec une mauvaise impression. Il avait dit lors de sa conversation avec Metternich : « Si quelqu'un pouvait m'éviter cette guerre, je lui en serais très reconnaissant. »

Pour ce qui est de Tchernychev, si l'on ne souhaitait pas une rupture immédiate entre les deux capitales, on ne pouvait ni l'arrêter ni le juger, en raison des us diplomatiques. Mais comme, selon la morale de l'époque, l'aide de camp du tsar s'était conduit comme un scélérat, on pouvait, avant de le chasser ignominieusement de France, afficher partout cette mesure, accompagner son extradition de commentaires acerbes dans la presse, couvrir d'opprobre cet officier qui s'était déshonoré, et ajouter à cela de virulentes attaques contre la Russie. Il en aurait sans doute été ainsi si Napoléon avait aspiré à marcher sur Moscou. Mais, même en février 1812, alors qu'il avait commencé à réunir une armée sans

---

* C'est-à-dire sur des vétilles.

précédent par ses effectifs, l'empereur ne fermait toujours pas la porte aux pourparlers.

Il va de soi que ni Napoléon ni sa police n'avaient l'intention de prendre de gants avec les collaborateurs de Tchernychev. À peine le jeune officier eut-il quitté Paris que la police fit irruption dans la maison où il logeait. La perquisition ne donna d'abord aucun résultat, vu que Tchernychev avait passé toute la nuit précédant son départ devant la cheminée à brûler les papiers compromettants qu'il ne pouvait emporter. Mais, malheureusement pour ses complices, une petite note que Tchernychev n'avait pas brûlée fut découverte par hasard sous un tapis, et elle avait justement été rédigée par l'auteur des principales informations. Celui-ci fut immédiatement démasqué par son écriture et il se révéla être, comme nous l'avons déjà indiqué, un collaborateur du ministère de la Guerre, Michel.

Cet homme et ses complices furent rapidement arrêtés. Et ce n'est qu'une fois révélés tous les détails de cette sensationnelle affaire d'espionnage que Napoléon put donner libre cours à son indignation. Il souhaita que le procès des traîtres soit public et conforme à toutes les procédures juridiques. Les quatre fonctionnaires démasqués, Michel, Saget, Salmon et Mosès, étaient assis sur le banc des accusés. Les quelques hommes qui avaient été arrêtés comme leurs complices furent élargis, faute de preuves. Également remis en liberté, un certain Wustinger qui servait d'agent de liaison entre Michel et Tchernychev, étant donné qu'il était sujet d'un État étranger et employé en outre de l'ambassade de Russie. Il ne figura au procès qu'en qualité de témoin.

Le procureur ouvrit l'audience, le 13 avril 1812, par un discours ampoulé dans le style pompier de l'époque : « Messieurs les jurés, À quels dangers ils exposent la patrie, au milieu de quels écueils ils engagent leur fidélité et leur honneur, dans quel abîme de crimes et de malheurs ils risquent de tomber, ceux qui, chargés par la nature de leur emploi des secrets du gouvernement, forment sans nécessité des liaisons, toujours au moins téméraires, avec les agents d'une puissance étrangère[69]... »

Les prévenus répondirent aux accusations du procureur de façon à peine intelligible, et personne ne nourrissait plus de doute quant à leur culpabilité. Michel fut condamné à mort et à la confiscation de ses biens, mais la défense réussit à sauver ses complices. Saget fut condamné à un châtiment ancien, la mise au pilori, ainsi qu'à une amende. Salmon et Mosès furent bizarrement acquittés.

Ce procès, qui fit beaucoup de bruit dans la société parisienne, peut être cité comme seule et unique illustration de la « guerre d'information et de propagande ». Bien que l'empereur ait mobilisé des forces sans précédent dans l'histoire, ce dont il sera question au chapitre suivant, on n'assistait à aucune campagne idéologique à la veille du conflit. Rien de commun avec l'époque contemporaine, où de grandes puissances réduisent l'adversaire en miettes à l'aide des médias avant même que les armes ne parlent. Napoléon employait toute son énergie à un seul dessein : réunir une immense armée et écraser les forces d'Alexandre dans le cadre d'une brève opération purement militaire.

CHAPITRE XI

La voie du guerrier

Cela ne faisait plus aucun doute : les deux parties allaient en pleine conscience vers un conflit militaire. Des troupes sans cesse nouvelles, affluant de l'ouest et de l'est, marchaient vers la frontière entre le duché de Varsovie et la Russie. Jamais encore les deux parties en présence ne s'étaient préparées à la guerre si longuement et si minutieusement. C'est que l'affrontement devait décider qui, de Napoléon ou d'Alexandre, allait gouverner l'Europe.

L'armée russe

La Russie commença certes à se préparer directement à une guerre décisive contre Napoléon en 1810, mais, en réalité, on peut déjà qualifier de préparatifs tout ce qui s'était passé dans le domaine militaire depuis 1802. Comme on l'a indiqué plus haut, Alexandre Ier s'était orienté vers une confrontation avec Napoléon depuis pratiquement le début de son règne en subordonnant à cette visée toutes ses forces et toutes les ressources de l'État russe.

Pour préparer la guerre, il fallait bien entendu en tout premier lieu renforcer et moderniser l'armée. Du temps de Paul Ier, on avait partiellement éliminé nombre de tares de l'armée russe, avant tout une monstrueuse corruption et l'arbitraire qui avait régné dans les dernières années du règne de Catherine. Mais l'organisation même des troupes requérait des réformes et il fallait également perfectionner les dispositifs tactiques en les rendant conformes aux exigences de l'époque. En outre, les forces héritées du règne précédent étaient nettement insuffisantes pour engager une lutte destinée à écraser la France napoléonienne.

À la fin du règne de Paul Ier, la totalité des troupes russes de l'armée d'active se montait à 280 000 hommes (en théorie) ; en comptant les bataillons des garnisons et les troupes auxiliaires, on atteignait 387 000 hommes[1]. Pour obtenir le nombre d'hommes présents sous les armes fournis par les états de situation, il convient de réduire ce chiffre d'au moins 10 à 20 %, et les effectifs réels étaient à l'évidence encore inférieurs. Au total, si l'on soustrait les absents, mais qu'on ajoute les unités irrégulières des cosaques, on peut estimer les effectifs des forces armées de Russie au début du XIXe siècle à environ 400 000 hommes.

C'était sensiblement moins que ne pouvait aligner la France en cas de menace militaire. Ce n'est pas un hasard si, à peine eut-il décidé de se consacrer à la politique étrangère, en particulier aux préparatifs en vue du déclenchement de la guerre en Europe, Alexandre Ier concentra d'emblée ses efforts sur l'augmentation des effectifs de l'armée. Le principal obstacle à ce dessein était le système de recrutement. Dans un pays de servage, il était impossible de recourir à un système de conscription comme celui qu'avait mis en place la République française et qu'imiteraient d'autres pays d'Europe dans le courant du XIXe siècle. On sait que, dans le cadre de ce système, les soldats servent dans l'armée pendant un laps de temps relativement bref et, après avoir assimilé l'art militaire, sont versés dans la réserve. En cas de menace de guerre, les réservistes sont rappelés sous les drapeaux et l'armée de temps de paix voit ses effectifs se gonfler rapidement. Un tel système suppose une certaine confiance de l'État envers ses citoyens pour éviter que ceux-ci, une fois formés, ne déclenchent tôt ou tard une insurrection armée contre le régime en place.

Mais la population de la Russie de l'époque était composée de paysans qui étaient, dans leur majorité, les serfs des propriétaires terriens ou de l'État. Si un système de conscription de type bourgeois était créé dans un pays doté d'une telle stratification de la population, ou bien il y aurait une révolution, ou bien la classe des paysans serfs disparaîtrait (si le gouvernement décidait d'accorder la liberté en échange du service armé). Il va de soi qu'aucune de ces deux options n'était recevable pour la classe dirigeante. Un document consacré à l'examen du danger politique engendré par la constitution de milices populaires en 1806-1807 montre à quel point le pouvoir craignait d'armer le peuple. Soulignant qu'il était inadmissible d'armer de grandes masses de population, l'auteur du document élaboré au ministère de la Guerre écrivait, en évoquant l'insurrection de Pougatchev[*] : « Qui sera garant de la paix interne de l'Empire alors qu'un cosaque du Don illettré [...] a réuni des acolytes, a soulevé le peuple et ébranlé les fondements de l'État, de

---

[*] Insurrection paysanne qui eut lieu de 1773 à 1775 sous le règne de Catherine II, conduite par Emélian Pougatchev, cosaque du Don, qui se faisait passer pour Pierre III, le mari de Catherine II, renversé par un coup d'État et assassiné en 1762. (*N.d.T.*)

sorte que les garnisons régulières des villes [...] ont déposé les armes et se sont rendues à cette racaille scélérate[2] ? »

Afin que les armes ne tombent pas entre les mains de la « racaille », les autorités impériales, à partir du règne de Pierre le Grand, procédaient comme suit : le paysan enrôlé faisait désormais partie du corps militaire. Bien que demeurant au degré inférieur de la hiérarchie sociale, il n'était plus désormais un serf. En revanche, il devait servir toute sa vie ! Ce n'est que du temps de Catherine que fut fixée une durée maximale de service de vingt-cinq ans, ce qui signifiait de toute façon que la « recrue » était définitivement perdue pour la vie civile. Le service était si dur, et les conditions matérielles et sanitaires telles, que moins de 2 % (!) des soldats survivaient au terme de leur séjour sous les drapeaux[3].

« Quand un homme est désigné pour la recrue dans un village, ses parents se rassemblent comme pour assister à une fête mortuaire. On le pleure, on l'embrasse, on le regarde comme perdu pour la famille », écrivit dans son rapport de 1804 sur l'armée russe le chef d'escadron Paultre, aide de camp de l'ambassadeur de France[4].

En revanche, l'effet social était là : la recrue, se retrouvant dans l'armée, n'éprouvait plus aucun lien avec les masses paysannes dont elle venait de s'extraire. Voici ce qu'écrivait dans son journal, en 1809, Ivan Dolgorouki, général gouverneur de Vladimir : « Le paysan ne craint rien tant que le soldat. Il a moins peur de sa baïonnette et de son sabre que de sa rapacité. En cantonnement chez le paysan, le soldat fauche tout ce qu'il y a dans la caisse à blé, dans la grange, sur la table. Le maître de maison n'a plus rien à lui tant que le soldat habite là. [...] Et, chose étrange, la recrue enrôlée de la veille traite dès le lendemain son frère paysan comme si celui-ci était un scélérat, et il est prêt à tout lui prendre[5]. »

Exactement comme le général gouverneur, le commandant Paultre, déjà cité, notait : « Et ce même homme, voyant qu'il n'y a pas de moyen d'échapper à son sort, prenant tout à coup les sentiments de son nouvel état, oublie ses parents, tout ce qui l'attache aux lieux de sa naissance, et mettrait le feu à son village s'il en recevait l'ordre de l'officier de recrue[6]. »

C'est justement ce que recherchait l'oligarchie, dont la richesse était fondée sur le servage. Le soldat devenait un instrument fiable non seulement contre l'ennemi extérieur, mais aussi contre les soulèvements et révoltes paysannes. En outre, la famille du soldat, sa femme et ses enfants devenaient également membres du corps militaire. Mais, comme il était impossible d'élever des enfants avec la misérable solde d'un soldat, on plaçait les enfants dans des orphelinats militaires, et ils devenaient en quelque sorte orphelins alors même que leurs parents étaient vivants. Dans ces établissements, on

formait les artisans, les musiciens et les cadres subalternes nécessaires à l'armée.

Il va de soi que, dans un tel système, une trop forte croissance des
effectifs de l'armée était ruineuse tant pour les exploitations des propriétaires terriens que pour le pays dans son ensemble. C'est pourquoi la norme des recrutements, qui avaient lieu une fois l'an, était
relativement peu importante, en général une recrue pour
500 hommes mobilisables, ceux-ci avoisinant au total les 15 millions[*].
Un tel recrutement fournissait donc aux alentours de 30 000 futurs
soldats. Il en était ainsi avant l'accession au pouvoir d'Alexandre. En
1800, sous le règne de l'empereur Paul Ier, il n'y avait pas eu du tout
d'appel sous les drapeaux. En 1801, dernière année du règne de
Paul et première du règne d'Alexandre, alors que celui-ci ne s'occupait pas encore de politique étrangère, la levée d'hommes pour
l'armée fut à nouveau supprimée.

En revanche, en 1802, les enrôlements reprirent avec une ampleur
de plus en plus grande. En 1802, on appela 2 hommes sur 500 ; en
1803, à nouveau 2 sur 500 ; mais, en 1805, la norme fut portée à 4 sur
500, ainsi qu'en 1806 ; puis eut lieu un appel complémentaire de 1 sur
500 ; ensuite fut annoncée la levée de milices populaires…

Au total, si l'on considère que les milices de 1806 avaient été en
partie dissoutes, les hommes formant le reste de celles-ci ayant été
versés dans les régiments, le nombre total des recrues enrôlées de
1802 au début de la guerre de 1812 se montait à plus d'un million
d'hommes ! Il suffit d'indiquer que pour *tout* le XVIIIe siècle, au cours
duquel la Russie avait fait la guerre en permanence, 2 271 000 recrues
avaient été enrôlées. Autrement dit, en dix ans de règne, Alexandre
avait fait appeler autant d'hommes sous les drapeaux que pendant la
moitié du siècle précédent. Inutile de préciser que, avec le début de
la guerre de 1812, il fut procédé à des levées complémentaires, et
que l'on annonça la convocation d'une nouvelle milice. Mais ceci est
déjà une autre histoire, dont il sera question plus loin.

Bornons-nous à indiquer ici que l'armée russe non seulement se
préparait intensivement à la guerre, mais le faisait à une échelle qui
dépassait certainement les limites des possibilités financières et économiques de l'État. On a déjà noté plus haut quelles énormes
dépenses avait engendrées le développement de l'armée, suscitant
l'inflation et le mécontentement de toutes les couches de la société.
On avait beau affirmer que tout était fait pour se défendre contre
l'attaque d'un agresseur éventuel, cela ne correspondait absolument
pas à la réalité. En effet, des recrutements particulièrement massifs
avaient eu lieu de 1808 à 1810, alors que Napoléon non seulement

---

[*] Ce chiffre augmentait évidemment : ainsi, en 1810, il y avait 15 923 704 hommes
mobilisables.

ne menaçait pas la Russie, mais procédait même à d'importantes réductions de sa propre armée.

Grâce aux recrutements de masse, les effectifs des troupes russes ne cessèrent d'augmenter sous le règne d'Alexandre. En 1805, leur total se montait à 489 000 hommes (y compris les cosaques). En 1811, l'armée russe comptait déjà plus de 617 000 soldats et officiers[7].

Cet accroissement était dû autant à la création de nouvelles unités qu'au développement de celles qui existaient déjà. On procéda à la formation de nouveaux régiments d'infanterie et de cavalerie, ainsi que de brigades d'artillerie. En 1811 furent créées les troupes dites de « vigilance intérieure », semblables aux troupes « de l'intérieur » existant actuellement en Russie. Selon les états de situation, les effectifs de ces unités se montaient au début de 1812 à 38 000 hommes. Pendant la guerre, elles constitueront un élément autour duquel se formeront les réserves et la milice populaire[8].

Enfin, en 1808 furent créés les « dépôts de recrues » où l'on devait former les hommes en vue du complètement des troupes. Il existait un dépôt par division, et chacun d'eux devait compter 2 280 hommes. Six officiers, 24 sous-officiers et 240 soldats étaient affectés à la formation des recrues. Un officier supérieur commandait le dépôt. Les recrues faisaient leurs classes pendant huit à neuf mois avant d'être envoyés à l'armée. En fait, au cours de la guerre, une partie des dépôts de recrues servirent à la formation de nouvelles divisions d'infanterie et de cavalerie, d'autres au complètement de l'armée (pas obligatoirement dans leur propre division).

La qualité du matériel humain constituant les régiments laissait évidemment à désirer. Pendant les recrutements massifs de 1806 à 1811, les exigences furent notablement abaissées : on acceptait dans l'armée des hommes de 17 à 37 ans et la taille minimum admise pour les soldats était de 2 archines 3 verchoks (155,6 centimètres) ; lors des recrutements de 1812, on autorisa l'enrôlement des hommes d'une taille de 2 archines 2 verchoks (151,1 centimètres) et âgés de 18 à 40 ans[9].

Dans l'ensemble, la taille moyenne des soldats de l'armée russe de 1812 n'était que de 1,60 mètre, ce qui correspond actuellement à la taille moyenne d'un garçon de 13 ans. Cela vient évidemment de ce que la taille moyenne de la population européenne était bien inférieure à ce qu'elle est aujourd'hui. Il faut ajouter que les propriétaires fonciers n'étaient pas chauds pour envoyer à l'armée leurs serfs les plus robustes. L'indication de taille citée ici ne correspond manifestement pas au cliché du grenadier de belle carrure, ce preux de légende, mais telles sont les données objectives. Notons à titre de comparaison que la taille moyenne du soldat français n'était pas non plus particulièrement élevée, mais tout de même un peu supérieure : 1,65 mètre[10].

Pendant les recrutements qui eurent lieu au cours de la guerre de 1812, les exigences portant sur la qualité des recrues furent encore abaissées. L'ordre fut donné « de ne pas rejeter les hommes aux cheveux clairsemés, aux yeux vairons ou louches, à condition que leur vue leur permette de viser avec un fusil, avec des taies et des taches sur l'œil gauche, les bègues et ceux ayant un défaut de prononciation s'ils peuvent plus ou moins se faire comprendre ; ceux auxquels manquent six ou huit dents de côté, à condition que les dents de devant nécessaires pour mordre les cartouches soient entières ; avec des excroissances de peu d'importance sur le crâne, n'empêchant pas de porter le shako ou le casque ; ceux auxquels il manque un orteil, si cela ne gêne pas la marche de la recrue ; ceux qui ont un doigt de la main gauche rigide, n'empêchant pas de charger et d'utiliser le fusil ; acceptés également les castrats[11] ».

Lorsqu'ils sélectionnaient les paysans pour les expédier à l'armée, les propriétaires fonciers ne choisissaient pas seulement les plus faibles, évidemment, mais aussi ceux qui étaient le moins utiles à l'exploitation : « S'il y a parmi ses paysans ou serviteurs un voleur incorrigible, il [le propriétaire terrien] l'envoie, raconta Langeron ; s'il ne dispose pas de voleur, il envoie un ivrogne ou un paresseux ; enfin, s'il n'y a parmi ses serfs que des honnêtes gens, ce qui est presque impossible, il choisit le plus faible. Il existe des lois très strictes concernant l'enrôlement de ces recrues, leur taille, leur âge, leur apparence et leur santé, et même les qualités qu'elles doivent posséder ; mais il est démontré que ces lois, comme malheureusement beaucoup d'autres, sont facilement contournées en Russie, et c'est pourquoi, sur 50 recrues envoyées dans les régiments, il y en a beaucoup qui, en fonction de ces lois, n'auraient pas dû être enrôlées[*12]. »

Cela ne signifiait d'ailleurs pas que les Russes étaient de mauvais soldats. Au contraire, ils étaient traditionnellement réputés pour leur résistance et leur bravoure. Voici ce qu'écrivit le même auteur à ce propos : « De tout ce qu'on a lu ici, on voit que j'avais raison de dire que l'armée russe aurait dû être la plus mauvaise d'Europe. Comment se fait-il alors qu'elle soit une des meilleures ? Le soldat russe attribue cela à saint Nicolas, mais moi je l'attribue au soldat russe ; en effet, grâce au fait qu'il est le meilleur soldat du monde, la victoire l'accompagne partout ! Sobre comme un Espagnol, patient comme un Tchèque, fier comme un Anglais, intrépide comme un Suédois, réceptif aux élans et à l'inspiration des Français, des

---

* Retraduit du russe.

Wallons et des Hongrois, il unit en lui toutes les qualités qui font un bon soldat et un héros. [...] Le défunt roi de Prusse, qui s'y connaissait en art militaire, disait des Russes : "Il est beaucoup plus facile de les tuer que de les vaincre, et une fois qu'on les a tués il faut encore les faire tomber." Citadelles inébranlables ou flots dévastateurs, sobres quand il le faut, disciplinés quand ils le veulent, ils obéissent à tout avec la même rapidité ; vêtus ou non vêtus, nourris ou mourant de faim, touchant leur solde ou ne la touchant pas, ils ne se plaignent jamais, vont toujours de l'avant et se jettent au feu aux seuls mots de "Russie" ou de "l'Empereur"[13]. »

Le même Langeron relatait ainsi, dans un rapport à l'empereur, la bataille de Roustchouk du 22 juin (4 juillet) 1811 : « Le 22, j'ai vu dans mon carré 123 soldats et 30 chevaux enlevés par les boulets des Turcs en une heure sans qu'un seul homme ait baissé la tête ; et les deux tiers des soldats étaient des recrues de l'année. Voilà l'infanterie russe[14]. »

En dépit de ses grandes qualités morales et guerrières, l'armée russe avait hérité des temps passés de nombreux traits archaïques qu'il s'imposait de modifier rapidement. En janvier 1810, le général d'infanterie Barclay de Tolly avait été nommé ministre de la Guerre. Il avait une vision très pessimiste de l'état de l'armée russe et considérait que, lors des campagnes de 1805-1807, les troupes s'étaient trouvées en bien meilleure condition qu'à la veille de la nouvelle guerre. Voici ce qu'il écrivit dans un rapport au comte Roumiantsev d'août 1810 : « Alors les armées russes, étant alliées à l'Autriche, à l'Angleterre, à la Prusse et à la Suède, engageaient le combat couronnées des lauriers de la victoire. Éprouvés dans un millier de batailles chanceuses, les valeureux guerriers apportaient sans trembler leur vie en sacrifice pour le souverain et la patrie, escomptant pour seule récompense de leurs exploits une gloire immortelle. Le sentiment d'être des combattants invincibles élevait l'âme de chacun. La situation florissante des finances fournissait des ressources abondantes pour la poursuite de la guerre, on était enivré d'une attente résolue de la gloire, de l'amour pour le souverain, la patrie et le respect de la loi ; l'esprit de l'armée et du peuple ouvrait les plus grands espoirs de la fin de cette guerre. »

Mais à présent, selon Barclay de Tolly, la situation avait changé : « Au lieu de troupes fortes et courageuses, nos régiments sont composés pour la plus grande part de soldats inexpérimentés et qui ne sont pas accoutumés aux rigueurs de la guerre. La longue guerre actuelle efface en eux les vertus héroïques héréditaires, et l'esprit national de même que les forces physiques commencent à faiblir sous le poids d'une guerre imposée et inutile[15]. »

C'est pourquoi le ministre de la Guerre engagea un important programme de réformes destinées à préparer l'armée russe à la guerre contre un adversaire puissant. Avant tout, Barclay de Tolly estimait à juste titre qu'il était indispensable de se préoccuper des soldats, et par là de réduire les pertes sanitaires énormes, même pour l'époque, de l'armée russe. On ne dispose pas de données globales sur les pertes de ce type sous le règne d'Alexandre, mais toute une série d'éléments permet de s'en faire une idée. Ainsi, au cours de la guerre russo-turque de 1806-1812, l'armée russe avait perdu au total dans les 150 000 hommes, dont seulement 30 000 environ sur le champ de bataille, les autres étant morts de maladies[16]. La mortalité enregistrée lors de cette guerre était donc due pour au moins 80 % à des pertes sanitaires.

Grâce à la rigueur tatillonne de l'administration russe sous le règne de Nicolas Ier, on dispose de données d'ensemble sur les pertes de 1825 à 1850. Au cours de cette période riche en expéditions militaires et proche, par ses spécificités, de celle d'Alexandre, 30 233 soldats furent tués, alors que 1 062 839 moururent de privations et de maladies[17], ce qui constituait 40,4 % des recrues, soit environ 40 000 hommes par an. Il est vrai que, parmi ceux qui terminaient leur vie dans les hôpitaux, il y en avait qui succombaient à leurs blessures, mais leur nombre devait être à peu près du même ordre que celui des tués, et probablement même inférieur à celui-ci. Par conséquent, si l'on arrondit les chiffres, 50 000 hommes environ moururent sous les coups des armes de l'ennemi, et un million de maladies ou de privations. Autrement dit, le rapport est de 1 à 20. Sans extrapoler ces données à la période qui nous intéresse, celle de la veille de la guerre de 1812, on n'en peut pas moins dire avec assurance que les pertes sanitaires dans l'armée russe n'étaient en rien inférieures aux 80 % mentionnés, et dépassaient même vraisemblablement ce pourcentage.

Dans une lettre au lieutenant général Steingel, le ministre de la Guerre indiquait en 1810 : « Selon moi, il n'y a pas d'autres causes à la multiplication des malades et même de la mortalité que le manque de modération dans le châtiment, l'épuisement des forces humaines dans les exercices, et l'absence de souci d'une nourriture saine. Votre Excellence doit connaître par expérience la coutume enracinée dans nos troupes de fonder toute la science, la discipline et la règle militaire sur un châtiment corporel et cruel ; il y a même eu des cas où les officiers ont eu envers les soldats une attitude inhumaine, ne supposant en eux ni sentiments ni raison. Cependant, [...] peu à peu, ces manières brutales se sont modifiées, mais on punit très sévèrement, même à présent, pour de menues fautes[18]. »

Les réalités évoquées dans la lettre officielle du ministre de la Guerre sont tout à fait confirmées par de nombreux témoignages de contemporains. Voici ce qu'écrivait dans ses souvenirs l'officier du régiment de hussards d'Elisavetgrad Osten-Saken : « Il y avait un autre aspect sombre : la conduite impitoyable, tyrannique envers les soldats. On punissait de centaines de coups de bâton non seulement les crimes ou les fautes, mais même des erreurs commises lors des exercices. Pendant ces derniers, on apportait les bâtons, voire, pis encore, on frappait le dos des hommes avec le plat de l'épée et les baguettes de fusil. Beaucoup d'asthmatiques ou de phtisiques devenaient inaptes au service. Et tout cela était infligé à un soldat russe plein de dévotion, d'obéissance, de dévouement, prêt à tout oubli de soi, un idéal de combattant. La cruauté atteignait un niveau invraisemblable. Lors de la promotion des sous-officiers issus de recrues au grade d'officier, certains chefs dissimulaient l'ordre donné en ce sens, s'en prenaient au promu, lui infligeaient quelques centaines de coups de bâton afin que, disaient-ils, il en garde longtemps souvenir[19]. »

Beaucoup d'officiers trouvaient dans ces sévices « un contentement particulier et, comme par plaisir sportif, lorsqu'ils prenaient le thé, ils ordonnaient de punir des soldats coupables et non coupables[20] », soulignait un autre témoin.

« Les officiers russes peuvent faire battre un homme tant qu'ils veulent pourvu qu'il n'en meure pas, confirmait l'aide de camp de l'ambassadeur de France déjà mentionné ; dans ce dernier cas, ils seraient jugés par un conseil de guerre. Il arrive souvent que, s'il y a plusieurs coupables, on les force à se rosser les uns et les autres chacun leur tour. J'ai vu un colonel, croyant que je n'avais pas été content de la manœuvre d'un escadron, faire enfermer tous les hommes avec les chevaux dans l'écurie et les y laisser vingt-quatre heures sans manger[21]. »

Et l'auteur inconnu du poème *La Vie du soldat*, composé à cette époque, écrivit :

> *Mieux vaut ne pas venir au monde*
> *Que de se retrouver soldat,*
> *On ne trouve pas plus immonde,*
> *Quand même partout l'on va*[22].

Le ministre de la Guerre n'en considérait pas moins que l'on pouvait former les hommes autrement qu'en les bâtonnant impitoyablement, et il précisait à ses subordonnés ce qui suit : « Le soldat russe possède toutes les meilleures vertus guerrières : il est brave, zélé, obéissant, dévoué et pas exigeant ; par conséquent, il existe nombre de moyens, sans avoir recours à la cruauté, pour le mener à la connaissance du service et le maintenir dans la discipline[23]. »

Enfin, Barclay de Tolly s'est efforcé de mettre fin (autant que possible, évidemment !) aux vols des fonctionnaires de l'intendance par la faute desquels les soldats ne touchaient que la pitance la plus pauvre, l'armée subissant de ce fait d'énormes pertes dues à la mortalité par suite de maladies. Le ministre notait : « On ne livre rien pour la nourriture des soldats en dehors du pain, et non seulement on ne voit pas sur leurs visages santé et vivacité, mais, par leur couleur et leur maigreur, on peut qualifier des compagnies et bataillons entiers de malades et souffrants. [...] J'ai ordonné de me soumettre chaque mois une copie des rapports des régiments sur le nombre de malades, par laquelle je jugerai des capacités et du zèle des chefs des régiments, car on peut considérer comme une vérité irréfutable le fait que le nombre de malades dans un régiment donne une idée très juste de sa gestion[24]. »

Les réformes intervenues dans l'armée russe n'auraient sans doute pu se dérouler sans l'influence des contacts, en temps de guerre comme en temps de paix, avec l'armée de Napoléon. On a déjà dit au chapitre V que, pendant la campagne de 1809, des officiers russes remplissaient pratiquement des fonctions d'officiers d'état-major au quartier général de l'armée napoléonienne. Leur expérience et leurs informations sur l'armée française furent à l'évidence largement mises à profit dans le cours des réformes. Un rôle particulièrement important fut dévolu à la mission du général Pierre Volkonski que le tsar avait présenté à Napoléon à Tilsit, puis envoyé en France afin d'étudier l'organisation des états-majors de l'armée napoléonienne. Le jeune général (Volkonski n'avait alors que trente et un ans), représentant d'une des plus grandes familles aristocratiques de Russie, séjourna en France près de trois ans et fut en relation avec tous les plus fameux chefs de guerre français.

Le résultat de son séjour en France fut la réforme des états-majors de l'armée russe et leur organisation sur le modèle des états-majors napoléoniens.

À l'époque de Paul Ier, on avait supprimé l'état-major général, mais celui-ci ressuscita bientôt sous le nom de « Suite de Sa Majesté Impériale exécutant la fonction de quartiers-maîtres ». Avec l'accession au trône d'Alexandre Ier, l'ingénieur général Suhtelen fut placé à la tête de ce service (quartier-maître général) et, en novembre 1810, à son retour de France, il fut remplacé par le prince Volkonski. Pendant les deux ans qui s'écoulèrent entre la nomination de Volkonski et le début de la guerre, de grands changements intervinrent dans l'organisation et le fonctionnement de la Suite. En 1810, 167 officiers y servaient. Le règlement du service figurait dans un document élaboré sur ordre de Volkonski par le colonel Toll et intitulé « Direction pour l'exercice du service destinée aux fonctionnaires [officiers] de l'état-major général de division ». Un grand rôle, dans le fonctionnement de l'état-major, était désormais dévolu à ce que l'on appelait des « guides de colonnes », pour lesquels fut créé en 1811 un établissement d'enseignement spécial. Ceux-ci étaient des élèves officiers se préparant à devenir officiers d'état-major. Ils étaient en charge des fonctions quotidiennes de l'état-major et, en temps de guerre, de l'organisation du mouvement des colonnes de troupes et de l'interaction des différentes composantes de l'armée.

Enfin, le principal ouvrage rédigé à partir de l'étude de l'expérience française était le « Règlement pour le commandement de la Grande Armée en campagne », approuvé par le tsar le 27 janvier (8 février) 1812. Ce document venait immédiatement, par son importance, après les ordonnances de Pierre le Grand remontant à 1716. Il définissait la structure de l'administration de l'armée, les pouvoirs du commandant en chef, la composition des états-majors de corps et de division, et leurs relations avec l'état-major général. Le « Règlement » comprenait des articles concernant la police militaire, les tribunaux militaires et les procédures judiciaires, la gestion de l'intendance, etc.

La mise à profit de l'expérience française n'a pas seulement servi de base à l'organisation du travail de l'état-major, mais aussi aux réformes intervenues dans l'organisation et la tactique de l'infanterie. Dans l'infanterie française, il existait, en dehors des « compagnies du centre » (compagnies ordinaires), des compagnies d'élite, c'est-à-dire des unités composées de soldats se distinguant par leurs qualités physiques et morales. Dans chaque bataillon de l'infanterie de ligne, il y avait en France, depuis 1808, six compagnies : une de grenadiers (soldats d'élite de haute taille), une de voltigeurs (soldats d'élite de petite taille, habituellement utilisés en tirailleurs) et quatre de fusiliers (soldats ordinaires).

L'infanterie russe fut réformée sur ce modèle, mais en adaptant l'expérience française aux coutumes et règlements russes. Ces réformes virent le jour en 1810. Dorénavant, tous les régiments de l'infanterie russe étaient organisés de la même manière. Chaque bataillon était constitué d'une compagnie de grenadiers et de trois compagnies ordinaires (dans les régiments de grenadiers, celles-ci étaient appelées compagnies de fusiliers ; dans les régiments de mousquetaires, compagnies de mousquetaires ; dans les régiments de chasseurs, compagnies de chasseurs). Chaque compagnie était divisée en deux sections : la première section de la compagnie de grenadiers s'appelait section de grenadiers ; la deuxième, section de « tirailleurs » (correspondant aux voltigeurs français). Lorsque le bataillon était déployé, les grenadiers se plaçaient à droite et les « tirailleurs » à gauche, comme chez les Français. Enfin, lorsque le bataillon se formait en colonne pour des manœuvres rapides ou la charge à la baïonnette, les « tirailleurs » se dispersaient devant la colonne et sur ses flancs afin de la couvrir de leur feu.

Ces réformes supposaient une modification de l'instruction des troupes. Barclay de Tolly exigea notamment l'apprentissage des soldats au tir ciblé. Une telle exigence semble aller de soi dans une armée moderne, mais elle n'était pas si évidente à l'époque. Nous reviendrons encore à maintes reprises sur les particularités de la tactique de ce temps découlant du caractère des armes à feu du XVIIIᵉ et du début du XIXᵉ siècle. Le fusil à silex à canon lisse, même utilisé avec beaucoup d'habileté, ne pouvait assurer un tir précis, la dispersion des balles étant importante. En conséquence, au XVIIIᵉ siècle, on commença à miser exclusivement, dans la plupart des armées, sur le feu de salve, en appréciant avant tout non pas la qualité du tir individuel, mais la capacité d'un bataillon à bien faire feu simultanément par tous ses soldats et à tirer rapidement. Cela relevait du bon sens, mais les guerres de la Révolution française et de Napoléon ont montré que, malgré tout, des tireurs habiles pouvaient, même dans les limites techniques des armes de l'époque, jouer un rôle majeur du point de vue tactique, par leur capacité à couvrir les manœuvres de formations serrées de fantassins. En anticipant, disons que la cohésion de celles-ci continuait, au début du XIXᵉ siècle, à se révéler décisive sur le champ de bataille. Les tirailleurs ne restaient toujours qu'un complément, même s'il était important et nécessaire.

En outre, même si le fusil du début du XIXᵉ siècle était très imparfait, il pouvait, dans les mains d'un soldat expérimenté, et à courte distance, constituer une arme puissante. Mais il fallait pour cela une sérieuse instruction, alors que dans l'armée russe, conformément aux règlements de l'époque, il était attribué à un fantassin... six cartouches par an pour l'apprentissage du tir ! Au surplus, on accordait plus d'attention à l'aspect extérieur de l'arme qu'au fait que le soldat soit prêt au combat. Osten-Saken écrivit dans ses mémoires : « L'arme et toutes les parties métalliques brillaient de l'astiquage ou, comme on disait à l'époque, du « vernis », ce qui, cela va de soi, causait beaucoup de dommage à l'arme. Lors de l'inspection des fusils, on les secouait fortement afin que la baguette, heurtant la culasse, produise le bruit le plus fort possible... On apprenait très rarement aux hussards à tirer au but à la carabine, mais par salves [!], et, par surcroît, c'était avec des balles d'argile[25]. »

En se fondant là-dessus, Barclay de Tolly disposa : « La principale occupation du soldat dans les exercices militaires doit être le tir au but ; ce savoir ne peut être acquis autrement que par un encouragement sans contrainte et un goût pour celui-ci. [...] J'espère que si Messieurs les commandants de divisions, de régiments et de bataillons surveillent sans relâche cet enseignement, les grades inférieurs atteindront dans un bref délai la perfection dans ce savoir, qui est aujourd'hui dans un grand dédain chez nous. Messieurs les chefs doivent veiller à ce que les officiers pratiquent eux-mêmes le tir au but afin de pouvoir former les soldats avec un meilleur succès[26]. »

Sur le plan tactique, les troupes profitèrent de la riche expérience au combat qu'elles avaient acquise au cours des nombreuses guerres menées par la Russie de 1805 à 1812. Ainsi, en 1811, fut élaboré un Règlement nouveau de l'infanterie dans lequel un rôle important était dévolu non seulement à l'action des lignes d'infanterie déployées et serrées, mais également à celle des colonnes et des tirailleurs. L'éminent historien militaire Hans Delbrück a écrit : « Si, par hasard, ne s'étaient conservés que les seuls Règlements militaires prussien et français, on pourrait imaginer que nous avons en main une preuve que la tactique du combat en tirailleurs a été inventée par les Prussiens en 1812[27]. » Si Delbrück avait connu le russe, sans doute aurait-il mentionné le Règlement russe de 1811 dans lequel sont justement fournies des recommandations sur les actions en ordre dispersé. Du côté des Français, même si on leur doit cette nouvelle forme de combat, elle n'a trouvé que plus tard son expression dans les règlements officiels.

Le Règlement de 1811 engageait les troupes selon des formes tactiques souples et actives, mais les traditions de Souvorov s'exprimèrent particulièrement dans un document intitulé « Instruction à Messieurs les officiers d'infanterie le jour de la bataille », rédigé par le général-major M. Vorontsov. Cette instruction, retouchée par Bagration, fut éditée pour les troupes de la 2ᵉ armée de l'Ouest en juin 1812. Elle orientait les officiers russes vers une utilisation habile des tirailleurs, mais elle ne s'en fondait pas moins à juste titre sur le fait que les armes à feu de l'époque ne pouvaient constituer une force décisive : « Les officiers ne doivent pas se satisfaire de tirailler avec l'ennemi, mais rechercher le bon moment pour attaquer à la baïonnette et utiliser celle-ci sans attendre les ordres ; lors de telles attaques, il faut toujours montrer l'exemple... » Quand on attaque un ennemi occupant un village ou un bois, « il ne faut pas recourir dans ces cas-là à l'échange de coups de feu, car il n'est pas avantageux de tirailler avec un ennemi caché ; il faut l'attaquer rapidement à la baïonnette. [...] Il sera plus rapide, par ces attaques hardies, de déloger l'ennemi des positions fortes et avec une perte d'hommes moindre qu'en cas d'échange de coups de feu. Dans toutes ces attaques à la baïonnette, il faut que les soldats crient "Hourra !" pour signaler aux autres colonnes qu'ils se battent avec succès et en offensive, et pour intimider l'ennemi[28] ».

L'instruction interdisait aux officiers et aux soldats de dire : « Nous sommes coupés ! » Si un officier prononçait tout haut une telle phrase, la société des officiers devait le chasser de ses rangs et un soldat, pour de telles paroles, était condamné à être battu impitoyablement avec des baguettes de fusil. Les auteurs de l'instruction affirmaient qu'un homme courageux ne serait jamais coupé. Il fallait simplement se tourner face à l'ennemi et avancer résolument sur lui, et, de quelque côté qu'il se tienne, il serait battu. L'instruction se terminait par la certitude que la bravoure et la hardiesse assureraient bien plus sûrement la victoire que toutes les démonstrations. « L'obstination et l'intrépidité ont gagné davantage de batailles que tous les talents et tout l'art[29]. » Ainsi les auteurs de l'instruction, avant même le grand théoricien militaire Clausewitz, indiquaient que la victoire s'obtenait par la hardiesse, la bravoure et les actions énergiques, non par des raisonnements scolastiques.

Ces auteurs n'étaient pourtant pas des rétrogrades niant la nécessité d'utiliser le progrès technique, et ils soulignaient qu'il fallait apprendre aux hommes le tir au but, et bien inspecter leurs armes : « Si on se prépare à l'action, le devoir de tous les officiers et particulièrement des commandants de compagnie est d'examiner minutieusement tous les fusils [...], d'exiger que le soldat ait au moins deux silex en réserve, que les 60 cartouches prescrites soient présentes et en bonne état[30]... »

Le réarmement de l'infanterie russe aida également à l'augmentation de sa puissance de feu. En 1808 fut introduit dans l'armée un fusil nouveau modèle qui n'était pas autre chose qu'une copie du fusil français, avec de menues modifications de certaines caractéristiques. La principale différence était le calibre : chez les Français, celui-ci était de 17,5 millimètres ; chez les Russes, de 17,78 millimètres (7 lignes[*]). Une telle différence pouvait se révéler utile, compte tenu de la spécificité des guerres prévues. Comme on sait, dans le fusil à canon lisse, la balle était toujours légèrement inférieure, par son calibre, au diamètre du canon. Si l'on tirait d'un fusil russe avec une balle française, il y avait évidemment un peu plus de jeu que d'habitude, et l'exactitude du tir s'en trouvait quelque peu réduite, mais, en principe, on pouvait tirer, alors qu'il aurait été très dangereux, voire tout à fait impossible, pour les Français d'utiliser des cartouches russes !

La situation inverse existait d'ailleurs dans l'artillerie. Chez les Français, le calibre des canons – tirant des boulets de six et douze livres – était un peu supérieur à celui des pièces russes et prussiennes correspondantes. C'est pourquoi les artilleurs français pouvaient utiliser les munitions d'artillerie prises à l'ennemi, alors que Russes et Prussiens ne le pouvaient pas.

En dépit du réarmement de l'infanterie avec de nouveaux fusils, l'uniformisation ne fut cependant pas réalisée dans ce domaine. En 1812, les régiments continuaient à être pourvus de fusils russes et étrangers de vingt-huit calibres différents (de 12,7 à 21,91 millimètres)[31]. La situation créée par la diversité des armes était si sérieuse qu'en 1809 le chef du régiment de mousquetaires de Libava, le major général Vadnovski, écrivit dans un rapport : « J'ai l'honneur

---

* La ligne est une ancienne mesure de longueur : 1 ligne = 10 points = 0,1 pouce = 2,54 millimètres.

de vous faire savoir que, dans le régiment de mousquetaires de Libava qui m'est confié, les fusils, en raison de leur ancienneté, remontant à 1700, se trouvent être de calibres divers ; c'est pourquoi on ne peut, pour une grande partie d'entre eux, définir leur véritable calibre[32]... »

La situation dans le régiment de Libava ne faisait pas exception. Un autre rapport daté de cette même année indique que, dans le régiment de mousquetaires de Chirvan, il existait quatre calibres de fusils, de 7 ½ à 8 lignes ; dans le régiment de Tomsk, trois calibres, de 8 ⅛ à 8 ⅝ ; dans le régiment d'Oufa, trois calibres, de 7 ¼ à 7 ¾ ; dans le 19ᵉ régiment de chasseurs, six calibres, de 7 ⅔ à 8[33].

Une telle situation découlait sans conteste de la croissance considérable des effectifs de l'armée : le gouvernement ne disposait pas d'assez de ressources pour armer ces énormes masses de troupes de façon uniformisée.

En ce qui concerne encore l'armement, il convient de dire quelques mots de la cavalerie. L'expérience des guerres napoléoniennes de 1805-1809 avait montré que l'abandon de l'équipement de protection des troupes montées, qui avait eu lieu partout au XVIIIᵉ siècle, s'était révélé prématuré. En effet, à l'époque de la domination de la tactique linéaire, alors que toute l'attention des chefs de guerre était centrée sur le feu de salves de l'infanterie, les cuirasses et les casques étaient devenus dans une certaine mesure anachroniques, étant donné que les combats à l'arme blanche était désormais de plus en plus rares. Cependant, les guerres napoléoniennes, lors desquelles fantassins et cavaliers utilisaient fréquemment dans les combats les baïonnettes pour les premiers et les sabres pour les seconds, avaient prouvé que la cuirasse et le casque pouvaient être très utiles, sans même parler de l'avantage moral qu'ils conféraient au combattant.

C'est pourquoi, au tout début de 1812, on ordonna, sur injonction de l'empereur, de rendre à la cavalerie lourde les cuirasses qu'elle avait perdues sitôt après l'accession au pouvoir d'Alexandre Iᵉʳ, en 1801. Alors sept régiments de cuirassiers avaient été transformés en dragons, et les autres privés de leur armure. Il existait nominalement deux régiments de cuirassiers de la Garde, et six de ligne, qui se distinguaient du reste de la cavalerie par la taille des chevaux et des hommes, mais n'avaient ni cuirasses ni casques. Les casques firent leur retour en 1803, et les cuirasses en 1812. Dix régiments les reçurent : les chevaliers-gardes, les gardes à cheval, les régiments de Sa Majesté l'Empereur, de Sa Majesté l'Impératrice, de l'Ordre militaire, d'Ekatérinoslav, de Gloukhov, de Petite Russie, de Novgorod et d'Astrakhan, ces deux derniers ayant été créés en 1811. Au cours de la campagne de 1812 et des campagnes étrangères, les cuirassiers russes démontreraient à de nombreuses reprises qu'ils n'avaient pas reçu en vain leur armure en se lançant dans des mêlées acharnées avec la cavalerie lourde française, qui portait également des cuirasses d'acier.

On remarqua dans le même temps que la lance n'avait pas non plus épuisé ses possibilités, ce qui fut prouvé à maintes reprises par les cosaques russes et les lanciers polonais. C'est pourquoi, à la veille de la guerre de 1812, fut prise la décision d'armer les hussards de lances afin de créer rapidement une importante quantité de troupes de cavalerie disposant de cette arme.

Cependant, à la différence de la protection des cuirassiers, l'introduction des lances dans les régiments de hussards ne saurait être qualifiée de succès. Les contemporains étaient unanimes à noter que la lance, même si elle était une arme redoutable, présentait également toute une série d'inconvénients. Sa particularité était d'être inutile entre des mains peu habiles. Si même un cavalier inexpérimenté armé d'un sabre pouvait l'utiliser tant bien que mal dans le combat et espérer causer du tort à l'ennemi, un combattant mal instruit armé d'une lance était tout simplement impuissant dans une mêlée sérieuse. En effet, un cavalier sûr de lui n'éprouvait pas de difficulté particulière à parer un coup direct porté par un novice ; par suite du poids et de la longueur de l'arme, le coup porté par la lance était relativement lent, et l'on repérait à l'avance d'où il était porté. Une fois la lance écartée par le fer de l'ennemi, le lancier était totalement à la merci de son adversaire armé d'un sabre.

L'officier du régiment de hussards d'Izioum Martens se souvint : « Le grand-duc introduisit des lances dans tous les régiments de hussards. Pour la cavalerie légère, la lance est sans aucun doute une arme remarquable, mais, pour savoir la manier utilement, elle réclame une grande expérience et une pratique nécessaire. Introduire cette arme deux mois avant le début d'une campagne était donc d'une grande absurdité ; une lance dans les mains d'un homme ne sachant pas l'utiliser ne constitue qu'une gêne. C'est pourquoi les hussards qui se servaient habilement d'un sabre étaient extrêmement mécontents des lances et les brisèrent et les jetèrent dès le début de la campagne[34]. »

Quelques mots à présent de la Garde. Il convient de noter que, pour la compléter, on s'était tourné vers le modèle français. Auparavant, la Garde russe était principalement formée des meilleures recrues. Mais, comme en France on prenait dans la Vieille Garde les meilleurs soldats, le ministre de la Guerre décida que la Garde russe devait également être constituée non seulement des bonnes recrues, mais également de combattants émérites prélevés sur les autres régiments. En 1811 fut diffusée dans toute l'armée une circulaire selon laquelle « les commandants des divisions sont tenus, pour compléter des régiments de la Garde à pied, de choisir dans chaque régiment de grenadiers, chaque régiment d'infanterie et de chasseurs, quatre grenadiers et deux "tirailleurs"[35] ».

La composition, l'armement, l'habillement et le niveau de préparation de la Garde impériale russe étaient d'ailleurs de toute façon irréprochables. L'officier d'ordonnance de l'empereur des Français, Albert de Watteville, qui s'était rendu à Saint-Pétersbourg en 1810 pour transmettre des dépêches diplomatiques, rendit compte à Napoléon, le 16 juin de cette même année, de la parade à laquelle il avait été convié dans la suite de l'ambassadeur de France : « La tenue des troupes et la précision avec laquelle elles manœuvrent est une chose dont je n'avais aucune idée. Les manœuvres s'exécutent presque généralement à la française. Un régiment pourrait manœuvrer en ligne avec un régiment français pourvu que le colonel entendît la langue. [...] L'artillerie légère, dont on voyait se changer en deux jours l'uniforme, et qui maintenant est comme les chasseurs à cheval français, exerce avec une promptitude étonnante... »

Depuis longtemps, les troupes du génie français étaient réputées les meilleures d'Europe. C'est pourquoi l'ingénieur militaire russe Maïorov fut envoyé en France pour étudier la science du génie et son application dans la construction des forteresses situées dans le nord du pays et sur le territoire de l'ancienne Hollande. Les militaires et les pouvoirs civils français montrèrent avec plaisir à l'officier russe leurs réalisations dans le domaine de la conception technique, de sorte que Maïorov écrivit dans une lettre au chancelier Roumiantsev : « Je me considère comme tenu de remercier pour son attitude généreuse et ouverte à mon égard le ministre de l'Intérieur, qui m'a honoré de son amitié et m'a comblé de marques d'attention[36]. » Le voyage de Maïorov déboucha sur les propositions de celui-ci pour la modernisation des forteresses russes.

En 1812, le corps des officiers de l'armée russe n'avait pas connu de modifications significatives par rapport aux premières années du XIXᵉ siècle. Il avait conservé les traits caractéristiques de ceux des monarchies traditionnelles. Les nobles constituaient 89 % des effectifs de cadres[37], à peu près le pourcentage qui prévalait dans le corps des officiers français d'Ancien Régime (à l'époque de Louis XVI, les nobles en représentaient dans les 80 %). Dans l'armée russe, un soldat d'origine paysanne pouvait en principe devenir officier ; il devait pour cela servir pendant au moins douze ans au grade de sous-officier. Pour les enfants de troupe et les soldats issus du clergé, cette durée était réduite à huit ans[38]. D'ailleurs, comme on le voit d'après le pourcentage ci-dessus, il y avait peu d'officiers issus des couches populaires, et ils ne déterminaient absolument pas l'esprit du corps.

Il serait cependant inexact de s'imaginer les officiers russes comme de riches sybarites menant une vie dissolue et commandant le champagne par seaux dans des établissements coûteux, comme on les voit souvent représentés dans la littérature et le cinéma de bas étage. Les chercheurs contemporains ont montré que la plupart des officiers russes vivaient sur une maigre solde : 77 % « n'étaient pas propriétaires terriens ou propriétaires de serfs et de biens immobiliers. Il n'y avait que 3,8 % de propriétaires terriens parmi les officiers[39] ». En ce qui concerne la solde, on est étonné de son niveau misérable. Elle se présentait comme suit pour les officiers d'infanterie :

aspirant	125 roubles-assignats par an
sous-lieutenant	142 roubles-assignats par an
lieutenant	166 roubles-assignats par an
capitaine en second	192 roubles-assignats par an
capitaine	200 roubles-assignats par an
commandant	217 roubles-assignats par an
lieutenant-colonel	250 roubles-assignats par an
colonel	334 roubles-assignats par an

Il est vrai que les revenus perçus par les officiers de l'État ne se limitaient pas à la solde. Ils recevaient également des « indemnités de table » (en rapport avec leur fonction) et des « indemnités de logement » (en fonction de leur grade et de leur situation familiale). Ces paiements complémentaires ne se montaient cependant pas à plus d'un tiers de leur solde.

Si l'on considère que le rouble-assignat était pratiquement égal au franc français à l'époque dont nous traitons, on peut facilement comparer les revenus dus au service des officiers français et russes. Voici un tableau de la solde des officiers français des régiments de ligne (sans compter les indemnités) :

sous-lieutenant	1 000 francs par an
lieutenant	1 200 francs par an
capitaine	2 400 francs par an
chef de bataillon	3 600 francs par an
colonel	5 000 francs par an

Il s'ensuit que la solde des officiers français était à peu près dix fois supérieure à celle des officiers russes ! Bien entendu, les prix dans la province où étaient cantonnés les régiments de ligne n'étaient pas aussi élevés que ceux de Pétersbourg ou de Paris, mais il n'en est pas moins évident que les officiers russes des régiments ordinaires devaient mener une existence pitoyable.

Il est très compliqué d'établir une correspondance entre le pouvoir d'achat de la monnaie de cette époque et celui de la monnaie d'aujourd'hui. On peut seulement citer quelques prix pour en donner un aperçu. Ainsi, par exemple, dans la partie non publiée de son journal, Dmitri Volkonski nota en février 1810 que la vie était chère partout : « Dans les auberges, un repas sans vodka ni vin coûte 2 roubles et demi [assignats] ; deux petites chambres pour une nuit, 2 roubles et demi[40]. » Le même auteur indiquait qu'un quart d'avoine (209 litres) coûtait de 1 ¼ à 1 ½ rouble-assignat. Une course en fiacre, pas moins de 30 kopecks. Nous pouvons également apprendre par la partie publiée du même journal de Volkonski que, en mai 1812, les journaliers ont si bien augmenté leurs gages qu'ils exigent « 1 rouble 10 kopecks par jour[41] ». Ainsi, même un journalier pouvait gagner à Moscou deux fois plus qu'un officier de grade subalterne ! Ce dernier, qui touchait une solde de 12 roubles par mois, aurait eu du mal à faire bombance dans une auberge ou à se promener en fiacre... En outre, l'officier devait s'équiper à ses frais, et le coût d'une tenue complète n'était pas inférieur à 200 roubles, c'est-à-dire au montant de la solde annuelle d'un capitaine !

Même l'officier de la suite impériale N. Mouraviev se souvint qu'il manquait d'argent pour le strict nécessaire : « Mes uniformes, épaulettes, équipements étaient fort pauvres ; lorsque j'occupais encore mon logement, la chambre était mal chauffée ; mes repas avec ceux de mon domestique coûtaient 25 kopecks par jour ; je mangeais ma soupe avec une cuiller en bois, il n'y avait pas de thé, les meubles étaient vieux et démantibulés, ma capote me servait de couverture et de robe de chambre, et tenait souvent lieu de chauffage en l'absence de bois ! C'était triste de vivre ainsi, évidemment, mais c'est là que j'appris pour la première fois à me modérer et à supporter le besoin[42]. »

Ce qui est dit ici concerne bien sûr les simples officiers. Leurs compagnons d'armes de la Garde, descendants de riches familles de l'aristocratie russe, pouvaient se permettre un splendide uniforme et des ripailles insensées qui servirent de source à nombre d'œuvres littéraires et répandirent dans l'opinion le cliché d'officiers russes noceurs et dandys.

Hélas ! la vie d'un simple officier de ligne et sa condition matérielle étaient telles que, parfois, il lui était même difficile de se payer des épaulettes de bonne qualité. Si, avant les guerres contre Napoléon et l'inflation provoquée par la course aux armements, on pouvait considérer la solde des officiers russes comme chiche, à la suite du développement irrépressible de l'armée et de l'utilisation de la planche à billets qui en avait résulté, les revenus de ceux qui vivaient de leur seule solde devinrent insignifiants, et l'on ne peut que se demander comment les officiers de ligne parvenaient à survivre.

Sous ce jour, les réformes de Barclay de Tolly ne pouvaient rien changer, du fait du manque catastrophique de moyens financiers.

Pour ce qui est du niveau d'instruction du corps des officiers, ainsi qu'il en allait dans beaucoup d'autres armées d'Europe, seule une minorité recevait une formation militaire. Entre 25 et 30 % seulement des officiers russes de la guerre de 1812 étaient passés par des écoles militaires[43]. La grande masse des officiers était directement formée au sein des régiments. Les promus étaient principalement des sous-officiers issus de la noblesse ayant servi au moins un an dans ce grade.

Malgré tous ces défauts que le ministre de la Guerre était impuissant à combattre, un énorme travail avait été mené dans l'armée russe, à compter de 1810, pour augmenter ses effectifs, améliorer son approvisionnement, perfectionner l'organisation et l'instruction des troupes.

Ajoutons à titre de curiosité que c'est à cette époque qu'apparut dans l'armée russe l'usage du salut militaire. Auparavant, c'était seulement lors d'une rencontre avec l'empereur que les généraux et officiers étaient tenus de s'arrêter, de se mettre au garde-à-vous et d'ôter leur couvre-chef. Par ordre du ministre de la Guerre du 23 juin 1808, il était désormais prescrit de ne pas se découvrir, mais de s'arrêter et de porter la *main gauche* à son couvre-chef. Il était également ordonné de saluer les généraux et, lors de la rencontre avec d'autres officiers, de seulement porter la main gauche à son couvre-chef sans marquer de temps d'arrêt.

Pour en revenir aux transformations d'envergure, notons seulement que tout ce à quoi avait réfléchi Barclay de Tolly ne fut pas mené à terme, loin de là, mais, dans l'ensemble, l'armée ne se renforça pas seulement sur le plan quantitatif. En dépit d'une dégradation du niveau due aux recrutements massifs, elle était globalement mieux préparée aux opérations militaires que les années précédentes.

En 1811, l'armée, prête au combat, était disposée sur la frontière. En fin d'année, sa répartition était la suivante :

- Corps du comte Wittgenstein (5e et 14e divisions d'infanterie, 1re division de cavalerie), 34 290 hommes, dans les provinces de Livonie et de Courlande.
- Corps du lieutenant général Baggovout (1re, 4e, 17e divisions d'infanterie, 1re division de cuirassiers, 2e division de cavalerie), 47 520 hommes, dans les provinces de Wilno et de Vitebsk.
- Corps du lieutenant général Essen (3e, 11e, 23e divisions d'infanterie, 3e division de cavalerie), 41 045 hommes, dans les provinces de Grodno, Minsk et Moghilev.
- Armée du général d'infanterie Bagration (2e, 7e, 12e, 18e, 24e, 26e divisions d'infanterie, 2e division de cuirassiers, 4e et 5e divisions de cavalerie), 104 322 hommes, en Volhynie et Podolie.

Au total étaient ainsi regroupés sur les frontières occidentales environ 227 000 hommes (il s'agit seulement là de combattants présents sous les armes).

Sur les flancs de ces forces et sur leurs arrières étaient disposés :

- Au nord, en Finlande, le corps du lieutenant général Steingel (6ᵉ, 21ᵉ, 25ᵉ divisions d'infanterie et deux régiments de dragons), 30 653 hommes.
- Au sud, sur le Danube, l'armée de Moldavie du général d'infanterie Koutouzov (8ᵉ, 9ᵉ (partiellement), 10ᵉ, 15ᵉ, 16ᵉ et 22ᵉ divisions d'infanterie, 6ᵉ et 7ᵉ divisions de cavalerie), 87 026 hommes*.
- En Crimée, le corps du lieutenant général duc de Richelieu (13ᵉ et 9ᵉ [partiellement] divisions d'infanterie, une cavalerie réunie par la suite dans la 8ᵉ division de cavalerie), 19 501 hommes.
- Sur la ligne du Caucase, le corps du lieutenant général Rtichtchev (19ᵉ division d'infanterie, un régiment de dragons), 23 745 hommes.
- À Moscou se formait la 27ᵉ division d'infanterie du général-major Névérovski, 10 641 hommes[44].

Au début de 1812, les troupes se massèrent encore plus près de la frontière. La Garde partit de Saint-Pétersbourg, et Koutouzov reçut l'ordre de renvoyer les 9ᵉ et 15ᵉ divisions de l'armée de Moldavie réintégrées dans celle-ci à la fin de 1811. Elles devaient se réunir au flanc gauche de l'armée de Bagration.

Par suite, dans la première moitié d'avril 1812, les troupes russes occupèrent des positions le long de la frontière (cf. carte) sur un front de plus de 800 kilomètres, des environs de Schawel, en Lituanie, à Krements, dans le district de Tarnopol.

Le croquis cité a été confectionné à partir de deux documents des Archives militaires historiques d'État de Russie qui montrent le cantonnement de l'armée russe au printemps 1812. L'un est daté du 17 février (1ᵉʳ mars), l'autre du 25 mars (8 avril). Celui qui porte la date la plus précoce est en réalité l'ordre de mouvement de certaines unités vers la frontière. En tenant compte du fait que certains régiments devaient, selon ce document, effectuer une marche de plusieurs jours (certains, plus de quarante jours) pour occuper les casernements indiqués, il décrit, comme le document suivant, le cantonnement de l'armée russe aux environs de la mi-avril 1812. Par conséquent, ces documents se complètent et permettent d'exposer de façon relativement exacte la répartition des troupes russes à la période donnée.

---

* Comme on l'a déjà noté, sur les neuf divisions de l'armée de Moldavie, cinq furent envoyées au début de 1811 sur les frontières occidentales, mais, l'offensive contre le duché de Varsovie ayant été annulée, deux divisions (la 9ᵉ et la 15ᵉ) furent renvoyées sur le Danube. En conséquence, l'armée de Moldavie comptait six divisions.

Déploiement stratégique de l'armée russe et de la Grande Armée au 15 avril 1812

Comme on le voit, les troupes russes étaient disposées sur la frontière occidentale en deux groupes de divisions : la 1re et la 2e armée. En outre, à ce moment, la 2e armée commença à se scinder en deux parties, l'une au nord, l'autre au sud de la rivière Pripiat et des marais qui l'entourent.

La 1re armée comprenait alors neuf divisions d'infanterie (y compris la Garde), et la 2e, huit ; enfin, l'armée du Danube (anciennement armée de Moldavie), non indiquée sur le croquis, comptait quatre divisions d'infanterie. Elle était disposée en Valachie (sur le territoire de l'actuelle Roumanie), à environ 800 kilomètres au sud du flanc gauche de la 2e armée.

On notera qu'aussi bien le déploiement de l'armée russe que la répartition de ses forces conservent nettement des traces du plan Phull. Comme le souhaitait le « grand » théoricien, les troupes russes disposées aux frontières occidentales étaient divisées en trois armées : l'« armée de la Dvina » (1re armée de l'Ouest), l'« armée du Dniepr » (2e armée de l'Ouest) et l'« armée du Dniestr » (armée du Danube). Cette dernière, ainsi qu'il était prescrit dans les plans de l'extravagant général, comprenait quatre divisions. La 2e armée était un peu plus maigre que ne le supposait Phull, avec huit divisions d'infanterie au lieu des neuf prévues par le plan. En ce qui concerne la 1re armée, elle était nettement plus nombreuse que ne le prescrivait Phull, avec neuf divisions au lieu de cinq.

Notons pour commencer que l'armée du Danube n'était absolument pas reliée aux autres troupes, tant elle se trouvait éloignée au sud. Mais ce n'était pas seulement dû à Phull. La paix avec la Turquie n'était pas encore signée, et il fallait maintenir des troupes sur le Danube.

Pour ce qui est du gros des forces, leur disposition ne peut que stupéfier. Si, pour une offensive, un tel étirement était malcommode, mais pouvait malgré tout être mis à profit, pour la défense, c'était le comble de l'absurdité. On pouvait rompre cette ligne de 800 kilomètres en n'importe quel point. Si l'on se préparait à une retraite, on aurait pu dire à l'avance qu'un repli à partir d'une telle position promettait une catastrophe, car les différents groupements, ayant perdu le lien avec le commandement, seraient condamnés à la débandade.

Il est important de préciser la disposition initiale des troupes russes parce que c'est elle qui reflète le mieux la façon dont le commandement russe envisageait la guerre à venir. À l'origine, tout était préparé pour une invasion du duché de Varsovie ; ensuite, le tsar et ses ministres s'étaient mis à balancer d'un scénario à l'autre, et, en l'absence de conception claire, ils retinrent comme hypothèse de travail les plans de cet insensé de Phull, conformément aux idées duquel furent disposées les troupes sur le théâtre des futures opérations.

On aurait pu dire la même chose en examinant la disposition des principaux magasins de vivres destinés à l'armée. Sur les frontières occidentales, ils se trouvaient dans les villes de Riga, Dinaburg, Shavli, Wilno, Slonim, Brest-Litovsk, Disna, Pinsk, Bobrouisk, Mozyr et Kovel.

La disposition des magasins à Riga, Dinaburg, Bobrouisk, Mozyr et Disna paraît raisonnable dans n'importe quel scénario, puisqu'ils pouvaient approvisionner aussi bien une armée offensive qu'une armée défensive. Ces localités étaient très éloignées de la frontière de l'époque. Ainsi, Mozyr et Bobrouisk se situaient à environ 350-400 kilomètres en ligne droite de la frontière. Riga était à plus de 200 kilomètres et constituait en outre une puissante forteresse : les réserves de vivres entreposées là étaient bien protégées.

En revanche, Brest-Litovsk se trouvait juste sur la frontière ; Shavli, Wilno, Slonim et Kovel n'en étaient distantes que d'environ 100 kilomètres. De plus, des magasins moins importants mais cependant non négligeables étaient concentrés à Kovno, Grodno, Vylkovysk, Proujany, Vysoko-Litovsk, Sokolka, c'est-à-dire dans des localités situées directement sur la frontière ou à quelques kilomètres de celle-ci. Il est absolument inconcevable qu'une telle localisation des entrepôts ait pu être retenue dans le cas où le commandement russe s'était clairement et précisément arrêté au schéma d'une guerre défensive. *Au cours d'une retraite, même peu profonde, que concédaient les hypothèses de Phull, pratiquement tous les derniers entrepôts énumérés se seraient immanquablement retrouvés aux mains de l'ennemi.*

Le général Ermolov nota dans ses souvenirs : « À l'heure actuelle [1812], tout semble préparé de notre côté pour une guerre offensive : les troupes sont proches des frontières, d'énormes magasins sont disposés dans la région de Bialystok, les gouvernorats de Grodno et de Wilno, presque à la limite de nos terres[45]. »

Comme on l'a déjà noté, à compter de la mi-mai 1812, le commandement russe comprit que, vu la situation qui se mettait en place, l'offensive devenait fort peu probable. C'est pourquoi des ordres furent donnés pour assurer le dernier repositionnement important des troupes à la veille de la guerre. Conformément à celui-ci, une partie des troupes de la 2ᵉ armée de l'Ouest devait se déplacer d'environ 200 kilomètres vers le nord. Le principal cantonnement se transporta de Lutsk à Proujany, en Volhynie.

Un tel déplacement traduit le fait que le commandement russe en était désormais venu à une conception défensive, et il va de soi que dans ce cas de figure s'était fait jour le désir instinctif de colmater, en dépit des idées de Phull, la brèche béante existant dans la disposition des armées russes entre Proujany et Grodno.

En fonction de cela fut également modifiée la structure organisationnelle des troupes concentrées sur la frontière occidentale. Elles se répartissaient à présent de la façon suivante :

La 1re armée de l'Ouest du ministre de la Guerre, le général d'infanterie Barclay de Tolly, avait son quartier général à Wilno. Elle disposait maintenant de six corps d'infanterie (le 1er de Wittgenstein, le 2e de Baggovout, le 3e de Toutchkov, le 4e de Chouvalov, le 5e du grand-duc Constantin, le 6e du lieutenant général Dokhtourov) et de trois corps de réserve de cavalerie (le 1er d'Ouvarov, le 2e de Korf, le 3e de Pahlen). Le « corps volant » de quatorze régiments cosaques placé sous le commandement de Platov couvrait le flanc gauche de cette 1re armée de l'Ouest, et était basé dans le district de Bialystok. Le total des effectifs de l'armée était d'environ 136 000 hommes.

La 2e armée de l'Ouest du général Bagration se déplaça vers le nord et fut sensiblement réduite. Une partie des troupes de cette armée fut laissée dans le district de Lutsk. Le quartier général de Bagration était désormais situé à Volkovysk. La 27e division d'infanterie de réserve de Névérovski fut expédiée sur l'armée de Bagration pour compenser quelque peu sa réduction.

À présent, cette 2e armée de l'Ouest était composée des 7e et 8e corps d'infanterie, de la 27e division d'infanterie (qui s'était jointe à l'armée le 3 juillet) et des neuf régiments cosaques du général Ilovaïski (le 6e corps d'infanterie et le 3e corps de cavalerie avaient été temporairement transférés sous l'autorité de la 2e armée de l'Ouest, mais avec le début de la campagne ces unités manœuvreraient avec la 1re armée de l'Ouest). En conséquence, les effectifs totaux de la 2e armée de l'Ouest se montaient désormais à environ 57 400 hommes.

Avec des troupes demeurées dans le district de Lutsk fut créée la 3e armée d'observation, placée sous le commandement du général de cavalerie Tormasov. Elle fut encore renforcée par des unités provenant du corps du duc de Richelieu et du 2e corps de réserve. Ainsi se forma une importante armée constituée des corps d'infanterie de Kamenski, Markov et Saken, et du corps de cavalerie de Lambert. Les effectifs de cette 3e armée d'observation se montaient au total à environ 48 800 hommes.

Par suite de tous ces déplacements opérationnels, certains généraux russes ne discernaient sans doute pas eux-mêmes à quelle armée ils étaient rattachés. Pour ce qui est des espions étrangers, ils étaient absolument perdus, et Napoléon ne put débrouiller jusqu'en juillet combien de divisions comptait l'armée de Bagration !

Derrière ces troupes se trouvait en première ligne le 1er corps de réserve du général Meller-Zakomelski. Il était dispersé sur un vaste territoire, sur un front d'environ 300 kilomètres allant de la Baltique (ville de Bauske) au centre de la Biélorussie (ville de Borissov). Le quartier général était établi dans la ville de Toropets, de la province de Pskov. Les effectifs de ce corps de réserve étaient au total d'environ 20 000 hommes.

Le 2e corps de réserve était installé à Mozyr et à Bobruisk. Il était commandé par le lieutenant général Ertel. Total des effectifs : environ 46 000 hommes.

Les effectifs des trois armées réunies étaient d'environ 308 000 hommes, et au total, en comptant les unités et les garnisons détachées, les troupes concentrées sur les frontières occidentales de la Russie rassemblaient environ 340 000 hommes.

Il ne faut pas oublier en outre l'armée du Danube, placée sous le commandement de l'amiral Tchitchagov. Elle comptait environ 62 000 hommes.

Compte tenu des troupes qui se battaient contre la Perse, des troupes irrégulières, des formations de réserve, des garnisons éloignées, des troupes stationnées en Finlande, en Crimée, dans le Caucase, à Orenbourg, etc., le total des troupes de l'Empire russe se montait à environ 650 000 hommes.

Le total des effectifs des troupes stationnées sur les frontières occidentales de la Russie diffère beaucoup de ce que l'on peut trouver dans les ouvrages traditionnels sur la guerre de 1812. On y cite presque toujours les données suivantes concernant l'armée russe : 210-215 000 hommes (1re armée : 127 000 hommes ; 2e armée : 45-48 000 hommes ; 3e armée : 40-45 000 hommes). Et l'on écrit plus loin que Napoléon disposait quant à lui de plus de 600 000 hommes, donc du triple !

On ne peut qualifier cela autrement que de haute voltige. Les auteurs citent des chiffres réellement existants, fondés sur des tableaux réels des effectifs que les vieux historiens (Mikhaïlovski-Danilevski, Bogdanovitch) mentionnaient autrefois dans leurs ouvrages. Mais la méthode d'évaluation finale est un procédé caractéristique auquel recourent habituellement les historiens militaires qui s'efforcent de souligner les mérites de « leur » armée affrontant, comme il sied à des héros, des hordes innombrables d'ennemis. On ne compte chez les « bons » que les soldats combattant dans les unités de première ligne, et chez les « mauvais » on ajoute tout ce que l'on peut, y compris les invalides et les éclopés végétant dans des garnisons éloignées.

C'est pourquoi, dans le calcul du total des effectifs de l'armée russe prêts aux opérations militaires, on ne tient pratiquement jamais compte, on ne sait pourquoi, des troupes des 1er et 2e corps de réserve qui pouvaient prendre part aux opérations au plus tard deux semaines après le début des hostilités, et qui vinrent effectivement bientôt compléter les troupes de première ligne.

En outre, l'armée russe et l'armée française avaient recours à des méthodes différentes pour comptabiliser les combattants et les non-combattants. Les soldats du train n'étaient pas considérés comme combattants dans l'armée russe, alors qu'ils l'étaient dans l'armée française. Par conséquent, dans tous les tableaux des effectifs de combattants français, les soldats du train sont comptabilisés, et dans les tableaux russes ils sont cités sur une ligne à part qu'un certain nombre d'historiens ne prennent pas en compte, puisqu'il s'agirait de non-combattants ! Mais ces non-combattants jouaient exactement le même rôle et étaient armés de la même façon que les soldats du train français. Dans le cas d'espèce, il convient donc, lorsqu'on compare les effectifs des armées, soit de soustraire les soldats du train des tableaux français, ce qui est dans bien des cas impossible, soit, ce qui est plus simple et plus équitable, de compter également les soldats du train dans l'armée russe.

Il en va de même pour les ordonnances. Il est évident que cette masse d'hommes, mi-militaires, mi-serviteurs, n'était absolument d'aucune utilité au combat. Mais le problème est que, dans l'armée française, ils n'avaient pas d'existence officielle, et que, dans les faits, les officiers supérieurs prenaient un certain nombre de soldats en qualité d'ordonnances. Ceux-ci ne participaient plus à la lutte armée et n'étaient pas plus utiles dans la bataille que leurs homologues russes. C'est pourquoi, si les ordonnances, à la différence des soldats du train, représentaient une masse totalement inutile aux combats, nous ne pouvons aucunement les comptabiliser dans les effectifs de l'armée française, puisqu'ils n'y existaient pas formellement. Par conséquent, nous ne pouvons évaluer les effectifs de telle ou telle unité française sans y inclure, bien malgré nous, ceux qui, dans la terminologie russe, étaient considérés comme des « non-combattants ».

Le seul moyen qui permette de *comparer* de façon à peu près exacte les effectifs des armées russe et française consiste à prendre en compte, dans les tableaux des effectifs, tous les combattants et non-combattants. Pour ce qui est de la deuxième et de la troisième ligne du déploiement stratégique, il convient d'indiquer, pour chacun des deux camps, quelles troupes précisément pouvaient participer aux opérations, et dans quel délai. Ce n'est qu'ainsi que l'on peut estimer correctement le rapport des forces.

Enfin, voyons ce qu'il en est des chiffres mêmes. Pour les effectifs de l'armée russe, l'étude la plus complète a été réalisée par le chercheur russe contemporain S. Chvédov dans sa thèse, *Recrutement, effectifs et pertes de l'armée russe pendant la Guerre patriotique de 1812*[46]. Le volume des sources utilisées par cet historien est tel qu'il est difficile, si l'on n'a pas consacré de longues années à l'étude de cette question, de concurrencer ses recherches. On pourra sans doute apporter quelques compléments et correctifs aux résultats fournis par la thèse de Chvédov, mais ils ne revêtiront certainement pas un caractère fondamental.

Il convient de rappeler que tous les tableaux des effectifs sont entachés d'inexactitudes. Lorsqu'il s'agit de calculer les effectifs de grandes armées, on ne peut éviter de se heurter à des lacunes : états de situation oubliés, erreurs d'estimation, non-prise en compte de certaines unités, absence de données concernant de petits détachements, etc. Aussi, jusque dans les calculs les plus exacts et les plus honnêtes, le pourcentage d'erreur ne sera jamais inférieur à quelques points, voire davantage.

Il ressort de notre étude que l'armée russe s'était préparée à la guerre aussi bien que possible, tout en demeurant dans un système économique fondé sur le servage. Pendant presque toute la première moitié du règne d'Alexandre, la Russie avait livré en permanence des guerres à Napoléon ou s'était préparée aux suivantes. Un nombre considérable de recrues avaient été levées, d'importantes réformes avaient été réalisées au sein de l'armée pour s'adapter à l'esprit de l'époque. Le commandement russe était informé de la situation de l'adversaire jusque dans les moindres détails. Les troupes étaient disposées aux frontières, prêtes soit à passer à l'offensive, soit à affronter l'ennemi sur le territoire de l'Empire russe presque aussitôt après le début des opérations.

L'armée de Napoléon

Ainsi qu'il résulte des chapitres précédents, on peut distinguer trois périodes dans le processus de décision qui conduisit Napoléon à préparer la guerre contre la Russie. À partir de juin 1810, l'empereur, préoccupé par les préparatifs militaires d'Alexandre, commence de son côté à prendre des mesures de précaution pour une éventuelle défense du duché de Varsovie. En avril 1811, lorsqu'un réel danger apparaît aux frontières de celui-ci, Napoléon entreprend à son tour de sérieux préparatifs militaires. Enfin, à l'été 1811, lorsqu'il reçoit des informations sur le déplacement des troupes russes du Danube aux frontières occidentales de la Russie, il en vient à la conclusion que la guerre est inévitable, et il prépare dorénavant son armée à résoudre le conflit par les voies militaires. Dès lors, la diplomatie est reléguée au second plan. L'empereur esquisse le plan de guerre dont on a parlé suffisamment en détail au chapitre précédent et prépare ses troupes à la campagne – ce dont nous allons parler ici.

L'armée française était sans aucun doute, à l'époque de Napoléon, la plus puissante armée du monde. L'empereur avait hérité de la Révolution une organisation militaire nouvelle, plus souple et mieux adaptée aux conditions modernes de la guerre que celle qui existait dans la France d'Ancien Régime. Lorsque la lutte de la République française contre l'Europe monarchique atteignait son paroxysme, on avait décidé la mobilisation générale des masses populaires : la « levée en masse », ordonnée par un décret du 23 août 1793. Celui-ci proclamait : « Dès ce moment, jusqu'à celui où les ennemis auront été chassés du territoire de la République, tous les Français sont en réquisition permanente pour le service des armées. Les jeunes gens iront au combat ; les hommes mariés forgeront des armes et transporteront des subsistances ; les femmes feront des tentes, des habits et serviront dans les hôpitaux ; les enfants mettront les vieux linges en charpie ; les vieillards se feront porter sur les places publiques pour exciter le courage des guerriers, la haine des rois et l'unité de la République[47]. »

Grâce à cette mobilisation sans précédent des forces, un nombre incroyable de soldats – près d'un million[*] – furent enrôlés en un rien de temps. Les effectifs des forces armées n'avaient encore jamais atteint un tel nombre, dans aucun pays, dans toute l'histoire de l'humanité. En effet, comme l'ont montré de façon convaincante les historiens militaires sérieux de la fin du XIXe et du début du XXe siècle, tous les récits décrivant des armées fortes de millions d'hommes dans l'Antiquité ne sont rien d'autre que des affabulations. Rien d'étonnant, donc, à ce que la France ait réussi à se battre avec succès contre pratiquement toute l'Europe et à sortir victorieuse de cette lutte. Cependant, à la suite des événements politiques de 1794-1795, les sanguinaires romantiques de l'époque de la Terreur jacobine furent remplacés au pouvoir par des pragmatiques, des escrocs et des arrivistes de tout poil unis par le seul désir de faire fortune dans les plus brefs délais, de s'en mettre le plus possible dans les poches et de jouir de leur richesse. Cela se répercuta aussitôt sur l'armée, qui perdit progressivement la foi dans la justesse de la cause pour laquelle elle combattait, se mit à douter de ses idéaux et commença tout simplement à se débander. En conséquence, en 1799, il ne restait sous les armes qu'un maximum de 350 000 hommes. En outre, les soldats demeurés sous les drapeaux ne souhaitaient pas servir les carriéristes parvenus à la tête de l'État. En revanche, ils se persuadèrent qu'il existait un homme qui pourrait réhabiliter les idéaux pour lesquels ils étaient naguère partis combattre, rétablir la justice et récompenser ceux qui versaient leur sang pour la patrie.

Ce ne sont pas seulement des politiciens expérimentés aspirant à la stabilité et à l'ordre dans l'État qui portèrent Bonaparte au pouvoir, mais aussi l'armée sans le soutien de laquelle la « révolution pacifique du 18 Brumaire », ainsi que les contemporains ont baptisé cet événement, aurait été tout simplement impossible. Il importe également de souligner que le soutien des troupes ne fut pas obtenu par des distributions d'argent et d'eau-de-vie accompagnées de promesses faciles, mais naquit spontanément. Humiliée, insultée, méprisée, l'armée qui s'était battue pour l'indépendance de la patrie

---

[*] Les chercheurs contemporains inclinent à penser qu'il y avait en réalité environ 750 000 combattants, mais les effectifs sur listes dépassaient même le million d'hommes.

se révolta contre la bande de politicards corrompus qui avaient ruiné le pays. Elle s'était mise à haïr leur « paradis », ce paradis fait pour les « gros ». Elle rêvait de justice, et c'est pourquoi elle suivit avec entrain le jeune chef de guerre victorieux.

Il n'est pas besoin de dire que, dans ses entreprises politiques ultérieures, Napoléon ne consulta pas les soldats, et très rarement les officiers et généraux, mais il ne fait pourtant aucun doute que son régime, instauré en partie grâce à un mouvement spontané jailli des profondeurs de l'armée, est devenu, consciemment ou non, l'expression des espoirs de guerriers rêvant d'une « République juste ».

Le Premier Consul, puis l'empereur, ne trompa pas les espoirs des soldats et des officiers. L'État napoléonien n'était pas une dictature militaire au sens vulgaire du terme avec une clique de haut gradés au pouvoir. Il n'en demeure pas moins que, si l'administration demeurait aux mains de spécialistes civils, la société de la France napoléonienne était pénétrée de part en part d'idéaux guerriers.

Les principes présidant à l'édification de l'État n'ont été formulés nulle part de façon théorique par Napoléon. C'était un praticien et il faisait tout ce qui était nécessaire, à un moment donné, selon son idée, d'abord pour la France, puis pour l'Empire multinational. Mais, consciemment ou non, l'empereur s'efforçait de faire naître une élite se distinguant par son esprit de sacrifice, une nouvelle chevalerie au sens plein du terme.

L'État napoléonien n'était pas un pays où régnaient les boursicoteurs et les spéculateurs ; au contraire, c'était un monde que dominait l'élite d'épée. C'est celle-ci qui définissait les goûts, les mœurs et les valeurs de la société. En ce sens, si paradoxal que cela puisse paraître, l'État napoléonien, malgré son économie développée et sa science d'avant-garde, appartenait encore davantage à l'« Ancien Régime » que la France d'avant la Révolution. Il était plus proche, sur toute une série de valeurs morales, des austères chevaliers du Moyen Âge que des courtisans du XVIIIᵉ siècle.

Cet État où l'on estimait tant la valeur guerrière, et qui vivait de fait dans un entourage hostile, ne pouvait que prêter attention au nombre et à la qualité de l'armée qui le défendait. La loi fixant le recrutement fut définie avant même l'accession au pouvoir de Napoléon, le 5 septembre 1798. Mais elle ne fut pratiquement pas appliquée durant cette période instable et agitée, et ne fut mise en œuvre qu'à l'époque du Consulat et de l'Empire.

L'armée française se complétait à l'aide de la conscription, c'est-à-dire de l'obligation militaire étendue à tous les hommes de vingt ans. Cependant, la « classe » de chaque année (les recrues qui venaient d'avoir cette année-là les vingt ans fixés par la loi) n'était pas enrôlée en totalité.

Tout d'abord, les conscrits pouvaient être exemptés pour les raisons les plus variées ; par exemple, n'étaient pas appelés les hommes mariés, les serviteurs du culte, ceux qui occupaient un poste dans l'enseignement supérieur ; étaient également exclus de l'appel les fils de veuves, les fils aînés des familles dont le père avait plus de soixante-dix ans, etc. Ensuite, les appelés tiraient au sort, et seule une partie d'une classe allait grossir les rangs de l'armée. Enfin, on autorisait les remplacements : ceux qui avaient tiré un mauvais numéro, et devaient donc servir, pouvaient échanger ce numéro avec les jeunes gens qui avaient eu plus de chance. Il va de soi qu'un tel service n'était pas rendu gratuitement. Cela permettait aux riches de libérer leurs fils de l'« impôt du sang » et donnait parfois aux pauvres la possibilité de gagner une somme rondelette, car le coût du remplacement correspondait à peu près à celui d'une maison de bonne qualité.

Au début de l'Empire, la norme de la conscription était assez généreuse. On n'appelait que de 30 à 80 000 conscrits par an. Cependant, à partir de 1805 commencèrent des recrutements en masse : plus de 100 0000 hommes par an. Au total, depuis le début du gouvernement de Bonaparte en 1799 jusqu'en 1811 compris, furent enrôlés dans l'armée, selon les rapports officiels, 979 292 conscrits. En outre, au début de 1812, 120 292 hommes de plus furent appelés. Ainsi, compte tenu du fait que ces chiffres, comme tous ceux qui définissent les effectifs des troupes, sont quelque peu gonflés, on peut dire qu'au cours du gouvernement de Napoléon, *jusqu'à la guerre* de 1812, un peu plus d'un million d'hommes furent appelés sous les drapeaux. Autrement dit, autant qu'en Russie au cours de la même période.

De surcroît, tous les appelés n'étaient pas français, loin de là. Sous le Consulat, 16,3 % des recrues étaient déjà originaires des « nouveaux départements », et en 1812 il y en avait déjà plus du quart (25,6 %). C'étaient des Allemands, des Italiens, des Hollandais, des Belges, des habitants des territoires qui avaient été réunis à la France à l'époque de la République et de l'Empire. Au total, la population de l'Empire français se montait, en 1812, à 42 millions, ce qui correspondait à peu près à celle de l'Empire russe qui, la même année, en comptait 41 millions. Il est à noter que l'accroissement de la population russe, de même que celui de la population française, provenait pour l'essentiel de l'annexion de territoires.

Ainsi, les efforts guerriers de la Russie et de la France étaient pratiquement égaux. À cette différence près que, pour la Russie, une telle mobilisation était ruineuse, alors que pour l'empire de Napoléon, beaucoup plus avancé sur le plan économique, elle était plus ou moins supportable. Le franc français-argent de l'époque napoléonienne, on l'a déjà noté, correspondant presque exactement, en termes de pouvoir d'achat, au rouble-papier de 1811-1812, il est facile d'effectuer une comparaison.

Rappelons que tous les revenus de l'Empire russe se montaient en 1811 à 232 millions de roubles-assignats, dont 122 millions furent dépensés cette année-là pour les besoins militaires. La même année, le budget total de l'Empire français était de 951 millions de francs, dont 615 millions allèrent aux dépenses militaires. On peut donc avoir l'impression que la France devançait de beaucoup la Russie dans la course aux armements. Cependant, si l'on y regarde de plus près, on s'aperçoit qu'il n'en était rien. Souvenons-nous que, comme il a été dit plus haut, la solde des officiers français était près de dix fois supérieure à celle des officiers russes. Celle des soldats connaissait le même écart : la somme attribuée en Russie à la solde des simples soldats (mousquetaires ou chasseurs) n'était que de 9,5 roubles par an ; le fusilier français (soit le soldat placé le plus bas dans la hiérarchie) touchait par an 110 francs, soit environ dix fois plus.

En dehors de soldes incomparablement plus élevées, l'armée française était mieux approvisionnée et mieux équipée. Un officier d'artillerie russe se souvint que, au début de la guerre de 1812, il avait vu pour la première fois de près un soldat de Napoléon : « Nous [...] voyions pour la première fois des prisonniers français. C'étaient des hommes de belle allure, vêtus avec soin. Aucun de nous, officiers, n'avait de semblables vêtements. Il était pénible de regarder leur fierté[48]... »

On comprend qu'avec une telle différence dans la solde des soldats et des officiers subalternes, le budget militaire français ait été cinq fois supérieur au russe, alors que les effectifs des troupes en armes et la qualité de leur armement étaient à peu près équivalents.

Notons que l'armée de Napoléon non seulement disposait d'un effectif imposant, d'équipements et d'armements de qualité, mais se distinguait également par un moral élevé. Le célèbre Clausewitz, ennemi irréductible de la France napoléonienne, écrivit ces phrases enthousiastes, dictées par une admiration sincère de l'adversaire contre lequel il eut à combattre : « Il faut avoir vu la ténacité de ces masses instruites et commandées par Bonaparte en vue de ses conquêtes résister aux canonnades les plus fortes et les plus persistantes pour se faire une idée de ce que peuvent fournir des troupes endurcies par une longue pratique du danger, et qu'une opulente moisson de victoires a menées à cette noble règle de conduite qui consiste à exiger de soi-même des sacrifices toujours plus grands. L'imagination seule ne suffit pas à le concevoir[49]. »

Ce n'était pas la peur de la punition qui inspirait principalement cette bravoure. La soif de gloire, d'honneurs, le désir de gravir les échelons de la hiérarchie militaire, enfin tout simplement l'ivresse du combat pénétraient l'armée de Napoléon jusqu'au plus profond de la masse des soldats. Le capitaine Desbœufs raconta dans ses mémoires naïfs et étonnamment justes les sentiments que, jeune soldat de Napoléon, il éprouvra lors de son premier combat : « Les troupes s'élancèrent sur ce pont, impatientes de joindre l'ennemi. La fusillade éclate : je précipite mes pas, fier de fouler le sol autrichien, plus fier encore d'être appelé à la garde du drapeau. C'est un beau et grand spectacle qu'un premier combat[50]. »

« Quel joli combat ! écrivait le 18 octobre 1806 dans son journal un autre soldat. On n'y voyait pas beaucoup, la fumée nous enveloppait. [...] Mais combien toutes ces détonations vous grisent ! On a des envies de crier, de mordre la cartouche et de se battre. Aux lueurs du canon, dans la fumée rougie, on aperçoit, comme des ombres chinoises dans un brouillard, les canonniers droits à leur poste [...] ; c'est superbe[51] ! »

Comme on voit d'après ce dernier extrait, l'intrépidité face au danger s'était transformée, dans l'armée napoléonienne, en quelque chose de plus grand : la soif de danger. Le fracas de la canonnade provoquait dans la grande masse des soldats et des officiers non pas la peur, mais un désir ardent de se mesurer à l'ennemi, d'obtenir de nouvelles distinctions, d'accomplir des exploits. Voici ce que le capitaine Fantin des Odoards écrivait dans son cahier en date du 4 décembre 1808, quand, après une période de paix relativement prolongée (plus d'un an !), son régiment, en marche en Espagne, perçut devant lui le grondement des canons : « Depuis Friedland, nous n'avions pas entendu la voix imposante des batailles. Ses premiers éclats, retentissant à l'égal de ceux du tonnerre et renvoyés par mille échos dans les vallées resserrées au fond desquelles nos colonnes avançaient, nous ont fait tressaillir de souvenir et d'espérance[52]. »

Ces mots n'étaient pas de pure bravade. À peine ces hommes se retrouvaient-ils au combat qu'ils se précipitaient dans la fournaise. Leur bravoure portait la marque de la vivacité du caractère national des Français : elle était insolente, énergique, et se dévoilait encore mieux dans l'offensive que dans la défense. Voici seulement une partie de la liste des soldats du 25ᵉ régiment de ligne présentés pour la Légion d'honneur à l'issue de la bataille d'Auerstaedt :

Mortail (Jean), sergent : « Arriva des premiers sur les pièces ennemies et arracha des canonniers prussiens les guidons de l'artillerie. »

Trinquart (Pierre), sergent : « Courut avec intrépidité sur les pièces ennemies et tua deux cavaliers qui cherchaient à défendre les pièces. »

Bertholon (Joseph), voltigeur : « Pendant toute la bataille, a été au milieu de la cavalerie ennemie, lui a tué beaucoup d'hommes et a contribué à la poursuivre avec acharnement. »

Vidal (Michel), fusilier : « S'est précipité des premiers au milieu des rangs ennemis[53]. »

Et ce n'est là qu'un des nombreux régiments qui se battirent avec courage lors de cette bataille !

« Les Français sont petits, chétifs, écrivait en 1806 un officier prussien ; s'il ne fallait que des bras [...], un seul de nos Allemands en battrait quatre ; mais ils deviennent au feu des êtres surnaturels[54]. »

Pendant la campagne d'Espagne de 1811, lors de l'assaut de Sagunt, forteresse imprenable perchée sur un rocher, les colonnes françaises montèrent à l'assaut par une brèche à peine praticable sous le feu nourri des défenseurs : « Les décombres qui composaient la brèche, foulés sous les pieds de nos soldats, s'étaient affaissés et, en arrivant au sommet, les assaillants avaient trouvé un pan de mur intact qu'on ne pouvait franchir qu'à l'aide des deux mains. Derrière ce pan de mur [...] se tenaient les défenseurs qui reçurent nos soldats par un feu à bout portant. Notre colonne fut admirable ; les officiers qui étaient à sa tête eurent toutes les peines du monde à la faire rétrograder. [...] On se retira avec une perte de quatre cents hommes, parmi lesquels se trouvaient plusieurs officiers distingués[55]. »

Quoique proches de la masse des soldats, les officiers de l'armée française ne tentaient pas pour autant de s'abaisser jusqu'à eux, mais de les hisser à leur niveau. Bien entendu, il n'était pas toujours facile de commander les soldats français. Il ne suffisait pas à un officier d'apparaître avec ses épaulettes sur le front des troupes pour être reconnu comme chef. Il devait être un leader, avoir un moral plus élevé, se montrer plus courageux, plus intelligent, plus généreux que ses subordonnés. Voici par exemple ce qu'écrivait naïvement un vieux soldat dans une missive à l'ancien commandant de son unité, le général Drouot : « La principale chose, selon moi, c'est de se faire aimer du soldat, parce que, si le colonel n'est pas aimé, on ne se soucie pas beaucoup de se faire tuer par [ses] ordres. [...] À Wagram, en Autriche, où ça chauffait si fort et où notre régiment a tout fait, est-ce que vous croyez que, si vous n'aviez pas été aimé comme vous l'étiez, les canonniers de la Garde auraient aussi bien manœuvré ? [...] Enfin, vous parliez à un soldat comme s'il eût été votre égal. Il y a des officiers qui parlent aux soldats comme s'ils étaient les égaux des soldats, mais ça ne vaut rien du tout, selon moi[56]. »

Et, en effet, quand un officier répondait à ces critères, le dévouement de ses subordonnés, leur empressement à le suivre n'importe où, ne connaissaient pas de limites. Le colonel Chamorin, commandant le 26e régiment de dragons, écrivit d'Espagne à sa femme, le 1er janvier 1811 : « Hier nous avons bien fini l'année, nous avons battu un parti ennemi qui nous a laissé bien des prisonniers, et mon régiment s'est conduit comme toujours. Les braves gens ! Comme ils donnent et qu'il y a de plaisir à commander de tels hommes[57]... »

« Partagez avec le soldat, il partagera avec vous et vous ne serez pas dupe dans ce marché, conseillait de Brack ; vous verrez, un jour où tout vous manquera, combien ce vieux soldat sera fier, sera heureux de vous offrir son pain et sa vie[58]. »

Les soldats qui allaient au feu derrière des commandants comme Drouot, Chamorin ou de Brack, qui leur donnaient l'exemple de la bravoure et les initiaient au culte de l'honneur, méprisaient véritablement la mort. Voici ce qu'écrivit, le 1er août 1815, le lieutenant Jacques-François Martin, racontant que, pendant le combat devant Charleroi, il avait eu l'occasion de croiser une colonne de charrettes transportant des blessés : « Souillés de leur sang, entassés sans ordre les uns contre les autres, mutilés des plus bizarres manières, la mort [...] peinte sur la figure : eh bien, c'étaient ces mêmes hommes qui paraissaient le moins affectés de leur triste position ; c'étaient eux qui, prenant encore le plus vif intérêt au succès de nos armes, oubliaient leurs douleurs pour nous encourager. Les uns, élevant leur front pâle au-dessus de la charrette, nous disaient d'une manière énergique : "Allez, camarades : n'ayez pas peur ! Tout va bien. Encore un peu de courage, et les lâches s'enfuient !" J'en ai vu que la mort talonnait et qui n'avaient plus qu'un souffle de vie pour l'employer tout entier à crier : "Vive l'Empereur ! m... aux Prussiens !" D'autres, agitant un bras sanglant et mutilé, semblaient menacer encore et ne regretter leur perte que parce qu'ils ne pouvaient plus s'en venger[59] ! »

Ces soldats qui se distinguaient par une irrésistible bravoure et un sentiment élevé de l'honneur réclamaient du reste un commandement sévère et juste. S'il était commandé par des chefs pleins de sollicitude mais exigeants et, s'il le fallait, impitoyables, tel le maréchal Davout, le soldat français observait une discipline irréprochable. Mais si les chefs relâchaient leur vigilance et étaient parfois tout simplement dans l'impossibilité physique de contrôler leurs soldats, ces derniers se transformaient aisément en maraudeurs, se livraient aux excès et pillaient la population civile.

Ainsi, en Espagne, le maréchal Soult, commandant les troupes en Andalousie, montrait lui-même le mauvais exemple en « confisquant » à son profit les œuvres d'art et les trésors des monastères espagnols. Il est clair que ses soldats, eux non plus, ne se conduisaient pas au mieux. En revanche, le maréchal Suchet, qui commandait en Aragon et à Valence, non seulement se préoccupait de ses troupes, mais exigeait d'elles une discipline très stricte. Lorsque les détachements de Suchet et de Soult se réunirent pour mener des actions en commun, un officier de l'armée du Midi écrivit : « Nous vîmes quelques détachements de l'armée de Valence et nous admirâmes leur excellente tenue. On aurait pu penser, en voyant le bon état de leur équipement, qu'ils arrivaient de France. Les soldats se présentaient à nous avec une apparence de santé et de bien-être [...], aussi leur fîmes-nous pitié, avec nos habits poudreux et déchirés, nos souliers troués et nos figures desséchées par le soleil. Les soldats de Suchet observaient une discipline rigoureuse, tandis que les nôtres étaient accoutumés au désordre ; aussi nous salua-t-on de l'épithète de brigands de l'armée du Midi. Le général qui a le mieux soutenu en Espagne la dignité du nom français est sans contredit Suchet : militaire habile, administrateur éclairé, il connaissait la valeur du sang et celle de l'or, et se montrait sagement économe de l'un et de l'autre[60]. »

Lorsqu'on parle des chefs, on doit noter que, à la différence de l'armée russe, ils n'étaient pas coupés des soldats par le fossé qui sépare les castes. Tout en étant des leaders et un exemple pour les soldats, ils étaient pratiquement issus du même milieu que ces derniers. Mais, bien entendu, là aussi, de par leur niveau d'instruction et du fait des traditions de leur milieu, le pourcentage de fils de nobles, de militaires et tout simplement de gens riches était notablement plus élevé parmi eux que parmi les soldats. Voici un tableau montrant les origines des officiers de grades inférieurs de l'armée française[*] :

- D'origine noble (dont 0,5 % de nobles d'Empire) : plus de 5 % ;
- Issus de familles de propriétaires terriens : environ 20 % ;
- Issus de familles bourgeoises (commerçants, négociants, rentiers, fabricants) : environ 25 % ;
- Issus de familles de fonctionnaires et de représentants des professions libérales : environ 13 % ;
- Issus de familles de militaires : environ 10 % ;
- Issus de familles d'artisans : environ 16 % ;
- Issus de familles d'ouvriers et de journaliers : moins de 1 %[61].

Napoléon consolida à cet égard les transformations issues de la Révolution en mettant définitivement une croix sur la division des soldats et officiers selon le clivage des castes. Dorénavant, comme dit le général Foy, « l'armée formait une masse homogène et indivise. Du conscrit enrôlé depuis six mois, on arrivait au maréchal d'Empire sans rencontrer de passage heurté dans la manière de voir et de sentir[62] ».

Sur un point, les officiers de l'armée française se rapprochaient d'ailleurs de l'armée russe. Seule une minorité des officiers de l'armée de Napoléon (16 %) était passée par une école militaire ; les autres avaient reçu leurs épaulettes après avoir été soldats et sous-officiers.

En outre, tout en étant dans l'ensemble jeunes, les cadres de l'armée de Napoléon possédaient une expérience considérable au combat. Louis-Joseph Margueron, dans son important recueil de documents consacrés à la préparation de la campagne de Russie, cite des données sur les états de services des officiers du corps de Davout (en 1811). Nous les avons synthétisées dans le tableau suivant :

---

* Il s'agit des données du recensement de 1814, mais, s'il existait des différences par rapport à 1812, celles-ci étaient minimes.

État de services des officiers du corps de Davout (1811)

Années de services	Colonels		Chefs de bataillon		Capitaines	
	nombre	%	nombre	%	nombre	%
1-3	–	–	–	–	–	–
4-6	–	–	–	–	13	4,2
7-9	–	–	2	0,9	16	5,2
10-12	–	–		0,4	17	5,5
16-18	3	1,5	14	0,6	81	24,0
19-21	11	2,3	26	8,2	96	37,5
22-24	5	4,2	7	0,3	25	7,7
25-27	4	5,5	8	1,8	23	7,0
28-30	3	1,5	7	0,3	8	2,5
31-33	–	–	–	–	2	0,6
Total	26	100	68	100	299	100[63]

« Les chiffres indiqués, écrit Margueron, font ressortir avec une brutale précision, et mieux qu'on ne saurait le démontrer de toute autre façon, quelle solidité et quelle expérience de la guerre devaient posséder de pareils éléments dans les différentes armes ; il suffit en effet de réfléchir que tout militaire comptant à cette époque six à sept ans de présence sous les drapeaux avait déjà pris part à de nombreuses et brillantes campagnes et s'était mesuré sur les champs de bataille avec la plupart des armées de l'Europe[64]. »

Si l'on prend les indicateurs moyens, en 1812, un capitaine de trente-cinq ans avait environ dix-huit ans de services ! Et quels services ! Beaucoup avaient déjà dans leurs bagages de dix à douze campagnes !

De même que les officiers russes, les cadres de l'armée napoléonienne ne disposaient pas, dans leur majorité (60 %), de revenus extérieurs au service, ou alors minimes. Cependant, la ressemblance s'arrête là.

L'empereur récompensait généreusement les hommes qui versaient leur sang pour la patrie. On a déjà effectué précédemment une comparaison entre les revenus des officiers russes et français. Ajoutons seulement que, si l'on parle des unités privilégiées de l'armée napoléonienne, leur solde, surtout avec toutes les rémunérations complémentaires, aurait semblé tout simplement faramineuse à leurs homologues russes. Ainsi, un colonel d'un régiment de la Garde touchait annuellement, avec toutes les indemnités, 11 838 francs ; un capitaine, 4 492 ; et un lieutenant, 3 170.

Cette armée pleine d'énergie et de courage ne cessait de s'accroître en nombre. Si, en 1805, les effectifs globaux des forces armées de l'Empire français approchaient les 450 000 hommes, ils avaient presque doublé à la veille de la guerre de 1812.

Dans l'armée française comme dans l'armée russe, les pertes sanitaires étaient très lourdes. Si, *pour toute l'époque napoléonienne*, l'armée française a perdu au total dans les 900 000 hommes[65] (soit la moitié environ de tous les Français mobilisés, 1,8 million d'hommes[*]), moins de 200 000 seulement étaient tombés sur le champ de bataille ou étaient morts des suites de leurs blessures, les autres étant décédés de maladie ou de privations. Autrement dit, on comptait un mort au combat pour 3,5 à 4 morts de maladies. Ces pertes étaient toutefois, dans l'ensemble, un peu moins importantes que dans les troupes russes ; c'est pourquoi, avec un chiffre à peu près égal d'enrôlés, l'armée française était plus nombreuse que l'armée russe.

Officiellement, les effectifs de toutes les forces de l'armée de terre française se montaient en 1809 à 917 000, et en 1812 à 1 099 000[66]. Mais il va de soi que ce sont là des chiffres purement théoriques. Pour connaître les effectifs réels, nous devons recourir aux chiffres... des services de renseignement !

Grâce aux informations fournies par le colonel Tchernychev, nous disposons d'un remarquable tableau récapitulatif des effectifs de l'armée française au 15 août 1811[**]. Selon ce tableau, le total des effectifs des forces armées de l'Empire français (sans la Garde) était de 825 489 hommes[67]. Ce chiffre se subdivise, il est vrai, en deux parties : les troupes « actives » et « non actives ». Font partie des premières les hommes qui sont au service actif dans leurs unités (742 047). Font partie des « non-actifs » les hommes « en jugement », prisonniers, les hommes qui se trouvent dans les hôpitaux, ainsi que ceux qui sont envoyés en mission. Les effectifs d'ensemble des « non-actifs » étaient de 83 442. On comprend qu'il faille comptabiliser ceux qui étaient temporairement hospitalisés, à plus forte

---

    * Comme on l'a déjà noté, avant le début de la guerre de 1812, un peu plus d'un million d'hommes avaient été mobilisés.
    ** Malheureusement, ces documents ne nous sont parvenus que grâce à l'activité d'un espion de talent. Il n'existe pas, dans les archives du Service historique de l'armée, de rapports récapitulatifs sur les effectifs de l'ensemble de l'armée française (tandis que, sur les différents corps et armées, il existe littéralement des masses de documents). Par ailleurs, en ce qui concerne l'armée russe, grâce aux données fournies par S. Chvédov qui a effectué un grandiose travail de traitement des états de situation des troupes russes, nous savons que nous ne disposons pas non plus de rapports récapitulatifs.

raison ceux qui avaient été envoyés en mission, mais la chose est plus douteuse pour les prisonniers ou les hommes faisant l'objet d'une enquête. C'est pourquoi l'on peut arrondir les effectifs des forces armées de l'Empire français à *un peu moins* de 800 000 hommes. Il convient d'y ajouter la Garde impériale, qui n'était pas incluse dans la liste générale. Ses effectifs, à cette même date du 15 août 1811, étaient de 39 767 hommes[68]. Napoléon disposait ainsi, au moment où il avait définitivement décidé d'engager la guerre contre la Russie, d'environ 820 à 830 000 soldats et officiers.

Comme on l'a déjà dit à plusieurs reprises, les troupes impériales menaient en Espagne une guerre difficile et acharnée qui soustrayait d'énormes forces à l'armée. Selon cette même liste, environ 260 000 militaires de l'armée française (8 800 officiers, 250 872 sous-officiers et soldats) se battaient à ce moment en Espagne. Il s'agissait d'ailleurs exclusivement de combattants « actifs ». En comptant les « non-actifs », le total des effectifs des troupes françaises en Espagne se montait à environ 300 000 hommes.

Quelque 330 000 hommes, soldats et officiers, se trouvaient sur le territoire de l'Empire, protégeant dans leur majorité la ligne côtière d'éventuels débarquements ennemis. La plupart des 40 000 soldats et officiers de la Garde impériale se trouvaient également là. Enfin, il y avait sur le territoire du royaume d'Italie, en Illyrie, à Naples et sur l'île de Corfou, environ 63 000 hommes présents sous les armes. Il n'y avait que 58 000 soldats et officiers sur le territoire de l'Allemagne, et 22 000 soldats supplémentaires faisaient mouvement vers eux en renfort.

Une fois prise la décision de contrer Alexandre par les armes, Napoléon devait procéder à un gigantesque regroupement de troupes. Il était en effet impossible de combattre toutes les forces de l'Empire russe avec seulement les 80 000 soldats de Davout et 60 000 Polonais.

L'armée française semblait colossale, mais l'empereur ne pouvait retirer une grande quantité de troupes d'Espagne sans y provoquer une catastrophe. Il était également impossible d'affaiblir notablement la protection des côtes, car les Anglais pouvaient débarquer à tout moment et, sinon marcher sur Paris, du moins s'emparer facilement d'une ville quelconque de l'Empire demeurée sans défense, par exemple Hambourg, Bordeaux ou Amsterdam, semant par là la panique sur les arrières. On avait beau tourner et retourner le problème, il fallait laisser pour la protection du littoral et le maintien de l'ordre à l'intérieur de l'État au moins 250 à 300 000 hommes. Il fallait en conserver autant en Espagne. Il s'agissait en outre de soldats « actifs », non de ceux qui étaient hospitalisés ou détenus en prison ! *Par conséquent, il ne restait pas tellement de troupes pour mener la guerre aux frontières de la Pologne, et même il y en avait tout simplement trop peu.*

C'est justement pour cette raison que fut annoncée en 1811 une importante conscription (138 000 hommes). Une grande partie de ces conscrits étaient déjà présents dans leurs unités lors de l'élaboration du tableau cité plus haut et avaient donc été comptabilisés, mais certains n'avaient pas encore rejoint leur régiment. Enfin, au début de 1812 fut décidé un nouvel appel qui envoya 120 292 hommes de plus sous les armes. Ainsi, avant la guerre contre la Russie, Napoléon porta les effectifs de l'armée au niveau qui avait été naguère atteint par la Convention à l'heure où la République était le plus en danger, et même le dépassa. Le total des effectifs réels des forces de l'Empire français se montait alors à environ 950 000 hommes.

Il serait cependant tout à fait faux de représenter la France, ainsi que l'ont fait certains historiens, comme un pays déserté où seuls les vieillards, les femmes et les enfants travaillaient aux champs. Le total des recrues potentielles dans les seuls territoires des anciens départements s'élevait à 250 000 par an, de sorte que, même au cours des importants recrutements de 1811-1812, la moitié seulement (et, compte tenu de la création des nouveaux départements, bien moins de la moitié) des conscrits potentiels étaient alors appelés sous les drapeaux.

Dans son ouvrage monumental, *Nouvelle Histoire de Paris (le Consulat et l'Empire)*, le grand historien français Jean Tulard a cité des documents d'archives sur le recrutement des conscrits parisiens. Au total, pour toute la période napoléonienne, seuls 31,87 % des jeunes gens susceptibles d'être appelés sous les drapeaux le furent réellement[69]. Il faut dire que les données concernant Paris ne sont nullement inférieures aux données moyennes de l'Empire ; elles les dépassent même quelque peu, étant donné que dans la capitale les autorités étaient tout près, ce qui réduisait les possibilités d'échapper à l'appel.

En dépit du renforcement de l'armée, il était compliqué de dégager des effectifs suffisants pour faire la guerre sur les frontières de l'empire d'Alexandre. Souvenons-nous des paroles de Bennigsen : « *Le pouvoir de Napoléon n'a jamais été moins dangereux pour la Russie qu'au moment où il mène cette malheureuse guerre en Espagne et est préoccupé par la défense d'une grande étendue de côtes, ce à quoi il est nécessaire d'employer des armées puissantes.* »

Effectivement, sur la masse énorme de ses troupes, l'empereur ne pouvait envoyer guerroyer en Russie qu'un peu plus de 300 000 soldats français proprement dits ; en outre, il fallut pour cela non seulement retirer des troupes du territoire de l'Empire, mais même affaiblir le groupement de troupes présent outre-Pyrénées. Napoléon décida de prélever en Espagne des unités qui avaient, si l'on peut s'exprimer ainsi, un rapport direct avec la guerre contre l'empire de Russie, c'est-à-dire toutes les troupes polonaises. Les régiments d'infanterie de la légion de la Vistule (1er, 2e, 3e et des fragments du 4e) au service de la France reçurent l'ordre de quitter l'Aragon et Valence à la fin de janvier 1812, et le 22 mars ils étaient figés en grande tenue sur la place du Carrousel, à Paris, devant le palais des Tuileries. L'empereur en personne les passa en revue et il nota avec satisfaction que ces hommes qui avaient connu quatre années de rude campagne étaient prêts à de nouveaux exploits. « Dans ma compagnie, raconta l'officier de la légion de la Vistule von Brandt, il ne se trouvait pas un soldat qui n'eût été blessé depuis 1809. [...] Pendant le défilé, les Polonais, qui attendaient de la nouvelle guerre la restauration complète de leur patrie, crièrent avec enthousiasme : "Vive l'Empereur[70] !" »

En ce qui concerne les lanciers de la Vistule*, ils devaient se rendre à cette guerre lointaine depuis l'extrême sud de l'Espagne : l'Andalousie ! C'est de là également que partirent en mars 1812 les 4e, 7e et 9e régiments d'infanterie du duché de Varsovie, qui s'étaient couverts de gloire dans de nombreux combats entre Madrid et Grenade. Tous les régiments polonais devaient être complétés par des recrues en Pologne même. Mais ils devaient franchir à pied une distance de près de 3 500 kilomètres pour atteindre Varsovie !

Durant le mois de février, les contingents de Bavière, de Saxe, de Westphalie, du Wurtemberg, de Bade, de Berg et de Hesse, ainsi que les troupes des petites principautés allemandes faisant partie de la Confédération du Rhin, reçurent également l'ordre de s'apprêter au départ. Les troupes italiennes se préparaient aussi à la campagne. Comme il a déjà été indiqué, une convention militaire avec la Prusse fut de même signée, qui donna lieu à la préparation d'un contingent prussien, et, plus tard, les Autrichiens se mirent également en marche.

Cependant, les premiers à se mettre en mouvement furent les troupes françaises proprement dites. Le 1er corps (1er corps d'observation de l'Elbe, comme il s'appelait alors) du maréchal Davout reçut un ordre en date du 21 février 1812 lui prescrivant de commencer à faire mouvement vingt-quatre heures après sa réception, en direction de la ligne de l'Oder (cf. carte p. 420). Sous le commandement de Davout, en dehors de ses cinq divisions, se trouvait également la 7e division établie devant Dantzig. Enfin, le 1er corps de cavalerie du général Nansouty était aussi englobé dans sa zone de commandement. Il s'agissait au total de près de 100 000 hommes.

Au même moment, le 2e corps (2e corps d'observation de l'Elbe), placé sous le commandement du maréchal Oudinot (6e, 8e et 9e divisions), recevait l'ordre de commencer à faire mouvement depuis Hanovre.

---

* En juin 1811, les lanciers de la Vistule furent transformés en 7e et 8e régiments de chevau-légers-lanciers français. On continuait cependant à se servir de l'ancienne dénomination.

Le 3ᵉ corps (corps d'observation de l'Océan), commandé par le maréchal Ney (10ᵉ, 11ᵉ et 12ᵉ divisions), quitta Mayence. La 25ᵉ division (wurtembergeoise) devait le rejoindre en chemin.

Enfin, les 19 et 20 février, le 4ᵉ corps (corps d'observation d'Italie), placé sous le commandement du vice-roi Eugène de Beauharnais, abandonna Milan et les rives de l'Adige (Italie). Faisaient partie de ce corps les 13ᵉ, 14ᵉ et 15ᵉ divisions, ainsi que la Garde italienne.

Derrière les masses de fantassins se rassemblèrent aussi les 2ᵉ et 3ᵉ corps de cavalerie, et la Garde impériale commença également à se retirer d'Italie.

Presque toutes les troupes faisant partie des corps susmentionnés étaient françaises. Seules exceptions : la 25ᵉ division wurtembergeoise, la 15ᵉ division composée d'Italiens, et la Garde royale italienne. La totalité des effectifs partant en campagne se montait à environ 300 000 hommes. Toutes ces troupes reçurent le 1ᵉʳ janvier 1812 le nom de *Grande Armée*.

Ce nom avait fait sa première apparition le 29 avril 1805, quand les troupes cantonnées dans le camp de Boulogne et se préparant à batailler contre l'Angleterre avaient fait demi-tour et étaient parties en campagne contre les Autrichiens. Conformément à l'ordre de l'empereur, elles devaient désormais prendre le nom de « Grande Armée ». Ce nom désignait le regroupement principal de troupes placé sous le commandement personnel de l'empereur. Ainsi, l'armée qui combattit de 1805 à 1807 fut toujours appelée « Grande Armée ». Cependant, en 1808, la quasi-totalité des effectifs de ses principaux corps avait été envoyée en Espagne, et c'est pourquoi, pendant la campagne de 1809, les troupes combattant les Autrichiens sous le commandement de Napoléon n'avaient pas reçu le nom de Grande Armée, mais seulement celui d'armée d'Allemagne. Entreprenant en 1812 une préparation d'une ampleur sans précédent à la future campagne, Napoléon restitua aux troupes placées sous son commandement l'appellation majestueuse de Grande Armée.

À dater du 1ᵉʳ février 1812, le maréchal Berthier, prince de Neuchâtel, fut nommé major général de la Grande Armée. À partir de ce moment, l'armée eut un état-major et une comptabilité centralisés. L'approvisionnement centralisé commença également à se mettre en place.

Le 3 mars 1812, l'armée elle-même fut réorganisée. À l'époque, de nombreux contingents alliés furent inclus dans ses rangs et quatre corps supplémentaires furent en conséquence créés. Notons que c'est seulement le 1ᵉʳ avril que disparurent les appellations de corps d'observation de l'Elbe, de l'Océan et d'Italie, et que tous les corps se virent attribuer des numéros.

Les troupes polonaises placées sous le commandement du prince Poniatowski, cantonnées sur la Vistule, prirent le nom de 5e corps (16e, 17e et 18e divisions).

Les troupes bavaroises commandées par le général Gouvion Saint-Cyr prirent le nom de 6e corps (19e et 20e divisions).

Les divisions saxonnes commandées par le général Reynier prirent le nom de 7e corps (21e et 22e divisions).

Les troupes westphaliennes commandées par le roi Jérôme en personne et le général Vandamme pirent le nom de 8e corps (23e et 24e divisions).

Enfin, le 24 mars fut créé, à partir des régiments polonais et allemands, le 4e corps de cavalerie.

Au milieu de ce même mois, la Grande Armée prit position sur la ligne de l'Oder et en arrière de celle-ci (cf. carte ci-après). Le 5e corps polonais se situait en avant-garde sur la Vistule, déployé de Varsovie à Plotsk.

Le flanc gauche de l'avant-garde s'appuyait contre la place forte de Dantzig, à côté de laquelle se trouvait la 7e division. En qualité d'extrême avant-garde du flanc gauche, le corps prussien était concentré dans la région de Königsberg.

Le 10 mars, le chef de l'état-major général, le maréchal Berthier, élabora un projet aux termes duquel toutes les forces de la Grande Armée étaient réunies en trois grands groupements :

> • flanc gauche : 1er, 2e et 3e corps, 1er et 2e corps de la cavalerie de réserve, Garde impériale (227 000 hommes et 557 pièces) ;
> • centre : 4e corps, Garde royale italienne, 6e corps, 3e corps de cavalerie (84 000 hommes et 208 pièces) ;
> • flanc droit : 5e, 7e et 8e corps, 4e corps de cavalerie (76 000 hommes et 159 pièces).

Le total des effectifs de la Grande Armée à la mi-mars 1812 était de 387 000 hommes pour 924 pièces.

On ne prenait pas en considération dans ce calcul plusieurs grandes unités de réserve comme la division Daendels, composée des troupes de Berg et de Bade, qui allait servir plus tard à la création du 9e corps, ou la division dite Princière, formée des unités de petits États allemands. Enfin, les troupes prussiennes n'étaient pas incluses. Si l'on tient compte de ces unités, début mars, la Grande Armée alignait déjà plus de 420 000 hommes.

En outre, le 7 mars 1812, une convention fut signée avec le Danemark qui fournirait désormais pour la défense de la côte sud de la Baltique une division de 10 000 hommes, fantassins et cavaliers, avec 50 pièces.

Toutes les routes d'Europe centrale étaient alors couvertes de colonnes de troupes, de batteries d'artillerie en mouvement et de

Déploiement stratégique de la Grande Armée au 15 mars 1812

convois qui progressaient en direction de la Pologne. Pour souligner les dimensions du terrain occupé par la masse des troupes, il suffit de dire que, pendant que la tête de la colonne franchissait l'Oder, de nouveaux bataillons, escadrons et batteries partaient en campagne depuis la France et l'ouest de l'Allemagne. Les dernières colonnes du 4ᵉ corps quittaient seulement Milan alors que ses avant-gardes approchaient de Dresde ! Les troupes de la Garde impériale retirées d'Espagne n'arrivèrent que le 14 mars à Bayonne. La légion de la Vistule, dont nous avons déjà parlé, se trouvait alors à proximité de Paris. Ainsi, on peut dire que *la Grande Armée, sur un front d'environ 500 kilomètres, s'étirait en profondeur sur plus de 2 000 kilomètres !*

Cependant, même de pareils effectifs ne garantissaient pas une supériorité numérique significative sur l'adversaire potentiel, et c'est pourquoi Napoléon s'efforçait de mobiliser tous les contingents possibles des États alliés. Même les petites principautés d'Anhalt et de Lippe procurèrent 1 661 hommes ; Schwarzburg, Waldeck et Reuss, 1 350 ; Francfort, 1 687. Pour ce qui concerne les unités françaises, l'empereur cherchait à gonfler les effectifs moins par la création de nouveaux régiments que par l'accroissement du nombre de soldats dans les unités existantes. Ainsi, les régiments du corps de Davout (de la 1ʳᵉ à la 5ᵉ division) furent augmentés jusqu'à réunir cinq bataillons de guerre en sus du bataillon de dépôt. Complets, les effectifs normaux supposaient quatre bataillons de guerre et un bataillon de dépôt dans lequel il n'y avait pas de compagnies de grenadiers et de voltigeurs. Ce bataillon de dépôt revêtait le numéro 5. C'est pourquoi, ayant porté le nombre de régiments à cinq bataillons de guerre, on leur donna les numéros 1, 2, 3 4 et 6, le bataillon de dépôt ayant conservé son numéro 5.

L'empereur exigeait que les effectifs des bataillons soient pratiquement grossis jusqu'aux effectifs régimentaires. En conséquence, les régiments du corps du maréchal Davout, qui avait exécuté l'ordre avec ponctualité, avaient atteint des effectifs de près de 4 000 hommes, ce qui correspondait à ceux de certaines divisions de l'armée d'Espagne ! En outre, afin qu'un nouveau bataillon composé de recrues ne se révèle pas moins bon que ceux composés de vieux soldats, on procéda à un « tiercement » : les recrues des bataillons portant les numéros 4 et 6 étaient également répartis dans toutes les subdivisions du régiment, de même que les officiers et sous-officiers expérimentés des premiers bataillons[71]. On obtenait ainsi des unités de qualité comptant beaucoup de jeunes, mais où figurait en même temps un nombre suffisant de militaires chevronnés de tous grades ayant une solide expérience du combat.

Toutes les sources sont unanimes à louer l'ordre et la tenue impeccables, la discipline irréprochable des soldats et officiers du 1ᵉʳ corps. Voici ce qu'écrivait dans ses notes sur la guerre de 1812 le baron Dufour, commissaire ordonnateur de la Garde impériale, sur le corps de Davout en marche : « Nous eûmes le beau spectacle de 65 à 90 000 hommes dont la tenue, les mouvements et tout l'ensemble offraient l'empreinte de l'ordre le plus parfait, d'une austère discipline et de cette haute prévoyance du chef qui savait faire et conserver des soldats[72]. »

Ayant déployé ses troupes entre l'Elbe et l'Oder, Napoléon était désormais sûr que l'armée russe ne pourrait plus le prendre par surprise dans le duché de Varsovie ; c'est pourquoi il ne pressait plus ses troupes, mais s'efforçait de les laisser se reposer, se préparer, rassembler les retardataires, avancer sans hâte à la rencontre de l'ennemi. La Grande Armée avait pour mission d'atteindre la ligne de la Vistule au cours de la seconde moitié d'avril. Dans une lettre au maréchal Berthier, Napoléon indiquait : « Ce ne sera que le 1er mai que mon armée se trouvera ainsi en bataille sur la Vistule[73]. »

Exécutant l'ordre de l'empereur, le corps du maréchal Davout, avec la 7e division, se déploya sur un front allant de Thorn à Dantzig, le long de la Vistule (cf. carte p. 430) ; le 5e corps de Poniatowski demeurait sur le terrain où il se trouvait, de Plotsk à Varsovie ; les autres corps avancèrent pour se ranger à côté d'eux et derrière eux. Oudinot (2e corps) entra dans Berlin, Ney (3e corps) dans Francfort-sur-l'Oder. À ce moment-là, le beau temps avait remplacé la boue printanière des routes, et les troupes pouvaient montrer leur belle allure tant à leurs chefs qu'à la population d'Allemagne et de Pologne.

Voici ce qu'écrivit le général Ledru, commandant la 10e division du corps de Ney, depuis Francfort-sur-l'Oder, le 25 avril 1812 : « Hier, M. le maréchal duc d'Elchingen a passé la revue de ma division à une demi-lieue de cette ville. Quatorze mille hommes et 24 pièces d'artillerie étaient en ligne. La troupe était dans la plus belle tenue et présentait le spectacle le plus imposant. Depuis que je fais la guerre, je n'ai pas encore vu une aussi belle division. Rien n'y manque. J'avais une 4e ligne composée de réserves d'artillerie, de caissons de toute espèce ; en tout, près de 800 chevaux de trait en bon état. [...] Toutes mes compagnies de grenadiers et de voltigeurs, au complet de 140 hommes chacune, avaient des panaches rouges et jaunes. J'ai fait manœuvrer [les troupes] pendant six heures. [...] La division a ensuite défilé au pas accéléré, ce qui a duré près d'une heure et demie. J'ai reçu les compliments les plus flatteurs de la part du maréchal et du prince royal [de Wurtemberg], qui n'a cessé de me féliciter et d'admirer les régiments[74]. »

On voit, d'après cette lettre d'un commandant de division content de lui, que les unités du corps de Ney étaient elles aussi magnifiques ; mais on relève surtout les effectifs impressionnants de la division, dont les régiments ne le cédaient pas de beaucoup, sur ce point, aux unités de Davout.

L'apparence du 2e corps d'Oudinot était également plus qu'honorable. Lorsque, après de longues marches, le corps approcha de Berlin, ordre lui fut donné de se préparer à la revue et, le lendemain, les troupes s'y présentèrent sous un aspect irréprochable – « comme à une parade préparée depuis une semaine », ainsi que le nota l'ambassadeur de France dans son rapport au ministre des Affaires étrangères[75]. Les régiments défilèrent dans les rues de Berlin avec le maréchal à leur tête. La jeune épouse d'Oudinot livra ainsi ses impressions sur la marche imposante des troupes : « Le maréchal fut donc se mettre à la tête de ses 40 000 hommes, et j'ai pu les voir défiler des croisées de notre ambassadeur. C'était magnifique ! [...] Toutes les troupes [...] défilèrent lentement depuis la belle porte de Charlottebourg, en suivant les plus belles rues de cette régulière ville de Berlin ; elles s'y déployèrent admirablement. C'était bien solennel[76] ! »

Cependant, ce n'était pas seulement des fenêtres de l'ambassade de France qu'on regardait la parade. L'ambassadeur de Russie, le comte Liven, rédigea aussitôt un rapport à Barclay de Tolly. Le ton n'en était pas aussi enthousiaste que celui de la maréchale, mais il confirmait au moins le lieu et l'heure de la marche triomphale. D'autre part, l'ambassadeur notait que les effectifs des bataillons n'étaient pas aussi importants que l'on pouvait s'y attendre : « La force des bataillons est de 600 hommes, et celle des régiments de cavalerie, de 700. » Dans son rapport suivant, Liven énuméra en détail les numéros des unités et dut ajouter une phrase montrant à quel degré le commandement maintenait l'ordre dans ses troupes : « Ces troupes observent la plus stricte discipline. Hier, il y eut deux hommes de fusillés pour avoir tué un paysan sur la route, et aujourd'hui six personnes seront mises à mort de la même manière pour différents délits, entre autres celui de désertion[77]. » Il convient de souligner une fois encore que le commandement russe était parfaitement au courant de tous les mouvements des unités françaises.

Pendant que les colonnes poursuivaient leur marche en avant, Napoléon mobilisait sans cesse de nouvelles unités et menait à bien les réformes censées renforcer son armée. Afin de garantir les arrières, la Garde nationale fut appelée au printemps 1812. Cent cohortes (bataillons) de la première classe furent mises à disposition du ministère de la Guerre, dont 88 organisées et armées. Elles avaient pour tâche de défendre les localités où vivaient les gardes nationaux, de protéger les arsenaux et de monter la garde dans les forteresses.

Napoléon accordait une énorme importance à l'organisation du train. Rappelons-nous la phrase qu'il avait écrite au prince Eugène : « La guerre de Pologne ne ressemble en rien à la guerre d'Autriche ; sans moyens de transport, tout y est inutile. » En dehors des nombreux trains d'artillerie dont nous parlerons plus tard, il y avait un train des équipages chargé du transport des vivres, et un autre assumant les autres chargements militaires indispensables. Au début, la Grande Armée comptait six bataillons français du train (2e, 6e, 7e, 9e, 10e et 12e), un bataillon du train du royaume d'Italie et un bataillon du train de la Garde impériale, soit au total 2 016 véhicules.

L'empereur considéra que ce n'était pas suffisant et un décret du 24 janvier 1812 créa huit bataillons du train supplémentaires, dont quatre constitués de voitures légères sur le modèle de celles qu'utilisaient les paysans de Franche-Comté (voitures à la comtoise). Ces bataillons disposaient de 2 424 voitures. Enfin, l'empereur prit une décision originale : quatre autres bataillons du train se serviraient de chariots tirés par... des bœufs ! Napoléon avait remarqué à maintes reprises ce genre de voitures en Italie et songea qu'elles permettraient d'abord d'acheminer des chargements plus importants, et ensuite de transporter « sur pied » la viande nécessaire pour nourrir les troupes. Le nombre total de chariots tirés par des bœufs devait atteindre 1 224. Enfin, un bataillon du train italien fut également créé avec des attelages de bœufs. Disons, pour anticiper, que cette nouveauté se solda par un échec total : les chariots tirés par des bœufs étaient sans cesse à la traîne. Soit les bœufs mouraient, soit ils étaient vendus, soit ils étaient mangés par leurs conducteurs : dès le début de la guerre, il ne resta bientôt plus un seul bataillon « bovin » !

Au total, les effectifs des unités françaises et italiennes du train devaient atteindre 17 bataillons et 6 300 voitures.

En ce qui concerne les chariots classiques, ils avaient été modifiés. L'ancien modèle, qui pesait 1 200 kilos, avait été remplacé par un chariot allégé de 983 kilos, et la charge qu'il pouvait transporter demeurait la même : 30 quintaux, soit 1 470 kilos. Les « voitures à la comtoise » pouvaient, elles, transporter 12 quintaux (588 kilos), et les chariots tirés par des bœufs, 20 quintaux, soit environ une tonne[*].

En sus des nombreuses voitures qui envahissaient toutes les routes d'Allemagne, l'armée transportait une artillerie d'une puissance de feu prodigieuse. L'empereur voulait apparemment empêcher la réédition de la bataille d'Eylau, dans laquelle l'armée russe avait été supérieure par les effectifs des troupes et surtout par la puissance de feu. C'est pourquoi chaque division d'infanterie s'était vu attribuer une batterie d'artillerie à pied de huit pièces (six canons de six livres et deux obusiers) et une batterie d'artillerie à cheval de six pièces (quatre canons de six livres et deux obusiers). De plus, presque tous les régiments avaient reçu deux canons de trois livres chacun, et les seize grands régiments[**] du corps de Davout, quatre canons. C'est

---

[*] L'ancien quintal français valait environ 48,951 kilos. À ne pas confondre avec le quintal moderne utilisé pour comptabiliser les rendements agricoles, qui équivaut à 100 kilos.

[**] Comptant cinq bataillons de guerre.

pourquoi, lorsque Ledru écrivit dans sa lettre que sa division disposait de vingt-quatre canons, il voulait dire quatorze canons pour l'artillerie à pied et à cheval, plus dix canons de l'artillerie régimentaire.

Outre l'artillerie des divisions, chaque corps avait une réserve d'artillerie avec, en général, des batteries de canons de douze livres.

Il ne faut pas oublier que chaque canon était doté d'au moins deux ou trois caissons, sans compter d'autres caissons dans le parc de réserve. L'artillerie transportait aussi des affûts de rechange, ainsi que des caissons spéciaux contenant des cartouches destinées à l'infanterie, des fourgons avec des outils et des forges de campagne. C'est pourquoi, d'après l'état de situation de juin 1812, la seule artillerie du corps de Ney, par exemple, disposait de 459 voitures (canons, affûts, caissons), chacune attelée de quatre à six chevaux.

On avait en outre organisé une artillerie de réserve attachée à la Garde, et enfin deux parcs de siège furent constitués, l'un à Dantzig, l'autre à Magdebourg. Le premier comprenait 130 canons lourds (canons de vingt-quatre et de douze livres, obusiers lourds et mortiers). À Magdebourg, on décomptait 100 canons lourds. Quatorze compagnies d'artillerie du train étaient destinées à transporter cette énorme artillerie de siège qui avait pour tâche, en cas de besoin, d'assiéger Riga et Dinaburg.

En dehors de cela avait également été créé un parc général d'artillerie qui devait transporter les caissons de réserve et les caissons de cartouches supplémentaires. Le parc général desservait de surcroît les cinq compagnies d'artillerie du train.

Au total, même sans compter le parc de siège et le grand parc général, il fallait acheminer 924 canons ainsi que toutes les voitures du train, ce qui nécessitait 25 900 chevaux.

Outre les trains de l'artillerie et les convois de ravitaillement fut aussi constitué à Dantzig un équipage de pont. Il devait disposer de deux équipements complets nécessaires à la construction de ponts de cent pontons chacun. Était par ailleurs créé un troisième équipage qui n'avait pas de pontons, mais possédait tous les câbles, ancres et instruments qu'il fallait pour fabriquer des ponts à l'aide d'embarcations trouvées sur place. Au surplus, chaque corps d'armée, ainsi que la Garde impériale, eut désormais à sa disposition un petit équipage de pont qui permettait de jeter rapidement des ponts sur de petits cours d'eau. Six compagnies du train devaient transporter les convois nécessaires aux pontonniers. Dans l'idée de l'empereur, l'équipage de pont devait être en mesure de construire en l'espace de quelques heures deux ponts sur la Vistule ou sur n'importe quelle autre rivière d'une largeur inférieure à 400 mètres.

Afin de ne pas se trouver en difficulté sur les rivières et les lacs, Napoléon ordonna, pour venir en aide aux pontonniers, de créer deux équipages de marins.

Ces convois grandioses exigeaient une augmentation considérable des effectifs de chevaux, à l'instar de la cavalerie, dont il sera question plus loin. Selon le rapport de Lacuée de Cessac, ministre de l'Administration militaire, il fallait acquérir plus de 50 000 chevaux. D'ailleurs, au 17 mars 1812, on en avait déjà acheté 32 000, et la livraison des autres ne faisait aucun doute.

Tout cela permit d'exécuter à la lettre l'ordre de l'empereur exigeant du maréchal Davout que les régiments de cavalerie présents en Allemagne soient portés aux effectifs de 1 000, voire 1 100 hommes chacun. En effet, selon le règlement, un régiment de cavalerie lourde devait aligner 1 040 hommes et 1 053 chevaux, et un régiment de cavalerie légère, 1 043 hommes et 1 055 chevaux. Cependant, les régiments n'avaient jamais connu de tels effectifs en temps de guerre, et très rarement en temps de paix. Au début de la campagne, les effectifs d'un régiment de cavalerie étaient habituellement de 600 à 700 hommes, et en fin de campagne ils se trouvaient pratiquement divisés par deux. Mais le « maréchal de fer » Davout exécuta strictement l'ordre de l'empereur et les effectifs de quelques régiments de cavalerie, dans les grandes unités évoluant dans sa zone de commandement, furent portés à 1 050 hommes et même plus. Ainsi, le rapport du 1er mai sur l'état du 7e hussards indique que, dans les seuls escadrons combattants du régiment, on comptait 1 161 officiers et soldats, avec en outre plus de 100 hommes dans la réserve[78] !

C'étaient des régiments si démesurés que leurs chefs avaient du mal à les diriger. En conséquence, le commandement d'un régiment de cuirassiers était confié à un général de brigade, et un tel régiment était pratiquement considéré comme une brigade. Mais cette situation ne dura pas. La cavalerie était une arme fragile : au bout de quelques marches, pour diverses raisons, les pertes en chevaux étaient importantes. Néanmoins, jamais auparavant la Grande Armée n'avait encore disposé de telles masses de chevaux. Rien que dans les quatre corps de la cavalerie de réserve, on comptait, au 15 juin, 37 861 hommes et 40 839 chevaux présents[79].

Napoléon n'avait pas seulement augmenté les effectifs de la cavalerie, il s'efforçait en outre de la renforcer par tous les moyens. Avant tout, il décida de créer une puissante force de choc, formée de régiments de cuirassiers capables de balayer du champ de bataille, par des charges massives, la cavalerie et l'infanterie de l'adversaire potentiel. En sus des douze régiments de cuirassiers français allaient prendre part à la campagne deux régiments de cuirassiers westphaliens, deux de cuirassiers saxons et un de cuirassiers polonais. De surcroît, en 1810, un régiment de cuirassiers hollandais fut intégré dans l'armée française et reçut le numéro 14 (le seul régiment de cuirassiers qui servait en Espagne portait le numéro 13). Le 14e régiment de cuirassiers fut également inclus dans la Grande Armée.

Enfin, en 1810, l'empereur décida de doter de cuirasses l'élite de la cavalerie en ligne, les carabiniers. Ces derniers, considérés comme des « grenadiers à cheval », portaient auparavant des uniformes bleu foncé avec des épaulettes rouges et de grands bonnets d'ourson. Selon le nouveau règlement, ils touchèrent d'élégants uniformes blancs et des cuirasses d'acier recouvertes d'une feuille de laiton décorative.

Il y avait ainsi dans la Grande Armée, en 1812, vingt régiments d'élite de cavalerie cuirassée. Napoléon était persuadé qu'avec leur aide il écraserait la cavalerie ennemie et porterait un coup foudroyant à l'infanterie. C'est pourquoi, par une instruction ministérielle de février 1812, il était sévèrement interdit d'« émietter » les régiments de cuirassiers pour les utiliser dans les escortes des généraux, des missions de reconnaissance, ou de les mettre en avant des tirailleurs pour couvrir la marche du gros des troupes, etc. Les commandants devaient veiller comme à la prunelle de leurs yeux aux régiments et divisions de cavalerie lourde disposés en arc et dans les petits combats, et se préoccuper d'eux pour les jeter en avant sans regret dans la bataille décisive afin que ces cavaliers en armure, ne ménageant ni eux-mêmes ni leurs chevaux, écrasent n'importe quel ennemi.

Pour mieux les protéger au cours de la campagne, chaque division de cuirassiers composée de trois régiments avait à sa disposition un régiment de cavalerie légère, les chevau-légers-lanciers créés en 1811. Ces régiments avaient été constitués pour monter la garde aux avant-postes, effectuer des patrouilles ou des reconnaissances pendant la campagne – en un mot, faire tout ce pour quoi il ne fallait pas gaspiller les forces des cuirassiers lourdement armés. De même que le commandement russe avait armé les hussards de lances, Napoléon souhaitait également avoir davantage de cavalerie équipée de cette arme ressuscitée. C'est pourquoi, en 1811, six régiments de dragons français reçurent le nom de chevau-légers-lanciers, touchèrent de nouveaux uniformes et des lances, et s'entraînèrent assidûment sous la direction d'instructeurs polonais. D'ailleurs, pas plus que les hussards russes, les chevau-légers français ne surent devenir des émules des lanciers polonais, ni des cosaques russes, et nulle part ils ne se distinguèrent particulièrement pendant la campagne de 1812.

En revanche, on pouvait ne pas douter que les lanciers polonais expérimentés de la légion de la Vistule, transformés en 7e et 8e régiments de chevau-légers-lanciers au service de la France, feraient de magnifiques combattants. Il en fut ainsi. Cependant, le maréchal Soult, qui commandait l'armée au sud de l'Espagne, en dépit d'ordres multiples, ne laissa pas partir pour la campagne de Russie son régiment de cavalerie le plus précieux, le 7e chevau-légers, formé des lanciers les plus anciens dans le service, les plus aguerris, couverts de glorieuses cicatrices, de la légion de la Vistule.

Rien d'étonnant à cela : la gloire de ces cavaliers, qui étaient passés par toutes les épreuves, emplissait en effet l'ennemi de terreur. Disons seulement que le 11 mai 1811, lors de la sanglante bataille d'Albuera, trois escadrons de lanciers de la Vistule avaient tout simplement anéanti d'un seul élan la totalité de la brigade anglaise du général Colborne, et pris cinq drapeaux britanniques ! Après cela, les Anglais donnèrent l'ordre de ne pas faire de prisonniers parmi les Polonais, et les Espagnols surnommèrent les chevau-légers de la Vistule les « lanciers polonais de l'enfer ». Il est clair que le commandant de l'armée du Sud n'avait aucune envie de perdre de tels soldats.

Par suite, seul le 8ᵉ régiment de chevau-légers-lanciers, qui se trouvait en France au début de la préparation de la campagne, prit part dans sa totalité à la campagne de Russie. Dans le 7ᵉ régiment, un seul peloton, commandé par le lieutenant Boguslawski, rallia l'armée fin août, non loin de Viazma ; un escadron de marche réussit tout de même à s'échapper d'Espagne en juin 1812, mais ne rejoignit les restes de l'armée qu'en décembre 1812.

Ajoutons que les chasseurs à cheval recrutés à Hambourg par le maréchal Davout reçurent eux aussi des lances avec l'appellation de « 9ᵉ régiment de chevau-légers-lanciers »

En dehors de ces chevau-légers, le 1ᵉʳ régiment prussien de lanciers et le régiment de chevau-légers-lanciers de la Garde de Westphalie rejoignaient les rangs de l'armée française depuis le nord de l'Allemagne. Enfin, le régiment saxon de chevau-légers-lanciers du prince Klemens et les 1ᵉʳ et 2ᵉ régiments de lanciers de Berg combattirent dans l'armée de Napoléon[*].

Mais, pour ce qui est des lanciers, l'empereur comptait avant tout sur les Polonais. En 1812, la cavalerie du duché de Varsovie comportait dix régiments de lanciers (sur seize régiments de cavalerie). C'étaient les régiments de cavalerie portant les numéros 2, 3, 6, 7, 8, 9, 11, 12, 15 et 16, de magnifiques unités montées où des maîtres en leur art enseignaient le maniement de la lance.

Enfin, la Garde comprenait le 1ᵉʳ régiment de chevau-légers-lanciers, dont les cavaliers maniaient aussi la lance avec virtuosité. Sur son modèle fut créé le 2ᵉ régiment de chevau-légers-lanciers, mais il était formé de l'ancien régiment de la Garde du royaume de Hollande. Les lanciers hollandais montrèrent par leur triste exemple la même chose que les hussards russes armés de lances : la lance

---

[*] On considère habituellement que seul le 2ᵉ régiment de lanciers de Berg faisait partie de la Grande Armée et que le 1ᵉʳ se trouvait entièrement en Espagne. Le tableau détaillé des effectifs de la Grande Armée conservé dans les archives de la Défense montre qu'un détachement de ce régiment, d'un effectif de 426 hommes présents sous les armes, se trouvait dans la garnison de Dantzig.

n'est une arme que pour ceux qui savent bien s'en servir. Les lanciers hollandais furent battus à de nombreuses reprises.

En dépit de ce dernier exemple, on note que c'est dans l'armée de Napoléon que fut rassemblé pour la première fois un nombre aussi énorme de cavaliers armés de lances : vingt-cinq régiments de lanciers et de chevau-légers-lanciers. Napoléon espérait qu'aux avant-postes ces lanciers pourraient résister aux cosaques, dont les lances menaçantes démoralisaient les cavaliers français, et aideraient dans les grandes batailles les cuirassiers à rompre des carrés de l'ennemi.

Mais l'empereur ne prêtait pas seulement attention aux armes offensives, il se préoccupait par précaution de toutes les mesures nécessaires à la défense. Malgré la concentration d'énormes masses de troupes, les travaux de Modlin, de Zamosc et des fortifications de tête de pont sur la Vistule se poursuivaient. Dans une lettre au major général Berthier, l'empereur écrivit de Paris : « Si les Russes ne font aucun mouvement, [...] on doit rester *in statu quo*, réparer Marienbourg, approvisionner Thorn, Dantzig, et ne point bouger puisque nous sommes toujours en paix et que je désirerais, dans cette situation, pouvoir gagner le mois de mai ; mais que si les Russes déclarent la guerre, le prince d'Eckmühl [Davout] doit faire venir les Bavarois à Thorn, prévenir le duc d'Elchingen [Ney] qu'il doit marcher sur Posen, et le duc de Reggio [Oudinot] qu'il marcherait sur la Vistule[80]. »

On sait que l'on n'assista à aucune amorce d'offensive de l'armée russe, et les corps français, après un temps de repos, poursuivirent leur marche en avant. Le 31 mai, la Grande Armée se déployait sur un front de 400 kilomètres de Königsberg à Lublin (cf. carte ci-après).

À l'extrémité du flanc gauche, près de Königsberg, se tenaient les troupes du contingent prussien, fondement du futur 10e corps.

Le 1er corps du maréchal Davout était déployé d'Elbing à Marienbourg.

Le 2e corps d'Oudinot, dans la région de Marienwerder.

Le 3e corps de Ney, devant Thorn.

Le 4e corps d'Eugène de Beauharnais, entre Lipno, Plotsk et Vychgorod.

Le 6e corps de Gouvion Saint-Cyr, avec les troupes du 4e corps, près de Plotsk.

Le 5e corps de Poniatowski, de Modlin à Varsovie.

Le 8e corps de Vandamme, devant Varsovie.

Le 7e corps de Régnier, non loin de Pulawa, à l'ouest de Lublin.

En outre, à 100 kilomètres plus au sud, dans la région de Lwów (Lemberg), à l'écart de la grande masse des troupes, se trouvait le corps autrichien qui faisait déjà partie de la ligne de combat. Compte tenu de ces forces, le front de déploiement atteignait 500 kilomètres.

Déploiement stratégique de la Grande Armée au 31 mai 1812

Les corps de la cavalerie de réserve, ayant mis en avant une partie de la cavalerie légère, progressaient en arrière des corps d'infanterie : le 1er corps de cavalerie suivait les troupes de Davout, le 2e celles de Ney, le 3e le groupement du prince Eugène, enfin le 4e le groupement de flanc droit.

La Garde impériale était un peu en arrière du front commun ; ses régiments avançaient vers Thorn, suivant par là même le flanc droit du groupement de choc de flanc gauche. Le quartier général était installé à Poznan.

À cette époque, la Grande Armée atteignait le faîte de sa puissance. La totalité de ses effectifs est citée dans presque tous les ouvrages d'histoire consacrés à la guerre de 1812 : 678 000 hommes, avec 1 272 canons. Ces données sont empruntées au célèbre ouvrage du baron Denniée, inspecteur général aux revues de la Grande Armée. Ses mémoires furent publiés en 1842 et les données qu'ils citent proviennent de documents dont il possédait apparemment des copies.

De fait, dans les archives françaises de la Défense sont conservés des documents portant les numéros 2C 700 et 2C 701, où figurent des tableaux très détaillés des effectifs de la Grande Armée qui semblent avoir été destinés à l'empereur en personne, et qui donnent des chiffres totaux connus par l'ouvrage de Denniée.

Le tableau le plus complet se trouve dans le document 2C 701, dont les données totales sont citées en annexe (n° 2). Le document est daté du 1er août 1812, mais cette date n'a pratiquement aucun rapport avec le contenu, puisqu'en tête des tableaux des effectifs de presque tous les corps figure la date du 15 juin. Certains sont datés du 15 mai ; les 5e, 7e, 8e, 9e corps et la Garde sont représentés par des données au 1er juin ; seul le 11e corps de réserve est représenté en date du 15 juillet, ce qui permet d'ailleurs de mieux estimer le potentiel de combat de l'armée, car les unités de réserve n'atteignirent les effectifs prévus qu'au milieu de l'été.

La totalité des effectifs de l'armée était, selon ce tableau, de 644 024 hommes. Le rapport n'incluait pas le corps autrichien et, si l'on ajoute ses effectifs au tableau, nous obtenons 674 000 hommes, ce qui correspond presque exactement aux données de Denniée. Enfin, si nous indiquons que le tableau est agrémenté de notes rédigées avec une encre différente et qui ajoutent quelques milliers de soldats et d'officiers supplémentaires en passe de rejoindre l'armée, nous ne pouvons que constater que le chiffre classique de Denniée, 678 000 soldats et officiers, est pour ainsi dire idéalement exact.

Il semblerait donc que l'on puisse en conclure que Napoléon disposait sinon du triple, tout au moins du double des forces russes massées à la frontière. C'est ce qui est habituellement écrit dans les ouvrages historiques russes. Les auteurs citent, comme on l'a déjà mentionné, les effectifs des trois armées de l'Ouest (sans compter les non-combattants) : 210-215 000 hommes, et annoncent dans la foulée que Napoléon en engageait 678 000 contre eux.

C'est là une façon biaisée de calculer que nous avons déjà évoquée. Si l'on considère qu'il y avait 678 000 hommes dans la Grande Armée, alors il faut estimer les effectifs des troupes russes qui lui faisaient face à 600 000 hommes au moins.

Pourquoi ? Pour la bonne raison que 678 000 ne constitue pas l'effectif des troupes qui pouvaient être opérationnelles au début de la campagne, mais le chiffre total des militaires rattachés administrativement à la Grande Armée, cantonnés sur le territoire de l'Allemagne et du duché de Varsovie, y compris en particulier les 41 372 soignés dans les hôpitaux ! Faisaient partie de ces effectifs les garnisons de Hambourg, de Dantzig, de Küstrin, de Stettin, de Glogau, de Stralsund et de Magdebourg, qui, cela va de soi, n'étaient pas du tout parties en campagne. Étaient également incluses les formations de réserve comme la division danoise occupée à la protection des côtes, la 31ᵉ division qui n'avait pas non plus bougé, la 33ᵉ division qui ne participa que partiellement aux derniers événements de la guerre. Enfin avaient été comptabilisés des dépôts aussi éloignés que le dépôt de cavalerie de Hanovre, ainsi que les 27 407 soldats et officiers se trouvant en marche, parfois encore sur les rives du Rhin ! En un mot, non seulement les grandes unités qui marchaient loin derrière et qui ne rejoignirent l'armée que pendant sa retraite, mais aussi celles qui ne prirent aucune part à la guerre de 1812.

Si l'on compte comme acteurs potentiels des opérations les soldats de la garnison de Hambourg, distante de plus de 1 300 kilomètres des frontières de l'Empire russe, alors on doit inclure parmi les troupes russes rassemblées pour faire la guerre à Napoléon non seulement l'armée du Danube de Tchitchagov, mais aussi les garnisons de Riga, de Pétersbourg, de Moscou et même de Vyborg, de Simféropol, de Voronej, de Kostroma, de Vologda, etc. – bref, pratiquement toutes les forces armées de Russie, à l'exception des 20 à 30 000 hommes qui participaient d'une façon ou d'une autre aux opérations militaires contre les Perses et ceux, peu nombreux, qui se trouvaient dans l'Oural et en Sibérie. On doit en outre y inclure ceux qui potentiellement pouvaient dans les plus brefs délais être utilisés pour la guerre à venir. De ce point de vue, un cosaque couché chez lui sur son poêle quelque part aux environs de Novotcherkassk pouvait être bien plus rapidement mis sous les armes et atteindre le théâtre des futurs combats que la recrue française du dépôt de cavalerie de Hanovre !

C'est pourquoi, si nous voulons évaluer avec réalisme le rapport des forces au début de la guerre, nous ne devons compter que les troupes des deux adversaires qui prirent part aux premières opérations militaires ou qui étaient potentiellement à même d'y prendre part. Pour ce qui est de l'armée russe, nous avons estimé les effectifs des troupes concentrées sur la frontière, avec les réserves les plus proches, à 340 000 hommes. À ces forces s'opposeront réellement dix corps de la Grande Armée (les 1er, 2e, 3e, 4e, 5e, 6e, 7e, 8e, 10e et le corps autrichien), toute la cavalerie de réserve et la Garde impériale. Ce groupement, au début de la guerre, comptait dans ses rangs quelque 440 000 hommes.

On voit ainsi que Napoléon disposait d'une importante supériorité de forces, d'autant plus que presque toutes les unités de son groupement de choc étaient des troupes ayant une expérience au combat, alors que parmi les 340 000 soldats russes cités figuraient, à côté des meilleurs régiments de Russie, des formations de réserve composées de recrues qui n'avaient jamais connu l'odeur de la poudre.

On voit dans le même temps que la réelle supériorité numérique de la Grande Armée était bien éloignée des chiffres fantasques que l'on peut trouver dans certains ouvrages historiques. Sans compter que, les opérations militaires se déployant sur le sol russe, les renforts arrivaient bien plus vite dans l'armée d'Alexandre, et que bientôt la supériorité numérique des troupes napoléoniennes fondit totalement – mais on abordera ce point dans un tome suivant de notre ouvrage.

Le lecteur a déjà sûrement noté que nous avons assez rarement utilisé l'expression « armée française », parlant plus souvent soit des troupes de Napoléon, soit de Grande Armée. C'est qu'on ne peut aucunement qualifier de troupes françaises les forces que Napoléon conduisit aux frontières de l'Empire russe. En nous fondant sur le tableau d'effectifs conservé dans les archives, sur lequel nous avons travaillé, nous constatons qu'il y avait dans les rangs de la Grande Armée, en dehors des Français :

Polonais : 78 820
Italiens[*] : 22 072
Allemands :
    Saxons : 26 720
    Westphaliens : 29 733
    Badois : 6 521
    Hessois : 8 447
    Wurtembergeois : 13 155
    Bavarois : 29 038
    Originaires de Berg : 4 596
    Prussiens : 19 494
    Originaires des petites principautés allemandes : 10 024
Espagnols : 3 722
Portugais : 5 740
Suisses : 9 532
Croates : 3 732

* Originaires du royaume d'Italie, dans le nord de l'Italie.

Dalmatiens : 1 992
Illyriens : 2 886
Danois : 12 610
Napolitains : 7 987
Autrichiens : 30 000.

Au total, 326 821[*] soldats d'origine autre que française, et 347 203 Français. En réalité, il y avait encore davantage d'étrangers, non pas du point de vue juridique, mais de fait. Comme on l'a déjà noté, à cette époque, 25,6 % des soldats « français » étaient originaires des nouveaux départements, c'est-à-dire qu'ils étaient nés à Amsterdam, Turin, Hambourg, Rome, Gênes ou Bruges, et ne parlaient même pas français à leur entrée dans l'armée. Ce n'est donc pas un hasard si, dans l'instruction donnée par le maréchal Davout pour le « tiercement » des bataillons de vieux soldats avec des bataillons de recrues, il était spécifié : « S'assurer si les soldats parlant français sont mêlés à ceux qui ne le parlent pas[81]. »

Autrement dit, si l'on prend en considération les 25,6 % indiqués, on en inférera que 88 884 hommes de plus (sur 347 203) n'étaient pas français. En conséquence, les deux tiers (plus précisément 64,6 %) des combattants de la Grande Armée étaient des étrangers (415 705 sur 674 024).

L'officier du régiment de la Jeune Garde Bourgoin, évoquant son unité au début de la campagne de Russie, écrivit : « C'était alors la coutume des régiments français de tâcher d'oublier la longueur de la marche en passant en revue tout le répertoire des chansons conservées dans la mémoire des soldats et des officiers. Chaque contrée apportait alors son tribut. Ce qui était chanté une ou deux fois était bientôt su par toute la troupe. [...] Dans notre corps, les chansons languedociennes, provençales ou picardes alternaient avec celles de Paris, du Piémont et des autres parties de l'Empire. Le 5ᵉ de tirailleurs, comme les autres corps de l'armée impériale, comptait dans ses rangs des Français de Gênes, d'Amsterdam, de Mayence et d'Erfurt ; on y chantait dans toutes les langues et dans tous les patois[82]... »

Il serait profondément erroné de se représenter cette masse de troupes étrangères comme quelque chose de semblable aux hordes de Xerxès (dans la représentation qu'en donnent les historiens grecs, bien entendu) où des troupes nombreuses issues de différentes tribus allaient craintivement au combat sous la menace du fouet des surveillants. Napoléon avait imprimé un élan si puissant à son armée, il avait donné tellement confiance en eux à tous les soldats et officiers de toutes les nations d'Europe, que ce n'étaient pas seulement les Polo-

---

* Il va de soi que, d'un point de vue mathématique, il aurait fallu arrondir ces chiffres, aucun d'entre eux n'étant exact à l'unité près.

nais, portés au combat par l'idée de la libération nationale, qui marchaient en avant avec enthousiasme, mais aussi, coude à coude, des Italiens, des Allemands, des Suisses, et même des Espagnols et des Portugais qui s'étaient retrouvés dans les rangs de la Grande Armée.

Un officier italien, Cesare de Laugier, décrivit avec vivacité et justesse, dans son journal, l'état d'esprit qui prévalait parmi les soldats italiens à la veille de la guerre de 1812 : « La joie et la bonne humeur président à ces marches [*sic !*] ; l'amour-propre, stimulant de l'honneur, de l'émulation et du courage, existe au suprême degré chez les troupes italiennes. *Ignorants de leur destinée, les soldats portent avec eux la conviction de la justice de leur cause ; aussi ne cherchent-ils jamais à savoir quelle est la contrée où on les envoie* […].

« Les uns, avec leurs discours ingénus et brusques, leur air philosophique et martial, habituent les autres au stoïcisme, au mépris des souffrances, des privations, de la mort ; ne connaissant d'autre divinité que leur souverain, d'autre raison que la force, d'autre passion que la gloire.

« Les autres – et ceux-là sont les plus nombreux –, sans avoir cette brusquerie qui ne convient pas à l'agriculteur devenu soldat, également bons, mais plus intelligents, agissent par patriotisme, par désir de renommée. Et tout s'égalise dans la discipline, dans l'obéissance passive, première vertu du soldat […].

« Notre émulation est encore excitée lorsque nous apprenons les belles actions de nos compagnons d'armes en Espagne, et chacun de nous attend anxieusement le moment de les imiter, voire, si possible, de les surpasser. Et les régiments que nous rencontrons en route ne nous électrisent pas moins par le récit des faits héroïques de leurs dernières campagnes[83]... »

Nous reviendrons encore à maintes reprises sur la bravoure avec laquelle se battaient les représentants de toutes les nations d'Europe. Cependant, il ne fait aucun doute qu'une telle armée était plus vulnérable que des troupes constituées de représentants d'une seule et unique nation. Les régiments des différents peuples d'Europe étaient unis et maintenus ensemble par la foi dans la bonne étoile de l'empereur, dans sa justice et dans la certitude de sa victoire. Tant qu'il en était ainsi, les soldats de toutes ces nations allaient au combat avec passion, rivalisant de bravoure. Mais quand la campagne tournera à la catastrophe, il va de soi que la conduite de beaucoup d'unités étrangères se distinguera de celle des régiments français, bien plus dévoués à Napoléon. Mais il convient là aussi d'émettre des réserves, surtout si l'on considère que maints soldats et officiers polonais demeurèrent fidèles à l'empereur jusqu'à leur dernier soupir.

Il est néanmoins manifeste qu'il aurait mieux valu réunir une armée composée par exemple exclusivement de Français et de Polonais. Mais

Napoléon n'avait pas le choix. Dans le cadre de la stratégie qu'il avait choisie, il avait besoin d'une importante supériorité numérique et on ne pouvait l'obtenir – surtout compte tenu de la guerre en Espagne – qu'en engageant un nombre considérable de contingents étrangers.

Une dernière chose encore : en se fondant stratégiquement sur une offensive brève et vigoureuse, Napoléon augmenta de façon presque démesurée les effectifs des régiments d'infanterie et de cavalerie. Il est évident que de telles unités, dans lesquelles figuraient énormément de recrues, devaient se révéler, de même que les régiments étrangers, peu résistantes aux privations des longues marches, mais l'enjeu était justement d'éviter celles-ci. L'empereur ne doutait pas que tout se jouerait dès les premiers jours de la campagne. Que ce soit sur la rive ouest du Niémen ou sur la rive est, tout se passerait quasi immédiatement. Là, à la frontière, devait selon Napoléon avoir lieu une bataille grandiose qui déciderait du sort soit de l'empire d'Alexandre, soit du sien. Et dans cette bataille, ce seraient bien entendu les grands bataillons, les grands régiments de cavalerie et les grandes batteries qui l'emporteraient.

Il ne faut pas oublier que les particularités de la tactique étaient telles, au début du XIXe siècle, que si l'on avait de bons cadres de commandement, il suffisait aux soldats disposés en ordre serré de faire preuve de bonne volonté et de courage. Dans l'écrasante majorité des cas, c'étaient les officiers et les sous-officiers qui faisaient tout, donnant les ordres, encadrant les soldats à gauche, à droite et derrière. Dans l'armée de Napoléon, ces cadres étaient remarquables : des officiers jeunes mais expérimentés, des sous-officiers aguerris dans les combats, et tout cela sous le commandement de généraux décidés qui avaient affronté tous les dangers imaginables.

Pour mener le combat, il suffisait donc d'ajouter d'importants effectifs de soldats. Cela, Napoléon, son major général et le maréchal Davout l'avaient réalisé en constituant des bataillons et des régiments pléthoriques. Une telle armée n'était absolument pas destinée à une campagne de longue durée. Si l'empereur avait planifié d'emblée une campagne sur Moscou ou Pétersbourg, il aurait mis l'accent sur l'endurance et l'expérience des vieux soldats. Mais il était persuadé qu'il ne faudrait pas aller si loin et que, pour une ou deux batailles décisives, les recrues et les régiments étrangers ne seraient pas plus mauvais que les unités composées de soldats français expérimentés.

Napoléon faisait là sans conteste une erreur, car nous savons quelle guerre l'attendait sur la rive est du Niémen. Mais ni lui, ni les Russes, ni les généraux français ne pouvaient alors le savoir...

CHAPITRE XII

L'Europe et la Russie
à la veille de la guerre

« Jamais le carnaval n'avait été aussi brillant que le fut celui de l'hiver 1812. Les bals et les fêtes se succédaient et semblaient couvrir par leur bruit l'expédition la plus formidable qu'on eût encore vue », écrivit la reine Hortense dans ses souvenirs, et elle ajoutait plus loin de façon péremptoire : « La France était heureuse[1]. »

Effectivement, à l'époque, personne n'aurait pu imaginer à quoi la guerre imminente mènerait l'Empire napoléonien. Quels étaient donc les soucis et sentiments du pays au cours des mois qui précédèrent cette grandiose campagne ?

Si l'on en croit les rapports des ambassadeurs russes et surtout ceux de l'omniprésent Tchernychev, tout l'Empire gémissait sous le joug et rêvait que les troupes étrangères entrent dans Paris pour libérer le pays du despote sanguinaire. L'agent russe était un jeune homme mûr pour son âge, et il savait ce que son maître souhaitait lire : autant la copie des tableaux des effectifs des troupes françaises qu'il fournissait était exacte, autant sa peinture de l'état d'esprit régnant dans le pays était déformée. Dans le meilleur des cas, s'il y avait quelque chose de juste dans ses observations, c'étaient les récriminations de vieilles aristocrates rentrées d'émigration et qui voyaient avec aigreur combien la France avait changé. Mais si Tchernychev avait demandé l'opinion des 22 millions de paysans qui formaient les deux tiers de la population française (dans les anciennes frontières), il aurait entendu un tout autre son de cloche.

Pour tous ceux qui travaillaient la terre de leurs mains, l'empereur représentait une garantie contre le retour du féodalisme aboli. Sous la Révolution et l'Empire étaient apparus un demi-million de nouveaux propriétaires terriens qui constituaient désormais l'épine dorsale de l'économie et de l'État. Les famines meurtrières qui sévissaient de temps à autre dans la France d'Ancien Régime par suite de calamités naturelles et de mauvaises récoltes avaient à jamais disparu. Cela ne veut évidemment pas dire que les campagnes françaises étaient devenues en un clin d'œil fantastiquement prospères, mais le saut qualitatif intervenu dans la situation des masses populaires ne fait pas le moindre doute.

Le monde paysan conservateur se préoccupait peu de la liberté d'expression ; en revanche, ce qui l'intéressait beaucoup, c'était le problème de la propriété foncière, et le régime impérial était le garant de son maintien. Jean-Antoine Chaptal, qui fut ministre de l'Intérieur de 1801 à 1804, puis sénateur, écrivit : « [Le système] des réquisitions et de la conscription aurait dû faire abhorrer l'empereur du paysan. Mais on se trompe. Ses plus chauds partisans étaient là, parce qu'il les rassurait sur le retour des dîmes, des droits féodaux, de la restitution des biens des émigrés et de l'oppression des seigneurs[2]. »

Si étonnant que cela puisse paraître, la popularité de Napoléon était immense non seulement parmi les paysans, mais aussi auprès des ouvriers. Très souvent, lorsqu'on parle de la situation des ouvriers, on souligne que Napoléon avait maintenu la loi Le Chapelier (1791) qui avait introduit les livrets de travail et interdit les associations d'ouvriers. Effectivement, la police impériale s'efforçait d'empêcher les grèves, mais la même police veillait soigneusement à ce que les entrepreneurs ne lèsent pas les droits des ouvriers, et elle prit à maintes reprises le parti de ces derniers. En raison de la conscription qui concernait plus du tiers des jeunes gens, la main-d'œuvre était devenue de plus en plus précieuse pour les entrepreneurs. L'Empire ne connaissait pas le chômage. Le salaire moyen journalier d'un ouvrier à Paris atteignait de 3 à 4 francs ; autrement dit, il était proche de la solde d'un sous-lieutenant. Quant à l'ouvrier qualifié, il pouvait gagner dans la capitale jusqu'à 7 francs par jour ! Ce n'est donc pas un hasard si les ouvriers figuraient parmi les partisans les plus ardents de l'Empire, et longtemps encore après le retour des Bourbons on arrêterait des gens dans les faubourgs ouvriers pour avoir poussé le cri séditieux de « Vive l'Empereur ! ».

Les victoires et la gloire de l'empereur flattaient les sentiments patriotiques des masses populaires, mais pas seulement de celles-ci. « Au fond, ses sympathies allaient sincèrement aux humbles – paysans, soldats, artisans, ouvriers, écrivit Louis Madelin, l'éminent historien de l'époque impériale. Ces derniers le devinaient et payaient cette sympathie[3]. »

« Je ne suis pas seulement, comme on l'a dit, l'empereur des soldats, je suis celui des paysans, des plébéiens, de la France, se souvint Napoléon à Sainte-Hélène. Je suis sorti des rangs du peuple, ma voix agit sur lui. Voici ces conscrits, ces fils de paysans ; je ne les flattais pas, je les traitais rudement : ils ne m'entouraient pas moins, ils n'en criaient pas moins *Vive l'Empereur*[4] ! »

Mais les élites n'étaient pas si unanimes. Dans l'ensemble, la bourgeoisie industrielle soutenait chaleureusement le régime impérial, mais les commerçants, en raison du blocus continental et des nombreuses entraves au commerce provoquées par les guerres, avaient naturellement une attitude plutôt réservée envers l'empire. Cependant, bien que les capitalistes aient mal accueilli la guerre en Espagne, tant que l'empereur remportait des succès, il pouvait ne pas douter que la bourgeoisie serait à ses côtés.

Une partie de l'aristocratie continuait à fronder, ce qui donnait matière aux rapports de Tolstoï ou de Tchernychev, mais les succès de l'empereur et l'éclat de sa cour attiraient de plus en plus la vieille noblesse. Le comte d'Haussonville se souvint que son grand-père, royaliste irréductible, apprenant la brillante victoire de Napoléon sur les Prussiens, s'était exclamé : « Ah ! Quel homme ! Quel homme ! [...] Quel dommage que ce ne soit pas le *légitime*[5] ! » Après le mariage avec Marie-Louise, une importante fraction de l'aristocratie, même la plus ancienne et la plus titrée, se hâta de rallier le régime. Que pouvait-on dire si même le vicomte de Narbonne, descendant d'une des plus nobles familles de la vieille France, fils naturel du roi Louis XV, qui avait été ministre de la Guerre sous Louis XVI, considérait comme un honneur de devenir général aide de camp de l'empereur ?

Mais ce n'étaient pas ces représentants de la vieille noblesse, même les meilleurs d'entre eux, qui définissaient désormais le profil du pays, et s'ils constituaient une bonne partie de la cour, ils ne formaient pas l'essentiel de l'élite de l'Empire. L'empereur souhaitait récompenser ceux qui se sacrifiaient au service du pays et, dans le système qu'il avait mis en place, si tous les hommes au pouvoir n'étaient pas intègres, c'étaient du moins des hommes honnêtes qui, parmi eux, déterminaient le style de conduite, les mœurs et les valeurs de la société.

Percy, un des plus remarquables chirurgiens de l'époque, qui avait conquis la gloire, l'argent et une position élevée dans la hiérarchie officielle, écrivit dans son journal qu'il ne destinait pas à la publication : « Le Ciel a béni mes travaux ; j'ai rempli en honnête homme et en citoyen zélé mes devoirs et ma tâche ; sans intrigue, sans moyens indignes de l'homme délicat, je suis parvenu. [...] Tout en cherchant les petits, les grands m'ont recherché[6]. »

Dans la société créée par Napoléon, c'étaient les vertus guerrières, la bravoure, l'esprit de sacrifice, l'honneur militaire qui figuraient au faîte de l'échelle. L'empereur voyait en elles davantage que les qualités nécessaires à des combattants professionnels, il recherchait dans l'esprit de chevalerie le pivot moral de la société. Il rejetait catégoriquement le type de société où la valeur d'un homme se définit uniquement par le montant de son compte en banque. « On ne peut faire un titre de la richesse », disait-il à Roederer, éminent homme politique de l'époque de la République et de l'Empire. « Qui est riche ? L'acquéreur de biens nationaux, le fournisseur, le voleur. Comment fonder sur la richesse ainsi acquise une notabilité ? »

Parallèlement, tout en respectant les traditions de la vieille noblesse, l'empereur ne considérait pas que l'origine noble soit suffisante pour avoir droit au pouvoir et aux honneurs. « *Vous vous êtes donné la peine de naître*, et rien de plus », aurait pu dire Napoléon à l'instar de Figaro s'adressant à l'aristocratie. Selon lui, être issu d'une ancienne famille noble pouvait être un atout pour un jeune homme, pas davantage.

Le sang versé sur le champ de bataille, le sacrifice au nom du bien commun, l'honneur militaire, voilà ce qui devait être, selon l'empereur, le fondement de l'élite nouvelle. Dans la société d'Ancien Régime, l'élite militaire s'était formée en des temps immémoriaux. Elle était devenue purement héréditaire et, tout en reconnaissant l'égalité de tous les hommes devant Dieu, la noblesse médiévale et les seigneurs de la période allant du XVIᵉ au XVIIIᵉ siècle formaient une caste fermée, presque impénétrable aux gens de peu. Napoléon avait offert une chance de revenir aux sources et ouvert la possibilité à tous sans exception de forger leurs armoiries à coups d'épée.

« Quand quelqu'un sollicitait une grâce, soit aux audiences, soit aux revues, il ne manquait jamais de lui demander s'il avait été blessé. Il prétendait que chaque blessure était un quartier de noblesse. Il honorait, il récompensait cette espèce d'illustration[7] », écrivit dans ses mémoires le général Rapp. Ce vaillant guerrier aurait pu confirmer cette maxime par son propre exemple : couvert d'honneurs, il se jetait toujours le premier dans l'enfer des combats et fut blessé vingt-trois fois !

« La vraie noblesse réside dans celui qui va au feu, déclara sans ambiguïté l'empereur dans une conversation avec son aide de camp Gourgaud. J'aurais donné ma fille à un soldat de bataille, je l'aurais refusée à un administrateur. […] Je n'aime que ceux qui font la guerre[8]. » « Être officier, c'était alors être homme de qualité ; devant l'habit militaire, tout s'inclinait ; devant la gloire militaire, toutes les autres gloires s'agenouillaient », nota un autre mémorialiste, Louis-Auguste Montalant-Bougleux, dans ses *Souvenirs de l'École de Saint-Cyr*[9].

L'empereur s'efforçait de faire en sorte que la gloire militaire éclipse tout le reste. Les peintres, les sculpteurs, les compositeurs, les écrivains et les poètes devaient chanter le sacrifice des hommes au nom de la patrie et du bien général. Il ne suffisait pas de récompenser généreusement un guerrier méritant, on s'efforçait de présenter cette récompense de façon à élever l'homme à ses propres yeux, à l'inciter à en ressentir de la responsabilité et à se pénétrer du désir d'accomplir d'autres exploits.

Remettant au contre-amiral Verhuel une décoration pour un combat victorieux contre les Anglais, Napoléon déclara : « Votre conduite glorieuse, monsieur le Contre-amiral, excite l'admiration des Français. Vous venez de repousser les escadres ennemies en digne émule des Trouin et des Ruyter. Recevez, au nom de la victoire, la palme que mérite votre valeur et votre habileté. »

Si le héros périssait au combat, l'empereur s'efforçait de lui rendre les plus grands honneurs. Lorsque le corps du maréchal Lannes, tombé à la bataille d'Essling, fut ramené à Paris, une cérémonie grandiose, comme Paris n'en avait encore jamais vu, fut organisée sur ordre de Napoléon. Le corps du maréchal fut conduit au Panthéon sur un gigantesque catafalque décoré de faisceaux de drapeaux ennemis pris au combat, et escorté d'une division entière : les généraux et l'état-major revêtus d'uniformes brodés d'or, l'infanterie et la cavalerie armées et équipées comme pour la guerre, l'artillerie avec canons et caissons, les troupes du génie. L'énorme cortège s'avança entre les rangs de toutes les troupes de la garnison en armes et en grande tenue, les drapeaux s'inclinèrent, les cloches de toutes les églises de Paris sonnèrent et le fracas des canons retentit en permanence, rendant les honneurs au héros tombé de la mort des braves par des salves d'artillerie.

Ce n'est donc pas un hasard si toute la jeunesse française ne rêvait que de carrière militaire. On étudiait sans relâche dans les lycées et les écoles militaires les actions des héros de l'Antiquité et Plutarque, avec ses *Vies des hommes illustres*, faisait office de Bible. « Les idées guerrières fermentaient dans toutes les jeunes têtes, relata le capitaine Blaze, les exploits immortels de nos armées faisaient battre les cœurs et les remplissaient d'un noble enthousiasme[10]. » Dans un tel climat, on n'a aucun mal à imaginer que les bruits de la préparation à une nouvelle guerre ne faisaient pas peur et n'incitaient pas à se prosterner aux pieds de Napoléon pour le supplier de s'arrêter, mais suscitaient au contraire un enthousiasme quasi frénétique. Tous les officiers, tous ceux qui avaient un rapport quelconque avec l'armée avaient soif de prendre part à cette « dernière guerre de l'Empire ». C'est en effet ainsi qu'on l'avait déjà baptisée, cette guerre future, parce que nul ne doutait qu'elle s'achèverait par une brillante victoire et conduirait au règne de la paix universelle.

Quelles frayeurs ne trouve-t-on pas rapportées dans les mémoires rédigés du haut de leur savoir par des hommes informés de la suite des événements ! De quels sombres pressentiments, songes, signes précurseurs ne parlent pas ces auteurs ! Ils auraient tous bien entendu condamné Napoléon pour la préparation de cette campagne, et chacun, à son niveau, n'aurait fait que tenter de le retenir !...

Or voici ce que l'on peut lire dans un journal rédigé *le 1ᵉʳ mars 1812* par un officier exprimant les sentiments qui s'étaient alors emparés de lui et de nombre d'officiers qui lui ressemblaient : « J'apprends avec un indicible plaisir que mes vœux les plus ardents vont être satisfaits. Elle va s'ouvrir, cette nouvelle campagne qui doit si fort accroître la gloire de la France. Les formidables préparatifs sont terminés et bientôt nos aigles prendront leur essor vers des contrées que nos pères connaissaient à peine de nom. [...] *Ma pensée, dans cette circonstance, est celle de toute l'armée. Jamais elle ne s'est montrée plus impatiente de courir à de nouveaux triomphes*[11]. »

Tandis que l'armée française était en proie à cette ardeur guerrière, la société civile, il est vrai, commençait à se lasser de la gloire et considérait le conflit à venir sans enthousiasme particulier, quoique sans appréhension particulière non plus.

Du côté russe, on a du mal à saisir la dominante de l'état d'esprit prévalant au sein de la société. Dans les mémoires écrits, cela va de soi, de nombreuses années après les événements, on peut trouver une masse de témoignages exprimant l'angoisse, la préoccupation, l'attente d'un orage menaçant, la terreur devant l'invasion prochaine et, bien entendu, un élan patriotique.

L'histoire du régiment de la Garde Sémionovski rédigée par P. Dirine contient une description caractéristique de cet état d'esprit, tel qu'il apparaissait alors que la guerre de 1812 avait déjà eu lieu : « Lors des claires nuits d'hiver, dans la profondeur du ciel bleu sombre glacé, apparut en Russie une comète. Les gens avertis issus du peuple expliquaient que c'était une "planide" qui se déplaçait dans l'air ; le peuple, lui, l'appelait "étoile avec une queue" ou "étoile avec un balai", et disait en soupirant : "Cela n'annonce rien de bon : elle va balayer la terre russe !" Les esprits étaient angoissés ; tout le monde redoutait la famine ou une épidémie, mais, dans sa majorité, l'opinion s'attendait à ce qu'il y ait "une grande guerre" ! Le nom même de Napoléon, illuminé de l'éclat constant de victoires sanglantes, agissait sur les esprits des contemporains, abritant un concept vague de force infinie, et engendrait même dans la masse ignorante du peuple une peur panique, comme celle d'un esprit mystérieux[12]. »

En un mot, c'était presque l'Europe à la veille de l'an mil, quand les gens s'attendaient à la fin du monde dans une horreur superstitieuse ! Sans doute l'effet artistique de cette évocation est-il très joli, mais les témoignages émanant de l'époque qui précéda la guerre sont bien moins dramatiques. Si l'on se tourne vers des journaux à l'écriture parfois sèche, le plus étonnant est que leurs auteurs ne remarquaient en général rien d'effrayant. Évidemment, beaucoup de conversations roulaient sur la guerre : certaines troupes campaient en effet sur la frontière, d'autres s'y dirigeaient. Mais cela, c'étaient plutôt les militaires qui en parlaient. Qu'en était-il donc dans la société civile ?

Parmi les notes prises à la veille de la guerre, celles rédigées par Varvara Bakounina (née Golenichtcheva-Koutouzova), épouse du gouverneur civil de Pétersbourg, sont empreintes de naturel. Voici ce qu'écrivait cette dame bien informée en janvier-février 1812 :

« *Janvier.* Peu de changements par rapport à l'année dernière. On attendait avec impatience la paix désirée avec les Turcs. L'espoir de celle-ci semblait fondé selon les sages dispositions de M.L. Golenichtchev-Koutouzov et le succès inattendu dans toutes ses entreprises contre l'ennemi qui, pris de terreur, souhaitait la paix encore plus que nous.

« Le 6, il n'y a pas eu de parade de l'Épiphanie, mais les troupes ne sont pas renvoyées ; il y a une nouvelle raison de supposer que l'on attend d'un jour à l'autre l'annonce de la paix, et les troupes sont maintenues sur place pour célébrer le triomphe.

« Le 13, grande parade pour l'anniversaire de l'impératrice Élisabeth Alexéevna ; les officiers de tous les régiments d'infanterie du 3e bataillon de la Garde ont été arrêtés, ils avaient mal défilé, peut-être en raison du froid, car il gelait à pierre fendre. [...]

« *Février.* Bruits sur des impôts, conversations diverses, mécontentement parce que l'espoir de paix [avec la Turquie] s'est envolé. On a commencé à parler d'une guerre avec les Français et à prédire une prochaine campagne de la Garde[13]. »

Si l'on se tourne vers les rapports de l'ambassadeur français Lauriston rédigés dans les premiers mois de 1812, on peut également trouver des avis réservés sur l'état d'esprit régnant à Pétersbourg. Ainsi, le 3 février 1812, le diplomate écrivit : « Les Français continuent à être bien reçus partout. » Et, le lendemain 4 février : « Il n'y a pas d'agitation ; on continue à avoir pour le Français la même honnêteté, les mêmes prévenances qu'auparavant. Le commerce même qui, suivant ce qu'on aurait pu croire, devait se montrer joyeux et satisfait, craint lui-même la guerre. » En mars, littéralement à la veille du départ d'Alexandre pour l'armée, Lauriston nota : « Je puis dire que la masse des entours de l'empereur, les seigneurs russes et même la plupart des généraux russes ne désirent pas la guerre. Les plus passionnés sont les étrangers au service de la Russie, surtout des Allemands, Suédois, etc.[14]. »

C'est sans doute le lieutenant d'artillerie Radojitski qui définit le mieux l'état d'esprit des officiers russes à la veille de la guerre dans ses souvenirs très véridiques qui respirent l'humeur du moment, bien qu'ayant été rédigés un certain temps après. Peut-être l'auteur avait-il bonne mémoire et était-il un homme honnête. En tout cas, ce qu'il écrivit coïncide tout à fait avec les documents de l'époque :

« Nous vivions de façon assez joyeuse à Nesvij et ne pensions pas aux Français ; un petit nombre de nos officiers s'occupaient de politique en dehors du service. Quelques nouvelles nous parvenaient à nous aussi par les journaux, mais que nous oubliions rapidement dans le bruit de notre insouciance. Mais N. [un fonctionnaire militaire], en tant qu'homme instruit qui s'adonnait à la lecture des Écritures et des *Moskovskie vedomosti**, redoutait plus que tout Napoléon. Tourmenté par les fantômes de son imagination, il se mit à nous prêcher que cet Antéchrist, *alias* Apollion ou Napoléon, avait réuni un grand nombre d'esprits malins près de Varsovie dans le seul but d'écraser notre mère la Russie ; qu'avec l'aide de Satan Belzébuth, qui lui prêtait secours de façon invisible, l'ennemi soumettrait immanquablement Moscou, assujettirait tout le peuple russe, et ensuite surviendraient rapidement la fin du monde et le Jugement dernier. Nous riions de telles absurdités, au grand dépit de N. qui nous traitait de païens ; il ne plaisantait pas, il était intérieurement convaincu de sa prophétie et, tout en prisant sans arrêt du tabac, il nous persuadait de le croire en conscience, en se référant au chapitre neuf de l'Apocalypse où il est justement question de Napoléon comme du meneur des terribles cohortes aux dents de lion, revêtues de cuirasses de fer et pourvues de queues semblables à des queues de scorpion. L'esprit du malheureux lettré était si fort ébranlé que, lorsqu'on l'envoya en mission à Moscou pour le service, il prophétisait à tous et à chacun, en chemin, la venue de l'Antéchrist Napoléon[15]. »

Quant à l'empereur Alexandre, il suivait désormais strictement la ligne de conduite extérieure qu'il s'était fixée : il ne voulait pas la guerre, il était la future victime d'une agression inique. Il avait pris cette pose aussi bien, si l'on peut dire, pour la consommation interne que pour la consommation externe. Lauriston rapporta le 5 mars 1812 que le tsar lui avait dit : « Mais j'ai déclaré que je ne voulais pas la guerre, que je n'attaquerais pas ; mes mesures ne sont donc que défensives. » Dans une autre lettre, Lauriston répéta la même chose : « L'empereur dit toujours qu'il ne commencera pas la guerre. » Mais, moins naïf que Caulaincourt, l'ambassadeur ajoutait : « Cependant, s'il trouve un prétexte valable, il est possible qu'il se laisse aller aux conseils des généraux qui le portent à ravager le grand-duché de Varsovie afin de retarder notre marche. Mon opinion actuelle est qu'il attendra l'attaque, mais je ne puis lire dans sa pensée[16]. »

---

* *Moskovskie vedomosti* (*Bulletin de Moscou*), journal influent qui parut en Russie de 1756 à 1917 et dont le propriétaire était l'université de Moscou. Sa publication fut interrompue à la révolution et reprit en 1990, à l'époque de la perestroïka.

Toute la rhétorique du tsar n'était rien d'autre qu'un rideau de fumée. Des deux côtés, les troupes se préparaient à la guerre, et ce n'était qu'une question de temps. Si, parmi les dirigeants russes, il s'en trouvait un qui voulait régler l'affaire pacifiquement et l'espérait encore un peu naïvement, c'était le chancelier Roumiantsev. Il avait déclaré à plusieurs reprises à Lauriston qu'il espérait qu'il serait encore possible de parvenir à un accord et qu'« on s'expliquerait sur les lieux... Ces explications seront des négociations. Je l'ai dit à l'empereur Alexandre : les armées même en présence, on doit conserver l'espoir de la paix[17]. »

Il ne faisait aucun doute que les armées devaient se trouver bientôt en présence. Le régiment de chasseurs de la Garde impériale, le régiment de Finlande et l'équipage de la Garde partirent en campagne le 2 (14) mars, l'artillerie de la Garde impériale, les chevaliers-gardes et le régiment de la Garde à cheval quittèrent Pétersbourg le 5 (17), les régiments Izmaïlovski et Litovski de la Garde impériale partirent le 7 (19), le régiment Sémionovski se mit en route le 9 (21) et le régiment Préobrajenski, le 10 (22) mars.

Le départ du tsar était fixé au 27 mars (7 avril) 1812 ; cependant, dix jours auparavant, survint un événement très important. Au soir du 17 mars, un éminent dignitaire – en fait, le deuxième personnage de l'État après l'empereur –, le secrétaire d'État Spéranski, fut convoqué par Alexandre Ier à 8 heures du soir dans son cabinet. Il en sortit plus de deux heures après, « dans un grand trouble et les larmes aux yeux ». Le général aide de camp P. Golenichtchev-Koutouzov, qui était de garde ce jour-là, raconta : « Spéranski, lorsqu'il sortit du cabinet, était presque sans connaissance ; au lieu de ranger ses papiers dans sa serviette, il y mit son chapeau et tomba enfin sur une chaise de sorte que lui, Koutouzov, courut chercher de l'eau. Au bout de quelques secondes, la porte du cabinet du souverain s'ouvrit doucement et Alexandre apparut sur le seuil, visiblement touché : "Adieu une fois encore, Mikhaïlo Mikhaïlovitch", dit-il, puis il se retira[18]. »

Lorsque Spéranski rentra chez lui, il était déjà attendu par le chef de la police, le général aide de camp Balachov, et le directeur de la chancellerie spéciale de la police secrète, Sanglen. C'est tout juste si l'on donna à l'ancien tout-puissant fonctionnaire le temps d'écrire une note d'adieu au tsar. Spéranski ne réveilla pas sa fille de douze ans, mais fit seulement le signe de la croix sur la porte de la chambre où elle dormait, et monta dans le traîneau qui l'attendait. Il avait devant lui un long chemin, celui de l'exil...

Pourquoi donc le tsar avait-il châtié sans pitié un homme dont tout le monde disait qu'il était un des meilleurs fonctionnaires du pays, un homme exceptionnellement cultivé, assidu au point de travailler de dix-sept à dix-huit heures par jour, étranger à toute cupidité, à toute corruption, un homme, enfin, qui mettait en place toute une série de réformes conséquentes, orientées vers la modernisation de l'État russe ?

Sanglen, bien informé, raconta que, le 17 mars au matin, Alexandre s'était exprimé comme suit au sujet de Spéranski : « Je lui ai demandé ce qu'il pensait de la guerre à venir et si je devais y participer en personne. Il a eu l'insolence, après m'avoir décrit tous les talents militaires de Napoléon, de me conseiller de me démettre de tous mes pouvoirs, de réunir la Douma des boyards et de la charger de mener la guerre patriotique. Qu'est-ce que je suis donc ? Vraiment une nullité[19] ? »

Spéranski se permettait de s'exprimer assez librement sur les capacités d'Alexandre Ier ; il « le représentait comme un homme borné, indifférent à l'intérêt de la patrie, insouciant, fier de son allure, sifflotant en regardant par la fenêtre alors qu'on lui parlait des affaires[20]... ». Cela aurait déjà été suffisant pour que le soupçonneux et rancunier empereur se soit mis à détester le talentueux secrétaire d'État, mais ce n'était tout de même pas la seule raison. Alexandre avait besoin du soutien des couches conservatrices de la grande noblesse dans la guerre à venir contre Napoléon. Il devait montrer à tous qu'il rompait avec le cours des réformes qui, même de façon très timide, s'était heurté aux intérêts de l'oligarchie aristocratique tirant sa richesse de l'exploitation de millions de serfs.

Un document dont l'auteur – l'épouse du gouverneur de Pétersbourg, Varvara Bakounina, déjà mentionnée – s'étrangle littéralement d'enthousiasme en rapportant la chute de Spéranski montre à quel point le tsar avait visé juste : « C'est un grand jour pour la patrie et pour nous tous que ce 17e jour de mars ! Dieu a manifesté Sa grâce à notre égard, Il s'est tourné à nouveau vers nous et nos ennemis sont tombés. Un crime extraordinaire a été découvert en Russie, une forfaiture, une trahison. Tout le monde ne sait pas encore comment s'est découvert ce méfait, ni quels en étaient véritablement les desseins, et de quelle façon ils devaient être mis en œuvre. On doit seulement supposer que Spéranski avait l'intention de livrer la patrie et le souverain à notre ennemi. On assure qu'en même temps il voulait déclencher une révolte sur tout le territoire de la Russie à la fois et, ayant donné la liberté aux paysans, leur remettre des armes pour qu'ils exterminent les nobles. Ce monstre, qui ne devait pas son ascension à sa propre valeur, souhaitait tourner la confiance du souverain vers la perte de celui-ci. Magnitski, son confident et collaborateur, a été exilé le même jour ; [...] la nouvelle a été accueillie avec enthousiasme ; on se rendait visite pour se congratuler, on chantait les louanges du Sauveur, et on lui rendait grâce, on bénissait le fils de la patrie qui avait découvert la trahison, mais que nous ne connaissions pas. Aucun événement, pour autant que je m'en souvienne, n'avait attiré à tel point l'attention générale ; tout est oublié, tout le monde n'a qu'une préoccupation, une pensée, une conversation[21]. »

Cette agressivité montre à quel point l'aristocratie russe était prête à réduire en poussière tous ceux qui abordaient ne fût-ce que de loin la question du servage. On voit ainsi un homme d'État d'une rare honnêteté qualifié sans aucune raison de « félon », de « traître » et de « monstre qui ne devait pas son ascension à sa propre valeur » !

Spéranski jouait dans la vie de l'Empire un si grand rôle qu'il ne fut pas possible de le remplacer par un seul homme dans toutes ses fonctions. Le poste proprement dit de secrétaire d'État fut confié à l'amiral ultra-conservateur A. Chichkov, mais, en partant pour l'armée, le tsar ordonna à celui-ci de le suivre pour rédiger les documents d'État importants et, en l'absence de l'amiral, ces fonctions furent confiées à l'ancien adjoint de Spéranski, A. Olénine.

Ayant ainsi assuré ses arrières, Alexandre pouvait quitter la capitale. Le tsar emmena avec lui, outre le maréchal du palais Tolstoï, le chancelier Roumiantsev, le Suédois Armfelt (dont le principal mérite était sa haine viscérale envers Napoléon), le ministre de la Police, Balachov et, bien entendu, Araktchéev, cet homme « dévoué sans flatterie ». L'épouse du gouverneur de Saint-Pétersbourg, que nous connaissons bien à présent, écrivit avec attendrissement à propos du départ d'Alexandre : « Ayant fait ses adieux à la famille impériale, il se rendit dans la seule compagnie des grands-ducs à la cathédrale Notre-Dame-de-Kazan à une heure de l'après-midi ; le métropolite célébra un *Te Deum* pour les voyageurs, avec génuflexion. Sa Majesté pleurait, ainsi que tous ceux qui l'accompagnaient ; à la fin du *Te Deum*, le métropolite bénit le souverain, qui fit ses adieux à ses frères, salua tout le monde et monta dans sa calèche. Les quelques milliers de personnes qui s'étaient réunies sur les trottoirs devant l'église crièrent "Hourra !" ; les fonctionnaires qui se tenaient sur le perron et tous ceux qui étaient dans l'église répétèrent les mêmes exclamations en pleurant ; le souverain disparut bientôt aux regards, mais le peuple courut pendant longtemps derrière lui[22]. »

Cinq jours seulement après, le 14 (26) avril, dimanche des Rameaux, Alexandre Ier, à la tête d'une énorme suite, arriva devant Wilno. À six verstes de la ville, il fut accueilli par le commandant en chef de la 1re armée de l'Ouest, le ministre de la Guerre, Barclay de Tolly, escorté d'un très grand nombre de généraux et de plusieurs escadrons de cavalerie. Parvenu aux portes de la capitale de la Lituanie, le tsar monta à cheval et fit son entrée dans la ville tandis que retentissaient les coups de canon et que carillonnaient les cloches. Dans les rues et sur les places était alignée une partie des régiments de la Garde ; les représentants des guildes d'artisans, revêtus d'habits de cérémonie, portant des gonfalons, vinrent à la rencontre du tsar. Alexandre Ier, caracolant avec grâce, souriait aima-blement, comme toujours, en réponse aux salutations, et arriva enfin au palais du général gouverneur, où l'accueillirent les représentants de la noblesse lituanienne, les membres du conseil municipal et la direction de l'université de Wilno.

Les premières journées du tsar à Wilno furent occupées par des réceptions, des bals, des cérémonies. Alexandre s'efforçait de charmer tout le monde par son amabilité et ses manières exquises. Selon son habitude, il cherchait particulièrement à captiver les belles dames de la noblesse, et il réussit sans nul doute sous ce rapport.

Une représentante d'une très ancienne famille lituanienne, née comtesse Sophie Tiesenhausen, faisait partie de celles que le tsar avait littéralement envoûtées. Même de nombreuses années après, lorsqu'elle rédigea ses mémoires sous son nom d'épouse, Choiseul-Gouffier, on voit que la comtesse se souvenait aussi nettement des événements que quelques jours après. La jeune fille de dix-neuf ans avait été si impressionnée par sa rencontre avec le tsar qu'elle écrivit ces lignes enthousiastes : « L'empereur Alexandre, à l'époque dont je parle, était âgé de trente-cinq ans, mais il paraissait infiniment plus jeune. [...] Malgré la régularité et la délicatesse de ses traits, sa beauté frappait moins à la première vue que la bienveillance qui lui captivait tous les cœurs et, de premier mouvement, inspirait la confiance. Sa taille noble, élevée et majestueuse, souvent penchée avec grâce comme la pose des statues antiques, menaçait alors de prendre de l'embonpoint ; mais il était parfaitement bien fait. Il avait l'œil vif, spirituel et couleur d'un ciel sans nuages[23]. »

Avec une spontanéité enfantine, elle s'émerveillait également de ce que le tsar pût passer tant de temps à converser avec les dames : « Il y avait bien de la bonté et de la grâce à passer ainsi plusieurs heures à causer avec des femmes de véritables niaiseries [!][24]. »

Si parler de vétilles était en effet dans le caractère d'Alexandre, il faut dire qu'à Wilno il ne faisait évidemment pas que cela. Sa tâche était de tenter de rallier les élites locales à sa cause. Il invitait à sa table les représentants de la grande noblesse de Lituanie : les princes Sulkovski, Lubecki, les princes Oginski et Korvicki, etc. En dehors des sourires et des propos aimables, l'atout qu'il pouvait sans nul doute avancer dans ces entretiens avec l'aristocratie était la préserva-tion de l'ordre existant, avantageux pour les magnats, la garantie du maintien du servage, ainsi que l'intangibilité des franchises nobi-liaires. C'étaient là des arguments tout à fait accessibles à l'aristo-cratie et, si Alexandre n'obtint pas grand succès pour ce qui était de réunir les seigneurs polono-lituaniens autour de la couronne de Russie, il sut sans conteste mettre de son côté une certaine partie de ceux qui préféraient la garantie de leur bien-être matériel à de vagues perspectives de libération nationale.

C'est pourquoi la noblesse de Wilno, lors d'un brillant bal donné en l'honneur d'Alexandre pendant la Semaine sainte, rendit hommage au tsar par des dithyrambes ampoulés avec accompagnement d'orchestre. Alexandre accueillit cela, comme à l'accoutumée, avec un sourire aimable et ouvrit le bal sur une polonaise avec à son bras l'épouse du général Bennigsen, née baronne Buttowt-Andrzejkowicz, issue d'une vieille famille polonaise...

Ainsi s'étaient nouées en apparence, entre le tsar et la noblesse polono-lituanienne, des relations quasi idylliques. Mais Alexandre Iᵉʳ, en dépit du goût qu'il semblait prendre aux manifestations d'enthousiasme, avait les idées claires et était très hostile aux Polonais quand il était question d'affaires sérieuses. Ainsi, le tsar écrivit à cette époque à son ministre de la Police, Balachov : « On sait d'ailleurs que les Polonais ont toujours été frivoles et écervelés, par conséquent très enclins aux intrigues. Leur trait distinctif a été de tout temps de ne jamais être contents de la situation où ils se trouvent et d'aimer les nouveautés, même si elles s'accompagnent en réalité de désavantages pour eux. Ainsi, en prenant pour fondement ces vérités, s'il faut supposer qu'en raison de la légèreté de leurs mœurs ils souhaitent le changement, on peut cependant affirmer que, sans une quelconque force et influence extérieure, cette même frivolité leur interdira de donner cours à leurs desseins[25]. »

Mais quittons Wilno pour embrasser l'ensemble de l'Europe.

À la veille de son départ de Saint-Pétersbourg, Alexandre Iᵉʳ envoya à Paris par l'intermédiaire du chancelier et ministre des Affaires étrangères, Roumiantsev, un ultimatum à l'empereur français : « Tant qu'il [Napoléon] restera dans la position où il est actuellement, nos armées ne les franchiront point [les frontières] ; mais *si le gros de l'armée française passait l'Oder*, ou que les avant-postes de ce côté-ci de ce fleuve dussent recevoir de trop nombreux renforts, *nous ne pourrions qu'envisager la guerre comme déclarée.* »

Il était indiqué plus loin que la Russie était prête à mener des pourparlers pour trouver une issue à l'impasse apparue dans les relations entre les deux empires, mais « la première condition de toutes négociations doit être la promesse formelle que la première conséquence de tout arrangement sera : 1° l'entière évacuation des États prussiens [...] 2° une diminution de la garnison de Dantzig [à l'effectif qu'elle atteignait avant le 1ᵉʳ janvier 1811][26] ».

L'ultimatum parvint à Paris le 24 janvier, le jour même où Alexandre arrivait à Wilno. Kourakine transmit aussitôt le document au ministre français des Affaires étrangères, Maret, qui, cela va de soi, le remit sans tarder à l'empereur. Lequel reçut l'ambassadeur de Russie le 27 avril à 9 heures du matin. Après un échange de phrases polies, Napoléon adressa de violents reproches à Kourakine. Celui-ci tenta de répondre, sans succès. Le prince écrivit dans son rapport que l'empereur s'était exclamé avec emportement : « Vous avez armé. Vous m'avez mis dans la nécessité d'en faire autant. Je n'ai pas caché, dès lors, que je me mettais en mesure. Je vous l'ai dit plusieurs fois d'une manière authentique dans la conversation que j'ai eue exprès publiquement avec vous le 15 août, à l'issue du cercle aux Tuileries. J'ai donné toute publicité à mes démarches. J'ai déclaré la même chose au colonel Czernischeff lors de son départ. *Je ne vous cache pas maintenant que je suis tout préparé. Je suis sur la Vistule.* Mais quelle est donc la manière dont vous voulez vous arranger avec moi ? Le duc de Bassano m'a déjà dit que vous voulez me faire avant tout évacuer la Prusse. Cela est impossible. Cette demande est un outrage. C'est me mettre le couteau sur la gorge. Mon honneur ne me permet pas de m'y prêter. Vous êtes gentilhomme : comment pouviez-vous me faire une proposition pareille[27] ? »

Après ce discours courroucé, il est vrai, Napoléon proposa à Kourakine, pour le cas où les opérations militaires auraient déjà commencé, de conclure un armistice et de replier les troupes sur leurs positions initiales. Ce à quoi Kourakine consentit volontiers.

Une telle proposition peut sembler absurde, mais, en fait, elle découlait du texte même de l'ultimatum. Il y était en effet dit noir sur blanc que le franchissement de l'Oder par les troupes françaises serait considéré comme une déclaration de guerre. Or, à ce moment-là, de nombreuses troupes françaises avaient franchi l'Oder, et l'on pouvait donc supposer que les troupes russes, conformément au texte de l'ultimatum, avaient déjà entamé les opérations militaires par une attaque contre le duché de Varsovie. C'est pourquoi la proposition de Napoléon était tout à fait raisonnable.

Un certain nombre d'historiens notent à la suite d'Albert Vandal que Napoléon ne pouvait accepter les exigences de l'ultimatum concernant l'évacuation des troupes françaises de Prusse. Mais, d'autre part, il craignait d'exprimer un refus, parce qu'il ne souhaitait pas que les troupes russes passent à l'offensive, compromettant sa minutieuse préparation de la campagne. Il lui fallut par conséquent cesser toute relation avec Kourakine après l'entretien du 27 avril, et chercher tous les prétextes pour ne pas rencontrer le diplomate russe jusqu'à son départ. Le duc de Bassano évita de même les rencontres avec celui-ci.

Si tout cela est exact, en fait, l'ultimatum n'exigeait pas le départ immédiat des Français de Prusse, mais seulement l'*engagement* que, indépendamment des conditions du futur accord, le départ des troupes françaises du territoire prussien soit sous-entendu. Si Napoléon avait été un diplomate rusé, rien ne l'aurait empêché d'apposer sa signature sous cette phrase et de poser ensuite, lors des pourparlers, des conditions inacceptables, comme de transmettre au duché de Varsovie toutes les terres enlevées par la Russie à la Rzeczpospolita, ou quelque chose de ce genre. Ainsi, il aurait d'un côté gagné du temps et trompé la vigilance de son adversaire, et de l'autre rempli les conditions formelles de l'ultimatum russe et respecté les principes du droit international.

Sans doute qu'à sa place Alexandre Ier aurait agi de la sorte, mais Napoléon était beaucoup plus susceptible et direct. De telles exigences le mettaient hors de lui ; il jugeait dangereux de refuser, mais n'entendait pas duper son adversaire. C'est pourquoi il prit tout simplement le parti de ne rien répondre à Kourakine.

Napoléon décida cependant, parallèlement, d'envoyer à la rencontre d'Alexandre le général aide de camp Narbonne, aristocrate et habile diplomate dont nous avons déjà fait mention à plusieurs reprises. Les instructions données par le ministre des Affaires étrangères à Narbonne, qui se trouvait à ce moment-là à Berlin, furent rédigées le 3 mai, mais néanmoins datées du 25 avril, date à laquelle Napoléon pouvait ne pas avoir encore eu connaissance de l'ultimatum russe.

On considère habituellement la mission de Narbonne comme une tentative de gagner du temps afin de pouvoir achever les préparatifs nécessaires au déclenchement des opérations militaires. Mais le baron Ernouf, auteur d'une étude approfondie sur l'activité de Maret, duc de Bassano, estime que cette mission n'avait pas seulement pour but de faire traîner les choses et d'effectuer une reconnaissance militaire, mais aussi d'essayer une ultime fois de s'entendre avec Alexandre. Ernouf fait allusion au fait que les instructions données à Narbonne en vue des pourparlers étaient très détaillées et tablaient sur un résultat positif. Enfin, l'initiative de l'envoi d'un parlementaire revenait personnellement à Maret, et l'empereur n'avait entériné la mission de Narbonne qu'à contrecœur.

Difficile de dire ce qui était le plus important dans la mission de Narbonne : la reconnaissance ou la tentative pour trouver un langage commun. Sans doute les deux.

Tandis que Maret donnait ses dernières instructions à l'ultime messager avant la guerre, Kourakine insistait pour qu'on lui fournisse une réponse claire. Il déclara le 8 mai que tout nouveau retard le contraindrait à quitter Paris : c'est pourquoi il exigeait qu'on lui remette sur-le-champ ses passeports.

Comme on sait, dans le cadre du protocole diplomatique, lorsqu'un ambassadeur réclamait ses passeports, cela équivalait à une déclaration de guerre. Ainsi Kourakine, si bizarre que cela puisse paraître, réduisait ainsi simultanément à néant les plans des deux empereurs : le tsar de Russie, qui avait décidé de jouer le rôle de l'agneau innocent, et l'empereur des Français, qui s'était assigné pour tâche de parachever les préparatifs militaires avant le début des opérations, mettant soigneusement en place chaque bataillon, chaque escadron, chaque batterie, chaque chariot, chaque cheval et chaque bœuf...

Le lendemain 9 mai, Kourakine obtint une entrevue avec le ministre des Affaires étrangères. L'empereur avait quitté Paris quelques heures seulement avant. Dans ce contexte, Kourakine exigea qu'on lui remette ses passeports, et Maret lui remontra alors toute la gravité de cette démarche : il en résultait que l'ambassadeur déclarait la guerre de sa propre initiative ! Maret parla avec une telle passion à Kourakine de sa responsabilité, lui démontrant qu'il prenait sur lui un acte lourd de conséquences pour la Russie, la France et le reste du monde, que le malheureux prince... éclata en sanglots !

En dépit des larmes versées, en dépit de tous les arguments du ministre, Kourakine refusa néanmoins de revenir sur sa demande de remise des passeports. Maret comprenait que sa propre responsabilité était énorme, car il s'ensuivait que les deux hommes, le prince André Kourakine et Maret, duc de Bassano, étaient les instigateurs de la guerre, puisque l'un la déclarait au nom de la Russie tandis que l'autre relevait le défi au nom de la France !

Maret proposa donc d'entamer sur-le-champ les pourparlers, tout en se demandant si Kourakine disposait du mandat pour ce faire. Bien évidemment, il n'en était rien. Leur discussion se poursuivit le 10 mai. Lorsque, le lendemain, Kourakine se décida en fin de compte à déclarer la guerre à la France et se rendit plein d'une sombre assurance au ministère des Affaires étrangères... il n'y avait personne à qui la déclarer, à part le portier qui se tenait à l'entrée du ministère ! Maret était parti rejoindre l'empereur...

On peut donc considérer qu'il n'y a pas de réponse à la question de savoir si Kourakine avait déclaré ou non la guerre à la France, même si, *de facto*, les deux pays se trouvaient déjà en guerre à cette date du 11 mai. Rappelons d'ailleurs que, aux termes du traité d'alliance avec la Suède, la Russie s'était engagée à entamer la guerre avec Napoléon le 13 mai 1812. On peut donc dire que le tsar avait rempli de façon assez scrupuleuse les conditions de ce traité.

Pour ce qui le concerne, Napoléon avait appris le départ d'Alexandre à l'armée à la toute fin d'avril, lorsque débutait l'épisode de l'ultimatum russe. Il était clair, à présent, que la guerre était inévitable et l'on comprend tout à fait son refus d'engager des pourparlers, puisqu'il ne doutait plus désormais que, dans tous les cas, l'affaire se déciderait non plus à une table de négociations, mais sur le champ de bataille. Au moment où le 4e corps de la Grande Armée traversait la Bavière, le roi de ce pays demanda au colonel Bourmont, chef d'état-major de la division de Broussier : « Croyez-vous que nous aurons la guerre ? [...] – Je n'en sais rien, répondit-il, mais quand je vois tant de négociations en route, je doute que l'on puisse s'entendre. – En effet, soupira le roi, quatre cent mille négociateurs s'entendent difficilement[28]. »

Sachant que le tsar se trouvait déjà auprès de sa propre armée, Napoléon décida de quitter Paris. Un énorme train de carrosses et de voitures partit de Saint-Cloud le 9 mai à 6 heures du matin. Habituellement, Napoléon voyageait vite et s'arrêtait rarement en route. Mais, là, il avait emmené l'impératrice Marie-Louise et une suite considérable de courtisans, et toute cette cour sur roues ne pouvait évidemment foncer à toute allure comme c'était le cas lors des autres déplacements de l'empereur.

Il est vrai que les historiens, souhaitant souligner l'ampleur de ce train impérial exceptionnel, exagèrent parfois sa lenteur. Or le voyage se déroula malgré tout assez rapidement, selon les critères de l'époque. Les quelque 1 000 kilomètres séparant Paris de Dresde furent parcourus en moins de huit jours : la vitesse moyenne de déplacement de la cour était par conséquent d'environ 120 kilomètres par jour, soit alors la vitesse normale pour un voyage effectué avec des chevaux de poste.

Le roi de Saxe, un admirateur enthousiaste de Napoléon, craignant de manquer la rencontre avec un hôte si important, quitta Dresde pour Freiberg, à 30 kilomètres à l'ouest de sa capitale, et, dans la nuit du 15 au 16 mai, refusa même de se coucher pour ne pas rater l'arrivée de l'empereur et de sa suite. Mais le train de dizaines d'équipages ne fit son apparition que dans l'après-midi du 16. Le roi et la reine de Saxe accueillirent leurs illustres hôtes et, ajoutant à l'immense file des carrosses et des calèches les équipages de la cour de Saxe, se dirigèrent vers Dresde. Les carrosses impériaux et royaux y entrèrent aux environs de 10 heures du soir. Toute la ville était illuminée. D'énormes foules se pressaient le long des rues dans l'attente de ce spectacle inhabituel. Le cortège somptueux, escorté par les splendides cuirassiers saxons, à la lumière des flambeaux, salué par le fracas des salves d'artillerie, défila dans la capitale saxonne et pénétra dans la cour du palais royal.

Ainsi débuta le séjour de Napoléon à Dresde, qui dura deux semaines et laissa dans la mémoire l'image de la puissance de l'Empire napoléonien. Pour témoigner de leur respect envers le maître de l'Europe, l'empereur et l'impératrice d'Autriche, les princes de Weimar, de Cobourg, de Mecklembourg, le grand-duc de Wurtzbourg (rappelons que c'était le frère de l'empereur d'Autriche), la reine Catherine de Westphalie et, enfin, le 26 mai, le roi de Prusse avec le prince héritier arrivèrent à Dresde. « Dresde est aujourd'hui pleine à craquer, écrivit dans son journal l'officier de la

Garde Fantin des Odoards. C'est un étonnant spectacle de voir les ennemis de Napoléon devenus ses courtisans[29]. »

Le roi de Saxe, homme de soixante-deux ans qui jouissait d'un grand respect et d'autant d'affection de la part de son peuple, avait une haute idée de son alliance avec Napoléon et présenta avec orgueil son palais à l'empereur d'Europe. Le 17 mai, un *Te Deum* solennel fut célébré en la cathédrale de Dresde en l'honneur des hôtes éminents et, le 18 mai, Napoléon, à présent en qualité de maître de maison, accueillit à Dresde le couple impérial d'Autriche, François et sa jeune épouse Maria Ludovika.

Il convient de dire deux mots de cette dernière. En 1807, l'empereur d'Autriche s'était retrouvé veuf pour la seconde fois. Souvenons-nous que c'est alors que l'impératrice douairière de Russie, Maria Fédorovna, avait aspiré à lui donner en mariage sa fille Catherine, mais, on l'a vu, Alexandre avait empêché la réalisation de ce projet. En conséquence, l'empereur François ne s'était pas apparenté à la dynastie régnante russe, mais avait épousé sa cousine de dix-neuf ans, Maria Ludovika de Modène d'Este. Cette jeune fille de très haut lignage était célèbre pour sa beauté, mais aussi pour sa haine brûlante envers Napoléon, avec lequel elle avait des comptes personnels à régler. En effet, en 1796, sa famille avait été contrainte d'abandonner ses possessions italiennes en raison de la victoire des républicains et des troupes françaises conduites par le jeune général Bonaparte. Elle vivait depuis lors en Autriche et avait conservé une aversion tenace pour le général Bonaparte, puis pour l'empereur des Français.

À Dresde, Napoléon s'efforça de se montrer aimable avec toutes les personnalités régnantes, mais il fut particulièrement empressé envers Maria Ludovika, comprenant que son opinion influençait pour beaucoup les positions de l'empereur d'Autriche, faible et indécis. Mais si ce dernier était tout simplement enthousiasmé par son gendre, Maria Ludovika demeurait inflexible et ne répondait aux amabilités de l'empereur des Français que par des phrases sèches, s'efforçant d'échapper par tous les moyens au cérémonial par lequel Napoléon se trouvait au centre de l'assemblée de souverains.

En apparence, Maria Ludovika s'était liée d'amitié avec sa belle-fille qui n'avait que quatre ans de moins qu'elle, Marie-Louise, impératrice des Français. Cette dernière éblouissait tout le monde par la splendeur de ses toilettes, suscitant à la fois l'admiration et l'envie des autres princesses. Elle montra à sa jeune belle-mère de nombreux coffrets remplis de bijoux. Lorsqu'un objet attirait l'attention de Maria Ludovika, la jeune impératrice lui en faisait immédiatement cadeau, faisant ainsi couler les larmes de sa « parente pauvre ».

Au soir du 18 mai, le couple royal de Saxe donna, en l'honneur de ses hôtes illustres, un luxueux banquet après lequel ils admirèrent depuis le balcon la vue de Dresde illuminée. Toute la ville était inondée de lumière et une foule immense se délectait de ce merveilleux spectacle.

Madame Durand, dame d'honneur de Marie-Louise, se souvint : « Le luxe qu'elles [les dames de la cour] déployaient à l'envi, les fêtes, les concerts, les banquets, les parties de chasse, les bals, les assemblées qui s'y disputaient les heures, tout ce mouvement enfin avait fait de la capitale de la Saxe un séjour rayonnant de splendeur et de magnificence dont Napoléon était le centre[30]. » L'empereur des Français souhaitait que sa cour éclipse toutes les autres, et les dames de sa cour, se conformant à ses ordres, apparaissaient en permanence dans de si brillants atours que les dames d'honneur de l'empereur d'Autriche se sentaient parfois comme des cendrillons...

Pourquoi Napoléon avait-il besoin de ce somptueux rendez-vous de têtes couronnées à Dresde ? Était-ce faiblesse humaine, désir d'assister à leur soumission à son ordre européen ? En partie, sans doute. Mais le but le plus sérieux de la rencontre de Dresde était, dans l'idée de l'empereur, le renforcement des liens d'alliance, avant tout entre la France et l'Autriche, et ce n'était pas en vain qu'il prodiguait ses compliments à Maria Ludovika.

Napoléon était en effet parvenu à mettre de son côté le monarque autrichien, mais, dans les faits, ce dernier ne jouait presque aucun rôle politique : c'était Metternich qui décidait de toutes les affaires sérieuses, et celui-ci, en tant que politicien sensé, était peu enclin à s'extasier sur le faste des réceptions. Il ne s'intéressait qu'au rapport des forces. Pour l'instant, selon lui, toute la force était du côté de Napoléon, et il était prêt, comme on l'a déjà noté, à mener l'Autriche dans le sillage de la politique napoléonienne. Mais lorsque la force se retrouverait du côté des ennemis de Napoléon, Metternich les rejoindrait sans hésiter...

Le duc de Bassano arriva également à Dresde avec quelques rapports importants. Il exposa d'abord à Napoléon les résultats de ses rencontres avec l'ambassadeur de Russie. En outre, c'est là, à Dresde, que Napoléon reçut la lettre de Kourakine dans laquelle celui-ci réclamait ses passeports. Le malheureux Kourakine ne les obtint pas. Napoléon accepta de les remettre aux membres de la mission diplomatique, mais non à l'ambassadeur lui-même. En conséquence, l'incertitude demeurait, et l'on ne comprenait absolument pas dans quelle situation se trouvaient les empires russe et français, s'ils maintenaient encore formellement leur alliance ou s'ils étaient déjà en guerre.

Napoléon fit envoyer à Pétersbourg un messager porteur d'une dépêche à Lauriston, lui enjoignant d'user de tous les moyens pour se rendre à Wilno et de transmettre au comte de Narbonne l'ordre de quitter les lieux ; Lauriston lui-même devait rester le plus longtemps possible à Wilno, puis s'en aller après avoir reçu ses passeports afin de quitter ensuite la Russie[31]. Mais Lauriston ne fut pas autorisé à partir pour Wilno, et il demeura donc à Pétersbourg à peu près dans la même situation que le prince Kourakine à Paris...

Enfin, toujours à Dresde, Napoléon reçut la nouvelle de l'échec de sa démarche envers l'Angleterre. En effet, le 17 avril 1812, désireux d'éviter par tous les moyens une guerre dont il ne voulait pas, Napoléon avait fait écrire par le duc de Bassano au ministre anglais des Affaires étrangères, lord Castlereag, une missive dans laquelle il était dit : « Beaucoup de changements ont eu lieu en Europe depuis dix ans, ils ont été la suite nécessaire de la guerre qui s'était allumée entre la France et l'Angleterre ; beaucoup de changements arriveront encore, et ils résulteront de la même cause. [...] Les calamités qui désolent la Péninsule et les vastes contrées de l'Amérique espagnole doivent exciter l'intérêt de toutes les nations et les animer d'une égale sollicitude pour les voir cesser. »

En l'occurrence, Napoléon proposait de conclure une paix aux termes de laquelle il s'engageait à remettre sur le trône du Portugal l'ancienne dynastie à condition de conserver la couronne d'Espagne à son frère. Ce faisant, il était prêt à confirmer que ce pays serait indépendant de la France, que la dynastie de Joseph serait également indépendante de la dynastie régnant en France, et que serait proclamée en Espagne une Constitution élaborée par les Cortés. Les troupes françaises devraient quitter l'Espagne et le Portugal. Il était proposé de diviser le royaume de Naples, Murat gardant la partie continentale, et l'ancienne dynastie napolitaine recevant la Sicile. La lettre s'achevait par la phrase suivante : « S. M. l'empereur et roi [...] se détermine par cette démarche par la seule considération des intérêts de l'humanité et du repos des peuples ; et si cette quatrième tentative devait être sans succès, comme celles qui l'ont précédée, la France aura du moins la consolation de penser que le sang qui pourrait couler encore retombera tout entier sur l'Angleterre[32]. »

Apparemment, le sang versé était destiné à demeurer sur la conscience de l'Angleterre, car le ministre anglais répondit par un refus poli, mais ferme.

Alors que le séjour à Dresde tirait à sa fin, le général aide de camp de l'empereur, Narbonne, arriva le 28 mai* dans la capitale de la Saxe. Il rapporta qu'Alexandre l'avait reçu aimablement et l'avait écouté, mais n'avait pas donné son assentiment à quelques pourparlers que ce soit.

---

* Le 28 et non le 26, comme l'indiquent de façon erronée de nombreux ouvrages historiques.

On peut trouver dans presque tous les ouvrages historiques traitant du sujet la réponse qu'aurait donnée Alexandre à l'envoyé de Napoléon : « Montrant [...] une carte déployée de son empire qu'il avait sous les yeux : "Je ne me fais point d'illusions, dit-il ; je sais combien l'empereur Napoléon est un grand général ; mais, vous le voyez, j'ai pour moi l'espace et le temps. Il n'est point de coin retiré de ce territoire hostile pour vous où je ne me retire, pas de poste lointain que je ne défende avant de consentir à une paix honteuse. Je n'attaque pas, mais je ne poserai pas les armes tant qu'il y aura un seul soldat étranger en Russie[33]. »

Selon une autre version, Alexandre déploya la carte de Russie et, « indiquant du doigt l'extrémité la plus reculée de son empire, [...] celle qui confine au détroit de Behring, il ajouta : "Si l'empereur Napoléon est décidé à la guerre et que la fortune ne favorise point la cause juste, il lui faudra aller jusque-là pour chercher la paix[34]" ».

Bien plus, Alexandre aurait également révélé à Narbonne les détails de son plan, déclarant qu'il « [éviterait] de s'exposer à une bataille contre un adversaire trop redoutable, et qu'enfin on saurait se résoudre à tous les sacrifices pour traîner la guerre en longueur et rebuter Napoléon[35] ».

Si nous disons que la première citation est de la plume de notre vieille connaissance Villemain, et la troisième de celle d'un fabricant non moins connu de mythes, le comte de Ségur, on peut aisément discerner d'où proviennent ces légendes.

En effet, si l'on en croit l'opinion générale, Narbonne et consorts auraient tenté de dissuader Napoléon de se lancer dans une campagne risquée. Tous savaient bien entendu que la Grande Armée irait jusqu'à Moscou, personne ne doutait que les Russes avaient l'intention de battre en retraite, qu'ils dévasteraient leur territoire, incendieraient l'ancienne capitale, et qu'ensuite, dans des steppes désertes et glacées, cosaques et partisans achèveraient d'écraser les troupes françaises. Cela, seul ce benêt de Napoléon l'ignorait. Ceux qui rédigeraient plus tard leurs mémoires savaient comment se terminerait l'aventure et, s'ils n'avaient pu réussir à l'empêcher en raison de leur grade peu élevé, au moins avaient-ils souffert mille morts, saisis qu'ils étaient de la prémonition d'une terrible catastrophe...

On veut croire que le lecteur a déjà deviné que de tels récits font état de visions *a posteriori*... et il ne se trompe pas ! Bien que l'on ne connaisse pas le rapport écrit de Narbonne à l'empereur, il existe, dans les archives d'histoire militaire de Russie, un compte rendu détaillé que le général aide de camp envoya le 24 mai 1812 de Varsovie au maréchal Davout alors qu'il était en route pour Dresde. Un court extrait de cette lettre a été publié par Nicolas Schilder dans sa célèbre histoire d'Alexandre Ier : « L'armée russe ne passera le

Niémen ni entre Grodno et Tilsit, ni nulle part. Nous ne sommes pas assez heureux pour qu'ils y pensent. [...] L'empereur [Alexandre] a l'air de s'attendre à perdre deux ou trois batailles, mais il fait semblant d'être déterminé à se faire battre, s'il le faut, en Tartarie[36]. »

Ces lignes du rapport diffèrent déjà nettement de la version des mémoires. Notez que Narbonne écrit non pas que le tsar a *réellement* l'intention de reculer jusqu'en « Tartarie », mais qu'il fait semblant. Ce n'est pas du tout la même chose ! On pouvait se douter que si Schilder ne cita qu'un court fragment du rapport, qui de surcroît ne confirme pas la version « classique », ce n'était sûrement pas sans raison. Et c'est bien le cas !

Le rapport de Narbonne n'avait rien de commun avec ce qui sera consigné par la suite dans les mémoires ! Voici ce que rapportait en réalité le général aide de camp de l'empereur, non pas d'après la narration de son secrétaire, quarante ans plus tard, mais précisément à la veille de la guerre :

« J'ai effectivement, comme j'ai eu l'honneur de vous confirmer, été informé de ce qu'un pont était préparé à Olitta [sur le Niémen] ; je n'ai rien entendu dire de ceux de Merezć, Kovno.

« Il est bien vrai que l'armée russe fait beaucoup de mouvements, mais j'ose affirmer qu'ils ne tiennent pas à l'offensive.

« L'armée russe ne passera le Niémen ni entre Grodno et Tilsit, ni nulle part. Nous ne sommes pas assez heureux pour qu'ils y pensent. [...] Je crois qu'ils attendent et qu'*ils préparent une bataille à peu près dans leurs positions actuelles*, avant de se retirer sur la Dvina.

« Et, surtout, il y a une grande incertitude dans leurs projets, suite naturelle de l'ignorance absolue où ils sont de ceux de l'empereur [Napoléon] [...]. Je crois qu'on négocierait de bonne foi si une négociation était possible dans l'état des choses. Ils accorderaient tout, excepté le point[*] auquel tient indispensablement l'empereur [Napoléon].

« Je crois que le traité [de la Russie] avec l'Angleterre n'est pas signé [...] La paix avec la Turquie me paraît bien loin d'être faite [...].

« Demain, l'empereur [Alexandre] part de Wilno pour commencer la tournée de l'armée, et a l'air de s'attendre à perdre deux ou trois batailles, mais *il fait semblant d'être déterminé à se faire battre, s'il le faut, en Tartarie, ce qui ne m'est pas démontré*[37]. »

Comme on voit d'après le texte du rapport, Narbonne n'agitait pas, même de loin, l'épouvantail d'une guerre en Sibérie. Certes, il estimait que les troupes russes ne passeraient pas à l'offensive, mais c'est tout. En revanche, dès les premières lignes, le général aide de

---

[*] Il s'agit sans doute du blocus continental.

camp indiquait qu'« un pont était préparé à Olitta ». Il est clair qu'on ne pouvait construire un pont sur le Niémen qu'en cas de nécessité d'une offensive, fût-elle partielle, donc de mouvement en avant. Ce n'est d'ailleurs pas là le plus important. Le plus important, c'est que, selon Narbonne, les Russes « préparent une bataille à peu près dans leurs positions actuelles ». Narbonne ajoutait, il est vrai : « avant de se retirer sur la Dvina ». Ce dernier point ne faisait absolument pas peur à l'empereur des Français, qui s'apprêtait à porter un coup après lequel il n'y aurait pratiquement plus personne pour « se retirer sur la Dvina ».

Enfin, le général aide de camp ne se bornait pas à indiquer qu'Alexandre faisait semblant de songer à reculer jusqu'en « Tartarie », mais il exprimait des doutes sur la fermeté d'une telle résolution.

Narbonne relevait dans les actions du commandement russe de l'incertitude, nullement la décision d'attirer les Français dans les profondeurs de la Russie, ce dont même l'éminent historien Albert Vandal, piégé au miroir déformant des mémoires, écrivit que le tsar parlait « sérieusement, avec détermination et un doux orgueil ». Le rapport soulignait enfin que, en cas de négociations, les Russes « accorderaient tout » !

Si Narbonne écrivit dans ce sens au maréchal Davout, qui n'était pas son supérieur, on peut imaginer comment l'expérimenté courtisan avait libellé son rapport à l'empereur, sachant que celui-ci était persuadé qu'Alexandre livrerait bataille sur la frontière et avait conçu là-dessus tout son plan d'action ! Nous ne connaissons évidemment pas les expressions qu'il employa, mais ce n'est pas seulement le rapport adressé à Davout qui nous permet d'envisager ce qui fut dit.

On connaît la lettre en date du 27 mai 1812 du prince Eugène de Beauharnais, commandant le 4e corps et tout le groupement central de la Grande Armée. La veille, Narbonne était passé par le cantonnement du corps d'Eugène de Beauharnais et avait rencontré presque à coup sûr le prince, ne serait-ce que pour lui présenter ses hommages.

« J'ai reçu hier des nouvelles des Russes, écrivit le prince Eugène ; il paraît qu'ils craignent beaucoup cette lutte et qu'ils disent qu'ils savent bien qu'ils seront battus. On dit même qu'ils sont disposés à faire sans combattre des sacrifices[38]. » Voilà qui répète presque mot pour mot ce que contenait le rapport du général aide de camp, mais on peut supposer que, dans sa conversation avec le prince, Narbonne s'était montré encore plus optimiste.

Il est vrai que la lettre d'Eugène de Beauharnais était adressée à sa femme, et c'est pourquoi il s'efforçait visiblement de lui donner un ton optimiste, mais cette certitude dans ses forces et dans les craintes de l'ennemi imprègne toute la correspondance du prince.

Dans une autre de ses missives (datée du 1er juin), il écrivit : « La guerre ne peut pas être longue et ne peut pas aller au-delà de septembre[39] », et dans la suivante (du 5 juin) : « Nous aurons plus de temps pour terminer la guerre avant l'hiver. Il y a déjà grande pénurie de subsistances chez les Russes et, chose très rare, on voit des cosaques déserter[40]. » Enfin, le 8 juin, Eugène constata : « Nous voyons tous avec plaisir approcher le moment décisif, afin que cela soit bientôt fini. Je souris à l'espérance que tout pourrait être terminé avant cet hiver, après deux ou trois bons coups de collier[41]. »

Un peu plus tôt, l'épouse du roi de Westphalie, Jérôme Bonaparte, commandant le groupement du flanc droit de la Grande Armée, écrivit dans son journal : « Le roi [Jérôme] a reçu des dépêches de M. de Busch, son ambassadeur à Saint-Pétersbourg. Il lui mande que la consternation est grande en Russie et que ceux qui étaient les plus acharnés contre nous sont en ce moment pour la paix, à quelque condition que ce soit[42]. »

Remarquons que les extraits cités ont été rédigés à la veille de la guerre, non un an ou cinquante ans plus tard. Leurs auteurs figuraient sans nul doute parmi les gens les plus informés de leur époque. Eugène de Beauharnais n'était pas seulement le commandant du groupement central des troupes, mais aussi le fils adoptif de l'empereur, et Catherine n'était pas seulement la reine de Westphalie, mais aussi la belle-fille de Napoléon et en même temps la nièce de l'impératrice douairière de Russie, Maria Fédorovna (Maria Fédorovna, née Sophie Marie Dorothée Augusta Louise de Wurtemberg, était la sœur du roi de Wurtemberg, père de Catherine), et la cousine germaine d'Alexandre Ier.

Pour en revenir à la mission de Narbonne, il convient de noter que si Alexandre s'était avisé de prononcer des phrases semblables à celles que l'on peut lire chez Villemain ou chez Ségur, il se serait exposé à un immense danger. Et si Napoléon avait réellement pris au sérieux ces paroles ? En effet, si l'empereur des Français ne pouvait plus éviter la guerre, il aurait tout à fait pu réaménager sa stratégie et passer de l'offensive immédiate, avec une masse énorme de troupes, à une stratégie d'avancée prudente d'une partie de ses forces, en laissant en arrière d'importantes réserves. Il pouvait prêter beaucoup plus d'attention à l'arme politique, commencer par une déclaration sur la restauration de la Rzeczpospolita dans ses anciennes frontières, puis édicter un manifeste sur la libération des serfs russes. Le tsar n'aurait alors sûrement pas réussi à revenir des rivages du détroit de Behring où l'on prétendait qu'il avait eu l'intention de reculer !

Si Napoléon ne souhaitait pas mener une guerre totale, c'est précisément parce qu'il était persuadé que tout se terminerait en un rien de temps par la paix (avantageuse pour lui, bien entendu), et c'est pourquoi il ne convenait pas de couper tous les ponts et de se priver de la possibilité de conclure un accord avec la haute aristocratie russe. Il était convaincu qu'il remporterait la victoire par des moyens purement militaires, mais, pour le reste, il demeurait très prudent, y compris sur la question de la restauration de la Pologne, bien qu'il l'ait résolue de façon positive en son for intérieur.

Or c'est justement une guerre totale, avec un arrière-plan social, menée sur le territoire de l'empire de Russie, que l'aristocratie russe craignait par-dessus tout ! Voici ce qu'écrivait l'épouse du gouverneur de Saint-Pétersbourg, déjà connue de nous : « Le souhait général était d'aller de l'avant et de devancer Napoléon en Prusse [...], d'autant plus que nos provinces frontalières sont polonaises et allemandes, et que Napoléon peut y recevoir des subsistances et y rencontrer une conspiration ; on craint également que, lorsqu'il se rapprochera des provinces russes et déclarera les paysans libres, une révolte ne puisse facilement survenir, mais qu'est-ce que cela peut bien faire à Phull, à Armfelt et aux autres[43] ! »

Ce n'est pas par hasard que nous avons étudié de façon aussi détaillée la question des résultats de la mission de Narbonne et celle de sa représentation dans les mémoires et les documents authentiques de l'époque. C'est en effet à l'occasion de cet épisode que se sont trouvés reflétés de la façon la plus déformée les événements, les plans, les sentiments des hommes à la veille d'un conflit aussi formidable.

En dehors de sa rencontre avec Narbonne, Napoléon avait conversé à Dresde, peu de temps avant son départ, avec un homme qui devait jouer un rôle marquant dans les événements à venir. Il s'agit de l'abbé de Pradt, archevêque de Malines, dont nous avons déjà parlé. C'est lui qui avait déclaré sans ambages : « J'aurais donc sauvé le monde et, ce titre à la main, je pourrais le défier d'égaler jamais la reconnaissance au bienfait. » Ce sybarite plein de lui-même se haussait par trop du col en affirmant avoir joué un rôle décisif dans la chute de l'Empire napoléonien, mais il est vrai qu'il y prêta réellement la main.

Napoléon avait besoin dans le duché de Varsovie d'un représentant officiel censé jouer un rôle important : d'une part, déclencher l'enthousiasme des Polonais ; de l'autre, ne pas trop leur en promettre. En d'autres termes, il lui fallait un diplomate rusé, mais en même temps un homme capable de prononcer des discours fleuris, non dépourvu d'ardeur et d'un certain charisme. Il y avait déjà un représentant de Napoléon à Varsovie, le baron Bignon, mais il semblait à l'empereur que ce diplomate habile, qui assumait assez bien le rôle de chef des services secrets, était un personnage trop peu imposant pour agir sur l'imagination des Polonais.

On ne comprend pas pourquoi le choix de l'empereur se porta sur l'abbé de Pradt, son confesseur, qui remplissait toute une série de missions diplomatiques. Napoléon considérait que la dignité ecclésiastique du personnage jouerait un rôle positif dans un pays où la religion catholique était si puissante, et que son habileté l'aiderait à éviter de prendre des engagements trop substantiels vis-à-vis des Polonais.

Mais ce choix se révéla être une monstrueuse erreur. L'abbé de Pradt, qui était peut-être capable d'exécuter de modestes missions, apparut, à un poste de responsabilité, n'être qu'une pitoyable parodie de Talleyrand, dont il avait tous les vices sans avoir une seule de ses qualités. Les contemporains ont été unanimes à stigmatiser l'incapacité de l'abbé à cette haute fonction. La comtesse Potocka exprima ainsi l'opinion générale : « Nous vîmes arriver M. de Pradt avec toute la pompe qui convenait au représentant d'une grande nation et d'un puissant monarque. Mais combien il nous parut petit et vulgaire au milieu de ce faste dont il jouissait d'une façon à la fois hautaine et sordide : parlant sans cesse de son ménage, de sa cuisinière qu'il allait faire venir, [...] bavardant sans cesse, racontant sans se lasser des anecdotes que personne n'ignorait, affectant de rire des sentiments nobles et enthousiastes qu'il ne comprenait pas, manquant de dignité dans les manières et de tact dans les propos[44]. »

Ayant effectué cette malencontreuse nomination et s'étant entretenu avec Narbonne, Napoléon se prépara au départ. Catherine de Westphalie écrivit dans son journal : « Il a pris congé de toutes les cours individuellement, a parlé à chaque roi, prince, reine et princesse ; tout le monde, homme et femme, roi ou particulier, fondait en larmes. L'empereur lui-même était attendri. Aussi, ce départ était une vraie calamité et je n'oublierai jamais l'impression que cet événement m'a fait. Dieu le protège et nous le ramène bientôt triomphant[45] ! »

Napoléon honora « chaque roi » de ses adieux le 28 mai et, le 29 à 4 h 30 du matin, son carrosse roulait déjà en direction de Poznan. L'empereur y arriva le 30 à 20 h 30. Il y fut accueilli de façon aussi enthousiaste qu'en 1806 : « Ce n'étaient partout qu'arcs de triomphe, illuminations, transparents avec devises, où s'exprimaient les vœux et la reconnaissance anticipée d'un peuple trop confiant dans l'avenir[46]. » L'officier polonais von Brandt raconta également qu'on pouvait lire partout des inscriptions latines en lettres de feu : *Heroi invincibili* (Au Héros invincible), *Restauratori Patriae* (Au Restaurateur de la Patrie), *Grati Poloni Imperatori magni* (Les Polonais reconnaissants au grand Empereur). Enfin, sur la tour de la cathédrale des Bernardins, que l'empereur pouvait voir de sa fenêtre, flamboyait une grandiose illumination en forme de couronne de lauriers portant la devise *Napoleoni magno Caesari et victori* (Au grand Napoléon, César et vainqueur). D'immenses foules en liesse se pressaient dans les rues brillamment éclairées. Tout était empli de fête et d'enthousiasme...

« Le lendemain, l'empereur reçut une délégation de la noblesse locale. Les visiteurs, pensant souligner leur respect pour l'empereur, vinrent vêtus de costumes de cour brodés, chaussés de bas et d'escarpins. Napoléon leur jeta un regard mécontent et s'exclama : "Messieurs, j'aurais préféré vous voir bottés et éperonnés, le sabre au côté, comme étaient vos ancêtres à l'approche des Tartares et des Cosaques. Nous vivons dans un temps où il faut être armé de pied en cap et avoir la main à la garde de l'épée[47]." »

Au fond, en dépit de l'enthousiasme des Polonais, l'empereur, à son arrivée à Poznan, était plutôt mécontent. En chemin, depuis Dresde, sur des routes encombrées de convois militaires, de charrois, de détachements d'infanterie et de cavalerie, il s'était rendu compte que ses efforts pour organiser l'armée de façon idéale étaient loin d'être couronnés de succès. Il y avait bien trop de convois pour la troupe.

Girod de l'Ain, officier de la division de Dessaix, tout juste rentré d'Espagne, écrivit : « Ce qui me frappait le plus dans le contraste que formait la Grande Armée avec celle d'Espagne que je venais de quitter, c'était l'immense quantité de voitures et bagages de toutes espèces que la première traînait après elle ; chaque division en avait à sa suite une file occupant un espace de près de deux lieues. [...] Les officiers généraux ou supérieurs de troupe comme d'état-major avaient tous des fourgons et des calèches à deux chevaux, ou même des cabriolets à deux roues, ou des chaises de poste ; ajoutez à cela les trains d'artillerie des grands parcs, les équipages de pont, les ambulances, etc., etc., et vous jugerez ce que devait être l'aspect d'une pareille armée en comparaison de celle d'Espagne qui, avec ses canons et leurs caissons, ne menait à sa suite que quelques mulets de bât[48]. »

C'est pourquoi Napoléon signa à Poznan le 31 mai un règlement intérieur sévère de la Grande Armée. Il y était strictement ordonné au général responsable des équipages : « Le vaguemestre général [...] sévira contre les domestiques ou autres individus attachés aux équipages qui voudraient dépasser leur rang, et fera arrêter toutes les voitures, fourgons ou chariots qui excéderaient le nombre permis. Il fera conduire les voitures arrêtées au commandant de la gendarmerie du corps d'armée, ou les fera jeter hors la route si elles embarrassent la marche de la colonne ; elles seront brûlées si elles appartiennent à des individus qui n'ont pas droit d'en avoir ; les chevaux seront remis à l'artillerie, qui en donnera reçu aux équipages militaires. [...] Tout conducteur d'équipage ou domestique qui quittera ses chevaux ou sa voiture pour piller sera puni comme maraudeur [...] et, en cas de résistance en faisant usage de quelque arme, il sera traduit à un conseil de guerre. [...] Il est défendu à toute personne à la suite de l'armée de donner retraite à des filles de joie ; celles qu'on saisira seront barbouillées de noir au visage, promenées à la tête du camp et renvoyées. [...] Il est défendu à tout individu d'avoir sa femme à l'armée ; les vivandières et les blanchisseuses autorisées [sous couvert d'avoir obtenu un jeton spécial délivré par la gendarmerie] sont les seules qui doivent y être souffertes[49]. »

Il est plus facile d'édicter des règlements que de les appliquer. L'organisation des corps français supposait un haut niveau de conscience des soldats et des officiers. Les effectifs de la gendarmerie (police militaire) étaient insignifiants par rapport à ceux des troupes. Ainsi, par exemple, pour tout le corps de Davout qui, selon les résultats des appels du 25 juin 1812, comptait 69 553 hommes (avec les états-majors, un chiffre arrondi d'environ 70 000 hommes), il n'y avait que 98 gendarmes, soit à peu près un pour 700 hommes ! Quelque envie qu'ils en aient, il était très compliqué, pour ces gendarmes, de faire régner l'ordre dans une armée en marche qui s'était soudain vue à la tête d'équipages d'une importance imprévisible. Voici comment décrivit son équipage le général Roguet, commandant la 2e division de la Garde : « J'avais une calèche, deux fourgons, des livres, beaucoup de cartes, douze chevaux, six domestiques ; les autres officiers étaient équipés à proportion ; ce fut un de nos embarras[50]. »

Comment cela aurait-il pu ne pas causer d'embarras si toutes les routes de Pologne et d'Allemagne étaient encombrées de tels convois ? Cela changeait beaucoup de ce que l'on pouvait observer encore peu de temps auparavant dans les colonnes de marche de la Grande Armée. Le chirurgien de division Suchet d'Héralde, se souvenant de l'offensive de l'armée française d'octobre 1806, écrivit : « On ne voyait pas une voiture de luxe, pas un caisson particulier à la suite de cette belle armée : du fer, du feu et du feu, point de livrée. Tout y était combattant. Les colonels mangeaient la soupe à la gamelle avec une cuillère en bois ou en corne, soupe que les sapeurs ou le premier peloton de grenadiers avaient préparée[51]... » Même si d'Héralde idéalisait quelque peu la Grande Armée de 1806, le contraste était tout de même frappant et sauta aux yeux de presque tous les protagonistes de cette campagne.

Ayant donné ses ordres à Poznan, l'empereur, au grand étonnement de beaucoup, ne se dirigea pas vers Varsovie, à l'est, mais bifurqua vers le nord-est et arriva au soir du 2 juin à Thorn. Il y séjourna près de quatre jours et c'est de là qu'il enjoignit à l'armée de faire mouvement de la Vistule vers le Niémen. Napoléon continuait à juger très probable une contre-attaque soudaine de l'armée russe. Depuis Thorn, puis depuis Dantzig, il donna l'un après l'autre ses ordres concernant les opérations en cas d'offensive russe.

On a cité au chapitre X un extrait de l'ordre donné de Thorn au roi Jérôme. Ajoutons que c'est de là également que l'empereur écrivit au prince Eugène : « Si l'ennemi prenait l'offensive pour marcher sur Varsovie, s'il débouchait par Bialystok, vous vous trouveriez sur son flanc droit ; s'il débouchait par Olitta, vous vous trouveriez sur son flanc gauche. S'il débouchait sur vous, vous vous appuieriez sur l'armée ; de là la nécessité que votre corps change de ligne d'opération. [...] En supposant le roi de Westphalie se repliant sur Modlin, votre ligne n'est pas compromise et vous pouvez manœuvrer au contraire tranquillement pour vous placer sur la ligne d'opération de l'ennemi[52]. »

Au moment où l'empereur donnait ces ordres, une grande partie des troupes de la Garde impériale s'était rassemblée à Thorn et Napoléon y passa en revue ses troupes d'élite. Dans son journal, Fantin des Odoards écrivit en date du 5 juin 1812 : « L'empereur a passé aujourd'hui même une grande revue sur les glacis. Sa belle et fidèle garde a eu là un instant de bonheur qui a fait oublier toutes les fatigues. Le grand homme a paru de son côté beaucoup se complaire à lire sur nos physionomies l'effet de sa présence. À pied, dans nos rangs ouverts, il s'est promené longtemps, parlant à nombre d'officiers et de soldats avec ce ton paternel qui nous le rend si cher. Il était vraiment au milieu de sa famille[53]. »

Quittant Thorn, se frayant toujours un chemin parmi les nombreuses colonnes en marche, Napoléon se dirigea plus au nord, à Dantzig, où il arriva le 7 juin à 20 h 30. Dantzig était le plus important point d'appui de l'Empire napoléonien sur les rives de la Baltique. L'énorme forteresse, qui existait déjà avant l'arrivée des Français, fut étendue et dotée de fortifications supplémentaires. Là était cantonnée une garnison multinationale qui était comme un échantillonnage de tout l'Empire européen de Napoléon. En juin 1812, il y avait là environ 20 000 hommes, des régiments français, polonais, bavarois, westphaliens, italiens, napolitains... commandés par le fidèle général Rapp. Napoléon considérait Dantzig comme la clé de voûte de la défense du duché de Varsovie. Et effectivement, en s'appuyant sur cette puissante forteresse, il pouvait tenir la ligne de la Vistule contre une offensive impromptue des troupes d'Alexandre. Napoléon examina avec attention les fortifications, les entrepôts, les chantiers navals et les installations portuaires, et passa également en revue les unités de la garnison.

Là, à Dantzig, l'empereur rencontra Murat, qu'il avait placé à la tête de sa cavalerie de réserve. Murat boudait son chef parce qu'on ne l'avait pas laissé venir à Dresde :

« Avez-vous remarqué comme Murat a mauvaise mine ? Il paraît malade, dit Napoléon en s'adressant à Rapp.

— Malade ? Non, sire, mais il a du chagrin.

— Pourquoi du chagrin ? Est-ce qu'il n'est pas content d'être roi ?

— Il prétend qu'il ne l'est pas.

— Pourquoi fait-il des sottises dans son royaume ? Il doit être Français, et non pas Napolitain[54]. »

Le lendemain, l'empereur fit à nouveau le tour de la ville et de ses fortifications. C'est apparemment là que Napoléon fit part à Rapp de ses réflexions sur la campagne future. Comme l'a déjà compris le lecteur, nous excluons ici catégoriquement toutes les cogitations sur les plans de guerre contenues dans des mémoires. On n'en a pas moins fait exception pour ceux de Metternich, qui était bien informé et rédigeait de toute évidence ses mémoires en se fondant sur des notes prises antérieurement. En tout cas, tout ce qu'il a écrit correspond strictement aux documents élaborés à la veille de la guerre. Il en va de même pour Rapp. Il ne faut pas considérer une seule phrase de ses mémoires comme une démonstration, mais plutôt comme une illustration de ce que l'on peut trouver dans les documents rédigés avant le déclenchement de la guerre. Rapp relata que l'empereur lui avait dit : « Je passe le Niémen, je bats son armée [d'Alexandre] et m'empare de la Pologne russe ; je la réunis au grand-duché, j'en fais un royaume où je laisserai cinquante mille hommes que le pays entretiendra. Les habitants désirent se reconstituer en corps de nation ; ils sont belliqueux, ils se formeront, ils auront bientôt des troupes nombreuses et aguerries : la Pologne manque d'armes, je lui en fournirai ; elle bridera les Russes ; ce sera une barrière contre l'irruption des cosaques[55]. »

Pourquoi l'empereur s'était-il rendu à Dantzig, et non pas à Varsovie ? Il y a plusieurs raisons à cela. D'une part, le groupement de troupes destinées à l'offensive se trouvait au nord, le long de la Baltique ; il était par conséquent naturel qu'il ait voulu s'en rapprocher. D'autre part, Napoléon, tout en songeant à la restauration de la Pologne, souhaitait prendre le moins possible d'engagements concrets pouvant lui lier les mains lors des pourparlers de paix avec la Russie qui lui semblaient inéluctables. Cependant, malgré l'absence de l'empereur et en dépit du fait que les troupes qui avaient traversé le duché de Varsovie n'avaient pas laissé les meilleurs souvenirs, la capitale de la Pologne connaissait un véritable élan patriotique : « La population du duché, mais surtout celle de Varsovie, était alors sous l'empire d'une exaltation étrange, presque sublime, écrit dans ses souvenirs le représentant français à Varsovie, Bignon. On y invoquait la guerre avec une ardeur véritablement incroyable. Les autres peuples de l'Europe bénissaient l'intervalle de repos qui les laissait respirer ; mais, pour ce duché, ce repos n'était que la prolongation d'une existence équivoque et contestée dont l'unique issue était la guerre. [...] Dans les résultats présumés de la lutte prochaine, chaque passion [...] espérait trouver à se satisfaire. Tous en espéraient une patrie ; les militaires, de la gloire ; les ambitieux, un accroissement de la puissance pour l'État, et d'honneur pour eux-mêmes ; les propriétaires, des débouchés plus étendus ; les femmes, une cour brillante et le retour de leur ancienne domination dans la société. Le paysan même, en prenant le fusil, se montrait digne de sa liberté nouvelle ; le mot "patrie" était sans cesse dans sa bouche comme dans son cœur. [...] Les femmes, surtout, ne prenaient nul soin de dissimuler ce sentiment. [...] En attendant de la guerre la renaissance de leur patrie, elles ne s'aveuglaient pas sur les atteintes particulières que chacune avait à redouter. [...] À Varsovie, les femmes les plus distinguées avaient à l'armée leurs maris, leurs fils, leurs frères. [...] Pendant les trois mois qui précédèrent la guerre, on trouvait dans tous les salons de Varsovie les dames installées autour d'une table ronde, occupées à faire de la charpie, à préparer des bandes de diverses formes. Dans ce tableau de femmes élégantes, devenues sœurs de charité, il y avait quelque chose d'attendrissant et de terrible dont le souvenir ne s'effacera jamais de ma mémoire[56]. »

La guerre n'était pas encore devenue patriotique pour la Russie, mais elle l'était déjà pour la Pologne. La comtesse Potocka se souvint dans ses mémoires : « Dès que la nouvelle de la guerre fut connue dans le pays, la jeunesse courut de toute part aux armes avant même d'être appelée. Ni les menaces de la Russie, ni les calculs et les craintes des parents ne purent arrêter cet élan patriotique ; ce fut le même enthousiasme et le même dévouement qu'en 1806, mais il y avait un degré de confiance de plus.

« Une génération nouvelle remplaçait celle qui avait disparu, en partie, dans les rangs de l'armée française ; les enfants écoutaient avec une curiosité fiévreuse les récits de leurs aînés, et brûlaient d'ardeur. L'espoir de revenir victorieux les poussait aux actions héroïques. Des soldats à peine sortis de l'adolescence se firent admirer par de vieux grenadiers. Ceux qui ne portaient pas d'uniformes n'osaient se montrer dans les rues, car ils risquaient d'être insultés par les gamins. [...] L'armée polonaise, déjà au grand complet grâce à l'ardeur avec laquelle elle avait été organisée, reçut l'ordre de se mettre en marche. Elle partit, réunissant dans ses rangs la plus brillante jeunesse ; pas un des noms historiques ne manquait à l'appel[57]. »

Effectivement, les représentants de toutes les familles célèbres de Pologne et de Lituanie vinrent compléter les rangs de l'armée napoléonienne. Mais le destin le plus étonnant et le plus exceptionnel fut celui du prince Dominique Jérôme Radziwill. Sa vie fut si extraordinaire et en même temps si symptomatique que nous nous devons de dire ne serait-ce que quelques mots sur lui.

Le prince Dominique naquit en 1786 dans une famille de magnats lituaniens, la plus riche de la Rzeczpospolita. Dominique perdit très tôt son père, puis sa mère, et demeura le seul héritier d'une gigantesque fortune. Après le partage de la Rzeczpospolita, presque toutes les possessions de la famille Radziwill se retrouvèrent en territoire russe. Le jeune prince possédait 120 000 âmes de paysans serfs, ce qui signifie environ un quart de million de sujets, un pays entier ! En 1804-1805, Radziwill vivait à Pétersbourg, où il se lia d'amitié avec notre vieille connaissance Adam Czartoryski. Il voyagea ensuite en Europe ; il séjourna à Berlin, à Paris, à Vienne. Au début de 1810, il revint sur ses terres, mais accomplit bientôt un acte absolument étonnant.

Au début de 1811, il arriva dans le duché de Varsovie et présenta une requête au prince Poniatowski afin d'être admis dans l'armée. L'héritier de vingt-cinq ans d'une si vieille famille considérait évidemment qu'il méritait une place d'honneur dans les troupes polonaises. Poniatowski accéda à la demande du jeune homme, tout en lui proposant de faire un don à la Pologne. Dominique finit par verser pour les besoins de l'armée polonaise la somme de 234 000 zlotys, équipant pratiquement tout un régiment à ses frais. Le 1er avril 1811 fut signé un décret nommant Dominique Radziwill colonel de l'armée du duché de Varsovie. Poniatowski emmena en outre le jeune prince dans le voyage à Paris qu'il entreprit en avril de la même année (voir chapitre VIII) et dont le but, on l'a déjà expliqué en détail, était d'exposer à Napoléon les périls qui menaçaient le duché. À Paris, Dominique fit la connaissance de l'empereur des Français et de toute l'élite politique et militaire de l'Empire, et devint un ardent partisan de Napoléon et de la restauration de la Pologne.

Lorsque le jeune colonel revint dans le duché avec Poniatowski et prit le commandement du 8e régiment de lanciers composé pour partie de natifs de Galicie, pour partie d'hommes ayant fui la Russie, une sévère mise en garde lui fut adressée par les autorités de l'Empire russe. On fit comprendre au jeune prince qu'il faisait fausse route en s'engageant dans une armée affectée à la lutte contre un État où se trouvaient notamment ses possessions. Cela ne fit aucun effet sur Dominique. Alors, en qualité de premier avertissement, cent cinquante de ses villages furent confisqués ; comme cela n'avait pas plus de résultat, la mesure s'étendit à l'ensemble de ses biens. Ainsi, le jeune « milliardaire », pour user de termes contemporains, l'homme le plus riche de Lituanie et le plus riche de Russie après la famille impériale, était désormais pauvre. Mais cela non plus n'entama pas le jeune prince : il préféra à ses richesses incommensurables la possibilité de servir dans les rangs de la Grande Armée et d'être le premier à entrer dans Wilno à la tête de son régiment.

Il était d'ailleurs dans les plans du commandement polonais d'utiliser l'immense prestige de Radziwill. Dans un rapport daté du 9 (21) février 1812, le prince Bagration écrivit que personne en Volhynie ne souhaitait acquérir les propriétés du prince, car « ceux qui se risqueraient à acheter ou même à prendre à bail une possession du prince Dominique Radziwill seraient menacés[58] ». C'est pourquoi, lorsque Sokolnicki proposa à l'empereur d'envoyer une colonne à part en Volhynie, il offrit de placer Radziwill à sa tête. Au cours de sa marche, de nombreux paysans du prince, ainsi que des hobereaux dépendant de la maison princière, devaient se joindre à son détachement (voir chapitre X).

À lire des documents consacrés à la biographie de Radziwill, on mesure combien il est navrant d'imaginer que seuls les intérêts matériels gouvernent le monde. Si c'est vrai pour l'écrasante majorité des humains, il en était autrement pour une élite chevaleresque dont Dominique Radziwill était l'un des représentants... Il ne faut pas omettre de dire que, en choisissant de servir Napoléon et la cause de la restauration de la Pologne, Radziwill ne s'était pas seulement privé de sa richesse. Après la catastrophe de 1812, il avait certainement la possibilité d'implorer la clémence d'Alexandre et de recouvrer ses biens. En effet, la haine du tsar était concentrée sur Napoléon et il était tout à fait favorable à ce que des partisans de l'empereur des Français, à plus forte raison célèbres et riches, passent de son côté. Mais Dominique préféra demeurer jusqu'au bout dans les rangs des unités polonaises qui servirent Napoléon. Le 30 octobre 1813, à la bataille de Hanau, lors d'une charge héroïque des chevau-légers polonais, il fut blessé à la tête et mourut au bout de quelques jours, le 11 novembre de la même année. Il n'avait que vingt-sept ans...

Pour en revenir à l'état d'esprit qui régnait dans le duché, il convient de signaler que Bignon et la comtesse Potocka n'étaient pas les seuls à avoir constaté un extraordinaire élan patriotique ; c'était aussi le cas des agents russes, beaucoup moins enclins à l'exaltation. Dès l'été 1811, une source inconnue rapportait de Varsovie au commandement russe : « Les esprits en Pologne, depuis les bruits de guerre entre la France et la Russie, sont réveillés plus que jamais ; la troupe est décidée à tout entreprendre, et tous sont totalement dévoués à Napoléon[59]. »

En février 1812, le comte de Witte informait lui aussi Alexandre Ier de l'état d'esprit prévalant dans le duché : « Le bruit de guerre entre la Russie et la France est dans la bouche de tout le monde. Les préparatifs que l'on fait dans le duché se font à cet égard avec beaucoup de zèle[60]. »

Le 17 mars, le baron von Tuyll écrivit à Barclay de Tolly : « Les militaires [du duché] [...] sont remplis d'enthousiasme pour la cause soi-disant polonaise, et on ne néglige rien pour travailler l'esprit de l'officier et du soldat[61]. »

Le 6 avril, le conseiller secret Chtcherbinine avertit le général Essen qu'un agent envoyé à Varsovie avait rapporté ce qui suit : « À Praga aussi bien que dans Varsovie même, j'ai trouvé toutes les maisons emplies de soldats, et partout dans les rues, où que j'allasse, j'en rencontrai des tas. [...] En général, tous les artisans de Varsovie sont occupés à quelque travail pour les troupes : les premiers leur confectionnent des habits, les deuxièmes des chaussures, les troisièmes fabriquent des fourgons, les quatrièmes réparent des fusils, etc. [...] Tous les officiers que j'ai vus dans des tavernes où j'entrais exprès ne parlent de rien d'autre que de la guerre, dont discourent sans cesse même les soldats ivres. [...] Sur toutes les places et dans toutes les rues on instruit les recrues, apprenant aux uns à marcher avec des fusils, aux autres à sabrer. [...] Le bruit s'est d'ailleurs répandu dans Varsovie que l'empereur Napoléon aurait aboli le nom de duché de Varsovie et aurait ordonné de l'appeler désormais royaume de Pologne, ce qui a causé une joie extraordinaire parmi les militaires, y compris ceux qui buvaient, et ils allaient dans les rues en criant à tue-tête : Vivat l'empereur Napoléon ! Vivat le royaume de Pologne[62] ! »

Dans la « Note sur la situation des affaires politiques et militaires dans le duché de Varsovie », rédigée à l'intention d'Alexandre Ier à la veille de la guerre de 1812, il est dit : « L'esprit de bienveillance envers le gouvernement français et l'espoir que celui-ci restaurera la Pologne rendent presque fous tous ceux qui, militaires ou civils, touchent des soldes importantes et autres avantages et récompenses, et la décoration française de la Légion d'honneur, ainsi que l'ancienne décoration polonaise de la Croix d'or, qui a été rétablie, ont une grande influence sur les fonctionnaires civils ou militaires, et même sur les hommes du rang[63]. »

Enfin, même l'ami du tsar Adam Czartoryski, voyant comment évoluait la situation dans le duché, écrivit le 4 juin 1812 à Alexandre, le priant une fois de plus de le dégager de tous ses postes et de toutes ses fonctions au service de la Russie : « Vous dites que Napoléon ne fera rien de grand et de digne pour la Pologne. Et si le contraire se produit ? Que devrai-je faire alors ? Quelle sera alors ma position à l'égard de ma famille, de mes compatriotes ? Je ne me retrouverai pas seulement à l'écart de leurs efforts, je serai même catalogué comme un ennemi. [...] Je prie Votre Majesté de décider elle-même du moment auquel me libérer de mon service[64]... »

Alors que la Pologne se préparait à la guerre, les troupes françaises achevaient de converger vers les emplacements que l'empereur avait fixés pour lancer l'offensive. Le plus étonnant est que, même en ces ultimes moments qui précédèrent la guerre, Napoléon indiquait en permanence à ses subordonnés ce qu'il était indispensable de faire en cas d'offensive russe. C'est ainsi qu'il donna depuis Dantzig, le 10 juin, des instructions à son chef d'état-major, Berthier[*], pour le cas où les Russes lanceraient une offensive sur Varsovie. Il expliquait : « Si l'ennemi prenait l'offensive sur la rive droite de la Narew [...], [il] prêterait le flanc au vice-roi, qui tomberait sur sa droite. Si c'était entre la Narew et le Bug que l'ennemi vînt à effectuer un mouvement offensif, le 5e et le 8e corps pourraient [...] tomber sur la droite de l'ennemi. Tandis que l'ennemi s'enfoncerait ainsi dans des opérations qui ne le conduiraient à rien, puisqu'en dernière analyse il trouverait la Vistule, il aurait perdu bien des marches, et la gauche de notre armée, qui aurait passé le Niémen, arriverait sur son flanc et sur ses derrières avant qu'il pût se relever[65]. »

Dans son ouvrage consacré au début de la guerre de 1812, le général Henri Bonnal notait : « L'insistance de Napoléon à prêter aux Russes le projet de commencer la guerre par une marche générale sur Varsovie prouve qu'il les supposait animés, comme en 1806-1807, d'un esprit offensif sans bornes, et qu'il connaissait les aspirations passionnées du vieux parti russe à punir les Polonais de leur amour pour la France en s'emparant du grand-duché de Varsovie[66]. »

De fait, l'attente de l'offensive russe était devenue littéralement une idée fixe. Les dernières instructions sur ce qu'il fallait faire en cas d'offensive de l'ennemi furent données les 20 et 21 juin (!) dans des lettres adressées au roi Jérôme[67] – autrement dit, deux ou trois jours seulement avant le passage du Niémen !

En ces derniers jours précédant la guerre, le mouvement des troupes françaises devenait de plus en plus malaisé. À présent, les colonnes fusionnaient, se rapprochaient, toutes les routes débordaient de troupes. Au début de la marche, la distance entre les colonnes était assez grande, et les régiments, en avançant, avaient la possibilité de trouver un gîte pour la nuit et de se nourrir convenablement, de sorte que les acteurs de la guerre à venir se remémoreraient avec nostalgie cette période. Voici en particulier ce dont se souvint le fusilier-grenadier de la Garde impériale Henri Scheltens : « C'était un véritable plaisir de marcher sur d'excellentes routes, dans la plus belle saison de l'année et dans un très beau pays. Tous les soirs on logeait chez l'habitant, tantôt bien, tantôt mal. On ne tombe pas toujours chez des gens riches, mais les braves Allemands

---

[*] Ces instructions ont été mentionnées au chapitre X.

faisaient tout ce qui leur était possible, bien souvent à contrecœur, j'en conviens ; mais le soldat ne s'inquiète guère de la bonne ou de la mauvaise volonté de son hôte ; quand celui-ci ne donne pas, le soldat prend[68]. »

À présent, au contraire, il y avait tant de troupes qu'elles ravageaient tout sur leur passage, pareilles à des nuées de sauterelles. En outre, les alliés allemands se livraient souvent à des excès et Napoléon adressa des blâmes sévères au maréchal Ney, dans le corps duquel les contingents wurtembergeois se faisaient remarquer par leur manque de discipline, ainsi qu'au roi Jérôme. L'empereur écrivit à ce dernier : « On se plaint beaucoup de la discipline de vos troupes : on dit que chacun y fait ce qu'il veut[69]. » Cependant, des remontrances aussi mesurées ne suffisaient visiblement pas. Le capitaine wurtembergeois von Suckow se souvint que, à l'approche de sa division, « les paysans de la région s'enfuyaient avec leur bétail, emportant leurs biens les plus précieux, et cherchaient refuge dans les bois. Lorsque nous entrions dans un village, nous trouvions en général toutes les maisons vides[70] ».

L'officier de la légion de la Vistule von Brandt nota que le commandant d'un détachement rencontré à Thorn lui avait relaté les désordres perpétrés dans la région : « Chacun, me disait-il, fait ce qu'il veut, prend où il peut… Français, Italiens, Wurtembergeois, Badois, Bavarois, Polonais même saccagent à l'envi le pays. Si cela continue longtemps, nous finirons par nous manger les uns les autres comme des rats affamés. Il faut que l'empereur soit aveugle pour tolérer de tels excès[71]. »

Non, l'empereur n'était évidemment pas aveugle, mais il supposait sans doute que l'essentiel était d'amener cette masse de troupes à la rencontre de l'ennemi et que, là, après une brève bataille, tout serait fini. On fusillait des maraudeurs, mais, dans la majorité des cas, on fermait simplement les yeux. Le soldat Jakob Walter, du contingent wurtembergeois, se souvint que ses camarades et lui avaient pillé la petite ville polonaise de Kalvaria : « Cette région était polonaise, c'est-à-dire amie. Les habitants s'en prévalurent pour porter plainte auprès de notre prince royal. Celui-ci donna l'ordre de fusiller le premier soldat qui serait trouvé hors du camp. […] La détermination du prince était impressionnante. Il allait et venait sur le front des troupes en braquant un pistolet sur la poitrine des soldats. On pouvait craindre que le coup ne partît et que l'un d'entre nous ne fût tué. L'affreuse pénurie de vivres dont nous pâtissions finit pourtant par calmer sa colère et par retenir sa main[72]. »

Tout ne se bornait d'ailleurs pas, pour les soldats, à ce que leur chef les menace d'un pistolet. Parmi les unités françaises, surtout dans le corps de Davout, les cours martiales étaient sans pitié et il n'était pas rare que des hommes soient fusillés.

Mais, quelques jours avant que les troupes atteignent le Niémen, les pillages devinrent, si l'on peut s'exprimer ainsi, officiels. Le colonel de Saint-Chamans se souvint : « Nous avions reçu l'ordre, sous notre propre responsabilité, d'enlever tout ce que nous rencontrerions en grain, eau-de-vie et bétail, dans tous les cantonnements que nous occuperions [...]. L'exécution de cet ordre avait cependant vivement répugné à tous les officiers, et il faut avouer qu'il était bien cruel pour nous, après avoir passé quelques jours chez un seigneur de village ou chez un riche fermier, et y avoir été reçus aussi bien qu'en France, voire souvent mieux, d'enlever en partant, pour les remercier de leur bon accueil, leurs attelages, leurs biens et leurs bestiaux. [...] Je crois que tous les officiers tâchèrent, comme moi, d'adoucir leur sort ; mais, même avec des ménagements, nous leur fîmes encore bien du mal[73]. »

Ainsi, la guerre n'avait pas encore commencé que les habitants de Prusse orientale et de nombreuses régions du duché de Varsovie ressentaient déjà douloureusement les calamités qu'elle provoquait.

Tandis que soldats et officiers bourraient leurs chariots de grain et de farine, les ultimes préparatifs de la guerre se terminaient. Au soir du 12 juin, l'empereur arriva à Königsberg, où allait résider pendant quatre jours son état-major et d'où seraient envoyés les ordres de se préparer à franchir le Niémen. En effet, si Napoléon continuait jusque-là à croire en la possibilité d'une offensive russe, il était à présent pratiquement convaincu que la guerre débuterait sur le sol de l'Empire russe.

Le 15 juin, il donna de Königsberg les premières instructions concrètes concernant le franchissement du Niémen. Dans une lettre à Eugène de Beauharnais, il écrivait : « Mon intention est de passer [le Niémen] entre Kovno et Olitta. Je pourrai jeter quatre ou cinq ponts à la fois et y passer avec les 1er, 2e, 3e corps et la Garde, et même avec les 4e et 6e corps, débouchant rapidement sur Wilno. Dans cette supposition, le roi de Westphalie pousserait rapidement de Novgorod sur Bialystok pour suivre Bagration. Je compte que les premiers coups seront tirés le 22 ou le 23, du côté de Kovno[74]. »

On voit donc que le plan définitif des opérations ne fut arrêté par Napoléon que dans les derniers jours précédant le début de la campagne. Le principe de base demeurait le même : écraser les troupes russes dans une ou deux batailles sur la frontière, et décider ainsi de l'issue de la guerre dans les plus brefs délais. Cependant, la manière concrète de mettre ce plan d'ensemble à exécution ne s'est profilée qu'à la mi-juin. Comme l'indique la lettre de l'empereur, il ne s'agissait aucunement de couper en deux les armées russes. La tâche était on ne peut plus simple : pousser les troupes d'attaque de l'aile gauche en avant, puis se jeter sur le gros des troupes de la 1re armée de l'Ouest alors que les opérations de l'armée de Bagration devaient être paralysées par le mouvement en avant du groupement de Jérôme Bonaparte.

Comme il résulte du document cité, même le 15 juin, l'empereur ne se représentait pas distinctement ce que ferait le groupement central commandé par le prince Eugène (4ᵉ et 6ᵉ corps d'armée et 3ᵉ corps de cavalerie). Sa mission devait être de se déterminer en fonction des renseignements complémentaires concernant l'ennemi. Il faut dire qu'à ce moment-là les informations sur l'armée russe dont disposait Napoléon n'étaient à l'évidence pas aussi précises que les données qu'avait envoyées Tchernychev à son gouvernement, mais, dans l'ensemble, elles correspondaient à la réalité. Les témoignages sur l'adversaire provenaient tant des agents basés en territoire russe que des déserteurs qui s'étaient mis à la disposition de la Grande Armée.

Le chef du département qui centralisait les informations provenant des services secrets, le général Sokolnicki, rapportait de Thorn que dans la seule journée du 8 juin étaient arrivés là quatre cosaques, un dragon du régiment de Pskov, un hussard du régiment de Soumy et quatre soldats du bataillon de la garnison de Grodno[75]. En analysant des informations disparates, le secrétaire particulier Lelorgne d'Ideville remit le 10 juin une note indiquant que les effectifs de l'armée russe pouvaient atteindre 297 000 hommes, mais qu'en réalité il n'y en avait que 228 000 sous les armes[76]. Il s'agit bien entendu du total des effectifs des trois armées russes stationnant directement sur la frontière (à l'exclusion des réserves). On peut noter que ces chiffres coïncident presque exactement avec ceux donnés au chapitre précédent (227 000).

Ainsi Napoléon était-il assez bien informé de la situation d'ensemble des troupes russes, même s'il n'en connaissait évidemment pas tous les détails.

Il faut dire que le commandement russe était également au courant des déplacements et des effectifs des troupes napoléoniennes. Ainsi, le 17 juin, le général Tormassov rapporta à Barclay de Tolly les résultats de la collecte d'informations de ses agents : « La force de l'armée française avec tous ses alliés est supposée être de 400 000 hommes. Les forces polonaises constituent le 5ᵉ corps, elles sont commandées par le prince Poniatowski, dont le quartier général est à Ostrolenka ; à ce corps se joindront les troupes polonaises venant d'Espagne. Sur la rive droite de la Vistule, on attend l'arrivée des troupes bavaroises et saxonnes ; le corps italien de 40 000 hommes se dirige vers Posen [Poznan] ; il a à sa disposition une grande quantité de pontons. Le vice-roi d'Italie est déjà arrivé à Varsovie[77]. » Comme on le voit, l'état-major russe estimait lui aussi avec exactitude les forces de l'adversaire. Ainsi qu'on l'a déjà indiqué, il y avait en effet dans le premier échelon des troupes de la

Grande Armée quelque 410 000 hommes (sans compter les Autri-chiens) ; ce sont ces soldats et officiers que les agents russes avaient pris en compte.

Dans ses mémoires, le général Wolzogen (à l'époque colonel de la suite d'Alexandre) rapporta également : « J'avais organisé un bon système d'espionnage et je recevais donc fréquemment des informa-tions du duché de Varsovie sur les marches de l'armée française. [...] J'avais ainsi très vite appris que toute la Grande Armée de Napoléon marchait sur la Prusse orientale. J'ai su aussi que son attention se portait surtout sur Wilno et la 1re armée[78]. »

Les deux camps disposaient d'informations exactes non seulement sur le plan strictement militaire, mais également dans le domaine politique. Le 16 juin, le ministre des Affaires étrangères, Maret, envoya de Königsberg, sur ordre de Napoléon, deux dépêches. L'une était adressée au comte de Lauriston, ambassadeur de France, l'autre au comte Kourakine, ambassadeur de Russie. Dans la lettre à Lauriston, il était indiqué : « Il est aujourd'hui trop certain [...] que le gouvernement est résolu à la guerre pour qu'il convienne que vous restiez plus longtemps à Pétersbourg. Sa Majesté vous ordonne de demander vos passeports et de repasser la frontière[79]. » Quant à la lettre à Kourakine, elle exposait les prétentions de Napoléon à l'égard d'Alexandre et s'achevait par la phrase suivante : « Sa Majesté, ne pouvant plus douter des intentions de votre cour, m'a ordonné de vous renvoyer vos passeports, dont elle considère la demande réitérée comme une déclaration de guerre[80]. »

Dans les ouvrages historiques de l'époque soviétique, c'était devenu un axiome que d'affirmer que Napoléon avait attaqué la Russie sans déclaration de guerre. Cette affirmation se retrouve éga-lement dans de nombreux ouvrages publiés en Russie après la dispa-rition de la censure communiste. Comme on le voit d'après les documents cités, il n'en a rien été. Toutes les démarches formelles auxquelles devaient procéder des gouvernements qui se respectent furent observées. Pour ce qui est de la situation concrète, tout le monde la connaissait depuis longtemps, et les principales instruc-tions concernant la Grande Armée parvenaient au commandement russe au bout de quelques jours.

À propos de l'activité de Kourakine : comme on l'a noté plus haut, les demandes réitérées de ses passeports avaient d'ores et déjà constitué une déclaration de guerre officielle. Le ministre des Affaires étrangères, Roumiantsev, critiqua d'ailleurs assez sèchement les agis-sements de l'ambassadeur. Dans sa lettre de Wilno du 22 juin, il écrivit : « Vous avez fait preuve d'une insistance excessive dans vos multiples exigences au sujet de la remise de passeports non seulement à vous personnellement, mais à tout le personnel de l'ambassade, jusqu'à celui de l'église de l'ambassade, bien qu'aucun ordre de notre auguste souverain ne vous ait mandaté pour cela[81]. »

Pour ce qui est de Lauriston, un courrier lui apporta une instruction du ministère des Affaires étrangères en date du 22 juin, et le jour même il demanda officiellement ses passeports. Ainsi, on peut dire qu'avant le début des opérations militaires, à l'aube du 24 juin 1812, les Empires russe et français s'étaient déjà déclaré mutuellement la guerre, et même à plusieurs reprises !

Le 17 juin, Napoléon était à Insterburg, et le 19 à Gumbinnen. Là, sur son ordre, fut rédigé le 1er Bulletin de la Grande Armée. De tels bulletins étaient régulièrement publiés au cours des campagnes napoléoniennes. Ainsi, le 1er Bulletin de l'armée d'Allemagne (l'armée française de 1809) n'était paru que le 24 avril 1809, autrement dit deux semaines seulement après le début des opérations militaires. La publication de ce 1er Bulletin, où étaient indiquées les causes pour lesquelles le conflit avait éclaté, attestait clairement que les deux puissances étaient en état de guerre, et même que la guerre entre elles avait déjà commencé.

Le commandement russe, qui se tenait parfaitement au courant de tout ce qui se tramait dans le camp français, décida ce jour-là précisément de s'employer à compliquer le passage des Français à Kovno. Un habitant de cette ville, Lavrinovitch, écrivit dans son journal : « Le 8 [20] juin. Sur ordre de la police, au cours de la nuit dernière et du jour présent, le pont sur la rivière Vilia* fut démonté, et ce soir il n'existait déjà plus[82]. »

Ainsi, au 20 juin, les armées russe et française se faisaient face. Personne, tout au moins au sein du haut commandement, ne nourrissait plus aucun doute sur le fait qu'une grande guerre allait débuter dans les prochains jours. Cependant, dans ces dernières heures précédant la confrontation, le commandement russe, qui avait préparé la guerre depuis plus de deux ans, se trouvait plongé dans une étrange indécision.

Il devenait évident que tous les plans élaborés auparavant ne valaient plus rien et qu'il n'existait pas de plan de substitution clair et conséquent. Wolzogen, qui figurait à ce moment-là parmi les proches du tsar, écrivit : « Quand j'arrivai à Wilno, le 17 juin, j'y découvris la plus grande confusion. Il s'y ajoutait une insouciance qui se manifestait par mille sortes de divertissements, parce que l'empereur écoutait tout le monde. Il y avait autant d'avis différents sur la guerre qu'il y avait de conseillers présents. Le comte

---

* La rivière Vilia se jette dans le Niémen à Kovno. La route partant de Kovno en direction du nord traversait la Vilia. La destruction du pont sur la Vilia, par lequel passait une route importante pour la liaison entre les corps russes, ne pouvait se comprendre qu'en cas de certitude totale d'une offensive française.

Roumiantsev, ministre des Affaires étrangères, ne croyait toujours pas à un réel déclenchement des hostilités. Il espérait toujours pouvoir étourdir Napoléon, censé "ne faire que des démonstrations". Le général Bennigsen, lui, voulait livrer bataille à Neu-Troki. Armfelt, adjudant général de l'empereur (auparavant au service de la Suède), avait une mauvaise réputation d'intrigant et émettait à son tour une opinion différente. Le général Oppermann en avait une quatrième, et le général baron Paulucci une cinquième. Dieu sait combien d'autres faiseurs pouvaient encore contribuer à accroître la confusion ! Seul Phull se cramponnait à l'idée de respecter scrupuleusement les plans de campagne et de repli qui avaient été arrêtés. Le général Barclay l'approuvait en silence. Dans toute cette confusion et cette indécision, on savait pourtant déjà à Wilno que Napoléon était personnellement entré le 12 juin dans Königsberg et qu'une armée colossale de 450 000 hommes, entièrement équipés, s'approchait du Niémen depuis Tilsit jusqu'à Grodno. [...] Au quartier général russe, on oscillait ainsi entre action et laisser-aller, entre inquiétude et légèreté. *On était désorienté, sans but*, alors qu'Hannibal était aux portes[83]. »

Si l'on en croit ses souvenirs, Wolzogen s'était exclamé lors d'une conversation avec Alexandre : « "Ma foi ! Face à de tels faits, il n'y a plus un instant à perdre de notre côté. Il faut arrêter un plan définitif sur-le-champ ! Votre Majesté doit confier le commandement de l'armée à quelqu'un." [...] L'empereur m'avait laissé parler. Il a alors essayé de me calmer et m'a congédié avec ces mots déjà si souvent contredits par les événements : "Napoléon n'ira pas aussi vite[84]." »

Mais Napoléon, on le sait, allait vite. Son armée était à présent tout à fait prête au combat ; tous étaient à leurs places et brûlaient du désir de se mesurer au plus tôt aux Russes, regardant la future campagne avec un bel optimisme. Le 17 juin, Eugène de Beauharnais écrivit : « La campagne s'ouvrira donc bientôt et tout nous porte à croire qu'elle ne sera pas longue. Tant mieux, car l'automne et l'hiver sont bien mauvais, dans ce pays[85] ! »

On peut dire avec certitude que, pour la seconde de ces phrases, le prince Eugène ne se trompait pas ; mais c'est déjà une autre histoire...

Épilogue

Tard dans la soirée du 21 juin 1812, Napoléon arriva dans la petite ville polonaise de Wilkowiski, distante de 28 kilomètres seulement du Niémen par la grand-route. De là, il adressa le lendemain une proclamation à son armée pour lui annoncer le début des hostilités. Et deux jours plus tard, à l'aube du 24 juin, les premiers coups de feu retentirent...

Il sera question de cela dans le prochain tome de cet ouvrage. Pour l'heure, arrêtons-nous un instant sur les événements de ces chaudes journées de la mi-juin 1812 au cours desquelles la Grande Armée s'approchait de la rive du Niémen.

Le présent volume s'est évertué à expliquer pourquoi une guerre contre nature s'était enclenchée entre la Russie et la France. Pourquoi des régiments venus de toute l'Europe de l'Ouest, beaucoup après une marche de 2 à 3 000 kilomètres, étaient-ils parvenus aux frontières occidentales de l'Empire russe ? Nous espérons que le lecteur ne pensera plus que la faute en incombe aux plans insensés de domination mondiale de Napoléon. Il n'est pas besoin de préciser que l'opinion de Tolstoï affirmant : « Il n'y a pas eu de cause unique à cet événement, mais il devait se produire, seulement parce qu'il devait se produire* », ne résiste pas non plus à l'examen. La guerre de 1812 a eu des auteurs tout à fait concrets qui portent une part écrasante de la responsabilité de cette tragédie historique.

On considère habituellement que le premier et quasi unique coupable est l'empereur Napoléon. On prétend que sa politique de conquête, son aspiration à tout soumettre au diktat économique et politique de la France, enfin sa soif de domination mondiale ont conduit à cette campagne contre la Russie, seul pays indépendant du continent européen qui résistait à l'insolente volonté du

---

* *Guerre et Paix*, tome III, 1re partie, chapitre 1. (*N.d.T.*)

conquérant... Il ne fait pas de doute que la politique de Napoléon a contribué à réunir les conditions de cette guerre, mais il serait absolument infondé de laisser de côté le rôle immense, et véritablement funeste, que joua dans l'histoire de l'Europe le tsar de Russie, Alexandre Ier.

Lorsqu'il accéda au pouvoir à la suite d'un parricide, il n'existait et semblait ne pouvoir exister aucune raison de déclencher une guerre franco-russe. En dépit de tout son amour pour le pouvoir, Bonaparte avait concentré son attention sur la politique intérieure, employant toutes ses forces à faire de la France un pays florissant. C'est lui qui initia des pourparlers de paix avec l'Autriche, la Russie et l'Angleterre ; c'est lui qui fit tout pour que la paix avec ces puissances soit signée au cours des années 1801 et 1802. Certes, il s'était appliqué à ce que la paix lui soit favorable, mais quel homme d'État sensé aurait agi autrement ? On peut tout de même trouver une exception à cette règle en la personne du tsar Alexandre Ier. Sa politique de 1802-1803, orientée vers une confrontation brutale avec la France, ne reposait sur aucun motif. Rien, dans les intérêts russes, ne contraignait Alexandre Ier à agir de façon si intransigeante à l'égard de la France et de son talentueux leader. Mais Alexandre ne se borna pas à adopter une position antifrançaise tranchante, il poussa pratiquement les milieux dirigeants anglais à la guerre.

Il est incontestable que les contradictions étaient vives entre la France et l'Angleterre. La bourgeoisie anglaise aspirait à éliminer de la scène mondiale la rivale dangereuse dans le domaine du commerce et de l'industrie qu'était la France nouvelle. Les marchands anglais ne supportaient pas Bonaparte, en qui ils voyaient un homme évoluant dans un tout autre univers qu'eux. Cependant, toute cette hostilité et toute cette envie n'auraient pu déboucher sur une guerre si les Anglais ne s'étaient pas sentis soutenus sur le continent. Ils n'auraient pas couru les mers en solitaires comme des pirates s'ils n'avaient trouvé aucun appui sur terre. Si, en 1803, les milieux dirigeants anglais s'étaient décidés à fouler aux pieds le traité de paix d'Amiens, c'est parce qu'ils voyaient que la Russie, loin de s'opposer à leurs ambitions, les soutenait et les approuvait.

Cette position découle entièrement d'une initiative personnelle d'Alexandre. Rien – ni les intérêts géopolitiques, ni même l'opinion publique – ne contraignait le tsar à appuyer sans réserve les insolentes prétentions des milieux britanniques fortunés. L'écrasante majorité de la classe dominante de Russie était favorable à une politique étrangère indépendante dans le style de Pierre le Grand et de Catherine II, qui avaient su faire respecter sur les mers le pavillon russe et avaient été à l'origine de la « neutralité armée ». Certes, les nobles russes détestaient la Révolution française, mais Bonaparte, ce n'était déjà plus la Révolution. Cela, Paul Ier l'avait d'ailleurs fort bien compris lorsqu'il s'était orienté vers un rapprochement avec la France. De nombreux représentants de la classe dirigeante russe l'avaient également perçu. Il ne faut pas oublier qu'ils vivaient tous sous l'influence de la culture française, qu'ils parlaient, lisaient et écrivaient le français. Le soutien sans réserve à l'Angleterre, qui faisait fi de tous les intérêts du pays, ne correspondait absolument pas non plus à ceux de la majorité de la noblesse russe. S'il y avait au gouvernement quelques anglophiles ardents, c'était uniquement parce que le tsar le voulait bien. S'il avait souhaité autre chose, il y aurait eu là d'autres hommes, car, soulignons-le encore une fois, il n'existait aucune nécessité à ce que la Russie soit hostile à la France.

Au contraire, entretenir des relations convenables avec la France tout en maintenant des relations commerciales avec l'Angleterre était le meilleur moyen, pour la Russie, de rabattre l'arrogance des classes dominantes britanniques et de freiner les aspirations par trop ambitieuses du jeune Premier Consul. Mais Alexandre choisit une tout autre politique. Il laissa les mains libres aux Anglais. Dès que la guerre anglo-française débuta, elle accentua toutes les contradictions et chauffa à blanc l'atmosphère sur le continent.

Cependant, même dans ce contexte, la guerre de la Russie contre la France n'était pas automatique. Alexandre déploya des efforts titanesques pour contraindre l'autre grande puissance du continent, l'Autriche, à intégrer l'alliance antifrançaise. À la différence des deux premières, la troisième coalition ne fut absolument pas spontanée. On y avait poussé l'Autriche à coups de pied ! En conséquence, la guerre fut pour la Russie ce qu'elle devait être. Les Autrichiens sont demeurés dans les mémoires des officiers russes comme de mauvais alliés, indécis et enclins à la « trahison ». Mais comment les Autrichiens auraient-ils pu se conduire autrement alors qu'on les avait entraînés dans la coalition contre la volonté non seulement de leur peuple, mais même de leurs généraux ?

Les historiens russes parlent souvent de la guerre de 1805 comme d'une guerre préventive. Selon eux, Napoléon ne pensait qu'à une chose : attaquer la Russie, et il fallait l'arrêter. Il nous semble que les documents et matériaux cités dans cet ouvrage prouvent de façon convaincante que la théorie de la guerre préventive ne résiste pas à l'examen. La guerre de 1805 n'a pas empêché les conflits futurs, mais, au contraire, les a engendrés. L'élargissement de la France aux dépens du Piémont ou de la Riviera génoise affectait peu les intérêts de la Russie, et à plus forte raison ne menaçait en rien sa sécurité.

Le Premier Consul, puis l'empereur, souligna constamment son attachement à l'alliance franco-russe. S'il le faisait, ce n'était évidemment pas à cause d'un penchant particulier pour le peuple russe, mais parce qu'il y voyait son intérêt. Qu'est-ce qui empêchait alors la Russie d'utiliser habilement ses bonnes relations avec la France pour y trouver son propre intérêt ?

Ainsi la Russie, et avec elle toute l'Europe, fut entraînée dans une guerre absurde, inutile et sanglante, dont la responsabilité incombe en grande partie, sinon en totalité, à l'empereur Alexandre. Cette guerre se termina par une catastrophe pour l'armée russe sur le champ de bataille d'Austerlitz, le 2 décembre 1805. Mais Napoléon se refusa, tout à fait consciemment, à pousser jusqu'au bout l'anéantissement de l'armée russe. Il espérait que le tsar apprécierait cette conduite. L'empereur des Français déclara lors d'une conversation avec Haugwitz, quelques jours après la bataille : « La Russie, je l'aurai, non pas aujourd'hui, mais dans un an, dans deux, dans trois ans d'ici. Le temps passe l'éponge sur tous les souvenirs, et ce serait peut-être, de toutes les alliances, celle qui me conviendrait le plus[1]. »

Hélas ! Napoléon ne savait pas à qui il avait affaire. À la tête de la Russie se trouvait un homme qui n'avait au cœur de ses préoccupations qu'un but : satisfaire son envie personnelle et son désir de vengeance envers Napoléon. Souvenons-nous que le grand-duc Nicolas Mikhaïlovitch Romanov avait dit très justement, au sujet de la politique mesquine, pleine de complexes personnels, d'Alexandre Ier : « Au cours des vingt-quatre autres années de son règne, il a malheureusement relégué les intérêts de la Russie au second plan. »

Pour ce qui est de l'empereur des Français, le désir de se protéger pour l'avenir, de retirer le maximum de profit de la victoire, l'entraîna trop loin. L'empire de Napoléon et ses États vassaux s'étaient mis à peser d'un trop grand poids dans la politique européenne. L'équilibre des forces était rompu, et il était devenu très difficile d'entretenir avec un tel État des rapports d'égal à égal. La défaite d'Austerlitz réveilla également en Russie des forces dormantes. La noblesse russe, en particulier le corps des officiers, souhaitait désormais une revanche. Tout cela était encore assez éloigné du fort sentiment anti-français qui prévalut dans la société russe à la veille de la guerre de 1812, mais ce n'était plus l'attitude généralement indifférente et parfois même bienveillante envers Bonaparte qui régnait à l'époque du Consulat.

Dans ce contexte, Alexandre provoqua une nouvelle guerre contre la France napoléonienne. *Provoqua* parce qu'il y avait, en 1806-1807, encore moins de raisons de déclencher une guerre que précédemment, d'autant que celle-ci coïncida avec le début d'un nouveau conflit russo-turc. Cette quatrième coalition contre la nouvelle France s'acheva également, pour les coalisés, par une totale déroute : les Prussiens furent écrasés et, moins d'un an plus tard, les troupes russes subirent une très sévère défaite à Friedland.

On a coutume d'écrire que la paix de Tilsit, conclue sous la pression des circonstances, était fragile, que la société russe brûlait de haine envers la France napoléonienne, et qu'une nouvelle guerre était de plus en plus inévitable. De fait, l'état d'esprit des élites russes avait changé. À la soif de revanche du corps des officiers s'était ajoutée une base économique tout à fait sérieuse pour un conflit par suite du blocus continental qui frappait les intérêts des couches les plus privilégiées de la société russe. En outre, la nouvelle guerre contre Alexandre avait contraint Napoléon à toucher à la question polonaise, laquelle était désormais devenue une pierre d'achoppement dans les relations entre les deux pays. La noblesse russe ne pouvait pas considérer sereinement une Pologne restaurée, fût-ce en réduction, sous le nom de duché de Varsovie. Les recherches des historiens contemporains montrent l'effervescence qui régnait dans les provinces occidentales de l'Empire et qui représentait sans nul doute un danger pour les fondements de l'État russe.

De sorte que cette opinion est juste dans l'ensemble : après Tilsit, la plausibilité d'un nouveau conflit s'était accrue. Cependant, de nombreux historiens, s'appuyant sur les mémoires, forcent indubitablement le trait. L'opinion publique russe n'était pas si unanime qu'on a coutume de l'avancer et, globalement, même dans les années 1807-1810, Alexandre avait tout à fait la possibilité, s'il en avait eu la volonté politique, non seulement d'éviter la confrontation avec la France napoléonienne, mais, au contraire, d'utiliser l'alliance pour renforcer et développer l'Empire russe. Mais les agissements du tsar étaient orientés dans une direction diamétralement opposée.

Tilsit accrut également les ambitions de Napoléon, qui s'enlisa dans l'aventure espagnole. Le tsar utilisa habilement cette situation pour rendre la confrontation encore plus vraisemblable. En 1809, l'Autriche s'engagea dans la guerre, pratiquement avec la bénédiction d'Alexandre. S'il s'y était fermement opposé, cette guerre aurait pu elle aussi être évitée.

Le premier résultat de la guerre austro-française de 1809 fut que les Anglais échappèrent au fiasco en Espagne et, par suite, les milieux dirigeants britanniques furent encore moins enclins au compromis, ce qui éloigna encore toute possibilité de règlement pacifique de la querelle européenne. En outre, la guerre de 1809 aggrava également la question polonaise. La lutte pleine d'abnégation de la petite armée de Poniatowski et la « coopération » plus que douteuse du corps allié commandé par Golitsyne ne pouvaient qu'influer sur les conditions de la paix de Schönbrunn. Le duché de Varsovie fut généreusement récompensé pour le courage de ses soldats, et la Russie ne reçut alors qu'une sorte d'aumône.

Mais que restait-il à faire à Napoléon alors que son perfide allié ne l'avait pas aidé, mais, au contraire, n'avait eu de cesse de lui mettre des bâtons dans les roues, alors même que, d'après les termes du traité, il s'était engagé à le soutenir ?

Cependant, en dépit de ces événements, en dépit de l'évidente duplicité d'Alexandre, Napoléon prit la décision d'unir son destin à celui de la sœur du tsar et d'effectuer par là une dernière tentative pour sauver l'alliance en décomposition. Bien entendu, l'empereur des Français, au nom des intérêts de son État, aurait pu par la suite faire fi de tels liens de parenté, mais il aurait fallu être fou pour souhaiter introduire non seulement dans sa chambre, mais aussi dans son palais, ses ministères et ses états-majors, des représentants d'un pays contre lequel il avait l'intention de faire la guerre. Il ne pouvait songer à un mariage russe autrement que comme à un moyen de renforcer l'alliance, ou plus exactement de tenter de la sauver. C'était son tout dernier espoir, après s'être efforcé pendant dix ans de se rapprocher de la Russie. Un rapprochement au nom duquel il avait dégradé ses relations avec la Turquie, livré la Suède à Alexandre, et cessé les opérations militaires, le 18 juin 1807, alors qu'il avait toutes les chances d'écraser l'arrière-garde russe et d'anéantir ensuite les restes de l'armée d'Alexandre battue à Friedland.

Ce n'est pas d'après les paroles, mais d'après les actes, qu'il faut juger d'une politique, et d'un homme. Toutes les actions de Napoléon dans l'arène de la politique étrangère jusqu'en 1810 visaient à tenter d'instaurer des relations d'amitié entre la Russie et la France, à rechercher les bonnes grâces du tsar en lui faisant des concessions qui ne s'imposaient pas. En effet, la Russie, qui avait perdu la guerre en 1807, n'avait pas vu son territoire réduit, mais augmenté ! Que l'on trouve dans l'histoire un autre exemple où un État qui en a attaqué un autre par deux fois et dont l'armée a été battue à deux reprises à plate couture non seulement n'a subi aucune perte, mais y a même gagné ! Ne sont-ce pas là des signes évidents de l'attitude de Napoléon vis-à-vis de l'alliance russo-française ? Et la réaction d'Alexandre à tous ces actes, à tous ces gestes, fut une réponse à la demande en mariage – ou plus exactement un refus de répondre – qui équivalait à un refus ! La gifle que Napoléon reçut ainsi du tsar n'entraîna pas une rupture, mais elle montrait clairement que toutes les tentatives pour se rapprocher de lui étaient condamnées à l'échec. Napoléon comprit dorénavant que, pour renforcer et conserver le système qu'il avait créé et édifié, il lui fallait s'appuyer sur n'importe qui d'autre qu'Alexandre Ier. Cela ne signifiait certes pas une guerre russo-française dans l'immédiat, mais, dans le climat complexe et chauffé à blanc qui prévalait en Europe, alors que l'Angleterre ne reculait devant aucun sacrifice pour activer toutes les forces hostiles à la France, une telle situation était lourde de conflit, et les deux parties le percevaient parfaitement.

C'est pourquoi, à partir de 1810, on commença de part et d'autre à prendre des mesures de précaution en cas d'agression d'un ennemi qui, désormais, n'était plus potentiel. Cette situation ne découlait pas de la nature des États ni de leurs intérêts économiques. Elle ne résultait que d'une activité d'Alexandre tendue depuis dix ans vers un but précis. Si l'on peut et si l'on doit reprocher à Napoléon nombre de ses démarches dans le domaine de la politique étrangère, et avant tout, bien entendu, sa guerre d'agression en Espagne, à l'égard de la Russie sa conduite demeura longtemps, et en permanence, des plus amicales. Dans les documents émanant de l'empereur, on ne peut rien observer d'autre qu'une attitude de respect envers l'empire de Russie et son souverain, et des tentatives en faveur du rapprochement le plus étroit, reposant sur une communauté d'intérêts géopolitiques.

Sous ce rapport, la question du blocus continental, ou plus exactement l'interprétation de l'influence de celui-ci sur les relations russo-françaises, est importante. De nombreux historiens russes, souhaitant faire apparaître Napoléon comme un agresseur insensé, se sont efforcés de présenter la situation de l'économie russe comme catastrophique et proche de la faillite en raison de son rapprochement avec la France. Grâce à ce tableau, la haine d'Alexandre envers l'empereur des Français trouvait une explication rationnelle et, plus encore, le tsar était dépeint comme le défenseur des intérêts économiques russes. Or, la plupart des références à l'influence destructrice du blocus sur l'économie russe volent en éclats si on les confronte aux faits.

Une question décisive concernant le blocus a été particulièrement déformée : celle de l'inflation du rouble-papier. La présentation de celle-ci comme une conséquence du blocus relève en effet du mensonge caractérisé. Comme on l'a montré dans cet ouvrage, l'inflation provenait exclusivement d'une émission considérable, non couverte, d'assignats, directement liée à la politique agressive d'Alexandre Ier.

Ainsi, à partir de 1810, débutèrent dans les deux camps des préparatifs militaires que l'on peut interpréter de diverses façons. On entrevoit cependant bientôt avec évidence, dans les actions du tsar, une préparation à l'invasion du duché de Varsovie. Alexandre souhaitait se proclamer roi de Pologne et considérait qu'il pourrait enrôler les Polonais sous ses drapeaux, puis soulever la Prusse contre Napoléon et, finalement, écraser l'Empire français en mettant à profit l'affaiblissement des forces de l'empereur en Europe centrale par suite des difficultés de la campagne d'Espagne.

Au début de 1811, l'ample redéploiement de troupes russes sur les frontières occidentales ne laissait plus planer aucun doute sur les intentions d'Alexandre. L'action la plus évidente fut le transfert de plus de la moitié de l'armée combattant contre les Turcs au moment même où ces forces étaient absolument indispensables sur le « front » du Danube. On ne peut expliquer un tel déplacement par les besoins de la défense. Il n'était concevable qu'en cas de préparation d'une offensive immédiate.

C'est d'ailleurs ainsi que le perçurent les contemporains. Une véritable panique se fit jour dans le duché de Varsovie, dans l'attente d'une invasion russe. Le prince Poniatowski transmit cette anxiété et cette crainte d'être écrasé par des forces considérablement supérieures en nombre à Napoléon, qui les partagea. L'empereur comprit que, bon gré mal gré, il lui fallait se préparer à une guerre en Europe centrale.

Cependant, après un long entretien avec son ambassadeur, retour de Russie, Napoléon se prit à douter. À la suite du discours passionné de Caulaincourt, toute une série de mesures d'ordre militaire furent rapportées, mais cela ne dura pas. Napoléon reçut de nouvelles informations réfutant l'opinion de son ancien ambassadeur en Russie et, le 15 août 1811, à la réception du corps diplomatique, il adressa un tel discours à l'ambassadeur de Russie, Kourakine, que tout le monde comprit que la décision de faire la guerre était prise.

Les deux camps se préparaient à présent fébrilement à un conflit armé. Même si l'esprit offensif dominait totalement au sein de l'armée russe, le tsar n'osa donner l'ordre d'envahir le duché en 1811. La cause en était la position ferme de Poniatowski, qui s'était refusé à trahir. La concentration des troupes russes sur la frontière se poursuivait néanmoins, et l'on peut dire avec une certitude quasi totale que si l'empereur des Français n'avait pas entrepris, à la fin de 1811 et au début de 1812, des préparatifs militaires d'une ampleur sans précédent, et une offensive diplomatique qui priva Alexandre du soutien de la Prusse, l'armée russe serait passée presque à coup sûr à l'attaque au printemps 1812.

Dans sa préparation des opérations militaires, Napoléon se fondait sur la position suivante : l'armée russe était en état d'alerte aux frontières et pouvait faire irruption à tout moment sur le territoire du duché, mettant ainsi à bas tous les plans et calculs du commandement français. Par conséquent, le premier et principal désir de Napoléon était d'empêcher une offensive russe impromptue. C'est pour cette raison qu'il s'efforça d'organiser le plus secrètement possible l'offensive de ses propres troupes. Ainsi prit-il toutes les précautions possibles (qui se révélèrent d'ailleurs vaines) pour que le commandement russe apprenne le plus tard possible le mouvement des forces françaises en direction de la Vistule.

Napoléon considérait comme sa principale tâche stratégique de déployer au plus vite son armée sur la Vistule, avant le début de l'invasion russe. Dans son idée, l'armée d'Alexandre devait être stoppée sur la ligne de la Vistule et écrasée par une vigoureuse attaque sur son flanc par le groupement nord de la Grande Armée. La politique allait main dans la main avec la stratégie, et Napoléon obtint que non seulement la Prusse, mais aussi l'Autriche se rangent à ses côtés, protégeant ainsi les flancs du déploiement stratégique.

Mais c'est justement pour cette raison que tous les plans russes furent modifiés. Informés dans les moindres détails de l'ampleur des troupes françaises qui s'approchaient de la Vistule, et ayant appris que l'Autriche et la Prusse soutenaient Napoléon, Alexandre et Barclay de Tolly étaient de moins en moins chauds à l'idée d'envahir le duché. Ayant finalement renoncé à l'offensive, le commandement de l'armée russe n'adopta pour autant aucun plan d'action concret. En réalité, le fameux « plan Phull » n'était pas un projet cohérent de guerre défensive bâti sur l'hypothèse d'une retraite, fût-elle peu profonde, mais un assemblage composite de réflexions scolastiques sur les opérations militaires possibles. Ces « plans » n'avaient obtenu aucune approbation officielle, mais les troupes russes ne s'en étaient pas moins positionnées le long des frontières occidentales de l'Empire conformément aux idées du faiseur de projets allemand !

Mais, bizarrement, la confusion qui régnait dans les états-majors et l'absence de plan intelligible se révélèrent en fin de compte favorables au tsar. Heinrich Leer, historien et théoricien militaire russe de la fin du XIXᵉ siècle, écrivit : « Si, à la guerre, il est difficile de deviner un adversaire compétent, c'est encore plus difficile lorsqu'il est incompétent. » En effet, si l'armée russe avait adopté un plan de retraite clair et cohérent pour la préparation duquel auraient été appliquées des mesures tout aussi claires et cohérentes, il aurait été impossible de le dissimuler à Napoléon. Même si tous les officiers informés avaient préservé de façon idéale le secret (ce qui était pratiquement impossible, car si la préparation avait été conséquente, le nombre d'hommes informés aurait été d'autant plus important), la disposition même des troupes, des magasins, des entrepôts, aurait montré que l'armée s'apprêtait à reculer dans les profondeurs du pays. Mais on ne pouvait observer aucune préparation cohérente à la retraite de l'armée russe, et la disposition de celle-ci laissait sans le moindre doute supposer que les Russes se préparaient à attaquer, ou du moins à livrer une bataille immédiate sur la frontière.

Supposant qu'il avait affaire à un « adversaire compétent » dont les actions étaient logiques, Napoléon prépara tout en vue de réaliser ce qui lui semblait être l'option la plus avantageuse : faire en sorte que l'armée russe ne passe pas à l'offensive, et l'écraser sur-le-champ dans une bataille générale à proximité de la frontière. Dans l'idée de l'empereur des Français, cette bataille devait se dérouler dans les premiers jours de la guerre, et sans doute à l'approche de Wilno. L'écrasement du gros de l'armée russe devait être, vraisemblablement, suivi d'une brève poursuite stratégique, puis de la conclusion d'une paix victorieuse. On n'envisageait pas la moindre campagne sur Moscou, Kazan, le Kamtchatka ou le Bengale ! Toute l'organisation de la Grande Armée, les multiples ordres et instructions de l'empereur, tout confirme qu'on planifiait une guerre fulgurante, une guerre éclair qui était censée se terminer en vingt jours.

De ce plan stratégique découlait également l'attitude de Napoléon envers les questions politiques telles que la restauration de la Pologne ou la libération des paysans russes. L'empereur des Français ayant l'intention de faire rapidement la guerre et de faire la paix encore plus rapidement, il n'envisageait donc absolument pas de se livrer en Russie à une activité révolutionnaire qui aurait rendu impossible la conclusion de la paix avec les dirigeants russes. Il estimait qu'une attaque puissante d'une masse de troupes supérieure en nombre permettrait de résoudre tous les problèmes politiques, et excluait par conséquent toute entreprise susceptible de fâcher à mort l'élite russe.

Sur la question polonaise, Napoléon manifestait une étonnante prudence si l'on considère qu'il était à la veille d'une guerre difficile. Il convient de noter qu'une partie des élites russes était prête à se résigner à la perte des « provinces polonaises », à la condition bien sûr que ces pertes territoriales soient psychologiquement acceptables. Comprenant que, même après une victoire décisive, il lui faudrait faire certains compromis, Napoléon ne souhaitait pas donner aux Polonais de garanties précises qui auraient pu lui lier les mains lors des pourparlers avec la Russie qui suivraient, lui semblait-il, une inéluctable victoire.

Nous savons ce qui s'est produit en fin de compte, mais, à ce moment-là, nul ne le savait encore. Les récits ultérieurs des mémorialistes qui occupaient alors des postes importants dans l'armée napoléonienne, relatant les sombres pressentiments qui les tourmentaient et la façon dont ils avaient supplié en chœur l'empereur de renoncer à cette dangereuse campagne, tout cela n'est que sagesse *a posteriori*. Le plan de Napoléon n'avait rien d'aventureux, il se fondait sur les réalités qu'il connaissait, de même que ses généraux qui considéraient eux aussi que sa réalisation ne rencontrerait pas de difficulté particulière. Souvenons-nous de la lettre du prince Eugène qui affirmait : « La guerre ne peut pas être longue et ne peut pas aller au-delà de septembre. » Ce n'étaient pas seulement les braves soldats qui raisonnaient ainsi, mais également des politiques circonspects, au nombre desquels le célèbre Metternich qu'il est impossible de soupçonner d'enthousiasme vis-à-vis de Napoléon et de son armée.

Il est intéressant de souligner que, malgré cela, on n'enregistre aucune manifestation d'alarmisme dans l'armée russe. Si la camarilla qui tournait autour du tsar était visiblement en proie aux tergiversations et au trouble, ce qui se reflétait dans les plans modifiés minute après minute, les simples officiers, en particulier les jeunes, considéraient sans crainte l'orage qui s'annonçait. « La guerre est décidée. Tant mieux ! » écrivit, huit jours avant le début des opérations, un officier d'état-major russe dans son journal. « Nous nous plongerons dans un élément familier. Voilà déjà longtemps que chacun d'entre nous brûle d'impatience de faire ses preuves sur le champ d'honneur. Nos jeunes têtes sont pleines d'idées de batailles, d'empoignades avec l'ennemi et d'exploits glorieux[2]. »

Le jeune officier ne se trompait pas : il allait y avoir assez d'occasions d'empoignades et d'exploits pour tout le monde...

ANNEXE

NOTES DU GÉNÉRAL PHULL

Document 1.

Napoléon ne voudra faire la guerre à la Russie que lorsqu'il aura terminé les affaires d'Espagne.

Il aura à disposer de

80 000 Français
60 000 Polonais
10 000 Bavarois
20 000 Saxons
10 000 Wurtembergeois
40 000 Italiens.

Les troupes des autres princes de la Confédération du Rhin comme celles de la Hollande seront employées sur les communications. L'empereur des Français présentera donc 240 000 combattants sur un front qui, de la frontière d'Illyrie, s'étend jusqu'à Dantzig. Pour percer un centre avec plus de facilité, il menacera les frontières de la Russie depuis les bords du Danube jusqu'à Polangen.

Il formera trois armées :

1. L'armée d'Illyrie, destinée à donner de la jalousie pour la Valachie et la Moldavie ;
2. L'armée de la Haute Vistule, qui sera la plus considérable et qui sera chargée de se frayer le chemin jusqu'au Dniepr ;
3. L'armée de la Basse Vistule, qui sera destinée à seconder les opérations de l'armée du centre et à se frayer le chemin jusqu'à la Dvina.

La Russie aura à opposer 225 435 combattants, divisés en trois armées :

La 15e, la 16e, la 22e, la 13e division formeront l'armée du Dniestr, composée de 63 012 combattants et destinée à se maintenir sur cette rivière ;
La 8e, la 11e, la 12e, la 2e de grenadiers, la 25e, la 18e, la 10e, la 2e, la 7e division, le corps de cavalerie de Jitomir formeront l'armée du Dniepr, composée de 109 398 combattants et destinée à couvrir la base d'opérations établie sur cette rivière ;

La 1re, la 14e, la 5e, la 4e, la 3e division formeront l'armée de la Dvina, composée de 55 325 combattants et destinée à veiller sur la base d'opérations établie sur cette rivière.

Les réserves destinées à assurer les communications et à occuper des points fixes sur la base d'opérations ne pourront point participer d'une manière réelle à la guerre qu'on fera sur les frontières.

Si, par l'organisation militaire, tout est préparé pour la marche et l'approvisionnement des troupes, l'on emploiera, du moment où l'on se détermine à la guerre, au moins quatre jours à Pétersbourg pour expédier les ordres relatifs à la formation des armées. Le courrier pour l'armée de Moldavie partira le 5e jour et arrivera le 15e à sa destination. Le général commandant l'armée de Moldavie pourra avoir besoin de huit jours pour préparer le départ des divisions destinées à renforcer l'armée du Dniepr. Il y a du Danube 90 milles à Luck, et 120 milles à Brest. Les trois divisions de l'armée de Moldavie arriveront le 73e jour à Luck et le 88e à Brest.

La division des Gardes pouvant arriver le 60e jour à Tilsit ou à Kovno ou à Wilno, l'armée de la Dvina pourra être formée le même jour sur un de ces points.

Document 2.

La guerre d'Espagne terminée, les Polonais, joints par les Saxons, pourront revenir dans leur patrie. Sous différents prétextes, 40 000 et jusqu'à 50 000 Français pourront être répandus depuis Erfurt et Magdebourg jusqu'à Dantzig et Varsovie. Les Bavarois et les Wurtembergeois sont à considérer comme les troupes les plus éloignées de la frontière de la Russie.

Du moment où la guerre est décidée, il faudra également à Paris quatre jours pour expédier les ordres relatifs à la marche des troupes. Le courrier pour Munich partira le 6e jour et arrivera le 9e à sa destination. Il faut huit jours aux troupes de la Confédération du Rhin pour se préparer à la marche. Il y a 180 milles de Munich à Luck. Les troupes de Bavière et de Wurtemberg pourront arriver le 107e jour.

Si à Pétersbourg et à Paris la résolution de faire la guerre est prise le même jour, l'armée du Dniepr assemblée près de Luck, ayant l'avantage de 34 jours sur l'armée de la Haute Vistule, pourra mettre à profit ce temps pour déranger l'aile droite de la base d'opérations de l'armée qui lui sera opposée.

Il n'est guère vraisemblable qu'à Pétersbourg et à Paris la résolution de faire marcher les troupes soit prise le même jour. Il se pourrait qu'à Pétersbourg l'on ne prenne la résolution de former les armées que sur la nouvelle qu'on recevra des missions russes établies à Munich et à Stuttgart de la marche prochaine des Bavarois et des Wurtembergeois. Dans ce cas, la résolution de faire la guerre sera prise au moins 20 jours plus tard qu'à Paris, et l'armée du Dniepr ne pourra être formée que le 93e jour à Luck et le 108e à Brest.

L'armée de la Haute Vistule pouvant arriver plusieurs jours plus tôt à Brest qu'à Luck, la jonction des renforts arrivant de Moldavie avec l'armée du Dniepr ne pourrait avoir lieu au premier endroit.

Si, par l'article secret de la dernière paix, le passage par la Moravie et par la Bohême est accordé aux troupes de la Confédération du Rhin, l'armée de la Haute Vistule pourra être formée plus tôt. Cette armée ira à la rencontre de l'armée du Dniepr, que celle-ci se trouve à Brest ou à Luck. Pour plus d'une raison, il est plus convenable à la dernière de se présenter à l'ennemi du côté de Luck que du côté de Brest. En se portant vers le dernier endroit, l'ennemi a l'avantage d'appuyer les opérations au centre de Brest et de pouvoir manœuvrer avec la même facilité sur la droite et sur la gauche de la position de Brest. L'armée de la Basse Vistule s'y trouve assez à portée pour seconder d'une manière directe les opérations offensives de la Haute Vistule.

À Brest, l'armée du Dniepr tournée sur sa gauche est exposée à être coupée et de la base d'opérations et des renforts qui lui doivent arriver de Moldavie.

Les rapports de Luck au Dniepr sont moins dispendieux et plus faciles à établir que de Brest à la même rivière.

L'ennemi sera obligé de se porter sur Luck et dans le cas d'appuyer ses manœuvres sur l'une des extrémités de sa base d'opérations, ce qui exige plus de temps et plus de mesures que si les mouvements de l'armée peuvent être appuyés au centre de la base d'opérations.

L'armée de la Haute Vistule ne pourra tourner la position de Luck sur la gauche sans s'exposer à perdre des communications avec l'extrémité de sa base d'opérations. Elle ne pourra pas être secondée directement par l'armée de la Basse Vistule.

Aux environs de Luck, l'armée du Dniepr est beaucoup moins exposée qu'aux environs de Brest à être coupée du Dniepr et des renforts qui lui doivent arriver de Moldavie.

La direction principale pour l'armée du Dniepr est celle de Luck et de Kiev.

Si, à Pétersbourg, on prend la résolution de faire la guerre le 20e jour, l'armée de la Dvina formée le 80e jour pourra passer le Schawel et se mettre plus à la hauteur de l'armée du Dniepr en cas que les opérations offensives de l'armée de la Basse Vistule ne devancent pas celles de la Haute Vistule.

La division de Riga, celle de Revel et celle de la Garde marcheront en cantonnant jusqu'au Schawel. Pour ménager les équipages des troupes, le gouvernement prendra des mesures pour que, dans le cantonnement, les troupes puissent être nourries par les habitants. À Schawel, on leur fournira une provision de *zoukhary* pour douze jours.

La division de Riga se mettra en marche lorsque la tête de la division de Revel se trouvera à la distance d'une marche. La division de Revel se conduira de la même manière à la division des Gardes. Le besoin journalier de trois divisions est de 51 623 portions de *zoukhary*, ce qui fait 103 246 livres si la portion est de 2 livres. Une provision de 8 jours fait 412 984 portions pesant 825 968 livres. Une provision de 12 jours fait 629 476 portions ou 1 238 552 livres. Une provision de 32 jours fait 1 651 936 portions ou 3 303 872 livres. La charge d'un cheval de paysan est de 300 livres. Pour charrier une provision journalière, il faudra 344 chevaux ; pour charrier celle de 8 jours, 2 752 ; pour charrier celle de 12 jours, 4 128 ; pour charrier celle de 32 jours, 11 008 chevaux. Il faudra commencer à cuire du *zoukhary* à Riga et à Schawel, les voies devant être débarrassées pendant la marche des troupes. Le transport de *zoukhary* ne pourrait partir de Riga à Schawel que depuis le 12e jour jusqu'au 44e, ou depuis le 32e jour jusqu'au 64e. L'on disposera donc de 22 jours pour faire passer la provision de *zoukhary* pour un mois de Riga à Schawel. L'on pourra faire passer par eau la moitié de la provision à Friedrichstadt, et établir deux routes. Les distances de Riga à Friedrichstadt étant de 18 milles, chaque route sera divisée en deux stations dont la seconde sera à mi-chemin. Il faudra sur chaque station 250 chevaux, donc sur les quatre stations 1 000 chevaux journellement en action. Comme cela ne laissera pas d'être fort à charge au pays, il sera plus convenable d'établir, avant qu'on prenne la résolution de faire la guerre, un magasin assez considérable à Schawel pour qu'il fournisse à la cuisson d'une provision de *zoukhary* de 32 jours pour les trois divisions. L'on prendra des mesures pour qu'avant l'arrivée des troupes il y ait de cuite une provision de 8 jours. Il faut assez de travailleurs pour cuire en 3 jours la provision de 4 jours.

Le besoin journalier de la division de Riga en fourrage est de 2 418 rations ; de celle de Revel, de 5 350 ; de celle des Gardes, de 7 770.

La division de Riga pourra faire aux environs de Schawel un séjour de 12 jours ; celle de Revel, de 8 ; celle des Gardes, de 4. Chaque division en partira avec une provision de fourrage pour trois jours. Il faudra donc à Schawel, pour la division de Riga, 36 270 rations, pour celle de Revel, 38 850, et pour celle des Gardes, 53 390, en tout 148 510 rations. Si l'on ajoute pour des cas imprévus une provision de trois jours, le magasin de fourrage à établir à Schawel contiendra 195 124 rations, ce qui fait 5 853 720 livres, la ration étant évaluée à 30 livres. Pour transporter cette quantité dans l'espace de 22 jours de Riga à Schawel, il faudra mettre en activité sur les quatre stations, par jour, 2 221 chevaux, soit en tout 8 884 chevaux de plus. En employant moins… [*illisible*]. L'espace de 22 jours ne paraît pas être signifiant pour la formation du magasin de fourrage à Schawel. Il faudra établir, avant qu'on prenne la résolution de faire la guerre, un magasin qui contienne au moins la quantité nécessaire d'avoine.

Jusqu'à l'arrivée des Gardes, les divisions de Riga et de Revel prendront des cantonnements ; seront resserrées la première à gauche et la seconde à droite de Schawel. Les Gardes cantonneront à Schawel et autour de cette ville.

Comme le soldat ne saurait subsister de sa seule portion de *zoukhary*, l'on aura soin que, vers l'arrivée des troupes, il y ait une certaine quantité de gruau de pois et le nombre nécessaire de bœufs. Si la portion de viande est d'une demi-livre, un bœuf fournit 800 portions. Il faut 64 bœufs pour 51 673 portions. Il faudra encore avoir soin d'une certaine quantité d'eau-de-vie.

Le 1er ou le 20e jour, l'on ne pourra pas encore savoir de quelle manière l'on sera obligé de faire la guerre du côté de Schawel. La division de Wilno recevra donc l'ordre d'être concentrée, sans déplacer les troupes établies sur le Niémen, aux environs d'Olitta, le même jour auquel les divisions de Riga, de Revel et des Gardes se trouveront rassemblées aux environs de Schawel.

Dans le même temps, la division de Grodno sera concentrée auprès de cette ville et aura de petits détachements du côté de Bialystok.

La conservation de Riga est un objet d'une très grande importance. En voulant couvrir cette place par la position de l'armée, on pourra exposer la dernière à être tournée sur sa gauche, ce qui pourrait avoir des suites aussi fâcheuses que la perte de la place même.

La garnison de Riga exige peut-être, faute de l'infanterie, des réserves de la 4ᵉ et de la 3ᵉ division. Il faudra y ajouter quelque cavalerie.

L'infanterie de la réserve de la 2ᵉ et de la 22ᵉ division formera avec la cavalerie de réserve des quatre divisions un corps qui s'établira à Minsk. Il y aura deux bataillons et deux escadrons à Schwenziany. Ce petit détachement sera près du corps de Minsk, où il y aura pour ce corps de la farine pour 32 jours et du fourrage pour 6 jours. La base avancée de l'armée de la Dvina sera donc augmentée de cet approvisionnement. Il y aura pour toute l'armée de la Dvina, y compris la réserve sur la Dvina et Riga, de la farine pour 4 mois, du fourrage pour 1 mois ; depuis Vitebsk jusqu'à Dunabourg, de la farine pour 6 mois, du fourrage pour 1 mois. Il y aura encore sur cette partie de la Grande Base d'opérations une quantité nécessaire de gruau, d'eau-de-vie et les autres besoins de l'armée.

Le même jour auquel l'armée de la Dvina se trouvera sur les points de Schawel, d'Olitta, de Grodno et de Minsk, les six divisions et les réserves de l'armée du Dniepr seront formées de la manière suivante :

La 2ᵉ et la 7ᵉ division aux environs de Kowel.

La 7ᵉ division ne se mettra en marche que lorsque la 2ᵉ lui aura cédé le terrain. La marche des troupes sera dirigée par Pruchane et Kobrin et Ratnow. Un régiment de chasseurs, un régiment de hussards, un régiment d'infanterie, une batterie volante relèveront les troupes de la 2ᵉ division qui auront cantonné aux environs de Brest. Ce petit corps placera de petits détachements de Brest à Bielsk.

Il y a à peu près 7 marches de Brest à Kowel. Les troupes de la 2ᵉ division, approvisionnées de la manière ordinaire, n'auront donc point de difficultés pour arriver à Kowel. Il n'y aura que de petits arrangements du fourrage à faire. Quelques troupes de la 7ᵉ division auront 14 marches à faire pour arriver à Kowel. Il faudra par conséquent préparer pour la 7ᵉ division à Kobrin une provision de *zoukhary* pour 8 jours et de fourrage pour 4 jours.

La consommation journalière des troupes de la 7ᵉ division qui marchent sur Kowel est de 10 087 portions et de 3 734 rations. La consommation journalière des troupes de cette division qui s'établissent à Brest est de 4 739 portions et de 1 717 rations. Il y aura à Kobrin, pour les troupes qui marchent sur Kowel, un approvisionnement de

10 087 x 8 = 80 696 portions
3 757 x 4 = 15 028 rations.

Et, pour celles qui s'établissent à Brest, un approvisionnement de

4 739 x 32 = 151 598 portions
1 714 x 6 = 10 284 rations.

La 18ᵉ et la 10ᵉ division aux environs de Surick.

La 19ᵉ et la 25ᵉ division aux environs de Vladimir.

Les réserves de la 7ᵉ et de la 10ᵉ, de la 9ᵉ et de la 18ᵉ division renforcées par le corps de cavalerie de Jitomir, aux environs de Pinsk.

Il y aura à Kowel pour la 7ᵉ et la 2ᵉ division :

$$\left.\begin{array}{l} 10\ 087 \\ \\ 13\ 456 \end{array}\right\} \times 32 = 733\ 376 \text{ portions}$$

$$\left.\begin{array}{l} 3\ 767 \\ \\ 3\ 960 \end{array}\right\} \times 6 = 46\ 202 \text{ rations.}$$

Il y aura à Vladimir pour la 18ᵉ et la 10ᵉ division :

$$\left.\begin{array}{l} 14\ 165 \\ \\ 14\ 825 \end{array}\right\} \times 32 = 927\ 680 \text{ portions}$$

$$\left.\begin{array}{l} 5\ 474 \\ \\ 5\ 004 \end{array}\right\} \times 6 = 62\ 873 \text{ rations.}$$

Il y aura à Vladimir pour la 9ᵉ et la 25ᵉ division :

$$\left.\begin{array}{l} 15\ 706 \\ \\ 8\ 786 \end{array}\right\} \times 32 = 783\ 680 \text{ portions}$$

$$\left.\begin{array}{l} 5\ 172 \\ \\ 2\ 804 \end{array}\right\} \times 6 = 46\ 836 \text{ rations.}$$

Il y aura à Pinsk pour les réserves de la 8ᵉ, de la 10ᵉ, de la 9ᵉ et de la 18ᵉ division et pour le corps de cavalerie de Jitomir :

$$\left.\begin{array}{l} 13\ 344 \\ \\ 14\ 216 \end{array}\right\} \times 32 = 1\ 125\ 888 \text{ portions}$$

$$\left.\begin{array}{l} 5\ 274 \\ 6\ 774 \\ 5\ 172 \end{array}\right\} \times 6 = 127\ 338 \text{ rations.}$$

La 8ᵉ, la 11ᵉ, la 12ᵉ division pourraient être destinées à passer de l'armée de la Moldavie à celle du Dniepr.

La 8ᵉ division a besoin par jour de 20 431 portions et 3 951 rations.

La 11ᵉ division a besoin par jour de 20 433 portions et 5 951 rations.

La 12ᵉ division a besoin par jour de 19 366 portions et 5 951 rations.

Il y aura à Jassy pour les trois divisions :

$$\left.\begin{array}{l} 20\ 431 \\ 20\ 433 \\ 19\ 366 \end{array}\right\} \times 12 = 723\ 333 \text{ portions}$$

5 951 × 3 × 4 = 71 412 rations.

Une armée accompagnée d'une boulangerie de campagne et d'un train de vivres, comme l'armée prussienne l'a été sous le règne de Frédéric II, peut s'éloigner de son magasin en faisant cinq marches de suite sans avoir recours au charriage du pays. Ce mouvement a cependant un effet et une armée ne saurait rester longtemps à la distance de cinq marches de son magasin le plus avancé sans s'exposer à ruiner ses équipages. La distance ordinaire est de trois marches. Dans ce cas, l'armée se trouvera à la distance d'une marche de la boulangerie de campagne et celle-ci à deux marches du magasin. Une armée qui manque d'une boulangerie de campagne et d'un train de vivres peut s'éloigner de trois marches de son magasin si les caissons de troupes peuvent être chargés de provision de *zoukhary* pour huit jours. L'éloignement de trois marches du magasin n'est cependant que pour des cas extraordinaires. L'éloignement ordinaire et compatible avec la conservation des équipages de l'armée est de deux marches. En portant l'armée au-delà du rapport direct avec le magasin, les équipages de l'armée doivent être complétés par des voitures de réquisition. Si, par exemple, l'armée doit s'éloigner de cinq marches d'un magasin dont elle doit retirer ses subsistances, l'on rassemble près du magasin assez de voitures de réquisition pour pouvoir y charger une provision de *zoukhary* de huit jours. Ces voitures seront divisées en deux parties égales dont chacune ira à la rencontre des troupes pour leur apporter une provision de *zoukhary* pour huit jours à la distance de deux marches de l'armée. [...]

Ouverture de la campagne

Suppositions

À Paris et à Saint-Pétersbourg, la résolution de faire la guerre est prise le même jour.

L'armée de la Dvina a pendant l'espace de trente jours une supériorité marquée sur l'armée de la Basse Vistule.

Le plan de campagne du général en chef de l'armée de la Dvina sera de profiter de sa supériorité pour prendre à revers la base avancée établie sur la Narew pour l'armée de la Basse Vistule, de se maintenir aussi longtemps que possible dans une position inquiétante pour la communication de l'armée ennemie avec la Narew, de ne pas compromettre son armée contre un ennemi supérieur et de se retirer de manière à ne point courir le risque d'être coupé de Wilno et de la Dvina.

L'armée de la Basse Vistule, étant supposée inférieure à celle de la Dvina, ne pourra opposer quelque résistance que du côté de Grodno et d'Olitta. Pour cette raison, les divisions de Revel et de Riga et des Gardes ne trouveront point de difficulté à passer la Memel à Tilsit. Il y a cinq marches de Schawel à Tilsit. L'avant-garde des troupes assemblées près de Schawel se mettra en marche le 60e jour.

Le corps d'armée se mettra en mouvement le 61e jour. L'avant-garde sera assez considérable pour se maintenir jusqu'à l'arrivée du corps d'armée sur les hauteurs de Tilsit au cas où l'ennemi n'aurait pas l'occasion de détruire le pont.

Les troupes destinées à former la garnison de Riga, n'y étant pas nécessaires au commencement de l'opération, auront pour question les villes de Libau, Goldimm et Cels. Une partie de ces troupes se mettra en marche le 60e jour pour s'emparer de Memel. Les petits détachements établis le long de la frontière se porteront en avant sur la rivière Rufs pour s'emparer de tous les bateaux qui s'y trouvent. L'avant-garde du corps d'armée, accompagnée de pontonniers, s'empressera de faire construire un pont si le pont de Tilsit a été détruit par l'ennemi. À cause de la largeur du fleuve, le pont ne pourra être formé que par des bateaux. S'il n'y a pas assez de temps pour activer le pont, l'on fera passer sur des bateaux. Memel et Russ pourront être occupés le 64e jour. L'on fera des dispositions à Riga pour qu'à ce jour un transport de *zoukhary* pour 32 jours se trouve en rade de Memel pour le passer à Russ.

Le corps d'armée arrivé le 65e jour près de Tilsit aura encore du *zoukhary* jusqu'au 72e jour inclusivement. Il pourrait arriver que, le 69e jour, le *zoukhary* de Memel ne soit pas encore arrivé à Tilsit. Pour ne pas occasionner du retard dans les opérations, il sera commandé le 84e jour une réquisition de chevaux assez considérable pour transporter pour quatre jours de *zoukhary* de Schawel à Teich. Le 64e jour sera mis sur les caissons de régiment le 65e pour arriver le 67e à Tilsit, le 70e à Insterburg. Le corps d'armée n'ayant pas besoin de nouveau *zoukhary* de Memel arrivant le 69e jour à Tilsit, les caissons de régiment vidés le 65e jour à Tilsit chargeront du *zoukhary* les 69e et 70e jours et arriveront à Insterburg le 72e jour, auquel l'armée fera l'approvisionnement jusqu'au 80e. [...]

Wilno étant le point principal que l'ennemi a en vue, il n'attaquera point la position de Wilkomir pour y perdre beaucoup de monde. Il préférera s'établir à Janow pour se mettre en rapport avec le corps qui, sur la route de Grodno, s'avancera vers Wilno. Les mouvements de Janow à Wilno et de Wilkomir au même endroit ne pourront pas être simultanés ; l'ennemi pourra se procurer davantage d'attaques avec une très grande supériorité du côté de Wilno. Maître de cette ville, l'ennemi s'empressera par trop de se porter en avant. Il y organisera ses opérations et se mettra en contact avec les habitants du pays pour les inciter à l'insurrection. Si le corps de l'aile droite se retire de Wilkomir à Koltiniany, l'ennemi aura à sa disposition les habitants du pays situé entre Wilno, Wilkomir, Dunabourg et la Courlande. En défendant la position de Wilkomir, l'on perd Wilno, puisque l'armée principale doit se retirer à Nemenchin dès que l'ennemi tourne son effort principal contre la position de Wilkomir. La retraite de Wilkomir à Koltiniany pourrait être difficile. Il semble qu'on ne saurait conserver Wilno qu'en manœuvrant avec beaucoup d'adresse sur un demi-cercle dont Wilno est le centre et dont le rayon est à peu près de deux marches.

Il sera peut-être plus facile de mettre l'ennemi dans la nécessité d'abandonner Wilno que de conserver cette ville.

En dirigeant sa retraite du corps de l'aile droite de Wilkomir vers Dunabourg et en combinant cette retraite avec les divisions d'un corps considérable de cosaques manœuvrant à la droite de ces corps, on pourra mettre l'ennemi dans la nécessité d'employer un corps plus nombreux que n'est le corps de l'aide droite, pour contenir ce corps et les cosaques, et, dans ce cas, il ne pourra pas soutenir l'offensive contre le corps principal.

Les embarras augmentent si un autre corps et les cosaques font la guerre de diversion entre le Niémen et la Vilia. De cette manière, l'armée principale pourra se maintenir à la hauteur de Swinziau et en aura encore l'avantage de surveiller les insurrections.

L'ennemi, ne pouvant développer ses forces autour de Wilno sur un grand espace, manquera de subsistance et la ville même lui sera à charge.

Dans les guerres que jusqu'à présent Napoléon a faites au-delà du Rhin, il a basé ses opérations ou sur les moyens livrés de France, ou sur ce que la première [*illisible*] lui a fourni de moyens. Il n'en sera pas de même dans une guerre qu'il voudra faire entre la Vistule et la Memel. Il ne pourra l'entreprendre sans établir des entrepôts de toute espèce, de munitions, d'armes, d'habillement, etc. Ces entrepôts sont ou établis, ou à établir. Les entrepôts seront établis par échelons appuyés à la frontière.

Système à camps retranchés

Le système d'attaque adopté par l'empereur Napoléon est d'engager son adversaire à mettre toutes ses troupes en action tandis que lui-même se ménage une réserve avec laquelle il frappe le coup décisif soit sur un des flancs, soit au centre de l'armée ennemie.

Le but des camps retranchés sera d'empêcher Napoléon d'employer son système avec succès et de lui faire perdre la supériorité du nombre dans le mouvement décisif, de lui tuer beaucoup de monde sans qu'il puisse tuer dans la même proportion, et en le forçant à employer la supériorité du nombre dès le commencement de l'action.

.

NOTES

CHAPITRE PREMIER

1. Voltaire, *Correspondance*, t. 10 (octobre 1769-juin 1772), Paris, Gallimard, « Bibliothèque de la Pléiade », 1986.

2. K. Waliszewski, *Catherine II de Russie*, Paris, Plon, 1902, p. 389.

3. P. Renouvin (dir.), *Histoire des relations internationales*, t. 4 : A. Fugier, *La Révolution française et l'Empire napoléonien*, Paris, Hachette, 1954, p. 19.

4. *Russkij arxiv* (Archives russes), 1878, n° 10, p. 219.

5. A. Souvorov, *Pisma* (lettres), Moscou, 1986, p. 311-312.

6. D. Milioutine, *La Guerre*, 1799, t. 1, p. 18.

7. Département des manuscrits de la Bibliothèque nationale de Russie, fonds 73, n° 275. Langeron, Journal des campagnes faites au service de la Russie, 1790-1796, t. 1, p. 140-141.

8. Cité d'après D. Milioutine, *La Guerre, op. cit.*, t. 1, p. 10.

9. *Ibid.*, t. 2, p. 340.

10. *Ibid.*, p. 345.

11. J.-G. Thiébault, *Mémoires du général baron Thiébault*, Paris, 1895, t. 3, p. 56-57.

12. Journal de P.-L. Roederer, in *Napoléon Bonaparte, l'œuvre et l'histoire*, IV : *Napoléon vu et jugé par ses collaborateurs*, Paris, Club français du livre, 1971, p. 129.

13. A. Czartoryski, *Mémoires du prince Adam Czartoryski et correspondance avec l'empereur Alexandre Ier*, Paris, 1887, p. 365.

14. *Correspondance de Napoléon Ier*, Paris, H. Plon et J. Dumaine, 1865, t. 6, p. 36.

15. *Ibid.*, p. 37.

16. Archives nationales, AF, 1696. *Bulletin de Pétersbourg* du 5 août 1800 (17 thermidor an VIII).

17. *Recueil de la Société impériale d'histoire de Russie*, t. 70, p. 1, 2.

18. A. Manfred, *Napoléon Bonaparte*, Moscou, 1986, p. 310.

19. Archives nationales, AF, 1696. *Bulletin de Pétersbourg* du 5 août 1800 (17 thermidor an VIII).

20. Comte A. d'Hauterive, *De l'état de la France à la fin de l'an VIII*, p. 127-128.

21. *Ibid.*, p. 131.

22. Note du comte F. Rostoptchine, *Archive russe*, 1878, t. 1, p. 104.

23. *Ibid.*, p. 106.

24. *Ibid.*, p. 110.

25. *Recueil de la Société impériale d'histoire de Russie*, t. 70, p. XXV-XXVI.

26. Département des manuscrits de la Bibliothèque nationale de Russie, fonds Vaxel, carton 1.

27. *Recueil de la Société impériale d'histoire de Russie*, t. 70, p. 24-25.

28. *Ibid.*, p. 27-28.

29. *Correspondance, op. cit.*, t. 6, p. 585...

30. *Recueil de la Société impériale d'histoire de Russie*, t. 70, p. 24-25.

31. *Souvenirs d'un historien de Napoléon. Mémorial de J. de Norvins*, Paris, 1896, t. 2, p. 278.

32. *Ibid.*, p. 27.

33. N. Schilder, *L'Empereur Paul Ier*, Saint-Pétersbourg, 1901, p. 419.

34. *Proekt suhoputnoj ekspedicii v Indiju* (Projet d'expédition terrestre en Inde), Saint-Pétersbourg, p. 34-35.

35. N. Sabloukov, *Zapiski N. A. Sablukova o vremenah imperatora Pavla I i o koncine etogo gosudarja* (Carnets de N. A. Sabloukov sur l'époque de l'empereur Paul Ier et le décès de ce souverain), Saint-Pétersbourg, 1907, p. 31.

36. *Ibid.*, p. 32.

37. K. Waliszewski, *Le Fils de la Grande Catherine*, Saint-Pétersbourg, 1914, p. 554.

38. E. Sparrow, *Secret Service : British Agents in France 1792-1815*, Suffolk, 1999, « Assassination of Paul I », p. 223-240.

39. *Mémoires de N. Sabloukov, op. cit.*, p. 31.

40. Cité d'après N. Eidelman, *Gran' vekov* (Aux confins de deux siècles) Moscou, Ozon, 1989, p. 275.

41. A. Czartoryski, *Mémoires du prince Adam Czartoryski..., op. cit.*, p. 250.

42. *Ibid.*, p. 251.

43. *Mémoires de N. Sabloukov, op. cit.*, p. 68.

44. *Poliarnaïa Zvezda* (L'étoile polaire), livre V, p. 73.

45. D'après d'après M. Poniatowski, *Talleyrand et le Consulat*, Paris, Perrin, 1986, p. 529.

46. *Ibid.*, p. 84.

47. D'après T. Lentz , *Le Grand Consulat*, Paris, Fayard, 1999, p. 291.

CHAPITRE II

1. Cité d'après A. Troïtski, *Alexandre Ier et Napoléon*, Moscou, 1994, p. 51.

2. D'après B. Mouravieff, *L'Alliance russo-turque au milieu des Guerres napoléoniennes*, Bruxelles, 1954, p. 93.

3. A. Czartoryski, *Mémoires du prince Adam Czartoryski..., op. cit.*, p. 298.

4. *Vnešnjaja politika Rossii XIX i načala* xx *veka. Dokumenty rossijskogo ministerstva inostrannyx del* (La politique étrangère de la Russie au XIXᵉ et au début du XXᵉ siècle. Documents du ministère des Affaires étrangères de Russie), Moscou, 1960, t. 1, p. 11-12.

5. *Recueil de la Société impériale d'histoire de Russie*, t. 70, p. 43.

6. *Ibid.*, p. 171.

7. A. Czartoryski, *Mémoires du prince Adam Czartoryski...*, *op. cit.*, p. 357.

8. *Recueil de la Société impériale d'histoire de Russie*, t. 70, p. 206.

9. *Ibid.*, p. 203.

10. *La Politique étrangère de la Russie...*, *op. cit.*, t. 1, p. 48.

11. *Archives parlementaires de 1787 à 1860. Recueil complet...*, sous la direction de J. Mavidal. Deuxième série (1800 à 1860), Paris, 1873, t. 2, p. 728-732.

12. N. Oulianov, *Alexandre Iᵉʳ, l'empereur, l'acteur et l'homme, Rodina*, 1992, n° 6-7, p. 144.

13. A. Czartoryski, *Mémoires du prince Adam Czartoryski...*, *op. cit.*, t. 1, p. 249.

14. P. Divov, *Récit...*, in *Rousskaïa starina* (Le passé russe), livre 11, octobre 1899, p. 80.

15. A. Czartoryski, *Mémoires du prince Adam Czartoryski...*, *op. cit.*, p. 276.

16. *Histoire du Premier Consul Bonaparte depuis sa naissance jusqu'à la signature de la paix de Lunéville*, Saint-Pétersbourg, 1802, p. III, IV, VII, VIII.

17. *Recueil de la Société impériale d'histoire de Russie*, t. 70, p. 705.

18. A. Czartoryski, *Mémoires du prince Adam Czartoryski...*, *op. cit.*, p. 292-293.

19. Archives du prince Vorontsov, t. 18, p. 66.

20. *La Politique étrangère de la Russie...*, *op. cit.*, t. 1, p. 66.

21. *Ibid.*

22. *Journal de Paris*, 10 germinal an X (30 mars 1802).

23. L. Madelin, *Le Consulat*, Paris, Hachette, 1939, p. 160.

24. Ch.-M. de Talleyrand, *Mémoires*, Paris, Calmann Lévy, 1891, t. 1, p. 286.

25. Retraduit d'après Las Cases, Mémorial de Sainte-Hélène.

26. D'après M. Guerrini, *Napoléon et Paris*, Paris, Téqui, 1967, p. 105.

27. *Ibid.*

28. V. de Broglie, *Souvenirs (1785-1870) du feu duc de Broglie...*, Paris, 1886, t. 1, chap. I.

29. *Recueil de la Société impériale d'histoire de Russie*, t. 70, p. 706.

30. *Ibid.*, p. 362.

31. *Ibid.*, p. 371.

32. *Ibid.*, p. 345.

33. D'après A. Fugier, *La Révolution française et l'empire napoléonien*, *op. cit.*, p. 178.

34. A. Stanislavskaïa, *Les Relations russo-anglaises et les problèmes de la Méditerranée*. Moscou, 1962, p. 242.

35. Dépêche de Whitworth à Hacksberry du 14 mars 1803, d'après M. Poniatowski, *op. cit.*, p. 745-746. Dépêche de Morkov du 4 (16) mars 1803, d'après *Recueil de la Société impériale d'histoire de Russie*, t. 70, p. 63-68.

36. « Extrait des rapports du chargé d'affaires Olri dans les premières années du règne (1802-1806) de l'empereur Alexandre Ier », *Istoritcheski Vestnik*, n° 1, janvier 1917, p. 127.

37. *La Politique étrangère de la Russie...*, *op. cit.*, t. 1, p. 475-482.

38. *Correspondance...*, *op. cit.*, t. 7, p. 487.

39. D'après S. Tatistcheff, *Alexandre Ier et Napoléon d'après leur correspondance inédite, 1801-1812*, Paris, 1891, p. 54.

40. *Ibid.*, p. 62-65.

41. *Ibid.*, p. 44-45.

42. *La Politique étrangère de la Russie...*, *op. cit.*, t. 1, p. 522-527.

43. *Ibid.*, p. 594-600.

44. *Ibid.*, p. 602.

45. Archives nationales historiques de la Russie, fonds 549, O. 1, n° 387. Tagebuch des Kaiserlichen Obersten Karl Freiherr von Stuterheim, p. 23-29.

46. *Ibid.*, p. 32.

47. *Ibid.*, p. 41.

48. F. Masson, *Le Sacre et le couronnement de Napoléon*, Paris, 1978, p. 61.

49. *La Politique étrangère de la Russie...*, *op. cit.*, t. 1, p. 686-691.

50. Cité d'après P.-C. Alombert, J. Colin, *La Campagne de 1805 en Allemagne*, Paris, 1902-1908, t. 3, p. 105-107.

51. *Correspondance...*, *op. cit.*, t. 9, p. 359.

52. D'après S. Tatistcheff, *Alexandre Ier et Napoléon d'après leur correspondance inédite, op. cit.*, p. 79.

53. N. Gretsch, *Notes sur ma vie*, Moscou-Léningrad, 1930, p. 334.

54. B. Mouravieff, *L'Alliance russo-turque...*, *op. cit.*, p. 91.

55. *La Politique étrangère de la Russie...*, *op. cit.*, t. 2, p. 138-154.

56. *Ibid.*, p. 121.

57. B. Mouravieff, *L'Alliance russo-turque...*, *op. cit.*, p. 98.

58. Cité d'après A. Stanislavskaïa, *Les Relations russo-anglaises...*, *op. cit.*, p. 368.

59. *Le XIXe siècle...*, *op. cit.*, t. II, p. 87.

60. S. Jikharev, *Notes d'un contemporain*, Moscou, 2004, p. 198.

61. *Ibid.*, p. 113

62. N. Karamzine, *Note sur l'ancienne et la nouvelle Russie, op. cit.*, p. 52, 54, 58.

63. Département des manuscrits de la Bibliothèque nationale de Russie, fonds 762, n° 149.

CHAPITRE III

1. A. Sorel, *L'Europe et la Révolution française*, t. 7, Paris, 1905.

2. A.I. Mikhaïlovski-Danilevski, *Opisanie pervoj vojny Imperatora Aleksandra s Napoleonom v 1805g.* (Description de la première guerre de l'empereur Alexandre contre Napoléon en 1805), 1844, p. 233.

3. C. von Clausewitz, *Notes sur la Prusse dans sa plus grande catastrophe : 1806*, Paris, Champ libre, 1976, p. 57.

4. M.I. Koutouzov, *Sbornik dokumentov* (Recueil de documents), Moscou, 1951, t. 2, p. 306.

5. D'après H. Troyat, *Alexandre I*er*, le sphinx du Nord*, Paris, Flammarion, 1980, p. 129.

6. *Ibid.*, p. 128.

7. M.-P. Rey, *Alexandre I*er*, Paris, Flammarion, 2009, p. 222-223.

8. *La Politique étrangère de la Russie...*, *op. cit.*, t. 3, p. 42-43.

9. *Ibid.*

10. *Ibid.*, p. 46-47.

11. *Ibid.*, p. 60-62.

12. *Ibid.*, p. 73-75.

13. M.-P. Rey, *Alexandre I*er*, *op. cit.*, p. 225-226.

14. *La Politique étrangère de la Russie...*, *op. cit.*, t. 3, p. 120.

15. H. Houssaye, *Iéna et la campagne de 1806*, Paris, Perrin, 1912, p. 13-14.

16. *Correspondance de Napoléon I*er*...*, t. 13, p. 80.

17. *Ibid.*, p. 555-557.

18. R. Dufraisse, « Le blocus continental », in *Dictionnaire Napoléon*, Paris, Fayard, 1987, p. 222.

19. L. Madelin, *Histoire du Consulat et de l'Empire*, Paris, Hachette, 1940, t. IV, p. 219.

20. Département des manuscrits de la Bibliothèque nationale de Russie, fonds 73, n° 275. Langeron, Journal des campagnes faites au service de la Russie, 1790-1796, t. 3, p. 64-65.

21. G. Lechartier, *La Manœuvre de Pultusk*, Paris, Librairie militaire R. Chapelot et Cie, 1911, p. 86.

22. *Ibid.*, p. 66.

23. *Ibid.*, p. 67.

24. *Ibid.*, p. 131-132.

25. *Ibid.*, p. 135.

26. L. Madelin, *Histoire du Consulat et de l'Empire*, *op. cit*, p. 237.

27. P.-F. Percy, *Journal des campagnes du baron Percy, chirurgien en chef de la Grande Armée*, Paris, Plon, 1904, p. 137, 152.

28. *Otečestvennaja voina i russkoe obščestvo* (La guerre patriotique et la société russe), sous la direction de A. Djivélégov, S. Melgounov, V. Pitchet, Moscou, 1911, p. 168.

29. *Zapiski A. Ermolova 1798-1826* (Carnets de A. Ermolov 1798-1826), Moscou, Vychtchaïa chkola, 1991, p. 108.

30. D. Davydov, *Œuvres*, Moscou, 1962, p. 238.

31. A. Vandal, *Napoléon et Alexandre I*er*, l'alliance russe sous le Premier Empire*, Paris, Plon, 1893-1896, t. 1, p. 50.

32. *Otečestvennaja voina i russkoe obščestvo...*, *op. cit.*, t. 5, p. 75.

33. V. Sirotkine, *Napoleon i Rossija* (Napoléon et la Russie), Moscou, Olma-Press, 2000, p. 67.

34. *Journal* de N. Tourguéniev, note du 9 (21) décembre 1806. *Archives des frères Tourguéniev*, t. 1, p. 15.

35. D. Nawrot, *Litwa i Napoleon w 1812 roku* (La Lituanie et Napoléon en 1812), Katowice, Wydawnictwo Uniwersytetu Śląskiego, 2008, p. 21-22.

36. *Ibid.*, p. 24-28.

37. M. Oginski, *Mémoires de Michel Oginski sur la Pologne et les Polonais*, Paris, Ponthieu, 1833, t. 2, p. 342.

38. S. de Choiseul-Gouffier, *Réminiscences sur l'empereur Alexandre Ier et sur l'empereur Napoléon Ier*, Besançon, Imprimerie de J. Bonvalot, 1862, p. 79-80.

39. R.-A.-P.-J. de Fezensac-Montesquiou, *Souvenirs militaires*, Paris, 1863, p. 168.

40. Cité d'après N. Doubrovine, *Russkaja zizn' v nacale XIX veka* (La vie russe au début du XIXe siècle), Saint- Pétersbourg, 2007, p. 418.

41. *Ibid.*, p. 425.

42. Cité d'après D. Nawrot, *La Lituanie et Napoléon en 1812, op. cit.*, p. 31.

43. « Zapiska trex tovariščej ministrov imperatora Aleksandra I. » (Note de trois vice-ministres de l'empereur Alexandre Ier), *Russkaja starina*, août 1894, p. 212-216.

44. A. Orlov, *Sojuz Peterburga i Londona. Rossisko-Britanskie otnošenija v epoxu Napoleonovskix vojn* (L'alliance de Pétersbourg et de Londres. Les relations russo-britanniques à l'époque des guerres napoléoniennes), Moscou, Progress-Traditsia, 2005, p. 43.

45. Service historique de la Défense, 2 C 49.

46. L. Bro, *Mémoires du général Bro*, Paris, Plon, 1914, p. 58.

47. D. Davydov, *Œuvres, op. cit.*, p. 245.

48. J.-F. Boulart, *Mémoires du général d'artillerie baron Boulart*, Paris, Tallandier, 1992, p. 170.

49. A. Vandal, *Napoléon et Alexandre Ier..., op. cit.*, t. 1, p. 51.

50. *In* Nikolaï Mikhaïlovitch, *Perepiska Imperatora Aleksandra I s sestroj v.kn. Ekaterina Pavlovnoj* (Correspondance de l'empereur Alexandre Ier avec sa sœur la grande-duchesse Ekatérina Pavlovna), Saint-Pétersbourg, 1912, p. 15, n° 15.

51. *Ibid.*

52. Napoléon Bonaparte, *Correspondance générale*, Paris, Fayard, 2010, t. 7, p. 916.

53. Service historique de la Défense, 2 C 49.

54. S. de Choiseul-Gouffier, *Réminiscences sur l'empereur Alexandre Ier..., op. cit.*

55. Stendhal, *Vie de Napoléon*, Paris, Le Divan, 1930, p. 112-113.

56. *La Politique étrangère de la Russie..., op. cit.*, t. 3, p. 641.

57. *Ibid.*

58. *Ibid.*, p. 642.

59. *Mémorial de Sainte-Hélène*, Paris, Seuil, 1968, p. 183.

60. A. Vandal, *Napoléon et Alexandre Ier..., op. cit.*, t. 1, p. 74.

61. Napoléon Bonaparte, *Correspondance générale, op. cit.*, t. 7, p. 924, 926.

62. S. Askenazy, *Napoléon et la Pologne*, Bruxelles-Paris, 1925, p. 3-4.

CHAPITRE IV

1. A.-J.-M.-R. Savary, *Mémoires du duc de Rovigo*, Paris-Londres, 1828, t. 2, p. 93-95.

2. Reine Hortense, *Mémoires*, Paris, Mercure de France, « Le temps retrouvé », 2006, p. 175.

3. A. Petiet, *Souvenirs historiques, militaires et particuliers, 1789-1815*, Paris, SPM, 1996, p. 192.

4. N. Marcel, *Campagnes en Espagne et au Portugal*, Paris, Éditions du Grenadier, 2001, p. 8.

5. L.-F. Lejeune, *Mémoires du général Lejeune*, Paris, Éditions du Grenadier, 2001, p. 58.

6. Napoléon Bonaparte, *Correspondance générale*, op. cit., t. 7, p. 962.

7. A.-J.-M.-R. Savary, *Mémoires du duc de Rovigo*, op. cit., p. 97.

8. Cité d'après A. Stanislavskaïa, *Les Relations russo-anglaises...*, op. cit.

9. « Vedomost komu kaki derevni i v kakom cisle dus vsemilostivejse poza-lovany avgusta 18 1795 » (« Bordereau indiquant les destinataires des villages attribués par décision impériale le 18 août 1795 et le nombre d'âmes qu'ils comprennent »), in *Rodina*, 1994, n° 12, p. 47-48.

10. V. Béchanov, *Brestskaja krepost. Istoria.*

11. *Ibid.*, p. 98, 128.

12. D. Davydov, *Œuvres*, op. cit., p. 247-248.

13. D'Espinchal, *Souvenirs militaires*, Paris, Société d'éditions littéraires et artistiques, 1901, t. 1, p. 146.

14. D. Viguel, *Zapiski* (Notes), Moscou, Zakharov, 2003, t. 1, p. 428.

15. Pisma Platona, mitropolita Moskovskogo k preosvjascennym Amvrosiju i Avgustinu. (Lettre de Platon, métropolite de Moscou aux évêques Ambroise et Augustin), Moscou, 1870, p. 123-124.

16. *Russkaia starina*, 1899, vol. 99, p. 99.

17. Grand-duc Nicolas Mikhaïlovitch (Romanov), *Diplomatičeskie snošenija Rossii i Francii po donesenijam poslov imperatorov Aleksandra i Napoleona, 1808-1812* (Les relations diplomatiques de la Russie et de la France d'après les rapports des ambassadeurs des empereurs Alexandre et Napoléon, 1808-1812), Saint-Pétersbourg, 1905-1914, t. 1, p. CLII.

18. *La Politique étrangère de la Russie...*, op. cit., t. 4, p. 112, 176, 245, 333.

19. J. Jourquin, « Caulaincourt, le loyal compagnon », *Revue Napoléon Ier*, Paris, n° 5, p. 52.

20. Cité d'après A. Vandal, *Napoléon et Alexandre Ier...*, op. cit., t. 1, p. 211.

21. *Ibid.*

22. A.-J.-M.-R. Savary, *Mémoires du duc de Rovigo*, op. cit., t. 2, p. 101.

23. *Souvenirs du duc de Vicence*, Paris, Alphonse Levasseur et Cie, 1837, t. 1, p. 29.

24. Cité d'après Grand-duc Nicolas Mikhaïlovitch (Romanov), *Les Relations diplomatiques de la Russie et de la France...*, op. cit., t. 6, p. 3.

25. *Souvenirs du duc de Vicence*, op. cit., t. 1 p. 53-54.

26. Cité d'après *Napoléon et l'Europe. Regards sur une politique*, sous la direction de Thierry Lentz, Paris, Fayard, 2005, p. 253.

27. Cité d'après Grand-duc Nicolas Mikhaïlovitch (Romanov), *Les Relations diplomatiques de la Russie et de la France...*, op. cit., t. 6, p. 17.

28. Cité d'après A. Vandal, *Napoléon et Alexandre Ier...*, op. cit., t. 1, p. 73.

29. J.-A. Paulin, *Souvenirs du général baron Paulin*, Paris, 1895, p. 95-97, 98.

30. P. Masson, « Napoléon et l'Angleterre. La marine et l'armée anglaise contre Napoléon ». http://www.napoleon.org/FR/salle_lecture/articles/files/Napoleon_Angleterre_2_marine.asp.

31. Napoléon Bonaparte, *Correspondance générale*, op. cit., t. 16, p. 498.

32. *Ibid.*

33. *Ibid.*

CHAPITRE V

1. Prince C.W.L. de Metternich, *Mémoires, documents et écrits divers*, Paris, Plon, 1880-1884, t. 2, p. 245.

2. *Correspondance de Napoléon Ier*, op. cit., t. 17, p. 66.

3. *Ibid.*, p. 428.

4. Grand-duc Nicolas Mikhaïlovitch (Romanov), *Les Relations diplomatiques de la Russie et de la France...*, op. cit., t. 6, p. 42, 44.

5. Johann Gottlieb Fichte, *Discours à la nation allemande*, « Huitième discours », Paris, Imprimerie nationale, 1992, p. 211-235.

6. *La Politique étrangère de la Russie...*, op. cit., t. 4, p. 296-297.

7. *Genij vremeni*, n° 4, 1809, p. 13-14.

8. *Vestnik Evropy*, n° 1, janvier 1809, p. 63.

9. *Ibid.*, p. 66-67.

10. N. Doubrovine, *Russkaja žizn' v načale* XIX *veka* (La vie russe au début du XIXe siècle), Moscou, DNK, 2007, p. 246.

11. M.-P. Rey, *Alexandre Ier*, op. cit., p. 246.

12. *Russkij arxiv* (Archives russes), n° 1, 1911, p. 5, 6, 11.

13. *Ibid.*, p. 12-13.

14. *Ibid.*, p. 22-23.

15. *Ibid.*, p. 20.

16. Ch.-M. de Talleyrand, *Mémoires*, op. cit., t. 1, p. 401.

17. *Ibid.*, p. 181.

18. Prince C.W.L. de Metternich, *Mémoires, documents et écrits divers*, op. cit., t. 2, p. 248.

19. E. Tarlé, *Talleyrand*, Moscou, Vyščaja škola, 1992, p. 108.

20. Ch.-M. de Talleyrand, *Mémoires*, op. cit., t. 1, p. 438-439.

21. *Ibid.*, p. 450.

22. *Correspondance de Napoléon Ier*, op. cit., t. 18, p. 21.

23. W.F.P. Napier, *Histoire de la guerre de la péninsule 1807-1814*, Paris, Champ libre, 1983, t. 1, p. 339.

24. *Correspondance de Napoléon Ier*, op. cit., t. 32, p. 330.

25. E.-D. Pasquier, *Histoire de mon temps. Mémoires du chancelier Pasquier*, Paris, Plon, Nourrit et Cie, 1893-1894, t. 1, p. 358.

26. E. Dard, *Napoléon et Talleyrand*, Paris, Plon, 1935, p. 227.

27. Cité d'après A. Beer, *Zehn Jahre österreichischer Politik, 1801-1810*, Leipzig, 1877, p. 349.

CHAPITRE VI

1. *Correspondance de Napoléon Ier*, op. cit., t. 18, p. 482.

2. *Correspondance du prince Joseph Poniatowski avec la France*, Poznán, 1911-1929, t. 2, p. 169.

3. *La Politique étrangère de la Russie...*, op. cit., t. 5, p. 44.

4. Département des manuscrits de la Bibliothèque nationale de Russie, fonds 836. A. Tchernychev.

5. W. Löwenstern, *Mémoires du général-major russe baron de Löwenstern*, Paris, Albert Fontemoing éditeur, 1903, t. 1, p. 129-130.

6. *Correspondance du prince Joseph Poniatowski...*, op. cit., t. 2, p. 165.

7. *Ibid.*, p. 172-174.

8. *Ibid.*, p. 175.

9. *Ibid.*, p. 188-189.

10. *Ibid.*, p. 198.

11. *La Politique étrangère de la Russie...*, op. cit., t. 5, p. 90.

12. *Relation des opérations de l'armée sous les ordres du prince Poniatowski*, Paris, Imprimerie et Librairie militaire de Gaultier-Laguionie, 1841.

13. Cité d'après S. Askenazy, *Le Prince Joseph Poniatowski, maréchal de France (1763-1813)*, Paris, Plon, 1921, t. 2, p. 243-245.

14. *Correspondance du prince Joseph Poniatowski...*, op. cit., t. 2, p. 165.

15. *Ibid.*

16. *Ibid.*, p. 208.

17. Département des manuscrits de la Bibliothèque nationale de Russie, fonds 836. A. Tchernychev.

18. A.-J.-M.-R. Savary, *Mémoires du duc de Rovigo*, op. cit., t. 4, p. 145.

19. W. Löwenstern, *Mémoires du général-major...*, op. cit., t. 1, p. 126.

20. *Ibid.*, p. 130.

21. *Ibid.*

22. *Ibid.*

23. *Ibid.*, p. 77.

24. *Ibid.*, p. 85, 86.

25. *Ibid.*

26. *Correspondance de Napoléon Ier*, op. cit., t. 2, p. 305.

27. *Ibid.*, p. 447.

28. *Ibid.*, p. 486.

29. Prince C.W.L. de Metternich, *Mémoires, documents et écrits divers*, op. cit., t. 2, p. 305.

30. *Correspondance de Napoléon Ier*, op. cit., t. 19, p. 411.

31. Cité d'après A. Vandal, *Napoléon et Alexandre Ier...*, op. cit., t. 1, p. 112.

32. *La Politique étrangère de la Russie...*, op. cit., t. 5, p. 118-119.

33. *Ibid.*

34. Grand-duc Nicolas Mikhaïlovitch (Romanov), *Les Relations diplomatiques de la Russie et de la France...*, *op. cit.*, t. 4, p. 144, 146.

35. Cité d'après A. Vandal, *Napoléon et Alexandre Ier...*, *op. cit.*, t. 2, p. 163.

36. F. Boulgarine, *Vospominanija* (Souvenirs), Moscou, Zakharov, 2001, p. 618-620.

37. Département des manuscrits de la Bibliothèque nationale de Russie, fonds 73, n° 275. Langeron, Journal des campagnes faites au service de la Russie, 1807-1809, t. 4, p. 265.

38. *Ibid.*, p. 415.

39. Général Bagration, *Sbornik dokumentov i materialov* (Recueil de documents et de matériaux), Moscou, Gospoplitizdat, 1945, p. 73.

40. O. Wiegel, *Zapiski* (Mémoires), Moscou, Zakharov, 2003, t. 1, p. 514.

41. *Correspondance de Napoléon Ier*, *op. cit.*, t. 20, p. 148-149.

42. *Ibid.*, p. 151.

43. M. Kukiel, *Wojna 1812 roku* (La guerre de 1812), Cracovie, 1937, p. 11.

CHAPITRE VII

1. Cité d'après D. Yen, *Ekaterina Pavlovna. Velikaja knjažna, koroleva Vjurtemberga* (Ekatérina Pavlovna, grande-duchesse, reine de Wurtemberg), Moscou, Ast, 2006, p. 65.

2. Grand-duc Nicolas Mikhaïlovitch (Romanov), *Perepiska imperatora Aleksandra I s sestroj velikoj kniažnoj Ekaterinoj Pavlovnoj* (Correspondance de l'empereur Alexandre Ier avec sa sœur la grande-duchesse Ekaterina Pavlovna), Saint-Pétersbourg, 1910, p. 18.

3. Cité d'après D. Yen, *Ekaterina Pavlovna...*, *op. cit.*, p. 92.

4. Cité d'après A. Vandal, *Négociations avec la Russie relatives au second mariage de Napoléon*, Paris, 1890, p. 10.

5. Grand-duc Nicolas Mikhaïlovitch (Romanov), *Correspondance de l'empereur Alexandre Ier avec sa sœur...*, *op. cit.*, p. 85.

6. Cité d'après A. Vandal, *Négociations avec la Russie relatives au second mariage de Napoléon*, *op. cit.*, p. 23.

7. *Ibid.*, p. 16.

8. Cité d'après A. Vandal, *Napoléon et Alexandre Ier...*, *op. cit.*, t. 2, p. 226-227.

9. A.-C. Thibaudeau, *Mémoires de A.-C. Thibaudeau 1799-1815*, Paris, Plon, 1913, p. 274-275.

10. Cité d'après L. Madelin, *Histoire du Consulat et de l'Empire*, *op. cit.*, t. VIII, p. 227.

11. Cité d'après A. Vandal, *Napoléon et Alexandre Ier...*, *op. cit.*, t. 2, p. 256.

12. *Ibid.*, p. 272-273.

13. *Ibid.*, p. 278.

14. Archives d'Etat de la Fédération de Russie.

15. Grand-duc Nicolas Mikhaïlovitch (Romanov), *Les Relations diplomatiques de la Russie et de la France...*, *op. cit.*, t. 7, p. 99, 102.

16. Département des manuscrits de la Bibliothèque nationale de Russie, fonds 836. A. Tchernychev.

17. A.-C. Thibaudeau, *Mémoires...*, *op. cit.*, p. 278.

18. Cité d'après A. Vandal, *Napoléon et Alexandre Ier...*, *op. cit.*, t. 2, p. 293-294.

19. *Ibid.*, p. 293-294, 297.

20. E.-D. Pasquier, *Histoire de mon temps...*, *op. cit.*, t. 1, p. 378.

21. F. Crouzet, *L'Économie britannique et le blocus continental*, Paris, Presses universitaires de France, 1958.

22. Cité d'après S. Marzagalli, « Le blocus continental pouvait-il réussir ? », in *Napoléon et l'Europe*, Paris, Fayard, 2005, p. 109.

23. M. Zlotnikov, *Le Blocus continental en Russie*, Moscou-Léningrad, 1966, p. 24, 28.

24. Département des manuscrits de la Bibliothèque nationale de Russie, fonds 775, n° 4806. D. Volkonski, Journal.

25. *Ibid.*, p. 156.

26. *La Politique étrangère de la Russie...*, *op. cit.*, t. 4, p. 46-49.

27. *Ibid.*, p. 84-85.

28. Cité d'après *La Guerre patriotique de 1812...*, *op. cit.*

29. S. Tchernov, *Statističeskoe opisanie Moskovskoj gubernii 1811* (Description du gouvernorat de Moscou en 1811), Moscou, 1812, p. 41.

30. *Ibid.*, p. 54-55.

31. Cité d'après *La Guerre patriotique de 1812...*, *op. cit.*

32. *Ibid.*

33. E. Ziablovski, *Statističeskoe opisanie rossijskoj imperii v nynešnom ee sostojanie.* (Description statistique de l'Empire russe dans son état présent), Saint-Pétersbourg, 1815, p. 10.

34. V. Livron. *Statističeskoe obozrenie Rossiiskoj imperii* (Aperçu statistique de l'empire russe). Saint-Pétersbourg, 1874, p. 120.

35. I. Kaufman, *Iz istorii bumažnyx deneg v Rossii* (Aperçu de l'histoire du papier-monnaie en Russie), Saint-Pétersbourg, 1874, p. 120.

36. *La Politique étrangère de la Russie...*, *op. cit.*, t. 5, p. 298-299.

CHAPITRE VIII

1. Prince Ladislas Czartoryski (éd.), *Alexandre Ier et le prince Czartoryski. Correspondance particulière et conversations (1801-1823)*, Paris, Michel Lévy frères, 1865, p. 69, 71, 72.

2. *Ibid.*, p. 83, 85.

3. *Ibid.*, p. 99-100.

4. *Ibid.*, p. 101-102.

5. *Correspondance de Napoléon Ier*, *op. cit.*, t. 20, p. 50.

6. *Ibid.*, p. 108.

7. *Ibid.*, p. 250.

8. L. Margueron, *Campagne de Russie*, Paris, Henri Charles-Lavauzelle, 1903, t. 1, p. 101-102.

9. *Ibid.*, p. 103-104.

10. *Correspondance de Napoléon Ier*, *op. cit.*, p. 268.

11. *Otečestvennaja vojna 1812 goda. Materialy Voenno-Učenago Arxiva Glavnogo Štaba. Otdel I. Perepiska russkix pravitel'stvennyx lic i učreždenij* (La guerre patriotique de 1812. Documents des archives militaires et scientifiques de l'état-major général. Section I. Correspondance des personnalités et administrations gouvernementales), Saint-Pétersbourg, 1900, t. 1, p. 3.

12. *Ibid.*, p. 20.

13. *Ibid.*, p. 18.

14. *Ibid.*, p. 86.

15. *Correspondance...*, *op. cit.*, t. 20, p. 154, 155, 158.

16. *Ibid.*, p. 159-160.

17. L.-F. Lejeune, *Mémoires du général Lejeune*, Paris, Firmin-Didot, 1895, t. 2, p. 39.

18. *Correspondance...*, *op. cit.*, t. 20, p. 457-458.

19. *La Politique étrangère de la Russie...*, *op. cit.*, t. 5, p. 450-451.

20. Département des manuscrits de la Bibliothèque nationale de Russie, fonds 836. A. Tchernychev.

21. *La Guerre patriotique de 1812...*, *op. cit.*, t. 1, 52ᵉ partie, p. 181.

22. N. Schilder, *Imperator Aleksandr Pervyi, ego žizn i carstvovanije* (L'empereur Alexandre Iᵉʳ, sa vie et son règne), Saint-Pétersbourg, 1905, t. 3, p. 18.

23. *Lettres et papiers du chancelier comte de Nesselrode, 1760-1850, extraits de ses archives*, Paris, Lahore, s.d., t. 3, p. 235, 237.

24. *Correspondance de Napoléon Iᵉʳ*, *op. cit.*, t. 21, p. 234.

25. A. Vandal, *Napoléon et Alexandre Iᵉʳ...*, *op. cit.*, t. 2, p. 502.

26. *La Politique étrangère de la Russie...*, *op. cit.*, t. 5, p. 624-625.

27. Grand-duc Nicolas Mikhaïlovitch (Romanov), *L'Empereur Alexandre. Essai d'étude historique*, Saint-Pétersbourg, 1912, t. 1, p. 380.

28. *La Politique étrangère de la Russie...*, *op. cit.*, p. 315.

29. Département des manuscrits de la Bibliothèque nationale de Russie, fonds 73, n° 378.

30. *Ibid.*

31. Prince Ladislas Czartoryski (éd.), *Alexandre Iᵉʳ et le prince Czartoryski...*, *op. cit.*, t. 2, p. 129-132, 134-135.

32. *La Guerre patriotique de 1812...*, *op. cit.*, t. 1, 2ᵉ partie, p. 282.

33. Prince Ladislas Czartoryski (éd.), *Alexandre Iᵉʳ et le prince Czartoryski...*, *op. cit.*, t. 2, p. 139-140.

34. *La Guerre patriotique de 1812...*, *op. cit.*, t. 2, p. 53.

35. Prince Ladislas Czartoryski (éd.), *Alexandre Iᵉʳ et le prince Czartoryski...*, *op. cit.*, t. 2, p. 148.

36. *Ibid.*, p. 149-151.

37. *Ibid.*, p. 167.

38. A. Vandal, *Napoléon et Alexandre Iᵉʳ...*, *op. cit.*, t. 3, p. 222.

39. V. Sirotkine, *Napoleon i Aleksandr* (Napoléon et Alexandre), Moscou, Algoritm, 2003, p. 295.

40. *La Guerre patriotique de 1812...*, *op. cit.*, t. 2, p. 86-93.

41. G. Fabry, *Campagne de Russie*, Paris, Lucien Gougy Libraire, 1900-1903, t. 1, p. IV-VII.

42. Grand-duc Nicolas Mikhaïlovitch (Romanov), *Les Relations diplomatiques de la Russie et de la France...*, op. cit., t. 1, p. 392.

43. *Ibid.*, p. 395.

44. J.U. Niemcewicz, *Listy litewskie*, Varsovie, 1812, p. 8.

45. *Correspondance du prince Joseph Poniatowski...*, op. cit., t. 3, p. 156-160.

46. *Ibid.*, p. 192-194.

47. *Correspondance de Napoléon Ier*, op. cit., t. 21, p. 508.

48. *Ibid.*, t. 22, p. 15.

49. Archives nationales, IV 1655/1.

50. L.-P.-E. Bignon, *Souvenirs d'un diplomate. La Pologne (1811-1813)*, Paris, Dentu, 1864, p. 57-58.

51. *La Guerre patriotique de 1812...*, op. cit., t. 2, p. 208.

52. *Ibid.*, p. 297-298.

53. *Ibid.*, p. 74.

54. *Mémoires du général de Caulaincourt, duc de Vicence, grand écuyer de l'Empereur*, t. 1, Paris, Plon et Nourrit, 1933, p. 286, 288, 290, 294.

55. Grand-duc Nicolas Mikhaïlovitch (Romanov), *Les Relations diplomatiques de la Russie et de la France...*, op. cit., t. 1, p. VI.

56. *Mémoires du général de Caulaincourt...*, op. cit., p. 297-298.

57. *Correspondance de Napoléon Ier*, op. cit., t. 22, p. 243.

58. L. von Wolzhogen, *Mémoires d'un général d'infanterie au service de la Prusse et de la Russie (1792-1836)*, Paris, Teissèdre, 2002, p. 63.

59. A. Vandal, *Napoléon et Alexandre Ier...*, op. cit., t. 3, p. 131.

60. *Ibid.*, p. 221-222.

61. Grand-duc Nicolas Mikhaïlovitch (Romanov), *Les Relations diplomatiques de la Russie et de la France...*, op. cit., t. 1, p. 361-362.

62. L. Margueron, *Campagne de Russie*, op. cit., t. 3, p. 22, 29, 50, 51, 64, 187, 188.

63. Cité d'après A. Thiers, *Histoire du Consulat et de l'Empire*, Paris, 1856, t. 13, p. 186, 188, 189.

CHAPITRE IX

1. Cité d'après M.-C.-A. de Ségur, comtesse d'Armaillé, *Une fiancée de Napoléon, Désirée Clary, reine de Suède*, Paris, Elibron Classics, 1897, p. 44-45.

2. J.-B. de Suremain, *La Suède sous la République et le Premier Empire. Mémoires du lieutenant général de Suremain (1794-1815)*, Paris, Plon-Nourrit, 1902, p. 257.

3. *Correspondance de Napoléon Ier*, op. cit., t. 21, p. 415-416.

4. J.-B. de Suremain, *La Suède...*, op. cit., p. 267.

5. *La Politique étrangère de la Russie...*, op. cit., t. 6, p. 322-325.

6. A. Vandal, *Napoléon et Alexandre Ier...*, op. cit., t. 3, p. 372.

7. J.-B. de Suremain, *La Suède*, op. cit., p. 229.

8. C. von Clausewitz, *De la guerre*, Paris, Éditions de Minuit, 1955, p. 194.

9. Service historique de la Défense, fonds Davout, 1 K 126.

10. P. Bailleu, *Briefwechsel König Friedrich Wilhelms III. und der Königin Luise mit Kaiser Alexander I.*, Leipzig, 1900, p. 219.

11. *Ibid.*, p. 227-228.

12. *Correspondance de Napoléon Ier*, *op. cit.*, t. 23, p. 14.

13. L. Margueron, *Campagne de Russie*, *op. cit.*, t. 3, p. 324-327.

14. E. Tarlé, *1812*, Moscou, Pressa, 1994, p. 26.

15. Prince C.W.L. de Metternich, *Mémoires, documents et écrits divers*, *op. cit.*, t. 2, p. 409-414.

16. *La Guerre patriotique de 1812...*, *op. cit.*, t. 8, p. 168.

17. Prince C.W.L. de Metternich, *Mémoires, documents et écrits divers*, *op. cit.*, t. 2, p. 397.

18. *Ibid.*, p. 403.

19. Département des manuscrits de la Bibliothèque nationale de Russie, fonds 73, n° 275. Langeron, Journal des campagnes faites au service de la Russie, 1810-1812, t. 5, p. 201.

20. Prince C.W.L. de Metternich, *Mémoires, documents et écrits divers*, *op. cit.*, t. 2, p. 375.

21. P. Tchitchagof, *Mémoires de l'amiral Pavel Tchichagof, gouverneur des principautés de Moldavie et de Valachie en 1812*, Paris, Plon-Nourrit, 1909, p. 52-53.

22. *Ibid.*, p. 71-72.

CHAPITRE X

1. M. Dumas, *Souvenirs du lieutenant général comte Mathieu Dumas de 1770 à 1836*, Paris, Librairie de Charles Gosselin, 1839, p. 416-417.

2. *La Guerre patriotique de 1812...*, *op. cit.*, t. 7, p. 187-188.

3. *Ibid.*, t. 4, p. 12, 15, 16.

4. *Otečestvennaja vojna 1812, Enciklopedija* (*La Guerre patriotique de 1812, Encyclopédie*), Moscou, Rosspen, 2004, p. 586.

5. *Ibid.*, t. 5, p. 249, 302-303.

6. *Ibid.*, p. 313-314.

7. *Ibid.*

8. *La Politique étrangère de la Russie...*, *op. cit.*, t. 6, p. 268-270.

9. *Ibid.*

10. *La Guerre patriotique de 1812...*, *op. cit.*, t. 11, p. 2.

11. *Ibid.*, t. 11, p. 409.

12. *Ibid.*, t. 5, p. 61.

13. *Ibid.*, t. 5, p. 237.

14. *Ibid.*, t. 10, p. 5.

15. *Ibid.*, t. 10, p. 69.

16. *Ibid.*, t. 10, p. 265-269.

17. *Ibid.*, t. 11, p. 232.

18. « Notes du comte de Langeron. La guerre avec la Turquie 1806-1812 », *Russkaja Starina*, septembre 1910, p. 167.

19. L. Ivtchenko, *Toll Karl Fédorovič // Sbornik Otečestvennaja vojna 1812* (Toll Karl Fédorovitch, in *La Guerre patriotique de 1812*), Moscou, 2004, p. 269.

20. *La Guerre patriotique de 1812...*, *op. cit.*, t. 11, p. 324-332.

21. C. von Clausewitz, *La Campagne de 1812 en Russie*, Paris, Complexe, 1987, p. 4 et 8.

22. Archives militaires d'Etat de Russie, fonds 846, inv. 16, vol. 1, n° 3584.

23. *Ibid.*

24. *Ibid.*

25. V. Bezotosny, V. Parsanov, *Fulja plan // Sbornik Otečestvennaja vojna 1812* (Le plan de Phull, in *La Guerre patriotique de 1812*), Moscou, 2004, p. 758.

26. Cité d'après *La Guerre patriotique de 1812...*, *op. cit.*, t. 3, p. 93.

27. Abbé de Pradt, *Histoire de l'ambassade dans le grand-duché de Varsovie en 1812*, Paris, Pillet, 1815, p. 1-2.

28. *Ibid.*, p. 16.

29. Service historique de l'armée de terre, C², 130.

30. J. Tulard, *Nouvelle bibliographie critique des mémoires sur l'époque napoléonienne écrits ou traduits en français*, Paris, Droz, 1991, p. 298.

31. A.-F. Villemain, *Souvenirs contemporains d'histoire et de littérature*, Paris, Didier, 1854-1855, p. 165, 174-175.

32. *Ibid.*, p. 173, 167, 168, 169.

33. Archives nationales, AF IV, 1699/8.

34. A.-F.-L. de Marmont, *Mémoires du maréchal Marmont, duc de Raguse, de 1792 à 1841*, Paris, Perrotin Libraire-éditeur, 1857, t. 3, p. 336-337.

35. *Correspondance...*, *op. cit.*, t. 22, p. 17.

36. *Ibid.*, t. 23, p. 344.

37. *Ibid.*, p. 299.

38. *Ibid.*, p. 279.

39. *Ibid.*, p. 314.

40. *Ibid.*, p. 317-318.

41. *Ibid.*, p. 336.

42. *Ibid.*, p. 336-337.

43. *Ibid.*, p. 435.

44. *Ibid.*, p. 470-471.

45. V. Bogdanovitch, *Istoria otečestvennoj vojny 1812 goda, po dostovernym istočnikam* (Histoire de la guerre patriotique de 1812 d'après des sources fiables), Saint-Pétersbourg, 1859, p. 107.

46. *Correspondance...*, *op. cit.*, t. 23, p. 143.

47. *La Guerre patriotique de 1812...*, *op. cit.*, t. 9, p. 4.

48. *Ibid.*, p. 128.

49. Cité d'après N. Doubrovine, *La Vie russe au début du XIXᵉ siècle*, *op. cit.*, p. 441.

50. *Ibid.*, p. 520.

51. *Ibid.*, p. 521.

52. *Ibid.*, p. 441.

53. C.W.L. prince de Metternich, *Mémoires, documents et écrits divers*, *op. cit.*, t. 1, p. 113, 121-122.

54. *Ibid.*, p. 122.

55. *La Guerre patriotique...*, *op. cit.*, t. 12, p. 287-288.

56. Service historique de la Défense, 1 M 1490.

57. *Ibid.*

58. Ch.-L. Lesur, *Des progrès de la puissance russe depuis son origine jusqu'au commencement du XIXe siècle*, Paris, Fantin Libraire, 1812, p. 177-178.

59. *Ibid.*, p. 179.

60. *Ibid.*, p. 469-470.

61. *Le Moniteur universel*, 17 mars 1812.

62. *Le Moniteur universel*, 26 mars 1812.

63. *Le Moniteur universel*, 8 avril 1812.

64. *Le Moniteur universel*, 16 avril 1812.

65. *Le Moniteur universel*, 9 mai 1812.

66. Rapports du colonel A. Tchernychev à l'empereur Alexandre Pavlovitch, in *Recueil de la Société d'histoire de la Russie*, t. 21, p. 144.

67. Papiers de A. Tchernychev pour le règne de l'empereur Alexandre II, in *Recueil de la Société d'histoire de la Russie*, t. 121, p. 166.

68. Rapports du colonel A. Tchernychev à l'empereur Alexandre Pavlovitch, in *Recueil de la Société d'histoire de la Russie*, t. 21, p. 142-143.

69. Procès instruit par la Cour d'assises de Paris, Paris, P. Didot l'Aîné, 1812.

CHAPITRE XI

1. D. Milioutine, *Istorija vojny 1799 goda meždu Rossiej i Franciej v carstvovanie imperatora Pavla I* (Histoire de la guerre de 1799 entre la France et la Russie pendant le règne de l'empereur Paul Ier), Saint-Pétersbourg, 1857, t. 1, p. 80.

2. *Stoletie voennogo ministerstva 1802-1902* (Le centenaire du ministère de la Guerre 1802-1902), Saint-Pétersbourg, 1903, t. 4, 1re partie, section 2, annexe 1, p. 9.

3. L. Bogdanov, *Russkaja armija v 1812 godu* (L'armée russe en 1812), Moscou, 1979, p. 66.

4. Archives nationales, 31 AP 9, dossier 31, Notes sur l'armée russe et sur sa formation, par Paultres, chef d'escadron, aide de camp du général d'Hédouville.

5. Département des manuscrits de la Bibliothèque nationale de Russie, fonds 568, n° 3. I. Dolgorouki, Souvenirs, 1809, p. 15-16.

6. Archives nationales, 31 AP 9, dossier 31, Notes sur l'armée russe et sur sa formation...

7. S. Chvédov, *Komplektovanie, čislennost' i poteri Rossijskoy Armii v Otečestvennoj vojne 1812* (Le complètement, les effectifs et les pertes de l'armée russe dans la Guerre patriotique de 1812), Thèse de 3e cycle en histoire, 2002, Saratov, 2005, p. 267.

8. *Ibid.*, p. 45.

9. *Le Centenaire du ministère de la Guerre 1802-1902*, op. cit.

10. O. Sokolov, *L'Armée de Napoléon*, Saint-Germain-en-Laye, Éditions Commios, 2005, p. 60.

11. Cité d'après I. Oulianov, *Reguljarnaja pexota, 1805-1855* (L'infanterie régulière, 1805-1855), Moscou, 1997, p. 10.

12. A. Langeron, *Russkaja armija v god smerti Ekateriny II. Sostav i ustroistvo russkoj armii* (L'armée russe l'année de la mort de Catherine II.

Composition et organisation de l'armée russe), *Russkaja starina*, 1895, t. 83, p. 148-149.

13. *Ibid.*, t. 84, n° 5, p. 199-200.

14. *La Guerre patriotique de 1812...*, *op. cit.*, t. 4, p. 179.

15. *Ibid.*, t. 1, p. 80.

16. Département des manuscrits de la Bibliothèque nationale de Russie, fonds 73, n° 275. Langeron, Journal des campagnes faites au service de la Russie, t. 5, p. 45.

17. P. Zaïontchovski, *Pravitel'stvennyj apparat samoderžavnoj Rossii v XIX v* (L'appareil d'Etat de la Russie autocratique au XIXe siècle), Moscou, 1978, p. 114.

18. *La Guerre patriotique de 1812...*, *op. cit.*, t. 1, p. 53.

19. D. Osten-Saken, « Otryvok iz letopisi Elisavetgradskogo polka » (Extrait des Annales du régiment d'Elisabethgrad), *Voenny sbornik*, n° 10, 1870, p. 245.

20. Cité d'après N. Doubrovine, *La Vie russe au début du XIXe siècle*, *op. cit.*, p. 372.

21. Archives nationales, 31 AP 9, dossier 39, Notes sur l'armée russe et sur sa formation...

22. Cité d'après N. Doubrovine, *La Vie russe au début du XIXe siècle*, *op. cit.*, p. 372.

23. *La Guerre patriotique de 1812...*, *op. cit.*, t. 1, p. 53.

24. *Ibid.*

25. D. Osten-Saken, *Extrait des Annales du régiment d'Elisabethgrad*, *op. cit.*, p. 243.

26. *La Guerre patriotique de 1812*, *op. cit.*, t. 1, p. 54.

27. *Geschichte der Kriegskunst im Rahmen der politischen Geschichte* (Histoire de l'art de la guerre dans le cadre de l'histoire politique), t. 4, Berlin, 2000.

28. Instruction à Messieurs les officiers d'infanterie le jour de la bataille, 1812.

29. *Ibid.*

30. *Ibid.*

31. A. Baiov, *Kurs istorii russkogo voennogo isskusstva. Vypusk VII. Epoxa imperatora Alexandra I* (Cours d'histoire de l'art militaire russe. Fasc. VII. L'époque de l'empereur Alexandre Ier), Saint-Pétersbourg, 1913, p. 123.

32. V. Fédorov, *Vooruženie russkoj armii za XIX stoletie s atlasom čertežej* (L'armement de l'armée russe au XIXe siècle avec un atlas de plans), Saint-Pétersbourg, 1911, p. 382.

33. *Ibid.*, p. 385.

34. Martens, « Iz zapisok starogo oficera » (Extrait des notes d'un vieil officier), *Russkaja starina*, n° 1, 1902, p. 106.

35. *La Guerre patriotique de 1812...*, *op. cit.*, t. 4, p. 284.

36. *Ibid.*, t. 2, p. 194.

37. D. Tselorougo, *Kapitan N, portret russkogo oficera 1812* (Le capitaine N, portrait d'un officier russe en 1812), *Rodina*, n° 6-7, 1992.

38. D. Tselorougo, « *O bednom gusare zamolvite slovo...* » (Dites un mot du pauvre hussard...), *Rodina*, n° 8, 2002, p. 31

39. *Ibid.*

40. Département des manuscrits de la Bibliothèque nationale de Russie, fonds 775, n° 4860. D. Volkonski, Journal 1801-1832.

41. D. Volkonski, *Dnevnik (Journal). 1812-1814, Voennye dnevniki (Journaux de guerre)*, Moscou, Kniga, 1990, p. 132.

42. N. Mouraviev, *Zapiski* (Souvenirs), cité d'après L. Ivtchenko, *Povsednevnaja žizn' russkogo oficera epoxi 1812 goda* (La vie quotidienne d'un officier russe à l'époque de 1812), Molodaïa gvardia, 2008.

43. *Stoletie voennogo ministerstva, 1802-1902, op. cit.*, t. 10, p. 148-149.

44. D. Boutourline, *Istorija našestvija Napoleona na Rossiju v 1812* (Histoire de l'invasion de Napoléon en Russie en 1812), Saint-Pétersbourg, 1837, p. 84-86.

45. *Carnets de A. Ermolov, op. cit.*, p. 124.

46. S. Chvédov, *Le Complètement, les effectifs et les pertes de l'armée russe dans la Guerre patriotique de 1812, op. cit.*

47. *Le Moniteur universel*, 25 août 1793.

48. N. Mitarevski, *Rasskazy o vojne 1812. Zapiski molodogo artillerijskogo oficera* (Récits sur la guerre de 1812. Notes d'un jeune officier d'artillerie), Moscou, 1878, p. 22.

49. C. von Clausewitz, *De la guerre, op. cit.*, p. 172.

50. Ch. Desbœufs, *Souvenirs du capitaine Desbœufs*, Paris, Alphonse Picard et fils, 1901, p. 55.

51. D. Ravy, « Journal d'en engagé volontaire pensant les campagnes de 1805, 1806 et 1807 », in *Histoire d'un régiment. La 32ᵉ demi-brigade (1775-1890)*, Paris, A. Le Vasseur et Cie, 1890, p. 147.

52. L.-F. Fantin des Odoards, *Journal du général Fantin des Odoards. Etapes d'un officier de la Grande Armée, 1806-1830*, Paris, Plon, Nourrit et Cie, 1895, p. 194-195.

53. « Soldats d'Iéna et d'Auerstadt », in *Carnet de la Sabretache*, n° 166, octobre 1906, p. 612.

54. F. Roguet, *Mémoires militaires du lieutenant général comte Roguet, colonel en second des grenadiers à pied de la Vieille Garde, 1800-1830*, Paris, Librairie militaire J. Dumaine, 1862-1865, t. 3, p. 226.

55. A.-O. de Goneville, *Souvenirs militaires*, Paris, Didier et Cie, 1875, p. 203.

56. Cité d'après J.-M.-F. Girod de l'Ain, *Dix ans de mes souvenirs militaires, de 1805 à 1815*, Paris, J. Dumaine, 1873, p. 33-34.

57. Cité d'après C.-A. Thoumas, *Les Grands Cavaliers de l'Empire*, Paris, Berger-Levrault, 1890-1892, t. 2, p. 331.

58. F. de Brack, *Avant-postes de cavalerie légère*, Paris, Imprimerie et Librairie militaire de J. Dumaine, Paris, 1831, p. 27.

59. J.-F. Martin, *Souvenirs d'un ex-officier, 1812-1815*, Paris-Genève, Cherbulliez, 1867, p. 498.

60. A.-L.-A. Fée, *Souvenirs de la guerre d'Espagne dite de l'indépendance (1809-1813)*, Paris, Vve Berger-Levrault et fils, 1856, p. 168.

61. C. Croubois (dir.), *L'Officier français des origines à nos jours*, Saint-Jean-d'Angély, Bordessoules, 1987, p. 147.

62. M.-S. Foy, *Histoire de la guerre de la Péninsule sous Napoléon*, Paris, Baudouin frères, 1827, t. 1, p. 87.

63. L. Margueron, *Campagne de Russie, op. cit.*, t. 3, p. 37-48.

64. *Ibid.*, p. 37.

65. J. Houdaille, « Pertes de l'armée de terre sous le Premier Empire d'après les registres matricules », *Population*, Revue bimestrielle de l'Institut national d'études démographiques (INED), janvier-février 1972, n° 1, p. 45. Oleg Sokolov, *L'Armée de Napoléon, op. cit.*, p. 66.

66. A. Pigeard, *L'Armée napoléonienne*, Paris, Tallandier, 1993, p. 305.

67. *La Guerre patriotique de 1812..., op. cit.*, t. 4, encart entre les p. 264 et 265.

68. *Ibid.*, p. 272.

69. J. Tulard, *Nouvelle Histoire de Paris*, Paris, Hachette, 1970.

70. H. von Brandt, Souvenirs *d'un officier polonais. Scènes de la vie militaire en Espagne et en Russie (1808-1812)*, Paris, G. Charpentier, 1877, p. 217, 219.

71. L. Margueron, *Campagne de Russie, op. cit.*, t. 3, p. 78-79.

72. G.-J.-B., baron Dufour, *Guerre de Russie 1812*, Biarritz, Atlantica-Séguier, 2008, p. 117.

73. *Correspondance de Napoléon Ier, op. cit.*, t. 23, p. 350.

74. Archives nationales, 123, AP 5.

75. Cité d'après A. Vandal, *Napoléon et Alexandre Ier..., op. cit.*, t. 3, p. 327.

76. *Le Maréchal Oudinot, duc de Reggio, d'après les Souvenirs inédits de la maréchale*, par Gaston Stiegler, Paris, Plon, 1894, p. 152-153.

77. *La Guerre patriotique de 1812..., op. cit.*, t. 10, p. 91, 104.

78. Archives nationales, AF IV, 119.

79. Service historique de la Défense, 2 C 701.

80. *Correspondance de Napoléon Ier, op. cit.*, t. 23, p. 339-340.

81. L. Margueron, *Campagne de Russie, op. cit.*, t. 3, p. 81.

82. P.-C.-A. de Bourgoing, *Souvenirs militaires du baron de Bourgoing (1791-1815)*, Paris, Plon, Nourrit et Cie, 1897, p. 87.

83. C. de Laugier, *La Grande Armée. Récits de Cesare de Laugier, officier de la garde du prince Eugène*, Paris, Fayard, 1910, p. 10.

CHAPITRE XII

1. Hortense de Beauharnais, *Mémoires de la reine Hortense*, Paris, Plon, 1927, p. 146.

2. J.-A. Chaptal, *Mes souvenirs sur Napoléon, par le comte Chaptal*, Paris, Plon, 1893, p. 293.

3. L. Madelin, *Histoire du Consulat et de l'Empire, op. cit.*, t. 11, p. 185.

4. *Correspondance de Napoléon Ier, op. cit.*, t. 32, p. 258.

5. J.-O. B. de Cléron, comte d'Haussonville, *Ma jeunesse, Souvenirs par le comte d'Haussonville*, Paris, Calmann-Lévy, 1885, p. 19.

6. P.-F. Percy, *Journal de campagne du baron Percy, chirurgien en chef de la Grande Armée*, Paris, Plon, Nourrit et Cie, 1906, p. 50.

7. J. Rapp, *Mémoires écrits par lui-même et publiés par sa famille*, Paris, Bossange frères, Didot père et fils, 1823, p. 4.

8. G. Gourgaud, *Journal de Sainte-Hélène (1815-1818)*, Paris, Flammarion, 1944, p. 213, 214.

9. Cité d'après J.-P. Bertaud, « La place de l'officier dans le régime napoléonien », in *La Bataille, l'armée, la gloire*. Actes du colloque de Clermont-Ferrand I, 1983, Association des Publications de Clermont II, 1985, p. 222.

10. E. Blaze, *La Vie militaire sous le Premier Empire*, Paris, Jacob-Duvernet, 2011, p. 16.

11. L.-F. Fantin des Odoards, *Journal...*, *op. cit.*, p. 293.

12. P. Dirine, *Istorija lejb-gvardii Semenovskigo polka* (Histoire du régiment de la garde Sémionovski), Saint-Pétersbourg, 1883, t. 1, p. 382-383.

13. V. Bakounina, « Dvenadcatyj god v zapiskax Varvary Ivanovny Bakuninoj » (L'année 1812 dans le Journal de Varvara Ivanovna Bakounina), *Russkaja starina*, 1885, t. 47, n° 9, p. 392.

14. Grand-duc Nicolas Mikhaïlovitch (Romanov), *Les Relations diplomatiques de la Russie et de la France...*, *op. cit.*, t. 6, p. 202, 207, 250-251.

15. I. Radojitski, *Poxodnye zapiski artillerista, 1812-1816* (Notes de campagne d'un artilleur, 1812-1816), Moscou, 1835, p. 16-18.

16. Grand-duc Nicolas Mikhaïlovitch (Romanov), *Les Relations diplomatiques de la Russie et de la France...*, *op. cit.*, t. 6, p. 223, 217.

17. *Ibid.*, p. 235.

18. M. Korf, *Žizn' grafa Speranskogo* (Vie du comte Spéranski), Saint-Pétersbourg, 1861, t. 2, p. 15.

19. Cité d'après N. Schilder, *L'Empereur Alexandre Ier, sa vie et son règne*, *op. cit.*, t. 3, p. 38.

20. *Ibid.*, p. 35.

21. V. Bakounina, *L'Année 1812...*, *op. cit.*, p. 293.

22. *Ibid.*, p. 395.

23. S. de Choiseul-Gouffier, *Mémoires historiques sur l'empereur Alexandre et la cour de Russie*, Paris, R. Leroux, 1829, p. 75.

24. S. de Choiseul-Gouffier, *Réminiscences sur l'empereur Alexandre Ier...*, *op. cit.*, p. 21.

25. N. Doubrovine, *La Vie russe au début du XIXe siècle*, *op. cit.*, p. 544.

26. *La Politique étrangère de la Russie...*, *op. cit.*, t. 6, p. 333-339.

27. *Recueil de la Société historique impériale de Russie*, t. 21, p. 363-364.

28. Cité d'après A. Castelot, *Napoléon*, Paris, Perrin, 1968, p. 401.

29. L.-F. Fantin des Odoards, *Journal...*, *op. cit.*, p. 294.

30. S. C. Durand, *Mémoires sur Napoléon, l'impératrice Marie-Louise et la cour des Tuileries*, Paris, Ladvocat, 1828, p. 139.

31. Grand-duc Nicolas Mikhaïlovitch (Romanov), *Les Relations diplomatiques de la Russie et de la France...*, *op. cit.*, t. 6, p. 283.

32. *Correspondance de Napoléon Ier*, *op. cit.*, t. 23, p. 371-373.

33. A.-F. Villemain, *Souvenirs contemporains d'histoire et de littérature*, Paris, Didier et Cie, 1853-1855, t. 1, p. 187.

34. A. Vandal, *Napoléon et Alexandre Ier...*, *op. cit.*, t. 3, p. 430.

35. Général comte de Ségur, *La Campagne de Russie*, Paris, Nelson, 1910, p. 16.

36. N. Schilder, *L'Empereur Alexandre Ier*, *op. cit.*, t. 3, p. 374.

37. Archives centrales d'État d'histoire militaire, fonds 846, inv. 16, 3616.

38. Eugène de Beauharnais, *Mémoires et correspondance politique et militaire du prince Eugène*, Paris, Michel Lévy, 1858-1860, t. 7, p. 350.

39. *Ibid.*, p. 351.

40. *Ibid.*, p. 357.

41. *Ibid.*, p. 360.

42. *Mémoires et correspondance du roi Jérôme et de la reine Catherine*, Paris, E. Dentu, 1861-1866, t. 5, p. 166.

43. V. Bakounina, *L'Année 1812...*, op. cit., p. 396-397.

44. A. Potocka, *Mémoires de la comtesse Potocka 1794-1820*, Paris, Plon, Nourrit et Cie, 1897, p. 306.

45. Jérôme Bonaparte, *Mémoires et correspondance...*, op. cit., t. 6, p. 32.

46. H. von Brandt, *Souvenirs d'un officier polonais*, op. cit., p. 226.

47. *Ibid.*, p. 229.

48. J.-M.-F. Girod de l'Ain, *Dix ans de mes souvenirs militaires...*, op. cit., p. 236-237.

49. Archives nationales, AF IV, 1643.

50. *Mémoires militaires du lieutenant général comte de Roguet*, op. cit., t. 4, p. 452.

51. J.-B. d'Héralde, *Mémoires d'un chirurgien de la Grande Armée*, Paris, Teissèdre, 2002, p. 97.

52. *Correspondance de Napoléon Ier*, op. cit., t. 23, p. 469.

53. L.-F. Fantin des Odoards, *Journal...*, op. cit., p. 297.

54. J. Rapp, *Mémoires*, Paris, Bossange frère, F. Didot, père et fils, 1825, p. 131.

55. *Ibid.*, p. 134.

56. L.-P.-E. Bignon, *Souvenirs d'un diplomate...*, op. cit., p. 214-216.

57. A. Potocka, *Mémoires...*, op. cit., p. 303, 309.

58. *La Guerre patriotique de 1812...*, op. cit., t. 9, p. 129.

59. *Ibid.*, t. 3, p. 284.

60. *Ibid.*, t. 9, p. 175.

61. *Ibid.*, t. 10, p. 22.

62. *Ibid.*, t. 10, p. 134-135.

63. *Ibid.*, t. 7, p. 161.

64. Département des manuscrits de la Bibliothèque nationale de Russie, fonds 73, n° 347.

65. *Correspondance de Napoléon Ier*, op. cit., t. 23, p. 480.

66. H. Bonnal, *La Manœuvre de Vilna*, Paris, 1905, p. 48.

67. *Correspondance de Napoléon Ier*, op. cit., t. 23, p. 515, 525.

68. H. Scheltens, *Souvenirs d'un grognard belge*, Bruxelles, Charles Dessart, s.d., p. 115.

69. *Correspondance de Napoléon Ier*, op. cit., t. 23, p. 498.

70. Colonel de Suckow, *D'Iéna à Moscou. Fragments de ma vie 1800-1812*, Paris, Librairie des Deux Empires, 2001, p. 151.

71. H. von Brandt, *Souvenirs d'un officier polonais...*, op. cit., p. 231-232.

72. J. Dif, *Les Mémoires de Jakob Walter 1812*, Paris, Teissèdre, 2003, p. 17.

73. A.-A.-R. de Saint-Chamans, *Mémoires du général comte de Saint-Chamans, ancien aide de camp du maréchal Soult (1802-1823)*, Paris, Plon, 1896, p. 212-213.

74. *Correspondance...*, *op. cit.*, t. 23, p. 496.

75. Archives nationales, AF IV, 1646/2.

76. *Ibid.*

77. *La Guerre patriotique de 1812...*, *op. cit.*, t. 13, p. 40.

78. L. von Wolzogen, *Mémoires d'un général d'infanterie au service de la Prusse et de la Russie (1792-1836)*, Paris, Teissèdre, 2002, p. 84.

79. A.-J.-F., baron Fain, *Manuscrit de mil huit cent douze*, Bruxelles, H. Tarlier, 1827, p. 131.

80. *Ibid.*, p. 133.

81. *La Politique étrangère de la Russie...*, *op. cit.*, t. 6, p. 438-439.

82. Département des manuscrits de la Bibliothèque nationale de Russie, fonds Voienski 152, inv. 2, n° 295. Lavrinovitch Sémion, Dnevnik osobennyx proišestvij v uezdnom Kovenskom učilišče i v gorode Kovne s 1811 po 1813 g. (Journal des événements particuliers survenus dans le collège du district de Kovno et dans la ville de Kovno de 1811 à 1813).

83. L. von Wolzogen, *Mémoires...*, *op. cit.*, p. 85.

84. *Ibid.*, p. 87.

85. *Mémoires et correspondance politique et militaire du prince Eugène*, *op. cit.*, t. 7, p. 374.

ÉPILOGUE

1. Cité d'après A. Sorel, *L'Europe et la Révolution française*, *op. cit.*, t. 7, p. 13.

2. N. Dournovo, « Dnevnik 1812 goda » (Journal de 1812), in *Voennye dnevniki* (Journaux militaires), Moscou, 1990, p. 75.

TABLE

Cet ouvrage a été imprimé en France par
CPI Bussière
à Saint-Amand-Montrond (Cher)
en septembre 2012

Photocomposition Nord Compo
Villeneuve-d'Ascq

36-14-3462-3/01

Dépôt légal : septembre 2012.
N° d'impression : 123100/4.